Langenscheidts
Handbücher der Handelskorrespondenz

SPANISCH FÜR KAUFLEUTE

Von
BIRGIT ABEGG
und
JULIAN E. MORENO

LANGENSCHEIDT

BERLIN · MÜNCHEN · WIEN · ZÜRICH · NEW YORK

| Auflage: | 4. | 3. | 2. | Letzte Zahlen |
| Jahr: | 99 | 98 | | maßgeblich |

© *1990, 1996 Langenscheidt KG, Berlin und München*
Druck: Druckhaus Langenscheidt, Berlin-Schöneberg
Printed in Germany / ISBN 3-468-40341-0

Vorwort

„Spanisch für Kaufleute" ist ein seit Jahrzehnten bewährtes Handbuch der spanischen Geschäftskorrespondenz. Die vorliegende vollständige Neubearbeitung dieses Buches weist eine grundlegende inhaltliche Neugestaltung auf.

Bedingt durch die Veränderungen in Handel und Wirtschaft im allgemeinen und durch spezielle Entwicklungen im Wirtschaftsleben, insbesondere auch durch den Beitritt Spaniens in die EU, mußten sowohl der Bereich „Handelskorrespondenz" als auch die Kapitel der Handels- und Wirtschaftskunde vollständig überarbeitet und ergänzt werden.

Um den Stil der modernen Handelskorrespondenz wiederzugeben, wurden die Mustersätze aller Briefgattungen neu gefaßt. Viele Neuerungen im Wirtschaftsleben der letzten Jahrzehnte, z.B. Marktforschung, Computereinsatz, die stärkere Nutzung von Telefon, Telex und Telefax, aktuelle Trends in einzelnen Teilbereichen der Geschäftskorrespondenz, spiegeln sich in dieser Neubearbeitung wider.

Viele Neuerungen im spanischen Wirtschaftsgefüge sind in der neuen Ausgabe bereits berücksichtigt, andere, die sich angesichts der Schaffung des Binnenmarktes noch in der Vorbereitung befinden, werden erwähnt.

Die bewährte praktische Anlage und Methodik der bisherigen Ausgabe von „Spanisch für Kaufleute" wurde beibehalten: Spanische Mustersätze mit deutschen Übersetzungen im „Baukastensystem" geben jedem Benutzer die Möglichkeit, fehlerfreie spanische Geschäftsbriefe abzufassen; zu den jeweiligen Sachgebieten und der entsprechenden Terminologie werden deutsche Einführungen (mit der spanischen Übersetzung aller Fachausdrücke) gegeben.

„Spanisch für Kaufleute" ist ein hervorragendes Lehr- und Nachschlagewerk für den Fremdsprachenkorrespondenten und den angehenden oder in der Praxis stehenden Kaufmann, der im Bereich des Außenhandels tätig ist. Das

Buch entspricht auch dem neuen „Rahmenstoffplan" des „Deutschen Industrie- und Handelstags" mit den Lernzielen für Fremdsprachenkorrespondenten. Es ist daher gut geeignet für die Vorbereitung auf eine Fremdsprachenprüfung der Industrie- und Handelskammer.

Die Autoren dieser Neubearbeitung sind Birgit Abegg, staatlich anerkannte Übersetzerin und Gerichtsdolmetscherin, die seit vielen Jahren in Firmen der deutschen Industrie auch als Dozentin für Wirtschaftssprachen tätig ist, und Julián Moreno, der auf eine 33jährige Tätigkeit bei einer deutschen Großbank als Übersetzer und im Auslands- und Emissionsgeschäft zurückblicken kann. Beide Autoren sind seit vielen Jahren im Prüfungsausschuß der Industrie- und Handelskammer zu Düsseldorf in allen Ausschüssen für die spanische Sprache tätig. Hier erarbeiten sie u. a. regelmäßig die schriftlichen und mündlichen Prüfungsaufgaben für die Wirtschaftssprache Spanisch.

Die Autoren möchten ihrem Prüferkollegen und väterlichen Freund, Dr. Franz Sester, sowie seiner Ehefrau, Frau Elfriede Sester, für die Vorarbeit danken, die diese durch ihr zuvor erschienenes Werk „Englisch für Kaufleute" geleistet haben und auf das die Autoren, insbesondere beim Aufbau der Kapitel und bei den Mustersätzen, zurückgreifen durften.

Zur Erleichterung der Handhabung des vorliegenden Buches dient ein detailliertes Inhaltsverzeichnis und das ausführliche Sachregister am Ende des Buches. Ferner findet sich im Anhang ein Verzeichnis wichtiger spanischer Handelsabkürzungen, ein Verzeichnis der wichtigsten spanischen und internationalen Organisationen und eine Einführung in die EU.

LANGENSCHEIDT

Inhalt

8 Inhalt

2 Seite

1

Einleitung

In unserer heutigen Gesellschaft ist es manchmal schwer zu verstehen und zu würdigen *(apreciar, valorar)*, daß alle industrielle und kaufmännische Tätigkeit der Schaffung *(creación)* materieller Güter und nicht-materieller Dienstleistungen *(servicios)* gewidmet ist, die wir brauchen, und die für den Fortbestand *(existencia futura)* unserer Gesellschaft lebensnotwendig *(vitales)* sind. Dies gilt *(tiene aplicación)* sowohl für marktwirtschaftlich *(economías de mercado)* als auch für planwirtschaftlich eingestellte Volkswirtschaften *(economías planificadas)*.

Industrie und Handel unterliegen *(están sujetos)* heute der öffentlichen Kritik und staatlichen Kontrolle. Andere Gesetze, wie z.B. in Spanien die *„Ley General para la Defensa de Consumidores y Usuarios"*, dienen dem Schutz des Verbrauchers *(protección del consumidor)*. Darüber hinaus bestehen unabhängige Kontrollen. Wie in der BRD z.B. durch die Stiftung Warentest mit ihren Veröffentlichungen in der Zeitschrift TEST, so führt in Spanien das *Instituto Nacional del Consumo* ein umfangreiches Programm der vergleichenden Warenuntersuchung *(vasto programa comparativo de artículos)* und Untersuchung der Dienstleistungen durch *(realiza)*. Diese Untersuchungen werden in der Tagespresse *(prensa diaria)*, im Fernsehen *(televisión)* und in Zeitschriften *(revistas)* bekanntgegeben. Auf Landesebene erscheinen in den Zeitschriften *„Ciudadano"* und *„Información del Consumo"* Analysen von Produkten. Darüber hinaus stehen den Verbrauchern zahlreiche amtliche und private Verbraucherverbände *(Asociaciones de Consumidores)* mit ihrem Beratungsdienst zur Verfügung.

Der Einfluß der Gewerkschaften *(sindicatos, comisiones obreras)* auf die Produktion und ihr Kampf für die Verbesserung der Arbeitsbedingungen und Löhne *(mejoramiento de las condiciones laborales y salariales)* durch Tarifverhandlungen *(convenios colectivos)* mit den Arbeitgeberverbänden *(asociaciones patronales)* ist heute ein wichtiger Faktor des Wirtschaftslebens *(vida económica)*.

Neue Technologien beeinflussen nicht nur Produktionsmethoden, sondern besonders durch die Computerisierung alle kaufmännischen Aktivitäten. Die Europäische Wirtschaftsgemeinschaft *(Comunidad Económica Europea, CEE)* strebt nach Vereinheitlichung der Wirtschaftsgesetze *(armonización de las leyes económicas)* für alle Mitglieder des Gemeinsamen Marktes *(Mercado Común, MC)*. Der Europäische Gerichtshof *(Tribunal Europeo)* in Luxemburg *(Luxemburgo)*, das Europäische Parlament *(Parlamento Europeo)* in Straßburg *(Estrasburgo)* und der Internationale Gerichtshof *(Tribunal Internacional)* in Den Haag *(La Haya)* sind die Garanten *(garantes)* für die Einhaltung *(cumplimiento, observancia)* der Gesetze des Gemeinsamen Marktes.

1. Die Organisation der Produktion und des Handels

Die Urerzeugung *(producción primaria)* oder rohstoffgewinnende Industrie *(industria extractiva)* bildet die Grundlage jeder Wirtschaft. Hierzu gehören Landwirtschaft *(agricultura)*, Bergbau *(minería)* – z.B. Kohle *(carbón)*, Eisen *(hierro)*, Uran *(urano)* etc. –, Forstwirtschaft *(silvicultura)*, Jagd *(caza)*, Fischerei *(pesca)*, Steinbruch *(explotación de canteras)*.

Die verarbeitende Industrie *(industria manufacturera)* verarbeitet die Urprodukte *(productos primarios)* zu Fertig- *(acabados)* und Halbfertigprodukten *(semiacabados)*.

Die Konstruktions- und Bauindustrie *(industria de la construcción)* baut Schiffe, Flugzeuge, Brücken, Straßen, Häuser etc.

Der Handel verteilt *(distribuye)* die Güter und bildet die Verbindung *(conexión)* zwischen Erzeugung *(producción)* und Verbrauch *(consumo)*. Die Arten des Handels sind Einfuhrhandel *(comercio de importación)*, Ausfuhrhandel *(comercio de exportación)*, Transithandel *(comercio de tránsito)*, Großhandel *(comercio al por mayor)* sowie der Einzelhandel *(comercio al por menor)* in seiner vielfältigen Form mit Fachgeschäften *(establecimientos del ramo)*, Verkaufswagen *(tiendas móbiles)*, Kettenläden *(tiendas en cadena)*, Kaufhäusern *(grandes almacenes)*, Versandhäusern *(casas de venta por correspondencia o catálogo)*, Supermärkten *(supermercados;* Verkaufsfläche mindestens 556 m^2), Hypermärkten *(hipermercados;* Verkaufsfläche 28 000 m^2 und mehr) etc.

Hinzu kommen die den Handel ergänzenden *(complementarios)* Dienste: Transport *(transporte)*, Bankwesen *(banca)*, Versicherung *(seguros)*, Warenlagerung *(almacenaje)*, Werbung *(publicidad)*, Immobilienhandel *(comercio de inmuebles)*, die Tätigkeit Angehöriger freier Berufe *(profesiones liberales)*, wie z.B. Buchprüfer *(revisores de cuentas)* und Wirtschaftsprüfer *(auditores)*, Rechtsanwälte *(abogados)* etc.

2. Handels- und Zahlungsbilanz, Handelsministerium, Handelskammern und Industrieverbände

Die Handelsbilanz *(balanza comercial)* ist ein Teil der Zahlungsbilanz *(balanza de pagos)*. Unter Handelsbilanz versteht man den Unterschied zwischen dem Geldwert *(valor monetario)* der sichtbaren *(visibles, directas)* Exporte und Importe, also der Warenexporte und der Warenimporte eines Landes. Die Handelsbilanz ist aktiv *(activa, favorable)*, wenn die Exporte die Importe übersteigen, und passiv *(pasiva, desfavorable)*, wenn die Importe höher sind als die Exporte. Bei der Beurteilung *(estimación)* der Handelsbilanz werden die Importe und Exporte auf der gleichen Grundlage berechnet *(son valoradas sobre la misma base)*. Der Handelsstatistik *(estadística comercial)* liegen für die Importe die cif-Werte (= *costo, seguro y flete)* und für die Exporte die fob-Werte (= *franco a bordo)* als Maßeinheiten zugrunde.

Die **Zahlungsbilanz** *(balanza de pagos)* ist eine systematische Aufzeichnung der gesamten wirtschaftlichen Transaktionen *(cuenta de las transacciones totales)* eines Landes mit der übrigen Welt *(resto del mundo)* während eines bestimmten Zeitabschnittes, meistens eines Jahres. Im Gegensatz zur Handelsbilanz *(balanza comercial)*, die nur den Warenimport und -export *(comercio de importación y de exportación)* berücksichtigt, umfaßt die Zahlungsbilanz drei Hauptelemente *(elementos principales)*:

1. die Handelsbilanz, d. h. das Verhältnis zwischen Warenimporten und Warenexporten.

2. die Dienstleistungsbilanz *(balanza de servicios)*, d. h. das Verhältnis zwischen Zahlungen für Dienstleistungen durch ausländische Firmen, Personen und Organisationen und Einnahmen *(ingresos)* aus von inländischen Firmen, Personen und Organisationen erbrachten Dienstleistungen, wie z. B. aus Transport *(transporte)*, Schiffsverkehr *(tráfico marítimo)*, Flugverkehr *(transporte aéreo)*, Tourismus *(turismo)*, Versicherungen *(seguros)*, Bankdienstleistungen *(servicios bancarios)*, Patente und Lizenzgebühren *(patentes y licencias)*, Tantiemen aus Film- und Fernsehverleih *(derechos de autor por concepto de distribución de películas de cine y televisión)* etc.

3. Kapitalbewegungen *(movimientos de capital)*, d. h. Geldzuflüsse und -abflüsse aus dem Lande.

Die **Leistungsbilanz** *(balanza de bienes y servicios)* ist die Gegenüberstellung der Exporte und Importe von Waren und Dienstleistungen *(comercio directo e indirecto)*.

Das **Bruttoinlandsprodukt** *(producto interior bruto, PIB)* ist der Geldwert *(valor monetario)* zu Marktpreisen aller Waren und Dienstleistungen *(de todos los bienes y servicios)*, die innerhalb eines Landes erbracht wurden, aber ausschließlich des Nettoeinkommens vom Ausland *(ingresos netos del exterior, extranjero)*.

Das **Bruttosozialprodukt** *(producto social bruto, PSB)* ist die Gesamtleistung einer Volkswirtschaft *(rendimiento total de una economía nacional)*, also das Inlandsprodukt einer Nation zuzüglich des Einkommens aus dem Ausland.

Das **Handelsministerium** *(Ministerio de Comercio)* ist zuständig für das Wirtschaftsleben: Außenhandelspolitik *(política de comercio exterior)* und Handelsbeziehungen *(relaciones comerciales)*, Exportförderung *(promoción de la exportación)*, Verbraucherschutz *(protección y seguridad del consumidor)*, die Politik des Wettbewerbs *(política de competencia)*, Gesellschaftsrecht *(derecho de sociedades)*, Zahlungseinstellungen *(suspensión de pagos)*, Versicherungswesen *(seguros)*, Druck- und Verlagswesen *(artes gráficas e industria editorial)*, Patente *(patentes)*, Warenzeichen *(marcas de fábrica)*, Urheberrecht *(derechos de autor)*, Industriepolitik *(política industrial)*, Subventionen für die Industrie *(subvenciones para la industria)*, Bürgschaften für private und verstaatlichte Herstellungsbetriebe *(fianzas a empresas manufactureras privadas y nacionalizadas)* etc.

Zwischen gewissen Staaten werden oft **Handelsverträge** *(tratados o convenios comerciales)* abgeschlossen, wobei durch die Meistbegünstigungsklausel *(cláusula de nación más favorecida)* allen Vertragsstaaten *(estados contratantes)* dieselben Vorteile zugute kommen.

Die Handelskammern *(Cámaras de Comercio)* stehen allen Erzeugern und Händlern *(productores y comerciantes)* offen und fördern die Interessen der örtlichen, regionalen und nationalen Industrie und des Handels. Sie bieten Exporthilfen *(ofrecen ayudas a la exportación)*, haben viele Beziehungen mit Handelsstellen *(entidades comerciales)* im Ausland und sorgen für umfassende Handelsinformation *(información comercial)*. Sie stellen Ursprungszeugnisse *(certificados de origen)* für Exporteure aus.

Die Internationale Handelskammer *(Cámara Internacional de Comercio, CIC)* ist eine Föderation von Wirtschaftsorganisationen und Geschäftsleuten in der ganzen Welt. Sie hat maßgebende internationale Richtlinien für den internationalen Handel ausgearbeitet wie z. B. Incoterms, Dokumentenakkreditive *(créditos documentarios)* usw. Der Hauptsitz ist in Paris, der deutsche Vertriebsdienst befindet sich in Köln.

Die Industrieverbände *(asociaciones industriales)* sind freiwillige Verbände, die Privatunternehmen vertreten *(representan)* und nahezu die ganze Industrie umfassen. Sie sehen ihre Aufgabe in der Bereitstellung allgemeiner Dienstleistungen *(facilitación de servicios comerciales)*, dem Austausch von Informationen *(intercambio de informaciones)*, der Vertretung der Interessen ihrer Mitglieder *(representación de los intereses de sus miembros)* und in Verhandlungen mit Gewerkschaften *(negociaciones con los sindicatos)* über Löhne und Arbeitsbedingungen *(sobre salarios y condiciones laborales)*.

Die Zentralorganisation *(organización central)* zur Vertretung des Handels und der Industrie auf nationaler Ebene ist die *Confederación Española de Organizaciones Empresariales (CEOE)*.

3. Handelsgesellschaften

Sämtliche Handelsgesellschaften *(sociedades o compañías mercantiles)* unterstehen dem Handelsrecht *(derecho mercantil)*, das in Spanien im Handelsgesetzbuch *(Código de Comercio)* niedergelegt ist, und müssen in das Handelsregister *(registro mercantil)* eingetragen werden *(ser inscritas)* sowie einen Firmennamen *(razón social)* führen. In Spanien besitzen alle Handelsgesellschaften kraft Gesetzes *(en virtud de la ley)* eine eigene Rechtspersönlichkeit *(personalidad jurídica)*; sie sind juristische Personen *(personas jurídicas)*.

Die bereits eingeleitete spanische Handelsrechtsreform sieht zahlreiche Änderungen vor mit dem Ziel, mehr Transparenz und Flexibilität zu schaffen.

Die Handelsgesellschaften können in Spanien in der Reihenfolge ihrer Bedeutung wie folgt eingeteilt werden.

1. Sociedad Anónima (S. A.) = Aktiengesellschaft (AG)
Die *Sociedad Anónima* ist eine Gesellschaft mit eigener Rechtspersönlichkeit, deren Gesellschafter *(socios)* mit Einlagen *(aportaciones)* an dem in Aktien zerlegten Grundkapital *(capital social dividido en acciones)* beteiligt sind, ohne persönlich für die Verbindlichkeiten der Gesellschaft *(deudas de la sociedad)* zu haften. Das spanische Aktienrecht *(„Ley sobre el régimen jurídico de sociedades anónimas")* setzte bezüglich der Höhe

des Grundkapitals bisher keine Grenze *(límite)* nach unten; diese soll aber im Zuge der vorgesehenen Reform der spanischen Handelsgesetzgebung *(legislación mercantil)* auf mindestens zehn Millionen Peseten festgesetzt werden.

Bei der Gründung *(fundación)* der *S. A.* unterscheidet man die Einheits- oder Simultangründung *(fundación unitaria o simultánea)*, bei der die Gründer *(fundadores)* selbst alle Aktien übernehmen *(adquieren o se hacen cargo de todas las acciones)* und in voller Höhe zeichnen *(suscriben)*, und die Stufen- oder Sukzessivgründung *(fundación sucesiva)*, bei der alle oder ein Teil der Aktien öffentlich zur Zeichnung angeboten werden *(se ofrecen a suscripción pública)*. Die zu zeichnenden Aktien werden in der Regel von einer Bank oder einem Bankenkonsortium übernommen, die sie später dem Publikum anbieten. Die Mindestzahl der Gründer muß drei betragen. In beiden Fällen der Gründung sind folgende Voraussetzungen zu erfüllen:

a) Feststellung der Satzung *(fijación de los estatutos)*;
b) Zeichnung des Grundkapitals *(suscripción del capital social)*;
c) Bestellung der Organe *(nombramiento de los órganos)*;
d) Einzahlung eines Teils des Kapitals *(desembolso de una parte del capital)*; es beträgt mindestens 25% des Nennbetrags *(valor nominal)* jeder Aktie. Solange die Aktie nicht voll eingezahlt ist *(no está totalmente liberada)*, muß sie eine Namensaktie *(acción nominativa)* sein. Die verschiedenen Zahlungsraten der Aktie nennt man „*dividendos pasivos*";
e) der Gründungsbericht *(informe de fundación)*;
f) die Gründungsprüfung *(revisión de la fundación)*;
g) Eintragung in das Handelsregister *(inscripción en el registro mercantil)*.

Dem Gesetz nach gibt es in Spanien zwei Organe: „*Consejo de Administración*" (Verwaltungsrat) und „*Junta General*" (Hauptversammlung). Der spanische „*Consejo de Administración*" entspricht im großen und ganzen dem deutschen Vorstand. Er besteht aus einem oder mehreren Mitgliedern. Bei Gesellschaften mit mehr als 500 Mitarbeitern muß für je sechs „*administradores capitalistas*" ein Mitglied der Gesellschaft im Verwaltungsrat vertreten sein. Einige der Aufgaben des deutschen Aufsichtsrates, der in Spanien in dieser Form unbekannt ist, wurden bisher von den „*accionistas censores de cuentas*" wahrgenommen. Nach der vorher genannten Reform soll der Jahresabschluß *(cierre del ejercicio anual)* nicht mehr von diesen „*accionistas censores*", sondern von unabhängigen externen Wirtschaftsprüfern *(auditores independientes externos)* geprüft werden.

Die „*Junta General*" wählt und entläßt *(elige y revoca)* den „*Consejo de Administración*", wählt die „*revisores de cuentas*", bestimmt die Gewinnverteilung *(reparto de beneficios)* und entscheidet über Satzungsänderungen *(modificaciones de los estatutos)*, insbesondere Kapitalerhöhungen und -herabsetzungen *(ampliaciones y reducciones de capital)*, Fusion *(fusionamiento)*, Umwandlung *(transformación)* und Auflösung *(disolución)*. Sie wird im allgemeinen vom „*Consejo de Administración*" einberufen *(convocada)* und findet meistens einmal jährlich innerhalb der ersten sechs Monate nach dem Abschluß des Geschäftsjahres *(ejercicio económico)* als ordentliche *(ordinaria)*, im übrigen als außerordentliche *(extraordinaria)* Hauptversammlung statt. Sie setzt sich aus allen Aktionären und den Mitgliedern der Gesellschaft zusammen. Ihre Beschlüsse *(acuerdos)* faßt sie durch Stimmabgabe *(votación)* der stimmberechtigten Aktionäre *(accionistas con derecho a voto)*, im allgemeinen mit Stimmenmehrheit *(mayoría de votos)*. Zur Teilnahme *(participación)* an der Hauptversammlung ist eine bestimmte Mindestzahl *(quórum)* von Aktionären erforderlich, die von deren Gesamtzahl oder dem durch sie vertretenen Kapital abhängt. Die Einberufung *(convocatoria)* erfolgt durch Veröffentlichung *(publicación)* im „*Boletín Oficial del Estado*" (Staatsanzeiger) sowie in den wichtigsten Zeitungen.

2. Sociedad de Responsabilidad Limitada (S. R. L.) oder kurz Sociedad Limitada (S. L. o Ltda.) = Gesellschaft mit beschränkter Haftung (GmbH)

Diese Gesellschaft hat eine starke Ähnlichkeit mit der *S. A.*, die persönliche Bindung der Gesellschafter *(socios)* steht aber bei ihr mehr im Vordergrund. Sie ist auch eine Gesellschaft mit eigener Rechtspersönlichkeit, deren Gesellschafter – höchstens 50 – mit Stammeinlagen *(participaciones sociales)* beteiligt sind, ohne persönlich für die Verbindlichkeiten der Gesellschaft zu haften. Ihre Gründung ist einfacher als die der *S. A.* Es sind mindestens zwei Gründer erforderlich. Wie bei der *S. A.* setzte bisher die spanische Gesetzgebung kein Mindestkapital fest; nach der Reform soll es mindestens 500000 Peseten betragen. Sämtliche *sociedades limitadas*, die bisher über eine Kapitalsumme von mehr als 50 Millionen Peseten verfügten, mußten unweigerlich in eine *S. A.* umgewandelt werden. Diese Regelung wird nach der Reform keine Anwendung mehr finden *(no se aplicará más)*.

3. Sociedad Colectiva = Offene Handelsgesellschaft (oHG)

Diese Gesellschaft ist gewöhnlich auf den Betrieb eines Handelsgewerbes unter gemeinschaftlicher Firma *(nombre colectivo)* gerichtet. Sämtliche Gesellschafter haften den Gläubigern gegenüber unbeschränkt *(responden ilimitadamente ante los acreedores)*, d. h. mit ihrem gesamten Vermögen *(con todo su patrimonio)*. Sie entsteht in der Regel durch den Abschluß eines Gesellschaftsvertrages *(conclusión de un contrato de sociedad)* zwischen den Gesellschaftern, wofür in Spanien die Form der öffentlichen Urkunde *(escritura pública)* vorgeschrieben ist, und die Eintragung ins Handelsregister. Zur Geschäftsführung *(gestión)* sind, soweit der Vertrag nichts anderes vorsieht, sämtliche Gesellschafter berechtigt *(están facultados todos los socios)*, zur Vertretung allerdings nur, wenn sie ausdrücklich hierzu bevollmächtigt sind *(únicamente si están autorizados expresamente para ello)*. Für die Schulden *(deudas)* der Gesellschaft haftet jeder Gesellschafter unbeschränkt mit seinem Vermögen erst, wenn der Gläubiger sich aus dem Gesellschaftsvermögen nicht befriedigen konnte *(no pudo ser satisfecho)*. Der erzielte Jahresgewinn *(beneficio anual)* wird anteilsmäßig verteilt *(es repartido a prorrata)*. Nach der Art der Beiträge *(aportaciones)* unterscheidet man Kapitalgesellschafter *(socios capitalistas)* und Arbeitsgesellschafter *(socios industriales)*, deren Rechtsstellung *(situación legal o jurídica)* verschieden ist. Die Firma *(razón social)* muß den Namen aller ihrer Gesellschafter, einiger derselben oder nur eines einzigen enthalten, wobei in den beiden letzten Fällen zu dem oder den angeführten Namen die Worte „*y Compañía*" oder „*y Cía.*" hinzugefügt werden müssen.

4. Sociedad Comanditaria o en Comandita (S. en C.) = Kommanditgesellschaft (KG)

Diese Gesellschaft ist eine Variante *(variedad)* der *sociedad colectiva* und unterscheidet sich von dieser dahingehend, daß sie sich aus zwei Arten von Gesellschaftern zusammensetzt. Die Komplementäre *(socios colectivos)* haften wie die Gesellschafter der *sociedad colectiva* unbeschränkt, die Kommanditisten *(socios comanditarios)* bis zur Zahlung ihrer Einlage *(aportación)* mit ihrem gesamten Vermögen bis zur Höhe ihrer versprochenen Einlage; nach der Zahlung entfällt ihre persönliche Haftung. Die genannte Einlage kann auch in Aktien verbrieft sein *(representada o documentada por acciones)*; in diesem Fall spricht man von einer *„Sociedad en Comandita por Acciones"*, im Gegensatz zu der *„Sociedad en Comandita Simple"*.

Die *sociedad en comandita* tritt unter dem Namen aller Komplementäre, einiger von ihnen oder eines einzigen, auf, wobei in den beiden letzten Fällen zu den angegebenen Namen die Worte *„y Compañía"* und in allen Fällen die Bezeichnung *„Sociedad en Comandita"* hinzugefügt werden muß. Die Kommanditisten sind nicht geschäftsführungs- und vertretungsberechtigt *(no están facultados para la gestión y representación)*, sie sind nur mit ihrem Kapital an der Gesellschaft beteiligt. Diese Aufgabe kommt den Komplementären zu *(corresponde o es de la competencia de los socios colectivos)*.

Keine Handelsgesellschaft ist die stille Gesellschaft *(contrato de cuenta en participación)*, sondern nur eine Gesellschaft nach bürgerlichem Recht *(derecho civil)*, bei der sich jemand an dem Handelsgewerbe eines anderen mit einer in dessen Vermögen übergehenden Einlage gegen Anteil am Gewinn beteiligt. Der stille Gesellschafter *(socio participante)* tritt nach außen nicht hervor *(no aparece frente a terceros)* und haftet auch nicht für die Geschäftsschulden. Er hat keine Geschäftsführungsbefugnis, nur ein Recht auf seinen Gewinnanteil und auf Einsicht in die Geschäftsbücher *(examen de los libros de contabilidad)*.

Die Aktie *(acción)* ist eine Urkunde *(documento)*, die einen Bruchteil *(parte alícuota)* des Grundkapitals verkörpert *(representa)* und die Mitgliedschaft verbrieft *(autentica la cualidad de socio)*.

Man unterscheidet Namens- *(acciones nominativas)* und Inhaberaktien *(acciones al portador)*. Die ersteren werden im Aktienbuch registriert *(son registradas en el libro de acciones)*.

Eine andere Unterscheidung ist die in Vorzugs- *(acciones preferentes)* und Stammaktien *(acciones ordinarias)*, wobei die ersteren mit besonderen Vorzugsrechten *(derechos preferentes)* bezüglich des Gewinnes oder des Liquidationserlöses *(producto de la liquidación)* ausgestattet sind.

Bei Genußscheinen *(acciones de disfrute)* handelt es sich um Urkunden, die gegen zurückbezahlte Aktien *(acciones amortizadas o reembolsadas)* gewährt werden. Der Inhaber *(portador o tenedor)* behält einen Gewinnanspruch *(derecho al beneficio)*, ohne stimmberechtigt zu sein *(tener derecho de voto)*. Ferner sind die Gründeraktien *(acciones de fundador)* und die Interimsaktien *(resguardos o acciones provisionales)* zu erwähnen. Letztere sind Papiere, die bis zur Ausgabe *(emisión)* der Aktien selbst den Aktionären provisorisch gewährt werden.

Die wichtigsten Rechte des Aktionärs sind: das Stimmrecht *(derecho de voto)* und das Recht auf den Gewinnanteil *(participación en los benefi-*

cios), die Dividende *(dividendo)*. Diese bemißt sich nach den Aktien-nennbeträgen *(valores nominales de las acciones)* und wird in einem Pro-zentsatz *(porcentaje)* hiervon ausgedrückt.

Aktiengesellschaften nehmen zusätzliches Kapital in Form von Schuld-verschreibungen *(obligaciones)* auf. Dies sind Anleihen *(empréstitos)*, die genauso wie die Aktien verkauft und an den Wertpapierbörsen *(bolsas de valores)* notiert werden können *(pueden ser cotizados)*. Die Inhaber *(obli-gacionistas)* haben ein Anrecht *(tienen derecho)* auf einen festen Zinssatz *(interés fijo)*, gleichgültig ob das Unternehmen Gewinne macht oder nicht *(haga la compañía beneficios o no)*. Inhaber von Schuldverschreibungen haben auf die Geschäftsführung keinen Einfluß *(no ejercen ninguna in-fluencia en la gestión)*. Bei Auflösung *(liquidación)* eines Unternehmens erhalten sie vor den Aktionären ihr Geld. Vermögenswerte *(bienes)* des Unternehmens werden oft als Sicherheit *(seguridad o garantía)* für die Anleihe geboten. Diese hypothekarisch gesicherten Schuldverschreibun-gen heißen *„obligaciones hipotecarias o con garantía hipotecaria"*. Schuld-verschreibungen haben im allgemeinen eine Laufzeit *(plazo de venci-miento)* von 10, 15 oder mehr Jahren. Wenn sie kein Rückzahlungsdatum *(fecha de reembolso)* haben, spricht man von *„obligaciones irredimibles"* oder *„obligaciones perpetuas"*. Wandelschuldverschreibungen *(obligacio-nes convertibles)* sind Schuldverschreibungen, bei denen Gläubigern *(acreedores)* ein Umtausch- oder Bezugsrecht *(derecho de canje o de sus-cripción)* eingeräumt wird.

Cash flow sind die von den Unternehmen selbst erwirtschafteten, ver-fügbaren Mittel *(recursos disponibles)*. Im einzelnen enthält der cash flow folgende Größen: ausgewiesener Reingewinn *(beneficio neto)*, plus Ab-schreibungen *(amortizaciones)*, plus Erhöhung der langfristigen Rückstel-lungen *(aumento de las reservas a largo plazo)*, plus außerordentlichem Aufwand *(gastos extraordinarios)*, minus außerordentlichem Ertrag *(in-gresos extraordinarios)*. Der cash flow dient als Hilfsgröße *(parámetro)* zur Ertragsbeurteilung *(evaluación del rendimiento)*. Ein guter, richtig veran-schlagter cash flow wird Gewähr dafür bieten *(garantizará)*, daß ein Un-ternehmen immer über genug Barmittel *(efectivo, existencias en caja)* ver-fügt, um seinen Verpflichtungen nachzukommen *(hacer frente a sus obli-gaciones corrientes)*.

Die Liquidation *(liquidación)* ist die Abwicklung *(disolución)* eines Un-ternehmens durch einen Liquidator *(liquidador)* oder gerichtlich einge-setzten Zwangsverwalter *(administrador judicial)*, der die Existenz eines Unternehmens beendet *(pone fin a la existencia de una empresa)*. Es kann sich um eine Zwangsliquidierung *(liquidación forzosa)* durch das Gericht *(tribunal)*, eine Liquidation unter gerichtlicher Aufsicht *(bajo supervisión judicial)* oder um eine freiwillige Liquidation *(liquidación voluntaria)* han-deln.

In allen drei Fällen wird ein Liquidator eingesetzt *(es nombrado un liquidador)*, worauf die Vollmachten *(poderes)* der Direktoren erlöschen *(cesan, pierden su validez)*. Die häufigste Ursache der zwangsweisen Li-quidation ist die Zahlungsunfähigkeit *(insolvencia)* eines Unternehmens. Die Aufgabe des Liquidators ist es, alle Aktiva des Unternehmens zu erfassen *(secuestrar el activo patrimonial)* und sie zum bestmöglichen Preis zu verkaufen *(venderlo al mejor precio posible)*, das Geld unter den Gläu-bigern zu verteilen *(repartir el dinero entre los acreedores)* und, wenn noch

Geld übrigbleibt, dieses unter die Mitglieder des Unternehmens als Kapitalrückzahlung zu verteilen *(repartirlo entre los socios de la empresa como reembolso de capital).*

Eine zahlungsunfähige Person *(persona insolvente)* oder offene Handelsgesellschaft kann als bankrott erklärt werden *(puede ser declarada en quiebra),* ein zahlungsunfähiges Unternehmen mit beschränkter Haftung wird liquidiert und ist dann unter Zwangsverwaltung gestellt *(es sometida a la administración coercitiva o forzosa),* d. h. seine Aktiva werden verkauft *(se vende o realiza el activo),* und das Geld wird zur Regulierung seiner Passiva verwendet *(se utiliza para la regularización del pasivo).* Der Überschuß wird an die Mitglieder verteilt *(el superávit se distribuye entre los miembros).*

4. Die Expansion der Industrie und des Handels

Infolge der riesigen Entwicklung von Industrie und Handel hat immer die Tendenz zur Vergrößerung *(ampliación)* der Unternehmen bestanden, so daß heute Gesellschaften mit Tausenden von Mitarbeitern bestehen, die über die ganze Welt verbreitet sind. Die Expansion solcher Konzerne *(consorcios, grupos)* erfolgt:

1. durch Kapitalerhöhung *(ampliación de capital)* in Form weiterer Aktienausgaben *(emisión de acciones)* oder durch Kreditaufnahme *(crédito, préstamo o empréstito);*
2. durch Fusion *(fusión)* mit bereits bestehenden Unternehmen.

Es gibt mehrere Arten der Fusion:

a) vollständiger Zusammenschluß *(fusión completa),* wobei eine der Firmen ihren Namen und ihre Identität verliert;
b) ein Unternehmen kauft die Aktien eines anderen Unternehmens auf, entweder während eines gewissen Zeitraumes durch die Börse oder durch ein Übernahmeangebot *(oferta pública de acciones = OPA)* an die Aktionäre, wobei es dem anderen Unternehmen erlaubt, seine getrennte Identität zu behalten *(conservar su identidad);*
c) wenn zwei Firmen gleicher Bedeutung und Größe *(de igual importancia y tamaño)* fusionieren und keine die andere schluckt *(absorbe),* wird eine vollständig neue Firma errichtet *(se establece).* Die bestehenden Aktien werden gegen Aktien der neuen Firma ausgetauscht *(se canjean).* Ein neuer Vorstand *(consejo de administración)* wird aus der Leitung der vorher getrennten Firmen gebildet *(se forma).*

Man unterscheidet:

Horizontale Fusion *(fusión o integración horizontal):* Die Zusammenlegung *(combinación)* zweier Firmen auf derselben Stufe der Produktion *(en el mismo grado de producción).*

Vertikale Fusion *(fusión o integración vertical):* Die Fusion zweier Firmen, die in der Produktion einer Ware auf verschiedenen Stufen beschäftigt sind.

Fusion von Firmen verschiedenartiger Produktion *(fusión o integración diversificada):* Sie ist heute die weitverbreitetste *(la más usual hoy en día).* Die Erzeugnisse der Unternehmen haben miteinander nichts zu tun *(no tienen nada que ver entre sí).*

Multinationale Unternehmen *(multinacionales)*. Eine Folge aller dieser Expansionen ist die Entwicklung der multinationalen Unternehmen. Einige sind finanzstärker *(financieramente más potentes)* als die Länder, in denen sie ihre Geschäfte betreiben *(realizan o hacen sus negocios)*. Diese Riesenunternehmen haben ihren Stammsitz *(sede social)* in einem bestimmten Land, haben jedoch geschäftliche Interessen *(intereses económicos)* in allen Teilen der Welt, wo sie als Einzelfirmen geführt werden *(operan)*. Diese sind der Muttergesellschaft im Ursprungsland gegenüber jedoch verantwortlich. Solche Korporationen beschäftigen viele tausend Leute aller Nationen, sind wirtschaftlich sehr stark und üben einen enormen internationalen Einfluß aus *(ejercen una influencia internacional enorme)*.

5. Marktforschung, Werbung und Pflege der öffentlichen Meinung

Marktforschung und Werbung sind eine der größten Wachstumsindustrien im Zeitalter der Massenproduktion *(producción en masa)*. Komplizierte Herstellungsmethoden *(métodos de producción)* erfordern hohe Kapitalanlagen *(inversiones de capital)*, und die Planung *(planeamiento)* muß auf lange Sicht erfolgen. Die Einschätzung *(evaluación)* der Art und Höhe des Bedarfs für ein Produkt oder eine Dienstleistung muß genau sein, wenn wirtschaftliche Ressourcen *(recursos económicos)* nicht falsch verwendet werden sollen.

Das Ziel *(meta, objetivo)* der Marktforschung ist, so genau wie möglich zu erforschen, wie neue Märkte auf ein neues oder auf ein bereits auf dem Markt befindliches Produkt reagieren *(reaccionan)*. Ein ausgezeichnetes Produkt ist keine Garantie für seinen wirtschaftlichen Erfolg *(ninguna garantía de su éxito comercial)*.

Die von den Marktforschungsinstituten angewandten Techniken sind z. B. Besorgung von statistischem Material und Analyse *(adquisición de datos estadísticos y análisis)*, Fragebogen *(cuestionarios)*, Interviews usw. Es wird untersucht, inwieweit ein Markt für ein Produkt aufnahmefähig ist *(tiene capacidad adquisitiva)* oder erweitert werden kann *(puede ser ampliado, expansionado)*, die Eignung *(aptitud)* des Produktes in bezug auf Farbe, Form, Ausführung und Anpassung an den Käufergeschmack und seine attraktivste Verpackung, die Möglichkeiten und Kosten eines eventuellen Kundendienstes *(servicio postventa)*, die auf dem Markt bereits vorhandene Konkurrenz, ihr Marktanteil und ihre Verkaufspolitik *(su participación en el mercado y su política de ventas)*, die für den Markt geeigneten Absatz- und Verteilungsmethoden *(métodos de venta y distribución más adecuados)*, die wirkungsvollsten Werbemittel *(medios de publicidad)* und die Kosten einer Werbekampagne *(campaña de publicidad)*, die Preisgestaltung *(fijación de los precios)* und andere für das spezielle Produkt relevante Fakten.

Die Werbung dient der Schaffung *(creación)* neuer und Erhaltung *(mantenimiento)* alter Märkte und soll

a) den Verbraucher informieren und Nachfrage schaffen *(crear demanda)*,
b) potentielle Verbraucher *(posibles consumidores)* zum Kauf überreden,
c) alte Kunden gegen den Druck der Konkurrenz *(presión de la competencia)* erhalten,
d) die Kunden informieren über Preisänderungen *(cambios de precios)*, Sonderangebote *(ofertas especiales)*, technische Neuerungen *(innovaciones técnicas)*, neue Anwendungsbereiche bestehender Produkte *(nuevos campos de aplicación de productos existentes)*.

Man unterscheidet:

1. Prestigewerbung *(publicidad de prestigio)*, die ein günstiges Bild *(imagen favorable)* eines Unternehmens vermittelt und z.B. herausstellt, daß es sich um eine alteingesessene Firma mit gutem Ruf *(buena reputación)* handelt, die eine führende Position in Forschung und Entwicklung *(investigación y desarrollo)* einnimmt.
2. Produktwerbung *(publicidad de productos)*, die für das Produkt selbst wirbt und unterteilt werden kann in
   a) instruktive Werbung *(publicidad informativa)*, wobei über das Vorhandensein eines Produkts informiert wird, so z.B. in Fachzeitschriften und technischen Zeitschriften *(revistas profesionales y técnicas)*, wenn genaue Einzelheiten über ein Produkt gegeben werden, und
   b) überredende Werbung *(publicidad persuasiva)*, die sich hauptsächlich an den Verbraucher wendet *(se dirige principalmente al consumidor)*. Sie versucht zu überreden, die Artikel zu kaufen, für die man Reklame macht *(para los cuales se hace propaganda)* statt diejenigen der Konkurrenz *(en vez de aquellos de la competencia)*. Ein typisches Beispiel ist die Werbung für Waschmittel *(detergentes)* im Fernsehen.

Die Werbemittel *(medios de publicidad)* sind:

1. Anzeigen *(anuncios)* in Zeitungen, Zeitschriften, Fachzeitschriften, Theater- und Konzertprogrammen usw.
2. Außenwerbung *(publicidad exterior)* durch Plakate *(carteles)* in Straßen, Bahnhöfen und Untergrundbahnhöfen, Neonlichtreklame *(publicidad luminosa)*, sowie Werbung auf Firmenwagen *(vehículos de la empresa)*, Lieferwagen *(furgonetas)*, Bussen, Reklame auf Plastiktüten *(bolsas de plástico)* usw.
3. Direktwerbung *(publicidad directa)* mit durch beauftragte Verteiler in Briefkästen *(buzones)* eingeworfenen Werbebriefen *(circulares de publicidad)*, Werbedruckschriften *(impresos de publicidad)*; durch mit der Post versandte Prospekte *(prospectos)*, Kataloge *(catálogos)*, Broschüren *(folletos)*, Preislisten *(listas de precios)* usw. Zur Beschreibung komplizierter technischer Vorgänge werden Kataloge in zunehmendem Maße durch Videokassetten *(vídeocassettes)* ergänzt. Telefonwerbung *(publicidad por teléfono)*.
4. Rundfunk *(radio)* und Fernsehen *(televisión)*, Werbefilme *(películas publicitarias)*.
5. Werbung am Verkaufsplatz *(publicidad en el punto de venta)*: Schaufensterdekoration *(decoración de escaparates)*, Innenwerbung *(publicidad interior)*, durch Lautsprecher *(altavoces)* angekündigte Sonderangebote *(ofertas especiales)* in Kaufhäusern *(grandes almacenes)* usw.

6. kostenfreie Muster *(muestras gratuitas)*.
7. Werbegeschenke *(artículos-reclamo)*.
8. Messen und Ausstellungen *(ferias y exposiciones)*.
9. Sponsorships *(patrocinamientos)* bei sportlichen und kulturellen Veranstaltungen.

Große Firmen haben ihre eigene Werbeabteilung *(departamento, sección de publicidad)*. Die meisten Hersteller beauftragen jedoch eine Werbeagentur *(agencia de publicidad)*, die die Firma berät *(asesora)* und das Werbematerial durch ihre eigenen Texter *(redactores de textos)* und Entwurfgraphiker *(diseñadores)* herstellen läßt sowie für die Unterbringung der Werbung *(inserción de anuncios)* in Presse, Rundfunk und Fernsehen sorgt.

Während die Produktwerbung unmittelbar dem Absatz dient und sich kurzfristig bezahlt machen soll, fördert die Public-Relations-Arbeit (Meinungswerbung, Kontaktpflege, Pflege der öffentlichen Meinung) auf lange Sicht das beiderseitige Verständnis zwischen einem Unternehmen und der Öffentlichkeit.

In großen Firmen nimmt diese Aufgabe ein *Jefe de Relaciones Públicas* wahr, der oft ein Direktor der Firma ist. Er bemüht sich um die Schaffung eines guten Verhältnisses zwischen seinem Unternehmen und der Öffentlichkeit, die sich aus einem vielschichtigen Publikum *(público variado)* zusammensetzt: seinen Angestellten *(empleados)* und Arbeitern *(trabajadores)*, Aktionären *(accionistas)*, Lieferanten *(suministradores)*, den Einwohnern *(habitantes)* des Ortes des Firmensitzes, Abteilungen der Kommunal- und Landesbehörden *(corporaciones locales y nacionales)* und nicht zuletzt den Kunden.

Der *Jefe de Relaciones Públicas* gibt Pressekonferenzen *(conferencias de prensa)* und ist verantwortlich für die Beziehungen zur Presse, er arrangiert Werksbesichtigungen *(visitas de fábricas)*, Vorträge, Filmvorführungen und sorgt für Mitteilungen aus der Arbeit des Unternehmens in der Hauszeitung *(revista de la empresa)*.

Es gibt auch selbständige Public Relations Berater-Firmen *(consultorías)*, die die Unternehmen beraten und diese Öffentlichkeitsarbeit für sie durchführen.

6. Lieferungs- und Zahlungsbedingungen

Zum Abschluß *(conclusión)* eines Geschäftes *(negocio, transacción)* ist eine Übereinkunft *(acuerdo)*, ein Kaufvertrag *(contrato de compraventa)* nötig, worin festgesetzt wird *(se fija o estipula)*, daß eine der vertragschließenden Parteien *(partes contratantes)*, der Verkäufer *(vendedor)*, der anderen, dem Käufer *(comprador)*, eine Ware zu liefern *(suministrar, entregar)* und dafür eine bestimmte Geldsumme *(cierta suma de dinero)*, den Preis *(precio)*, zu bekommen hat.

Es gilt als Vertragsbruch *(infracción o violación del contrato)*, wenn der Übereinkunft zuwider nicht pünktlich *(puntualmente)* geliefert oder gezahlt wird. Kommt der säumige Teil *(parte morosa)* trotz an ihn ergangener Aufforderung seinen Verpflichtungen nicht nach, so kann er wegen Nichtlieferung *(falta de entrega)* oder Nichtzahlung *(falta de pago, im-*

pago) verklagt und für den entstandenen Schaden oder Verlust *(pérdida)* haftbar gemacht werden *(hacer responsable)*.

Damit eine Übereinkunft gültig *(válido)* ist, sind folgende Voraussetzungen *(condiciones previas)* wesentliche Erfordernisse *(requerimientos esenciales)*: die Einwilligung *(consentimiento)* der Parteien; ihre Fähigkeit, Verträge abzuschließen *(capacidad de concluir o concertar contratos)*; der Gegenstand *(objeto)* der Verbindlichkeit *(obligación, compromiso)*.

Die Bedingungen des Kaufvertrages *(condiciones del contrato de compraventa)* bestimmen die Verpflichtungen der Vertragsparteien *(determinan las obligaciones de las partes contratantes)*, und folgende Klauseln verdienen besondere Beachtung:

a) Zustand *(condición, estado)* oder Qualität *(calidad)* der Ware

nach Beschreibung *(según descripción)*: Die Ware wird nach Qualitätsbezeichnung, Marke *(marca)* oder Warenzeichen *(marca de fábrica)* abgegeben.

nach Probe oder Muster *(según muestra o modelo)*: Die Ware muß der Probe oder dem Muster entsprechen *(corresponder)*, sonst kann der Käufer die Annahme verweigern *(rehusar la aceptación)*.

zur Ansicht *(como muestra para examen)*: Die Ware geht als Ansichtssendung *(envío de muestra)* und kann ohne Verpflichtung *(sin compromiso)* des Käufers innerhalb einer angemessenen Frist *(dentro de un plazo razonable)* zurückgesandt werden.

auf Probe *(a título de prueba)*: Der Käufer testet die Ware, z.B. einen Heimcomputer, und muß innerhalb einer bestimmten Zeit die Kaufentscheidung treffen *(tomar una decisión de compra)*.

nach ungefährem Muster *(según muestra aproximada)*; (Abnahme nach Stichproben) *(aceptación a base de muestreo)*: Der Verkauf wird nach der Durchschnittsbeschaffenheit *(calidad media)* der Ware abgeschlossen *(concertada)*.

b) Lieferzeit *(plazo de entrega)*

umgehende oder sofortige Lieferung *(entrega inmediata)*; a ... días fecha ist „Ziel" für Lieferung und Zahlung, z.B.: Die Ware ist 7 Tage nach Abschluß *(a siete días fecha)* zu liefern und zu zahlen.

auf Ankunft, schwimmend, rollend *(navegando o en camino)*: Die Ware ist (vom Ausland [*del extranjero*]) unterwegs.

Lieferung auf Zeit *(entrega a plazo)*: zu einem bestimmten Zeitpunkt *(plazo fijo)*, die (besonders an den Börsen gemachten) Lieferungs-, Zeit- oder Termingeschäfte *(transacciones a plazo)*.

Lieferung nach Bedarf, wie gewünscht *(según demanda)*, auf Abruf *(a demanda)*: Der Käufer gibt den Zeitpunkt der Lieferung an. Bei der Sukzessiv- oder aufeinanderfolgenden Lieferung *(entrega sucesiva)* liefert der Verkäufer nach und nach *(sucesivamente)* oder in Teilsendungen *(entregas parciales)*. Der Käufer muß jede Rate *(plazo)* umgehend *(inmediatamente o a vuelta de correo)* bezahlen, sonst kommt er in Zahlungsverzug *(demora de pago)*.

c) Art *(modo)* der Lieferung, der Beförderung oder des Versands

Der Versand *(expedición, despacho)* der Waren oder die Güterbeförderung *(transporte de la mercancía)* findet statt:

    1. auf dem Landwege *(por vía terrestre)*
durch Boten *(por mensajero)*
mit eigenem Lieferwagen *(con camioneta de reparto propia)*
durch Transportunternehmer *(por agencia de transportes)*
durch die Paketpost *(por paquete postal)*
mit der Bahn *(por ferrocarril)*, und zwar
als Frachtgut *(por pequeña velocidad, p. v.)*
als Reisegepäck *(como equipaje)*
als Eilgut *(por gran velocidad, g. v.)*
    2. auf dem Wasserwege *(por vía marítima o fluvial)*
mit dem Motorschiff *(por barco o vapor)*
mit dem Schlepper oder Kahn *(por remolcador o barcaza)*
    3. auf dem Luftwege *(por vía aérea)*
mit Passagierflugzeug *(por avión de línea de pasajeros)*
mit Frachtflugzeug *(por avión de carga)*

d) Preis *(precio)* und Ort *(lugar)* der Lieferung
(un)verzollt *(derechos de aduana [no] incluidos)*: der Preis schließt den
    Zoll *(derechos de aduana)* auf die Ware (nicht) ein.
unter Nachnahme *(contra reembolso)*: Fracht *(flete)* und andere Gebühren
    (derechos) sind bei Empfang der Ware zu zahlen *(pagaderos al recibo)*.
fracht- und spesenfrei *(libre de gastos)*: der Preis schließt alle Unkosten
    (todos los gastos) ein.
frei Haus *(franco domicilio)*.
frei Duisburg zu liefern *(franco Duisburg)*: Duisburg ist für den Verkäufer
    Ablieferungsort *(lugar o punto de entrega)*.
    Für die Lieferbedingungen *(condiciones de entrega)* im Außenhandel
stellte die Internationale Handelskammer, IHK *(Cámara de Comercio
Internacional, CCI)*, Paris, nach vorherigen Untersuchungen *(estudios)*
im Jahre 1923 bzw. 1928, die ersten standardisierten Regeln *(reglas estan-
dardizadas)* 1936, die sogenannten Incoterms (International Commercial Terms = *Términos Comerciales Internacionales*) zusammen. Diese
Regeln, die den Übergang des Risikos *(transmisión del riesgo)* der Ware
und die Aufteilung *(distribución, reparto)* der für den Transport entstehenden Kosten zwischen dem Käufer und dem Verkäufer festlegen *(fijar)*,
wurden mehrfach überarbeitet *(revisar)*, wobei den heutigen Außenhandelsgeschäften *(transacciones internacionales)* die „Incoterms 1990" zugrunde gelegt werden *(tomar por base)*, die am 1. Juli 1990 in Kraft traten.
Die Gründe für die verschiedenen Revisionen liegen vor allem in der
Weiterentwicklung *(perfeccionamiento)* der Transporttechniken *(técnicas
de transporte)* und -dokumentationsformen *(modalidades de documentación del transporte)*, denen die Klauseln *(cláusulas, clausulado)* in regelmäßigen Abständen angepaßt werden mußten. So hat, zum Beispiel, in den
letzten Jahren der kombinierte Transport *(transporte combinado, mixto)*
in seinen drei Modalitäten: LKW–Eisenbahnwaggon *(camión–ferroca-
rril/sistema de canguro terrestre)*, LKW–Schiff *(camión–barco/sistema de
canguro marítimo)* und in Containern *(sistema de contenedores)* stark
zugenommen. Des weiteren ist ein steigender Einsatz des elektronischen
Datenaustauschs *(intercambio electrónico de datos)* zu verzeichnen, der
die klassischen Dokumente durch eine elektronische Mitteilung *(comunicación electrónica)* ersetzen soll.

Die Incoterms erhalten ihre Geltung bei Außenhandelsgeschäften erst durch ausdrückliche Aufnahme *(inclusión explícita)* in den Vertrag zwischen Käufer und Verkäufer *(contrato de compraventa)*. Zur Vermeidung von Mißverständnissen *(malentendidos, equivocaciones)* ist es daher wichtig, daß die entsprechenden Lieferbedingungen präzise in der englischen Originalfassung *(versión original)* oder mit dem standardisierten Kürzel *(abreviatura estandardizada)* bezeichnet sowie auf die geltende Fassung der Incoterms verwiesen wird (z. B. gemäß Incoterms 1990). Die Incoterms 1990 definieren 13 Handelsklauseln *(cláusulas comerciales)*, die in vier Gruppen eingeteilt sind. Jede Gruppe trägt als Bezeichnung einen gemeinsamen Anfangsbuchstaben.

Gruppe E	EXW	Ex works, ab Werk *(en fábrica)*
Gruppe F	FCA	Free carrier, frei Frachtführer *(libre fletador)*
	FAS	Free alongside ship, frei Längsseite Schiff *(franco al costado del buque)*
	FOB	Free on board, frei an Bord *(franco a bordo)*
Gruppe C	CFR	Cost and freight, Kosten und Fracht *(costes y flete)*
	CIF	Cost, insurance and freight, Kosten, Versicherung und Fracht *(costes, seguro y flete)*
	CPT	Carriage paid to, Frachtfrei *(flete pagado hasta)*
	CIP	Carriage and insurance paid to, Frachtfrei versichert *(flete y seguro pagado hasta)*
Gruppe D	DAF	Delivered at frontier, geliefert Grenze *(franco frontera)*
	DES	Delivered ex ship, geliefert ab Schiff *(sobre buque)*
	DEQ	Delivered ex quay, geliefert ab Kai *(sobre muelle)*
	DDU	Delivered duty unpaid, geliefert unverzollt *(derechos aduaneros a cargo del comprador)*
	DDP	Delivered duty paid, geliefert verzollt *(libre de derechos aduaneros)*

Gegenüber den Incoterms 1980 wurde die Anzahl der Klauseln von 14 auf 13 verringert. Die Klauseln FOR/FOT (Free on rail = *franco sobre vagón)*/(free on truck = *franco sobre camión)* und FOB Airport sind entfallen. Sie sind in der Klausel FCA (Free carrier = *libre fletador)* aufgegangen, die entsprechend ergänzt und neu gefaßt wurde. Neu ist die Klausel DDU (Delivered duty unpaid = *derechos aduaneros a cargo del comprador)*.

Die neue Einteilung *(clasificación)* geht von einem Mindestmaß *(mínimo)* an Pflichten des Verkäufers *(obligaciones del vendedor)* bei der E-Klausel bis zu einem Höchstmaß *(máximo)* bei den D-Klauseln. Entsprechend verlaufen die Pflichten des Käufers *(obligaciones del comprador)* in umgekehrter Richtung: Sie vermindern sich von der E-Klausel bis zur D-Gruppe.

Die EXW-Lieferbedingung bedeutet, daß der Verkäufer der Ware diese auf seinem Werksgelände *(recinto fabril)* dem Käufer zur Verfügung

zu stellen hat *(tener que poner a disposición)*. Der Käufer ist verpflichtet,
die Exportformalitäten *(formalidades relativas a la exportación)* abzuwickeln *(tramitar)*, die Ware zu verladen *(expedir, cargar)* und zum
Bestimmungsort zu transportieren. Sämtliche für den Transport und die
Versicherung anfallenden Kosten sowie die mit dem Transport verbundenen Risiken *(riesgos inherentes al transporte)* für die Ware müssen
vom Käufer getragen werden. Diese Klausel stellt daher für den Verkäufer eine Minimalverpflichtung *(obligación mínima)* dar.

Die FCA-Vertragsformel *(fórmula contractual)* hat ihre Grundlage in der
FOB-Klausel. Der Verkäufer hat seine Verpflichtungen erfüllt, wenn er
dem benannten Frachtführer am benannten Ort die Ware übergibt. Zu
den Verpflichtungen des Verkäufers gehört es außerdem, sämtliche für
die Ausfuhr erforderlichen Bewilligungen *(autorizaciones)* und amtlichen Bescheinigungen *(certificados oficiales)* zu beschaffen. Mit Übergabe der Ware an den Frachtführer geht auch das Risiko des Verlustes
der Ware *(riesgo de pérdida de la mercancía)* auf den Käufer über, und
dieser hat sämtliche ab diesem Zeitpunkt anfallenden Kosten zu tragen
(correr con los gastos originados). Es ist Aufgabe des Käufers, einen
Frachtführer mit dem Transport der Ware zu beauftragen *(comisionar,
encargar)*.

Bei der FAS-Vertragsformel ist der Verkäufer der Ware verpflichtet, diese
an dem vom Käufer benannten Ladeplatz *(embarcadero, cargadero)*
Längsseite Schiff *(al costado del barco)* zu liefern. Danach trägt der
Käufer sämtliche, die für den Weitertransport *(transporte ulterior, retransporte)* und für die Versicherung anfallen sowie die Gefahren
des Verlusts *(riesgos de pérdida)* oder der Beschädigung der Ware
(daño, deterioro de la mercancía). Außerdem ist die Beschaffung *(obtención)* aller für die Ausfuhr erforderlichen Bewilligungen und amtlichen
Bescheinigungen Aufgabe des Käufers *(obligación del comprador)*.

FOB ist wohl eine der bekanntesten Lieferbedingungen im internationalen
Handel. Obwohl es sich bei dieser Klausel um eine der FCA-Klausel
ähnliche Lieferbedingung handelt, ist sie nicht in diese integriert worden, sondern als die traditionelle Lieferbedingung erhalten geblieben.
Der Verkäufer hat seine Verpflichtung erfüllt, wenn er die Ware an Bord
des vom Käufer benannten Schiffes im vereinbarten Verschiffungshafen
(puerto de embarque acordado, convenido) gebracht hat. Die Gefahr des
Verlusts oder der Beschädigung der Ware geht zu dem Zeitpunkt auf
den Käufer über, wenn die Ware die Schiffsreling *(borda del barco)*
überschritten hat. Bei dieser Lieferklausel muß der Verkäufer im Gegensatz zu FAS die Ausfuhrbewilligung *(licencia, autorización de exportación)* und sonstige amtliche Bescheinigungen beschaffen.

Wird in den Lieferbedingungen CFR vereinbart, so hat der Verkäufer für
die Beförderung der Ware zu sorgen und einen entsprechenden Vertrag
abzuschließen. Er ist verpflichtet, die Ware an Bord des Schiffes im
Verschiffungshafen zu liefern sowie die Fracht für die Beförderung bis
zum Bestimmungshafen und die Kosten für die Ausfuhrbewilligung und
sonstige Bescheinigungen zu tragen. Der Käufer übernimmt bei Ankunft sämtliche Kosten, die für die Einfuhr der Ware in das Bestim-
mungsland *(país de destino)* sowie den Transport bis zum endgültigen
Bestimmungsort anfallen *(originarse)*. Die Gefahr des Verlusts oder der
Beschädigung der Ware geht bereits auf den Käufer über, sobald die

Ware die Schiffsreling im Verschiffungshafen überschritten hat. Diese Lieferbedingung kommt nur für den Seetransport von Stück- und Massengütern *(mercancias sueltas y a granel)* in Betracht *(entrar en consideración)* und ist nicht für andere Transportarten geeignet.

Die CIF-Klausel ist eine Erweiterung *(ampliación)* von CFR. Bei der Vereinbarung von CIF trägt der Verkäufer neben den Frachtkosten *(gastos de flete)* für den Seetransport und den sonstigen für die Beförderung der Waren anfallenden Kosten auch die Versicherungsprämie *(prima de seguro)* für den Abschluß *(conclusión)* einer Seetransportversicherung *(seguro de transporte marítimo)*, durch die die Waren gegen die Gefahren des Verlusts oder der Beschädigung auf dem Transportweg *(itinerario)* versichert werden. Die Gefahr des Verlusts oder der Beschädigung der Ware geht wie bei CFR auf den Käufer über, sobald die Ware die Schiffsreling im Verschiffungshafen überschritten hat. Für den Käufer hat diese Klausel gegenüber CFR den Vorteil, daß die zugunsten des Verkäufers abgeschlossene Seetransportversicherung für Schäden, im Falle eines Verlusts oder der Beschädigung der Ware während des Seetransports, eintritt.

CPT stellt das Pendant *(hacer pareja)* zu CFR im Seetransport dar. Der Verkäufer ist verpflichtet, den Beförderungsvertrag für die Ware abzuschließen, die Ausfuhrbewilligung oder andere behördliche Genehmigung *(autorización administrativa)* zu beschaffen sowie alle Zollformalitäten *(formalidades aduaneras)* zu erledigen *(gestionar)* und die Fracht für die Beförderung der Ware bis zum Bestimmungsort zu zahlen. Die Gefahr des Verlusts oder der Beschädigung der Ware geht allerdings bereits bei Übergabe an den ersten Frachtführer auf den Käufer über.

Die CIP-Klausel stellt eine Erweiterung der Lieferbedingungen CPT dar und entspricht der CIF-Klausel im Seetransport. Bei dieser Lieferbedingung muß der Verkäufer zusätzlich zu den bei der CPT-Klausel bestehenden Verpflichtung eine Versicherung gegen die Risiken des Verlusts oder der Beschädigung der Ware abschließen. Ferner muß er für die Versicherungsprämie aufkommen *(costear, hacerse cargo)* und gegenüber dem Käufer den Nachweis erbringen *(presentar el justificante)*, daß eine Transportversicherung abgeschlossen wurde. Wie bei CIF ist auch bei CIP seit der Revision 1990 der Incoterms eine Mindestdeckung *(cobertura mínima)* der Risiken auf Grundlage der Klausel © der Institute Cargo Clauses des Institute of London Underwriters gewährleistet *(garantizar)*.

Die DAF-Klausel sollte hauptsächlich für den Schienen- und Straßentransport *(transporte ferroviario y por carretera)* verwendet werden, ist aber auch bei jeder anderen Transportart möglich. Der Verkäufer ist verpflichtet, den Beförderungsvertrag abzuschließen und die Ware an der Grenze, aber noch vor der „Zollgrenze" *(frontera aduanera)* des benachbarten Landes *(país vecino)*, dem Käufer zur Verfügung zu stellen. Der Verkäufer trägt sämtliche bis zu diesem Ort anfallenden Kosten sowie die mit der Ware verbundenen Risiken des Verlusts oder der Beschädigung. Außerdem hat er die Ausfuhrgenehmigung *(licencia de exportación)* zu beschaffen sowie alle Zollformalitäten *(formalidades aduaneras)* zu erledigen.

Nach der DES-Klausel hat der Verkäufer den Vertrag über die Beförderung der Ware abzuschließen und dem Käufer die Ware an Bord eines

Schiffes in dem im Vertrag vereinbarten Bestimmungshafen zur Verfügung zu stellen. Der Verkäufer trägt sämtliche Kosten und die Gefahr des Verlusts der Ware bis zum benannten Bestimmungshafen. Ferner hat er die Ausfuhrbewilligung zu beschaffen sowie alle Zollformalitäten zu erledigen. Die für die Löschung *(descarga, alijo)* und die Einfuhr der Ware anfallenden Kosten sind vom Käufer zu übernehmen.

Wir die DEQ-Klausel vereinbart, so hat der Verkäufer den Beförderungsvertrag abzuschließen und die Ware am Kai *(muelle)* des im Kaufvertrag genannten Bestimmungshafens dem Käufer zur Verfügung zu stellen. Der Verkäufer trägt sämtliche Kosten und die Risiken des Verlusts bis zu diesem Hafen. Die Abfertigung der Ware *(despacho de la mercancía)* und die Entrichtung *(abono, pago)* der Einfuhrzölle *(derechos de importación)* sind Sache des Verkäufers *(incumbir, corresponder al vendedor)*. Er hat die Aus- und Einfuhrbewilligungen zu beschaffen und alle Zollformalitäten zu erledigen.

Die DDU-Klausel ist für alle Transportarten geeignet. Der Verkäufer ist bei der Vereinbarung dieser Klausel verpflichtet, den Beförderungsvertrag abzuschließen und die Ware dem Käufer an einem bestimmten Ort zur Verfügung zu stellen. Er trägt die bis dahin anfallenden Kosten und Gefahren des Verlusts oder der Beschädigung der Ware. Er ist jedoch nicht zur Erledigung *(gestión, tramitación)* der Einfuhrmodalitäten und zur Entrichtung der Einfuhrabgaben *(impuestos de importación)* verpflichtet, die Sache des Käufers sind. Ihm obliegt *(incumbir, ser de la incumbencia)* jedoch die Beschaffung der Einfuhrbewilligung sowie die Erledigung aller Zollformalitäten.

Die DDP-Klausel enthält die Maximalverpflichtung *(obligación máxima)* des Verkäufers. Er hat den Beförderungsvertrag abzuschließen, die Ware an den im Kaufvertrag vom Käufer benannten Bestimmungsort zu liefern und alle bis dahin anfallenden Kosten sowie die Gefahr des Verlusts oder der Beschädigung der Ware zu tragen. Außerdem ist der Verkäufer im Unterschied zu DDU zur Erledigung der Einfuhrmodalitäten und zur Entrichtung der Einfuhrzölle verpflichtet. Zu diesem Zweck hat er die Aus- und Einfuhrbewilligungen zu beschaffen sowie alle Zollformalitäten zu erledigen. Diese Lieferbedingung kann für jede Transportart verwendet werden.

Bei der Auswahl der Lieferbedingungen ist zu beachten, daß nicht alle Klauseln für alle Transportarten anwendbar sind, sondern einige sich nur auf Schiffstransporte *(transportes marítimos)* beziehen. Diese reinen Schiffsklauseln *(auténticas cláusulas marítimas)* sind: FAS, FOB, CFR, CIF, DES und DEQ.

e) Z e i t *(plazo)* und A r t *(modo)* d e r Z a h l u n g

Man unterscheidet a) Zahlung vor Lieferung (Anzahlung und Vorauszahlung, *pago a cuenta, pago adelantado*), die bei großen Aufträgen und von unbekannten oder unsicheren Kunden verlangt wird; b) Zahlung bei Lieferung (Kassa- oder Bargeschäft, *pago al contado*), wobei der Kauf gegen sofortige Barzahlung *(pago al contado)*, manchmal mit einem Abzug *(descuento)* vom Rechnungsbetrag *(importe de la factura)* stattfindet; c) Zahlung nach der Lieferung (Kreditgeschäft, *operación de crédito*, Kredit-, Zielkauf, *compra a crédito, a plazo*), wenn die Waren auf Kredit oder Ziel *(a crédito, a plazo*; z. B. ein Monat Ziel, *a un mes de plazo*) gekauft werden, d. h. wenn die Barzahlung ohne Abzug *(deducción)* erst nach Ablauf *(después de la expiración)* eines je nach Handelsbrauch *(uso comercial, usanza)* und Warengattung *(clase de mercancías)* zu bestimmenden Zieles erfolgt.

Bei den Abzügen muß man Barzahlungsskonto, -rabatt (Abzug bei prompter Bezahlung, *descuento por pago al contado)* von Händlerrabatt *(rebaja o descuento de comerciante)*, Wiederverkäuferrabatt *(descuento de reventa)*, Mengenrabatt *(rebaja cuantitativa)* und Großhandelsrabatt *(descuento de mayorista)* unterscheiden.

Gebräuchlich sind:

Zahlung bei Auftragserteilung *(pago al hacer el pedido)*, Zahlung im voraus *(pago por adelantado)*, pränumerando: der Betrag ist vor Absendung *(despacho)* der Ware zu zahlen.

Kasse bei Ablieferung, unter Nachnahme *(contra reembolso)*: die Ware wird dem Käufer nur gegen Zahlung des Rechnungsbetrages ausgehändigt *(entregada)*.

Sofortige Bezahlung *(pago inmediato)*.

Netto Kasse *(neto al contado)*: Zahlung ohne Abzug *(sin descuento)*.

7 Tage netto Kasse *(neto al contado 7 días)*: Zahlung ohne Abzug innerhalb von 7 Tagen.

Wert (od. Valuta per) 1. Juli und 3 Monate Ziel *(valor [pagadero] primero de julio y tres meses de plazo)*: die Zahlungsfrist beginnt am 1. Juli.

Kasse mit 2½% Skonto oder Nettobetrag in 30 Tagen *(al contado con 2½% de descuento o neto en 30 días)*: der Käufer zahlt sofort unter Abzug von 2½% oder nach 30 Tagen ohne Abzug.

2½% Skonto bei monatlicher Abrechnung *(2½% de descuento con liquidación mensual)* und Zahlung sofort nach Erhalt des Kontoauszuges *(después del recibo del extracto de cuenta)*.

Dokumente gegen Zahlung *(D/P: documentos contra pago)*: der Käufer zahlt gegen die Aushändigung der Verschiffungsdokumente *(documentos de embarque)*.

Dokumente gegen Akzept *(D/A: documentos contra aceptación)*: der Käufer erhält die Verschiffungsdokumente gegen Akzept des Wechsels *(letra de cambio)*.

f) Form *(forma)* der Zahlung

Die Zahlung kann geleistet werden *(el pago puede efectuarse)*: a) (in) bar, in Bargeld *(al contado)*, in Banknoten *(billetes de banco)* oder in Münzen *(monedas)*, soweit sie als gesetzliches Zahlungsmittel *(medios legales de pago)* gelten; b) durch Scheck *(cheque)*, Wechsel oder Tratte *(letra o giro)*, Postüberweisung *(transferencia postal)*, Postschecküberweisung *(transferencia por cheque postal)* und die verschiedenen Arten der Banküberweisung *(transferencia bancaria)*.

Außerdem ermöglicht die Bankvermittlung im Überseeverkehr *(comercio de ultramar)* Zahlungen: a) durch Ankauf von Bankwechseln *(letras bancarias)*; b) durch Dokumentenwechsel *(letras documentarias)*, die dem Käufer gegen Zahlung *(documentos contra pago = D/P)*oder gegen Akzept *(documentos contra aceptación = D/A)* übergeben werden. Vgl. Kap. VII Zahlung, XVIII Bankwesen, XIX Scheck- und Wechselverkehr.

Falls der Exporteur an einen unbekannten überseeischen Importeur liefert, sollte er die Bedingungen absolut klarmachen und hierbei die Bedingungen der Internationalen Handelskammer zugrunde legen.

7. Post- und Fernmeldewesen

Unter Post *(correo)* versteht man zweierlei:

a) Die staatliche Einrichtung (Postamt = *Oficina de Correos*) zur Beförderung *(expedición* o *despacho)* von Briefen *(cartas)*, Postkarten *(tarjetas postales)*, Zeitungen *(periódicos)*, Zeitschriften *(revistas)*, Paketen *(paquetes)*, Geld *(dinero)* usw.

b) Die von einem Absender *(remitente)* an einen Adressaten oder Empfänger *(destinatario)* gerichtete Korrespondenz *(correspondencia)*. Die mit Briefmarken *(sellos* oder Am. *estampillas)* frankierte oder mit dem entsprechenden Porto *(franqueo)* versehene Post *(correo franqueado)* bringt man zum Postamt oder wirft sie *(se echa* o *mete)* in einen Briefkasten *(buzón)*.

Die seit einiger Zeit bestehenden Postleitzahlen *(códigos postales, C. P.)* ermöglichen eine schnelle elektronische Sortierung *(hacen posible una rápida clasificación electrónica)* der Briefe. In vielen Ländern bezeichnen die Postleitzahlen nur eine Stadt oder einen Stadtteil und sind in einem einzigen Adreßbuch verzeichnet *(figuran en una sola guía)*. Die spanischen Postleitzahlen bestehen aus einer fünfstelligen Zahl *(número de cinco cifras* o *dígitos)*. Die ersten drei Ziffern bezeichnen in alphabetischer Reihenfolge *(designan por orden alfabético)* die Provinzhauptstadt, die immer eine „Null" am Ende hat, oder eine Stadt der 50 spanischen Provinzen *(provincias)*. Die letzten zwei Ziffern bezeichnen einen Postbezirk *(distrito postal)* der Hauptstadt oder Städte.

Der Briefträger oder Postbote *(cartero)* besorgt die gewöhnliche Zustellung *(reparto)* der Briefe. Für Eilbriefe *(cartas urgentes)* bedient man sich der Eilzustellung *(entrega urgente)*. Solche Sendungen werden mit der Aufschrift „urgente" versehen.

Ist der Empfänger verzogen *(Si el destinatario ha cambiado de domicilio)*, so kann der Brief umadressiert und neu aufgegeben werden *(la dirección puede ser rectificada y la carta reexpedida)*, oder er geht, wenn der Empfänger nicht aufzufinden ist, an den Absender zurück *(se devuelve al remitente)*.

Wichtige Briefe *(cartas importantes)* kann man einschreiben lassen *(certificar)*, indem man den Einschreibebrief *(carta certificada)* mit dem Vermerk „Einschreiben" *(„Certificado")* versieht und gegen Aushändigung eines Einlieferungsscheines *(resguardo)* eine bestimmte Einschreibegebühr *(derechos de certificado)* zahlt. Durch das Einschreiben sichert man sich die prompte Zustellung *(entrega)* und eine Vergütung *(indemnización)*, sollte der Brief verlorengehen *(en caso de extravío)*.

Wert- oder Geldbriefe können als Wertsendungen aufgegeben werden *(pueden ser enviadas como valores declarados)*, wofür ebenfalls besondere Gebühren zu entrichten sind.

Postlagernde Briefe *(cartas a la Lista de Correos)*, zu deren Empfang ein Ausweis oder eine Legitimation *(documento de identidad)* nötig ist, müssen mit „Lista de Correos" (postlagernd) bezeichnet werden.

Um eine Anhäufung *(aglomeración)* der eingehenden Briefe *(cartas que llegan, correspondencia)* bei der Post zu vermeiden *(evitar)* und die Verteilung zu erleichtern *(facilitar el reparto)*, können die großen Firmen die für sie bestimmten Briefe direkt bei den Postanstalten abholen *(recoger directamente en las Oficinas de Correos)*. Hierfür mieten die Handelshäuser usw. bei ihrem zuständigen Postamt *(oficina o estafeta de correos respectiva)* ein Schließ- oder Postfach *(apartado,* Am. auch *casilla [de correo]* genannt). Die Briefe müssen die Aufschrift tragen: Schließ- oder Postfach Nr. ... *(Apartado n° ...* oder Am. *Casilla n° ...).*

Die Postkarte *(tarjeta postal)* mit eingedruckter *(impreso)* oder aufgeklebter *(adherido, pegado)* Marke kann mit bezahlter Antwortkarte *(tarjeta postal con respuesta pagada)* versehen sein.

Nachnahmesendungen *(envíos contra reembolso).* Bei diesen Sendungen wird der zu zahlende Betrag *(el importe a pagar)* durch die Post bei Zustellung eingezogen *(es cobrado al hacer la entrega).*

Geschäftspapiere *(papeles de negocios)*, Zeitungen *(periódicos)*, Rundschreiben *(circulares)*, Bücher *(libros)* und andere Drucksachen *(impresos)* werden offen *(envíos en sobre abierto)* oder unter Kreuz- oder Streifband *(con faja)* mit der Aufschrift: *Impresos* (Drucksache) versandt.

Warenproben *(muestras)* bezeichnet man mit „Muster ohne Wert" *(Muestras sin valor).*

Die Post befördert auch am Schalter aufzugebende Pakete *(entregados y registrados)* von verschiedener Größe *(de varios tamaños o de varias dimensiones)* zu bestimmten Sätzen *(tarifas).* Die Pakete können versichert werden *(ser asegurados)*; aber auch für unversicherte *(no asegurados)* verlorengegangene *(extraviados)* Pakete wird auf Grund einer vom Absender ausgefüllten und vom Beamten *(empleado)* des Postamtes unterzeichneten Bescheinigung *(talón, recibo)* eine Vergütung *(indemnización)* gewährt. Für postlagernde Pakete ist eine Postlagergebühr *(derechos de depósito)* zu entrichten.

Bei der Zolldeklaration *(declaración de aduanas)* ist Inhalts- und Wertangabe erforderlich *(hay que declarar el contenido y el valor).*

Sollen Briefe oder Pakete mit Luftpost *(correo aéreo)* befördert werden, so müssen sie die Bezeichnung „mit Luftpost" *(por avión, por correo aéreo)* tragen.

Die örtlichen Telefonbücher *(guías de teléfono)* enthalten die Namen, Anschriften und Telefonnummern aller Teilnehmer *(abonados).* Die sogenannten *„Páginas amarillas"* entsprechen unseren Branchenadreßbüchern, den „Gelben Seiten".

Es gibt Nummernscheiben-Telefone *(teléfonos con discos giratorios)* und Tasten-Telefone *(teléfonos de teclado).* Anrufbeantworter *(contestadores automáticos)* können gemietet oder gekauft werden *(alquilados o comprados).* Dieser Apparat fordert den Anrufer auf, eine Nachricht zu hinterlassen *(dejar un mensaje),* die aufgenommen wird *(grabado).*

Raumtelefone *(teléfonos „manos libres")* ermöglichen einer Person ohne Benutzung des Hörers *(auricular)* zu hören und zu sprechen, so daß die Hände frei sind. Der Gebührenanzeiger *(contador)* zeigt die Kosten eines Gespräches während des Telefonats an *(indica los gastos de la llamada mientras se telefonea).*

Um das Telefonieren zu erleichtern bzw. zu beschleunigen, sind in letzter Zeit viele technische Neuheiten *(novedades técnicas)* auf den Markt gekommen. Hierzu gehören z.B. die automatische Wählvorrichtung *(marcador automático),* die einen Wiederholungsmechanismus für Anrufe in Gang setzt *(pone en acción un mecanismo repetidor de llamadas)* oder das Speichertelefon *(teléfono con memoria),* das sich Telefonnummern merken kann.

Obwohl es in der spanischen Sprache auf Grund ihrer Übereinstimmung zwischen gesprochenem und geschriebenem Wort *(concordancia entre la palabra hablada y escrita)* – von ganz wenigen Ausnahmen abgesehen – selten zu Hörfehlern beim Telefonieren kommt und deshalb nicht wie in Deutschland und anderen Ländern ein amtliches Telefonalphabet benutzt wird, ist es manchmal notwendig, schwierige Namen zu buchstabieren *(deletrear)*. Man bedient sich in einem solchen Fall am besten der Namen von Ländern, Städten oder Personen. Meistens genügt es, z. B. zu sagen: „*b*" de „*Barcelona*", „*con uve*", con „*c*" o con „*k*", con „*ge*" o „*jota*", con „*uve doble*", con „*equis*", con „*i griega*", con „*zeta*", con „*hache*".

Das nachstehend aufgeführte Telefonalphabet stellt eine von vielen Möglichkeiten dar:

A	Alemania	E	España	I	Italia
B	Barcelona	F	Francia	J	jota
C	Canadá	G	Grecia	K	kilómetro
D	Dinamarca	H	hache	L	Londres
Ll	llave	Q	queso	W	uve doble
M	Madrid	R	Roma	X	equis
N	Noruega	S	Sevilla	Y	i griega
Ñ	eñe	T	Toledo	Z	zeta
O	Oslo	U	universidad		
P	Portugal	V	Valencia		

Der Telegraf *(telégrafo)* dient zur Übermittlung *(transmisión, expedición)* von telegrafischen Mitteilungen oder Nachrichten *(despachos o partes telegráficos)*, überseeisch: *despachos cablegráficos)*, und zwar geschieht dies durch ein Netz *(red)* von Telegrafenlinien *(líneas telegráficas)* und Unterseekabeln *(cables submarinos)*, sowie durch drahtlose oder Funktelegrafie *(telegrafía sin hilos, radiotelegrafía)*. Ein Telegramm *(telegrama)* kann sein:

a) drahtlos = Funkspruch *(despacho radiográfico, radiograma)*;
b) überseeisch = Kabeltelegramm *(cablegrama)*;
c) in offener *(franco)* oder in verabredeter *(convenido)* oder geheimer *(secreto)* Sprache, in Geheimschrift = Kodex-, Chiffretelegramm *(despacho en clave, cifrado)*, das in Code- oder Schlüsselwörtern *(palabras claves)* oder in Zahlen *(cifras)* oder auch gemischt *(mixto)* aufgegeben und mittels eines Telegrafenschlüssels *(clave o cifra telegráfica)* entziffert oder dechiffriert *(descifrado)* wird.

Viele Firmen bedienen sich beim Telegrafieren *(telegrafiar)* einer eingetragenen Telegrammadresse *(dirección [registrada] telegráfica o cablegráfica)*.

Bei der Gebühr oder Taxe *(tasa, tarifa)* kommt zur Worttaxe *(tanto por palabra)* oft noch eine Zuschlagtaxe *(tasa suplementaria o adicional)* hinzu. Die Antwort kann man auch vorausbezahlen *(pagar por adelantado, telegrama con respuesta pagada)*.

Das Telegramm hat im Geschäftsleben durch das Aufkommen des Fernschreibers *(con la aparición del télex o teletipo)* oder des Telefax *(telefax o fax)* an Bedeutung verloren. Beim Telefax handelt es sich um einen an das Telefon angeschlossenen Fernkopierer *(telecopiadora)*, der der Übertragung von Briefen, Dokumenten, Zeichnungen usw. dient.

Auch der Fernschreiber *(télex o teletipo)* ist aus einem modernen Unternehmen nicht mehr wegzudenken. Die durch Telex übermittelten Nachrichten kommen wie ein Telegramm in Sekunden beim Empfänger an *(llegan al destinatario en segundos)*, brauchen jedoch nicht aufgegeben zu werden, sondern werden direkt vom Fernschreiber auf ein Fernschreibgerät des Adressaten übermittelt.

Sowohl der Fernschreiber als das Telefax-Gerät können einen großen Teil der schriftlichen Korrespondenz zwischen Firmen übernehmen *(encargarse de gran parte de la correspondencia entre empresas)*, und aus diesem Grund sind sie für ein fortschrittliches Unternehmen unentbehrlich *(indispensables)*.

Das Telefon *(teléfono)* bleibt jedoch das gebräuchlichste Mittel zur sofortigen Kommunikation *(comunicación inmediata)*. Heute besteht in fast allen Ländern das Selbstwählsystem *(sistema automático)*, auch in öffentlichen Telefonzellen *(cabinas telefónicas públicas)*, sowohl für Inlands- als auch für Auslandsgespräche *(llamadas interurbanas nacionales como internacionales)*.

Das Telefongespräch
Redewendungen

Das Telefongespräch ist wie die Visitenkarte einer Firma. Ein höflicher und freundlicher Telefonempfang gibt dem Anrufer einen guten Eindruck von dem Unternehmen. Die Telefonistin *(telefonista)* an der Telefonzentrale *(centralita)* sollte eine sorgfältige und deutliche Aussprache *(una pronunciación cuidadosa y clara)* haben und mit freundlicher und höflicher Stimme sprechen.

Man vermeide jeden Slang und vor allem abgedroschene Ausdrücke *(expresiones triviales)* sowie Ausdrücke im Befehlston *(en tono imperioso)*.

Wenn ein Anruf kommt, antworte man nicht *„aló", „sí", „diga/dígame"*, sondern nenne den Namen der Firma, z.B.: *„López & Cía., buenos días (buenas tardes). ¿Con quién desea hablar?"*

Die deutsche und spanische Telefonsprache hat festgesetzte, stereotype Ausdrücke:

No sé exactamente (o: voy a ver) si el Sr. Martínez está en su despacho (oficina).	*Ich weiß nicht genau (od. Ich werde nachsehen), ob Herr Martínez in seinem Büro ist.*
Lo siento (mucho), el Sr. Martínez	*Es tut mir (sehr) leid, Herr Martínez*
a) no está en este momento (aquí) (y no regresará antes de las 3).	*a) ist im Augenblick nicht da (und wird vor 3 Uhr nicht zurück sein).*
b) no está en su despacho.	*b) ist nicht in seinem Büro.*
c) no está (hoy por la mañana).	*c) ist (heute morgen) nicht da.*
d) está comunicando (u: ocupado).	*d) spricht gerade (od. ist besetzt).*
e) no está libre en este momento.	*e) ist im Augenblick nicht frei.*
f) está de vacaciones (o: con/de permiso).	*f) ist in den Ferien (od. auf Urlaub).*
g) está tomando parte en una conferencia y probablemente hoy no podrá estar a su disposición.	*g) nimmt an einer Konferenz teil und steht heute wahrscheinlich nicht zu Ihrer Verfügung.*
h) está en una conferencia y no se le puede molestar.	*h) ist in einer Konferenz und kann nicht gestört werden.*
i) tiene visita en este momento.	*i) hat gerade Besuch.*
j) está con un cliente en la sala de exposición.	*j) ist mit einem Kunden im Ausstellungsraum.*
k) ha salido ya. Las horas de oficina son de 9 a 5. Pero creo que el Sr. Wagner está aún en su despacho.	*k) ist schon fort. Bürostunden sind von 9 bis 5. Aber ich glaube, Herr Wagner ist noch im Büro.*

El Sr. Martínez estará aquí (o: regresará) de un momento a otro.

Herr Martínez wird jeden Moment hier (od. zurück) sein.

¿Le puede llamar a Vd. cuando esté de regreso en la oficina?

Kann er Sie telefonisch erreichen, wenn er ins Büro zurückkommt?

¿Desearía/Quisiera Vd.

Möchten Sie

a) hablar con su secretaria?

a) seine Sekretärin sprechen?

b) hablar con el Sr. Schmitz?

b) mit Herrn Schmitz sprechen?

c) hablar con otra persona (de la sección de ventas)?

c) mit jemand anderem (in der Verkaufsabteilung) sprechen?

El Sr. Villar se hace cargo de todas las llamadas para el Sr. Martínez en ausencia de éste.

Herr Villar nimmt alle Anrufe für Herrn Martínez in dessen Abwesenheit an.

¿Desearía Vd. dejar un recado o puedo rogarle que le llame a Vd.?

Möchten Sie eine Nachricht hinterlassen, oder kann ich ihn bitten, Sie anzurufen?

Rogaré al Sr. Martínez que le llame cuando vuelva.

Ich werde Herrn Martínez bitten, Sie anzurufen, wenn er zurückkommt.

¿Quiere Vd. que llamemos más tarde?

Sollen wir später zurückrufen?

¿Cuándo quiere Vd. que le llame el Sr. Martínez?

Wann möchten Sie, daß Herr Martínez Sie anruft?

¿Cuál es la mejor hora para que le llame el Sr. Martínez?

Zu welcher Zeit würde Herr Martínez Sie am besten anrufen?

¿Podría Vd. darme, por favor, su nombre y dirección?

Könnten Sie mir bitte Ihren Namen und Ihre Anschrift geben?

¿Cuál es su número directo?

Wie ist Ihre Durchwahl?

Anotaré (o: voy a anotar) los detalles.

Ich werde die Einzelheiten notieren.

Lo repito (lo voy a repetir) de nuevo.

Ich wiederhole es noch mal.

Muchas gracias. Se lo diré al Sr. Martínez (o: Pasaré su recado al Sr. Martínez).

Danke sehr. Ich werde es Herrn Martínez ausrichten (od. Ich werde Herrn Martínez Ihre Nachricht geben).

¿(Me podría decir) su nombre, por favor?

Wie ist Ihr Name bitte?

¿Con quién hablo, por favor?

Mit wem spreche ich, bitte?

Lo siento, pero no entendí lo que Vd. dijo.

Es tut mir leid, ich habe nicht verstanden, was Sie sagten.

No entendí bien su nombre. ¿Podría repetírmelo, por favor?

Ich habe Ihren Namen nicht ganz verstanden. Würden Sie ihn bitte wiederholen?

¿Podría Vd., por favor, deletrear su nombre?

Könnten Sie Ihren Namen bitte buchstabieren?

Está(n) comunicando. No se retire, por favor.

Es wird gerade gesprochen. Bleiben Sie bitte am Apparat.

Lo siento, pero la línea está aún ocupada.

Leider ist die Leitung immer noch besetzt.

Siento mucho haberle hecho esperar, pero el Sr. Martínez está (aún) comunicando. ¿Quiere Vd. esperar o volver a llamar? – Esperaré.

Es tut mir leid, Sie warten zu lassen, aber Herr Martínez spricht (immer noch). Wollen Sie warten oder zurückrufen? – Ich werde warten.

Perdone. ¿Está Vd. aún al aparato?

Hallo, sind Sie noch am Apparat?

Trataré de conectarle (o: pasarle). No se retire, por favor.

Ich versuche, Sie zu verbinden. Bleiben Sie bitte am Apparat.

Tengo en la línea a Arnau & Cía. ¿Puedo pasarles (o: conectar)?

Ich habe Arnau & Cía auf der Leitung. Kann ich verbinden?

El Sr. Martínez está ahora libre. Le pongo.

Herr Martínez ist jetzt frei. Ich verbinde Sie.

Ya está conectado. Hable, por favor.

Sie sind jetzt verbunden, sprechen Sie bitte.

¿Es ahí el número 748 6064?

Ist dort die Nummer 748 6064?

¿Con quién hablo?

Mit wem spreche ich?

Buenos días (buenas tardes). Aquí Schneider de la casa Wagner. Quisiera hablar con el Sr. Gómez, por favor.

Guten Morgen (od. Tag). Schneider von der Firma Wagner. Ich möchte mit Herrn Gómez sprechen, bitte.

Werner Küpper de la casa Seibert AG. Llamo desde la República Federal de Alemania (Austria/Suiza)

Werner Küpper von der Firma Seibert AG. Ich rufe aus der Bundesrepublik Deutschland (Österreich/der Schweiz) an.

Voy a buscarle, no se retire.

Ich hole ihn, bleiben Sie am Apparat.

Póngame, por favor, con la sección de exportación. – ¿Con quién quiere hablar?

Verbinden Sie mich bitte mit der Exportabteilung. – Wen (od. Mit wem) möchten Sie sprechen?

Siento tener que quejarme de

Ich muß mich leider über ...

... (o: tengo una queja). ¿Quién es la persona competente (o: encargada) de ello?

beschweren (od. Ich habe eine Beschwerde). Wer ist hierfür zuständig?

¿Es Vd. la persona encargada de ello?

Sind Sie hierfür zuständig?

Siento no poder ayudarle. El Sr. Busch, de la sección de personal, es la persona encargada de ello (o: del asunto)

Ich bedaure, Ihnen nicht helfen zu können. Herr Busch von der Personalabteilung ist hier zuständig.

Quisiera hablar con alguien sobre nuestro pedido de aros de émbolo. ¿Me podría poner con la persona encargada de ello?

Ich möchte mit jemandem über unseren Auftrag für Kolbenringe sprechen. Können Sie mich mit der zuständigen Person verbinden?

¿Cuándo estará el Sr. López de vuelta?

Wann wird Herr López zurück sein?

¿Podría hablar con su secretaria?

Kann ich mit seiner Sekretärin sprechen?

Villanueva al aparato. ¿En qué puedo servirle?

Villanueva am Apparat. Kann ich Ihnen helfen?

¿Es Vd., Sr. Montero?

Sind Sie es, Herr Montero?

¿Es la sección de exportación?

Ist das die Export-Abteilung?

¿Puedo decirle de qué se trata?

Kann ich ihm sagen, um was es sich handelt?

Quisiera hablar personalmente con el Sr. Juárez en un asunto confidencial.

Ich möchte (mit) Herrn Juárez persönlich in einer vertraulichen Angelegenheit sprechen.

¿Puede Vd. darle un recado?

Können Sie ihm etwas ausrichten?

¿Podría Vd. rogarle que me llame lo más pronto (que le sea) posible (o: tan pronto haya regresado)?

Würden Sie ihn bitten, mich anzurufen, so bald wie möglich (sobald es ihm möglich ist) (od. sobald er zurück ist)?

Vd. me puede alcanzar todos los días en Düsseldorf, 3557, extensión 294.

Sie können mich jeden Tag erreichen in Düsseldorf, 35 57, Hausanschluß 294.

Si no estuviera aquí, pregunte Vd. por la Srta. Herbst. Ella puede tramitar el asunto (o: le podrá dar todos los detalles).

Wenn ich nicht da bin, fragen Sie nach Frl. Herbst. Sie kann die Sache erledigen (od. Sie wird Ihnen alle Einzelheiten sagen).

¿Podría, por favor, hablar un poco más alto? La conexión es (muy) mala.

Könnten Sie bitte ein wenig lauter sprechen? Die Verbindung ist (sehr) schlecht.

Desgraciadamente nos han cortado (la comunicación).

Wir sind leider unterbrochen (od. getrennt) worden.

Me acaban de cortar por segunda vez.

Ich bin gerade das zweite Mal getrennt worden.

Llamo desde un teléfono público automático.

Ich rufe von einem Münzfernsprecher an.

Lo siento mucho, pero aquí no tenemos a ningún Sr. Morales.

Es tut mir leid. Wir haben hier keinen Herrn Morales.

¿Qué número ha marcado Vd.?

Welche Nummer haben Sie gewählt?

Lo siento, pero le han puesto con la sección de ventas. ¿Puedo pasarle al Sr. Martínez de la sección postventas?

Es tut mir leid, Sie sind mit der Verkaufsabteilung verbunden. Kann ich Sie mit Herrn Martínez vom Kundendienst weiterverbinden?

Lo siento, pero creo que he marcado un número falso. Le ruego me disculpe.

Es tut mir leid, ich habe wohl die falsche Nummer gewählt. Bitte entschuldigen Sie.

¿Puede esperar un instante?

Können Sie einen Moment warten?

Voy a preguntar al Sr. Klein.

Ich werde bei Herrn Klein rückfragen.

Si se queda al aparato, podré averiguar esto para Vd.

Wenn Sie am Apparat bleiben, kann ich das für Sie feststellen.

Un momento, por favor. Voy a buscar su expediente. No se retire. ... ¿Está Vd. aún ahí (o: al aparato)?

Augenblick bitte, ich werde Ihre Akte holen. Bleiben Sie bitte am Apparat... Sind Sie noch da?

Siento mucho no poder darle la información inmediatamente.

Es tut mir leid, daß ich Ihnen die Auskunft nicht sofort geben kann.

¿Podría quizás volverle a llamar más tarde?

Kann ich Sie vielleicht später wieder anrufen?

Volveré a llamar tan pronto pueda (o: tan pronto tenga la información).

Ich rufe zurück, sobald ich kann (od. sobald ich die Information habe).

Me pondré de nuevo en contacto con Vd. más tarde.

Ich werde mich später wieder mit Ihnen in Verbindung setzen.

Volveré a llamar en aproximadamente media hora.

Ich werde in ungefähr einer halben Stunde wieder anrufen.

¿Le vendría bien (o: Qué le parece) a las 3.30?

Würde Ihnen 3.30 Uhr passen?

¿Tiene Vd. un momento de tiempo para mí?	*Haben Sie einen Augenblick Zeit für mich?*
¿Es un asunto de negocios?	*Ist es geschäftlich?*
Me gustaría discutir con Vd. uno o dos puntos.	*Ein oder zwei Punkte möchte ich mit Ihnen gerne besprechen.*
Le llamo para pedirle (que me haga) un favor.	*Ich rufe an, um Sie um eine Gefälligkeit zu bitten.*
No he entendido el último punto. ¿Podría Vd. (ser tan amable de) repetirlo?	*Ich habe den letzten Punkt nicht verstanden. Würden Sie das bitte noch mal wiederholen?*
No estoy seguro si he pronunciado bien esta palabra.	*Ich bin mir nicht sicher, ob ich dieses Wort richtig ausgesprochen habe.*
Siento haberle ocasionado esta molestia. – No me ha molestado en absoluto. He tenido mucho gusto en (o: me ha complacido mucho) ayudarle.	*Es tut mir leid, Ihnen diese Mühe gemacht zu haben. – Keine Ursache. Ich habe sehr gerne geholfen (od. Es hat mich gefreut, daß ich helfen konnte).*
¿Podemos hacer algo más por Vd.? – No, eso es todo por ahora.	*Können wir sonst noch etwas für Sie tun? – Nein, das ist jetzt alles.*
Entonces, gracias, Sr. Klein. Me ha sido Vd. de gran utilidad.	*Nun danke, Herr Klein. Sie haben mir sehr geholfen.*
Siento (o: lamento) mucho no poder ayudarle.	*Es tut mir sehr leid, daß ich Ihnen nicht helfen kann.*
Gracias por la llamada, ¡adiós!	*Danke für den Anruf, auf Wiederhören!*

Telegramm und Telex

Für Telegramme und Telexschreiben hat sich eine eigene, verkürzte Sprache entwickelt. Wörter, z. B. die Artikel *(el, la, los, las, uno, una)*, Präpositionen *(a, en, para, por)*, Pronomina *(yo, nosotros, vosotros, Vd., Vds.)* und Hilfszeitwörter *(verbos auxiliares; haber, ser, estar)* usw. werden häufig ausgelassen. Bei der Abfassung ist allerdings auf Genauigkeit *(exactitud)* und Klarheit *(claridad)* zu achten.

Beispiele

a) Sentimos que el precio cotizado sea inaceptable para Vds.	SENTIMOS PRECIO COTIZADO INACEPTABLE
b) Está planeada una reunión para el 2 ó 9 de abril. Tenga Vd. la bondad de confirmar la fecha más conveniente para Vd.	REUNION PLANEADA 2 O 9 ABRIL PUNTO BONDAD CONFIRMAR FECHA MAS CONVENIENTE

c) El Sr. López se encuentra en el hospital. Les rogamos cambiar la cita acordada del 3 de marzo al 20 de marzo.

SR LOPEZ HOSPITALIZADO PUNTO ROGAMOS CAMBIAR CITA 3 A 20 MARZO

d) Siento haber llegado con retraso a Madrid, por cuyo motivo les comunicaré la hora de mi llegada a Toledo lo más pronto posible.

SIENTO RETRASO MADRID PUNTO COMUNICARE HORA LLEGADA TOLEDO TAN PRONTO POSIBLE.

Wörter, die in Telegrammen Dringlichkeit *(urgencia)* oder Wichtigkeit *(importancia)* ausdrücken, sind: *urgentemente, inmediatamente, apresurar* (beschleunigen), *indispensable* (unbedingt erforderlich), *necesario, esencial* (notwendig, wesentlich); verneinende Wörter: *incapaz, inaceptable, inobtenible, imposible, improbable.*

Alle Texte werden in großen Buchstaben *(mayúsculas)* oder Blockbuchstaben *(caracteres, letras de imprenta)* geschrieben. Als Interpunktion gibt es nur das Fragezeichen *(signo de interrogación).* Prozent *(por ciento)* wird 0/0 geschrieben. Zahlen sollten in Worten *(en letras)* zum Ausdruck kommen.

Wichtige Angaben, Zahlen usw. werden am Ende der Mitteilung noch einmal wiederholt.

8. Das elektronische oder computerisierte Büro

Die mikroelektronische Technologie *(tecnología microelectrónica)* hat die Errichtung *(puesta en marcha)* elektronischer und automatischer Büros *(oficinas automatizadas)* mit elektronischer Datenverarbeitung (EDV) *(procesamiento electrónico de datos, PED)* ermöglicht. Heute werden Rechnungen, Angebote, Bestellungen, Kontoauszüge *(extractos de cuenta)*, Mahnschreiben *(cartas monitorias)*, Ferienreisebestätigungen *(confirmaciones de viajes de vacaciones)*, Mietkaufabrechnungen *(liquidaciones de compras-alquiler)*, Prämienerneuerungen *(prórrogas de primas)*, Gas- und Stromrechnungen *(cuentas de gas y electricidad)* usw. usf. vom Computer berechnet und gedruckt.

Computer arbeiten mit unvorstellbarer Geschwindigkeit. Das Rechnen erfolgt durch das Binär-System *(sistema binario)* statt des üblichen Dezimal-Systems *(sistema decimal).* Während das Dezimal-System aus zehn Einern *(dígitos)* (0−9) besteht, besteht das Binär-System nur aus zwei Einern, d. h. 0 und 1, die als Bits bekannt sind. Der Computer operiert durch Stromstöße *(impulsos de corriente).* Unter Stromstoß versteht man einen elektrischen Strom *(corriente eléctrica)* in einem Stromkreis *(circuito)*, der eingeschaltet *(encendido)* und ausgeschaltet *(apagado)* wird zur Darstellung der Buchstaben *(letras)* im Binär-Code *(código binario).*

Die Bestandteile des Computers

Die Grundkomponenten *(componentes básicas)* eines Computers sind: die Eingabe *(entrada)* an einem Ende und die Ausgabe *(salida)* am andern. Zwischen diesen beiden kommen die Rechnungseinheit *(unidad central)*, in der die nötigen Berechnungen ausgeführt werden, der Speicher *(almacén, memoria)*, der grundlegende Angaben speichert *(almacena información básica)*, die im Bedarfsfalle wieder herausgeholt werden können *(de donde puede ser extraída en caso de necesidad)*, und das Steuerwerk *(unidad de control)*, das dem Computer seine Befehle gibt *(da instrucciones al ordenador)*, was mit der Information geschehen soll.

Die Computermaschine wird Hardware genannt. Zu jedem Computer gehört das Programm (Software), durch das die Hardware funktioniert *(mediante el cual funciona el hardware)*. Die Auswahl geeigneter Hardware und Software ist sehr wichtig und muß auf die besonderen Anforderungen einer Firma zugeschnitten werden *(debe ser adaptado a las necesidades de la empresa)*.

Der Computer versteht keine normale Sprache. Deshalb müssen die Programme in einer der „Computer-Sprachen" geschrieben werden *(deben ser escritos en uno de los lenguajes de programación)*. Eine im Geschäftsleben häufig gebrauchte Sprache ist COBOL *(COmmon Business Oriented Language)*. Eine andere sehr bekannte Programmiersprache für Mini- und Micro-Computer ist BASIC *(Beginner's All-purpose Symbolic Instruction Code)*.

Man unterscheidet drei Arten von Computern:

Der Großcomputer *(gran ordenador)* kann mehrere unabhängige Programme gleichzeitig bewältigen *(puede efectuar varios programas independientes al mismo tiempo)* und mit anderen Computern verbunden werden *(conectado con otros ordenadores)*.

Großcomputer sind so teuer, daß sie nur in den Rechenzentren *(centros de proceso de datos, CPD)* sehr großer Unternehmen, Banken und staatlicher Behörden benutzt werden können. Die Großcomputer erfordern Fachleute *(expertos)* wie Programmierer *(programadores)*, Systemanalytiker *(analistas de sistemas)*, Rechenfachleute und anderes Bedienungspersonal *(operadores)*.

Computer mittlerer Größe *(miniordenadores)* bearbeiten die Datenverarbeitung *(procesamiento de datos)* wie Großcomputer, jedoch in kleinerem Umfang *(en más pequeña escala)*. Durch die Verwendung der Silicon Chips ist dieser Computer erheblich preiswerter geworden und nicht teurer als ein Personenwagen für gehobene Ansprüche. Er eignet sich für den Bedarf mittlerer Unternehmen *(es adecuado para las empresas medianas)* und besitzt einen Bildschirm *(pantalla)* zur Darstellung der Eingabe und Ausgabe, eine Tastatur *(teclado)* für die Dateneingabe *(entrada de datos)* und ein Steuerwerk *(unidad de control)*, das dem Computer seine Befehle gibt.

Die Aufgaben des Computers sind:

Lohn- und Gehaltsabrechnung *(liquidación de sueldos y salarios)*: Lohnerfassung *(registro de sueldos)*, -überweisungen *(transferencias)*; Beitragsnachweis *(registro de cuotas para seguros sociales y jubilaciones)*; Lohnstatistik *(estadísticas de remuneraciones)* usw.

Finanzbuchhaltung *(contabilidad financiera)*: kurzfristige Erfolgsrechnung *(cuenta de pérdidas y ganancias a corto plazo)*; Debitoren- und Kreditorenverwaltung *(contabilidad de deudores y acreedores)*; Monatsbilanz *(balance mensual)* usw.

Auftragsbearbeitung *(tramitación de pedidos)*: Materialbestandsführung *(inventarización)*; Auftragserfassung *(registro de pedidos)*; Rückstandsverwaltung *(administración de atrasos)*; Kreditbegrenzung *(límites de crédito)*; Fakturierung *(facturación)*; Zahlungsweise der Kunden *(modos de pago de los clientes)*; Verkaufszahlen in den verschiedenen Bezirken *(ventas por región)* usw.

Betriebsabrechnung *(liquidación de explotación)*: Kostenstatistik *(estadística de gastos)*; Stückkosten-Ist-Rechnung *(cuenta efectiva de gastos por unidad)* usw.

Materialwirtschaft *(compra y administración de materiales)*: Kauf, Verbrauch und Verwaltung des Materials *(compra, consumo y administración de materiales)*; Bestellungen *(pedidos)*; Terminplanung *(planeamiento de los plazos)*; Materialdisposition *(disposición de materiales)* usw.

Viele dieser Angaben dienen dazu, die Leitung eines Unternehmens umfassend zu informieren, damit Entscheidungen getroffen werden können *(poder tomar decisiones)*, die optimale Ergebnisse erzeugen *(que produzcan resultados óptimos)*.

Der Kleincomputer *(microordenador)* besteht aus einem Datenverarbeiter *(procesador de datos)* auf einem Silicon Chip *(chip de silicio)*, einem Memory Chip *(chip de memoria)*, einer Tastatur *(teclado)* für die Dateneingabe und einem Bildschirm *(pantalla)* für die Daten- und Rechnungsergebnisse *(resultados de cálculo)* und den Hilfsgeräten *(periféricos)* wie Drucker *(impresores)*, Disketten *(discos, disquettes)*.

Die weiteren Mittel des elektronischen Büros sind:

Die elektronische Schreibmaschine mit auswechselbarem Kugelkopf oder Typenrad *(margaritas intercambiables)* in vielen Schriftarten und mit Speicher. In der elektronischen Schreibmaschine kann man Schreibfehler korrigieren sowie Zusätze und Streichungen automatisch vornehmen. Das Gerät ist auch telexfähig *(puede utilizarse como télex)*.

Bei der Textverarbeitungsanlage *(unidad procesadora de textos)* wird der Text nicht direkt auf Papier geschrieben, sondern erscheint zunächst auf einem Bildschirm. Textverarbeiter haben einen größeren Speicher *(memoria)* als elektronische Schreibmaschinen und können das Material auf Disketten, Karten und Band *(discos, tarjetas y cinta)* speichern.

Ein Terminal dient zur Eingabe und zum Abrufen von Informationen von einem Computersystem *(entrada y búsqueda de informaciones de un sistema computador)*. Dieser Apparat wird z. B. von Reisebüros *(agencias de viaje)* benutzt, die damit im Nu feststellen können, wann und wo Buchungen frei sind. Der Terminal stellt dann auf Wunsch die gedruckte Fahrkarte, den Flugschein usw. sofort aus.

Weitere Hilfsmittel des modernen elektronischen Büros sind:

Mikrofilm durch Computer *(microfilm electrónico)*. Wenn man ein Dokument lesen muß, kann der Film auf ein Lesegerät *(lector)* in vergrößerter und lesbarer Form projiziert werden *(proyectado)*. Durch den Mikrofilm kann eine enorme Ersparnis an Lagerraum *(espacio de almacenaje)* erzielt werden.

Computerisierte Adressiermaschine *(rotuladora electrónica)*, wobei die Adressen auf Disketten gespeichert werden.

Elektronische Waagen *(pesacartas electrónicos)*, die eine sofortige Ausspeicherung *(indicación digital)* des Gewichtes *(peso)* und der genauen Postgebühren *(derechos postales)* geben.

Der spanische Geschäftsbrief

1. Haupterfordernisse eines guten Geschäftsbriefes

Der Geschäftsbrief *(carta comercial)* ist das Hauptkontaktmittel zwischen Geschäftspartnern *(corresponsales)*. Durch die elektronische Revolution ist er jedoch nicht mehr das einzige schriftliche Bindemittel *(vínculo)* zwischen Käufer *(comprador)* und Verkäufer *(vendedor)*. Telex *(télex)* und Telefax *(telefax)* sind hinzugekommen und haben eine blitzschnelle Übermittlung *(transmisión instantánea)* der schriftlichen Korrespondenz und die originalgetreue Übermittlung von Skizzen *(croquis)* und Zeichnungen *(diseños o dibujos)* um die ganze Welt ermöglicht.

Das rasende Tempo *(marcha vertiginosa)* des heutigen Geschäftslebens *(vida comercial actual)* hat den Stil des Briefes kürzer und sachlicher gemacht. Unerläßlich sind grammatische Genauigkeit *(exactitud en la gramática)*, fehlerlose Rechtschreibung *(ortografía impecable)*, richtige Interpunktion *(puntuación correcta)* und die logische Anordnung *(orden lógico)* aller zu behandelnden Punkte.

Das erste Erfordernis eines erfolgreichen Briefes besteht darin, sich auf die Denkweise des Lesers einzustellen *(adaptarse a la mentalidad del lector)*. Man versetze sich in seine Lage *(uno debe ponerse en su situación)* und versuche sich vorzustellen *(imaginarse)*, was für einen Eindruck er von dem, was man schreibt, bekommen wird.

Beim Beantworten von Briefen, besonders von Beschwerden *(reclamaciones)*, sollte man vor allem den Standpunkt seines Korrespondenten respektieren *(se debería ante todo respetar la opinión de su corresponsal)* und sich nicht dazu verleiten lassen *(resistir la tentación)*, ihm zu antworten, als ob man nicht im Unrecht sein könne *(como si uno no pudiera estar equivocado)*. Im heutigen Wirtschaftsleben *(vida económica de hoy)* wird häufig kurz und knapp argumentiert *(en general la argumentación es corta y concisa)*. Man vergesse dabei nicht, daß die Höflichkeit *(cortesía)* in jedem Brief an erster Stelle stehen sollte *(debería ser lo más importante)*. Nur so ist es möglich, zwischen verschiedenen Mentalitäten, die sich durch den Gebrauch unterschiedlicher Sprachen ergeben *(que se producen utilizando idiomas diferentes)*, zu vermitteln.

2. Äußere Form und Bestandteile eines Geschäftsbriefes

Die moderne Art der Textanordnung *(la forma moderna de la presentación gráfica, el layout)* ist die uneingerückte Blockform *(estilo bloque extremo)*. Alles wird ohne Einrücken an den linken Rand gesetzt *(todo es alineado al margen izquierdo sin dejar espacios o sangrarlo)*, sogar das Datum *(la fecha)*, die Schlußformel *(la despedida)* und die Unterschrift *(la firma)* beginnen am linken Rand *(margen izquierdo)*. Bei der halben Blockform *(estilo semibloque)* werden Datum und Unterschrift auf die

Mitte der Seite gesetzt. Die eingerückte Form *(estilo sangrado)* läßt alle Angaben am linken Rand beginnen außer der Unterschrift.

Bei der Interpunktion *(puntuación)* ist man im Zeitalter des Computers wie in anderen Ländern großzügig: Der Trend geht eindeutig zur offenen Zeichensetzung *(puntuación abierta)*, bei welcher außer im Brieftext *(texto de la carta)* keinerlei Interpunktion erfolgt. Es gibt jedoch noch die gemischte Zeichensetzung *(puntuación mixta)* mit einem Doppelpunkt *(dos puntos)* nach der Anrede *(saludo)* und einem Komma nach der Schlußformel, oder die geschlossene Zeichensetzung *(puntuación cerrada)*, bei der auch in der Anschrift nach jeder Zeile ein Komma erfolgt.

Der Geschäftsbrief besteht aus folgenden Bestandteilen:
1. Briefkopf *(membrete)*
2. Datum *(fecha)*
3. Name und Anschrift des Empfängers *(nombre y dirección del destinatario)*
4. Betreff oder Stichwortzeile *(asunto o referencia)*
5. Anrede *(saludo)*
6. Brieftext *(texto de la carta)*
7. Schlußformel *(despedida)*
8. Unterschrift und offizielle Stellung des Schreibers *(firma y título oficial del autor)*
9. Initialen *(iniciales)*
10. Anlage- und Verteilervermerk *(anexos y circulación)*.

Manchmal steht im spanischen Geschäftsbrief das Datum auch nach der Anschrift.

Briefkopf *(membrete)*. Der Briefkopf ist der gedruckte Teil des Briefbogens *(pliego)*. Viele Firmen drucken auf ihren Briefbogen ihr typisches Firmenzeichen *(logo)* oder Emblem *(emblema)*. Der Briefkopf gibt die Art einer Organisation *(naturaleza de una organización)* an, ihre Tätigkeit *(actividad)*, ihren Geschäftssitz *(sede)*, die Postadresse *(dirección postal)* mit Postleitzahl *(código postal)*, Telefonnummer mit Durchwahl *(número directo de teléfono)*, Telegrammadresse *(dirección telegráfica)*, Telex- und Telefaxnummer *(números del télex y telefax)*.

Datum *(fecha)*. In der Datumsangabe verwendet der Spanier die Grundzahlen *(números cardinales)*. Das Komma hinter dem Ortsnamen *(nombre del lugar)* ist wie im Deutschen üblich, es ist jedoch wenig gebräuchlich *(poco usual)*, Punkte hinter die Ziffern zu setzen:
Madrid, 15 de enero de 19. . (o: 15—I—19. .)
seltener: *Madrid, 15. 1. 19. .*

Name und Anschrift des Empfängers *(nombre y dirección del destinatario)*. Briefe an Einzelpersonen werden adressiert an:
Sr. D. Julio Sánchez
Sra. Dª María Luisa Romero
Srta. Gabriela Martínez

Besteht die Anschrift aus mehreren Personennamen *(varios nombres)*, steht:
Sres. Martínez y Romero

Bei Kapitalgesellschaften *(sociedades de carácter capitalista)* steht die Firmenbezeichnung *(denominación de la empresa)* ohne Zusatz: *Talleres de Murcia, S. A.*

Ist der Brief an eine bestimmte Person *(una cierta persona)* gerichtet, steht: *A la atención de...* Diese Anmerkung kann auch unter der Anschrift erfolgen.

In der Adresse steht zuerst die Straße *(calle)*, dann die Postleitzahl *(código postal)* mit dem Ortsnamen *(nombre del lugar)*. Da fast alle postalischen Vorgänge *(asuntos postales)* heute per Computer *(por medio de ordenador)* erfolgen, ist die Angabe der Postleitzahl wichtig. Nur wenn diese unbekannt ist, sollte man die Provinz *(provincia)* angeben, um eine Beschleunigung der Zustellung zu erwirken *(asegurar una aceleración en la entrega)*.

Fábrica de Herramientas, S. A.
Calle Marina, 429
28009 Madrid

Geht der Brief ins Ausland *(al extranjero)*, wird das Land *(el país)* hinzugefügt, in das der Brief geschickt werden soll.

Betreff oder Stichwortzeile *(asunto o referencia)*. Diese Zeile *(renglón)* steht nach der Anschrift *(después de la dirección)* und vor der Anrede *(antes del saludo)*. Es kann sich um Referenznummern *(números de referencia)*, Initialbuchstaben *(iniciales)* oder um eine kurze Bezugsangabe *(indicación del asunto)* handeln:

Su ref. VI 8956 a
Su carta del 8 de enero de 19. . FA/sg
oder:
Acuse de recibo de su pago del 8 de junio de 19. .

Moderne Briefbögen haben für die Referenznummern vorgedruckte Spalten *(columnas impresas)*, so daß sich eine Angabe der Initialen am Ende des Briefes erübrigt, z. B.:

Su ref.:
Su escrito:
N/ref.:
Nuestro escrito:

Anrede *(saludo)*. Die Anrede lautet: *Señor, Señora, Señores,* gefolgt von einem Doppelpunkt, der aber in der offenen Zeichensetzung weggelassen wird. Gebräuchlich sind außerdem die Anreden: *Estimado señor, Distinguido señor, Apreciado señor,* entsprechend in der weiblichen Form und im Plural. Man findet auch: *Amigo y señor,* wenn man den Partner recht gut kennt. Die Form: *Muy señor mío, muy señor nuestro* findet man heute seltener. *De mi consideración, de nuestra consideración* schreibt man gelegentlich in Lateinamerika.

Brieftext *(texto de la carta)*. Im Gegensatz zum Deutschen beginnt der spanische Brief mit einem Großbuchstaben. Der ursprüngliche Aufbau: Einleitung *(introducción)*, Hauptteil *(parte principal)*, Schlußformel *(despedida)* sollte eingehalten werden, auch wenn man heute aus Zeitgründen oft sofort mit dem Thema beginnt *(aunque hoy día sea más usual empezar en seguida con el tema)*.

Schlußformel *(despedida)*. Die früher zum Teil sehr weit ausholenden Höflichkeitsformeln *(frases de cortesía)* haben kürzeren Formeln Platz gemacht. Die häufigsten sind:

Quedo/quedamos de Vd./Vds. (muy) atentamente,
Atentos saludos,
Atentamente le/les saluda/n

Oft wird die Höflichkeitsformel auch in den Schlußsatz mit eingebaut, z.B.:

En espera de sus noticias, les saludamos atentamente
Sin otro particular, quedamos de Vd. muy atentamente

Wendungen wie z.B.:
Soy de Vd. con todo respeto y consideración
gelten als veraltet und werden nur in offiziellen oder besonders höflichen Briefen verwendet oder wenn man an hochstehende Persönlichkeiten schreibt.

Unterschrift und offizielle Stellung des Schreibers *(firma y título oficial del autor)*. Diese stehen unter dem Firmennamen, wenn der Geschäftsführer unterschreibt. Seine Stellung im Unternehmen *(su posición en la empresa)* wird ebenso angegeben, z.B.: *Gerente, Apoderado, Director, Administrador* etc. Der Prokurist zeichnet in Prokura, z.B.:

Pinto y Cía. S. A.
p. p. (oder *P. P.*) *Augusto Xavier*
Gerente

Auch andere Angestellte können „i. A." (im Auftrag: *por orden*) oder „i. V." (in Vertretung: *por delegación*) unterschreiben:

Pinto y Cía S. A.
p. o. (oder *P. O.*) *Inés Rodríguez*

Pinto y Cía S. A.
p. d. (oder *P. D.*) *Gustavo Sánchez*

Initialen *(iniciales)*. Sofern auf dem Briefpapier keine eigene Spalte hierfür vorgesehen ist, schreibt der Diktierende *(persona que dicta la carta)* seine Initialen in Großbuchstaben links unten an den Rand, gefolgt von den Initialen der Schreibkraft *(mecanógrafo)* oder Sekretärin *(secretaria)* in Kleinbuchstaben *(minúsculas)*, z.B.: *PC/fs.*

Anlage- und Verteilervermerk *(anexos y circulación)*.
Links unten erscheint diese Angabe:
Anexo
Anexos
oder eine nähere Spezifizierung *(especificación)*:
Anexo: Fotocopia de factura

Sollen andere Personen Kopien des Briefes erhalten, kann man einen entsprechenden Vermerk anbringen:
Copias a:
oder *cc:*

Eine Nachschrift *(postscriptum)* sollte man möglichst vermeiden; gegebenenfalls aber leitet man sie mit P. S. ein.

Behandlungsvermerke auf Briefen:
Mit Luftpost – *por avión*
durch Eilboten – *por correo urgente*
Einschreiben – *carta certificada*
postlagernd – *lista de correos*
Drucksache – *impreso*
mit Zustellungsurkunde – *con acta de notificación*

Vermerke bezüglich des Briefinhalts:
Eilt – *urgente*
vertraulich – *confidencial*
streng vertraulich – *estrictamente confidencial*
persönlich – *personal*

3. Briefanfänge. Allgemeine Eingangsformeln
(Vgl. auch Eingangsformeln bei den verschiedenen Briefgattungen)

a) Empfangsbestätigung eines Briefes

1. Les agradecemos su carta del
...

1. *Wir danken Ihnen für Ihren Brief vom ...*

2. Muchas gracias por su carta del ...

2. *Vielen Dank für Ihren Brief vom ...*

a) por la que nos informa/nos hace saber ...

a) *mit dem Sie uns mitteilen ...*

b) en la cual nos da un resumen sobre ...

b) *in dem Sie uns einen Überblick geben über ...*

c) en la que nos pide ...

c) *mit der Bitte ...*

d) en la que Vd. incluyó su más reciente prospecto.

d) *dem Sie Ihren neuesten Prospekt beifügten.*

e) por la que Vd. confirma su llamada de ayer.

e) *mit dem Sie Ihr gestriges Telefongespräch bestätigen.*

f) y sus sugerencias y propuestas que nos serán muy útiles.

f) *und Ihre Anregungen und Vorschläge, die uns von großem Nutzen sein werden.*

g) con una copia de su carta del mismo día a ...

g) *mit einer Kopie Ihres Briefes vom gleichen Tage an ...*

h) que mi secretaria ya les ha confirmado.

h) *den meine Sekretärin Ihnen schon bestätigt hat.*

j) que he encontrado cuando estuve de vuelta en mi ofici-

j) *den ich im Büro vorfand, als ich von einer zweiwöchigen* na después de un viaje de negocios de dos semanas.

Geschäftsreise zurück war.

k) que el Sr . . . me ha pasado.

k) den Herr . . . an mich weitergeleitet hat.

Me alegra/nos alegra (mucho) oír/saber/enterarme/nos que . . .

Ich/wir bin/sind (sehr) erfreut zu hören/wissen/erfahren, daß . . .

Lamentamos mucho/sentimos mucho deducir de su carta del . . . que . . .

Wir bedauern sehr, Ihrem Schreiben vom . . . zu entnehmen, daß . . .

Su carta del . . . me fue pasada para que yo la responda/dé mi opinión/la despache.

Ihr Brief wurde mir zur Beantwortung/Stellungnahme/Erledigung übergeben.

Con mucho gusto les damos la información deseada con su carta del . . . que Vd. dirigió a la agencia . . . y que ésta nos pasó para que le contestásemos.

Wir geben Ihnen gern die gewünschte Auskunft, die Sie mit Ihrem an die Agentur . . . gerichteten Brief vom . . . erbeten haben und der an uns zur Beantwortung weitergeleitet wurde.

He recibido su carta esta mañana cuyo contenido no me es absolutamente claro, por lo que le ruego me lo explique nuevamente.

Ich habe Ihren Brief heute morgen erhalten, den Inhalt jedoch nicht völlig verstanden, so daß ich Sie um erneute Aufklärung bitte.

Su carta del . . . tardó . . . días en llegar aquí.

Ihr Brief vom . . . hat . . . Tage gebraucht, um hier anzukommen.

Les rogamos disculpen el retraso con el que respondemos a su carta del . . .

Wir bitten Sie, die Verzögerung in der Beantwortung Ihres Briefes vom . . . zu entschuldigen.

Su carta del . . . nos causó una cierta sorpresa, ya que no hemos encontrado ninguna correspondencia desde el . . . y puede Vd. estar seguro de que nunca dejaríamos una carta suya sin respuesta durante un espacio de tiempo tan largo.

Ihr Brief vom . . . hat uns etwas überrascht, denn wir haben keine Korrespondenz seit dem . . . gefunden, und Sie können sicher sein, daß wir niemals einen Brief von Ihnen so lange unbeantwortet lassen würden.

Estamos investigando más detalladamente las cuestiones presentadas por Vds. y esperamos poder responderlas dentro de unos días.

Wir sind im Begriff, die von Ihnen aufgeworfenen Fragen genauer zu prüfen, und hoffen, sie in einigen Tagen beantworten zu können.

b) Bezug auf vorausgegangenen Schriftverkehr, Telex, Telegramm, Telefax, Telefongespräch oder mündliche Vereinbarung

Entretanto Vds. habrán recibido mi carta del ... con los anexos.

Sie werden inzwischen mein Schreiben vom ... mit den Anlagen erhalten haben.

Por mi carta del ... le he enviado una fotocopia de la carta del ...

Mit meinem Schreiben vom ... habe ich Ihnen eine Fotokopie des Briefes vom ... geschickt.

1. Con referencia a nuestra carta del ..., por la que confirmamos el recibo del expediente/del acta X 5 ...

1. Unter Bezugnahme auf unser Schreiben vom ..., mit dem wir den Erhalt der Akte X 5 bestätigen, ...

2. Refiriéndome/nos a nuestra llamada telefónica de ayer ...

2. Unter Bezugnahme auf unser gestriges Telefongespräch ...

a) les envío/enviamos ...

a) sende/n ich/wir Ihnen ...

b) me/nos complace poder informarles que ...

b) freue/n ich/wir mich/uns, Ihnen mitteilen zu können, daß ...

c) siento/sentimos deber informarles ...

c) muß ich/müssen wir Ihnen zu meinem/unserem Bedauern mitteilen ...

Refiriéndonos a nuestra correspondencia hasta ahora cambiada entre nosotros, llamo su atención sobre el hecho de que ...

Unter Bezugnahme auf unseren bisher zwischen uns geführten Schriftwechsel mache ich Sie darauf aufmerksam, daß ...

Al examinar su documentación Vd. sin duda descubrirá que ...

Bei der Durchsicht Ihrer Unterlagen werden Sie zweifellos feststellen, daß ...

Muchas gracias por su carta del ..., que parece haberse cruzado con la mía del ...

Vielen Dank für Ihr Schreiben vom ..., das sich, wie es scheint, mit meinem vom ... gekreuzt hat.

Por ésta confirmamos nuestro telegrama/télex/telefax de esta fecha dirigido a su casa.

Hiermit bestätigen wir unser heutiges, an Ihre Firma gerichtetes Telegramm/Telex/Telefax.

Le/les agradezco/agradecemos su llamada del ... por la cual me/nos informa/n ...

Ich/wir danke/n Ihnen für Ihren Anruf vom ..., in dem Sie mir/uns mitteilen ...

Conforme le indiqué con mi llamada de hoy ...

Wie ich Ihnen in meinem heutigen Telefongespräch erklärt habe, ...

a) estoy de acuerdo en que ...

a) bin ich damit einverstanden, daß ...

b) mucho me alegraría si Vd.

b) würde es mich sehr freuen,

pudiera/pudiese informarme lo más rápidamente posible/ cuanto antes si . . .

wenn Sie mir so bald wie möglich mitteilen könnten, ob . . .

c) deseo confirmar . . .

c) möchte ich bestätigen . . .

d) le enviamos un resumen de nuestra entrevista de hoy.

d) schicken wir Ihnen eine kurze Zusammenfassung unserer heutigen Unterredung.

Quisiera confirmar nuevamente los puntos que hemos discutido durante nuestra conversación por teléfono.

Ich möchte noch einmal die zwischen uns in unserem Telefongespräch diskutierten Punkte bestätigen.

Según nuestras conversaciones durante la semana pasada,

Gemäß den in der letzten Woche geführten Gesprächen

a) confirmo que . . .

a) bestätige ich, daß . . .

b) he tenido entretanto la oportunidad de . . .

b) habe ich inzwischen die Gelegenheit gehabt zu . . .

c) nos alegramos mucho poder informarles que . . .

c) freut es uns sehr, Ihnen mitteilen zu können, daß . . .

Después de la visita del Sr. . . . desearíamos confirmar los siguientes puntos.

Nach dem Besuch des Herrn . . . möchten wir gern die folgenden Punkte bestätigen.

Me refiero a nuestra entrevista del . . . y a la conferencia que tuvo lugar en . . .

Ich beziehe mich auf unsere Unterredung vom . . . und die Konferenz, die in . . . stattfand.

c) Beantwortung eines Briefes.
Mitteilung, Hinweis, Vorschlag, Bestätigung, Bitte etc.

Vd. estará interesado en/contento de saber . . .

Sie werden interessiert/erfreut sein zu erfahren . . .

Tal vez les interesa saber . . .

Vielleicht interessiert es Sie zu erfahren . . .

1. Me alegra/complace mucho

1. Ich bin sehr froh,

2. Siento mucho

2. Es tut mir sehr leid,

a) tener que informarles . . .

a) Ihnen mitteilen zu müssen . . .

b) deber llamar su atención sobre lo siguiente . . .

b) Ihre Aufmerksamkeit auf folgendes lenken zu müssen . . .

Haga/hagan el favor de tomar nota de que . . .

Würden Sie bitte davon Kenntnis nehmen, daß . . .

Vd. se dará cuenta de que . . .

Sie werden feststellen, daß . . .

Ya habíamos llamado su atención sobre estos puntos en otra ocasión.

Wir hatten Sie schon bei einer anderen Gelegenheit auf diese Punkte aufmerksam gemacht.

Hemos logrado...

Es ist uns gelungen...

Pensamos/tenemos la impresión/estamos seguros de que...

Wir glauben/haben den Eindruck/sind sicher, daß...

Vd. debe saber que...

Sie werden wissen, daß.:.

Vds. sin duda comprenderán que nos es imposible...

Sie werden zweifellos verstehen, daß es uns unmöglich ist...

Estoy seguro de que Vds. comprenderán las dificultades que enfrentamos en este momento.

Ich bin sicher, daß Sie die Schwierigkeiten verstehen, denen wir im Augenblick gegenüberstehen.

Como Vd. recordará, nos había dado la orden de...

Wie Sie sich erinnern werden, hatten Sie uns den Auftrag erteilt, ...

Quisiera esclarecer que...

Ich möchte klarstellen, daß...

Haga Vd. el favor de tomar nuestra propuesta en consideración.

Bitte ziehen Sie unseren Vorschlag in Betracht.

Su respuesta nos ha causado una gran desilusión.

Ihre Antwort hat uns sehr enttäuscht.

Hemos estado muy descontentos con...

Wir waren sehr unzufrieden mit...

Creemos que sería recomendable...

Wir glauben, es wäre empfehlenswert, ...

Quisiera aprovechar esta oportunidad para...

Ich möchte diese Gelegenheit wahrnehmen, um...

He dedicado mucha atención a este asunto y he llegado a la conclusión de que...

Ich habe mir die Sache gründlich überlegt und bin zu dem Schluß gekommen, daß...

Les quedaríamos muy agradecidos si pudieran informarnos si ...

Wir wären Ihnen sehr dankbar, wenn Sie uns mitteilen könnten, ob...

Lo que me interesa en particular es...

Was mich besonders interessiert, ist...

En vista de las circunstancias de carácter especial que Vd. menciona en su carta del...

Angesichts der besonderen Umstände, die Sie in Ihrem Brief vom... erwähnen...

4. Briefschlüsse, Schlußworte

(Vgl. auch Schlußworte bei den verschiedenen Briefgattungen)

**a) Bitte um Antwort, Hinweis auf Dringlichkeit,
Bitte um Bestätigung, Zustimmung zu Vorschlägen usw.**

Esperamos

Wir hoffen,

a) poder discutir este asunto con Vds. la semana que viene.

a) mit Ihnen diese Angelegenheit nächste Woche besprechen zu können.

b) recibir su opinión/su respuesta sin más tardar.

b) Ihren Kommentar/Ihre Antwort ohne weitere Verzögerung zu erhalten.

c) hablar del asunto en nuestra próxima entrevista.

c) diese Angelegenheit bei unserer nächsten Unterredung zu besprechen.

d) que no tengan ninguna dificultad en ejecutar nuestros pedidos...

d) daß Sie keine Schwierigkeiten bei der Ausführung unserer Aufträge haben werden...

Les quedaría/quedaríamos muy agradecido/agradecidos si pudiera/n responderme/nos inmediatamente por télex.

Ich/wir wäre/n Ihnen sehr dankbar, wenn Sie mir/uns sofort fernschriftlich antworten könnten.

Hagan el favor de enviarnos la confirmación correspondiente.

Bitte senden Sie uns eine entsprechende Bestätigung.

Su respuesta inmediata nos ayudaría mucho/aceleraría el despacho del asunto.

Ihre sofortige Antwort würde uns sehr helfen/die Erledigung der Angelegenheit beschleunigen.

Por favor, traten este asunto con urgencia/confidencialmente/como personal.

Bitte behandeln Sie diese Angelegenheit eilig/vertraulich/als persönlich.

Como el caso es muy urgente, necesitamos su respuesta dentro de 15 días/hasta el 15 de junio/si es/fuera posible hasta finales de este mes.

Da der Fall sehr dringend ist, benötigen wir Ihre Antwort innerhalb von 14 Tagen/bis zum 15. Juni/wenn möglich, bis Ende dieses Monats.

No se me ocurriría en ningún momento molestarle de esta forma, pero el asunto es tan urgente que no veo otra posibilidad.

Ich würde niemals daran denken, Sie auf diese Weise zu belästigen, aber die Angelegenheit ist so dringend, daß ich keine andere Möglichkeit sehe.

Esperamos recibir dentro de poco su confirmación de nues-

Wir hoffen, in Kürze Ihre Bestätigung unserer Bedingungen/Ihr

tras condiciones/su consentimiento en lo que se refiere al contrato.

Einverständnis hinsichtlich des Vertrages zu erhalten.

¿Podría Vd. enviarnos su confirmación de que está de acuerdo con nuestras sugerencias?

Könnten Sie uns Ihre Bestätigung schicken, daß Sie mit unseren Vorschlägen einverstanden sind?

Esperamos que nuestra propuesta sea aceptable.

Wir hoffen, daß unser Vorschlag annehmbar ist.

Esperamos ahora sus instrucciones detalladas.

Wir erwarten jetzt Ihre detaillierten Anweisungen.

Luego que tenga/haya recibido/esté en posesión de sus instrucciones, haré lo necesario.

Sobald ich Ihre Instruktionen habe/erhalten habe, werde ich das Nötige veranlassen.

b) Klärung von Unstimmigkeiten, Entschuldigung

Estoy seguro de que existe un malentendido/error/una equivocación en este caso y le aseguro que haré todo lo posible para arreglar/esclarecer el asunto.

Ich bin sicher, daß im vorliegenden Fall ein Mißverständnis/Fehler/Versehen vorliegt, und ich versichere Ihnen, daß ich alles tun werde, was möglich ist, um die Sache in Ordnung zu bringen/aufzuklären.

Les rogamos disculpen el malentendido ocurrido.

Wir bitten Sie für das aufgetretene Mißverständnis um Entschuldigung

Siento que Vd. tuvo/tuviera tantos/tales inconvenientes.

Es tut mir leid, daß Sie so viele/ solche Unannehmlichkeiten hatten.

Espero que nuestras explicaciones contribuirán al esclarecimiento del asunto en cuestión/ pendiente.

Ich hoffe, daß unsere Erklärungen zur Aufklärung der in Frage stehenden/anhängigen Sache beitragen werden.

Siempre hemos apreciado la buena marcha de nuestros negocios mutuos y esperamos que este pequeño incidente no nos impedirá continuarlos de la misma forma.

Wir haben stets den guten Verlauf unserer Geschäfte zu schätzen gewußt, und wir hoffen, daß dieser kleine Vorfall uns nicht daran hindern wird, in gleicher Weise fortzufahren.

Les ruego disculpen este error, que nunca más se repetirá.

Ich bitte, diesen Fehler zu entschuldigen, der sich niemals wiederholen wird.

c) Danksagung, Bereitschaft zu weiteren Informationen, Hilfen, Gesprächen usw.

Le/les agradezco/agradecemos	*Ich/wir danke/danken Ihnen*
a) su ayuda en este asunto.	*a) für Ihre Hilfe in dieser Angelegenheit.*
b) la urgencia con que Vds. despacharon este pedido.	*b) für die Schnelligkeit, mit der Sie diesen Auftrag ausgeführt haben.*
c) todos los esfuerzos que han hecho por nosotros.	*c) für alle Anstrengungen, die Sie unseretwegen unternommen haben.*
d) su oferta de enviar las mercancías por avión sin que ello nos ocasione gasto alguno.	*d) für Ihr Angebot, die Waren per Luftpost zu schicken, ohne daß uns hierdurch irgendwelche Kosten entstünden.*
Estimamos el interés que Vd. muestra en este asunto.	*Wir schätzen das von Ihnen an dieser Angelegenheit bekundete Interesse.*
Ha sido muy útil intercambiar opiniones sobre el asunto y les quedamos muy agradecidos por su cooperación.	*Es war sehr nützlich, Meinungen über diese Angelegenheit auszutauschen, und wir sind Ihnen für Ihre Mitarbeit sehr dankbar.*
Si Vd. necesita alguna información que nosotros podamos procurarles...	*Wenn Sie irgendwelche Informationen benötigen, die wir Ihnen beschaffen können...*
Caso que Vds. necesiten nuestra cooperación...	*Falls Sie unsere Mitarbeit benötigen,...*
a) no vacilen en contactarnos/dirigirse a nosotros.	*a) zögern Sie nicht, Kontakt mit uns aufzunehmen/uns anzusprechen.*
b) hagan el favor de ponerse en contacto con nuestro corresponsal en .../agente/apoderado.	*b) setzen Sie sich bitte mit unserem Geschäftspartner in .../ Vertreter/Bevollmächtigten in Verbindung.*
c) podrán Vds. llamar a nuestra filial/sucursal en...	*c) können Sie unsere Tochtergesellschaft/Filiale in... anrufen.*
Estamos siempre a su disposición para servicios recíprocos.	*Wir stehen Ihnen jederzeit für gegenseitige Leistungen zur Verfügung.*
Caso que Vds. deseen entrar en relaciones comerciales con	*Falls Sie mit dieser Firma in Geschäftsbeziehungen treten*

esta casa, podemos establecer un primer contacto con el gerente.

Sentimos no poder ayudarles de forma más eficaz, pero esperamos que estas informaciones les den una primera idea sobre la sociedad.

Incluímos en esta carta un sobre franqueado/una tarjeta con respuesta pagada y esperamos sus noticias con mucho interés.

wollen, können wir einen ersten Kontakt mit dem Geschäftsführer herstellen.

Es tut uns leid, daß wir Ihnen nicht wirksamer helfen können, aber wir hoffen, daß diese Auskünfte Ihnen einen ersten Eindruck über die Firma vermitteln.

Wir fügen diesem Brief einen frankierten Briefumschlag/eine Rückantwortkarte bei und sehen Ihrer Antwort mit Interesse entgegen.

5. Behandlung aus- und einlaufender Briefe

Auslaufende Briefe *(cartas que se despachan)* werden von der Stenotypistin *(taquimecanógrafa)*, die die Eigenschaft *(cualidad)* einer Stenografin *(taquígrafa)* und Maschinenschreiberin *(mecanógrafa)* in sich vereinigt, nach Diktat *(dictado)* oder per Diktiergerät *(dictáfono)* aufgenommen und in die Maschine oder den Schreibcomputer geschrieben *(escrito a máquina o por medio de ordenador)*.

Kopien *(copias)* werden heute vielfach per Computer ausgedruckt *(impresas)* oder fotokopiert *(fotocopiadas)*, sofern man sich nicht herkömmlicher Schreibmaschinen *(máquinas de escribir tradicionales)* unter Benutzung von Kohlepapier *(papel carbón)* bedient.

Eingehende Post *(correo recibido)* wird zunächst nach Referenznummern *(números de referencia)* oder Abteilungen *(servicios, departamentos)* eingeteilt *(clasificado)* und dann entsprechend verteilt *(distribuido)*. Dies geschieht heute bereits häufig mechanisch *(mecánicamente)* mittels einer internen Rohrpost *(correo neumático)*, welche die diversen Abteilungen der Firma anläuft *(que recorre los diversos departamentos de la empresa)*.

Ausgehende Post *(correo que debe expedirse)* wird manuell oder maschinell in Umschläge gesteckt *(metido en sobres a mano o por medio de una ensobradora)* und frankiert *(franqueado)*. Es gibt Maschinen für den Aufdruck von Adressen *(máquina etiquetadora de direcciones)* sowie Frankiermaschinen *(máquinas de franquear)*.

Das alte Registratursystem *(sistema de archivo)*, bei welchem Akten *(actas, documentos)* über sämtliche Vorgänge *(sobre todos los asuntos)* aufbewahrt wurden *(se conservaban)*, macht in steigendem Maße Mikrofilmen *(microfichas, microfilmes)* Platz, die wesentlich platzsparender aufbewahrt werden können *(que se conservan economizando mucho más sitio)*.

Beispiel für einen spanischen Geschäftsbrief

Briefkopf und Firmenzeichen (Logo)	CAJA LABORAL POPULAR División Empresarial Apartado 34 Teléfono: (43) 79 10 44 Télex: 36565 CLP-E Vía Augusta, 375 28009 Madrid
Datum	Madrid, 5 de junio de 19 . .
Innenadresse	Señores Pinto & Caspar c/de la Palma, 23 31008 Pamplona
Betreff	Demanda de informaciones sobre una empresa
Anrede	Apreciados señores:
Brieftext	Les quedaríamos muy reconocidos si tuvieran a bien darnos lo más pronto posible algunos informes sobre la solvencia, situación económica y reputación de la firma cuyo nombre se indica en la tarjeta adjunta. Estando preparando un contrato de compraventa con esta empresa por un importe de bastante consideración, mucho apreciaríamos de su gentileza nos indicaran si la firma en cuestión es digna de nuestra confianza. Ni que decir tiene que guardaremos la mayor discreción acerca de cuantos informes tengan a bien facilitarnos, por los cuales les damos por anticipado nuestras más expresivas gracias.
Schlußformel	Quedando a su entera disposición para similares servicios, saludamos a Vds. muy atentamente,
Unterschrift	Ramón Antonio de Mencheta Martín Jefe de la División de Ventas
Initialen	MM/al
Anlage	Anexo

Briefgattungen

I. Rundschreiben

Das Rundschreiben *(circular)* wendet sich an einen größeren Kundenkreis *(gran número de clientes)* und unterrichtet *(informa, notifica)* über Geschäftseröffnungen *(fundaciones, establecimientos de negocios)*, Erweiterung bestehender Unternehmen *(amplificación de negocios existentes)*, Errichtung neuer Filialen *(establecimiento de nuevas sucursales)*, Umzug *(mudanza, cambio de dirección)* in neue Gebäude, Übergabe an neue Besitzer *(traspaso a nuevos propietarios)*, Umorganisation der Abteilungen, z. B. eines Kaufhauses *(reorganización de las divisiones, por ejemplo de grandes almacenes)*, oder Auflösung einer Unternehmung *(disolución de una empresa)*.

Das Rundschreiben ist von großer Bedeutung bei Werbekampagnen *(campañas de publicidad)* mit und ohne Preisausschreiben *(concurso)*. Mit Hilfe der elektronischen Textverarbeitung *(proceso electrónico de textos)* ist es möglich, diese Rundschreiben sehr individuell zu gestalten und auch persönlich zu halten.

Das Rundschreiben, das z. B. die Geschäftsgründung *(fundación de un negocio)* anzeigt, nimmt Bezug auf die Art *(clase, tipo)* des Geschäfts, den Namen der Firma *(denominación de la casa)*, die Vorteile *(ventajas)* und Hilfsquellen *(recursos)*, wie verfügbares Kapital *(capital disponible)*, Branchenkenntnisse *(conocimientos del ramo)*, Erfahrung *(experiencia)*, Verbindungen *(relaciones)* usw. Referenzen *(referencias)* werden gegeben, und sorgfältige Ausführung *(ejecución esmerada)* aller erteilten Aufträge *(pedidos pasados)* wird zugesichert.

Gibt man sein Geschäft auf, so spricht man der Kundschaft *(clientela)* seinen Dank für das erwiesene Wohlwollen aus *(deferencias dispensadas)* und bittet, dieses auf den Nachfolger *(sucesor)* zu übertragen *(traspasar, transferir)*, der in einem besonderen Schreiben ebenfalls um Vertrauen *(confianza)* und Wohlwollen *(buena voluntad)* bittet.

Im Geschäftsleben bedeutet das Wort „Goodwill" *(buen nombre)* vor allem auch „Firmen und Geschäftswert". Goodwill ist ein immaterieller Aktivposten *(activo inmaterial)*, den man betrachten kann als Wert der Firma zusätzlich zu den in der Bilanz aufgeführten finanziellen Konten *(valor adicional de la empresa que se debe añadir a las cuentas financieras asentadas en el balance)*.

Der Wert des Goodwill kann gleich Null sein *(puede ser igual a cero)*, wenn eine Firma unrentabel *(no rentable)* ist oder zu einem absterbenden Industriezweig gehört *(pertenece a un ramo retrógrado)* oder eine schlechte Lage hat *(situación desfavorable)*.

Firmenwertbildende Faktoren *(factores susceptibles de mejorar el valor de la empresa)* sind:
– überdurchschnittliche Gewinne *(beneficios extraordinarios)*;
– guter Ruf *(buena reputación)*;
– gutes Management *(gestión de primera calidad)*;
– moderne Betriebsausrüstung *(equipo moderno de explotación)*;

- rationelle Herstellungsverfahren *(métodos racionales de fabricación)*;
- ausgebildeter Facharbeiterstamm *(equipo de obreros especializados)*;
- verkehrsgünstige Lage *(situación favorable con respecto al tráfico)*;
- große Stammkundschaft *(amplia clientela habitual)*;
- guter Kundendienst *(buen servicio al cliente)* für Reparaturen und Ersatzteile *(reparaciones y piezas de recambio)*.

Der Goodwill bekommt einen verwertbaren, d. h. greifbaren Wert *(valor realizable, es decir tangible)*, wenn ein Unternehmen verkauft wird.

A. Gründung eines Geschäfts

1. Eingangsformeln mit Angabe des Zwecks der Gründung

Nos alegra poder anunciarles la apertura/inauguración de nuestro nuevo negocio a partir del 8 de enero.

Wir freuen uns, Ihnen die Eröffnung unseres neuen Geschäfts zum 8. Januar anzukündigen.

1. Me alegro informarle a Vd. que ...

1. Ich freue mich, Ihnen mitzuteilen, daß ...

2. Nos alegramos informar a todos nuestros clientes que ...

2. Wir freuen uns, allen unseren Kunden mitzuteilen, daß ...

a) acabo/acabamos de abrir un nuevo negocio de .../una tienda en .../un nuevo taller de ...

a) ich/wir ein neues Geschäft für .../ein Geschäft in .../ eine neue Werkstatt für ... eröffnet habe/n.

b) hace poco he/hemos inaugurado un salón de peluquería para señoras en la Calle ...

b) ich/wir vor kurzem einen Friseursalon für Damen in der ... Straße eröffnet habe/haben.

c) nos hemos establecido hoy por nuestra cuenta como ...

c) wir uns heute selbständig gemacht haben als ...

d) nos dedicaremos a partir de hoy en esta plaza a la venta de ...

d) wir uns mit Wirkung vom heutigen Tage an diesem Ort dem Verkauf von ... widmen werden.

e) desde el 1 de este mes tenemos un negocio de agentes de transportes/importadores y exportadores/al por mayor/al por menor.

e) wir ab 1. dieses Monats ein Spediteur-/Import- und Export-/Großhandels-/Einzelhandelsgeschäft betreiben.

La nueva casa se dedicará al comercio bajo la razón social de ...	Die neue Firma wird unter dem eingetragenen Namen ... Handel treiben ...
La razón social será ...	Der eingetragene Firmenname wird ... lauten.
La casa girará bajo la razón social ...	Die Firma wird unter dem Namen ... geführt werden.
Nos dedicaremos principalmente al negocio de ...	Wir werden uns hauptsächlich mit dem Geschäft von ... befassen.
Fuera de las transacciones bancarias corrientes	Außer den üblichen Bankgeschäften
a) nos dedicaremos a ...	a) werden wir uns mit ... beschäftigen.
b) hemos abierto una sección que se ocupará de ...	b) haben wir eine Abteilung eröffnet, die sich ... widmen wird.
Haré todo lo posible para satisfacer a mi clientela en el futuro.	Ich werde mein möglichstes tun, um meine Kundschaft in Zukunft zufriedenzustellen.

2. Vorteile und Hilfsquellen

a) Erfahrungen, Kenntnisse

1. Teniendo una larga experiencia en el ramo ...	1. Da wir über eine große Erfahrung in der Branche verfügen, ...
2. Como poseemos un amplio conocimiento en este sector ...	2. Da wir uns in diesem Bereich sehr gut auskennen, ...
3. Dada nuestra larga y variada experiencia ...	3. Auf Grund unserer großen und breitgefächerten Erfahrung ...
a) les aseguramos que disponemos de todos los medios y todas las posibilidades para ayudarles.	a) versichern (wir) Ihnen, daß uns alle Mittel und Wege zur Verfügung stehen, um Ihnen behilflich zu sein.
b) nos vemos en condiciones de entablar (o: iniciar) muchas relaciones importantes.	b) sehen wir uns in der Lage, viele wertvolle Verbindungen anzuknüpfen.

Estoy en condiciones/esto me pone en la situación de cumplir a su entera satisfacción todos los encargos con que Vd. me favorezca.

Ich bin in der Lage/dies versetzt mich in die Lage, alle Aufträge, die Sie mir freundlicherweise erteilen, zu Ihrer Zufriedenheit auszuführen.

b) Kapital, Geldmittel

1. Disponemos de fondos considerables/de un capital suficiente para...

1. Wir haben erhebliche Mittel/ausreichendes Kapital, um...

2. El capital que poseo me permite...

2. Das Kapital, über das ich verfüge, erlaubt es mir,...

a) conceder a mis/nuestros clientes condiciones favorables de pago.

a) meinen/unseren Kunden günstige Zahlungsbedingungen einzuräumen.

b) mantener un amplio almacén.

b) ein großes Lager zu führen.

c) dar facilidades especiales a nuestros corresponsales.

c) unseren Geschäftspartnern Sondervergünstigungen zu gewähren.

c) Verbindungen, Beziehungen

Nuestras extensas relaciones con casas de nuestro ramo nos ponen en condiciones

Unsere ausgedehnten Verbindungen mit Firmen unseres Geschäftszweiges versetzen uns in die Lage,

a) de suministrar géneros superiores en calidad y precio.

a) in bezug auf Qualität und Preis die beste Ware zu liefern.

b) de obtener nuestros artículos de las mejores fuentes.

b) unsere Artikel aus den allerbesten Quellen zu beziehen.

c) de conceder a nuestros clientes ventajas especiales.

c) unseren Kunden Sondervorteile zu gewähren.

Esperamos que nuestros precios, calculados de la forma más ajustada posible, les inducirán a darnos una ocasión (de pasarnos un pedido de prueba).

Wir hoffen, daß unsere scharf kalkulierten Preise Sie veranlassen werden, uns eine Chance zu geben (uns einen Probeauftrag zu erteilen).

Actuamos según el principio: pequeño beneficio y ventas rápidas.

Wir handeln nach dem Grundsatz: kleiner Gewinn und schneller Umsatz.

3. Bitte um Aufträge und Zusicherung guter Bedienung

Estamos muy interesados en mostrarles (demostrarles) la calidad de nuestros productos y esperamos que nos den preferencia/que nos favorezcan para que podamos servirles en el próximo futuro.

Es liegt uns sehr daran, Ihnen die Qualität unserer Erzeugnisse zu zeigen (vorzuführen), und wir hoffen, daß wir den Vorzug haben werden, Sie in der nahen Zukunft zu bedienen.

Estoy convencido de que un pedido de prueba le inducirá a pasarnos otros pedidos.

Ich bin überzeugt, daß ein Probeauftrag Sie zu weiteren Aufträgen veranlassen wird.

Podemos asegurarles que todos sus pedidos serán ejecutados inmediatamente y con el mayor esmero.

Wir können Ihnen versichern, daß alle Aufträge unverzüglich und höchst sorgfältig ausgeführt werden.

Nos alegramos poder servirles/ofrecerles nuestros servicios.

Wir freuen uns, Ihnen unsere Dienste zur Verfügung stellen zu können.

B. Veränderungen in einem Geschäft

1. Erweiterung und Vergrößerung

1. Nos alegramos informarles que

1. Es freut uns bekanntzugeben, daß

2. Vd. estará interesado en oír/saber que

2. Es interessiert Sie vielleicht zu hören, daß

3. Haga el favor de tomar nota de que

3. Nehmen Sie bitte davon Kenntnis, daß

a) a partir del 1° de octubre habrá un cambio en nuestra sociedad/tendrá lugar una modificación en nuestra casa.

a) am 1. Oktober eine Veränderung in unserer Firma eintreten wird.

b) hace poco hemos ampliado nuestra fábrica e instalado nuevas máquinas.

b) unsere Fabrik vor kurzem erweitert und neue Maschinen installiert wurden.

c) las obras en nuestro edificio contiguo quedaron concluidas y que, por consecuencia, hemos casi doblado nuestra capacidad de producción.

d) hemos abierto un nuevo laboratorio de investigación en...

En vista de (o: por causa de) la (muy grande) extensión en el volumen de nuestro comercio (con ...)

a) nos hemos decidido a abrir una nueva sucursal en...

b) hemos decidido/resuelto ampliar nuestras oficinas.

c) die Arbeit an unserem neuen Anbau nunmehr abgeschlossen ist. Hierdurch wird unsere Produktionskapazität fast verdoppelt.

d) wir in ... ein neues Forschungslabor eröffnet haben.

Angesichts (od. wegen) der (sehr großen) Ausdehnung im Volumen unseres Handels (mit ...)

a) haben wir uns entschlossen, eine neue Zweigstelle in ... zu eröffnen.

b) haben wir uns entschlossen, unsere Geschäftsräume zu erweitern.

2. Umwandlung oder Verschmelzung von Geschäften

Nos alegramos informarles que

a) a partir del 1º de octubre nuestra casa será fusionada con..., que goza de/tiene igual reputación en el mercado, para formar la nueva sociedad...

b) hemos transformado nuestra empresa en una sociedad de responsabilidad limitada.

c) acabamos de comprar (adquirir) la casa...

Ha sido necesario aumentar el capital de nuestra empresa, por lo que hemos tenido que reestructurarla (o: reorganizarla) como sociedad de responsabilidad limitada bajo el nombre de...

Esta reorganización/transfor-

Wir freuen uns bekanntzugeben, daß

a) ab 1. Oktober unsere Firma mit ... fusionieren wird, die einen gleich guten Ruf auf dem Markt hat, zur Bildung der neuen Firma...

b) wir unser Unternehmen in eine Gesellschaft mit beschränkter Haftung umgebildet haben.

c) wir soeben die Firma ... gekauft (übernommen) haben.

Eine notwendige Kapitalerhöhung erforderte die Neugestaltung (od. Umorganisation) unseres Unternehmens als Gesellschaft mit beschränkter Haftung unter dem Namen...

Diese Umwandlung wird den

mación tendrá la ventaja de que podremos

a) ampliar nuestra gama/nuestro programa de productos.

b) instalar nuestras máquinas en edificios más amplios y mejor adecuados para los fines/propósitos que tenemos en la actualidad/actualmente.

Vorteil haben, uns zu ermöglichen,

a) unsere Produktpalette zu erweitern.

b) unseren Maschinenpark in Gebäuden unterzubringen, die geräumiger und für unsere augenblicklichen Bedürfnisse besser geeignet sind.

3. Verlegung der Firma, Umzug

Debido al continuo crecimiento (o: al rápido desarrollo) de nuestra empresa

a) se ha hecho necesario mudarnos a nuevas y más amplias oficinas.

b) nos hemos visto forzados a mudarnos/trasladarnos a edificios más cómodos y a concentrar las diversas secciones de nuestra empresa en un lugar, secciones que hasta ahora estaban dispersadas por toda la vecindad.

1. Por la presente les informamos que

2. Sírvase Vd. tomar nota de que

a) nos trasladamos a oficinas más amplias.

b) nos mudamos de . . . a . . .

c) nos hemos mudado al número . . . de la calle . . .

d) nos hemos trasladado a nuestras nuevas oficinas en . . . y que por esta razón toda la correspondencia futura deberá ser enviada a la dirección arriba mencionada/

Durch das stete Wachsen (od. die schnelle Entwicklung) unseres Unternehmens

a) wurde es notwendig, in neue und größere Geschäftsräume umzuziehen.

b) wurden wir gezwungen, in bequemere Gebäude umzuziehen und die verschiedenen Teile unseres Unternehmens an einem Platz zu konzentrieren, die bisher in der ganzen Nachbarschaft zerstreut waren.

1. Hiermit teilen wir Ihnen mit, daß

2. Nehmen Sie bitte davon Kenntnis, daß

a) wir in größere Geschäftsräume umziehen.

b) wir von . . . nach . . . umziehen.

c) wir in die Straße . . . Nr. . . . umgezogen sind.

d) wir in unser neues Bürogebäude in . . . umgezogen sind und aus diesem Grunde alle zukünftige Korrespondenz an die oben erwähnte Anschrift/an die in

mencionada en nuestro nuevo membrete.

unserem neuen Briefkopf angegebene Anschrift gesandt werden sollte.

Hagan Vds. el favor de tomar nota de que nuestros números de teléfono, de télex y de telefax serán los mismos.

Bitte nehmen Sie davon Kenntnis, daß unsere Telefon-, Telex- und Telefaxnummern unverändert bleiben.

4. Veränderung in einem Geschäft Abtretung und Übernahme eines Geschäfts

Hagan Vds. el favor de tomar nota de que

Nehmen Sie bitte davon Kenntnis, daß

a) el Sr. . . . adquirió todo el activo y pasivo de nuestra participación hasta la fecha, y que a partir de hoy trabajará por su propia cuenta.

a) Herr . . . alle Aktiva und Passiva unserer bisherigen Teilhaberschaft übernommen hat und ab heute auf eigene Rechnung arbeiten wird.

b) a partir del . . . el Sr. . . . se encargará del negocio en . . . al que me he dedicado durante los últimos años.

b) ab . . . Herr . . . das von mir während der vergangenen Jahre in . . . betriebene Geschäft übernehmen wird.

c) hemos cedido nuestro negocio a los señores . . .

c) wir unser Geschäft an die Herren . . . abgetreten haben.

Todos los derechos y obligaciones han sido traspasados a los señores . . .

Alle Rechte und Pflichten sind auf die Herren . . . übergegangen (übertragen worden).

5. Erteilung, Zurücknahme oder Erlöschen der Prokura

1. Como el constante auge de mis negocios va haciendo difícil mi dirección personal,

1. Da mir die ständige Erweiterung meiner Geschäfte die persönliche Leitung erschwert,

2. Requiriendo mi estado de salud frecuentes ausencias de mi negocio,

2. Da mein Gesundheitszustand erfordert, daß ich häufig nicht im Geschäft sein kann,

a) he conferido con esta fecha un poder general al señor . . .

a) habe ich am heutigen Tage Herrn . . . Prokura (Generalvollmacht) erteilt.

b) he otorgado autorización al Sr. ... para firmar por mi casa.

c) he facultado al Sr. ... para firmar en mi nombre.

Ha estado empleado en mi casa durante los diez últimos años y ha trabajado a mi entera satisfacción.

Me ha ayudado a llevar el negocio/aumentar mis cifras de venta/incrementar el número de clientes.

Se ha familiarizado con (puesto al corriente de) todos los detalles/se ha impuesto en todos los particulares.

Le ruego a Vd. otorgue la misma confianza (o: el mismo crédito) a su firma.

El poder general que ha tenido el Sr. ...

a) queda anulado desde (a partir de) hoy/con efecto inmediato.

b) se declara anulado/retirado por la presente.

---

b) habe ich Herrn ... die Prokura/das Zeichnungsrecht für meine Firma erteilt.

c) habe ich Herrn ... ermächtigt, in meinem Namen zu zeichnen.

Er war die letzten zehn Jahre in meinem Hause beschäftigt und hat zu meiner vollsten Zufriedenheit gearbeitet.

Er hat mich dabei unterstützt, das Geschäft zu führen/meine Umsätze zu erhöhen/den Kundenstamm zu erweitern.

Er hat sich mit allen Einzelheiten vertraut gemacht.

Ich bitte Sie, seiner Unterschrift das gleiche Vertrauen (od. den gleichen Wert) beizumessen.

Die von Herrn ... innegehabte Generalvollmacht (Prokura)

a) wird ab heute/mit sofortiger Wirkung zurückgenommen.

b) ist hiermit erloschen/entzogen.

---

6. Eintritt und Austritt eines Teilhabers, Mitarbeiters oder Angestellten

a) Eintritt, Aufnahme

Nos alegramos informarles que

a) a partir del ... el Sr. ... será admitido como socio de nuestra casa.

b) hemos nombrado al Sr. ... gerente de nuestra filial/sucursal

---

Wir freuen uns, Ihnen mitzuteilen, daß

a) ab ... Herr ... als Teilhaber (oder Gesellschafter) in unsere Firma aufgenommen wird.

b) wir Herrn ... zum Geschäftsführer unserer Niederlassung/

de ...

Tochtergesellschaft in ... ernannt haben.

c) el Sr. ... se ha asociado conmi-
go/desde el ... es mi socio.

c) Herr ... eine geschäftliche Verbindung mit mir eingegangen
ist/seit dem ... mein Partner/
Teilhaber ist.

d) hemos nombrado/designado
al Sr. ... como nuestro representante (o: agente) exclusivo
para este importante mercado.

d) wir Herrn ... zum Alleinvertreter für diesen wichtigen Markt
ernannt haben.

El Sr. ... dejará de trabajar para nosotros a partir del ... y en su
lugar el señor Martínez

Herr ... wird ab ... nicht mehr
für uns tätig sein, und Herr Martínez wird an seiner Stelle

a) viajará en representación de
nuestra casa.

a) für uns als Vertreter reisen.

b) nos representará en esa región.

b) als Vertreter in Ihrem Bezirk
für uns tätig sein.

c) será nuestro agente exclusivo
en la provincia de Santander.

c) als unser Alleinvertreter die
Provinz Santander bearbeiten.

d) se ha encargado de nuestra representación.

d) unsere Vertretung übernehmen.

e) le visitará en nuestro nombre.

e) Sie in unserem Namen besuchen.

Hemos designado como sucesor del Sr. ... al Sr. ...,

Wir haben Herrn ... als Nachfolger für Herrn ... benannt,

a) que Vd. habrá conocido con
ocasión de su última visita a
nuestra casa.

a) den Sie sicher anläßlich Ihres
letzten Besuchs in unserem
Haus kennengelernt haben.

b) que durante muchos años
estaba encargado de nuestra
división de ventas/de nuestras
exportaciones.

b) der viele Jahre lang unsere
Verkaufsabteilung   geleitet
hat/für unsere Exporte verantwortlich war.

c) que hasta la fecha ha trabajado estrechamente con nuestro
director de marketing.

c) der bis heute eng mit unserem
Marketingleiter zusammenge-
arbeitet hat.

b) Austritt, Rücktritt

Debido a larga enfermedad

Wegen anhaltender Krankheit

a) ha decidido el Sr. ... retirarse
de los negocios.

a) hat Herr ... beschlossen, sich
aus dem Geschäftsleben zurückzuziehen.

b) se separa hoy de nosotros nuestro socio principal D....

b) scheidet heute unser Hauptgesellschafter/Hauptteilhaber, Herr..., aus.

1. Nuestro gerente, el Sr...., que ya desde hace un cierto tiempo no ha podido participar de forma activa en la gestión de nuestro negocio,

1. Unser Geschäftsführer, Herr ..., der bereits seit einiger Zeit nicht mehr in der Lage war, aktiv in der Leitung unserer Firma mitzuwirken,

2. El Sr...., que desde hace 20 años trabajó en distintas funciones en nuestra casa, y durante los últimos 5 años ocupó el puesto de director de ventas,

2. Herr ..., der seit 20 Jahren in unterschiedlichen Funktionen in unserem Hause beschäftigt war und der in den letzten 5 Jahren das Amt des Verkaufsdirektors innehatte,

a) se retirará a partir del 1 de mayo/de hoy/de esta fecha/con efecto inmediato.

a) wird ab 1. Mai/ab heute/mit sofortiger Wirkung ausscheiden.

b) ha decidido retirarse a la vida privada.

b) hat beschlossen, sich ins Privatleben zurückzuziehen.

c) lamenta deber retirarse por razón de su edad avanzada/el estado delicado de su salud.

c) bedauert, wegen seines fortgeschrittenen Alters/seines angegriffenen Gesundheitszustandes ausscheiden zu müssen.

Lamento deber comunicarles que he decidido abandonar mi puesto en esta casa para dedicarme enteramente a mis propios negocios.

Es tut mir leid, Ihnen mitteilen zu müssen, daß ich mich entschlossen habe, meine Stellung in dieser Firma aufzugeben, um mich ganz meinen eigenen Geschäften zu widmen.

Haga el favor de tomar nota de que

Nehmen Sie bitte davon Kenntnis, daß

a) el Sr. ... a partir de hoy ya no tiene derecho a firmar en nuestro nombre.

a) Herr ... ab heute nicht mehr berechtigt ist, in unserem Namen zu zeichnen.

b) el Sr. ... ha terminado su colaboración con nuestra casa y comenzará por cuenta propia en un ramo completamente distinto.

b) Herr ... seine Mitarbeit in unserem Haus beendet hat und auf eigene Rechnung in einem völlig anderen Geschäftszweig tätig sein wird.

c) el Sr. ... dejará de ser agente nuestro.

c) Herr ... nicht mehr als Vertreter für uns tätig sein wird.

d) nuestro contrato con la casa ... expira hoy.

d) unser Vertrag mit der Firma ... heute ausläuft.

c) Weiterführung des Geschäfts mit und ohne Veränderung der Firma, des Kapitals usw.

Nuestra casa/empresa continuará actuando

Unsere Firma/Unternehmung wird weiterhin fortgeführt

a) bajo el nombre/la razón social registrada...

a) unter dem Namen/dem eingetragenen Firmennamen...

b) como hasta la fecha.

b) wie bisher.

c) en el nuevo edificio/en la nueva dirección/localidad con las mismas normas de calidad como hasta la fecha.

c) in dem neuen Gebäude/an der neuen Adresse/am neuen Ort mit dem gleichen Qualitätsstandard wie bisher.

Haremos todo lo posible para asegurarles el mismo servicio de siempre.

Wir werden alles Mögliche tun, um Ihnen den gewohnten Service zu bieten.

No habrá ningún cambio en nuestra estrategia comercial.

Es wird keinen Wechsel in unserer Geschäftsstrategie geben.

El negocio/la casa

Das Geschäft/die Firma

a) no sufrirá la menor variación.

a) wird in keiner Weise verändert.

b) no sufrirá disminución de capital.

b) wird keine Kapitalverminderung erfahren.

c) se llevará por cuenta común.

c) wird auf gemeinsame Rechnung geführt.

d) continuará a mi nombre. El nombre de la empresa no será cambiado.

d) wird in meinem Namen weitergeführt. Der Name der Unternehmung wird unverändert bleiben.

El Sr. ... continuará actuando como

Herr ... wird weiterhin tätig bleiben als

a) director gerente.

a) leitender Direktor.

b) asesor/consejero de la empresa.

b) Berater der Unternehmung.

A pesar del vacío en que nos deja la muerte súbita del Sr. ..., puedo asegurarles a Vds. que su sucesor, el Sr. ..., estará en condiciones de llevar los negocios de nuestra casa de la misma forma eficiente/con el mismo éxito.

Trotz der durch den plötzlichen Tod des Herrn ... entstandenen Lücke kann ich Ihnen versichern, daß sein Nachfolger, Herr ..., die Geschäfte unseres Hauses auf die gleiche erfolgreiche Weise wird fortführen können.

7. Dank für bisheriges und Bitte um ferneres Vertrauen und Wohlwollen

1. Aprovechamos la presente oportunidad para agradecerles (o: expresarles nuestro agradecimiento) por

1. Wir ergreifen diese Gelegenheit, um Ihnen zu danken (od. unseren Dank zum Ausdruck zu bringen) für

2. Les agradecemos (mucho)

2. Wir danken Ihnen (sehr) für

3. Les damos nuestras más expresivas gracias por

3. Wir drücken Ihnen unseren besten Dank aus für

a) los pedidos que Vds. nos han pasado.

a) die Aufträge, die Sie uns erteilt haben.

b) la confianza que Vd. ha tenido la amabilidad de prestarnos.

b) das Vertrauen, das Sie uns freundlicherweise entgegengebracht haben.

c) su confianza en el pasado y esperamos que Vds. continuarán favoreciéndonos con sus pedidos.

c) Ihr Vertrauen in der Vergangenheit und hoffen, daß Sie uns weiterhin Ihre Aufträge zukommen lassen werden.

d) sus pedidos, que ejecutaremos con el mayor esmero.

d) Ihre Aufträge, die wir mit der größten Sorgfalt ausführen werden.

e) los numerosos favores/deferencias que hemos recibido de Vds. durante los muchos años de nuestra cooperación.

e) die zahlreichen Gefälligkeiten, die wir während unserer langjährigen Zusammenarbeit von Ihnen erhalten haben.

f) las numerosas pruebas de aprecio que Vd. nos ha dado durante los diez años que vamos establecidos.

f) die zahlreichen Gunstbeweise, die Sie uns während der zehn Jahre unseres Bestehens zukommen ließen.

Esperamos que continúen las buenas relaciones que han existido siempre entre nosotros.

Wir hoffen, daß die guten Beziehungen, die immer zwischen uns bestanden haben, fortgesetzt werden.

Entretanto rogamos a Vd.

Inzwischen bitten wir Sie,

a) continúe pasándonos sus pedidos como hasta ahora por télex/telefax/teléfono, los cuales nos esforzaremos en ejecutar lo más rápidamente posible.

a) uns weiterhin Ihre Aufträge wie bisher per Telex/Telefax/ Telefon zu übermitteln; wir werden uns bemühen, diese so schnell wie möglich auszuführen.

b) favorecernos en lo sucesivo

b) uns in der Zukunft das gleiche

con la misma confianza.

Vertrauen entgegenzubringen.

c) extender a la nueva casa su ayuda.

c) der neuen Firma Ihre Hilfe zu gewähren.

d) seguir dispensándonos la misma confianza que había depositado en nosotros durante los últimos años.

d) das während der letzten Jahre in uns gesetzte Vertrauen aufrechtzuerhalten.

Haremos los mismos esfuerzos que nuestros antecesores para

Wir werden die gleichen Anstrengungen wie unsere Vorgänger unternehmen, damit

a) merecer su confianza.

a) wir Ihr Vertrauen gewinnen.

b) conservar la buena reputación de que ha gozado hasta la fecha esta casa.

b) wir den guten Ruf wahren, den diese Firma bisher genossen hat.

8. Unterschriften der Teilhaber

La firma del Sr. ... está incluída/está indicada abajo.

Die Unterschrift des Herrn ... ist beigefügt/ist unten angegeben.

El Sr. ... firmará como al pie se indica.

Herr ... wird wie untenstehend zeichnen.

El Sr. ... ya no firmará más por .../ya no está autorizado para firmar por ...

Herr ... wird nicht mehr für ... zeichnen/ist nicht länger befugt, für ... zu zeichnen.

C. Auflösung eines Geschäfts

1. De común acuerdo

1. Durch gegenseitige Übereinkunft

2. Debido al cese/retiro del Sr. ...

2. Infolge des Ausscheidens des Herrn ...

3. A causa de la muerte (o: defunción o fallecimiento) de nuestro socio, el Sr. ...,

3. Infolge des Todes (od. Ablebens) unseres Teilhabers, Herrn ...,

ha sido disuelta la sociedad que hasta la fecha existía entre ...

ist die zwischen ... bestehende Handelsgesellschaft aufgelöst worden.

1. Cumplimos el deber de participarles que

1. Wir erfüllen unsere Pflicht, Ihnen mitzuteilen, daß

2. Con vivo sentimiento tenemos que comunicar a Vds. que a consecuencia de la muerte del Sr. ...

nuestro negocio, establecido bajo la razón social de ..., dejará de existir a partir del día 30 del próximo mes.

Hemos designado al Sr. ... para

a) la regulación/el pago de nuestros cobros atrasados.

b) la liquidación del negocio.

Toda la correspondencia referente a la casa disuelta ha de dirigirse a ...

2. *Mit tiefem Bedauern müssen wir Ihnen mitteilen, daß infolge des Todes von Herrn ...*

unser unter dem Namen ... eingetragenes Geschäft mit Wirkung vom 30. nächsten Monats aufhören wird zu bestehen.

Wir haben Herrn ... beauftragt,

a) *unsere Außenstände in Ordnung zu bringen/zu begleichen.*

b) *die Liquidation des Geschäfts durchzuführen.*

Alle Mitteilungen in bezug auf die aufgelöste Firma sind an ... zu richten.

II. Anfragen, Preisanfragen, Bitte um Zusendung von Preislisten, Mustern, Proben usw.

Will sich der Geschäftsmann mit Ware eindecken *(aprovisionarse o abastecerse de mercancías)*, einen neuen Artikel einführen *(introducir)* oder neue Verbindungen anknüpfen *(entablar nuevas relaciones)*, sieht er sich nach der günstigsten Bezugsquelle *(suministrador más ventajoso)* um und fragt bei seinen bisherigen Lieferern *(suministradores actuales)*, Herstellern *(fabricantes)* und Großhändlern *(mayoristas)* und bei neuen Firmen an.

Die Anfrage *(petición [de oferta], demanda [de precio])* ist rechtlich unverbindlich *(sin obligación/sin compromiso legal)*.

Falls der Anfrager Ware von einem neuen Lieferanten auf Kredit *(a crédito)* kaufen will, ist es zweckmäßig, Referenzen anzugeben *(indicar referencias)*.

Die Anfrage kann allgemein gehalten sein *(puede ser escrita en términos generales)*. Der Lieferant wird um Zusendung eines Kataloges *(catálogo)* mit Preisliste *(lista de precios)* oder um den Besuch eines Vertreters *(representante)* gebeten.

Viel häufiger ist die gezielte Anfrage *(demanda específica)*, d. h. nach einer eindeutig bestimmten Ware *(una mercancía claramente definida)*. Um unnötige Nachfragen zu vermeiden, sollten die folgenden Punkte in einer Anfrage enthalten sein:

die genaue Beschreibung *(descripción exacta)* der gesuchten Ware, eventuell unter Beifügung von Mustern *(muestras o especímenes)* oder Skizzen *(diseños o dibujos)*;

die Angabe der voraussichtlichen Bezugsmenge *(cantidad que uno tiene la intención de comprar)*, da hiervon Preis und Mengenrabatt *(rebaja por cantidades)* sowie die Übernahme der Transportkosten *(gastos de transporte)* abhängen können;

die gewünschte Lieferzeit *(plazo de entrega)*;

die Lieferungs- und Zahlungsbedingungen *(las condiciones de entrega y pago)*.

Zum Einholen von Angeboten werden auch vorgedruckte Formulare *(formularios impresos)* benutzt.

DEMANDA DE PRECIOS   n°. 820531

Ricardo Orduña e Hijos, S. A.
Apartado 120
San Juan, Puerto Rico 00902

Fábrica de Textiles
Montero, S. A.
Paseo de Gracia, 84
08021 Barcelona
España

24 de febrero de 19..

Les quedaríamos muy agradecidos si pudieran darnos sus mejores precios para los artículos siguientes:

Cantidad	Descripción
400	chaquetas de caballero en varios colores y tamaños
1200	corbatas de seda pura en varios colores y
2000	corbatas de fibra sintética en los colores de moda
800	camisas de caballero de color blanco en varias tallas

Todos estos artículos deben estar listos para el suministro hasta el 31 de marzo de 19.. lo más tarde.

Ricardo Orduña e Hijos, S. A.
Pedro Orduña
Jefe de Compras

---

ausgefülltes Anfrage-Formular

Adressen von neuen Lieferanten erhält man aus Anzeigen *(anuncios)* in Zeitungen *(periódicos)* und Zeitschriften *(revistas)*, aus den Fachzeitschriften *(revistas técnicas o especializadas)*, aus den Branchenadreßbüchern *(guías de ramos)*, durch Besuch von Messen und Ausstellungen *(visitas de ferias y exposiciones)* und aus der Bezugsquellenkartei *(fichero de suministradores)* der Firma.

1. Eingangsformeln

a) allgemeine Anfrage

Sírvase enviarnos su catálogo ilustrado/completo/general/más reciente, así como su lista de precios actual.

Schicken Sie uns bitte Ihren illustrierten/vollständigen/allgemeinen/letzten (oder neuesten) Katalog sowie Ihre aktuelle Preisliste.

Estando interesados en importar muebles españoles les quedaríamos muy agradecidos si pudieran/pudiesen enviarnos

Wir sind daran interessiert, spanische Möbel zu importieren, und wären Ihnen sehr dankbar, wenn Sie uns

a) una copia de su último catálogo, la lista de precios y sus condiciones de exportación fob Santander.

a) eine Kopie Ihres letzten Katalogs, die Preisliste und Ihre Exportbedingungen fob Santander zusenden könnten.

b) especificaciones (o: detalles) de sus vitrinas de vidrio con precios y condiciones de pago.

b) nähere Einzelheiten über Ihre Glasvitrinen mit Preisen und Zahlungsbedingungen zukommen ließen.

Hagan el favor de mandarnos (o: suministrarnos)

Bitte senden (oder schicken) Sie uns

a) un folleto descriptivo y su lista de precios para...

a) eine beschreibende Broschüre sowie Ihre Preisliste für...

b) su catálogo completo y todos los detalles posibles sobre...

b) Ihren vollständigen Katalog und möglichst alle Einzelheiten über...

c) su lista de precios para mayoristas con las bonificaciones (o: rebajas) por cantidades.

c) Ihre Großhandelspreisliste mit den Mengenrabatten.

d) sus prospectos para este material y sus condiciones de pago.

d) Ihre Prospekte für dieses Material und Ihre Zahlungsbedingungen.

b) bestimmte Anfrage

1. Estando considerando la compra de...

2. Teniendo la intención de reor-
   ganizar (ampliar o extender)
   nuestra sección de...

   a) pensamos pedir ofertas a
      suministradores para com-
      parar los precios y las condi-
      ciones de entrega y pago.

   b) les agradeceríamos darnos
      algunas informaciones so-
      bre su ordenador XYZ con
      detalles referentes a sus
      condiciones de alquiler/lea-
      sing/compra/compra a pla-
      zos.

   Estamos interesados en comprar ..., pero antes de pasar un
   pedido necesitamos detalles (o:
   pormenores) sobre...

   ¿Bajo qué condiciones están
   Vds. dispuestos a enviarnos (o:
   suministrarnos) estas instalaciones de aire acondicionado?

   Por favor, mándenos su mejor
   oferta de discos 20 M para el ordenador compatible...

   Díganos, por favor, si Vd. puede suministrar el microsistema
   ... y a qué condiciones.

   Les rogamos nos envíen su
   mejor oferta para microfilmes...

1. Por favor, indíquennos sus
   precios cif Hamburgo

2. Vds. nos suministraron hace
   algún tiempo artículos de piel,
   por lo que les rogamos nos comuniquen sus condiciones de
   entrega y de pago

1. *Wir beabsichtigen den Kauf
   von...*

2. *Wir haben vor, unsere ... Abteilung zu reorganisieren (zu
   erweitern)*

   a) *und beabsichtigen, Ange-
      bote von Lieferanten einzu-
      holen, um einen Vergleich
      der Preise und Liefer- und
      Zahlungsbedingungen zu
      haben.*

   b) *und wären Ihnen für einige
      Informationen über Ihren
      Computer XYZ dankbar so-
      wie für Einzelheiten über
      Ihre   Miet-/Leasing-/Kauf-/
      Ratenkaufbedingungen.*

   *Wir sind daran interessiert, ...
   zu kaufen, aber vor Erteilung eines Auftrages benötigen wir Einzelheiten über...*

   *Zu welchen Bedingungen sind
   Sie bereit, uns diese Klimaanla-
   gen zu senden (od. zu liefern)?*

   *Bitte senden Sie uns Ihr gün-
   stigstes Angebot für 20 M-Disket-
   ten für den kompatiblen Computer...*

   *Sagen Sie uns bitte, ob Sie das
   Mikrosystem ... liefern können
   und zu welchen Bedingungen.*

   *Wir bitten Sie um Ihr günstig-
   stes Angebot für Mikrofilme...*

1. *Geben Sie uns bitte Ihre Preise
   cif Hamburg an*

2. *Sie haben uns vor einiger Zeit
   Lederwaren geliefert, und wir
   bitten Sie um Mitteilung Ihrer
   Liefer- und Zahlungsbedingungen*

a) para (el suministro de) bolsos de señora.

a) für (die Lieferung von) Damenhandtaschen.

b) para el suministro de los artículos que indicamos en la lista adjunta.

b) für die in der beigefügten Liste aufgeführten Artikel.

c) para las cantidades y calidades que indicamos a continuación:

c) für die im folgenden aufgeführten Mengen und Qualitäten:

Haga el favor de enviarme muestras de los artículos (o: géneros) que tiene en almacén, así como las cotizaciones más ventajosas.

Schicken Sie mir bitte Muster der Waren, die Sie auf Lager haben, sowie die günstigsten Preise.

¿Qué precio tiene en la actualidad su diccionario español-alemán de bolsillo?

Wie teuer ist zur Zeit Ihr spanisch-deutsches Taschenwörterbuch?

¿Cuánto valen (o: cuestan) actualmente sus películas vídeo de 3 horas de grabación?

Wieviel kosten zur Zeit Ihre Videofilme mit 3stündiger Laufzeit?

c) Bitte um Kostenvoranschlag

Les rogamos nos envíen/presenten un presupuesto de gastos

Wir bitten Sie um Einreichung eines Kostenvoranschlages

a) para las siguientes obras:

a) für die folgenden Arbeiten:

b) para los servicios especificados como sigue (o: a continuación):

b) für die nachfolgend aufgeführten Dienstleistungen:

Hagan el favor de informarnos si se ven en condiciones/pueden hacerse cargo de ejecutar la siguiente tarea/el siguiente trabajo, indicándonos su precio (diciéndonos cuánto nos cobrarían).

Bitte teilen Sie uns mit, ob Sie die nachfolgende Aufgabe übernehmen können mit Angabe Ihres Honorars.

d) unter Bezugnahme auf eine Anzeige, Messe, Empfehlung etc.

1. Hemos leído su anuncio en «El País»

1. Wir haben Ihre Annonce (od. Anzeige) in „El País" gelesen

2. Estamos interesados en la máquina automática de roscar que Vd. ofrece en la corriente edición de la revista técnica «El Ingeniero»

2. Wir sind an dem von Ihnen in der laufenden Ausgabe der Zeitschrift „El Ingeniero" angebotenen Gewindeschneidautomaten interessiert

3. Hemos visto sus máquinas en la Feria de Hanóver

a) y les quedaríamos muy agradecidos si Vds. nos enviasen/enviaran su catálogo y la lista de precios.

b) y nos interesaría recibir (más o más amplios) detalles sobre esta máquina.

c) y les rogamos nos hagan una demostración/nos demuestren esta máquina.

d) y rogamos que nos visite su representante cuando esté en esta región la próxima vez.

e) y estamos considerando pasarles un pedido de prueba.

Haga Vd. el favor de enviarme

a) informaciones sobre los pormenores técnicos y los gastos del torno que Vd. anuncia en la revista «El Ingeniero».

b) un ejemplar/una copia del folleto (o: de su catálogo) conforme anunciado en su corriente edición del . . .

Su anuncio en la revista técnica «La computadora» ha despertado mi interés.

Hace poco tuve el placer de visitar sus recintos de exposición en Barcelona.

Siendo uno de los mayores importadores de muebles en Alemania occidental estamos interesados en los muebles de jardín que Vds. habían expuesto en la reciente Feria International SPOGA de Colonia.

Debemos su nombre a (o: hemos recibido su nombre de) la Cámara de Comercio e Industria

3. Wir haben Ihre Maschinen auf der Hannover-Messe gesehen

a) und wären Ihnen dankbar, wenn Sie uns Ihren Katalog und Ihre Preisliste senden würden.

b) und wir würden gerne (weitere) Einzelheiten über diese Maschine erhalten.

c) und wir bitten um Vorführung dieser Maschine.

d) und bitten Sie um den Besuch Ihres Vertreters, wenn er das nächste Mal in dieser Gegend ist.

e) und erwägen die Erteilung eines Probeauftrages.

Bitte schicken Sie mir

a) Informationen über die technischen Einzelheiten und Kosten der von Ihnen in der Zeitschrift „El Ingeniero" annoncierten Drehbank.

b) ein Exemplar Ihrer Broschüre (od. Ihres Kataloges) wie in der laufenden Ausgabe des . . . annonciert.

Ihre Anzeige in der Fachzeitschrift „La computadora" hat meine Aufmerksamkeit erregt.

Kürzlich hatte ich das Vergnügen, Ihre Ausstellungsräume in Barcelona zu besuchen.

Als einer der größten Importeure von Möbeln in Westdeutschland sind wir an den Gartenmöbeln interessiert, die Sie auf der kürzlichen Internationalen Messe SPOGA in Köln ausgestellt haben.

Ihren Namen haben wir von der Industrie- und Handelskammer in . . . (od. der . . . Botschaft in

de... (o: de la Embajada de... en ...; o: del Banco... de...)

...; od. der... Bank in...) erfahren.

Su sociedad nos fue recomendada por la Bayer AG, con la que tenemos relaciones comerciales desde hace muchos años.

Ihre Firma wurde uns von der Bayer AG empfohlen, mit der wir seit vielen Jahren in Geschäftsverbindung stehen.

La casa... de... (que, conforme hemos sido informados, tiene relaciones comerciales con Vds. desde hace varios años),

Die Firma... in... (die, wie wir hören, mit Ihnen seit mehreren Jahren in Geschäftsverbindung steht),

a) me indicó su nombre como agente exclusivo para...

a) hat mir Ihren Namen als Alleinvertreter für... angegeben.

b) me recomendó su casa como suministradores de...

b) hat mir Ihre Firma als Lieferanten von... empfohlen.

2. Art und Qualität der gewünschten Waren, Muster, Proben

Hagan Vds. el favor de hacerme una oferta para el suministro de géneros de punto para señora de la mejor calidad (o: de la más fina calidad, de primera calidad, de calidad media, de calidad corriente).

Bitte machen Sie mir ein Angebot zur Lieferung von Damenstrickwaren bester (oder: feinster, erster, mittlerer, einfacher) Qualität.

Atribuimos gran importancia a

Wir legen großen Wert auf

a) primera calidad.

a) erstklassige Qualität.

b) un color permanente.

b) Farbechtheit.

c) un material inencogible.

c) nichteinlaufendes Material.

d) un material inoxidable de garantía.

d) garantiert rostfreies Material.

Sólo mercancías de primera calidad podrán satisfacernos/servir para nuestros fines (o: propósitos).

Nur erstklassige Ware wird für unsere Zwecke genügen.

Los artículos que podrán considerarse deben/tienen que ser

Die in Frage kommenden Artikel müssen

a) del mejor material.

a) aus allerbestem Material sein.

b) resistentes (al uso) (o: sólidos, fuertes).

b) strapazierfähig (od. widerstandsfähig) sein.

c) modernos en el dibujo (o: diseño).

El papel debe/tiene que corresponder a la muestra incluida
respecto (o: en lo que se refiere/
referente) al peso, tamaño y color.

Les enviamos adjunto modelos (o: ejemplares de muestra) y
les rogamos incluyan en su oferta una muestra del material que
debe utilizarse.

1. Adjuntamos/incluimos   una
   muestra del tejido que Vds.
   nos suministraron hace algún
   tiempo. Infórmennos por favor,

2. Hace algún tiempo Vds. nos
   enviaron un tejido de terciope-
   lo, y quisiéramos saber

   a) si todavía tienen existencias
      de la misma calidad en
      almacén.

   b) si todavía fabrican la misma
      calidad.

Quisiéramos saber si Vds. pueden fabricar artículos de plata
según nuestro diseño/dibujo. En
caso afirmativo, les rogamos nos
envíen pormenores exactos.

Les rogamos a Vds. nos envíen

a) pruebas de su mermelada de
   naranja.

b) muestras de las mercancías
   que Vds. tienen en almacén (o:
   pueden suministrar).

c) muestras de los colores que
   pueden suministrar.

d) un muestrario.

e) muestras de las diferentes calidades.

f) una muestra de cada uno de
   los objetos arriba indicados.

c) modern im Muster (od. Entwurf) sein.

Das Papier muß in Gewicht,
Größe und Farbton dem beiliegenden Muster entsprechen.

Musterstücke sind beigefügt,
und fügen Sie bitte Ihrem Angebot ein Muster des zu verwen-
denden Materials bei.

1. Wir fügen ein Muster des Stof-
   fes, wie vor einiger Zeit von Ihnen geliefert, bei. Bitte lassen
   Sie uns wissen,

2. Vor einiger Zeit lieferten Sie
   uns Samt, und wir möchten
   gerne wissen,

   a) ob Sie die gleiche Qualität
      noch auf Lager haben.

   b) ob Sie noch die gleiche
      Qualität herstellen.

Wir würden gerne erfahren, ob
Sie Silberwaren nach unserem
Entwurf anfertigen können. Falls
ja, senden Sie uns bitte genaue
Angaben.

Bitte schicken Sie uns

a) Proben Ihrer Orangenmarmelade.

b) Muster Ihrer auf Lager vorhan-
   denen (od. der lieferbaren)
   Waren.

c) Muster der lieferbaren Farben.

d) ein Musterbuch.

e) Muster der verschiedenen
   Qualitäten.

f) je ein Muster der oben angeführten Gegenstände.

3. Preise, Rabatt, Preisgestellung, Zahlungsbedingungen

a) Bitte um Angabe des günstigsten Preises

1. Si los precios indicados por Vds. son verdaderamente/en realidad competitivos,

1. Falls Ihre Preisangabe wirklich konkurrenzfähig ist,

2. Si los precios son favorables,

2. Vorausgesetzt, daß die Preise günstig sind,

3. Si sus productos y condiciones son favorables en comparación con los de otros proveedores/suministradores,

3. Falls Ihre Erzeugnisse und Bedingungen sich günstig mit denen anderer Lieferanten vergleichen lassen,

les pasaríamos un primer pedido (o: un importante pedido; pedidos regulares; un pedido de prueba).

würden wir Ihnen einen Erstauftrag (oder: einen großen Auftrag; regelmäßige Aufträge; einen Probeauftrag) erteilen.

1. Tenemos la intención de pasar pedidos importantes (o: un primer pedido para 500 unidades)

1. Wir beabsichtigen, bedeutende Aufträge (od. einen Erstauftrag für 500 Einheiten) zu erteilen,

2. Tal vez podremos pasarles un pedido importante

2. Wir können Ihnen vielleicht einen großen Auftrag erteilen,

a) si nos dan/indican precios verdaderamente/realmente competitivos y condiciones satisfactorias.

a) falls Sie wirklich konkurrenzfähige Preise und zufriedenstellende Bedingungen angeben.

b) si sus precios son competitivos y Vds. pueden suministrar inmediatamente/sin más tardar.

b) wenn Ihre Preise konkurrenzfähig sind und Sie prompt liefern.

c) si sus condiciones son competitivas y Vds. pueden entregar la mercancía dentro de (un plazo de) tres semanas.

c) wenn Ihre Bedingungen konkurrenzfähig sind und Sie innerhalb von drei Wochen liefern können.

1. Como estamos expuestos a una fuerte competencia japonesa,

1. Da wir einer starken Konkurrenz von Japan ausgesetzt sind,

2. Como en este ramo (o: sector) estamos haciendo importantes negocios,

2. Da wir in dieser Branche (od. Sparte) große Geschäfte machen,

tenemos que rogarles nos hagan/indiquen sus precios más bajos y sus mejores condiciones.

Esperamos una competencia muy fuerte para este pedido, por lo que les suplicamos nos calculen su precio con la mayor precisión posible, incluyendo una comisión del 10 por ciento.

El precio ejercerá gran influencia sobre nuestra decisión.

müssen wir Sie bitten, Ihre niedrigsten Preise und besten Bedingungen anzugeben.

Wir erwarten für diesen Auftrag eine sehr scharfe Konkurrenz und bitten Sie deshalb dringend, Ihren Preis unter Gewährung einer 10%igen Provision für uns sehr genau zu kalkulieren.

Der Preis wird unsere Entscheidung sehr beeinflussen.

b) Bitte um Angabe des Rabatts

Necesitamos 5.000 abrelatas eléctricos y les rogamos nos informen sobre/den su precio más bajo para esta cantidad.

Hagan el favor de indicar los precios para lotes de 1.000, 5.000 y 10.000 respectivamente.

Como es probable que les pasemos pedidos importantes y regulares, quisiéramos saber si Vds. están dispuestos a concedernos una rebaja especial.

Estaríamos dispuestos (o: estamos dispuestos) a

a) pasarles un pedido de gran cantidad si las condiciones son aceptables.

b) pasarles pedidos para una cantidad mínima garantizada de... por año.

1. Esperamos que Vds. estén dispuestos a concedernos condiciones especiales (o: una rebaja por cantidad)

2. Quisiéramos saber (igualmente) si Vds. conceden rebajas

3. Hagan el favor de indicarnos también sus plazos de entrega, sus condiciones de pago y detalles sobre sus rebajas

Wir benötigen 5000 elektrische Dosenöffner und würden gerne Ihren niedrigsten Preis für diese Menge erfahren/erhalten.

Bitte geben Sie die Preise für Posten von 1.000, 5.000 und 10.000 an.

Da wir wahrscheinlich regelmäßig größere Aufträge erteilen, möchten wir wissen, ob Sie bereit sind, uns einen Sonderrabatt zu gewähren.

Wir wären bereit (od. sind bereit),

a) Ihnen einen Mengenauftrag zu erteilen, falls die Bedingungen annehmbar sind.

b) Aufträge für eine jährlich garantierte Mindestzahl von ... zu erteilen.

1. Wir hoffen, daß Sie bereit sind, uns besondere Bedingungen (od. einen Mengenrabatt) zu gewähren

2. Wir möchten (auch) wissen, ob Sie Rabatte gewähren

3. Teilen Sie bitte auch die Lieferzeiten, Ihre Zahlungsbedingungen und Einzelheiten über Rabatte mit

a) para la compra regular de grandes cantidades.

a) für den regelmäßigen Kauf großer Mengen.

b) para pedidos netos de más de Ptas....

b) für Nettoaufträge über mehr als ... Peseten.

c) para la compra de cantidades no menores de 500 para cada uno de los artículos.

c) für Käufe von Mengen nicht unter 500 der einzelnen Artikel.

La lista de precios que Vds. nos enviaron no contiene ningún detalle sobre los descuentos para cantidades importantes, por lo que les rogamos nos pasen esta información, ya que tenemos la intención de pasarles un pedido de 500 ejemplares.

Die uns gesandte Preisliste gibt keine Einzelheiten über Rabatte für große Mengen, deshalb bitten wir Sie, uns diese Information zu geben, da wir die Absicht haben, Ihnen einen Auftrag über 500 Exemplare zu erteilen.

c) Preisgestellung

Por favor, indiquen

Bitte geben Sie

a) sus precios más bajos con la rebaja por cantidades en marcos alemanes.

a) Ihre niedrigsten Preise mit Mengenrabatt in DM an.

b) si las mercancías se expedirán a porte pagado o contra reembolso del flete.

b) an, ob die Waren frachtfrei oder per Frachtnachnahme versandt werden.

Por favor, especifique en su oferta cada objeto separadamente para que sepamos el precio de cada uno.

Bitte geben Sie in Ihrem Angebot jeden Gegenstand getrennt an, so daß wir von jedem den Preis wissen.

Por favor, indiquen sus precios

Bitte stellen Sie Ihre Preise

a) franco frontera alemana.

a) franko deutscher Grenze.

b) cif Hamburgo.

b) cif Hamburg.

Los precios deberían calcularse cif Rotterdam, incluyendo el embalaje marítimo.

Die Preise sollten cif Rotterdam sein, einschließlich seemäßiger Verpackung.

Les rogamos también estimen el número de los contenedores que necesitan, así como los gastos aproximados del embalaje.

Wir bitten auch um eine Schätzung der Anzahl der erforderlichen Container und die ungefähren Verpackungskosten.

Su oferta debería contener igualmente los gastos para un ingeniero que viajará a Nairobi, y el cual vigilará la instalación y entrenará a los operadores.

Ihr Angebot sollte auch die Kosten eines nach Nairobi reisenden Ingenieurs enthalten, der die Errichtung überwacht und die Bedienungsleute ausbildet.

d) Zahlungsbedingungen

Infórmennos, por favor, sobre sus condiciones comerciales (o: condiciones de pago) (y su mejor plazo de entrega, o: plazo de entrega más favorable).

Bitte teilen Sie uns Ihre Geschäftsbedingungen (od. Zahlungsbedingungen) (und Ihren günstigsten Liefertermin) mit.

El pago se efectuará según sus condiciones comerciales usuales.

Die Zahlung wird gemäß Ihren üblichen Geschäftsbedingungen erfolgen.

Quisiéramos pagar sobre la base de las condiciones comerciales usuales, es decir, al contado 30 días después del recibo de su extracto de cuenta mensual.

Wir möchten zu den üblichen Handelsbedingungen bezahlen, d. h. Kasse 30 Tage nach Erhalt Ihres monatlichen Kontoauszuges.

Caso que nos decidamos a pasarles un pedido, el pago se efectuará al contado contra entrega de los documentos.

Falls wir uns für Erteilung eines Auftrages entscheiden, wird Zahlung gegen Dokumente erfolgen.

4. Lieferung; Lieferzeit

¿Con qué prontitud pueden Vds. (o: cuánto tiempo necesitan Vds. para) suministrar discos de freno del mismo tamaño e igual calidad que el espécimen que les enviamos adjunto?

Wie schnell können Sie Bremsscheiben der gleichen Größe und Qualität wie das beiliegende Muster liefern?

Hagan el favor de indicar su más corto plazo de entrega.

Bitte teilen Sie uns Ihre kürzeste Lieferzeit mit.

Por favor, indíquennos sus precios fob más bajos (o: favorables) y sus condiciones comerciales, así como su más rápida fecha de entrega.

Bitte teilen Sie uns Ihre niedrigsten fob Preise mit sowie Ihre Geschäftsbedingungen, und geben Sie Ihr frühestes Lieferdatum an.

Dígannos, por favor,

Bitte teilen Sie uns mit,

a) si es posible suministrar ex almacén.

a) ob Sie ab Lager liefern können.

b) si podrían efectuar la entrega dentro de cuatro semanas después de recibir nuestro pedido.

b) ob Sie innerhalb von vier Wochen ab Auftragserhalt liefern könnten.

c) si pueden garantizar el suministro hasta el 4 de octubre (o: dentro de seis semanas).

c) ob Sie die Lieferung bis 4. Oktober (od. innerhalb sechs Wochen) garantieren können.

1. Necesitamos la mercancía

2. El suministro debería efectuarse

   a) dentro de seis semanas después de pasarles el pedido.

   b) antes del 1° de abril.

   c) hasta el 6 de noviembre lo más tarde (o: a más tardar).

1. Como estamos obligados contractualmente (o: por contrato),

2. Necesitando estas mercancías con toda urgencia,

   Vds. tendrían que garantizarnos la entrega hasta el 30 de mayo.

---

1. *Wir brauchen die Ware*

2. *Lieferung würde erforderlich sein*

   a) *innerhalb sechs Wochen nach Auftragserteilung.*

   b) *vor dem 1. April.*

   c) *spätestens bis zum 6. November.*

1. *Da wir unter Vertrag stehen,*

2. *Da wir diese Waren dringend benötigen,*

   wäre es erforderlich, daß Sie die Lieferung bis 30. Mai garantieren.

5. Menge, Bedarf

1. Si sus mercancías hallan nuestra aprobación (o: si sus artículos corresponden a nuestras exigencias),

2. Bajo la condición de que las muestras sean apropiadas y sus precios nos satisfagan,

3. Si Vds. pueden suministrar mercancías del tipo y de la calidad exigidos,

4. Suponiendo que (o: siempre que) sus precios sean aceptables (o: que sus precios sean competitivos),

   a) es posible que les pasemos pedidos regulares (para importantes cantidades).

   b) se pasará inmediatamente un pedido (al que seguirán probablemente otros).

   c) no veríamos ningún inconveniente en (o: ningunas di-

---

1. *Sollten Ihre Waren unseren Beifall finden (od. unseren Erfordernissen entsprechen),*

2. *Vorausgesetzt, daß die Muster geeignet und die Preise zufriedenstellend sind,*

3. *Wenn Sie Waren des erforderlichen Typs und der verlangten Qualität liefern können,*

4. *Vorausgesetzt, daß Sie mit den Preisen richtig liegen (od. daß Ihre Preise konkurrenzfähig sind),*

   a) *können wir vielleicht regelmäßig Aufträge (für große Mengen) erteilen.*

   b) *wird sofort ein Auftrag erteilt werden (dem wahrscheinlich weitere folgen würden).*

   c) *würde es uns nicht schwerfallen, Ihre Produkte hier zu*

ficultades de) vender sus productos en ésta.

verkaufen.

Nuestras exigencias mensuales se estiman del orden de ...

Unser geschätzter monatlicher Bedarf bewegt sich um ...

Les ruego me indiquen en su respuesta si les es posible

Geben Sie in Ihrer Antwort bitte an, ob es Ihnen möglich ist,

a) satisfacer mi demanda (o: mis necesidades) para una cantidad de 1.000 unidades.

a) meinen Bedarf zu decken, der sich auf 1.000 Stück belaufen wird.

b) ejecutar un pedido para las cantidades necesarias dentro de dos semanas.

b) einen Auftrag für die erforderlichen Mengen innerhalb von zwei Wochen auszuführen.

Les rogamos nos envíen su oferta de precios para el suministro regular de las cantidades indicadas.

Schicken Sie uns bitte Ihr Preisangebot für die regelmäßige Lieferung in der angegebenen Menge.

6. Schlußworte

Esperamos su oferta (o: su presupuesto) con mucho interés.

Wir sehen dem Erhalt Ihres Angebots (od. Kostenvoranschlags) mit Interesse entgegen.

1. Siendo urgente el asunto,

1. Da die Angelegenheit eilt,

2. Como nuestros clientes nos instan (o: urgen) a hacerles una oferta,

2. Da unsere Kunden uns auf Abgabe eines Angebots drängen,

a) les quedaríamos muy agradecidos si nos enviaran (enviasen) una pronta respuesta.

a) wären wir für eine prompte Antwort dankbar.

b) les agradeceríamos nos diesen la información hasta el 1° de setiembre.

b) hätten wir die Auskunft gerne bis 1. September.

Les rogamos nos informen hasta el 4 de abril para que podamos pasarles nuestro pedido sin más tardar.

Geben Sie uns bitte bis zum 4. April Bescheid, damit wir unseren Auftrag prompt erteilen können.

Por favor, hagan lo necesario para que el catálogo sea enviado por avión y no por correo regular.

Bitte sorgen Sie dafür, daß der Katalog per Luftpost und nicht mit normaler Post geschickt wird.

Nos interesaría saber a vuelta de correo si Vds. estarían interesados en tal pedido.

Bitte teilen Sie uns postwendend mit, ob Sie an einem solchen Auftrag interessiert sind.

Hagan el favor de indicar en su oferta los pesos y las medidas de expedición, así como los descuentos (o: las rebajas) más favorables de exportación y por pago al contado.

Geben Sie in Ihrem Angebot bitte die Versandgewichte und Maße an, und nennen Sie die besten Export- und Barzahlungsrabatte.

III. Angebot, Kostenvoranschlag, Tender, Leasing

Juristisch ist ein Angebot *(oferta)* ein unmißverständlicher Vorschlag *(propuesta inequívoca)* seitens einer Partei *(parte/parte contratante)* an eine andere, ein Geschäft abzuschließen *(hacer o concluir un negocio)*.

Wenn das Angebot einer Partei von der anderen endgültig angenommen wird *(es definitivamente aceptada por la otra parte)*, ist ein Vertrag abgeschlossen *(ha quedado concluido un contrato)*.

Solange das Angebot nicht angenommen wurde *(mientras la oferta no haya sido aceptada)*, kann es durch den Anbietenden zurückgezogen werden *(puede ser revocada por el oferente)*.

Man unterscheidet: das verlangte Angebot *(oferta solicitada)*, das unverlangte Angebot *(oferta no solicitada)*, das bindende Angebot *(oferta en firme o con compromiso)* und das befristete Angebot *(oferta limitada)*.

Das unverlangte Angebot kann Bezug nehmen *(puede referirse)* auf eine Zeitungsannonce *(anuncio en un periódico)*, ein Rundschreiben *(circular)*, eine Unterredung *(entrevista)*, eine Empfehlung *(recomendación)* durch Handelskammer *(Cámara de Comercio)* oder Konsulat *(consulado)* oder auf einen Messebesuch *(visita a una feria)*. Anlaß für *(ocasión para)* ein unverlangtes Angebot wird auch durch das Ausbleiben bisher regelmäßig erteilter Aufträge *(la falta de pedidos hasta entonces pasados regularmente)* gegeben.

In manchen Branchen *(en algunos ramos)* ist es Brauch *(uso o costumbre)*, daß der Verkäufer seiner Stammkundschaft *(clientela fija o habitual)* oder vielleicht anderen Interessenten *(otros interesados)* Waren anbietet, ohne auf eine Anfrage zu warten.

Ein ordentliches Angebot *(oferta satisfactoria)* muß enthalten: die genaue Bezeichnung der Ware *(especificación exacta de la mercancía)*, die Menge *(cantidad)*, die geliefert werden kann, Stückzahl *(número de piezas o unidades)*, Gewicht *(peso)*, Maße *(dimensiones o medidas)*, Einzelheiten der Preise *(detalles de los precios)*, den Rabatt bei Sofortbezahlung *(descuento en caso de pago al contado)*, bei Abnahme größerer Mengen den Mengenrabatt *(rebaja por cantidades)*, die Zahlungsbedingungen *(condiciones de pago)*, eine klare Feststellung, was die Preise enthalten, d.h. Verpackung *(embalaje)*, Transport *(transporte)* und Versicherung *(seguro)*, Lieferzeit *(plazo de entrega)*, den Erfüllungsort *(lugar de cumplimiento)*, d.h. Lieferangaben wie: ab Lager *(ex almacén)*, ab Werk *(ex fábrica)*, frei Waggon *(franco vagón*, vgl. „*Incoterms*", Seite 30), Gerichtsstand *(lugar de jurisdicción)*. Dem Angebot werden gegebenenfalls Kataloge und Prospekte *(catálogos y prospectos)* beigefügt.

Vielfach weist der Anbietende auf seine Lieferbedingungen *(condiciones de entrega)* auf der Rückseite *(al dorso)* des Schreibens hin.

Wenn ein Käufer um ein Angebot gebeten hat, jedoch keinen Auftrag erteilt *(no pasa ningún pedido)*, sendet man ein Nachfaßschreiben *(carta recordatoria)*.

Ein festes Angebot *(oferta fija)* besteht, wenn ein Verkäufer verspricht, Waren zu einem genannten Preis *(precio indicado)* innerhalb einer festgesetzten Zeit *(dentro de un período de tiempo establecido)* zu liefern.

Das unverbindliche oder befristete Angebot *(oferta sin compromiso o limitada)* enthält einschränkende Worte *(palabras restrictivas)*. Beispiele: freibleibend; unverbindlich *(sin compromiso)*; Zwischenverkauf vorbehalten *(salvo venta)*; Dieses Angebot gilt unter dem Vorbehalt, daß die Waren beim Empfang der Bestellung noch nicht verkauft sind *(Esta oferta es válida bajo reserva de que las mercancías no se hayan vendido al recibirse el pedido)*; Dieses Angebot gilt nur bei Annahme innerhalb von sieben Tagen *(Esta oferta es válida sólo en el caso de que se reciba el pedido dentro de siete días)*; Die notierten Preise gelten nur für am oder vor dem 31. Oktober erhaltene Aufträge *(Los precios indicados serán válidos sólo en caso de pedidos que se pasen el o antes del 31 de octubre)*; Aus unserem Katalog 19 . . bestellte Waren können nur geliefert werden, solange der Vorrat reicht *(las mercancías que se pidan sobre la base de nuestro catálogo 19 . . pueden suministrarse solamente hasta que se agoten nuestras existencias)*; Für Annahme innerhalb von vierzehn Tagen *(Para aceptación dentro de 2 semanas o 15 días)*. Dieser letzte Satz schützt *(protege)* die Lieferfirma, wenn die Preise nach zwei Wochen steigen sollten.

Auch die Vorteile *(ventajas)* einer sofortigen Bestellung werden von dem Lieferanten hervorgehoben unter Hinweis auf eine bevorstehende Preiserhöhung *(alza o subida del precio)*, Knappheit *(escasez)* etc. Zum Schluß sichert man pünktliche und sorgfältige Ausführung *(se asegura la ejecución puntual y esmerada)* aller Bestellungen zu.

Kann man ein Angebot nicht annehmen, so wird man die anbietende Firma davon in Kenntnis setzen und ihr nötigenfalls auch die Gründe, z. B. kein Bedarf *(ninguna necesidad)*, Preise zu hoch *(precios demasiado altos)* etc., für die Ablehnung des Angebots angeben.

Ein KOSTEN(VOR)ANSCHLAG *(presupuesto)* ist die Angabe der wahrscheinlichen Kosten für die Lieferung bestimmter Waren oder Dienstleistungen *(indicación de los costes probables para el suministro de ciertas mercancías o ciertos servicios)*, z. B. Lieferung von Heizungsanlagen etc. Der Kostenanschlag ist also eine Aufforderung, ein Vertragsangebot anzunehmen *(aceptar una oferta de contrato)*. Falls sich Lieferant *(suministrador)* und Anfrager *(solicitante)* einigen, ist der Vertrag geschlossen *(queda concluido el contrato)*.

Ein Angebot bei Ausschreibungen nennt man SUBASTA oder CONCURSO (im Amerikanischen: LICITACIÓN).

LEASING *(arrendamiento financiero/leasing)*: Das Finanzierungsproblem der Unternehmen *(problema de financiación de las empresas)* wird in immer größerem Maße durch das Leasing-System gelöst *(es hoy día resuelto o solucionado cada vez más por medio del sistema leasing)*. Leasing ist heute nicht nur das Verpachten von Land und Gebäuden *(arrenda-miento de terreno y edificios)*, sondern auch von beweglichen Werten *(valores muebles)* und industriellen Ausrüstungen *(equipos industriales)*.

In europäischen Ländern begann das Leasing mit der Vermietung gro-ßer und kostspieliger Betriebswerte *(valores patrimoniales)* wie Flugzeuge *(aviones)*, Container *(containers o contenedores)*, Containerschiffe *(bu-ques portacontenedores)*, Spezialfabrikanlagen *(instalaciones especiales de fábricas)*, Computer *(ordenadores)*, Software, Büromaschinen *(máquinas de oficina)*, den Fuhrparks *(parques de vehículos de transporte)* von Unter-nehmen usw.

Der Vermögenswert *(valor patrimonial)* wird vielfach zuerst von einer Finanzgesellschaft *(sociedad financiera)*, Bank usw. gekauft und dann an den Benutzer geleast *(se presta al usuario a base de leasing)*, der keine Kaufoption hat *(el cual no tiene opción de compra)*.

Die erforderlichen Maschinen und Ausrüstungen werden also gegen eine Jahresmiete gemietet *(son arrendados contra un alquiler anual)*, die in der Regel durch einen Bankdauerauftrag *(orden bancaria permanente)* für die vereinbarte Mietzeit *(período de alquiler convenido)* zahlbar ist. Leasing hat also den Vorteil, daß es keine Kapitalanlage erfordert *(una inversión de capital no es necesaria)*. Es vermeidet eine Überbeanspru-chung der Reserven eines Unternehmens *(evita una carga exagerada de las reservas de una empresa)* und erhält das Betriebskapital *(preserva el capi-tal circulante o de explotación)*, das anderweitig gewinnbringend verwen-det werden kann *(que puede emplearse lucrativamente de otro modo)*.

Der größte Vorteil dieses Systems ist, daß das Leasing bei jeder Er-neuerung des Vertrages den Erwerb der neuesten Ausrüstung ermöglicht *(hace posible adquirir el más reciente equipo con cada renovación del contrato de leasing)*. Dies gilt besonders für Maschinen, die kostspielig sind oder schnell veralten *(Esto es el caso particularmente con máquinas que cuestan mucho o que envejecen dentro de poco tiempo)*, so daß das Leasen weniger kostspielig sein kann *(puede ser menos caro)* als der Kauf *(compra)* einer Maschine. Die jährlichen Mietbeträge sind als Kosten steuerlich absetzbar *(los alquileres anuales son gastos y como éstos sujetos a una desgravación de impuestos)*.

Das Leasinggeschäft wird jetzt auch mit Objekten geringeren Wertes gemacht. Die Risiken des Mietfinanziers *(financiero alquilador)* steigen, und der Konkurrenzkampf wird schärfer *(la lucha competitiva se agrava)*. Heute steht die Kundenbonität *(solvencia de los clientes)* und die Prüfung der Kreditnehmer bei Leasinggeschäften im Vordergrund, wie bei der Vergabe von Bankkrediten *(concesión de créditos bancarios)*. Die Lea-singgesellschaften *(sociedades de leasing)* machen keine Geschäfte mit Kunden *(no hacen negocios con clientes)*, denen der Bankkredit auf Grund der schwachen Bilanzstruktur verweigert wurde *(a los que no se concedió el crédito bancario debido a su débil estructura de balance)*.

OFERTA   n°. hj 478651

Antonio Fabregat, S. A.
Calle Fuencarral, 195
48006 Bilbao (Vizcaya)

Zapatos Torres & Barrera
Apartado de Correos 39.026
28037 Madrid

Bilbao, 14 de mayo de 19..

Catálogo n°. de ref.	Cantidad Pares	Descripción	Precio en Pesetas
50.281	300	zapato de señora «Primavera» tamaños 35, 36, 37 100 pares de cada uno	3.580 por par
74.200	500	zapato de caballero «Oficina II» tamaños 39, 40, 41, 42, 43 100 pares de cada uno	2.300 por par
100.420	200	zapato de niño/niña «Chiquillo» tamaños 30, 31, 32, 33, 34 40 pares de cada uno	1.250 por par

Los precios son valederos para todos los colores de nuestro muestrario. Se debe añadir el IVA del 12 por ciento.

Entrega: Por camión dentro de 15 días después de recibir su pedido. El transporte dentro de España es gratuito.

Concedemos un descuento del 10 por ciento sobre pedidos que excedan un valor neto (sin IVA) de Ptas. 1.000.000 y un descuento del 20 por ciento a partir de un valor de Ptas. 2.000.000.
Se concede una rebaja del 2 por ciento por pago al contado.

ausgefülltes Angebot-Formular

1. Antwort auf allgemeine Anfragen, Übersendung von Katalogen und Preislisten

1. Deducimos con agrado de su carta del ... que están Vds. interesados en nuestros productos, por lo que les enviamos en el anexo

2. Les enviamos adjunto

3. Nos complace mandarles

4. Tenemos el placer de enviarles con la presente

   a) nuestra lista de precios más reciente, así como nuestro catálogo.

   b) el catálogo por Vds. deseado con la lista de precios.

   c) folletos con detalles sobre nuestra gama de productos.

   d) un ejemplar de nuestro catálogo ilustrado (o: general; global; corriente; más reciente) con todos los detalles de nuestro variado surtido de aparatos domésticos.

   e) nuestro catálogo con ilustraciones de nuestra entera gama de productos, así como detalles sobre nuestros precios y las condiciones comerciales.

   f) un catálogo y muestras de la gradación completa de colores.

   g) nuestra más reciente lista de precios con un catálogo y un folleto (descriptivo) sobre nuestras máquinas barrenadoras (o: mandriladoras).

   h) un ejemplar de nuestro nuevo catálogo de primavera.

1. *Ihrem Schreiben vom ... entnehmen wir gerne, daß Sie an unseren Erzeugnissen interessiert sind, und senden Ihnen einliegend*

2. *Wir senden Ihnen einliegend*

3. *Wir senden Ihnen gerne*

4. *Einliegend senden wir Ihnen gerne*

   a) *unsere neueste Preisliste und unseren Katalog.*

   b) *den gewünschten Katalog mit Preisliste.*

   c) *Broschüren mit Einzelheiten über unsere Produktpalette.*

   d) *ein Exemplar unseres illustrierten (od. allgemeinen; Gesamt-; laufenden; neuesten) Kataloges mit allen Einzelheiten unseres umfangreichen Sortiments an Haushaltsgeräten.*

   e) *unseren Katalog mit Illustrationen unserer gesamten Produktpalette und den genauen Einzelheiten unserer Preise und Geschäftsbedingungen.*

   f) *einen Katalog und Proben der gesamten Farbenpalette.*

   g) *unsere neueste Preisliste mit Katalog und einer (beschreibenden) Broschüre über unsere Bohrmaschinen.*

   h) *ein Exemplar unseres neuen Frühjahrskataloges.*

i) pormenores exactos de nuestros modelos de exportación.

i) genaue Einzelheiten unserer Exportmodelle.

j) unos folletos descriptivos con indicación de los detalles técnicos de varios nuevos productos.

j) einige beschreibende Broschüren mit Angabe der technischen Einzelheiten verschiedener neuer Erzeugnisse.

k) una lista de los productos (o: materiales) disponibles con nuestra lista de precios corriente.

k) eine Liste der verfügbaren Erzeugnisse (od.: Materialien) mit unserer gültigen Preisliste.

Adjunto les enviamos una edición de correo aéreo de nuestro catálogo; una edición general les ha sido mandada por correo normal.

In der Anlage erhalten Sie eine Luftpostausgabe unseres Kataloges; eine Gesamtausgabe wurde Ihnen mit normaler Post zugesandt.

Vds. recibirán, por correo separado, la literatura técnica y nuestro catálogo general.

Technische Literatur und unser Gesamtkatalog werden Ihnen mit der Post getrennt gesandt.

La edición revisada del catálogo, que en este momento está en prensa, se terminará dentro de poco.

Der neubearbeitete Katalog, der augenblicklich in Druck ist, wird bald fertig sein.

En el folleto adjunto Vds. encontrarán la información deseada.

In der beigefügten Broschüre finden / Sie die von Ihnen gewünschte Information.

Nos complace darles una información general sobre nuestra casa y sus productos.

Es ist uns ein Vergnügen, Ihnen eine allgemeine Auskunft über unsere Firma und ihre Erzeugnisse zu geben.

El folleto adjunto describe la máquina detalladamente, y estamos seguros de que una inspección les convencerá de las muchas ventajas que tiene.

Die beigefügte Broschüre beschreibt die Maschine im einzelnen, und wir sind sicher, daß eine Besichtigung Sie von ihren vielen Vorzügen überzeugen würde.

1. Vds. encontrarán detalles

1. Sie finden Einzelheiten

2. Vds. hallarán pormenores sobre el rendimiento, la cantidad de producción y los gastos de explotación

2. Sie finden Einzelheiten über Leistung, Ausstoß und Betriebskosten

3. Vds. encontrarán las respuestas a sus preguntas en lo que se refiere a la proyección (o: la

3. Sie finden die Antworten auf Ihre Fragen über den Entwurf (od. die Konstruktion; Kosten;

construcción; los gastos; la financiación)

Finanzierung)

a) en la página 15 del catálogo.

a) auf Seite 15 des Kataloges.

b) en el interior (o: en la parte interior) de la envoltura posterior.

b) auf der Innenseite des hinteren Umschlages.

Llamamos su atención en especial sobre la página 12,

Wir weisen Sie besonders auf Seite 12 hin,

a) en la que Vds. hallarán un corto resumen de las características especiales de nuestras máquinas más populares, y sobre la página 19, donde se ven representaciones gráficas de los más recientes modelos.

a) wo die besonderen Merkmale unserer beliebtesten Maschinen kurz zusammengefaßt sind, und auf Seite 19, wo graphische Darstellungen der neuesten Modelle gezeigt werden.

b) en la que se encuentran detalles sobre el rendimiento, la cantidad de producción y los gastos de explotación, y sobre la página 23, donde Vds. hallarán los precios de las diversas máquinas, así como las condiciones del leasing.

b) wo Einzelheiten der Leistung, des Ausstoßes und der Betriebskosten angegeben sind, und auf Seite 23, wo die Preise der verschiedenen Maschinen und die Bedingungen, zu denen sie zu leasen sind, dargelegt werden.

El catálogo contiene un formulario de pedidos.

Der Katalog enthält ein Auftragsformular.

En la contraportada (de nuestro catálogo) Vds. hallarán un formulario para pedidos, que les facilitará pedirnos cualquier artículo que deseen.

Auf der Innenrückseite (unseres Kataloges) finden Sie ein Auftragsformular, das Ihnen helfen wird, jeden gewünschten Artikel zu bestellen.

Caso de que Vds. estén interesados en algunos de nuestros artículos, con mucho gusto les enviaremos ofertas detalladas.

Sollten Sie an einigen unserer Artikel interessiert sein, senden wir Ihnen gerne eingehende Angebote.

2. Eingangsformeln

a) allgemeine Eingangsformeln

Les damos las gracias por (o: les agradecemos) su demanda

Wir danken Ihnen für Ihre Anfrage

a) y su interés en nuestros productos.

a) und für Ihr Interesse an unseren Erzeugnissen.

b) por la que Vds. manifiestan su interés por nuestras apiladoras de horquilla.

b) in der Sie Ihr Interesse für unsere Gabelstapler zum Ausdruck bringen.

c) por la cual Vds. nos piden informaciones adicionales sobre nuestros extintores de incendios.

c) in der Sie um weitere Information über unsere Feuerlöschgeräte bitten.

d) por la cual Vds. nos piden detalles exactos sobre nuestras grúas flotantes.

d) in der Sie um genaue Einzelheiten über unsere neuen Schwimmkräne bitten.

e) por la que nos preguntan si podemos suministrar 5.000 colchones de plástico espumoso ex almacén (o: dentro de dos semanas).

e) in der Sie uns fragen, ob wir 5.000 Schaumstoffmatratzen ab Lager (od. innerhalb von zwei Wochen) liefern können.

Les agradecemos su carta del . . .

Wir danken Ihnen für Ihr Schreiben vom . . .,

a) en la que Vds. piden informaciones sobre nuestros vestidos de piel.

a) in dem Sie nach unserer Lederkleidung fragen.

b) por la que desean informaciones sobre las diversas excavadoras que suministramos (o: de nuestra fabricación).

b) in dem Sie sich über die verschiedenen Bagger erkundigen, die wir liefern.

Les agradecemos su demanda del . . .

Wir danken Ihnen für Ihre Anfrage vom . . .

a) y nos agrada ofrecerles lo siguiente:

a) und bieten Ihnen gerne wie folgt an:

b) y con mucho gusto les suministraríamos fregaderos de acero fino al precio de Ptas. . . .

b) und würden Ihnen gerne Edelstahlspülen liefern zum Preise von Ptas. . . .

c) y les enviamos adjunto nuestra oferta para escaleras de aluminio.

c) und senden Ihnen einliegend unser Angebot für Aluminium-Leitern.

d) y confirmamos nuestra oferta que les enviamos esta mañana por télex como sigue:

d) und bestätigen unser Ihnen heute morgen durch Telex gesandtes Angebot wie folgt:

Nos complace,

Es freut uns,

a) ofrecerles lo siguiente:

a) Ihnen wie folgt anzubieten:

b) presentarles nuestra oferta con la reserva de las condiciones estándar indicadas abajo (o: indicadas al dorso).

b) Ihnen unser Angebot zu unterbreiten unter Vorbehalt der unten (od. umseitig) aufgeführten Standardbedingungen.

c) incluirles nuestra oferta detallada.

*c) Ihnen unser detailliertes Ange-
bot beizufügen.*

d) adjuntar nuestro presupuesto
para el suministro de instalaciones de alarma para protección contra robos.

*d) unseren Kostenanschlag für
die Lieferung von Alarmanla-
gen zur Einbruchsverhütung
beizufügen.*

Podemos ofrecerles (a Vds.)
los siguientes precios (y el siguiente plan de entrega):

*Wir können (Ihnen) die folgen-
den Preise (und den folgenden
Lieferplan) anbieten:*

Estamos ahora en condiciones
de ofrecerles:

*Wir sind nunmehr in der Lage,
Ihnen anzubieten:*

b) mit Bezug auf einen Geschäftsfreund, eine Unterredung etc.

Hemos recibido su nombre y
dirección de . . .

*Ihren Namen und Ihre An-
schrift haben wir von . . . erhalten.*

1. Nuestros mutuos amigos de
negocios, la casa . . ., nos infor-
maron

*1. Unsere gemeinsamen Ge-
schäftsfreunde, die Firma . . .,
haben uns davon unterrichtet,*

2. Por nuestra embajada en . . .
hemos sido informados

*2. Durch unsere Botschaft in . . .
erfahren wir,*

a) que Vds. están interesados
en muebles de cocina.

*a) daß Sie an Küchenmöbeln
interessiert sind.*

b) que Vds. están en busca de
(o: buscando) lentes foto-
gráficas.

*b) daß Sie fotografische Lin-
sen suchen.*

c) que Vds. buscan un suministrador de confianza para
instalaciones eléctricas de
distribución.

*c) daß Sie einen zuverlässigen
Lieferanten von Elektro-
schaltanlagen suchen.*

1. Como continuación a nuestra
conversación telefónica de
hoy (o: del día de hoy)

*1. Im Anschluß an unser heutiges
Telefongespräch*

2. Como continuación a la visita
que nuestro representante hizo a su casa el . . .

*2. Im Anschluß an den Besuch
unseres Vertreters in Ihrer Firma am . . .*

nos complace enviarles . . .

*freuen wir uns, Ihnen . . . zu
senden.*

c) ohne vorherige Anfrage

Quisiéramos llamar su atención sobre nuestro surtido de zapatos hechos a mano (o: de arte-
sanía).

*Wir möchten Sie auf un-
ser Sortiment handgearbeiteter
Schuhe aufmerksam machen.*

1. Permítame Vd. que llame su atención sobre nuestros (nuevos) conmutadores eléctricos,

1. Darf ich Sie auf unsere (neuen) elektrischen Schalter aufmerksam machen,

2. Creemos que Vds. estarán interesados en nuestras nuevas máquinas-herramientas,

2. Wir glauben, daß Sie an unseren neuen Werkzeugmaschinen interessiert sind,

a) que acabamos de introducir en el mercado.

a) die wir gerade auf den Markt gebracht haben.

b) para las cuales nos hemos asegurado los derechos de patente (o: derechos de propiedad industrial) exclusivos.

b) für die wir uns die alleinigen Patentrechte gesichert haben.

Somos fabricantes de cubiertos de acero fino y nos esforzamos en extender (o: ampliar) el mercado para nuestros productos.

Wir sind Hersteller von Edelstahlbestecken und bestrebt, den Markt für unsere Erzeugnisse zu erweitern.

Nuestro nuevo catálogo completamente ilustrado, de 150 páginas, acaba de salir de la imprenta. En éste Vds. encontrarán descripciones sobre nuestras nuevas instalaciones para tiendas.

Unser neuer 150seitiger voll illustrierter Katalog ist gerade aus der Druckerpresse gekommen. Sie werden darin Beschreibungen finden über unsere neuen Ladeneinrichtungen.

d) bei zeitweiliger Unterbrechung

Lamentamos comprobar que

Wir bedauern festzustellen, daß

a) desde hace más de tres meses (o: desde el último mes de marzo) no hemos recibido ningún pedido de su parte.

a) wir seit über drei Monaten (od. seit letztem März) keinen Auftrag von Ihnen erhalten haben.

b) Vds. no nos han pasado pedidos desde hace algún tiempo, y esperamos que no han tenido ninguna razón para estar descontentos con la ejecución de sus pedidos anteriores.

b) Sie uns seit einiger Zeit keine Aufträge erteilt haben, und hoffen, daß Sie keinen Grund haben, mit der Ausführung Ihrer früheren Aufträge unzufrieden zu sein.

Esperamos que Vds. habrán recibido el catálogo que les enviamos el ... junto con la lista de precios.

Wir hoffen, daß Sie den Ihnen am ... gesandten Katalog mit Preisliste erhalten haben.

Refiriéndonos a la oferta que les habíamos hecho el ..., lamen-

Mit Bezug auf das Ihnen am ... gemachte Angebot bedauern

tamos no haber recibido ningún pedido por parte de Vds. hasta la fecha.

wir, daß wir von Ihnen bis heute noch keinen Auftrag erhalten haben.

Como Vds. nos han hecho muchos pedidos en el pasado, hemos decidido hacerles una oferta especial (o: a condiciones especiales).

Da Sie uns in der Vergangenheit viele Aufträge erteilt haben, haben wir beschlossen, Ihnen ein Sonderangebot zu unterbreiten.

3. Ein Angebot kann nicht sofort abgegeben werden

Les enviaremos nuestra oferta dentro de unos días.

Wir werden Ihnen in einigen Tagen unser Angebot schicken.

Antes de poder hacerles una oferta, desearíamos esclarecer los siguientes puntos:

Bevor wir ein Angebot machen können, möchten wir folgende Punkte klären:

Nos ayudaría si Vds. nos dieran (o: diesen) más amplios detalles (o: más amplias informaciones) sobre...

Es würde uns helfen, wenn Sie uns weitere Einzelheiten (od. Informationen) über... geben würden.

Luego que hayamos recibido la información anteriormente solicitada, les haremos nuestra oferta más favorable.

Sobald wir die obige Information erhalten, werden wir Ihnen unser günstigstes Angebot machen.

4. Besonders günstiges Angebot

Nos vemos en condiciones de ofrecerles cortacéspedes a precios especialmente interesantes.

Wir sind in der Lage, Ihnen Rasenmäher zu besonders interessanten Preisen anzubieten.

Deseamos en particular informarles sobre reducciones de precios para nuestros tejidos de punto que entraron en vigor el 15 de octubre.

Wir möchten Sie besonders über Preisermäßigungen für unsere Jerseystoffe informieren, die am 15. Oktober in Kraft getreten sind.

Acabamos de comprar la totalidad de las existencias de la casa..., que se declaró en quiebra, y por esta razón podemos ofrecerles las siguientes mercancías

Wir haben gerade das gesamte Lager der in Konkurs gegangenen Firma ... aufgekauft und können Ihnen die folgenden Waren

a) a precios inferiores a los vigentes en el mercado.

a) unter dem Marktpreis anbieten.

b) a un precio inferior al precio de producción (o: al coste de fábrica).

b) unter dem Gestehungspreis anbieten.

c) a un precio extremamente bajo de Ptas. . . .

c) zu dem außergewöhnlich niedrigen Preis von Ptas. . . . anbieten.

d) al precio especial de Ptas. . . .

d) zum Sonderpreis von Ptas. . . . anbieten.

e) a una tasa de descuento especial del 10 por ciento sobre los precios de catálogo.

e) zum Sonderrabattsatz von 10% auf die Katalogpreise anbieten.

f) a condiciones especialmente favorables (o: ventajosas).

f) zu besonders günstigen Bedingungen anbieten.

Estas reducciones del precio fueron posibles debido a las fluctuaciones monetarias, y en particular debido a la caída del dólar (o: del marco alemán; de la peseta) frente a la mayoría de las monedas más importantes.

Diese Preisermäßigungen wurden durch Währungsschwankungen möglich, insbesondere durch das Fallen des Dollars (od. der DM; der Peseta) gegenüber den meisten führenden Währungen.

Sólo ofrecemos una calidad tan excelente a este precio para desembarazarnos de las existencias de la temporada.

Wir bieten eine so ausgezeichnete Qualität zu diesem Preise nur an, um die Vorräte der Saison zu räumen.

En vista de nuestro cambio a un nuevo almacén en Valladolid nos estamos desembarazando de nuestras existencias totales a precios reducidos para evitarnos el trabajo y los gastos de embalaje y de la mudanza.

In Anbetracht unseres bevorstehenden Umzugs in ein neues Lagerhaus in Valladolid stoßen wir unseren ganzen Vorrat zu ermäßigten Preisen ab, um uns die Mühe und Kosten des Packens und des Umzugs zu ersparen.

Dudamos poder ofrecerles otra vez las mismas condiciones con referencia al precio, crédito y plazo de entrega.

Wir zweifeln, daß wir je wieder dieselben Bedingungen bezüglich Preis, Kredit und Lieferzeit wie jetzt anbieten können.

1. Tomando en consideración las estrechas relaciones entre nuestras casas durante los últimos diez años,

1. In Anbetracht der engen Beziehungen zwischen unseren Firmen während der letzten zehn Jahre

2. Como les debemos muchos y grandes pedidos en el pasado,

2. Da wir Ihnen viele große Aufträge in der Vergangenheit zu verdanken haben,

nos complace (o: nos hemos decidido a) darles la primera opción para esta mercancía

freut es uns (od. haben wir uns entschlossen), Ihnen die erste Option für diese Ware zu ge-

(pero tenemos que llamar su atención sobre el hecho de que la oferta será en firme sólo durante diez días).

ben (müssen Sie jedoch darauf aufmerksam machen, daß das Angebot nur für zehn Tage fest [od. verbindlich] ist).

Será ventajoso para Vd. comprar la taladradora vertical a base de venta-arrendamiento. Por este método le será posible hacer pagos de venta-arrendamiento con opción de compra. El alquiler es de sólo Ptas. ... por mes.

Für Sie ist es vorteilhaft, die Senkrechtbohrmaschine auf Mietkauf zu erwerben. Durch diese Methode können Sie Mietzahlungen mit Kaufoption leisten. Die Mietgebühr beträgt nur Ptas.... monatlich.

5. Preise, Bedingungen

a) Angabe der Preise, Preisgestellung

1. Incluimos (o: adjuntamos)

1. Wir fügen

a) una copia de nuestra lista de precios y nuestras condiciones de pago.

a) ein Exemplar unserer Preisliste mit Zahlungsbedingungen bei.

b) nuestra lista de precios con pormenores (o: detalles) de nuestras condiciones para mayoristas.

b) unsere Preisliste mit Einzelheiten unserer Bedingungen für Großeinkäufer bei.

Los precios son indicados en dólares USA (o: dólares norteamericanos).

Die Preise sind in US-Dollar angegeben.

Los precios (indicados) se entienden para cantidades de no menos de ...

Die (angegebenen) Preise gelten für Mengen von nicht weniger als ...

Hagan el favor de tener en cuenta que

Bitte beachten Sie, daß

a) no se puede efectuar una devolución.

a) keine Rücknahme erfolgen kann.

b) las mercancías enviadas para su examen deben devolverse dentro de 7 días, porte pagado, en caso de que no se deseen.

b) zur Ansicht gesandte Waren, falls nicht gewünscht, innerhalb von 7 Tagen frachtfrei zurückzusenden sind.

Aceptamos su viejo modelo como pago a cuenta a un precio favorable, pudiendo conceder-

Wir nehmen Ihr altes Modell zu einem günstigen Preis in Zahlung und können Ihnen sehr be-

les condiciones de pago muy có- | queme Zahlungsbedingungen
modas. | einräumen.

Nuestros precios se entienden | Unsere Preise verstehen sich

a) neto. | a) netto.

b) ex (o: puesto en) fábrica. | b) ab Werk (od. Fabrik).

c) fob Cuxhaven. | c) fob Cuxhaven.

d) el porte por cuenta del consig- | d) Fracht zu Lasten des Empfän-
natario. | gers.

(Weitere Lieferangaben vgl. Incoterms, S. 30.)

El precio incluye la entrega hasta la próxima estación (de ferrocarril) de mercancías. | Der Preis enthält Lieferung zum nächstliegenden Ladebahnhof.

Las mercancías deberán recogerse en nuestra fábrica. | Die Waren sind von unserem Werk abzuholen.

El coste del porte será incluido a partir de pedidos de más de Ptas. ... (o: Los pedidos de más de Ptas. ... se entenderán con porte pagado). | Aufträge über Ptas. ... sind (od. verstehen sich) frachtfrei.

Los precios indicados se entienden para entrega al depósito de contenedores de Buenos Aires, pero no incluyen los derechos de desembarque, el despacho aduanero, impuestos u otros gastos que resulten de la entrada en la Argentina. | Die genannten Preise gelten für die Lieferung zu dem Containerdepot in Buenos Aires, schließen jedoch keine Landegebühren, Zoll, Steuern oder andere beim Eintritt in Argentinien entstehende Kosten ein.

Los gastos de porte y embalaje serán pagados por nosotros. | Porto und Verpackung gehen zu unseren Lasten.

Los precios arriba indicados incluyen el embalaje en contenedores. | Die obigen Preise schließen Verpackung in Containern ein.

Cargaremos el coste de las bombonas, pero reembolsaremos este importe por completo a la devolución. | Korbflaschen werden berechnet, aber bei Rückgabe voll gutgeschrieben.

b) Preisschwankungen, Fallen und Steigen der Preise

Los precios estarán (o: están) sujetos a insignificantes (o: importantes) fluctuaciones. | Die Preise werden (od. haben) geringe (od. bedeutende) Schwankungen erfahren.

Los precios

Die Preise

a) no han cambiado (o: permanecen estables).

a) sind unverändert (od. stabil).

b) probablemente aumentarán.

b) werden wahrscheinlich steigen.

c) están aumentando (o: subiendo; tienen tendencia al alza).

c) steigen (od. gehen in die Höhe, ziehen an).

El actual (o: último) incremento de los precios es una consecuencia

Die gegenwärtige (od. letzte) Preissteigerung ist eine Folge

a) de las malas cosechas por causa del tiempo desfavorable.

a) der schlechten Ernten infolge ungünstigen Wetters.

b) del precio elevado de las materias primas.

b) des hohen Preises der Rohstoffe.

c) de los altos precios de coste.

c) der hohen Selbstkostenpreise.

d) de una capacidad no totalmente utilizada.

d) der nicht voll ausgelasteten Kapazität.

e) de huelgas (de los obreros y empleados).

e) von Streiks (der Arbeiter und Angestellten).

Los precios del cacao subieron considerablemente por razón de un comercio muy vivo.

Die Kakaopreise zogen aufgrund des sehr lebhaften Handels steil an.

El mercado de la lana está flojo.

Der Wollmarkt ist flau.

Los precios sufrieron un colapso (o: cayeron bruscamente).

Die Preise brachen zusammen.

La caída brusca (o: el colapso) de los precios durante las últimas semanas se debe a (o: es el resultado de)

Der Preissturz der letzten Wochen kommt von (od. ist die Folge von)

a) buenas (o: abundantes) cosechas.

a) guten (od. reichlichen) Ernten.

b) un mercado inundado de mercancías (o: abarrotado).

b) einem überfüllten Markt.

c) existencias (o: abastecimientos) demasiado grandes.

c) zu großen Vorräten (od. Zufuhren).

d) a un estancamiento general en el comercio.

d) einer allgemeinen Flaute im Handel.

Se espera que los precios bajarán todavía más.

Die Preise werden voraussichtlich noch weiter nachgeben.

Debido al mayor coste de la producción se espera un aumento de los precios en el próximo futuro.

Infolge der erhöhten Herstellungskosten wird in nächster Zeit eine Preissteigerung erwartet.

Todo parece señalar que dentro de poco habrá una nueva alza de precios.

Alles deutet darauf hin, daß bald eine weitere Preissteigerung eintreten wird.

Los precios han alcanzado su cotización mínima (o: máxima).

Die Preise haben ihren Tiefststand (od. Höchststand) erreicht.

c) die Preise sind äußerst niedrig kalkuliert

Nuestros precios al por mayor son muy competitivos y les dejan mucho campo libre para un margen de beneficios razonable.

Unsere Großhandelspreise sind sehr konkurrenzfähig und lassen Ihnen viel Spielraum für eine reichliche Gewinnspanne.

1. Vds. constatarán

1. *Sie werden feststellen,*

2. De la lista que adjuntamos Vds. deducirán

2. *Aus der beiliegenden Liste werden Sie sehen,*

   a) que los precios son extraordinariamente bajos, y como es de esperar que van a subir dentro de muy poco, les aconsejamos en su propio interés que pasen su pedido lo más rápidamente posible.

   a) *daß die Preise ungewöhnlich niedrig sind, und da sie wahrscheinlich sehr bald steigen werden, möchten wir Ihnen in Ihrem eigenen Interesse raten, Ihren Auftrag so bald wie möglich zu erteilen.*

   b) que los precios indicados son muy bajos, deseando llamar su atención sobre el hecho de que sólo nuestro sistema de producción en masa nos hace posible mantener estos precios favorables sin pérdida de calidad.

   b) *daß die genannten Preise sehr niedrig sind, und wir möchten Sie darauf hinweisen, daß nur unser System der Massenproduktion es uns ermöglicht, diese günstigen Preise ohne Qualitätsverlust aufrechtzuerhalten.*

Trabajamos en un mercado de muy fuerte competición, en el que estamos forzados a reducir nuestros precios a un nivel mínimo.

Wir arbeiten auf einem Markt mit sehr starker Konkurrenz, auf dem wir gezwungen sind, unsere Preise auf ein Minimum herabzusetzen.

Como hemos calculado nuestros precios muy rígidamente (o: Como nuestros precios fueron reducidos al mínimo posible),

Da unsere Preise sehr scharf kalkuliert sind (od. auf das Mindestmögliche herabgesetzt sind), werden Sie verstehen, daß

Vds. comprenderán que nuestras condiciones de pago (neto, al contado dentro de 30 días) deben observarse estrictamente.

unsere Zahlungsbedingungen (netto Kasse 30 Tage) genau eingehalten werden müssen.

Si bien los gastos aumentan continuamente,

Obgleich die Kosten ständig steigen,

a) ejecutaremos sus pedidos a los precios que les habíamos indicado al principio de este año.

a) werden wir Ihre Aufträge zu den Ihnen Anfang dieses Jahres genannten Preisen ausführen.

b) todavía no hemos aumentado nuestros precios, pero nos vemos probablemente forzados a hacerlo, una vez que nuestras existencias (o: stocks) se hayan agotado.

b) haben wir unsere Preise noch nicht erhöht, müssen dies jedoch wahrscheinlich tun, wenn unsere augenblicklichen Lagerbestände erschöpft sind.

d) die Preise sind konkurrenzfähig

Esta es la más favorable oferta que podemos hacer, y Vds. admitirán que ninguno de nuestros competidores puede ofrecer iguales condiciones.

Dies ist das günstigste Angebot, das wir machen können, und Sie werden zugeben, daß keiner unserer Konkurrenten gleiche Bedingungen bieten kann.

Como nuestros precios son calculados cif ..., no cabe duda de que Vds. admitirán que éstos son (considerablemente) inferiores a los de la competencia.

Da unsere Preise cif ... gestellt sind, werden Sie ohne Zweifel zugeben, daß sie (beträchtlich) niedriger sind als die unserer Konkurrenten.

Esta reducción de los precios (o: Este bajo precio) no tendrá ningún efecto negativo (o: desfavorable) sobre la calidad de la máquina,

Diese Preissenkung (od. Dieser niedrige Preis) wirkt sich in keiner Weise ungünstig auf die Qualität der Maschine aus

a) y es exclusivamente la consecuencia de nuestro convencimiento de que tenemos que reducir los precios si queremos hacer frente a la competencia.

a) und ist ausschließlich die Folge unserer Erkenntnis der Notwendigkeit von Preisermäßigungen, um der Konkurrenz zu trotzen.

b) y sólo es posible, ya que somos una organización importante y perseguimos una política de eliminación del comercio intermediario habitual (o: usual).

b) und ist nur durch die Größe unserer Organisation und unsere Politik der Ausschaltung des üblichen Zwischenhandels möglich.

e) Preisermäßigung (Rabatt)

Todos los precios están sujetos

Alle Preise unterliegen

a) a una rebaja del 10%.

a) einem Rabatt von 10%.

b) a un descuento para revendedores del 30% sobre el coste ex fábrica.

b) einem Händlerrabatt von 30% auf die Kosten ab Werk.

c) a una rebaja especial del 5% sobre pedidos que excedan 100 unidades de un sólo artículo.

c) einem Sonderrabatt von 5% auf Aufträge, die über 100 Stück eines einzelnen Artikels hinausgehen.

1. Para reanimar las relaciones comerciales entre nosotros,

1. Um die Geschäftsbeziehungen zwischen uns zu beleben,

2. Para ayudar a estos productos a conseguir una penetración en el mercado,

2. Um diesen Produkten zum Durchbruch zu verhelfen,

3. Para motivar a todos los clientes que se aprovisionen suficientemente para la temporada de primavera,

3. Um alle Kunden zu veranlassen, sich für die Frühjahrssaison gut einzudecken,

estamos dispuestos a ofrecerles una rebaja especial del 10% (válida exclusivamente durante el mes de marzo).

sind wir bereit, Ihnen einen Sonderrabatt von 10% anzubieten (gültig nur während des Monats März).

Los clientes que quieran servirse (o: hacer uso) de nuestra oferta, recibirán un descuento del 5% si pasan sus pedidos antes de finales del próximo mes.

Kunden, die von unserem Angebot Gebrauch machen wollen, wird ein Rabatt von 5% gewährt, wenn sie vor Ende des nächsten Monats bestellen.

Estaríamos dispuestos a concederles un descuento especial del 5%

Wir wären bereit, Ihnen einen Sonderrabatt von 5% einzuräumen,

a) si vieran una posibilidad de aumentar su pedido a 100 unidades.

a) wenn Sie es ermöglichen könnten, Ihren Auftrag auf 100 Einheiten zu erhöhen.

b) pero sólo sobre artículos de los cuales nos pidan cantidades de 1.000 o más.

b) jedoch nur auf in Mengen von 1.000 oder mehr bestellte Artikel.

Estamos dispuestos a

Wir sind bereit,

a) ofrecer una rebaja de precio del 10% sobre todos los pedidos de más de 500 unidades.

a) eine 10%ige Preisermäßigung auf alle Aufträge über 500 Stück zu bieten.

b) de ofrecerles un descuento

b) Ihnen einen Sonderrabatt von

especial del 3% sobre todos los pedidos que se pasen hasta finales de este mes (o: del mes corriente).

3% auf alle bis zum Ende dieses Monats erhaltenen Aufträge zu bieten.

c) concederles una rebaja flexible por cantidad (o: precio escalonado) sobre pedidos de 100 unidades o más de cada tipo, como indicado en la lista de precios.

c) Ihnen einen gleitenden Mengenrabatt (od. Staffelpreis) zu gewähren auf Aufträge von 100 Einheiten oder mehr eines jeden Typs, wie in der Preisliste verzeichnet.

d) otorgarles una rebaja especial del 10% sobre un primer pedido.

d) Ihnen einen Sonderrabatt für einen Erstauftrag von 10% zu gewähren.

1. Para las cantidades por Vds. indicadas

1. Für die von Ihnen erwähnten Mengen

2. Para cantidades de 1.000 unidades y más

2. Für Mengen von 1.000 Einheiten und darüber hinaus

3. Sobre las compras que excedan una suma total de Ptas. ... anuales

3. Auf Einkäufe, die eine jährliche Gesamtsumme von Ptas. ... übersteigen,

podemos ofrecerles una rebaja especial del 5% sobre los precios de lista (o: de catálogo).

können wir Ihnen einen Sonderrabatt von 5% auf die Listenpreise anbieten.

No podríamos conceder una rebaja especial sobre compras totales por año inferiores a Ptas. ...

Keinen besonderen Preisnachlaß könnten wir auf jährliche Gesamteinkäufe unter Ptas. ... geben.

Nuestros bajos precios (o: muy estrechamente calculados) hacen imposible concederles descuento alguno.

Unsere niedrigen (od. sehr scharf kalkulierten) Preise machen es unmöglich, Ihnen irgendeinen Rabatt zu gewähren.

Se trata en este caso de una oferta especial que no está sujeta a nuestros descuentos regulares (o: usuales).

Dies ist ein Sonderangebot und unterliegt nicht unseren üblichen Rabatten.

Los precios indicados en nuestra lista de precios se entienden netos, sin embargo será posible negociar descuentos, los cuales dependerán del (o: estarán supeditados al) volumen de sus pedidos.

Die in unserer Preisliste aufgeführten Preise sind netto, wir bieten jedoch noch auszuhandelnde Rabatte, die von dem Umfang der Aufträge abhängen.

Incluimos en la presente nuestras condiciones generales (de

Wir fügen unsere allgemeinen Geschäftsbedingungen bei und

contrato), y nos complacería discutir con Vds. posibles descuentos, si tuvieran la amabilidad de informarnos sobre el volumen probable de sus pedidos.

würden gerne mit Ihnen über Rabatte diskutieren, wenn Sie uns freundlicherweise mitteilten, wie groß Ihr voraussichtliches Auftragsvolumen sein wird.

Nuestras condiciones son las siguientes:

Unsere Bedingungen sind:

a) el 10% de rebaja sobre pedidos de Ptas. 5.000,– o más.

a) 10% Rabatt auf Bestellungen von Ptas. 5.000,– oder mehr.

b) una rebaja del 5% sobre pedidos de 100 piezas (o: unidades) o más.

b) 5% Rabatt auf Bestellungen für 100 Stück (od. Einheiten) oder mehr.

c) una rebaja del 5% sobre pedidos de hasta 20 unidades, y del 8% para cantidades superiores.

c) Rabatt von 5% auf Bestellungen bis zu 20 Einheiten, darüber hinaus geben wir 8%.

d) el 5% sobre cantidades de 50 latas del mismo tipo.

d) 5% auf eine Menge von 50 Dosen der gleichen Art.

Estas rebajas se entienden más nuestro descuento regular del 2½% por pago dentro de 30 días.

Diese Rabatte verstehen sich zuzüglich unseres normalen Skontos von 2½% für Zahlung innerhalb von 30 Tagen.

f) die Preise sind bindend (bis ...)

Debemos destacar (o: Deseamos llamar su atención sobre el hecho de que) esta oferta sólo es valedera durante 3 días.

Wir müssen betonen (od. Wir möchten Sie darauf aufmerksam machen), daß dieses Angebot nur 3 Tage gilt.

Estas condiciones especiales serán válidas (o: valederas)

Diese besonderen Bedingungen gelten

a) sólo hasta el 30 de junio.

a) nur bis zum 30. Juni.

b) durante siete días solamente.

b) nur für sieben Tage.

Les recomendamos aprovechar el precio especial antes indicado, que sólo es válido durante siete días, y pasar el pedido inmediatamente por télex.

Wir empfehlen Ihnen, den oben angegebenen Sonderpreis auszunutzen, der nur sieben Tage gültig ist, und unverzüglich per Telex zu bestellen.

Para todos los pedidos que lleguen después del 10 de marzo, tendremos que cobrar precios en un 5% más altos que los que ofrecemos actualmente.

Für alle nach dem 10. März erhaltenen Aufträge werden die Preise 5% höher sein als die jetzt von uns angebotenen.

Debido a la situación en el

Wir können wegen der Lage

mercado del café no podemos considerar estos precios como firmes por un período ilimitado.

auf dem Kaffeemarkt diese Preise nicht für eine unbegrenzte Zeit als fest betrachten.

El presupuesto anterior se basa en el coste actual de materiales y salarios, estando sujeto a un cambio en caso de aumentos de precios, en el período que media entre ahora y la terminación del trabajo.

Der obige Kostenanschlag gründet sich auf die heutigen Material- und Lohnkosten und unterliegt einer Änderung im Falle von Preiserhöhungen in der Zeit zwischen jetzt und der Fertigstellung der Arbeit.

Si esta oferta no se acepta dentro de 30 días a partir de la fecha antes indicada, nos reservamos el derecho de aumentar el precio en conformidad con la tasa de inflación oficial.

Wenn dieses Angebot nicht innerhalb von 30 Tagen ab obigem Datum angenommen wird, behalten wir uns das Recht vor, den Preis gemäß der offiziellen Inflationsrate zu erhöhen.

Los precios podrán alterarse sin preaviso.

Die Preise können ohne vorhergehende Ankündigung geändert werden.

Bajo reserva de la posibilidad de suministro.

Vorbehaltlich der Liefermöglichkeit.

Oferta limitada.

Beschränktes Angebot.

Ofrecemos estas mercancías bajo la reserva de que, al recibirse su pedido, éstas todavía no hayan sido vendidas.

Wir bieten diese Waren an unter dem Vorbehalt, daß sie bei Erhalt Ihres Auftrages noch nicht verkauft sind.

Salvo venta.

Zwischenverkauf vorbehalten.

6. Zahlungsbedingungen

Nuestras condiciones de pago son las siguientes:

Unsere Zahlungsbedingungen sind:

a) Pago al otorgarse el pedido (el despacho se efectuará dentro de 24 horas).

a) Zahlung bei Auftragserteilung (und Versand erfolgt innerhalb von 24 Stunden).

b) pago inmediato.

b) sofortige Bezahlung.

c) neto al contado.

c) netto Kasse.

d) 30 días neto.

d) 30 Tage netto.

e) 30 días neto; 2% de descuento en caso de pago dentro de 10 días.

e) 30 Tage netto; 2% Skonto bei Zahlung innerhalb von 10 Tagen.

f) pago al recibirse la factura.

f) Zahlung bei Erhalt der Rechnung.

g) contra reembolso.

g) per Nachnahme.

h) pago contra entrega de las mercancías.

h) Zahlung bei Erhalt der Waren.

i) el 2½% de descuento dentro de un mes (a partir de la fecha de la factura).

i) 2½% Skonto innerhalb eines Monats (ab Rechnungsdatum).

j) 2½% en caso de liquidación mensual.

j) 2½% bei monatlicher Abrechnung.

k) liquidación mensual (o semestral).

k) monatliche (od. halbjährliche) Abrechnung.

l) el 25 por ciento de los gastos totales es pagadero cuando se pase el pedido, el saldo a la entrega.

l) 25 Prozent der Gesamtkosten sind zahlbar bei Auftragserteilung, der Saldo ist bei Lieferung fällig.

m) documentos contra pago.

m) Dokumente gegen Zahlung.

n) documentos contra aceptación.

n) Dokumente gegen Akzept.

o) véanse las condiciones generales al reverso.

o) siehe umseitige allgemeine Bedingungen.

Pago:

Zahlung:

a) por letra a 60 días vista.

a) durch Wechsel mit 60 Tagen Ziel.

b) por letra bancaria.

b) durch Bankwechsel.

c) por carta de crédito documentario irrevocable (y confirmado).

c) durch unwiderrufliches (und bestätigtes) Dokumentenakkreditiv.

Es nuestra política ejecutar negocios de exportación (o: primeros pedidos) sólo a base de pago al contado al pasarse el pedido, por lo que debemos rogarles tomen las medidas necesarias para asegurar el pago por medio de letra bancaria luego que reciban nuestra factura proforma.

Gemäß unserer Geschäftspolitik werden Exportgeschäfte (od. Erstaufträge) nur durch Barzahlung bei Auftragserteilung abgewickelt, und wir müssen Sie deshalb bitten, die nötigen Schritte zur Sicherung der Zahlung durch Bankwechsel bei Erhalt unserer Pro-forma-Rechnung zu unternehmen.

En lo que se refiere al pago, nuestras condiciones regulares (o: usuales) de exportación preven documentos contra pago, siendo entregado el conocimiento contra pago de nuestra factura por medio de una letra bancaria girada sobre el Banco . . .

Was die Zahlung betrifft, sind unsere üblichen Exportbedingungen Dokumente gegen Zahlung, wobei das Konnossement gegen Zahlung unserer Rechnung durch Bankwechsel auf die . . . Bank freigegeben wird.

Si Vds. lo desean, podrán obtener un crédito contra letra a 3 meses. En caso de pago al contado dentro de 14 días, concederemos un descuento del 2%.

Tenemos la costumbre de suministrar mercancías a nuevos clientes primero contra pago dentro de un mes, a partir de la fecha de la factura, y de extender (o: prolongar) este plazo de pago más tarde a 3 meses.

Tomando en consideración las considerables reducciones (o: rebajas) de precios, sólo podemos vender estas mercancías sobre la base de un pago al contado, por lo que nos alegraría recibir de Vds. al hacer el pedido un cheque sobre la cuantía total más el flete.

Kredit wird, falls Sie es wünschen, gegen 3-Monats-Wechsel gewährt. Bei Barzahlungen innerhalb von 14 Tagen gewähren wir ein Skonto von 2%.

Unsere übliche Praxis ist, neuen Kunden zuerst unsere Waren gegen Zahlung innerhalb eines Monats ab Rechnungsdatum zu liefern und diesen Zahlungstermin später auf 3 Monate zu erweitern.

Wir können diese Waren wegen der erheblichen Preisermäßigungen nur auf der Basis einer Barzahlung verkaufen und würden uns freuen, von Ihnen bei Bestellung einen Scheck für den vollen Betrag zuzüglich der Fracht zu erhalten.

7. Bitte um Angabe von Referenzen

Nos complacería entrar en relaciones comerciales con Vds., por lo que les rogamos nos indiquen las usuales referencias comerciales y bancarias.

Como hasta la fecha todavía no hemos concluido negocio alguno con Vds., hagan el favor de indicarnos sus referencias comerciales o el nombre de un banco con que podríamos contactar.

1. Bajo la reserva de recibir de Vds. referencias satisfactorias,

2. Luego que hayamos recibido las referencias usuales,

   a) les concederemos con mucho gusto las condiciones de cuenta corriente.

   b) tendríamos el placer de ofrecerles las condiciones siguientes: pago contra le-

Wir würden uns freuen, mit Ihnen ins Geschäft zu kommen, und bitten Sie deshalb um Angabe der üblichen Handels- und Bankreferenzen.

Da wir bisher mit Ihnen noch keine Geschäfte abgeschlossen haben, geben Sie uns bitte entweder die Handelsreferenzen oder den Namen einer Bank an, an die wir uns wenden können.

1. Vorbehaltlich des Erhalts zufriedenstellender Referenzen

2. Nach Erhalt der üblichen Referenzen

   a) werden wir Ihnen gerne die Bedingungen eines laufenden Kontos einräumen.

   b) würden wir Ihnen gerne folgende Bedingungen anbieten: Zahlung gegen 60-Ta-

tra a 60 días menos un descuento del 2½%.

ge-Wechsel, abzüglich eines Nachlasses von 2½%.

Si Vds. desean créditos a corto plazo, estamos dispuestos a concederlos, bajo la condición de que

Falls Sie kurzfristige Kredite wünschen, sind wir bereit, diese zu gewähren, vorausgesetzt, daß

a) Vds. hagan garantizar los pagos por un banco de Santander (o: santanderino).

a) Sie die Zahlungen durch eine Bank in Santander garantieren lassen.

b) Vds. tengan la garantía de un banco.

b) Sie die Garantie einer Bank haben.

8. Hinweis auf Geschäftsbedingungen

Hagan el favor de tomar nota de que todas nuestras ofertas están sujetas a nuestras «Condiciones Generales» descritas al reverso.

Bitte nehmen Sie davon Kenntnis, daß alle unsere Angebote unseren umseitig verzeichneten „Allgemeinen Geschäftsbedingungen" unterliegen.

En el anexo Vds. encontrarán igualmente nuestras condiciones generales (o: condiciones de venta y pago).

Beiliegend finden Sie ebenfalls unsere allgemeinen Geschäftsbedingungen (od. Verkaufs- und Zahlungsbedingungen).

La aceptación de esta oferta significa (o: incluye) la aceptación de nuestras condiciones.

Die Annahme dieses Angebots bedeutet die Annahme unserer Bedingungen.

Hagan el favor de leer los detalles al dorso con mucha atención (o: cuidadosamente).

Bitte lesen Sie die umseitigen Einzelheiten sorgfältig.

9. Beschreibung, Qualität der Waren

Estos tejidos son

Diese Stoffe sind

a) de color permanente garantizado.

a) garantiert farbecht.

b) fuertes y resistentes.

b) stark und strapazierfähig.

c) impermeables (o: hidrófugos).

c) wasserdicht (od. wasserabstoßend).

Todos nuestros productos (o: los nuevos modelos)

Alle unsere Erzeugnisse (od. Die neuen Modelle)

a) ofrecen una garantía completa.

a) haben volle Garantie.

b) son especialmente apropiados para ...

b) eignen sich besonders für ...

c) han sido fabricados de material de calidad para resistir muchos años de uso (o: utiliza-
ción).

*c) sind aus Qualitätsmaterial her-
gestellt und für jahrelange Belastung konstruiert.*

d) son de diseño atractivo, ofre-
ciendo los más recientes per-
feccionamientos técnicos.

*d) sind ansprechend konstruiert
mit den neuesten technischen
Verbesserungen.*

Con mucho gusto confirma-
mos que nuestros productos

*Wir bestätigen gerne, daß un-
sere Erzeugnisse*

a) son de fabricación alemana.

a) deutscher Herstellung sind.

b) son de lana virgen.

b) aus reiner Wolle sind.

c) fueron hechos a mano.

c) handgearbeitet sind.

d) fueron fabricados de acero
especial.

d) aus Edelstahl hergestellt sind.

Estos guantes sólo pueden suministrarse en los tamaños normales (o: en los números 7 y 8).

*Diese Handschuhe sind nur in
den Standardgrößen (od. in den
Größen 7 und 8) lieferbar.*

Suministramos estas cortinas
en tamaños (o: colores) seleccionados.

*Wir liefern diese Vorhänge in
sortierten Längen (od. Farben).*

Vds. comprobarán que los precios esta temporada son un poco
más altos, pero que este alza es
compensada por considerables
mejoramientos en casi cada clase de mercancías.

*Sie werden feststellen, daß die
Preise in dieser Saison ein wenig
höher sind, daß diese Erhöhung
aber durch merkliche Verbesserungen in fast jeder Warengattung wettgemacht wird.*

Estos productos son el resultado de investigaciones de muchos años

*Diese Erzeugnisse sind das
Ergebnis jahrelanger Forschung
und Entwicklung*

a) y posiblemente revoluciona-
rán todos los métodos utiliza-
dos (o: de uso general) en la
actualidad.

*a) und werden wahrscheinlich
alle jetzt üblichen Methoden
revolutionieren.*

b) y han sido construidos sobre
la base de una norma exacta e
invariable.

*b) und sind nach genauer und
gleichbleibender Norm konstruiert.*

Estos chales tienen un enorme
éxito de venta,

*Diese Schals sind ein Ver-
kaufsschlager,*

a) y creemos que los atractivos
cartones aumentan aún su po-
pularidad.

*a) und wir glauben, daß die at-
traktiven Kartons ihren An-
klang noch erhöhen.*

b) y Vds. no cometerán ningún error almacenándolos.

Desde hace más de 100 años la calidad ha sido nuestra marca distintiva.

Ambos modelos llevan garantía completa contra los daños que puedan producirse dentro de 12 meses por razón de desgaste natural, y el servicio será prestado gratuitamente durante el tiempo de garantía.

Todos los contratos para nuestras máquinas incluyen nuestro completo servicio posventa.

Aprovechamos esta ocasión para llamar su atención sobre nuestro servicio de piezas de recambio, el cual desde hace muchos años forma una parte integrante de nuestra empresa.

La mayoría de las partes componentes son elementos estandardizados y podrán reemplazarse con facilidad en caso de una avería eventual.

Las muestras enviadas les convencerán de la excelente calidad de nuestros instrumentos médicos.

Estamos convencidos de que Vds. se darán cuenta de que nuestros productos son los mejores en el mercado,

a) y que resultarán ser un complemento valioso de su colección actual.

b) y considerablemente superiores a los de nuestros competidores que actualmente abastecen su mercado.

Es nuestra política de negocios suministrar mercancía de la

b) und Sie können keinen Fehler machen, wenn Sie sie auf Lager nehmen.

Seit mehr als 100 Jahren ist Qualität unser Kennzeichen.

Beide Modelle tragen volle Garantie gegen Fehler, die durch natürliche Abnutzung innerhalb von 12 Monaten entstehen, und werden während der Garantiezeit kostenlos gewartet.

Alle Verträge für unsere Maschinen schließen unseren vollen nachfolgenden Wartungsdienst mit ein.

Wir möchten diese Gelegenheit benutzen, Sie auf unseren Ersatzteil-Dienst hinzuweisen, der seit vielen Jahren ein wichtiger Teil unseres Unternehmens ist.

Die meisten Bestandteile sind standardisierte Einzelteile und können bei einer eventuellen Beschädigung leicht ersetzt werden.

Die gesandten Muster werden Sie von der ausgezeichneten Qualität unserer medizinischen Instrumente überzeugen.

Wir sind überzeugt, daß Sie feststellen werden, daß unsere Erzeugnisse die besten auf dem Markt sind

a) und daß sie sich als wertvolle Ergänzung Ihrer augenblicklichen Kollektion erweisen werden.

b) und erheblich besser als diejenigen unserer Konkurrenten, die Ihren Markt augenblicklich beliefern.

Es ist unsere Geschäftspolitik, die bestmögliche Ware zu den mejor calidad a los precios más competitivos, atribuyendo especial importancia a asistir a nuestros clientes de la mejor forma posible.

konkurrenzfähigsten Preisen zu liefern, und wir legen besonderen Wert darauf, unsere Kunden in jeder uns möglichen Weise zu unterstützen.

10. Muster, Proben

A petición podrán obtenerse muestras sin compromiso.

Proben sind auf Verlangen unverbindlich erhältlich.

Con mucho gusto

Wir werden gerne

a) enviaremos muestras o suministraremos mercancías a título de examen.

a) Proben schicken oder Waren zur Ansicht liefern.

b) les enviaremos muestras de todas las pulseras de reloj en las que Vds. estén especialmente interesados.

b) Muster aller Uhrarmbänder schicken, für die Sie sich besonders interessieren.

Si Vds. desean recibir un ejemplar gratuito de este nuevo e importante manual, les rogamos llenen la nota de pedido adjunta. A continuación recibirán a vuelta de correo el ejemplar deseado.

Falls Sie ein Freiexemplar dieses wichtigen neuen Handbuches wünschen, füllen Sie bitte den beigefügten Anforderungszettel aus. Dann wird Ihnen postwendend ein Exemplar zugesandt.

1. Con esta carta les enviamos

1. Wir senden Ihnen mit diesem Brief

2. Encontrarán en el anexo

2. Beiliegend finden Sie

3. Les enviamos por paquete (por correo) aéreo (o: paquete postal)

3. Wir senden Ihnen mit Luftpostpaket (od. mit Postpaket)

a) muestras de todos nuestros segmentos de émbolo.

a) Muster aller unserer Kolbenringe.

b) un juego completo de muestras.

b) einen vollen Satz Muster.

c) una cantidad de muestras, estando seguros de que Vds. quedarán convencidos de su primera calidad.

c) eine Anzahl Muster und sind sicher, daß Sie von ihrer erstklassigen Qualität überzeugt sein werden.

d) una selección de muestras escogidas especialmente para los propósitos indicados por Vds.

d) eine Auswahl von Mustern, die besonders für den von Ihnen erwähnten Zweck ausgewählt sind.

e) una lista de precios y un juego completo de muestras de tejidos.

f) algunas muestras para darles una idea general de los tejidos de los cuales fabricamos nuestros chándales.

g) muestras del papel pintado que de momento podemos suministrar ex almacén (o: ex stock).

h) dos muestrarios de tejidos.

i) muestras de nuestros más recientes encendedores automáticos de bolsillo.

j) un prospecto (o: folleto) de sillas junto con muestras textiles de los tapizados que podemos suministrar.

Por favor, sometan las muestras a todo examen deseado (o: a una serie de exámenes; tests).

Como verán, la selección de muestras y de coloridos es todavía mayor que en la última primavera.

Les enviaremos una lata gratuita de macedonia de frutas para que Vds. puedan probarla.

Nuestra lista de precios ilustrada y las cinco muestras que les enviamos por correo separado, les darán una idea de la excelente calidad, del estilo y de la precisión de nuestros productos, que son fabricados en Alemania en un 100% y tienen sin duda el derecho de reclamar para sí las calificaciones más elevadas.

e) eine Preisliste und einen vollen Satz Stoffmuster.

f) einige Muster, um Ihnen eine Vorstellung von den Stoffen zu geben, aus denen unsere Trainingsanzüge hergestellt werden.

g) Muster von Tapeten, die wir augenblicklich ab Lager liefern können.

h) zwei Stoffmusterbücher.

i) Muster unserer neuesten automatischen Feuerzeuge.

j) einen Prospekt über die Stühle mit Textilmustern der lieferbaren Überzüge.

Bitte unterwerfen Sie die Muster jedem gewünschten Test (od. einer Reihe von Tests).

Wie Sie sehen, ist die Auswahl an Mustern und Farbtönen sogar noch größer als im letzten Frühjahr.

Eine Gratisbüchse Obstsalat wird Ihnen zum Probieren zugesandt.

Unsere bebilderte Preisliste und die fünf Proben, die wir Ihnen mit getrennter Post schicken, werden Ihnen eine Vorstellung von der ausgezeichneten Qualität, dem Stil und der Präzision unserer Erzeugnisse geben, die 100%ig in Deutschland hergestellt sind und mit Recht die höchsten Qualifikationen beanspruchen können.

11. Menge, Vorrat, Liefermenge

Hagan el favor de tomar nota de que

Nehmen Sie bitte davon Kenntnis, daß

a) el vino se suministra en damajuanas de 25 litros.

a) der Wein in Korbflaschen von 25 Liter geliefert wird.

b) el suministro se efectúa en contenedores de 10 ó 20 kilos.

b) es in Behältern von 10 oder 20 kg geliefert wird.

c) el pedido mínimo es de 100 kilos (o: 200 unidades) para una entrega dentro de 7 días.

c) die Mindestbestellung zur Lieferung innerhalb von 7 Tagen 100 kg (od. 200 Stück) ist.

En general tenemos amplias (o: grandes) existencias.

Wir haben in der Regel reichliche (od. große) Vorräte.

Tenemos los artículos en stock (o: en almacén).

Wir haben die Artikel auf Lager.

Todos los materiales (o: artículos) enumerados en nuestro catálogo (o: en su demanda) se encuentran en stock.

Alle in unserem Katalog (od. in Ihrer Anfrage) aufgeführten Materialien (od. Artikel) sind auf Lager.

Todos los artículos, de los cuales les enviamos muestras, pueden suministrarse ex almacén.

Alle Artikel, für die wir Muster einreichen, können ab Lager geliefert werden.

Podemos ofrecerles un amplio surtido de todos los tamaños y colores (o: tipos) ex almacén

Wir können Ihnen eine große Auswahl aller Größen und Farben (od. Typen) ab Lager anbieten

a) siéndonos posible suministrar la mercancía inmediatamente después de recibido su pedido.

a) und können sofort nach Erhalt Ihres Auftrages liefern.

b) siéndonos, por lo tanto, posible servirles inmediatamente.

b) und könnten Sie deshalb prompt bedienen.

Nuestro amplio almacén nos hace posible ejecutar pedidos complementarios con prontitud.

Unser umfassendes Lager ermöglicht es uns, Nachbestellungen prompt auszuführen.

De momento sólo podemos suministrar cantidades limitadas de los números 105 y 107 de la lista general de precios; los pedidos de consideración sólo se aceptarán para una entrega en el mes de junio.

Augenblicklich sind nur begrenzte Mengen der Nummern 105 und 107 der allgemeinen Preisliste lieferbar, und große Bestellungen können nur zur Lieferung im Juni angenommen werden.

Sólo tenemos existencias limi-

Wir haben nur einen begrenz-

tadas de cortinas de ducha, por lo que es probable que no podamos repetir esta oferta especial.

ten Vorrat an Duschvorhängen und werden wahrscheinlich dieses Sonderangebot nicht wiederholen können.

Fabricamos mercancías solamente según especificación.

Wir fertigen Waren nur nach Spezifikation.

No mantenemos existencias en almacén, pero estamos dispuestos a

Wir halten keine Lagerbestände, sind jedoch bereit,

a) mandar fabricar especialmente para Vds. los vestidos de sevillana.

a) die Flamenco-Kleider besonders für Sie herstellen zu lassen.

b) comprar los cardiganes de punto deseados por Vds. de otro suministrador.

b) die von Ihnen gewünschten Strickjacken von einem anderen Lieferanten zu beziehen.

12. Versandart

Podemos encargarnos del suministro (o: de la entrega),

Wir können Lieferung arrangieren

a) ya sea a su almacén principal de mercancías o a puntos de venta individuales.

a) entweder zu Ihrem Hauptwarenlager oder zu einzelnen Verkaufsstellen.

b) por medio de nuestra furgoneta (de reparto) una vez que hayamos recibido su notificación por teléfono (o: su pedido).

b) durch unseren Lieferwagen nach Erhalt Ihrer telefonischen Mitteilung (od. nach Erhalt Ihres Auftrages).

Nos encargaríamos de la entrega

Wir würden die Lieferung

a) por medio de camiones frigoríficos, llegando así la mercancía a su poder en estado impecable.

a) durch Kühllastwagen senden, und die Ware würde Sie in einwandfreiem Zustand erreichen.

b) por ferrocarril luego que hayamos recibido su pedido, que rogamos pasen por teléfono o télex.

b) per Bahn senden bei Erhalt Ihres Auftrages, der telefonisch oder durch Telex erteilt werden sollte.

Si Vds. tienen una necesidad urgente de las mercancías (o: necesitan las mercancías urgentemente), haremos lo necesario para que les sean enviadas por vía aérea.

Wenn Sie die Waren dringend benötigen, werden wir veranlassen, daß sie Ihnen auf dem Luftwege gesandt werden.

13. Lieferzeit

1. En general tenemos grandes cantidades en almacén

2. Mantenemos amplias existencias

3. Tenemos los artículos en almacén (o: stock)

4. Tenemos todas las máquinas indicadas en esta oferta en almacén

5. Podemos ofrecerles una amplia selección de tamaños y colores ex almacén,

   a) siéndonos posible garantizar un envío inmediato.

   b) siéndonos posible entregar el material dentro de dos semanas después de recibir su pedido.

Podemos suministrar los distribuidores automáticos desde almacén.

Estas mercancías pueden suministrarse (o: están disponibles) inmediatamente desde almacén.

Podemos prometer (o: garantizar) la entrega hasta el 3 de abril.

Podemos enviarles la mercancía dentro de 3 semanas después de recibir su pedido.

La entrega podrá efectuarse antes del 20 de junio.

En general, nos es posible suministrar dentro de tres semanas después de recibir el pedido.

Si bien existe una creciente demanda de nuestros productos, estamos en condiciones de suministrar la mayoría de los artículos ex almacén.

1. *Wir haben meist große Mengen auf Lager*

2. *Wir unterhalten reichliche Lagervorräte*

3. *Wir haben die Artikel auf Lager*

4. *Wir haben alle in diesem Angebot erwähnten Maschinen auf Lager*

5. *Wir können Ihnen eine große Auswahl von Größen und Farben ab Lager anbieten*

   a) *und können sofortigen Versand garantieren.*

   b) *und könnten das Material innerhalb zwei Wochen nach Erhalt der Bestellung liefern.*

Wir können die Verkaufsautomaten ab Lager liefern.

Diese Waren sind sofort ab Lager erhältlich.

Wir können Lieferung bis 3. April versprechen (od. garantieren).

Wir können Ihren Auftrag innerhalb von 3 Wochen nach Erhalt Ihrer Bestellung versenden.

Die Lieferung kann vor dem 20. Juni erfolgen.

Wir können gewöhnlich innerhalb drei Wochen nach Erhalt eines Auftrages liefern.

Obwohl für unsere Erzeugnisse eine zunehmende Nachfrage besteht, können wir die meisten Artikel ab Lager liefern.

Confirmamos nuestra llamada telefónica del día de hoy (o: nuestro télex) informándoles que

a) las mercancías pueden suministrarse el 20 de octubre, pero no antes.

b) podemos prometerles la entrega hasta el 20 de enero si recibimos su pedido hasta finales de este mes.

c) no podemos prometerles la entrega antes del 20 de enero si su pedido no llega dentro de 48 horas.

d) podemos suministrar todo color (o: tamaño) deseado por Vds. en cantidad suficiente dentro de 3 días.

e) podemos suministrar parte de las mercancías deseadas, desde almacén, según la oferta detallada adjunta.

En lo que se refiere a la entrega, no tendríamos ninguna dificultad de observar (o: atenernos a) la fecha que Vds. indican. Sin embargo, deberíamos recibir su pedido hasta el 2 de mayo.

1. Como existe una fuerte demanda de juguetes de plástico,

2. Ya que se pueden suministrar sólo cantidades limitadas,

3. Si Vds. desean almacenar existencias de estas carteras de piel para documentos antes de Navidad,

4. No tenemos la intención de instarles a tomar una decisión; sin embargo, como nuestras existencias son tan reducidas que se agotarán al entrar dos o tres grandes pedidos,

Wir bestätigen unser heutiges Telefongespräch (od. unser Telex), in dem wir Ihnen mitteilten, daß

a) die Waren am 20. Oktober geliefert werden können, jedoch nicht früher.

b) wir Ihnen die Lieferung bis 20. Januar versprechen können, falls wir Ihren Auftrag bis Ende dieses Monats erhalten.

c) wir Ihnen die Lieferung nicht vor dem 20. Januar versprechen können, falls Ihr Auftrag uns nicht innerhalb 48 Stunden erreicht.

d) wir jede der von Ihnen verlangten Farben (od. Größen) in genügender Menge innerhalb von 3 Tagen liefern können.

e) wir einen Teil der gewünschten Ware ab Lager liefern können gemäß dem beigefügten detaillierten Angebot.

Bezüglich der Lieferung hätten wir keine Schwierigkeiten, das von Ihnen erwähnte Datum einzuhalten. Wir müßten jedoch Ihren Auftrag bis 2. Mai erhalten.

1. Da eine beträchtliche Nachfrage nach Spielwaren aus Plastik besteht,

2. Da nur beschränkte Mengen lieferbar sind,

3. Wenn Sie einen Lagerbestand dieser Lederaktentaschen vor Weihnachten haben wollen,

4. Es ist nicht unsere Absicht, Sie zu einer Entscheidung zu drängen, da jedoch unsere Lagerbestände so niedrig sind, daß sie durch zwei oder drei große Aufträge erschöpft sein werden,

a) les aconsejamos pasar su pedido lo más pronto posible.

a) raten wir Ihnen, Ihren Auftrag so bald wie möglich zu erteilen.

b) les damos el consejo de informarnos cuanto antes sobre el volumen exacto de su pedido.

b) raten wir Ihnen, uns so bald wie möglich den genauen Umfang Ihres Auftrags mitzuteilen.

Como muchos artículos escasean (o: están escasos),

Da viele Artikel knapp sind,

a) no nos vemos en condiciones de garantizar la entrega antes del 4 de marzo.

a) sind wir nicht in der Lage, eine Lieferung vor dem 4. März zu garantieren.

b) recomendamos pasar los pedidos dentro de poco, siendo éstos ejecutados por orden exacto de su recepción.

b) sind baldige Bestellungen ratsam; und diese werden in genauer Reihenfolge des Erhalts ausgeführt.

Quisiéramos aconsejarles pasen su pedido en firme lo más rápidamente posible para asegurar que no haya ningún retraso en la entrega.

Wir möchten Ihnen raten, Ihren Festauftrag so bald wie möglich zu erteilen, um sicherzustellen, daß keine Verzögerung in der Lieferung entsteht.

El plazo de entrega para los zapatos de sport de la página 21 es de tres a cuatro semanas, el resto podrá expedirse desde almacén.

Die Lieferzeit für die Sportschuhe auf Seite 21 beträgt drei bis vier Wochen, der Rest ist ab Lager lieferbar.

Hemos marcado los artículos que podemos suministrar inmediatamente desde almacén. Para todos los demás artículos necesitaríamos más o menos 3 semanas después de recibir su pedido.

Wir haben die Artikel gekennzeichnet, die wir sofort ab Lager liefern können. Für alle übrigen Artikel würden wir ungefähr 3 Wochen ab Eingang der Bestellung brauchen.

1. Los artículos n° 4 y 8 están escasos (o: escasean),

1. Die Artikel Nr. 4 und 8 sind knapp,

2. Los artículos n° 114 y 116 se fabrican exclusivamente a base de una orden,

2. Die Artikel Nr. 114 und 116 werden nur auf Bestellung angefertigt,

a) y los plazos de entrega son en general (o: normalmente) de tres o cuatro meses a partir de la fecha del pedido.

a) und die Lieferzeiten sind normalerweise drei oder vier Monate ab Auftragsdatum.

b) por lo que para la ejecución de un pedido de ellos se precisarían dos meses aproximadamente.

b) und die Ausführung eines Auftrages hierfür würde ungefähr zwei Monate erfordern.

Como la instalación de aire acondicionado es una fabricación especial, la entrega se efectuaría más o menos seis semanas después de recibir el pedido.

Da die Klimaanlage besonders angefertigt werden muß, würde die Lieferung ungefähr sechs Wochen nach Auftragseingang erfolgen.

Los muebles de oficina (o: de escritorio) serían fabricados especialmente para Vds., pero empezaríamos con su fabricación tan pronto como hubiéramos recibido su pedido, es decir, la entrega podría efectuarse dentro de 3 semanas después de recibir el pedido.

Die Büromöbel würden für Sie spezialangefertigt werden; wir würden sie jedoch in Arbeit nehmen, sobald wir Ihren Auftrag erhalten, und die Lieferung könnte innerhalb 3 Wochen ab Eingang der Bestellung erfolgen.

(Por esto) les recomendamos reabastecer su almacén mientras hay aún existencias.

Wir raten Ihnen (deshalb), Ihr Lager aufzufüllen, solange Vorräte noch vorhanden sind.

Los pedidos se ejecutan por orden estricto de recepción (y sólo pueden aceptarse mientras haya existencias).

Aufträge werden in genauer Reihenfolge ausgeführt (und können nur angenommen werden, solange der Vorrat reicht).

Desafortunadamente (o: por desgracia)

Leider

a) sólo podemos prometer la entrega tres meses a partir de la fecha en que hayamos recibido su pedido.

a) können wir Lieferung erst in drei Monaten ab Datum des Auftragseingangs versprechen.

b) tenemos que desilusionarles esta vez, porque sólo podemos prometerles la entrega para finales de octubre.

b) müssen wir Sie diesmal enttäuschen und können Ihnen Lieferung erst Ende Oktober versprechen.

Caso de que su pedido llegue después del 15 de marzo, no estaremos en condiciones de suministrar los motores hasta el 1 de mayo.

Wenn Ihr Auftrag nach dem 15. März eintreffen sollte, sind wir nicht in der Lage, die Motoren bis 1. Mai zu liefern.

Los plazos de entrega indicados son fechas aproximadas; sin embargo, estas fechas no se sobrepasarían en ningún caso en más de 10 días.

Die angegebenen Lieferdaten sind ungefähre Daten; diese Daten würden aber auf keinen Fall um mehr als 10 Tage überschritten werden.

Podemos prometerles la terminación hasta el 2 de abril.

Wir können die Fertigstellung bis 2. April versprechen.

14. Angabe von Referenzen

En el pasado hemos ejecutado toda una serie de trabajos similares a la entera satisfacción de nuestros clientes (o: de nuestra clientela).

Wir haben in der Vergangenheit eine ganze Reihe ähnlicher Arbeiten zur vollständigen Zufriedenheit unserer Kunden ausgeführt.

Adjunto hallarán (o: encontrarán) referencias muy positivas de sociedades, cuyos nombres son bien conocidos en nuestro país.

In der Anlage werden Sie sehr positive Referenzen von Firmen finden, deren Namen in unserem Lande gut bekannt sind.

Incluyo cartas de reconocimiento

Ich füge Anerkennungsschreiben

a) de algunos de nuestros clientes (regulares).

a) von einigen unserer (Stamm-) Kunden bei.

b) de varias empresas que compraron nuestro sistema.

b) von mehreren Unternehmen bei, die unser System gekauft haben.

Vds. comprobarán que uno de los más entusiásticos de ellos es una sociedad de su ramo.

Sie werden feststellen, daß eine der begeistertsten unter ihnen eine Firma aus Ihrer Branche ist.

Hemos recibido ya pedidos complementarios de muchos de ellos, y en algunos casos más de uno.

Von vielen von ihnen haben wir bereits Nachbestellungen, in einigen Fällen mehr als eine.

15. Schlußworte

a) allgemein

Nos complacería mucho si Vds. pudieran (o: pudiesen) decidirse a comprar nuestras mercancías.

Es würde uns sehr freuen, wenn Sie sich zum Kauf unserer Waren entschließen könnten.

Esperamos que hallarán nuestra oferta satisfactoria, y esperamos su primer pedido con mucho interés.

Wir hoffen, daß Sie unser Angebot zufriedenstellend finden, und sehen Ihrem Erstauftrag mit Interesse entgegen.

Esperamos con mucho gusto

Wir sehen

a) que Vds. aceptarán esta oferta.

a) der Annahme dieses Angebots gerne entgegen.

b) el recibo de su pedido en breve

b) dem Erhalt Ihres Auftrages in

(o: en el próximo futuro; a su debido tiempo).

Kürze (od. in der nahen Zukunft; zu gegebener Zeit) gerne entgegen.

c) sus noticias y la visita de su agente de compras.

c) Ihrer Nachricht und dem Besuch Ihres Einkäufers gerne entgegen.

d) entrar en relaciones comerciales con Vds.

d) einer Geschäftsaufnahme mit Ihnen gerne entgegen.

Deseamos incluir el nombre de su empresa en la lista de nuestros clientes extranjeros satisfechos.

Wir möchten den Namen Ihres Unternehmens in die Liste unserer zufriedenen Auslandskunden aufnehmen.

Por favor, indíquennos sus deseos.

Teilen Sie uns bitte Ihre Wünsche mit.

Ponemos nuestra completa experiencia a su disposición, y esperamos que Vds. harán uso de ella.

Unsere volle Erfahrung steht zu Ihrer Verfügung. Wir hoffen, daß Sie davon Gebrauch machen werden.

Hagan el favor de informarnos si están dispuestos a aceptar esta nueva colección.

Bitte teilen Sie uns mit, ob Sie bereit sind, diese neue Kollektion anzunehmen.

b) weitere Information wird gerne gegeben

1. Esperamos que esto habrá dado respuesta a sus preguntas,

1. Wir hoffen, daß dies Ihre Fragen beantwortet hat,

2. Creemos que nuestro catálogo contestará a sus preguntas,

2. Wir glauben, daß unser Katalog Ihre Fragen beantworten wird,

3. Esperamos que este folleto hallará su interés,

3. Wir hoffen, daß diese Broschüre Ihr Interesse finden wird,

   a) pero caso de que necesiten más informaciones, les rogamos nos lo digan (o: nos lo hagan saber).

   a) falls Sie jedoch weitere Auskunft benötigen, lassen Sie es uns bitte wissen.

   b) sin embargo, les rogamos no vacilen en escribirnos de nuevo (o: nuevamente), si necesitan cualquier otra información.

   b) zögern Sie jedoch bitte nicht, uns wieder zu schreiben, wenn Sie irgendeine weitere Information haben möchten.

1. Esperamos que esta carta con anexos dará respuesta satisfactoria a todas sus preguntas.

1. Wir hoffen, daß dieser Brief mit Anlagen alle Ihre Fragen zufriedenstellend beantwortet.

2. Creemos que hemos tratado cada uno de los puntos (o: todos los puntos) de su demanda.

De lo contrario, les rogamos nos lo hagan saber, asegurándoles hacer todo lo posible para ayudarles.

1. Les agradecemos su interés, y si podemos ayudarles de cualquier modo,

2. Si Vds. desean más informaciones,

3. Si no hemos tratado todos los puntos de su demanda,

4. Caso de que necesiten más informaciones o nuestra ayuda,

no vacilen, por favor, en escribirnos nuevamente.

Informaciones ulteriores (o: adicionales) se pueden obtener de...

2. *Wir denken, daß wir jeden Punkt (od. alle Punkte in) Ihrer Anfrage behandelt haben.*

Andernfalls teilen Sie uns dies doch bitte mit, und wir werden unser Bestes tun, um Ihnen zu helfen.

1. *Wir danken Ihnen für Ihr Interesse, und wenn wir Ihnen irgendwie helfen können,*

2. *Falls Sie weitere Auskunft haben möchten,*

3. *Wenn wir nicht alle Punkte Ihrer Anfrage behandelt haben,*

4. *Wenn Sie weitere Einzelheiten oder unsere Hilfe benötigen,*

dann zögern Sie bitte nicht, uns wieder zu schreiben.

Weitere Informationen sind von...zu erhalten.

c) Bitte, das beigefügte Bestellformular zu benutzen

Si Vds. desean pasarnos un pedido para uno de nuestros productos, hagan el favor de utilizar el formulario de pedidos adjunto.

Sólo tienen que llenar la hoja de pedido que incluimos y marcar con una cruz las posiciones que desean, las cuales se las enviaremos con mucho gusto a vuelta del correo.

Hagan el favor de llenar sólo la parte inferior de esta carta y de devolverla en el sobre adjunto. El resto lo arreglaremos nosotros.

Indiquen, por favor, el número de la oferta en caso de aceptarla.

Sollten Sie einen Auftrag für eines unserer Produkte zu erteilen wünschen, benutzen Sie bitte das einliegende Auftragsformular.

Sie brauchen nur das beigefügte Bestellformular auszufüllen und die gewünschten Posten anzukreuzen, und wir werden Ihnen diese gerne umgehend zuschicken.

Füllen Sie bitte nur den unteren Teil dieses Schreibens aus, und senden Sie ihn in dem beiliegenden Umschlag an uns zurück. Wir werden das übrige erledigen.

Bitte geben Sie bei Annahme die Angebotsnummer an.

d) Bitte, mit der Auftragserteilung nicht zu zögern

Les aconsejamos pasar su pedido a tiempo.

Rechtzeitige Bestellung ist ratsam.

1. Como nuestras existencias son limitadas,

1. *Da unsere Vorräte beschränkt sind,*

2. Como contamos con una considerable reacción a esta oferta especial,

2. *Da wir eine beträchtliche Reaktion auf dieses Sonderangebot erwarten,*

3. Como el precio antes indicado está sujeto a alteraciones,

3. *Da der obige Preis Änderungen unterliegt,*

4. Como los precios suben constantemente,

4. *Da die Preise ständig steigen,*

   a) les aconsejamos (o: quisiéramos darles el consejo de) pasar su pedido inmediatamente (o: sin demora).

   a) *raten wir Ihnen (od. möchten wir Ihnen raten), Ihren Auftrag unverzüglich zu erteilen.*

   b) les aconsejamos urgentemente aprovechen esta oferta.

   b) *raten wir Ihnen dringend, dieses Angebot auszunutzen.*

Si Vds. tienen que ampliar sus existencias, deberían comprar antes que los precios suban el 15 de abril.

Wenn Sie Ihren Lagerbestand vergrößern müssen, sollten Sie kaufen, bevor die Preise am 15. April erhöht werden.

Por favor, tomen nota de que, si bien los precios no han aumentado durante los últimos 5 meses, se espera un alza del 5 al 8% en esta primavera.

Bitte beachten Sie, daß, obwohl die Preise während der letzten 5 Monate unverändert geblieben sind, eine Erhöhung von 5 bis 8% in diesem Frühjahr erwartet wird.

Si Vds. aceptan nuestra oferta (o: si Vds. se deciden a aceptar nuestra oferta),

Wenn Sie unser Angebot annehmen (od. sich dazu entschließen, unser Angebot anzunehmen),

a) hagan el favor de informarnos pronto (o: hasta el próximo viernes) sobre sus deseos.

a) *teilen Sie uns bitte Ihre Wünsche bald mit (od. bis nächsten Freitag mit).*

b) les rogamos nos comuniquen su aceptación por telegrama.

b) *telegrafieren Sie bitte Ihre Annahme.*

c) les rogamos nos den conocimiento de ello por télex (y nos lo confirmen por correo aéreo dentro de 3 días).

c) *setzen Sie uns bitte durch Telex davon in Kenntnis (und bestätigen Sie dies durch Luftpostbrief innerhalb von 3 Tagen).*

Hagan el favor de mandarnos sus instrucciones por télex.

Bitte senden Sie uns Ihre Anweisungen durch Telex.

e) beste Ausführung der Aufträge wird zugesichert

Con mucho gusto esperamos su pedido que ejecutaremos con el mayor esmero (o: con el esmero de siempre).

Wir sehen Ihrem Auftrag gerne entgegen und werden ihn mit der größten (od. unserer gewohnten) Sorgfalt ausführen.

Pueden Vds. estar seguros de que dedicaremos a su pedido nuestra atención inmediata.

Sie können sicher sein, daß wir Ihrem Auftrag unsere sofortige Aufmerksamkeit widmen werden.

Esperamos con mucho gusto sus ulteriores pedidos que ejecutaremos con el cuidado de siempre (o: de costumbre).

Wir sehen Ihren weiteren Aufträgen gerne entgegen, die mit unserer üblichen Sorgfalt ausgeführt werden.

Efectuamos los pedidos en el día de su recepción, estando convencidos de que Vds. estarán muy satisfechos, no sólo con nuestras condiciones, sino también con nuestras mercancías.

Die Aufträge werden am Tage des Eingangs erledigt, und wir sind überzeugt, daß Sie sowohl mit unseren Bedingungen als auch mit unseren Waren voll zufrieden sein werden.

Ponemos toda nuestra experiencia a su disposición (o: a su servicio), y no omitiremos ningún esfuerzo en satisfacerles completamente.

Unsere ganze Erfahrung steht zu Ihrer Verfügung, und wir werden keine Mühe scheuen, Sie voll zufriedenzustellen.

Haremos lo posible para cubrir sus necesidades pronto y a su entera satisfacción también en el futuro.

Wir werden unser Bestes tun, Ihren Bedarf auch in der Zukunft prompt und zu Ihrer vollen Zufriedenheit zu decken.

Siempre nos hemos esforzado con todos los medios a nuestro alcance en suministrarles mercancías de muy buena calidad, y creemos poder afirmar que les ofrecemos una vez más una mercancía de primera calidad a las condiciones más ventajosas.

Wir haben immer danach gestrebt, Sie nach besten Kräften mit Waren sehr guter Qualität zu beliefern, und glauben, daß wir behaupten können, Ihnen wieder einmal eine erstklassige Ware zu den günstigsten Bedingungen anzubieten.

Creemos que Vds. hallarán nuestras condiciones excepcionalmente ventajosas y quisiéramos sobre todo destacar (o: subrayar) que podemos prometer la entrega inmediata de todos los artículos desde almacén.

Wir glauben, daß Sie unsere Bedingungen außerordentlich günstig finden werden, und möchten besonders betonen, daß wir sofortige Lieferung jedes Artikels ab Lager zusagen können.

f) Bitte um Erteilung eines Probeauftrages

En la seguridad de que un pedido de prueba les satisfará por completo, quedamos a la espera de sus noticias con mucho interés.

Wir sind sicher, daß ein Probeauftrag Sie voll zufriedenstellen wird, und sehen Ihrer Nachricht mit großem Interesse entgegen.

Esperamos poder servirles en el futuro y tener el placer de recibir su primer pedido.

Wir hoffen, Sie in Zukunft zu bedienen, und freuen uns darauf, Ihren ersten Auftrag zu erhalten.

Nos complacería tener la ocasión de demostrarles que podemos cubrir sus necesidades sin ninguna clase de trabas.

Wir würden die Gelegenheit begrüßen, Ihnen zu zeigen, wie reibungslos wir Ihren Bedarf decken können.

Se sobreentiende que mucho nos alegraría entrar en relaciones comerciales con una cadena de negocios tan importante como la suya, y que ejecutaríamos sus pedidos con el máximo esmero.

Wir würden uns natürlich sehr freuen, mit einer so bedeutenden Ladenkette wie der Ihrigen ins Geschäft zu kommen, und würden Ihre Aufträge mit der größten Sorgfalt erledigen.

g) nach Unterbrechung der Geschäftsbeziehung

Esperamos tener el placer de servirles nuevamente en breve (o: dentro de poco).

Wir hoffen, daß wir das Vergnügen haben werden, Sie in Kürze wieder zu bedienen.

Nos complacería renovar las relaciones con Vds. como cliente que siempre hemos apreciado.

Wir freuen uns darauf, Sie wieder als Kunden zurückzugewinnen, einen Kunden, den wir immer geschätzt haben.

16. Nachfaßbriefe

Nuestro representante, el Sr. García, le ha visitado regularmente para introducir en su casa nuestros nuevos equipos de oficina, pero hasta la fecha no ha sido posible interesar a su agente de compras en el negocio.

Unser Vertreter, Herr García, hat Sie regelmäßig besucht, um unsere neuen Büroeinrichtungen bei Ihrer Firma einzuführen, bisher ist es jedoch nicht möglich gewesen, Ihren Einkäufer für das Geschäft zu interessieren.

En enero les enviamos amplia documentación sobre nuestras nuevas gafas de sol, así como

Im Januar haben wir Ihnen vollständige Informationen über unsere neuen Sonnenbrillen ge-

una selección de muestras. Nos preguntamos por qué no hemos recibido aún respuesta al efecto.

Lamentamos (o: sentimos) constatar (o: Muy a pesar nuestro constatamos) que

a) desde julio no hemos recibido ningún pedido de Vds.

b) desde hace algún tiempo no hemos recibido pedidos suyos.

Hace ahora más de cinco meses que tuvimos el placer de recibir sus noticias, lo cual mucho lamentamos. No es de nuestro agrado perder el contacto con un cliente tan apreciado por nosotros como Vd.

Como todavía no hemos recibido ninguna respuesta a nuestra carta del 6 de mayo, hemos rogado a nuestro empleado del servicio exterior, Sr. Murillo, que le haga una visita cuando esté en Barcelona el próximo día 15 de mayo.

A pesar de una constante alza en los costes, nuestros precios no subieron durante los últimos cuatro meses.

Vds. habrán constatado que ofrecemos descuentos muy generosos para compras al contado y en grandes cantidades.

Si la razón por la cual no recibimos pedidos suyos es la actual situación floja en el mercado, Vds. tal vez estarán interesados en nuestra nueva lista de precios que ofrece una reducción del 5%.

Deseamos subrayar que si Vds. todavía están considerando pasarnos un pedido, y esperan que observemos la fecha de entrega inicial, sería necesario que

sandt sowie eine Auswahl von Mustern. Wir fragen uns, warum wir noch keine Antwort darauf erhalten haben.

Wir bedauern festzustellen (od. Wir stellen mit Bedauern fest), daß

a) wir seit Juli keinen Auftrag von Ihnen erhalten haben.

b) wir seit einiger Zeit ohne Ihre Aufträge sind.

Es ist jetzt mehr als fünf Monate her, daß wir das Vergnügen hatten, von Ihnen zu hören, was wir sehr bedauern. Wir verlieren ungern den Kontakt mit einem Kunden, den wir so schätzen wie Sie.

Da wir noch keine Antwort auf unseren Brief vom 6. Mai erhalten haben, haben wir unseren Außendienstmitarbeiter, Herrn Murillo, gebeten, bei Ihnen vorzusprechen, wenn er am 15. Mai in Barcelona ist.

Trotz der ständig steigenden Kosten sind unsere Preise während der letzten vier Monate nicht gestiegen.

Sie werden bemerkt haben, daß unsere Rabatte für Bar- und Großkäufe sehr großzügig sind.

Wenn der Grund für das Ausbleiben Ihrer Aufträge die augenblickliche flaue Marktlage ist, sind Sie vielleicht an unserer neuen Preisliste interessiert, die eine Preisermäßigung von 5% zeigt.

Wir möchten betonen, daß, wenn Sie eine Bestellung an uns noch ins Auge fassen und erwarten, daß wir das ursprüngliche Lieferdatum einhalten, Ihr Auf-

recibiéramos su pedido antes de finales de este mes.

Entre las centenas de clientes a los que hemos enviado este material es Vd. uno de los pocos que no contestó a nuestra carta, por lo que quisiéramos saber (o: conocer) la razón de ello.

Sería Vd. muy amable si nos comunicase de forma sucinta (o: breve) por qué razón ya no nos pasa pedidos.

1. Como Vds. nunca se quejaron ni de la calidad de nuestras mercancías ni tampoco de nuestros servicios,

2. Como no hemos recibido ninguna queja por parte de Vds. ni en lo que se refiere a la producción ni al embalaje,

sólo podemos suponer que no les hemos dado ninguna razón de estar insatisfechos. De ser, sin embargo, ése el caso, les rogamos nos indiquen la razón.

trag uns vor Ende des Monats erreichen sollte.

Sie sind einer der wenigen Kunden unter den Hunderten, denen wir dieses Material gesandt haben, der auf unseren Brief nicht geantwortet hat, und wir würden gerne den Grund erfahren.

Es wäre sehr liebenswürdig von Ihnen, wenn Sie uns kurz berichten würden, warum Ihre Aufträge eingestellt wurden.

1. Da Sie sich niemals über die Qualität unserer Waren oder über unsere Dienstleistung beklagt haben,

2. Da wir keine Unterlage über irgendeine Beschwerde haben, sei es in bezug auf die Produkte oder ihre Verpackung,

können wir nur annehmen, daß wir Ihnen keinen Grund gegeben haben, unzufrieden zu sein. Wenn das aber doch der Fall ist, würden wir dies gerne erfahren.

17. Es kann kein Angebot gemacht werden

a) die Waren sind nicht mehr vorrätig, werden nicht mehr hergestellt

Les agradecemos su demanda del ..., lamentando deber comunicarles que

a) (de momento) no tenemos los artículos en cuestión en stock (o: disponibles).

b) no podemos suministrar este material, porque hemos suspendido su fabricación.

c) hace algunos meses suspendimos la fabricación de válvulas de carburador.

Wir danken Ihnen für Ihre Anfrage vom ... und bedauern, Ihnen mitzuteilen, daß

a) die erwähnten Artikel (augenblicklich) nicht vorrätig sind.

b) wir dieses Material nicht liefern können, da wir die Herstellung eingestellt haben.

c) wir die Herstellung von Vergaserventilen vor einigen Monaten eingestellt haben.

d) se ha suspendido la producción del modelo K 21, siendo reemplazado por el modelo M 15.

d) die Herstellung des Modells K 21 nunmehr eingestellt ist und durch das Modell M 15 ersetzt wurde.

e) hemos suspendido la fabricación de esta colección por motivo de su mercado muy limitado.

e) wir diese Kollektion wegen ihres sehr beschränkten Marktes eingestellt haben.

Debido al éxito extraordinario de nuestras apiladoras de horquilla y a las dificultades de ampliar nuestra fábrica en este momento, hemos debido suspender la fabricación de aperos agrícolas.

Wegen des außerordentlichen Erfolges unserer Gabelstapler und der Schwierigkeiten, unsere Fabrik augenblicklich zu erweitern, mußten wir die Herstellung der landwirtschaftlichen Geräte einstellen.

Esperamos un suministro dentro de aproximadamente 10 días, y si esto no es demasiado tarde para Vds., les enviaremos con mucho gusto una prueba.

Wir erwarten in ungefähr 10 Tagen eine Lieferung und werden Ihnen dann gerne eine Probe schicken, wenn dies für Sie nicht zu spät ist.

b) Angabe von Herstellern

Entretanto les aconsejamos

Inzwischen raten wir Ihnen,

a) ponerse en contacto con uno de nuestros amigos de negocios del mismo ramo:

a) sich mit einem unserer Geschäftsfreunde aus der Branche in Verbindung zu setzen:

b) contactar con la casa ... que está especializada en este sector.

b) sich mit der Firma ... in Verbindung zu setzen, die auf dieses Gebiet spezialisiert ist.

c) Alternativ-Angebot

Tal vez tengamos aquí una oferta alternativa aceptable:

Hier ist ein vielleicht akzeptables Alternativangebot:

Tenemos un despertador de viaje de cuarzo parecido (o: semejante) en almacén.

Wir haben einen ähnlichen Quartz-Reisewecker auf Lager.

1. Esta colección fue abandonada

1. Diese Kollektion ist eingestellt worden

2. El modelo por el cual Vds. se interesan ya no se fabrica,

2. Das Modell, nach dem Sie fragen, wird nicht mehr hergestellt,

a) habiendo sido reemplazado por ...

a) und wurde durch ... ersetzt.

b) pero podemos suministrarles en su lugar ...

b) aber wir können ... statt
dessen liefern.

Esta máquina se reemplazó
por el modelo 1010 que es superior al anterior, tanto en la construcción como en la ejecución.

Diese Maschine wurde durch
das Modell 1010 ersetzt, das dem
vorhergehenden in Konstruktion
und Ausführung überlegen ist.

d) Schlußworte

Tan pronto como (o: Luego
que) podamos suministrar estas
bolsas, volveremos a contactar-
les.

Sobald wir diese Taschen lie-
fern können, werden wir uns wie-
der mit Ihnen in Verbindung set-
zen.

Mucho les agradecemos su interés en nuestros productos, sintiendo que en este momento no
nos sea posible ayudarles.

Wir danken Ihnen sehr für das
Interesse an unseren Erzeugnis-
sen und bedauern, daß wir Ihnen
augenblicklich nicht helfen kön-
nen.

Por favor, disculpen que esta
vez no nos sea posible cubrir sus
necesidades.

Bitte entschuldigen Sie, daß es
uns nicht möglich ist, diesmal
Ihren Bedarf zu decken.

18. Ablehnung eines Angebotes

Sentimos que las mercancías
que Vds. nos enviaron para examen, según su carta del 5 de
mayo, no sean apropiadas para
nuestros fines. Se las devolveremos lo más pronto posible.

Wir bedauern, daß die uns ge-
mäß Ihrem Schreiben vom 5. Mai
zur Ansicht gesandten Waren für
unsere Zwecke nicht geeignet
sind. Wir werden sie Ihnen so bald
wie möglich zurückschicken.

Hemos examinado la oferta
que se nos presentó con fecha 6
de abril. Si bien hemos recibido
una impresión favorable de sus
productos, debemos llamar su
atención sobre el hecho de que
los precios indicados son mucho
más altos que los precios de sus
competidores.

Wir haben das uns am 6. April
vorgelegte Angebot geprüft. Ob-
gleich Ihre Erzeugnisse einen
günstigen Eindruck auf uns ge-
macht haben, müssen wir darauf
hinweisen, daß die genannten
Preise sehr viel höher sind als die
Preise Ihrer Konkurrenz.

Lamentamos no poder (o: tener que comunicarles que no podemos) hacer uso de su oferta,

Wir bedauern (Ihnen mitzutei-
len), daß wir von Ihrem Angebot
keinen Gebrauch machen kön-
nen,

a) ya que el precio que Vds. piden
sobrepasa el nivel local para la

a) da der von Ihnen geforderte
Preis über dem hiesigen

calidad en cuestión.

b) dado que sus precios parecen demasiado altos.

c) visto que sus precios son bastante superiores a los que hemos pagado hasta la fecha para paraguas de la misma calidad.

Después de estudiar detalladamente su oferta y de compararla con las de mis suministradores regulares he llegado a la conclusión que sus precios son por lo menos un 16% más altos que los de estos proveedores.

El precio indicado por su agente, con ocasión de su visita la semana pasada, de Ptas. ... no nos permite un margen suficiente (o: razonable) de beneficios.

Hay varias razones que nos impiden incluir sus productos en nuestro almacén.

Quisiera señalar que su selección de colores y muestras es muy limitada y que no incluye el muestrario de los tonos (o: las tonalidades) que de momento están de moda.

Le agradecemos su carta por la que nos informa que no puede suministrar los tostadores de pan automáticos antes del 15 de julio.

Siento que en tales circunstancias no podamos pasarles ningún pedido (o: no podamos hacer uso de su oferta).

Sus catálogos y circulares mensuales naturalmente continuarán interesándome.

Marktniveau für die in Frage kommende Qualität liegt.

b) da Ihre Preise zu hoch erscheinen.

c) da Ihre Preise viel höher als die von uns bisher für Schirme der gleichen Qualität bezahlten Preise sind.

Nach sorgfältigem Studium Ihres Angebots und Vergleich mit meinen gewohnten Lieferanten bin ich zu dem Schluß gekommen, daß Ihre Preise mindestens 16% höher sind als die Preise dieser Lieferanten.

Der von Ihrem Vertreter bei seinem Besuch in der vorigen Woche angegebene Preis von Ptas. ... erlaubt uns keine ausreichende Gewinnspanne.

Wir können Ihre Erzeugnisse aus einer Reihe von Gründen nicht in unser Lager aufnehmen.

Ich möchte darauf hinweisen, daß Ihre Auswahl an Farben und Mustern sehr beschränkt ist, und daß die jetzt modernen Farbtönungen fehlen.

Wir danken Ihnen für Ihr Schreiben mit der Mitteilung, daß Sie vor dem 15. Juli die automatischen Toaster nicht liefern können.

Ich bedauere, daß wir Ihnen unter diesen Umständen keinen Auftrag erteilen (od. von Ihrem Angebot keinen Gebrauch machen) können.

Ihre monatlichen Kataloge und Rundschreiben werden natürlich weiter meine Aufmerksamkeit finden.

19. Das Angebot könnte nur zu einem günstigeren Preis angenommen werden

Quisiéramos pasarles nuestro pedido, pero tenemos que rogarles tomen en consideración (o: reflexionen) hacernos una oferta más favorable.

Wir möchten Ihnen gerne unseren Auftrag erteilen, müssen Sie aber bitten zu erwägen, uns ein günstigeres Angebot zu machen.

Antes de pasarles un pedido en firme quisiéramos saber si Vds. podrían proponernos un precio algo más favorable (o: condiciones más favorables) para estas mercancías.

Bevor wir einen Auftrag fest erteilen, möchten wir gerne wissen, ob Sie uns einen etwas besseren Preis (od. günstigere Bedingungen) für diese Waren nennen können.

Esperamos que revisen su oferta una vez más, indicándonos un precio más bajo que sea calculado sobre la base de un suministro mensual de 50 cajas.

Wir hoffen, daß Sie Ihr Angebot noch einmal überdenken und uns einen niedrigeren Preis angeben, der auf der Grundlage einer monatlichen Lieferung von 50 Kisten kalkuliert ist.

Siento informarles que sus condiciones no son satisfactorias y, si Vds. no ven ninguna posibilidad de alterarlas, tendremos que pasar nuestro pedido a otro suministrador.

Ich bedauere, Ihnen mitzuteilen, daß Ihre Bedingungen nicht zufriedenstellend sind und, falls Sie diese Bedingungen nicht ändern können, wir unseren Auftrag anderweitig vergeben müssen.

Si Vds. no pueden reducir el precio, sentiré mucho tener que rechazar su actual oferta.

Wenn Sie den Preis nicht reduzieren können, muß ich mit Bedauern Ihr jetziges Angebot ablehnen.

20. Preiserhöhung

Hasta la fecha hemos logrado mantener nuestros precios a un nivel bajo, debido a economías en otros sectores.

Bisher ist es uns gelungen, durch Einsparungen auf anderen Gebieten unsere Preise niedrig zu halten.

Debido a nuestra máxima eficiencia nos ha sido posible contener los gastos cada vez mayores,

Durch unsere höchste Leistungsfähigkeit konnten wir die ständig steigenden Kosten auffangen,

a) pero ahora nos damos cuenta de que en el futuro no seremos capaces de hacerlo.

a) finden jedoch jetzt, daß dies nicht länger möglich ist.

b) pero en este momento comprendemos que será imposible continuar trabajando a base de nuestros precios actuales.

Al principio del año habíamos esperado que no fuera necesario aumentar nuestros precios (o: nuestras tarifas actuales; nuestras tasas para contratos de entretenimiento).

Nuestra última lista general de precios fue publicada en marzo del año pasado.

1. Desde esta fecha

2. En el espacio de tiempo intermedio de ... meses

   a) los precios tuvieron más una tendencia al alza que a la baja.

   b) fuimos capaces de contener los costes de materiales y sueldos por medio de mejores métodos de producción (o: técnicas de producción).

   c) nuestros gastos corrientes han aumentado, y en la mayoría de los casos de forma drástica (o: muy considerable).

   d) los costes de energía y de mano de obra han aumentado de forma francamente increíble.

   e) la espiral inflacionista ha creado una situación insoportablemente difícil.

Estoy convencido de que Vds. sabrán (o: comprenderán)

a) que los gastos han continuado aumentando, y que tenemos ahora que pasar parte de éstos, en forma de modifica-

b) finden jedoch jetzt, daß es unmöglich ist, zu unseren jetzigen Preisen weiterzuarbeiten.

Zu Beginn dieses Jahres hatten wir gehofft, daß es nicht nötig sein würde, unsere Preise (od. unsere jetzigen Tarife; unsere Gebühren für Wartungsverträge) zu erhöhen.

Unsere letzte allgemeine Preisliste wurde im März des vorigen Jahres herausgegeben.

1. Seit diesem Zeitpunkt

2. In der dazwischenliegenden Zeit von ... Monaten

   a) hatten die Preise eine mehr steigende als fallende Tendenz.

   b) haben wir steigende Material- und Lohnkosten durch verbesserte Produktionsmethoden (od. Herstellungstechniken) eindämmen können.

   c) haben sich unsere laufenden Kosten erhöht, und in den meisten Fällen drastisch (od. ganz erheblich) erhöht.

   d) haben sich die Energie- und Lohnkosten geradezu unglaublich erhöht.

   e) hat die Inflationsspirale eine unerträglich schwierige Lage geschaffen.

Ich bin überzeugt, daß Sie wissen (od. Sie werden Verständnis dafür haben),

a) daß die Kosten weiter gestiegen sind und daß wir nun einen Teil davon in der Form von Preisänderungen für gewisse

ciones de precios para ciertos productos nuestros.

unserer Erzeugnisse weitergeben müssen.

b) que los gastos de ... han subido con mucha rapidez durante los últimos diez meses (o: que los gastos han alcanzado un nivel astronómico), por lo que nos vemos forzados a aumentar nuestros precios en un 5% en general (o: para la serie completa de artículos).

b) daß die Kosten für ... während der vergangenen zehn Monate hochgeschnellt sind (od. daß die Kosten astronomische Höhen erreicht haben) und wir unsere Preise um 5% durchweg (od. für die ganze Artikelserie) erhöhen müssen.

Nos vemos obligados a aumentar nuestros precios en un ... por ciento debido a

Wir sind gezwungen, unsere Preise um ... Prozent zu erhöhen wegen

a) gastos (o: costos de producción) contínuamente crecientes.

a) ständig steigender Unkosten (od. Betriebskosten).

b) crecientes precios de la materia prima.

b) der steigenden Rohmaterialpreise.

c) crecientes gastos de flete y de transporte.

c) steigender Fracht- und Transportkosten.

d) un incremento de los salarios (o: de la mano de obra).

d) steigender Lohnkosten.

La reciente devaluación de la moneda representó un factor importante para la subida de los precios de materias primas importadas y nosotros, por nuestra parte, hemos tenido que incrementar (o: aumentar) nuestros precios ligeramente.

Die kürzliche Abwertung der Währung war ein bedeutender Faktor für die Erhöhung der Preise importierter Rohmaterialien, und wir unsererseits mußten unsere Preise leicht erhöhen.

1. Debido al aumento considerable de las tarifas de flete en el Atlántico nos vemos obligados a

1. Wegen der umfassenden Erhöhung der Atlantik-Frachtraten sind wir gezwungen,

2. El alza general de la lana cruda nos ha forzado ahora (o: nos ha hecho necesario)

2. Die allgemeine Erhöhung der Rohwolle hat es jetzt für uns erforderlich gemacht,

3. Por causa del aumento de los costos de producción y de las frecuentes huelgas que la industria ha sufrido en estos últimos tiempos, nos vemos forzados a

3. Wegen der Erhöhung der Herstellungskosten und der zahlreichen Streiks, die die Industrie in der letzten Zeit heimgesucht haben, sind wir gezwungen,

a) aumentar nuestros precios de ... en un ... por ciento.

a) unsere Preise für ... um ... Prozent zu erhöhen.

b) adaptar nuestros precios correspondientemente.

c) pasar una parte de este aumento a nuestros clientes.

Nuestros gastos de producción han subido a un punto tal, que ya no realizamos ningún beneficio.

Durante los últimos seis meses tuvimos que contener dos alzas de precios de ... (o: de parte de nuestros suministradores).

Por esta razón es inevitable aumentar nuestros precios.

Quisiéramos llamar su atención sobre el hecho de que éste es el primer aumento durante ocho meses, y estamos seguros de que Vds. comprenderán que no nos quedó otra solución (o: alternativa; posibilidad).

Lamentamos francamente vernos en la necesidad de efectuar este aumento del 5%,

a) pero estamos seguros de que Vds. comprenderán las razones inevitables que nos forzaron a hacerlo.

b) y quisiéramos llamar su atención sobre el hecho de que sólo aumentamos los precios en la medida necesaria en estas circunstancias.

Los nuevos precios entrarán en vigor el 1° de octubre.

A partir del 1° de marzo los precios de venta de los artículos antes mencionados (o: precitados) serán aumentados en un 5%.

Está claro que todos los pedidos pasados con antelación no están sujetos a este alza.

b) unsere Preise entsprechend anzupassen.

c) einen Toil dieser Erhöhung an unsere Kunden weiterzugeben.

Unsere Herstellungskosten sind auf einen Punkt gestiegen, der uns keinen Gewinn mehr läßt.

Während der vergangenen sechs Monate mußten wir zwei Preiserhöhungen für ... (od. von unseren Lieferern) auffangen.

Erhöhungen unserer Preise sind deshalb unvermeidlich.

Wir möchten darauf hinweisen, daß dies die erste Erhöhung in acht Monaten ist, und sind sicher, daß Sie verstehen werden, daß uns nichts anderes übrig blieb (od. daß wir keine andere Wahl hatten).

Wir bedauern aufrichtig die Notwendigkeit für diese 5%ige Erhöhung,

a) sind jedoch sicher, daß Sie die Gründe verstehen, die dies unvermeidlich gemacht haben.

b) und möchten darauf hinweisen, daß wir die Preise nur um soviel erhöht haben, wie die Umstände es erfordern.

Die neuen Preise treten am 1. Oktober in Kraft.

Ab 1. März werden die Verkaufspreise der oben erwähnten Artikel um 5% erhöht.

Selbstverständlich sind alle vorher gebuchten Aufträge von dieser Erhöhung ausgenommen.

21. Preisermäßigung

1. Una reciente reorganización de nuestra fábrica (o: La introducción de una serie de nuevas máquinas) ha conducido a economías considerables, por lo que nos fue posible

1. Eine kürzliche Reorganisation unserer Fabrik (od. Die Einführung einer Reihe neuer Maschinen) hat zu bedeutenden Einsparungen geführt und es uns ermöglicht,

2. Economías en nuestros métodos de fabricación hicieron posible

2. Einsparungen in unseren Fabrikationsmethoden haben es ermöglicht,

a) reducir nuestros precios en un ... %.

a) unsere Preise um ... % zu reduzieren (od. ermäßigen).

b) bajar muchos de nuestros precios sin que se produjera un deterioro (o: una disminución) de la calidad.

b) viele unserer Preise ohne Qualitätseinbuße zu reduzieren.

1. Las reducciones de precios

1. Die Preisermäßigungen

2. Los precios revisados

2. Die revidierten Preise

3. Los nuevos precios, válidos para pedidos mínimos de Ptas. ...

3. Die neuen, für Mindestaufträge von Ptas. ... gültigen Preise

a) entrarán en vigor el ...

a) werden am ... in Kraft treten.

b) serán cobrados a partir del ...

b) werden ab ... berechnet werden.

c) serán válidos a partir del ...

c) sind ab ... gültig.

Quisiéramos llamar su atención sobre nuestros nuevos descuentos para compras en grandes cantidades, que entraron (o: entrarán) en vigor el ...

Wir möchten Sie auf unsere neuen Rabatte für Masseneinkäufe aufmerksam machen, die am ... in Kraft getreten sind (od. am ... in Kraft treten).

1. Quisiéramos asegurarles

1. Wir möchten Ihnen versichern,

2. Pueden Vds. estar seguros de

2. Sie können jedoch sicher sein,

a) que se mantendrá (o: se perseguirá) nuestra política de suministrar un producto de primera calidad a precios competitivos.

a) daß wir unsere Politik, ein erstklassiges Erzeugnis zu konkurrenzfähigen Preisen zu liefern, weiter aufrechterhalten werden.

b) que la calidad de nuestros productos continuará siendo la misma – sólo utilizamos los mejores componentes (o: ingredientes).

b) daß die Qualität unserer Erzeugnisse dieselbe bleibt – nur die besten Bestandteile werden verwandt.

c) que continuaremos haciendo todo lo posible para que
los precios (o: los costos)
permanezcan tan bajos co-
mo sea posible.

c) daß wir weiter unser Bestes
tun werden, die Preise (od.
die Kosten) so niedrig wie
möglich zu halten.

22. Leasing

Llamamos especialmente su
atención sobre nuestro sistema
leasing.

Wir machen Sie besonders auf
unser Leasing-System aufmerksam.

Vds. conocerán ciertamente
las ventajas básicas (o: principales) del leasing.

Die grundsätzlichen Vorteile
des Leasings kennen Sie gewiß.

Nuestro servicio de leasing
está especializado en el leasing
de vehículos industriales y automóviles.

Unser Leasing-Service ist auf
das Leasing von Nutzfahrzeugen
und Personenkraftwagen spezialisiert.

Nos encargamos (o: hacemos
cargo) de todos los trabajos de
entretenimiento y de reparaciones normales de desgaste.

Wir übernehmen alle War-
tungsarbeiten und normalen
Verschleißreparaturen.

Nos hacemos cargo del im-
puesto sobre el coche.

Wir übernehmen die Kraftfahr-
zeugsteuer.

Concluimos todos los seguros
pertinentes de automóviles.

Wir schließen alle notwendigen Fahrzeugversicherungen
ab.

El leasing de contenedores es
un sector que conocemos mejor
que todos los demás, ya que somos una de las empresas más
conocidas en España en este
sector. Caso de que Vds. estén
interesados, les enviaremos con
mucho gusto más amplias informaciones.

Das Container-Leasing ist ein
Gebiet, das wir besser kennen
als alle anderen, da wir eines der
bekanntesten Unternehmen in
Spanien sind, das auf diesem Gebiet tätig ist. Sollten Sie interessiert sein, schicken wir Ihnen
gern weitere Informationen zu.

Un contrato de leasing tiene
para Vd. la ventaja de que nosotros nos encargaremos de todos
los servicios de mantenimiento y
de las reparaciones.

Ein Leasingvertrag hat für Sie
den Vorteil, daß wir alle War-
tungsarbeiten und Reparaturen
übernehmen.

Si Vd. firma un contrato de leasing para los coches de sus directores, tendrá suficiente capital líquido para otros importantes proyectos de inversión.

Wenn Sie für die Fahrzeuge Ihrer Direktoren einen Leasingvertrag unterzeichnen, haben Sie
genügend flüssiges Kapital für
andere wichtige Investitionspro-
jekte.

IV. Aufträge, Bestellungen.
Die Tätigkeit
des Außendienstmitarbeiters

Aufträge können mündlich oder schriftlich erteilt werden, d. h. telefonisch *(por teléfono)*, durch Brief *(carta)*, Telegramm *(telegrama)*, Telex *(télex)* oder, wenn Zeichnungen und Abbildungen dazu gehören, durch Teletext *(teletexto)* und in zunehmendem Maße durch Btx *(Prestel)*. Bei mündlich, telefonisch, durch Telegramm oder Teletext erteilten Aufträgen erfolgt zur Vermeidung von Mißverständnissen *(para evitar errores o equivocaciones)* eine schriftliche Bestätigung.

Bei der Abfassung von Aufträgen kommt es auf Genauigkeit *(exactitud)* und Klarheit *(claridad)* an. Ein Auftrag muß enthalten:

Alle Einzelheiten der Beschreibung *(todos los detalles de la descripción)*, Menge *(cantidad)* und Preis oder die Art der Preisberechnung *(el modo del cual se calcula el precio)*, eventuell die Katalognummer, Qualität *(calidad)*, Farbe *(color)*, Größe *(tamaño)*, alle Erfordernisse *(requisitos)* in bezug auf Lieferung *(suministro)*, besonders wenn die Zeit ein wesentlicher Faktor des Vertrages ist *(si el tiempo es un factor esencial del contrato)*, Verpackung *(embalaje)*, Transportart *(modo del transporte)* und wer die Fracht zu bezahlen hat *(quien tiene que pagar el flete)*, die Bestätigung der in vorherigen Verhandlungen vereinbarten Zahlungsbedingungen *(las condiciones de pago que fueron convenidas en las negociaciones anteriores)*.

Viele Firmen benutzen für ihre Bestellungen meist mit fortlaufender Nummer *(numeración correlativa)* versehene Bestellvordrucke *(formularios de pedido)* mit mehreren Durchschlägen, und Lieferanten schicken vorgedruckte Auftragsbestätigungen *(confirmaciones del pedido)*, so daß man sich leicht auf sie beziehen kann *(siendo fácil referirse a ellos)*.

Die allgemeinen Bedingungen, unter denen Aufträge erteilt werden *(se pasan pedidos)*, können auf der Rückseite *(al dorso)* gedruckt sein.

Wenn eine Firma Waren für einen genau festgesetzten Tag *(un día expresamente fijado)* braucht und durch ihr Ausbleiben Schaden hätte *(la casa sufriera una pérdida por no haberse suministrado la mercancía)*, so schließt sie ein Fixgeschäft ab *(negocio fijo)*. Ein solches Fixgeschäft ist also ein Auftrag, aus dem deutlich hervorgeht, daß die Ware zu dem angegebenen Termin unbedingt benötigt wird *(la mercancía se necesita absolutamente en la fecha indicada)* und daß eine spätere Lieferung zwecklos ist *(es inútil o no tiene objeto)*. Ein Auftrag müßte in solchen Fällen folgendermaßen lauten: „Wir bestellen zur Lieferung am 10. Juni genau" *(pasamos el pedido para el suministro exactamente el 10 de junio)*. Es empfiehlt sich zu begründen *(es aconsejable dar razones)*, warum man an der strikten Einhaltung des Termins interessiert ist *(por qué uno está interesado en la estricta observación de la fecha)*.

Beispiel: Bestellte Baumaterialien *(materiales de construcción)* müssen am 10. Juni auf unserem Bauplatz *(lugar de la obra)* spätestens um 7 Uhr morgens eintreffen, weil für diese Zeit die Maurer *(albañiles)* und andere Handwerker *(artesanos)* bestellt sind.

Wird der Liefertermin im Fixgeschäft nicht eingehalten, so ist der Liefe-rant ohne Mahnung *(admonición)* und Nachfrist *(moratoria)* im Verzug *(en demora)*, und der Kunde kann Schadenersatz verlangen *(el cliente puede reclamar indemnización)*.

Viele Unternehmen bestellen Waren auf Abruf *(piden suministro sobre aviso)*. Die Firma schließt dabei mit ihrem Lieferer einen Kaufvertrag *(contrato de compra)* über eine größere Warenmenge *(para una mayor cantidad de mercancías)* gewöhnlich zu vorteilhaften Preisen *(a precios*

PEDIDO   Número 1103

AWE WEINKONTOR Importgesellschaft mbH
Cherusker Straße 32
4000 Düsseldorf

Bodega de Fantasía, S. A.
Oficinas Centrales
Avenida Pío XII, 31
41008 Pamplona
ESPAÑA

Düsseldorf, 23 de Junio de 19 . .

Hagan el favor des suministrarnos a base de nuestras condi-ciones de compra:

Cajas	Vinos	Botellas	Precio Unidad	Importe Ptas. Conv.
25	Pleno tinto 1987	300	4.227,–	105.675,–
375	Príncipe de Viana tinto	4500	2.527,–	910.125,–
100	Basiano tinto 1985	1200	1.707,–	170.700,–
75	Rioja Vega crianza	900	1.707,–	128.025,–
75	Tío de la Bota	900	1.707,–	128.025,–
./. el 3 por ciento por pago al contado				1.442.550,– 43.276,–
Total en Ptas. convertibles				1.399.274,–

Pago: al contado, es decir dentro de 2 semanas después de suministrarse la mercancía
Plazo de entrega: a partir del 15 de julio
Condiciones de entrega: FOT Irún
Embalaje: en cajas de 12 botellas cada una sobre paletas
Hagan el favor de confirmarnos el pedido por télex.

---

ausgefülltes Bestell-Formular

ventajosos) ab, in dem statt des Liefertermins *(fecha de la entrega)* zunächst nur ein Lieferzeitraum *(período de entrega)*, z. B. ein halbes oder ein Jahr, festgesetzt wird. Der Käufer ruft dann in vertraglich vereinbarten Abständen *(a intervalos convenidos contratualmente)* die Mengen ab, die er jeweils von seinem Gesamtabschluß haben möchte.

Bei einer Bestellung zur Ansicht *(como prueba, como muestra)* werden Waren zur Ansicht geschickt, und der Käufer entscheidet sich erst nach genauer Besichtigung oder Prüfung.

Die Tätigkeit des Außendienstmitarbeiters

Der Außendienstmitarbeiter *(representante)* oder Reisende *(viajante)* ist ein von einem Fabrikanten, einer Firma oder einem Großhändler beschäftigter Angestellter *(empleado)*, der herumreist, um Aufträge hereinzuholen *(para obtener pedidos)*.

Der Außendienstmitarbeiter muß nicht nur Spezialist der Überzeugungskunst sein *(tiene que ser no sólo especialista en el arte de la persuasión)*, er muß die Waren, die er verkauft, und ihren Gebrauch *(uso, empleo)* gut kennen und muß ein Geschick *(talento)* dafür haben herauszufinden, was seine Kunden brauchen *(lo que necesitan sus clientes)*. Er muß genügend Fachkenntnis haben *(tiene que poseer suficientes conocimientos especiales)*, damit er den Kunden, die Beratung brauchen *(que necesitan orientación)*, vernünftige Ratschläge *(consejos razonables)* geben kann, sowie über ein taktvolles Auftreten *(comportamiento discreto)* und Beharrlichkeit *(perseverancia)* verfügen. Mit Hilfe von Videocassetten *(videocassettes)* kann er eine genaue Beschreibung der angebotenen Waren, Maschinen usw. geben und ihre Vorteile in allen Einzelheiten demonstrieren.

Vor seiner Abreise sieht er die Kundenkartei *(fichero de clientes)* durch, um sich Informationen für seine Besuche zu verschaffen, oder holt sich die im Computer gespeicherten Angaben *(datos almacenados en el ordenador)* über die Kunden auf den Bildschirm *(pantalla)*.

Die Tätigkeit des Außendienstmitarbeiters erstreckt sich in erster Linie auf die Feststellung des Bedarfs der Kunden *(comprobación de las necesidades de los clientes)*, die Ermittlung ihres Geschmacks *(gusto)*, den Abschluß *(conclusión)* von Verkäufen, die Erhaltung des Kundenstammes *(clientes regulares)* und auf die Gewinnung neuer Kunden. Manchmal lohnt es sich, den Kunden kleine Werbegeschenke *(regalos publicitarios)* wie Kalender *(calendarios)* oder Kugelschreiber mit Firmenaufschrift *(bolígrafos grabados con el nombre de la sociedad)* mitzubringen.

Er muß seine Firma über die Vorschläge *(propuestas, sugerencias)* und Beschwerden *(reclamaciones)* auf dem laufenden halten und über Mängelrügen *(reclamaciones por defectos)* berichten. Scharf beobachten muß er die Tätigkeit der Konkurrenz *(competencia)*, ihre Maßnahmen *(sus medidas)* und Preise.

Er überwacht die Kreditwürdigkeit *(solvencia)* der Kunden. Besondere Vorsicht ist bei zweifelhaften Kunden *(clientes dudosos)* geboten. Auch beim Eintreiben von Schulden oder rückständigen Rechnungsbeträgen *(también en lo referente al cobro de deudas o atrasos de facturas)* hilft er, ebenso bei der Aufklärung und Vermittlung *(esclarecimiento y mediación)* bei Streitigkeiten *(disputas o controversias)* zwischen seiner Firma und den Kunden.

Als Entgelt *(remuneración)* für seine Tätigkeit erhält der Außendienstmitarbeiter ein festes Gehalt *(salario fijo)* und eine Provision *(comisión)* sowie Reisespesen *(gastos de viaje o desplazamiento)*.

Der Außendienstmitarbeiter schließt für das von ihm vertretene Haus Verkäufe verbindlich ab. Seiner Firma hat er über das Ergebnis *(resultado)* seiner Besuche regelmäßig Bericht zu erstatten *(presentar regularmente informes)*. Diese Berichte werden auch für die Marktforschung ausgewertet *(son analizados para la investigación del mercado)*.

1. Eingangsformeln

a) allgemein

Muchas gracias por su cotización del 20 de mayo y los detalles (o: pormenores) exactos de sus condiciones.

Vielen Dank für Ihre Preisangabe vom 20. Mai und die genauen Einzelheiten Ihrer Bedingungen.

Les agradecemos su oferta del 5 de marzo

Wir danken Ihnen für Ihr Angebot vom 5. März

a) y la edición por avión (o: de correo aéreo) de su catálogo.

a) *und die Luftpostausgabe Ihres Kataloges.*

b) que aceptamos a las condiciones indicadas.

b) *das wir zu den genannten Bedingungen annehmen.*

Muchas gracias por su pronta respuesta a nuestra demanda de precios de materiales para tapicería.

Vielen Dank für Ihre schnelle (od. prompte) Antwort auf unsere Anfrage über Polsterstoffe.

1. Les agradecemos su carta (o: su oferta de precios; su oferta) del 10 de abril

1. *Wir danken Ihnen für Ihr Schreiben (od. Ihre Preisnotierung; Ihr Angebot) vom 10. April*

2. Confirmamos nuestra llamada telefónica de esta mañana

2. *Wir bestätigen unser Telefonat von heute morgen*

a) y les enviamos adjunto nuestro pedido oficial para lo siguiente:

a) *und senden Ihnen in der Anlage unseren offiziellen Auftrag für folgendes:*

b) y adjuntamos nuestro pedido n°. 376 de máquinas para labrar madera.

b) *und fügen unseren Auftrag Nr. 376 für Holzbearbeitungsmaschinen bei.*

1. Hagan el favor de suministrar

1. *Bitte liefern Sie*

2. Con referencia a nuestra llamada telefónica del 10 de junio hagan el favor de enviarme

a) a las mejores condiciones:

b) franco de porte (o: contra reembolso del flete):

c) las mercancías especificadas a continuación:

d) las siguientes mercancías (o: los siguientes artículos):

e) lo más rápidamente (o: pronto) posible:

f) inmediatamente:

g) a vuelta de correo:

h) por paquete postal:

Hagan el favor de suministrarme los siguientes artículos como fueron descritos en su catálogo de otoño recientemente publicado:

Ordenen, por favor, el suministro inmediato de . . .

Nos complace pasarles el siguiente pedido:

Por favor, envíenme lo más pronto posible 500 pijamas de señora conforme a la descripción en su último catálogo.

Adjuntamos un pedido de prueba (o: pedido suplementario)

a) de pijamas, según su precio de lista de Ptas. . . . , menos el 35% de descuento.

b) de los siguientes artículos de su catálogo de primavera:

Nos complace enviarles nuestro pedido (o: pedido para el extranjero; nuestra orden de compra) n° 675 de máquinas de embalar.

2. Im Anschluß an unser Telefongespräch vom 10. Juni schikken Sie bitte

a) zu den besten Bedingungen:

b) frachtfrei (od. per Frachtnachnahme):

c) die nachstehend einzeln aufgeführten Waren:

d) die folgenden Waren (od. Artikel):

e) so bald (od. so schnell) wie möglich:

f) sofort:

g) postwendend:

h) durch Paketpost:

Liefern Sie mir bitte die folgenden Artikel, wie sie in Ihrem kürzlich veröffentlichten Herbstkatalog beschrieben sind:

Bitte veranlassen Sie die sofortige Lieferung von . . .

Wir freuen uns, Ihnen den folgenden Auftrag zu erteilen:

Bitte senden Sie mir so schnell wie möglich 500 Damenschlafanzüge wie in Ihrem neuesten Katalog beschrieben.

Wir fügen einen Probeauftrag (od. eine Nachbestellung)

a) für Schlafanzüge zu Ihrem Listenpreis von Ptas. . . . abzüglich 35% Rabatt bei.

b) für die folgenden Artikel aus Ihrem Frühjahrskatalog bei:

Wir freuen uns, Ihnen unseren Auftrag (od. Auslandsauftrag; unsere Einkaufsorder) Nr. 675 für Packmaschinen zu senden.

b) Bestätigung des telefonisch erteilten Auftrages

Por la presente confirmo mi pedido, pasado por teléfono esta mañana, de los siguientes artículos:

En confirmación de mi llamada telefónica de esta mañana me complace enviarle adjunto mi pedido formal de pelotas de tenis y de golf.

La orden adjunta (o: el pedido adjunto) sirve como confirmación del pedido que les hemos pasado esta mañana por teléfono.

Hiermit bestätige ich meinen telefonischen Auftrag von heute morgen für die folgenden Artikel:

In Bestätigung meines Telefongesprächs von heute morgen freue ich mich, meinen formellen Auftrag für Tennis- und Golfbälle beizufügen.

Die beigefügte Bestellung dient zur Bestätigung des Auftrages, den wir Ihnen heute morgen telefonisch erteilt haben.

c) nach Erhalt von Mustern oder Proben etc.

Les agradecemos el envío de su muestrario (o: de las muestras de papel pintado).

Les damos las gracias por su carta del 22 de marzo y las muestras que han tenido la amabilidad de enviarnos de sus productos.

1. Hemos examinado su catálogo minuciosamente

2. Examinamos detalladamente sus muestras

   y nos hemos decidido a comprarles lo siguiente:

Muchas gracias por la explicación tan detallada del trabajo que proponen realizar para nosotros y por los dos presupuestos alternativos.

Wir danken Ihnen für die Übersendung Ihres Musterbuches (od. der Tapetenmuster).

Wir danken Ihnen für Ihr Schreiben vom 22. März und für die Muster Ihrer Erzeugnisse, die Sie uns freundlicherweise gesandt haben.

1. Wir haben Ihren Katalog sorgfältig durchgesehen

2. Wir haben Ihre Muster gründlich geprüft

   und haben uns entschlossen, folgendes zu kaufen:

Vielen Dank dafür, daß Sie die Arbeit, die Sie vorschlagen für uns durchzuführen, so klar umrissen haben und für die beiden alternativen Kostenanschläge.

d) mit Bezug auf Vorführung oder Besuch

Les agradecemos que hayan ordenado a su agente, el Sr. Ruiz, que nos demuestre sus dictáfonos.

Wir danken Ihnen, daß Sie veranlaßt haben, daß Ihr Vertreter, Herr Ruiz, uns Ihre Diktiergeräte vorführt.

Les damos las gracias por habernos hecho posible visitar los talleres de la casa Andrés & Cía. para una demostración de sus máquinas de cortar madera.

Vielen Dank dafür, daß Sie veranlaßt haben, daß wir die Werkstätten der Firma Andrés & Cía. für eine Vorführung Ihrer Holzschneidemaschinen besuchen konnten.

La demostración nos ha impresionado mucho y quisiéramos pasarles un pedido del modelo 2045, tal como nos fue presentado.

Die Vorführung hat uns sehr beeindruckt, und wir möchten für das Modell 2045, wie es vorgeführt wurde, einen Auftrag erteilen.

1. Después de las discusiones con su agente, el Sr. Müller,

1. Nach den Besprechungen mit Ihrem Vertreter, Herrn Müller,

2. Después de nuestra previa correspondencia y su visita en nuestra casa en el mes pasado,

2. Nach unserem vorhergehenden Briefwechsel und Ihrem Besuch hier im vorigen Monat

a) nos hemos decidido por el más reciente modelo XZ.

a) haben wir uns für das neueste Modell XZ entschieden.

b) hemos decidido ahora pasarles el pedido adjunto bajo la condición de que Vds. suministren ex almacén y garanticen el suministro hasta el 14 de mayo.

b) haben wir uns jetzt zur Erteilung des beigefügten Auftrages entschlossen unter der Voraussetzung, daß Sie ab Lager liefern und die Lieferung bis 14. Mai garantieren.

c) hemos tomado la decisión de comprar la máquina arriba descrita según su sistema leasing.

c) haben wir uns zu einer Anschaffung obiger Maschine nach Ihrem Leasing-System entschlossen.

Preferimos hacer un contrato de leasing en vez de comprar, estando (o: y estamos) dispuestos a firmar su contrato modelo de tres años, como el Sr. Romero ha explicado.

Wir möchten lieber leasen als kaufen und sind bereit, Ihren dreijährigen Standardvertrag, wie von Herrn Romero erklärt, zu unterzeichnen.

Tomamos conocimiento de que Vds. han incluido en su surtido una cantidad de nuevos artículos

Wir nehmen davon Kenntnis, daß Sie eine Anzahl neuer Artikel in Ihr Sortiment aufgenommen haben,

a) y hemos decidido pasarles un pedido de prueba.

a) und haben uns entschlossen, Ihnen einen Probeauftrag zu erteilen.

b) y estamos dispuestos a almacenar lo siguiente como pedido de prueba.

b) und sind bereit, folgendes als Probeauftrag auf Lager zu nehmen.

e) Tender

Me encargaron informarle a Vd. que su oferta para obras de construcción de carreteras ha sido aceptada por las autoridades municipales.

Vds. se alegrarán de (o: celebrarán) saber que hemos tenido éxito como ofertantes del concurso arriba descrito, y nos complace incluir nuestro pedido n°. N5986 sobre la base de su factura proforma n°. 186 del 2 de junio.

Ich bin beauftragt, Ihnen mitzuteilen, daß Ihr Angebot für die Straßenbauarbeiten von der städtischen Behörde angenommen worden ist.

Es wird Sie freuen zu erfahren, daß wir als Bieter für die obige Submission erfolgreich gewesen sind, und wir freuen uns, unseren Auftrag Nr. N5986 beizufügen, der auf Ihrer Pro-forma-Rechnung Nr. 186 vom 2. Juni basiert.

2. Beschaffenheit, Qualität usw. der Waren

La calidad tiene que

a) corresponder exactamente a las muestras suministradas.

b) corresponder a la muestra.

El material (suministrado) debe

a) ser completamente impermeable al agua (o: de color permanente, inencogible; garantizado).

b) ajustarse a la muestra adjunta.

Quisiéramos llamar su atención sobre el hecho de que es una condición expresa de nuestro contracto que la cantidad total corresponda exactamente a la prueba.

(Además) Se considera como convenido que nos reservamos el derecho de rechazar mercancías que no correspondan a la prueba o sean inadecuadas por otras razones.

Las mercancías tienen que corresponder a la muestra de re-

Die Qualität muß

a) *mit den gelieferten Mustern genau übereinstimmen.*

b) *dem Muster entsprechen.*

Das (gelieferte) Material muß

a) *völlig wasserdicht sein (od. farbecht, nicht einlaufend; garantiert sein).*

b) *zu dem beigefügten Muster passen.*

Wir möchten Sie daran erinnern, daß es eine ausdrückliche Bedingung unseres Vertrages ist, daß die Gesamtmenge genau mit der Probe übereinstimmen muß.

Es gilt (ferner) als vereinbart, daß wir uns das Recht vorbehalten, Waren zurückzuweisen, die der Probe nicht entsprechen oder anderweitig ungeeignet sind.

Die Waren müssen mit dem Ausfallmuster (od. der Stichpro-

ferencia (o: muestra hecha/escogida al azar).

be) übereinstimmen.

Hagan el favor de suministrar

Bitte liefern Sie

a) en colores (o: tamaños) mixtos, si es posible 2 docenas de cada uno en azul, verde, rosa (o: en los tamaños 8, 10, 12).

a) in gemischten Farben (od. Größen), wenn möglich je 2 Dutzend in blau, grün, rosa (od. in den Größen 8, 10, 12).

b) lo más parecido a la muestra que adjuntamos.

b) das, was dem beiliegenden Muster am nächsten kommt.

c) los azulejos en rosa, si no los hay en rojo en almacén.

c) die Kacheln in rosa, wenn sie in rot nicht vorrätig sind.

d) los números 22A y 34C, caso de que no haya los números 27B y 30C.

d) Nr. 22A und 34C, falls die Nummern 27B und 30C nicht zu haben sind.

El contenido de alcohol no debe exceder el 28%.

Der Alkoholgehalt darf 28% nicht übersteigen.

Las dimensiones totales no deben sobrepasar los 2 × 4 × 7 m.

Die Gesamtmaße dürfen 2 × 4 × 7 m nicht überschreiten.

El peso máximo no deberá exceder los 50 kilos.

Das Gesamtgewicht darf nicht über 50 kg sein.

Hay que prestar (o: Debe ser prestada) garantía de que las máquinas corresponden exactamente a nuestra descripción (o: especificación) técnica.

Es muß Garantie geleistet werden, daß die Maschinen unserer technischen Beschreibung genau entsprechen.

Hagan el favor de suministrar sólo mercancías

Bitte senden Sie nur Waren

a) de primera calidad.

a) allererster Qualität.

b) de un nivel medio de precios.

b) der mittleren Preislage.

3. Preis

Confirmamos el pedido que les pasamos esta mañana por teléfono y quisiéramos que nos suministren 50 boinas al precio de lista de Ptas. ... cada una, menos el 35% de descuento, flete pagado (o: embalaje y porte incluidos).

Wir bestätigen den Ihnen heute morgen telefonisch erteilten Auftrag und möchten, daß Sie uns 50 Baskenmützen zum Listenpreis von je Ptas. ... abzüglich 35% Rabatt, frachtfrei (od. einschließlich Verpackung und Porto) liefern.

Les agradecemos el envío de su lista de precios revisada, que

Wir danken Ihnen für die uns am 6. Juli zugesandte revidierte

nos enviaron el 6 de julio, y adjunto les enviamos nuestro pedido n°...

Podríamos pasarles pedidos mucho más importantes si pudieran bajar sus precios a un nivel comparable con el de su competencia en este mercado.

Su representante (o: agente), el Sr. Suárez, que nos visitó hace poco, nos indicó un precio de Ptas. ..., flete pagado, para una carga de impermeables en contenedor.

El precio que el Sr. Henrique nos indicó fue de Ptas. ..., con una rebaja de Ptas. ... para la máquina anticuada que hemos aceptado en pago.

Si bien su precio es un poco más elevado que el de su competidor americano, estamos dispuestos a aceptarlo, ya que tenemos la impresión de que su modelo es más adecuado para nuestros fines (o: para nuestros clientes).

Si bien no les hemos pasado ningún pedido desde hace más de dos años, nos hemos alegrado de recibir su circular del 2 de marzo y de tomar conocimiento de que sus precios para pescado congelado son otra vez competitivos.

Les agradecemos a Vds. que hayan extendido el descuento a nuestro pedido de prueba.

Se considera como convenido que Vds. tendrán el derecho a cargarnos los precios completos, caso de que nuestras necesidades anuales desciendan a un nivel inferior a las 50 toneladas.

1. Quisiéramos saber

Preisliste und fügen unseren Auftrag Nr. ... bei.

Wir könnten Ihnen viel größere Aufträge erteilen, wenn Sie es ermöglichen könnten, Ihre Preise auf ein Niveau zu bringen, das sich mit dem Ihrer Konkurrenz auf diesem Markt vergleichen läßt.

Ihr Vertreter, Herr Suárez, der uns vor kurzer Zeit besuchte, nannte uns einen Preis von Ptas. ... frachtfrei, für eine Containerladung von Regenmänteln.

Der uns von Herrn Henrique angegebene Preis war Ptas. ... mit einer Emäßigung von Ptas. ... für die in Zahlung genommene veraltete Maschine.

Obgleich Ihr Preis etwas höher ist als der Ihrer amerikanischen Konkurrenz, sind wir bereit anzunehmen, da wir den Eindruck haben, daß Ihr Modell für unseren Zweck (od. für unsere Kunden) geeigneter ist.

Obgleich wir Ihnen seit über zwei Jahren keinen Auftrag mehr erteilt haben, hat es uns gefreut, Ihr Rundschreiben vom 2. März zu erhalten und zur Kenntnis zu nehmen, daß Ihre Preise für Gefrierfisch wieder konkurrenzfähig sind.

Wir danken Ihnen dafür, daß Sie den Rabatt auf den Probeauftrag ausgedehnt haben.

Es gilt als vereinbart, daß Sie das Recht haben, uns die vollen Preise zu berechnen, sollte unser Bedarf unter 50 Tonnen im Jahr fallen.

1. Wir möchten gerne wissen,

2. Les quedaríamos agradecidos si Vds. pudieran explicar (o: aclarar) el párrafo dos de su carta del 10 de abril e indicaran

a) si el coste de flete para mercancías enviadas por ferrocarril es de cuenta del destinatario, incluso si el suministro incluye 20 cajas o más.

b) si Vds. están dispuestos a acordarnos un descuento del 5%, tomando una partida de 1000 paraguas plegables.

Su agente nos aseguró hace poco que – si pasáramos un pedido de 500 cubos de basura – no tendríamos que pagar gastos de flete.

Bajo la condición de que Vds. estén dispuestos a pagar los gastos de transporte, les paso el siguiente pedido:

El transporte y los gastos de aduana serán de su cuenta.

Hemos convenido que en caso de pedidos de más de Ptas. ... los gastos del embalaje y transporte no les serán cargados en cuenta.

2. Wir wären dankbar, wenn Sie den Abschnitt zwei Ihres Schreibens vom 10. April klarstellen und angeben würden,

a) ob die Frachtkosten für per Bahn gesandte Waren vom Empfänger getragen werden müssen, selbst wenn die Lieferung 20 Kisten oder mehr beträgt.

b) ob Sie bereit sind, uns einen Rabatt von 5% bei Abnahme von 1000 Taschenschirmen zu gewähren.

Ihr Vertreter hat uns kürzlich versichert, daß – falls wir 500 Mülleimer bestellen würden – wir keine Frachtkosten zu bezahlen brauchen.

Unter der Bedingung, daß Sie bereit sind, die Transportkosten zu tragen, bestelle ich hiermit:

Transport und Zollkosten gehen zu Ihren Lasten.

Wir haben vereinbart, daß Ihnen im Falle von Aufträgen, die Ptas. ... übersteigen, keine Verpackungs- und Transportkosten berechnet werden.

4. Lieferzeit

Envíennos, por favor, lo más pronto posible (o: cuanto antes), pero el 20 de abril lo más tarde, un ejemplar de los siguientes libros:

Este pedido se entiende para un suministro inmediato.

Suministro: cuanto antes (o: hasta el 10 de julio a más tardar).

Les quedaríamos muy agrade-

Bitte senden Sie uns so bald wie möglich, und nicht später als 20. April, ein Exemplar folgender Bücher:

Dieser Auftrag gilt für sofortige Lieferung.

Lieferung: so schnell wie möglich (od. bis 10. Juli spätestens).

Wir wären Ihnen dankbar,

cidos si nos pudieran suministrar las mercancías lo más pronto posible.

Les agradeceríamos una ejecución inmediata de nuestro pedido, ya que nuestras existencias son muy escasas (o: están a punto de agotarse).

Por favor, traten este pedido como especialmente urgente.

Como nuestros clientes nos pidieron un suministro inmediato, hagan el favor de mandarnos urgentemente:

Un suministro inmediato es muy importante, por lo que les quedaríamos muy agradecidos si hicieran todo lo posible para acelerar la marcha de esta transacción.

Necesito estos artículos con toda urgencia y tendría muchos inconvenientes si no los recibiera hasta finales de esta semana.

Los artículos de escritorio se necesitan urgentemente, por lo que les rogamos hacer esfuerzos especiales para que los recibamos lo más rápidamente posible.

Nuestras existencias de sobres han disminuido a un nivel de dos semanas, por lo que es importante que recibamos inmediatamente un suministro especial de 10.000 unidades.

Por favor, tachen de este pedido todos los artículos que no puedan suministrar desde almacén.

Algunos de los artículos del pedido se necesitan con toda urgencia; por ejemplo necesitamos la ropa para deporte esta semana. Si Vds. nos pueden enviar

wenn sie uns so bald wie möglich beliefern könnten.

Wir wären für schnelle Erledigung unseres Auftrages dankbar, da unsere Lagerbestände knapp sind.

Bitte behandeln Sie diesen Auftrag als besonders dringend.

Da unsere Kunden um sofortige Lieferung gebeten haben, liefern Sie bitte sofort:

Sofortige Lieferung ist wichtig, und wir wären Ihnen dankbar, wenn Sie alles daransetzten, um die Angelegenheit zu beschleunigen.

Ich brauche diese Artikel dringend und würde große Unannehmlichkeiten haben, wenn sie bis Ende dieser Woche nicht verfügbar wären.

Die Schreibwaren werden dringend benötigt, und wir bitten Sie, besondere Anstrengungen zu machen, daß wir sie so bald wie möglich bekommen.

Unser Vorrat an Briefumschlägen ist jetzt auf einen Lagerbestand von zwei Wochen heruntergegangen, und es ist deshalb wichtig, daß wir unverzüglich eine Sonderlieferung von 10.000 Stück erhalten.

Bitte streichen Sie von dieser Bestellung alle Artikel, die Sie nicht ab Lager liefern können.

Einige der Artikel in der Bestellung werden dringend benötigt; z. B. brauchen wir die Sportbekleidung in dieser Woche. Wenn Sie uns nur einen Teil der Bestel-

sólo parte de este pedido, les rogamos lo hagan inmediatamente. No detengan el pedido total simplemente para poder despacharlo como envío completo.

Incluimos el pedido n° 156 para botones de plástico, y agradeceríamos recibirlos hasta el 14 de mayo.

1. Esperamos el recibo de sus mercancías

2. Esperamos su primer envío

   a) dentro de 21 días, como nos fue indicado en su carta.

   b) hasta el 2 de abril lo más tardar.

   c) a mediados del próximo mes aproximadamente.

Las mercancías deben estar listas en su fábrica para que podamos recogerlas y embarcarlas en la nave «Vitoria» que zarpará de Santander el 15 de marzo.

Les rogamos ejecuten este pedido inmediatamente, ya que el suministro se necesita antes del 15 de diciembre.

1. Por favor, tomen nota de

2. Tengo que destacar nuevamente

que el suministro debe efectuarse de todas formas hasta el 9 de abril.

Por favor, suministren la mercancía hasta el 2 de noviembre (o: Tenemos que insistir en una entrega hasta el ...),

a) ya que el material se necesita para la ejecución de un pedido urgente de exportación.

b) ya que tenemos que exhibir (o: exponer) las mercancías a

---

lung senden können, tun Sie das bitte sofort. Halten Sie diesen Gesamtauftrag nicht einfach auf, um ihn als eine vollständige Sendung verschicken zu können.

Wir fügen Auftrag Nr. 156 für Plastikknöpfe bei und würden dankbar sein, diese bis zum 14. Mai zu erhalten.

1. Wir erwarten den Empfang der Waren

2. Wir erwarten Ihre erste Sendung

   a) innerhalb 21 Tagen, wie in Ihrem Schreiben angegeben.

   b) bis 2. April spätestens.

   c) ungefähr Mitte nächsten Monats.

Die Waren müssen in Ihrer Fabrik abholbereit sein, damit wir sie mit dem Schiff „Vitoria", das am 15. März von Santander ausläuft, verschiffen können.

Würden Sie diesen Auftrag bitte sofort erledigen, da Lieferung vor dem 15. Dezember erforderlich ist.

1. Bitte beachten Sie,

2. Ich muß nochmals betonen,

daß die Lieferung bis zum 9. April unbedingt erfolgen muß.

Bitte liefern Sie bis zum 2. November (od. Wir müssen auf Lieferung bis ... bestehen),

a) da das Material zur Fertigstellung eines dringenden Exportauftrages benötigt wird.

b) da wir die Waren rechtzeitig für die Weihnachtssaison aus-

tiempo para la temporada de Navidad.

stellen müssen.

Caso de que surjan dificultades, hagan el favor de llamar al Señor Puentes, número de teléfono 01.73 37 64.

Falls sich Schwierigkeiten ergeben, dann rufen Sie bitte Herrn Puentes, Tel. Nr. 01.73 37 64, an.

Es una condición de este pedido que las mercancías se suministren en nuestra oficina el 2 de mayo lo más tarde.

Eine Bedingung dieses Auftrages ist, daß die Waren nicht später als 2. Mai in unser Büro angeliefert werden.

Estamos muy interesados en que todas las máquinas estén instaladas hasta el 6 de mayo para que el cambio pueda producirse sin problemas durante el fin de semana.

Es liegt uns sehr daran, alle Maschinen bis zum 6. Mai aufgestellt zu haben, so daß die Umstellung während des Wochenendes reibungslos erfolgt.

Se considera como convenido que las mercancías serán embarcadas en el vapor «Mariana» que zarpará de Valencia el 6 de mayo.

Es gilt als vereinbart, daß die Waren mit dem Dampfer „Mariana", der von Valencia am 6. Mai abfährt, verschifft werden.

1. Por favor, anulen (o: cancelen) este pedido en caso de que Vds.

1. Bitte stornieren Sie (od. Bitte streichen Sie) diesen Auftrag, falls Sie

2. Tenemos que pedirles cancelen todos los artículos que

2. Wir müssen Sie bitten, alle Artikel zu streichen, die Sie

a) no puedan suministrar inmediatamente puesto/s en almacén.

a) nicht sofort ab Lager liefern können.

b) no puedan suministrar hasta el 22 de marzo lo más tarde.

b) nicht bis spätestens 22. März liefern können.

Estamos dispuestos a comprarles 10 toneladas a Ptas. . . ., si el suministro puede efectuarse hasta el 2 de abril.

Wir sind bereit, 10 Tonnen zu Ptas. . . . von Ihnen abzunehmen, wenn die Lieferung bis 2. April erfolgen kann.

Está convenido que el trabajo no empezará más tarde del 10 de junio y que deberá terminarse dentro de dos semanas.

Es ist abgemacht, daß die Arbeit nicht später als 10. Juni beginnen und innerhalb von zwei Wochen beendet sein soll.

Nos reservamos el derecho de anular este pedido si no se observa la fecha de entrega.

Wir behalten uns das Recht vor, diesen Auftrag zu stornieren, falls das Lieferdatum nicht eingehalten wird.

Es de importancia especial

Es ist äußerst wichtig, daß das

que la fecha de entrega sea observada exactamente.

Como la fecha de nuestros saldos de verano es fija, necesitamos su promesa incondicional de que las mercancías serán entregadas hasta el 20 de julio.

Pasamos este pedido bajo la condición de que Vds. lo entreguen antes del 15 de diciembre. Por eso, nos reservamos el derecho de anular el pedido y/o devolver el suministro, por cuenta y riesgo de Vds., en cualquier momento después de esta fecha.

Debido a nuestras propias obligaciones para con nuestros clientes, nos es imposible otorgarles una prolongación del plazo.

Caso que haya un retraso, nos veremos obligados a aprovisionarnos en otra parte y a dirigirnos a Vds. para indemnizarnos de cualquier pérdida que por ello se nos haya ocasionado.

El plazo de entrega tiene que ser el punto más importante de este contrato.

Conforme entiendo, este equipo tiene un plazo de entrega de 2 a 3 meses. Sin embargo, les quedaría muy agradecido si pudieran hacer todo lo posible para que este plazo se reduzca de la máxima forma posible.

Por favor, indíquenme a vuelta de correo la fecha en que puedo contar con el envío a más tardar.

Hagan el favor de avisarnos (por télex; por carta aérea),

a) luego que las mercancías hayan sido expedidas.

Lieferdatum genau eingehalten wird.

Da das Datum unseres Sommerschlußverkaufs festgelegt ist, müssen wir Ihre uneingeschränkte Versicherung haben, daß die Waren bis 20. Juli geliefert werden.

Wir erteilen diesen Auftrag unter der Bedingung, daß Sie vor dem 15. Dezember liefern. Wir behalten uns deshalb vor, den Auftrag rückgängig zu machen und/oder die Lieferung auf Ihre Kosten und Gefahr zu jeder Zeit nach diesem Datum zurückzuschicken.

Auf Grund unserer Verpflichtungen unseren Kunden gegenüber kann keine Fristverlängerung gewährt werden.

Falls eine Verzögerung entsteht, werden wir gezwungen sein, uns anderweitig einzudecken und uns zum Ausgleich für jeden Verlust, der dadurch entstanden ist, an Sie zu halten.

Die Lieferzeit muß der wichtigste Punkt dieses Vertrages sein.

Wie ich ersehe, besteht für die Ausrüstung eine Lieferfrist von 2 bis 3 Monaten. Ich wäre jedoch dankbar, wenn Sie alles in Ihrer Macht Stehende tun würden, um diese soweit wie möglich abzukürzen.

Bitte teilen Sie mir postwendend das Datum mit, an dem ich spätestens mit dem Empfang dieser Sendung rechnen kann.

Bitte geben Sie uns (durch Telex; durch Luftpostbrief) Bescheid,

a) sobald die Waren abgesandt worden sind.

b) luego que Vds. conozcan los detalles del embarque.

b) sobald die Einzelheiten der Verschiffung bekannt sind.

Por favor, confirmen la fecha del envío.

Bitte bestätigen Sie das Lieferdatum.

5. Verpackung

Hagan el favor de dedicar su atención a un embalaje cuidadoso.

Bitte sorgen Sie für sorgfältige Verpackung.

Envíen las mercancías, por favor,

Bitte senden Sie die Waren

a) en cajas especiales con revestimiento impermeable.

a) in besonderen, wasserdicht ausgeschlagenen Kisten.

b) en cajas revestidas de hojalata.

b) in mit Blech ausgeschlagenen Kisten.

Las cajas deben llevar un revestimiento interior impermeable (o: resistente a la humedad, hermético, resistente al fuego).

Die Kisten müssen eine innere wasserdichte (od. feuchtigkeitssichere, luftdichte, feuerfeste) Auskleidung haben.

Si se utilizan cartones, deben encolarse las tapas e ir protegidos éstos por medio de cintas metálicas.

Falls Kartons benutzt werden, müssen die Klappen zugeleimt und die Kartons durch Metallbänder gesichert sein.

Las cajas deben ir cerradas con clavos, reforzadas con listones y protegidas alrededor con una cinta metálica.

Die Kisten müssen zugenagelt, mit Latten verstärkt und durch ein Metallband rundum gesichert sein.

Las cajas deben ir revestidas por completo de plástico espumoso.

Die Kisten müssen ganz mit Schaumstoff ausgekleidet sein.

Por favor, embalen cada objeto separadamente en

Bitte packen Sie jeden Gegenstand getrennt ein in

a) papel parafinado.

a) Fettpapier.

b) papel de seda.

b) Seidenpapier.

c) papel encerado.

c) Wachspapier.

d) papel revestido impermeable al agua.

d) wasserdicht beschichtetes Papier.

e) una bolsa de plástico.

e) einen Plastikbeutel.

Antes de poner los frasquitos en el cartón diseñado especial-

Jeder Flakon müßte in Seidenpapier eingewickelt werden, be-

mente para regalo, cada uno debería ser envuelto en papel de seda.

vor er in den besonders entworfenen Geschenkkarton gelegt wird.

Por favor, pongan las latas en cajas resistentes de cartón, de 12 latas cada una, separándolas por divisores de papel ondulado.

Bitte packen Sie die Büchsen in starke Pappkartons zu je 12 Büchsen, die durch Trennwände aus Wellpappe abgetrennt sind.

Para evitar que los vídeos se muevan en las cajas (o: cartones), deben ir protegidos con molduras de plástico.

Zur Vermeidung des Rutschens in den Kisten (od. Kartons) müssen die Video-Recorder durch Plastikformteile geschützt werden.

Las dimensiones totales de cada caja no deben exceder los 110 cm × 55 cm × 55 cm, ya que esto significaría gastos más altos para espacio adicional.

Die Gesamtabmessungen jeder Kiste dürfen 110 cm × 55 cm × 55 cm nicht übersteigen, da eine extra Gebühr für zusätzlichen Raum erhoben wird.

Tenemos que insistir en ciertas condiciones de embalaje, no sólo en nuestro interés, sino también para corresponder a las exigencias de las autoridades aduaneras.

Wir müssen auf gewissen Packbedingungen bestehen, sowohl in unserem Interesse als auch um die Forderungen der Zollbehörde zu erfüllen.

Habrá que dedicarse el máximo esmero al embalaje y empaquetado en cajones enrejados (o: jaulas),

Die größte Sorgfalt muß dem Verpacken und dem Packen in Lattenkisten gewidmet werden,

a) ya que es de esperar que las cajas serán sujetas a un rudo tratamiento durante el transporte.

a) da die Kisten wahrscheinlich während des Transportes rauh behandelt werden.

b) porque cualquier daño durante el transporte nos causaría severas pérdidas.

b) da uns jeder Schaden beim Transport schwere Verluste verursachen würde.

Como el control aduanero es muy minucioso en . . .,

Da die Zollkontrolle in . . . gründlich ist,

a) las cajas deberían estar construidas de tal forma que sea fácil volver a cerrarlas después de abrirlas.

a) müßten die Kisten so sein, daß sie nach dem Öffnen wieder leicht zugemacht werden können.

b) todas las cintas metálicas que protegen los cajones enrejados (o: jaulas) deben atornillarse con mucho cuidado para que éstos/éstas puedan ser

b) müssen alle die Lattenkisten schützenden Metallbänder sorgfältig aufgeschraubt werden, so daß die Kisten geöffnet und wieder richtig gesichert

abiertos/as y asegurados/as nuevamente de forma correcta.

Por favor, presten especial atención a un revestimiento resistente al fuego (o: ignífugo), ya que esto es una condición de nuestra compañía de seguros.

Está claro (o: Se sobreentiende) que este material será embalado en bolsas (o: sacos) de plástico y que podrá almacenarse al aire libre. Para nosotros esto es muy importante, ya que de momento (o: actualmente) sólo disponemos de lugar limitado de almacenaje.

Después de efectuado el embalaje

a) sírvanse informar a nuestra agencia de transportes...

b) hagan el favor de enviar las mercancías al almacén de nuestro agente en...

werden können.

Bitte achten Sie besonders auf die feuerfeste Auskleidung, da unsere Versicherungsgesellschaft dies verlangt.

Es ist klar, daß dieses Material in Plastiksäcken verpackt ist und im Freien gelagert werden kann. Für uns ist dies sehr wichtig, da wir augenblicklich nur beschränkten Lagerraum haben.

Nach fertigem Packen

a) benachrichtigen Sie bitte unsere Speditionsfirma...

b) senden Sie bitte die Waren zum Lager unseres Agenten in ...

6. Markierung

Las cajas deben marcarse «FSC»

a) y numerarse correlativamente del 1 al 10 (o: a partir de 10).

b) en letras que tengan 10 cm de altura.

c) y marcar con plantilla la palabra FRÁGIL en letras mayúsculas en todos los lados del contenedor.

Sírvanse rotular con las siguientes palabras, en letras mayúsculas, los cuatro lados de cada contenedor por medio de plantilla:

Die Kisten müssen markiert werden „FSC"

a) und laufend von 1 bis 10 (od. von 10 ab aufwärts) numeriert werden.

b) mit 10 cm hohen Buchstaben.

c) und das Wort ZERBRECHLICH muß mit großen Buchstaben auf alle Seiten des Containers mit Schablone aufgemalt werden.

Würden Sie bitte die folgenden Worte in großen Buchstaben auf alle vier Seiten eines jeden Containers mit Schablone aufmalen:

EXPORTACIÓN – NIGERIA INFLAMABLE CUIDADO – FRÁGIL	*EXPORT – NIGERIA* *FEUERGEFÄHRLICH* *VORSICHT – ZERBRECHLICH*
Cada caja tiene que marcarse de la siguiente forma:	*Jede Kiste muß folgendermaßen markiert werden:*
a) sus propias marcaciones y números.	*a) Ihre eigenen Markierungen und Nummern.*
b) los símbolos que representan los avisos y las instrucciones siguientes:	*b) Symbole, die die folgenden Warnungen und Anweisungen darstellen:*
c) el país de origen.	*c) Name des Ursprungslandes.*
En la hoja adjunta Vds. encontrarán instrucciones exactas sobre el embalaje y la marcación de los bultos.	*Auf dem beiliegenden Blatt werden Sie genaue Anweisungen bezüglich Verpackung und Markierung der Packstücke finden.*
Les enviaremos más tarde detalles exactos (o: instrucciones exactas) sobre el embalaje y la marcación.	*Genaue Einzelheiten (od. Anweisungen) bezüglich Verpackung und Markierung schicken wir Ihnen später.*
Hay que retirar de las cajas previamente al embarque todas las otras marcaciones y el nombre del país de origen.	*Alle anderen Markierungen und der Name des Ursprungslandes sind von den Kisten vor der Verschiffung zu entfernen.*
El embalaje y la marcación correcta deben efectuarse con el máximo esmero.	*Verpackung und korrekte Markierung müssen mit größter Sorgfalt durchgeführt werden.*

7. Art der Zusendung, Versendungsart

Les rogamos nos envíen (lo más pronto posible) las mercancías (abajo indicadas)	*Bitte senden Sie uns die (unten erwähnten) Waren (so bald wie möglich)*
a) en pequeña velocidad.	*a) durch Frachtgut.*
b) por ferrocarril.	*b) mit der Bahn.*
c) en gran velocidad.	*c) per Eilgut.*
d) con el próximo buque.	*d) mit dem nächsten Schiff.*
e) en el primer buque que salga para Nueva York.	*e) mit dem ersten nach New York bestimmten Schiff.*
f) por flete aéreo urgente.	*f) als Luftteilgut.*
g) por avión chárter.	*g) mit Charterflugzeug.*
h) por camión.	*h) per Lkw.*

Les rogamos nos envíen 20 diapasones por correo certificado lo más rápidamente posible.

Bitte senden Sie uns möglichst schnell per Einschreiben 20 Stimmgabeln.

Sírvanse tomar todas las medidas necesarias para que el envío a Vigo sea efectuado por camión para embarque de las mercancías en el vapor «Cristina», que zarpará de Vigo el 22 de mayo con dirección a Buenos Aires, prestando atención a que todas las cajas sean marcadas y numeradas en conformidad con nuestro pedido.

Bitte ergreifen Sie alle erforderlichen Maßnahmen, damit der Versand nach Vigo per Lkw erfolgt zwecks Verschiffung der Waren mit dem Dampfer „Cristina", der am 22. Mai von Vigo in Richtung Buenos Aires ausläuft, und achten Sie darauf, daß alle Kisten in Übereinstimmung mit unserem Auftrag markiert und numeriert sind.

El buque «Bambino» zarpará de La Coruña el 8 de junio para Panamá, y confiamos en que Vds. harán todo lo necesario para que las mercancías estén listas para el embarque.

Das Schiff „Bambino" läuft am 8. Juni von La Coruña nach Panama aus, und wir verlassen uns auf Sie, daß Sie alles tun werden, damit die Waren zum Verladen bereit sind.

Hagan el favor de expedir, por medio de nuestro agente de transportes, la casa ..., las mercancías siguientes:

Bitte senden Sie durch unseren Spediteur, die Firma ..., die nachstehend verzeichneten Waren:

Nuestros agentes de transportes en Noia les darán la marcación y las instrucciones de expedición, informándoles sobre sus tarifas.

Unsere Spediteure in Noia werden Ihnen die Markierung und Versandanweisungen geben und Sie über ihre Gebühren unterrichten.

Sírvanse contactar con nuestros agentes de transportes, luego que puedan entregarles las mercancías.

Bitte setzen Sie sich mit unseren Spediteuren in Verbindung, sobald Sie ihnen die Waren übergeben können.

Las instrucciones de embarque seguirán dentro de poco.

Die Anweisungen zur Verschiffung werden bald folgen.

Nuestro agente de transportes les informará en breve sobre las instrucciones de expedición.

Die Versandinstruktionen werden Ihnen in Kürze durch unseren Spediteur zugehen.

No se permiten suministros parciales.

Teillieferungen verboten.

Su agente tendrá que entregar e instalar la máquina, llevándose por cuenta de Vds. la máquina que nos han entregado como pago a cuenta.

Ihr Vertreter muß die Maschine liefern und installieren und die in Zahlung gegebene Maschine auf Ihre Kosten mitnehmen.

8. Zahlungsweise

a) allgemein

Mi cheque por el importe total del pedido, más los gastos de porte, va adjunto.

Hagan el favor de informarnos cuando el envío esté listo para la expedición, y haremos lo necesario para que la transferencia sea realizada según nuestros previos acuerdos.

Al recibir este pedido, haremos efectiva a su conductor la factura mediante cheque.

Por favor, envíen las mercancías (o: el paquete) contra reembolso.

El pago se efectuará por medio de una transferencia bancaria luego que hayamos recibido las mercancías (o: su factura proforma).

Pago: dentro de 30 días, neto.

Está convenido que el descuento será del 2½% en caso de un pago dentro de 7 días.

Quisiéramos pagar por medio de una letra de cambio a 60 días vista y nos complacería si Vds. pudieran aceptarlo.

Nos complacería si Vds. estuvieran de acuerdo con librar (o: girar) una letra a 30 días vista contra (o: a cargo de) nosotros.

Mein Scheck für den Gesamtbetrag des Auftrages, zuzüglich Porto, ist beigefügt.

Teilen Sie uns bitte mit, wenn die Sendung zum Versand bereit ist, und wir werden die Überweisung gemäß unseren früheren Vereinbarungen veranlassen.

Bei Anlieferung dieser Bestellung werden wir Ihrem Fahrer die Rechnung durch Scheck bezahlen.

Bitte senden Sie die Waren (od. das Paket) per Nachnahme.

Die Zahlung wird durch Banküberweisung bei Erhalt der Waren (od. Ihrer Pro-forma-Rechnung) erfolgen.

Zahlung: 30 Tage netto.

Es gilt als vereinbart, daß bei Zahlung innerhalb von 7 Tagen der Skonto 2½% beträgt.

Wir möchten mit 60-Tage-Sichtwechsel bezahlen und würden uns freuen, wenn Sie dem zustimmen würden.

Wir würden uns freuen, wenn Sie damit einverstanden wären, auf uns mit 30 Tagen Sicht zu ziehen.

b) Akkreditiv

Dispondremos la apertura de una carta de crédito irrevocable en su favor.

1. Hemos convenido con el Banco...

Wir werden die Eröffnung eines unwiderruflichen Akkreditivs zu Ihren Gunsten veranlassen.

1. Wir haben mit der... Bank Vereinbarungen getroffen,

2. Hemos instruido (o: rogado) al Banco... en...

abrir una carta de crédito por Ptas. ... en su favor, válida hasta el 30 de abril.

Por ésta les informamos que acabamos de abrir cartas de crédito irrevocables por el importe de Ptas.... en el Banco...

Estas cartas de crédito serán válidas hasta el 15 de marzo y les serán confirmadas por el Banco ...

La carta de crédito será confirmada por el Banco... en..., que aceptará su letra a 60 días vista girada sobre él por el importe de la factura.

1. Los siguientes documentos tienen que adjuntarse a su letra:

2. El Banco ... exigirá que los siguientes documentos de embarque sean adjuntados a su letra:

3. Antes de aceptar su letra, que deberá incluir todos los gastos hasta Hamburgo, el banco les pedirá los siguientes documentos:

a) un juego completo de conocimientos limpios (2 copias) (o: en duplicado).

b) la factura comercial (3 ejemplares) (o: en triplicado).

c) la póliza de seguro por el importe de Ptas....

d) el certificado de origen.

e) la factura consular.

Por favor, giren una letra contra nosotros por la cantidad pagadera, adjuntando a su letra los documentos de embarque.

---

2. *Wir haben die ... Bank in ... angewiesen (od. gebeten),*

ein Akkreditiv über Ptas. ... zu Ihren Gunsten zu eröffnen, gültig bis 30. April.

Hiermit teilen wir Ihnen mit, daß wir jetzt unwiderrufliche Akkreditive in Höhe von Ptas. ... bei der... Bank eröffnet haben.

Diese Akkreditive sind bis zum 15. März gültig und werden Ihnen durch die ... Bank bestätigt werden.

Das Akkreditiv wird durch die ... Bank in ... bestätigt, und sie wird Ihre 60-Tage-Sichttratte auf sie in Höhe des Rechnungsbetrages akzeptieren.

1. *Die folgenden Dokumente müssen Ihrer Tratte beigefügt werden:*

2. *Die ... Bank wird verlangen, daß folgende Verschiffungsdokumente Ihrer Tratte beigefügt werden:*

3. *Vor Annahme Ihrer Tratte, die alle Gebühren bis Hamburg einschließen muß, wird die Bank von Ihnen die folgenden Dokumente verlangen:*

a) *einen vollständigen Satz reiner Verschiffungskonnossemente (2 Kopien) (od. in doppelter Ausfertigung).*

b) *die Handelsrechnung (3 Exemplare) (od. in dreifacher Ausfertigung).*

c) *die Versicherungspolice in Höhe von Ptas....*

d) *das Ursprungszeugnis.*

e) *die Konsulatsfaktura.*

Bitte ziehen Sie für den fälligen Betrag auf uns und fügen Sie die Verschiffungsdokumente Ihrer Tratte bei.

Nuestra aceptación será pagada (u: honrada) contra presentación de la letra en la sucursal ... del Banco ...

Unser Akzept wird bei Vorlage des Wechsels bei der ... Zweigstelle der ... Bank eingelöst werden.

c) Bitte um Kredit

1. Como esperamos pasarles más pedidos,

1. Da wir damit rechnen, Ihnen weitere Aufträge zu erteilen,

2. Como hemos mantenido relaciones comerciales con Vds. desde hace casi dos años,

2. Da wir nunmehr mit Ihnen fast zwei Jahre lang in Geschäftsverbindung stehen,

3. Como probablemente vamos a pasarles pedidos aún más importantes,

3. Da wir Ihnen wahrscheinlich noch größere Aufträge erteilen werden,

a) quisiéramos aprovechar su oferta en lo que se refiere a facilidades de crédito.

a) möchten wir Ihr Angebot bezüglich Krediterleichterungen ausnutzen.

b) nos gustaría liquidar nuestras cuentas trimestralmente.

b) hätten wir gerne vierteljährliche Abrechnungsbedingungen.

c) nos complacería si Vds. nos pudieran suministrar a cuenta corriente contra liquidación trimestral.

c) würden wir es begrüßen, wenn Sie uns auf laufendem Konto mit vierteljährlicher Abrechnung beliefern würden.

d) les quedaríamos agradecidos si nos concedieran facilidades de crédito.

d) wären wir dankbar, wenn Sie uns Krediterleichterungen gewähren würden.

9. Referenzen

Somos una casa de ventas por correspondencia (o: por catálogo) del mayor prestigio y podemos presentar referencias bancarias etc., como deseado.

Wir sind ein höchst angesehenes Versandhaus und können Bankreferenzen usw. wie gewünscht geben.

Como referencia podemos indicarles nuestro Banco ... y la casa ..., con los cuales hemos mantenido relaciones comerciales desde hace muchos años.

Wir können als Referenzen unsere Bank ... angeben und die Firma ..., mit denen wir seit vielen Jahren in Geschäftsverbindung stehen.

Les envío una referencia ban-

Ich sende Ihnen eine Bankrefe-

caria como prueba de nuestra segura situación financiera.

renz als Beweis unserer zuverlässigen finanziellen Lage.

Si desean informaciones sobre nuestra solvencia, diríjanse, por favor, a:

Zur Auskunft betreffs unserer Bonität wenden Sie sich bitte an:

1. Como éste es nuestro primer pedido,

1. Da dies unser erster Auftrag ist,

2. Ya que hasta la fecha todavía no hemos negociado (o: hecho negocios) con Vds.,

2. Da wir bisher mit Ihnen noch keine Geschäfte abgeschlossen haben,

a) les rogamos dirigirse al Banco ... en ...

a) verweisen wir Sie an die ... Bank in ...

b) les remitimos a la casa ... que les dará cualquier información necesaria (o: que exija).

b) verweisen wir Sie an die Firma ..., die Ihnen jedwede notwendige Information geben wird.

Si Vds. desean informarse (o: procurarse informes) sobre nuestra solvencia,

Falls Sie Erkundigungen betreffs unserer Bonität einholen möchten,

a) las casas ... y ..., con las cuales tenemos relaciones comerciales desde hace muchos años, con mucho gusto les darán todas las informaciones necesarias.

a) werden die Firmen ... und ..., mit denen wir seit vielen Jahren in Geschäftsverbindung stehen, Ihnen gerne alle benötigten Informationen geben.

b) las siguientes casas comerciales estarán dispuestas a responder a sus demandas (o: peticiones) de informes:

b) werden die folgenden Firmen gerne auf Ihre Anfragen antworten:

c) hagan el favor de dirigirse a:

c) wenden Sie sich bitte an:

d) les remitimos a nuestro banco:

d) verweisen wir Sie an unsere Bank:

Tenemos mucho placer en (o: Nos complace) indicarles abajo los nombres y las direcciones de dos casas que están dispuestas a darles la información deseada.

Gerne geben wir Ihnen untenstehend die Namen und Anschriften zweier Firmen, die bereit sind, Ihnen die gewünschte Auskunft zu erteilen.

Hemos llenado el formulario de solicitud de crédito, que recibimos junto con su carta del 1° de julio, y se lo devolvemos adjunto.

Wir haben das mit Ihrem Brief vom 1. Juli erhaltene Kredit-Antragsformular ausgefüllt und senden es Ihnen nun beiliegend zurück.

10. Versicherung

Instrucciones adicionales con referencia al seguro seguirán dentro de poco (o: en breve).

Por favor, hagan lo necesario para (u: ocúpense de) efectuar la cobertura del seguro.

Dejamos los detalles a su cargo, pero quisiéramos cubrir el envío con seguro desde almacén hasta almacén.

Nos encargaremos (o: Nos haremos cargo) del seguro.

Hagan el favor de asegurar el envío por el importe de su factura más el 10% de beneficio imaginario sobre el precio de compra.

Weitere Anweisungen bezüglich der Versicherung werden bald (od. in Kürze) folgen.

Bitte sorgen Sie für die Versicherungsdeckung.

Wir überlassen Ihnen die Einzelheiten, möchten aber die Sendung durch Versicherung von Lagerhaus zu Lagerhaus gedeckt haben.

Die Versicherung wird von uns besorgt werden.

Bitte versichern Sie die Sendung für den Betrag Ihrer Rechnung zuzüglich 10% angenommenen Gewinns (od. Scheingewinns) auf den Kaufpreis.

11. Importlizenz

Las prescripciones legales de divisas en vigor en ... exigen que se presente una factura proforma a las autoridades para que pueda otorgarse la licencia de importación correspondiente.

La licencia de importación es válida hasta el 30 de octubre.

Confirmamos que no se necesita ninguna licencia de importación para estas mercancías al entrar en la República Federal de Alemania.

Die laufenden Devisenbestimmungen in ... verlangen, daß den Behörden eine Pro-forma-Rechnung eingereicht wird, damit die entsprechende Einfuhrerlaubnis erteilt werden kann.

Die Importlizenz ist bis zum 30. Oktober gültig.

Wir bestätigen, daß für diese Waren bei Eintritt in die Bundesrepublik Deutschland keine Importlizenz verlangt wird.

12. Gerichtsstand, Geschäftsbedingungen

En el caso de un litigio (o: pleito) la jurisdicción exclusiva (o: el tribunal competente) es (o: será) ...

Im Falle eines Rechtsstreits ist der alleinige Gerichtsstand ...

Nos reservamos el derecho de no aceptar (o: rechazar) la mercancía o de no pagar la factura, si nuestro número de pedido no es indicado en todos los boletines de entrega, facturas, etc.

Wir behalten uns das Recht vor, die Ware nicht anzunehmen oder die Rechnung nicht zu bezahlen, wenn unsere Auftragsnummer nicht auf allen Lieferanzeigen, Rechnungen usw. angegeben ist.

Este pedido está sujeto a las condiciones generales impresas al dorso.

Dieser Auftrag unterliegt den auf der Rückseite gedruckten Geschäftsbedingungen.

Tenemos que insistir en el cumplimiento (o: la observancia) de nuestras condiciones generales.

Wir müssen auf Einhaltung unserer Geschäftsbedingungen bestehen.

Todos los documentos deben ser redactados (o: extendidos) en español.

Alle Dokumente müssen in spanischer Sprache abgefaßt sein.

No puedo hacer resaltar con la suficiente insistencia que estas instrucciones deben observarse exactamente (o: con toda exactitud).

Ich kann nicht nachdrücklich genug betonen, daß diese Anweisungen genauestens ausgeführt werden müssen.

13. Bitte um Bestätigung

Sírvanse confirmar este pedido y asegurarnos,

Bitte bestätigen Sie diesen Auftrag und versichern Sie,

a) que suministrarán las mercancías en estas condiciones.

a) daß Sie die Waren zu diesen Bedingungen liefern werden.

b) que podrán suministrar (las mercancías) hasta el 10 de octubre.

b) daß Sie (die Waren) bis zum 10. Oktober liefern können.

Esperamos que podrán suministrar en la fecha fijada.

Wir hoffen, daß Sie zum festgesetzten Datum liefern können.

Por favor, infórmenme a vuelta de correo

Bitte teilen Sie mir postwendend mit,

a) si están dispuestos a suministrar las mercancías descritas en las condiciones arriba mencionadas.

a) ob Sie bereit sind, die erwähnten Waren zu den obigen Bedingungen zu liefern.

b) si están de acuerdo con estas condiciones.

b) ob Sie mit diesen Bedingungen einverstanden sind.

Esperamos que puedan corresponder a nuestro deseo, esperando al efecto su respuesta por télex.

Wir hoffen, daß Sie unserem Wunsche entgegenkommen können, und erwarten Ihre Antwort durch Telex.

14. Schlußworte

Les quedaríamos agradecidos si despacharan este pedido (de prueba) inmediatamente.

Für die sofortige Erledigung dieses (Probe-)Auftrages wären wir Ihnen dankbar.

Les quedaríamos agradecidos si suministraran las mercancías rápidamente, ya que se necesitan con urgencia.

Wir wären Ihnen für prompte Lieferung dankbar, da die Waren dringend benötigt werden.

Esperamos recibir su aviso de envío (o: de expedición) a vuelta de correo.

Wir hoffen, Ihre Versandanzeige postwendend zu erhalten.

Sírvanse informarnos cuanto antes cuándo se proponen empezar con el trabajo.

Bitte teilen Sie uns so bald wie möglich mit, wann Sie planen, die Arbeit in Angriff zu nehmen.

Les rogamos considerar esta carta como pedido.

Bitte behandeln Sie diesen Brief als Auftrag.

1. Este es un pedido de prueba, y si es ejecutado a nuestra satisfacción,

1. Dies ist ein Probeauftrag, und wenn er zufriedenstellend ausgeführt wird,

2. Si este primer pedido se ejecuta de forma satisfactoria,

2. Wenn dieser Erstauftrag zufriedenstellend zur Ausführung kommt,

3. Si estamos satisfechos con su envío,

3. Wenn wir mit Ihrer Sendung zufrieden sind,

a) les pasaremos (probablemente) más pedidos.

a) werden wir Ihnen (wahrscheinlich) weitere Aufträge erteilen.

b) concluiremos más (o: regulares) negocios von Vds.

b) werden wir weitere (od. regelmäßige) Geschäfte mit Ihnen abschließen.

c) les pasaremos pedidos regulares.

c) werden wir Ihnen regelmäßige Aufträge erteilen.

Esperamos hacernos clientes fijos (o: habituales), y repetir este pedido muchas veces en los próximos años.

Wir hoffen, Stammkunden zu werden und diesen Auftrag in den kommenden Jahren oft zu wiederholen.

El muestrario (o: el casete, o: videocasete) que Vds. amablemente presentaron con su oferta, les será devuelto por correo separado.

Das Musterbuch, das (od. Die Videocassette, die) Sie freundlicherweise mit Ihrem Angebot vorgelegt haben, wird Ihnen getrennt zurückgesandt werden.

Les enviamos hoy por correo separado las muestras que Vds. han tenido la amabilidad de enviarnos para nuestro examen.

Wir senden heute mit getrennter Post die Proben zurück, die Sie uns freundlicherweise zur Ansicht gesandt haben.

15. Reiseberichte

a) allgemein

1. Hoy visité, como convenido, la casa Ramos & García

1. Heute habe ich die Firma Ramos & García, wie vereinbart, besucht

2. El 2 de mayo Vds. me dieron instrucciones de visitar la casa Vascos Ltda., lo que hice el 5 de mayo,

2. Am 2. Mai haben Sie mich angewiesen, die Firma Vascos Ltda. zu besuchen. Das habe ich am 5. Mai getan

a) teniendo (o: celebrando) una entrevista con el Sr. Pedro Ramos.

a) und hatte eine Besprechung mit Herrn Pedro Ramos.

b) discutiendo a fondo todo lo necesario con el Sr. Ruiz del Castro Morales.

b) und habe alles Nötige gründlich mit Herrn Ruiz del Castro Morales besprochen.

c) siendo recibido con mucha cortesía (o: atención) por el Sr. Marcos.

c) und wurde von Herrn Marcos sehr höflich empfangen.

El propósito de mi visita en la casa Moralles & Hijos fue

Der Zweck meines Besuches bei der Fa. Moralles & Hijos war,

a) comprobar si las muestras de algodón enviadas hace dos semanas habían sido examinadas.

a) festzustellen, ob die vor zwei Wochen unterbreiteten Baumwollgarn-Muster geprüft worden waren.

b) rogarles nos pasen un primer pedido de calcetines de niños.

b) sie um einen Erstauftrag für Kindersocken zu bitten.

En ausencia del Sr. González (jefe de compras) vi al Sr. Galle-

In Abwesenheit des Herrn González (Haupteinkäufer) habe

go-Díaz, quien no pudo darme ningunas informaciones exactas.

ich Herrn Gallego-Díaz gesehen, der mir keine genauen Auskünfte geben konnte.

Durante una reciente visita de rutina en Baviera, el Sr. Huber de la casa Hegler & Co., dijo que ...

Während eines kürzlichen Routinebesuches in Bayern erwähnte Herr Huber von der Firma Hegler & Co. ...

Quisiera hacer la propuesta de invitar al Sr. Fuentes a pasar dos noches en Augsburg, como huésped de nuestra casa,

Ich möchte vorschlagen, daß wir Herrn Fuentes einladen, zwei Nächte in Augsburg als Gast unserer Firma zu bleiben,

a) para que pueda ver tantas máquinas en operación como sea posible.

a) damit er so viele Maschinen wie möglich in Betrieb sehen kann.

b) para darle tiempo para discusiones detenidas (o: detalladas).

b) um ihm Zeit für eingehende Besprechungen zu geben.

b) günstige Nachricht

A pesar de una fuerte competencia conseguí recibir el pedido de 2 máquinas cortavidrios de láser.

Trotz starker Konkurrenz konnte ich den Auftrag über 2 Laser-Glasschneidemaschinen erhalten.

Este es el primer pedido que la casa Römer & Weichler nos pasó, pero hay perspectivas de que haya un pedido complementario si están satisfechos con la calidad.

Dies ist der erste Auftrag, den die Firma Römer & Weichler uns erteilt hat, aber es besteht alle Aussicht, daß nachbestellt wird, wenn man mit der Qualität zufrieden ist.

Finalmente persuadí al Sr. Martínez a aceptar la oferta, porque Vds. tienen una buena reputación en lo que se refiere a la calidad.

Schließlich habe ich Herrn Martínez überredet, das Angebot anzunehmen, weil Sie einen guten Ruf haben, was die Qualität betrifft.

Me complace comprobar que sus esperanzas con referencia a pedidos de la casa Meyer AG han sido coronadas por el éxito. Pero creo que tengo que prevenirle contra (o: ponerle sobre aviso de) la creciente competencia en el mercado de muebles para hoteles.

Es freut mich festzustellen, daß Ihre Hoffnung auf Aufträge von der Firma Meyer AG sich voll verwirklicht hat. Aber ich denke, daß ich Sie vor der wachsenden Konkurrenz auf dem Hotelmöbel-Markt warnen muß.

Me complace informarles que, no obstante la fuerte competen-

Ich freue mich, Ihnen mitzuteilen, daß es mir trotz der starken

cia, he logrado recibir pedidos por valor de Ptas....

Konkurrenz gelungen ist, Aufträge über Ptas. ... zu erhalten.

Vds. deducirán más detalles de los boletines de pedido adjuntos.

Einzelheiten ersehen Sie aus den beigefügten Bestellformularen.

Conseguí persuadir a la casa Reuter & Co. a aumentar sus pedidos.

Ich konnte die Firma Reuter & Co. überreden, ihre Aufträge zu erhöhen.

No fue tan fácil tratar con el Sr. Koch de la casa Müller GmbH, pero finalmente estuvo de acuerdo en comprar 20 cizallas de chapa.

Mit Herrn Koch von der Firma Müller GmbH war es nicht so leicht umzugehen, schließlich war er jedoch damit einverstanden, 20 Blechscheren zu nehmen.

El Sr. Minas quiere activar (o: promover) la venta de nuestros artículos.

Herr Minas will den Verkauf unserer Artikel vorantreiben.

c) Aufträge in Aussicht

Tenemos la perspectiva de recibir un pedido importante de la casa Schmitz & Co.

Wir haben die Aussicht, einen größeren Auftrag von der Firma Schmitz & Co. zu bekommen.

He indicado nuestros precios de lista y prometido enviar muestras.

Ich habe unsere Listenpreise angegeben und versprochen, Muster zu schicken.

El Sr. Adams me señaló (o: me dió a entender) que un competidor (cuyo nombre no me dijo) había nombrado un precio inferior a Ptas.... por 100 kg.

Herr Adams deutete an, daß ein (ungenannter) Konkurrent einen Preis unter Ptas. ... pro 100 kg genannt hätte.

Las necesidades anuales serían de 50 toneladas aproximadamente, en caso de suministro en cantidades de 5 toneladas.

Der jährliche Bedarf würde etwa 50 Tonnen betragen, bei Lieferung in Mengen von 5 Tonnen.

Me alegro decir que el proyecto empieza muy rápidamente a tomar forma.

Ich freue mich zu sagen, daß das Projekt schnell Form annimmt.

Vds. pueden estar seguros de que haré todos los esfuerzos para continuar intensificando esta ventaja inicial lograda.

Sie können sich darauf verlassen, daß ich alle Anstrengungen machen werde, diesen ersten gewonnenen Vorteil weiter zu verfolgen.

Todo parece prever más negocios.

Alles deutet auf weitere Geschäfte hin.

Las perspectivas para mayores y más numerosos pedidos son buenas.

Die Aussichten für weitere größere Aufträge sind gut.

No se tomará ninguna decisión en lo que se refiere al suministrador hasta que no se hayan examinado todas las pruebas.

Keine Entscheidung wird bezüglich des Lieferanten fallen, bis alle Proben geprüft worden sind.

d) Klagen und Bemängelungen

Nuestros precios se consideran demasiado altos.

Man findet unsere Preise zu hoch.

Por término medio, nuestros precios son más altos (o: elevados) que los de nuestros competidores.

Im Durchschnitt sind unsere Preise höher als die unserer Konkurrenz.

Está claro que la casa Estrella Ltda. tiene razones justificadas para quejarse.

Es ist klar, daß die Firma Estrella Ltda. berechtigten Grund zur Klage hat.

El Sr. Martínez dijo que no podía comprender lo que había sucedido recientemente con nuestros servicios y la calidad de nuestros productos.

Herr Martínez sagte, er könne nicht verstehen, was in der letzten Zeit mit unseren Dienstleistungen und der Qualität unserer Produkte los sei.

La Sra. Silvas Montero se quejó de (o: expresó su gran insatisfacción con)

Frau Silvas Montero hat sich beschwert (od. brachte ihre äußerste Unzufriedenheit zum Ausdruck) über

a) la mala calidad de las mercancías.

a) die schlechte Qualität der Waren.

b) el retraso en la entrega.

b) den Lieferverzug.

El Sr. Jagenberger amenazó (con)

Herr Jagenberger drohte,

a) devolver las mercancías.

a) die Waren zurückzuschicken.

b) no pasarnos más pedidos.

b) uns keine weiteren Aufträge mehr zu erteilen.

El Sr. Leonardo dijo que en el pasado siempre pudo fiarse de nosotros. Sin embargo, si los fallos de los últimos tiempos continuaran de tal forma, no podría estar seguro de querer continuar comerciando con nosotros.

Herr Leonardo sagte, daß er sich in der Vergangenheit immer auf uns verlassen konnte. Aber wenn die Versager der letzten Zeit so weitergehen sollten, könne er nicht sicher sein, daß er noch weiter mit uns geschäftlich arbeiten wolle.

Propongo tomar inmediatamente las medidas siguientes:

Ich schlage vor, unverzüglich folgende Schritte zu unternehmen:

a) Enviar una carta de disculpa a la atención del Sr. Leonardo.

a) Einen Entschuldigungsbrief zu schicken, zu Händen von Herrn Leonardo.

b) Investigar la razón del retraso en la entrega.

b) Den Grund der Lieferverzögerung zu untersuchen.

c) Examinar el error (o: fallo) por parte del Servicio de Ventas de enviar muestras como las había pedido en mi informe del 8 de junio.

c) Das Versagen seitens der Verkaufsabteilung zu untersuchen, Muster zu schicken, wie in meinem Bericht vom 8. Juni angefordert.

El Sr. Caro de la casa González & Hijos quiere que cambiemos las mercancías por unas completamente nuevas.

Herr Caro von der Firma González & Hijos möchte, daß wir die Waren durch vollständig neue ersetzen.

e) wenig oder gar kein Geschäft

Siento no poder enviarles hoy ningún pedido.

Ich bedaure, Ihnen heute keinen Auftrag schicken zu können.

A pesar de mis mayores esfuerzos no logré concluir negocios.

Trotz größter Bemühungen war es mir unmöglich, Abschlüsse zu tätigen.

Hoy visité a muchos clientes, pero les he encontrado poco inclinados a (o: con poca voluntad de) pasar pedidos.

Ich habe heute viele Kunden aufgesucht, fand sie aber zum Bestellen wenig geneigt.

El Sr. Dorado dice que más de la mitad de sus existencias todavía no está vendida.

Herr Dorado sagt, daß mehr als die Hälfte seines Vorrats noch unverkauft sei.

El Sr. Rías juzga imposible vender las mercancías existentes en su almacén.

Herr Rías findet es unmöglich, die auf Lager befindliche Ware zu verkaufen.

Mi viaje por Andalucía no condujo a resultado satisfactorio alguno.

Meine Reise durch Andalusien hat zu keinem befriedigenden Ergebnis geführt.

En lo que se refiere al pedido prometido, hasta ahora no se tomó ninguna decisión.

Keine Entscheidung ist bisher in bezug auf den versprochenen Auftrag getroffen worden.

El resultado deja mucho que desear (o: es un poco desalentador).

Hasta ahora mis esfuerzos no fueron coronados por el éxito.

Bis jetzt sind meine Bemühungen erfolglos geblieben.

El negocio está flojo (o: Casi no se hacen negocios), porque esta región está afectada por liquidaciones de casas.

Das Geschäft ist flau (od. Es werden kaum Geschäfte gemacht), weil die Gegend von Firmenschließungen betroffen ist.

La casa Mandarín de Salamanca rechaza continuar trabajando con nosotros porque se ve incapacitada (o: no se ve en condiciones) de vender nuestras mercancías al precio usual.

Die Firma Mandarín in Salamanca lehnt es ab, länger mit uns zu arbeiten, weil sie sich nicht in der Lage sieht, unsere Waren zum gewöhnlichen Preis abzusetzen.

16. Firma an Vertreter/Außendienstmitarbeiter

a) bezüglich Kundenbesuche

1. Hemos recibido una demanda de precios de la casa Grimme & Pecher de Solingen para nuestras nuevas planchas de vapor con pulverizador y/e

1. Wir haben von der Firma Grimme & Pecher in Solingen eine Anfrage für unsere neuen Dampfbügeleisen mit Sprühvorrichtung erhalten und

2. La casa Guillermo S. A. de Vigo nos pidió en su carta una demostración de nuestra nueva prensa de acuñar y/e

2. Die Firma Guillermo S. A. in Vigo hat uns in ihrem Schreiben um eine Vorführung unserer neuen Prägepresse gebeten, und wir

a) les informamos que Vd. les visitará dentro de los próximos días.

a) haben ihnen mitgeteilt, daß Sie innerhalb der nächsten Tage bei ihnen vorsprechen werden.

b) incluimos una copia de nuestra oferta.

b) fügen eine Kopie unseres Angebotes bei.

Atribuimos gran importancia a entrar en relaciones comerciales con ellos.

Uns liegt besonders viel daran, mit ihnen ins Geschäft zu kommen.

Sentimos tener que importunarle, pero no cabe duda de que aquí se presenta la oportunidad que hemos esperado desde hace tanto tiempo.

Es tut uns leid, Sie zu drängen, aber es besteht wenig Zweifel, daß hier die Chance ist, auf die wir schon so lange gewartet haben.

Estamos seguros de que Vd. hará todo lo posible para (o: por)

Wir sind sicher, daß Sie alle Anstrengungen machen werden, obtener (o: lograr) un pedido de prueba.

um einen Probeauftrag zu bekommen.

Tenemos la impresión de que podría ser muy eficaz visitar a este cliente con regularidad.

Wir haben den Eindruck, daß es höchst nützlich sein könnte, diesen Kunden regelmäßig zu besuchen.

Tenemos que mantener el contacto con el Sr. Schneider, que nos visitó en la Feria de Hanóver.

Wir müssen mit Herrn Schneider Kontakt behalten, der uns auf der Hannover-Messe besucht hat.

Deberíamos seguir este asunto con mucha atención.

Wir sollten diese Angelegenheit mit großer Aufmerksamkeit weiter verfolgen.

Esta mañana hemos recibido el contrato firmado para el suministro de dos taladradoras.

Heute morgen haben wir den unterzeichneten Vertrag für die Lieferung von zwei Bohrmaschinen erhalten.

Adjuntamos una fotocopia de la carta que acabamos de recibir de la casa Schmieder, conteniendo el pedido de 250 máquinas de afeitar recargables, así como una copia de nuestra respuesta con la indicación de que Vd. es nuestro agente.

Wir fügen eine Fotokopie des Briefes bei, den wir gerade von der Fa. Schmieder erhalten haben mit der Bestellung über 250 wiederaufladbare Rasierapparate und eine Kopie unserer Antwort mit dem Hinweis, daß Sie unser Vertreter sind.

Incluyo una copia de la carta que acabo de recibir esta mañana (por parte) del Sr. Strang (con una reclamación sobre . . .).

Ich füge eine Kopie des Briefes bei, den ich heute morgen von Herrn Strang erhalten habe (mit einer Beschwerde über . . .).

Por favor, cambie su itinerario para que Vd. pueda visitar a este cliente.

Bitte ändern Sie Ihre Reiseroute, so daß Sie diesen Kunden besuchen können.

Dejo a su criterio el ir allí inmediatamente

Ich überlasse es Ihnen, sofort hinzufahren

a) para arreglar el asunto de una forma correcta (o: justa).

a) und die Angelegenheit fair zu regeln.

b) y hacer lo que pueda para arreglar el asunto (o: poner el asunto en orden).

b) und alles zu tun, um die Sache wieder in Ordnung zu bringen.

c) y hacer todo lo posible para conseguir un pedido de prueba.

c) und alles daranzusetzen, einen Probeauftrag zu erhalten.

También quisiéramos recibir un informe sobre las dificultades de . . .

Wir möchten auch einen Bericht haben über die Schwierigkeiten bei . . .

Cuando Vd. disponga de todos los hechos, haga el favor de enviarme un informe.

Wenn Sie alle Fakten haben, schicken Sie mir bitte einen Bericht.

Por favor, visite al Sr. Marcos para conocer la razón de su retraso en el pago.

Bitte besuchen Sie Herrn Marcos, um den Grund für seine Zahlungsverzögerung zu erfahren.

Constatamos que varios clientes están retrasados en sus pagos.

Wir stellen fest, daß mehrere Kunden mit ihren Zahlungen im Rückstand sind.

Proponemos que Vd. declare discretamente (o: con tacto), que no estamos (o: no nos vemos) en condiciones de ejecutar otros pedidos hasta que estas facturas pendientes estén pagadas.

Wir schlagen vor, daß Sie taktvoll erklären, daß wir nicht in der Lage sind, weitere Aufträge auszuführen, bis diese rückständigen Rechnungen reguliert sind.

Hemos alterado la última lista de precios que fue distribuida en marzo a todos nuestros representantes.

Die letzte Preisliste, die im März an alle unsere Vertreter ausgegeben wurde, ist geändert worden.

Les enviaremos cuanto antes los demás detalles sobre los nuevos precios.

Die näheren Angaben über die neuen Preise werden Ihnen so schnell wie möglich zugesandt werden.

Haga el favor de informar a los clientes que habrá un pequeño aumento en los precios de todos los pedidos que nos lleguen después del 30 de junio.

Bitte teilen Sie den Kunden mit, daß eine leichte Preiserhöhung auf alle nach dem 30. Juni eingehenden Aufträge eintreten wird.

Con mucho interés hemos leído sobre los nuevos y numerosos contactos que Vd. pudo iniciar, y esperamos que importantes pedidos serán el resultado.

Mit goßem Interesse haben wir von den vielen neuen Kontakten, die Sie anknüpfen konnten, gelesen und hoffen, daß beträchtliche Aufträge folgen werden.

Por ésta (o: Con la presente) quisiera enviar a Vd. y a sus colaboradores mi felicitación por los excelentes resultados que obtuvieron durante el último ejercicio.

Hiermit möchte ich Ihnen und Ihren Mitarbeitern meine Glückwünsche senden für die ausgezeichneten Ergebnisse, die Sie während des letzten Geschäftsjahres erzielt haben.

b) bezüglich Spesenabrechnung

Hemos instruido a nuestro servicio de cuentas hacer efectivo el importe de su nota de gastos, si

Ihre Kostenaufstellung wurde an unsere Rechnungsabteilung zur Zahlung angewiesen, ob-

bien, en nuestra opinión, éstos son bastante elevados para junio.

Nos preocupa (o: inquieta) que su nota de gastos para el mes pasado sea tan extraordinariamente alta.

Como deberá comprender, sus gastos para marzo han sido injustificablemente elevados – tan elevados que vacilo pasarlos al jefe.

Sírvase enviarnos una especificación (o: un desglose) de estos gastos, incluyendo fotocopias de todas las cuentas de hoteles, de gastos de viaje, recibos, etc.

Esta vez aceptamos estos elevados gastos, sin embargo, tenemos que subrayar que en el futuro no estaremos en condiciones de pagar cenas con clientes.

Apreciamos mucho sus esfuerzos, pero, considerando nuestro bajo margen de beneficio, no podemos permitirnos estos gastos adicionales.

gleich wir Ihre Auslagen für Juni ziemlich hoch finden.

Es macht uns Sorge, daß Ihre Kostenaufstellung für den vergangenen Monat so ungewöhnlich hoch ist.

Wie Sie verstehen müssen, waren Ihre Spesen für März unangemessen hoch – so hoch, daß ich zögere, sie an den Chef weiterzugeben.

Bitte senden Sie uns eine Aufschlüsselung dieser Ausgaben einschließlich Fotokopien aller Hotelrechnungen, Reisekosten, Belege usw.

Dieses Mal genehmigen wir diese erhöhten Ausgaben, müssen aber betonen, daß wir in Zukunft nicht in der Lage sind, mit Kunden eingenommene Abendessen zu bezahlen.

Wir schätzen Ihre Bemühungen sehr, können uns jedoch in Anbetracht der niedrigen Gewinnspanne diese zusätzlichen Spesen nicht leisten.

17. Ankündigung des Vertreterbesuches

die Firma an den Kunden

Nos complace informarles que nuestro agente, el Sr. Pacheco, hará un viaje de negocios a Alemania durante el mes de mayo.

Debido a la enfermedad de nuestro viajante usual en su región, otro agente, el Sr. Méndez, le visitará dentro de poco.

Wir freuen uns, Ihnen mitzuteilen, daß unser Vertreter, Herr Pacheco, während des Monats Mai eine Geschäftsreise nach Deutschland unternehmen wird.

Wegen der Erkrankung unseres üblichen Reisenden in Ihrem Gebiet wird ein anderer Vertreter, Herr Méndez, Sie in Kürze besuchen.

1. Si Vds. desean más informaciones sobre precios, condiciones y plazos de entrega,

2. Si Vds. desean recibir informaciones adicionales (sobre los diversos modelos de nuestras máquinas),

   a) con mucho gusto haremos lo necesario para que nuestro representante les haga una visita.

   b) uno de nuestros agentes tendrá mucho gusto en visitarles para discutir sus problemas especiales y para recomendarles una máquina que corresponda a sus necesidades.

Si Vds. llenan y devuelven la tarjeta adjunta, con mucho gusto les enviaremos un agente para que les ayude.

Conforme a sus deseos, rogaremos a nuestro representante les llame por teléfono para preparar una demostración de esta máquina.

Si Vds. desean una demostración de este equipo (o: de esta instalación), hagan el favor de llamar a nuestro representante local, Mario del Campo Ortega, bajo el número 42940-823.

Nuestro representante técnico les visitará dentro de los próximos días. Sin embargo, si Vds. tienen preguntas urgentes, sírvanse escribirnos o llamarnos.

Recomendaríamos que nuestro representante del distrito convenga con Vds. una fecha para la visita para discutir sus necesidades más detenidamente.

Les agradecemos la tan buena acogida que dispensaron al Sr.

1. Wenn Sie weitere Auskünfte über Preise, Bedingungen und Lieferzeiten wünschen,

2. Wenn Sie zusätzliche Auskünfte (über die verschiedenen Modelle unserer Maschinen) haben wollen,

   a) werden wir gerne veranlassen, daß unser Vertreter Ihnen einen Besuch abstattet.

   b) wird einer unserer Vertreter Sie gerne zur Erörterung Ihrer besonderen Probleme besuchen und Ihnen eine Maschine empfehlen, die Ihren Anforderungen entspricht.

Wenn Sie die beigefügte Karte ausfüllen und zurücksenden, werden wir gerne einen Vertreter schicken, um Ihnen zu helfen.

Wie gewünscht, werden wir unseren Vertreter bitten, Sie anzurufen, um eine Vorführung dieser Maschine zu arrangieren.

Falls Sie eine Vorführung dieser Anlage wünschen, rufen Sie bitte unseren Ortsvertreter, Herrn Mario del Campo Ortega, unter der Nummer 42940-823 an.

Unser technischer Vertreter wird in den nächsten Tagen bei Ihnen vorsprechen. Falls Sie jedoch dringende Fragen haben, dann schreiben Sie uns oder rufen Sie uns an.

Wir würden empfehlen, daß unser Bezirksvertreter einen Besuchstermin mit Ihnen vereinbart, um Ihren Bedarf eingehender zu besprechen.

Wir danken Ihnen, daß Sie unseren Herrn Castro so freundlich

Castro cuando les visitó en su oficina (o: despacho, sucursal, agencia) el 9 de mayo.

empfangen haben, als er am 9. Mai bei Ihrer Geschäftsstelle vorsprach.

Les agradecemos mucho la atención y hospitalidad que dispensaron a nuestro agente, el Sr. Casero, cuando les demostró el nuevo modelo L 23 en sus locales.

Wir danken Ihnen sehr für die Aufmerksamkeit und Gastfreundschaft, die Sie unserem Vertreter, Herrn Casero, entgegengebracht haben, als er das neue Modell L 23 in Ihren Geschäftsräumen vorführte.

Nuestro representante, el Sr. Parrilla,

Unser Vertreter, Herr Parrilla, hat mir

a) me informó de su reciente visita en su casa en La Paz y con que amabilidad Vd. le recibió.

a) von seinem kürzlichen Besuch bei Ihnen in La Paz und von der Liebenswürdigkeit, mit der Sie ihn empfangen haben, erzählt.

b) me habló de la agradable entrevista que recientemente tuvo con Vd.

b) von der angenehmen Zusammenkunft, die er kürzlich mit Ihnen gehabt hat, erzählt.

V. Auftragsbestätigung, Stornierung, Auftragsablehung

Mit der vorbehaltlosen Annahme *(aceptación sin reservas)* des Gesamtauftrages *(pedido global)* durch den Lieferer *(suministrador)* ist das Geschäft abgeschlossen *(el negocio queda concluido)*.

Nach Abschluß eines bindenden Vertrages *(de un contrato obligatorio o vinculatorio)* haben beide Parteien gegenseitige Rechte und Verpflichtungen *(mutuos derechos y obligaciones)*. Wenn eine Partei es versäumt *(omite)* oder sich weigert *(se niega)*, eine vertragliche Verpflichtung zu erfüllen, dann entsteht ein Vertragsbruch *(infracción; violación o incumplimiento de contrato)*. Der Vertragsbrecher *(infractor)* muß Schadenersatz leisten *(tiene que pagar indemnización)*.

Bei großen Aufträgen enthält das Bestätigungsschreiben der Lieferfirma normalerweise die allgemeinen Geschäftsbedingungen *(condiciones generales de compraventa)*. Die Firmen haben hierfür meistens vorgedruckte Formulare, oder diese Bedingungen befinden sich als Kleingedrucktes *(letra menuda)* auf der Rückseite der Auftragsbestätigungen *(al dorso de las confirmaciones de pedidos)* und enthalten wichtige Hinweise wie: Reklamationen werden nur innerhalb von 8 Tagen nach Empfang der Ware angenommen *(sólo se aceptarán reclamaciones dentro de 8 días después del recibo de la mercancía)* und Hinweise auf Eigentumsvorbehalt *(reserva de propiedad, reserva de dominio)*, Erfüllungsort *(lugar de cumplimiento)*, Kundendienst *(servicio posventa)*, Mängelhaftung *(garantía por defectos)* usw.

Die Auftragsbestätigung sollte auch enthalten:
Den Ausdruck des Dankes für den Erhalt des Auftrages mit einer günstigen Beurteilung *(valoración o apreciación favorable)* der zu liefernden Waren *(mercancías que deben suministrarse)*, die Versicherung, daß der Auftrag sorgfältig und prompt ausgeführt wird, eine Wiederholung aller wichtigen Punkte, die Hoffnung, daß der Kunde mit der Ware zufrieden sein wird, einen Hinweis auf andere Waren *(referencia a otros productos)*, die den Kunden wahrscheinlich interessieren werden *(que posiblemente interesarán al cliente)*, und die Hoffnung auf weitere Aufträge *(la esperanza de recibir más pedidos)*.

Falls die Lieferfirma etwas nicht liefern kann, sollte sie ohne Zustimmung des Kunden keinen Ersatzartikel *(artículo de sustitución)* liefern, sondern ein Gegenangebot machen *(presentar una contraoferta)* oder den Auftrag mit Bedauern ablehnen *(lamentar no poder aceptar [o: atender] el pedido)*.

Bei umfangreichen und schwierigen Aufträgen, z. B. Produktions- oder Exportaufträgen usw. ist es manchmal nicht ratsam, sofort zu bestätigen, denn hier könnte Eile unangenehme gesetzliche Folgen *(consecuencias legales desagradables)* haben. Um genügend Zeit zur Überprüfung zu haben, ist es in solchen Fällen besser, zunächst nur den Erhalt des Auftrages zu bestätigen *(primero sólo confirmar el recibo del pedido)* mit der Zusage, nach Prüfung das Annahmeschreiben in einigen Tagen zu schicken *(enviar la carta de aceptación dentro de unos días)*. Bei zuverlässigen und angesehenen Kunden *(clientes de confianza y buena reputación)* ist das natürlich nicht nötig.

Ändert der Kunde in seiner Bestellung das Angebot der Lieferfirma *(Si el cliente en su pedido altera la oferta del suministrador)*, entsteht rechtlich ein neuer Vertrag. Dasselbe gilt, wenn die Lieferfirma Klauseln ihres Angebots ändert *(altera o modifica cláusulas de su oferta)*. Dann ist die Auftragsbestätigung keine vorbehaltlose Annahme mehr, sondern ein Gegenangebot *(contraoferta)*, das von dem etwaigen *(posible)* Käufer angenommen oder abgelehnt werden kann, d. h. der Käufer ist vertraglich nicht gebunden *(el cliente no está obligado por contrato o contractualmente)*.

Auch werden Postkarten mit vorgedruckter Bestätigung *(tarjetas con una confirmación impresa)* verwandt. Aber ein kurzer Brief mit der Bestätigung, wann die Lieferung zu erwarten ist *(cuando se puede esperar la entrega)*, ist in manchen Fällen besser und trägt zur Schaffung freundschaftlicher Beziehungen bei *(y contribuye a la creación de relaciones amistosas)*.

Viele kleine routinemäßige Bestellungen und Bestätigungen erfolgen telefonisch. Zur Vermeidung von Hörfehlern oder Mißverständnissen *(errores de audición o malentendidos)* ist eine schriftliche Bestätigung zu empfehlen.

Für Lieferschwierigkeiten *(dificultades de suministro)* können folgende Gründe bestehen: Knappheit an Rohmaterial *(escasez de materias primas)*, Maschinenschaden *(avería de la máquina)*, Streik *(huelga)* etc. Es ist wichtig *(esencial, importante)*, daß der Lieferer seinen Kunden hiervon sofort in Kenntnis setzt. Er entschuldigt sich für den Verzug *(se excusa por la demora)*, erklärt die Lage *(explica la situación)* und bringt die Hoffnung zum Ausdruck *(expresa la esperanza)*, daß seinem Kunden keine ungebührlichen Unannehmlichkeiten entstehen *(de que esto no cause injustos inconvenientes a su cliente)*. Er gibt den frühesten Termin an, zu dem er liefern kann, und bittet seinen Kunden um Verlängerung der Lieferzeit *(y pide a su cliente le conceda una prolongación del plazo de entrega)*. Es ist wichtig zu bedenken, daß der Kunde seine Bestellung vielleicht so abgefaßt hat *(que el cliente posiblemente ha formulado o redactado su pedido de tal forma)*, daß prompte Lieferung eine wesentliche Bedingung des Vertrages ist *(que el suministro inmediato es una condición esencial del contrato)*.

A. Auftragsbestätigung

1. Eingangsformeln

Muchas gracias por su pedido n° A 1123 del 8 de marzo,

Besten Dank für Ihren Auftrag Nr. A 1123 vom 8. März,

a) que Vds. pasaron a nuestro agente, el Sr. Gloria, el 10 de marzo.

a) den Sie unserem Vertreter, Herrn Gloria, am 10. März erteilt haben.

b) el cual con mucho gusto aceptamos.

b) den wir gerne annehmen.

c) con el cheque adjunto de (o: por) Ptas. 47.500,–.

c) mit dem beigefügten Scheck über Ptas. 47.500,–.

d) el cual ejecutaremos y expediremos según sus instrucciones.

d) den wir gemäß Ihren Anweisungen ausführen und zum Versand bringen werden.

e) que será ejecutado inmediatamente (o: sin más tardar).

e) der sofort erledigt wird.

f) que aceptamos a las condiciones generales standard de nuestra casa que encontrarán al dorso.

f) den wir entsprechend den auf der Rückseite angegebenen Standard-Geschäftsbedingungen unseres Unternehmens annehmen.

g) que hemos pasado a nuestros agentes, la casa Rodríguez & Hermanos, para su tramitación.

g) den wir an unseren Agenten, die Firma Rodríguez & Hermanos, zur Erledigung weitergegeben haben.

Nos hemos alegrado de recibir su pedido (o: su pedido complementario) del 4 de abril para audífonos

Wir haben uns gefreut, Ihre Bestellung (od. Nachbestellung) vom 4. April über Hörgeräte zu erhalten,

a) y podemos confirmarles que

a) und wir können bestätigen,

tenemos suficientes existencias del tipo D 15 en almacén, por lo que estamos en condiciones de observar (o: cumplir) los plazos de entrega.

daß wir ausreichende Vorräte des Typs D 15 auf Lager haben und daß die Liefertermine eingehalten werden können.

b) que serán suministrados según sus especificaciones.

b) die nach Ihren Einzelangaben geliefert werden sollen.

c) y estamos dispuestos a considerar un suministro contra cuenta corriente si Vds. nos hacen el favor de indicar las referencias comerciales usuales.

c) und werden gerne Lieferung in laufender Rechnung erwägen, wenn Sie so freundlich sind, uns die üblichen Handelsreferenzen anzugeben.

d) y hemos dado instrucciones para que se envíe la mercancía por vapor «Angelita» que zarpará de Valencia el 12 de abril y deberá llegar a Hamburgo el 26 de abril.

d) und haben veranlaßt, die Ware mit MS „Angelita" zu schikken, das am 12. April von Valencia ausläuft und am 26. April in Hamburg eintreffen soll.

e) y haremos todo lo posible para observar la fecha de entrega.

e) und werden unser Bestes tun, das Lieferdatum einzuhalten.

f) y de enterarnos de que Vds. lograron vender el último envío con éxito.

f) und zu hören, daß Sie die letzte Sendung erfolgreich verkauft haben.

Les agradecemos su carta del 8 de junio

Wir danken Ihnen für Ihr Schreiben vom 8. Juni

a) con la orden de compra (o: su pedido) de máquinas para labrar madera.

a) mit einliegender Einkaufsorder (od. Ihrem Auftrag) über Holzbearbeitungsmaschinen.

b) por la cual nos pasan un pedido para el siguiente material:

b) mit dem Sie das folgende Material bestellen:

c) y por su pedido n° 1233 que despacharemos ahora mismo y expediremos en el primer vapor de contenedores (que esté) disponible.

c) und für Ihren Auftrag Nr. 1233, der jetzt von uns sofort erledigt und mit dem ersten verfügbaren Containerschiff zum Versand kommen wird.

Con mucho gusto tomamos (buena) nota de que la máquina de soldar entregada el 10 de julio les ha satisfecho en todo sentido (o: por completo), y les agradecemos el pedido complementario que acabamos de recibir.

Wir nehmen gerne zur Kenntnis, daß die am 10. Juli gelieferte Schweißmaschine Sie in jeder Weise zufriedengestellt hat, und danken Ihnen für die soeben erteilte Nachbestellung.

Confirmamos el pedido de géneros de punto para señora que

Wir bestätigen Ihren heute morgen fernmündlich erteilten

Vds. nos pasaron por teléfono esta mañana para entrega inmediata.

Refiriéndonos a la llamada telefónica que el Sr. Mesón tuvo hoy con Vds. confirmamos que estamos dispuestos a aceptar su pedido según las condiciones estipuladas.

Auftrag über Damenstrickwaren zur sofortigen Lieferung.

Wir beziehen uns auf das heutige Telefongespräch des Herrn Mesón mit Ihnen und bestätigen, daß wir bereit sind, Ihren Auftrag gemäß den festgesetzten Bedingungen anzunehmen.

2. Klarstellung von Einzelheiten und Mißverständnissen

Hagan el favor de informarnos si prefieren el modelo standard o de lujo, ya que Vds. no hacen ninguna indicación en su pedido a este respecto.

Bitte teilen Sie uns mit, ob Sie das Standard- oder das Luxusmodell vorziehen, da Sie dies in Ihrer Bestellung nicht erwähnen.

Sentimos informarles que olvidaron indicar el tamaño por Vds. deseado (o: el color; la longitud; las dimensiones exactas).

Leider haben Sie es unterlassen, die von Ihnen gewünschte Größe (od. Farbe; Länge; die genauen Abmessungen) anzugeben.

Luego que estemos en posesión de estas indicaciones adicionales, expediremos el pedido completo (con nuestro propio camión).

Sobald wir diese zusätzlichen Angaben haben, werden wir den gesamten Auftrag (durch eigenen Lieferwagen) auf den Weg bringen.

Su pedido no está de conformidad con las negociaciones de nuestro contrato preliminar, por lo que Vds. recibirán, en los próximos días, una carta explicativa.

Ihr Auftrag steht nicht im Einklang mit den Vorvertragsverhandlungen, und ein Brief mit einer Klarstellung wird Ihnen in einigen Tagen zugehen.

3. Preise, Abweichungen von den angebotenen Preisen

Aceptamos su pedido a los precios indicados en nuestra carta del 22 de junio, pero para todos los futuros pedidos deberemos calcular los precios indicados en la lista adjunta.

Wir nehmen Ihren Auftrag zu den in unserem Schreiben vom 22. Juni genannten Preisen an, können aber zukünftige Aufträge nur zu den in der beigefügten Liste genannten Preisen annehmen.

Apreciamos su pedido, pero tenemos que señalar

Wir schätzen Ihren Auftrag, möchten jedoch betonen,

a) que nuestros precios no fueron aumentados durante ocho meses, a pesar de que los sueldos y costes de material han subido considerablemente.

a) daß unsere Preise trotz beträchtlich gestiegener Lohn- und Materialkosten acht Monate lang nicht erhöht worden sind.

b) que nuestros precios ya fueron disminuidos (o: reducidos) al mínimo, en espera de un importante pedido.

b) daß unsere Preise in Erwartung eines beträchtlichen Auftrages bereits auf das äußerste Mindestmaß heruntergesetzt wurden.

c) que nuestros precios sólo nos dejan un margen de beneficios muy estrecho.

c) daß unsere Preise uns nur eine sehr kleine Gewinnspanne lassen.

d) que para mercancías de una calidad semejante nuestros precios son más bajos que los de nuestros competidores.

d) daß für Waren ähnlicher Qualität unsere Preise niedriger sind als die unserer Konkurrenz.

Si Vds. comparan nuestro producto con marcas semejantes, se darán cuenta de (o: comprenderán) que nuestro margen de beneficios es verdaderamente muy pequeño.

Wenn Sie unser Produkt mit ähnlichen Marken vergleichen, wird es Ihnen klar werden, daß unsere Gewinnspanne wirklich sehr klein ist.

Apreciamos su pedido,

Wir schätzen Ihren Auftrag,

a) pero sentimos no poder corresponder a su requerimiento (o: ruego) de darles un descuento especial (o: suplementario) del 3%.

a) bedauern jedoch, daß wir Ihrer Bitte um einen Sonder- (od. weiteren) Rabatt von 3% nicht zustimmen können.

b) pero lamentamos no estar en condiciones de aceptar la reducción de Ptas. 1.500,– sobre el precio de Ptas. 20.000,– propuesta por Vds.

b) bedauern jedoch, daß wir nicht in der Lage sind, der vorgeschlagenen Ermäßigung von Ptas. 1.500,– auf den Preis von Ptas. 20.000,– zuzustimmen.

No es nuestra costumbre conceder créditos a largo plazo para un primer contrato (o: una primera transacción), pero debido a sus referencias estamos dispuestos a hacer una excepción en este caso especial.

Es ist nicht unsere Gepflogenheit, für einen ersten Abschluß langfristige Kredite zu gewähren, jedoch sind wir auf Grund Ihrer Referenzen bereit, in diesem besonderen Falle eine Ausnahme zu machen.

Quisiéramos llamar su atención sobre el hecho de que

Wir möchten darauf hinweisen, daß

a) nuestra oferta de precios especial de Ptas. 30.500,– por caja fue hecha en espera de (o: porque esperábamos) un pedido mucho más importante.

a) *unser besonderes Preisangebot von Ptas. 30.500,– pro Kiste in Erwartung eines viel größeren Auftrages gemacht wurde.*

b) nuestro precio fue indicado para pedidos por valor de Ptas. 500.000,– y más.

b) *unser Preis für Aufträge in einem Wert von Ptas. 500.000,– und darüber angegeben wurde.*

Nos sería imposible suministrar esta pequeña cantidad en varios tamaños sin aumentar el precio de forma considerable.

Es wäre uns unmöglich, diese kleine Menge in verschiedenen Größen zu liefern, ohne die Preise erheblich zu erhöhen.

Lamentamos no poder aumentar nuestro descuento, porque nuestros precios ya están calculados muy por debajo del promedio.

Wir bedauern, daß wir unseren Rabatt nicht erhöhen können, da unsere Preise bereits erheblich unter dem Durchschnitt kalkuliert wurden.

4. Zahlungsbedingungen

Adjuntamos nuestra factura proforma

Wir fügen unsere Pro-forma-Rechnung bei

a) y les agradeceríamos si pudieran tomar las medidas necesarias para que el pago sea efectuado por medio de transferencia bancaria.

a) *und wären Ihnen dankbar, wenn Sie die Zahlung durch Banküberweisung veranlassen könnten.*

b) y expediremos su pedido inmediatamente, luego que ésta haya sido liquidada.

b) *nach deren Regulierung Ihr Auftrag unverzüglich zum Versand kommen wird.*

c) que les informará sobre los detalles del flete y el coste del seguro. El pago deberá efectuarse antes del envío (o: despacho) de la mercancía.

c) *die Ihnen die Einzelheiten über die Fracht und Versicherungskosten gibt. Die Zahlung muß vor Absendung der Ware erfolgen.*

1. Si Vds. nos envían su cheque por este importe o nos anuncian la apertura de una carta de crédito,

1. *Wenn Sie uns Ihren Scheck für diesen Betrag senden oder die Ankündigung der Eröffnung eines Akkreditivs,*

2. Luego que recibamos su transferencia de Ptas. . . .

2. *Bei Erhalt Ihrer Überweisung von Ptas. . . .*

a) empezaremos a despachar su pedido.

a) *werden wir Ihren Auftrag in Arbeit nehmen.*

b) expediremos las mercancías sin más tardar.

b) *werden wir die Waren unverzüglich zum Versand bringen.*

c) su pedido será expedido inmediatamente.

c) *wird Ihr Auftrag unverzüglich abgesandt werden.*

d) las mercancías les serán expedidas dentro de unos días.

d) *werden die Waren innerhalb einiger Tage an Sie abgesandt werden.*

e) pasaremos su pedido al agente de transportes.

e) *werden wir Ihren Auftrag an die Speditionsfirma freigeben.*

1. Su pedido será enviado,

1. *Ihr Auftrag wird abgeschickt werden,*

2. Las mercancías serán expedidas por mediación de nuestro agente de transportes,

2. *Die Waren werden durch Vermittlung unseres Spediteurs versandt werden,*

a) luego que recibamos su transferencia.

a) *sobald wir Ihre Überweisung erhalten.*

b) luego que nuestro banco nos informe de que ha sido instruido de efectuar el pago.

b) *sobald wir von unserer Bank hören, daß die Zahlung veranlaßt wurde.*

c) luego que Vds. nos devuelvan la letra a 90 días vista que adjuntamos, provista de su aceptación, para saldar nuestra factura n° 1287.

c) *sobald wir zum Ausgleich unserer Rechnung Nr. 1287 den beiliegenden 90-Tage-Sichtwechsel mit Ihrem Akzept zurückerhalten.*

Como hasta la fecha todavía no hemos hecho negocios von Vds.,

Da wir bisher mit Ihnen noch keine Geschäfte gemacht haben,

a) les agradeceríamos nos transfieran Ptas. 250.000,–, según la factura proforma que adjuntamos.

a) *wären wir Ihnen für die Überweisung von Ptas. 250.000,– gemäß beiliegender Pro-forma-Rechnung dankbar.*

b) adjuntamos una copia de nuestra factura, y nos complacería si Vds. ordenasen el pago por medio de letra bancaria (o: de la apertura de una carta de crédito irrevocable en nuestro favor).

b) *fügen wir eine Kopie unserer Rechnung bei und würden uns freuen, wenn Sie die Zahlung durch Banktratte (od. durch Eröffnung eines unwiderruflichen Akkreditivs zu unseren Gunsten) veranlassen würden.*

Lamentamos no poder aceptar pedidos sin recibir un pago adelantado del 30% del valor del pedido.

Wir können leider keine Aufträge annehmen ohne eine Vorauszahlung von 30 Prozent des Auftragswertes.

Sentimos mucho poder enviarles las mercancías deseadas sólo si recibimos su pago con el pedido.

Wir bedauern sehr, daß die von Ihnen erbetenen Waren nur gesandt werden können, wenn wir Zahlung mit dem Auftrag erhalten.

Tenemos que insistir en pago por medio de carta de crédito documentario.

Wir müssen auf Zahlung durch Dokumentenakkreditiv bestehen.

Estamos seguros de que Vds. comprenderán la necesidad de esta política de negocios.

Wir sind sicher, daß Sie die Notwendigkeit dieser Geschäftspolitik einsehen werden.

Esta es nuestra estrategia usual en caso de pedidos del extranjero (o: primeros pedidos).

Dies ist unsere übliche Geschäftspolitik bei Auslands- (od. Erst-)aufträgen.

Por esta razón, hagan el favor de

Würden Sie deshalb bitte

a) enviarnos un cheque por Ptas. 84.500,–, y ejecutaremos su pedido inmediatamente con mucho gusto.

a) einen Scheck über Ptas. 84.500,– an uns senden, und wir werden Ihren Auftrag gerne sofort ausführen.

b) hacer lo necesario e informarnos en su debido tiempo.

b) das Nötige veranlassen und uns zur gegebenen Zeit benachrichtigen.

Les rogamos comprendan que éste es el proceso usual que se emplea (o: aplica) en tales (o: semejantes) casos.

Wir bitten Sie zu verstehen, daß dieses Verfahren allgemein in solchen Fällen zur Anwendung kommt.

Libraremos (o: giraremos) una letra a la vista (o: una letra a 60 días vista) a su cargo por medio del Banco ..., al que hemos instruido entregar los documentos contra pago (o: aceptación) de la letra.

Wir werden für diesen Betrag eine Sichttratte (od. eine Tratte mit Laufzeit von 60 Tagen) durch die ... Bank auf Sie ziehen, die angewiesen wurde, die Dokumente gegen Zahlung (od. Akzept) der Tratte auszuhändigen.

Los documentos de embarque, el certificado del seguro y la factura consular les serán entregados, como es usual, contra pago del importe pagadero.

Die Schiffsdokumente, Versicherungszertifikat und Konsulatsfaktura werden Ihnen gegen Zahlung des fälligen Betrages wie üblich ausgehändigt werden.

Pasaremos los documentos a Vds. por medio de nuestro banco, el Banco ..., el cual se los entregará en su debido tiempo contra aceptación de la letra presentada a Vds.

Wir werden die Dokumente durch unsere Bank, die ... Bank, an Sie weiterleiten, die diese zur gegebenen Zeit gegen Akzept des Ihnen präsentierten Wechsels dann aushändigen wird.

5. Bitte um Angabe von Referenzen

1. Como ésta es la primera vez que hacemos negocios con Vds.,

2. Como éste es el primer pedido que hemos tenido el placer de recibir de Vds.,

   a) nos complacería rellenasen y nos devolviesen el formulario de solicitud de crédito que adjuntamos.

   b) nos complacería nos indicasen el nombre de su banco y algunas casas a las que podamos dirigirnos para obtener referencias.

   c) Vds. tal vez sean tan amables de indicarnos las usuales referencias comerciales.

   d) nos complacería indicaran los nombres de dos casas con las que hacen negocios con regularidad.

Antes de que podamos enviarles las mercancías, tenemos que pedirles nos envíen las referencias usuales, una de su banco y la otra de una casa de la que compraron mercancías.

Permítannos proponerles que, si Vds. están interesados en abrir una cuenta corriente en nuestra casa, nos manden sus referencias comerciales y bancarias. De esta forma, negocios futuros podrán efectuarse sobre base crediticia.

Es nuestra costumbre rogar a todos los nuevos clientes enviarnos referencias.

1. *Da dies das erste Mal ist, daß wir mit Ihnen Geschäfte machen,*

2. *Da dies der erste Auftrag ist, den wir das Vergnügen hatten von Ihnen zu erhalten,*

   a) *würde es uns freuen, wenn Sie das beigefügte Kreditantragsformular ausfüllen und an uns zurücksenden würden.*

   b) *hätten wir gerne, wenn Sie den Namen Ihrer Bank und einige Firmen angeben würden, an die wir uns um Referenzen wenden können.*

   c) *sind Sie vielleicht so freundlich, uns die üblichen Handelsreferenzen anzugeben.*

   d) *würde es uns freuen, wenn Sie die Namen von zwei Firmen angeben würden, mit denen Sie regelmäßig Geschäfte tätigen.*

Bevor wir die Waren schicken können, müssen wir Sie um die üblichen Referenzen bitten, eine von Ihrer Bank und die andere von einer Firma, von der Sie Waren bezogen haben.

Dürfen wir vorschlagen, daß, wenn Sie daran interessiert sind, bei uns ein Konto zu eröffnen, Sie uns Ihre Handels- und Bankreferenzen schicken. So können zukünftige Geschäfte auf Kreditbasis abgewickelt werden.

Es ist unsere Gepflogenheit, alle unsere neuen Kunden um Referenzen zu bitten.

6. Lieferzeit, Lieferung

1. Todos los artículos pueden suministrarse desde (o: franco; puestos en) almacén

1. *Alle Artikel sind ab Lager lieferbar*

2. Las mercancías pedidas pueden suministrarse desde almacén

2. *Die bestellten Waren können ab Lager geliefert werden*

a) y les serán expedidos/as inmediatamente por f.c., portes pagados, una vez que hayamos recibido la cantidad debida, es decir Ptas. 44.928,–.

a) *und werden Ihnen mit der Bahn frachtfrei sofort nach Empfang des fälligen Betrages, d. h. Ptas. 44.928,–, gesandt.*

b) y serán expedidos/as por el servicio de paquetes postales (o: flete aéreo, por f.c.), luego que hayamos recibido la transferencia (o: nuestro banco nos haya informado de que el pago ha sido ordenado).

b) *und werden durch Paketpost (od. Luftfracht, per Bahn) gesandt werden, sobald wir die Überweisung erhalten (od. wir von unserer Bank hören, daß die Zahlung veranlaßt wurde).*

Expediremos el pedido por flete aéreo dentro de unos días, como deseaban.

Wir werden den Auftrag wie gewünscht in einigen Tagen durch Luftfracht senden.

Las mercancías fueron expedidas hoy en pequeña velocidad, en sacos del tamaño deseado.

Die Waren wurden heute als Frachtgut in Säcken der gewünschten Größe versandt.

Tenemos las mercancías en almacén y las expediremos mañana por f.c.

Wir haben die Waren auf Lager und werden sie morgen per Bahn versenden.

Haremos lo necesario para que las mercancías les sean expedidas dentro de tres días.

Wir werden veranlassen, daß die Waren Ihnen in drei Tagen geliefert werden.

Las mercancías les serán enviadas mañana (o: dentro de la próxima semana; en unos días; en 10 a 15 días) por el servicio de paquetes postales (o: con nuestro camión; por f.c., portes pagados; por vía marítima; por flete aéreo).

Die Waren werden Ihnen durch Paketpost (od. durch unseren Lieferwagen; durch die Bahn, frachtfrei; auf dem Seewege; als Luftfracht) morgen (od. in der nächsten Woche; in einigen Tagen; in 10 bis 15 Tagen) geschickt.

Les expediremos el envío

Wir werden Ihnen die Sendung

a) de conformidad con sus deseos el 10 de abril.

a) *wie erbeten am 10. April schikken.*

b) lo más rápidamente posible y, de todos modos, no más tarde de finales de este mes.

b) so bald wie möglich und bestimmt nicht später als Ende dieses Monats schicken.

Vds. podrán esperar el envío en tres semanas aproximadamente.

Sie können die Lieferung in ungefähr drei Wochen erwarten.

Esperamos poder expedir este envío en 15 días y les informaremos cuanto antes sobre la fecha exacta de expedición.

Wir hoffen, diesen Auftrag in 14 Tagen liefern zu können, und werden Sie über das genaue Datum der Lieferung so bald wie möglich unterrichten.

Pueden Vds. estar seguros de que su máquina estará lista para su envío el 10 de octubre.

Sie können sicher sein, daß Ihre Maschine am 10. Oktober versandbereit sein wird.

Vds. podrán contar con el envío el o antes del 5 de diciembre, como prometimos.

Sie können mit der Lieferung am oder vor dem 5. Dezember wie zugesagt rechnen.

Las mercancías serán enviadas el 15 de marzo con nuestro camión

Die Waren werden am 15. März durch unseren Lieferwagen geschickt werden,

a) y esperamos entregarlas en el curso de la tarde.

a) und wir hoffen, sie im Laufe des Nachmittags anzuliefern.

b) y suponemos que nuestro conductor llegará a su sucursal de Burgos en las últimas horas de la tarde, pero todavía durante las horas de oficina.

b) und wir nehmen an, daß unser Fahrer in Ihrer Zweigstelle in Burgos am späten Nachmittag ankommen wird, jedoch noch während der Geschäftsstunden.

Abastecemos su región dos veces por semana y esperamos poder incluir las tripas para embutidos en el suministro que efectuaremos el jueves.

Wir liefern zweimal in der Woche in Ihrem Gebiet und hoffen, die bestellten Wursthäute bei unserer Fahrt am Donnerstag hinzuzunehmen.

Haremos todo lo posible para proveerles, según sus deseos, hasta finales de este mes, pero no podemos garantizar la fecha de entrega.

Wir werden alles tun, was wir können, um gemäß Ihrem Wunsche bis zum Ende des Monats zu liefern, können das Lieferdatum jedoch nicht garantieren.

Sentimos no poder asumir la responsabilidad por el retraso en la entrega, si bien podemos darles nuestra promesa firme de que haremos todo lo posible para realizar la entrega hasta el 30 de octubre.

Wir bedauern, daß wir die Verantwortung für Lieferungsverzug nicht übernehmen können. Jedoch können wir Ihnen unsere feste Zusage geben, daß alle Anstrengungen unternommen werden, um die Lieferung bis zum 30. Oktober zu schaffen.

1. Hemos empezado con la fabricación

2. Estamos dando prioridad a su pedido

   a) y les informaremos sobre la fecha de embarque lo más rápidamente posible (o: cuanto antes).

   b) y esperamos embarcar las grabadoras de vídeo en el portacontenedores «Emden Express» que zarpará de Rotterdam el 2 de marzo.

   c) y no habrá ninguna dificultad en entregarles las mercancías hasta la fecha estipulada.

Hemos iniciado un programa inmediato para la fabricación de las partes especiales deseadas por Vds.

Tomamos conocimiento del hecho de que

a) Vds. desean recoger (o: ir a buscar) las mercancías personalmente, y las pondremos a su disposición el 22 de mayo.

b) su agente de transportes recogerá las mercancías en nuestra fábrica.

Este envío será despachado por nuestro agente de fletes aéreos, la casa Martínez, que también se encargará de entregarlo en su laboratorio (o: almacén).

Hemos tomado las medidas necesarias con la casa de transportes recomendada por Vds. para la recogida de este envío en nuestro almacén con el fin de embarcarlo el 25 de mayo.

Informaremos a su agente de transportes, la casa Rubio & Cía, cuando (o: luego que) el pedido esté listo para ser recogido.

1. *Wir haben mit der Herstellung begonnen*

2. *Wir behandeln Ihren Auftrag mit Vorrang*

   a) *und werden Ihnen das Verschiffungsdatum so bald wie möglich mitteilen.*

   b) *und hoffen, die Videorecorder mit dem Containerschiff „Emden Express", das von Rotterdam am 2. März ausläuft, zu verschiffen.*

   c) *und es wird keine Schwierigkeit entstehen, Ihnen die Waren bis zum festgesetzten Datum zuzustellen.*

Wir haben ein Sofortprogramm zur Anfertigung der von Ihnen gewünschten Spezialteile eingeleitet.

Wir nehmen davon Kenntnis,

a) *daß Sie die Waren selbst abholen wollen, und wir werden sie wie gewünscht für Sie am 22. Mai bereithalten.*

b) *daß die Waren in unserem Werk durch Ihren Spediteur abgeholt werden sollen.*

Diese Sendung soll durch unseren Luftfrachtspediteur, die Firma Martínez, abgefertigt werden, die für Lieferung an Ihr Laboratorium (od. Lagerhaus) sorgen wird.

Wir haben mit der von Ihnen vorgeschlagenen Speditionsfirma Vorkehrungen zur Abholung dieser Sendung von unserem Lagerhaus zur Verschiffung am 25. Mai getroffen.

Wir werden Ihren Spediteur, die Firma Rubio & Cía., benachrichtigen, wenn der Auftrag abholbereit ist.

Las mercancías están listas para el envío, y esperamos sus instrucciones de expedición.

Die Waren sind jetzt zum Versand bereit, und wir erwarten Ihre Versandanweisungen.

Les enviaremos un aviso de expedición

Wir werden Ihnen eine Versandanzeige schicken,

a) luego que las mercancías hayan sido embaladas y embarcadas.

a) sobald die Waren verpackt und verschifft sind.

b) cuando se hayan efectuado todos los preparativos y se haya embarcado su pedido.

b) wenn alle Vorbereitungen durchgeführt sind und Ihr Auftrag verschifft worden ist.

Como solicitado por Vds.,

Wie erbeten, werden wir Ihnen

a) les informaremos sobre la fecha de expedición.

a) das Absendedatum mitteilen.

b) les comunicaremos cuando está listo su pedido para su recogida.

b) mitteilen, wenn Ihr Auftrag abholbereit ist.

7. Die Lieferzeit kann nicht eingehalten werden

Sentimos mucho

Wir bedauern sehr,

a) deber comunicarles un retraso en la ejecución de su pedido.

a) Ihnen eine Verzögerung in der Ausführung Ihres Auftrages mitteilen zu müssen.

b) que el artículo n° 23 B no pueda suministrarse antes del 10 de mayo. Les quedaríamos muy agradecidos si pudieran indicarnos si desean esperar o pedir un modelo alternativo.

b) daß Artikel Nr. 23B nicht vor dem 10. Mai lieferbar ist. Wir wären dankbar, wenn Sie angeben würden, ob Sie warten oder ein Alternativmodell bestellen wollen.

c) que debido a una interrupción temporal de nuestra maquinaria (o: de nuestro parque de máquinas) no nos sea posible entregar las mercancías inmediatamente.

c) daß es uns infolge einer vorübergehenden Betriebsstörung unseres Maschinenparks unmöglich ist, die Waren sofort auszuliefern.

d) no poder suministrar antes del 15 de marzo.

d) daß wir nun frühestens am 15. März liefern können.

e) que debido a una escasez imprevista de materia prima no estamos en condiciones de ejecutar su pedido n° 2456

e) daß wir infolge eines unvorhergesehenen Rohmaterialmangels nicht in der Lage sind, Ihren Auftrag Nr. 2456 bis hasta el 22 de marzo como deseado.

22. März wie erbeten auszuführen.

1. La demanda fue tan grande,

1. Die Nachfrage ist so groß gewesen,

2. Tuvimos una demanda tan enorme de estos artículos,

2. Wir hatten eine so enorme Nachfrage nach diesen Artikeln,

a) que no estábamos en absoluto preparados para ella.

a) daß wir gar nicht darauf gefaßt waren.

b) que nuestro almacén se agotó antes de lo esperado.

b) daß unser Lager früher als erwartet leer war.

c) que nuestro almacén de reserva está completamente agotado.

c) daß unser ganzes Reservelager verbraucht ist.

d) que nuestro proveedor no consiguió hacer frente a la cantidad de pedidos que recibió.

d) daß unser Zulieferer mit der Auftragswelle nicht Schritt halten konnte.

1. Retrasos (o: demoras) en el suministro de la materia prima (o: de componentes)

1. Verzögerungen in der Lieferung des Rohmaterials (od. der Einzelteile) haben

2. Una serie de circunstancias adversas

2. Eine Reihe widriger Umstände haben

3. Dificultades con el personal

3. Personalschwierigkeiten haben

4. La (reciente) huelga de los obreros metalúrgicos

4. Der (kürzliche) Streik der Metallarbeiter hat

a) nos forzó/forzaron a reducir (temporalmente) la producción, lo que significa un retraso en la entrega de 4 a 5 semanas.

a) uns dazu gezwungen, die Produktion (vorübergehend) zu drosseln, was eine Lieferungsverzögerung von 4 bis 5 Wochen bedeutet.

b) causó/causaron retrasos en la expedición de una cantidad de envíos.

b) Verzögerungen im Versand einer Anzahl von Sendungen verursacht.

c) desorganizó / desorganizaron por completo nuestro negocio, y pese a que hemos hecho todo lo posible por cumplir nuestras obligaciones, tememos no poder ejecutar su pedido antes del 20 de julio.

c) unser Geschäft vollständig durcheinandergebracht, und obgleich wir die größten Anstrengungen unternommen haben, unseren Verpflichtungen nachzukommen, fürchten wir, daß wir Ihren Auftrag nicht vor dem 20. Juli ausführen können.

Se están haciendo negociaciones de arbitraje, y hay razones fundadas para creer que podremos ejecutar la entrega en dos semanas.

Schlichtungsverhandlungen sind im Gange, und es besteht durchaus Grund zu der Annahme, daß wir die Lieferung in zwei Wochen durchführen können.

Uno de nuestros talleres fue dañado (o: averiado) por un (pequeño) incendio

Eine unserer Werkstätten wurde durch ein (kleines) Feuer beschädigt,

a) y, si bien el daño en nuestras máquinas no ha sido demasiado grave, esto retardará nuestra producción durante algún tiempo (o: tuvimos que parar la producción temporalmente).

a) und, obgleich der Schaden an unseren Maschinen nicht allzu ernst gewesen ist, wird dies unsere Produktion eine Zeitlang aufhalten (od. mußten wir die Produktion zeitweilig einstellen).

b) y no tenemos esperanza alguna de poder reanudar la producción a toda marcha antes de dos semanas.

b) und es besteht keine Hoffnung, daß wir die volle Produktion früher als in zwei Wochen wieder aufnehmen können.

Sin embargo, hacemos todo lo posible por reanudar la producción.

Es wird jedoch jede Anstrengung unternommen, die Produktion wieder aufzunehmen.

Nuestros proveedores se comprometieron a (o: garantizaron) suministrar el material necesario esta semana,

Unsere Lieferer haben sich verpflichtet (od. haben garantiert), das notwendige Material in dieser Woche zu liefern,

a) y por eso suponemos estar en condiciones de entregar la mercancía hasta el 5 de octubre.

a) und wir dürften infolgedessen in der Lage sein, bis zum 5. Oktober zu liefern.

b) y esperamos poder entregar estos artículos hasta finales de mes.

b) und wir erwarten in der Lage zu sein, diese Artikel bis Ende des Monats zu liefern.

1. Estamos trabajando con pleno aprovechamiento de la capacidad

1. Wir arbeiten mit voller Kapazitätsauslastung,

2. Trabajamos en dos turnos

2. Wir arbeiten in zwei Schichten,

3. Nuestra fábrica está haciendo horas extraordinarias

3. Unsere Fabrik macht Überstunden,

4. Pueden Vds. estar seguros de que estamos haciendo todo lo posible

4. Seien Sie versichert, daß wir alles tun, was wir können,

   a) para mantenernos al día con los pedidos.

*   a) um mit den Aufträgen Schritt zu halten.*

b) para recuperar el tiempo perdido.

c) para poder corresponder nuevamente a la demanda.

Les aseguramos que todos los pedidos son ejecutados estrictamente uno después del otro, conforme los recibimos, y que hacemos todo lo posible para acelerar su entrega.

Sentimos no poder entregar los cinco motores hasta la fecha indicada en nuestra carta del 8 de mayo, pero trataremos su pedido con prioridad, de forma que Vds. no necesitarán esperar más de cinco días por encima de la fecha original de entrega.

La fecha más breve en la que podemos expedir su pedido del 27 de julio es el 5 de septiembre.

Suponemos que la expedición de su pedido se retrasará como máximo unas tres semanas.

Hagan el favor de confirmar su pedido para esta fecha de entrega.

Sentimos sinceramente no poder observar la fecha de entrega inicialmente fijada; sin embargo, esperamos que las máquinas abandonarán (o: saldrán de) nuestros talleres a primeros de mayo.

Esperamos que esta demora no les causará serias molestias (o: serios inconvenientes).

Les rogamos perdonen (o: excusen) esta lamentable demora,

a) esperando que Vds. comprenderán que ello se debe a cir-

---

b) um die verlorene Zeit aufzuholen.

c) um die Nachfrage wieder aufzuholen.

Wir versichern Ihnen, daß alle Aufträge streng der Reihe nach, entsprechend ihrem Eingang, zur Ausführung kommen, und daß zur Beschleunigung der Lieferung alles nur Mögliche geschieht.

Leider werden wir die fünf Motoren bis zu dem in unserem Schreiben vom 8. Mai erwähnten Datum nicht liefern können, aber wir werden Ihren Auftrag mit Vorrang behandeln, so daß Sie nicht länger als fünf Tage über das ursprüngliche Lieferdatum hinaus zu warten brauchen.

Der früheste Zeitpunkt, an dem wir Ihren Auftrag vom 27. Juli zum Versand bringen können, ist der 5. September.

Wir schätzen, daß die Auslieferung Ihres Auftrages sich um höchstens etwa drei Wochen verzögert.

Bestätigen Sie bitte Ihren Auftrag für diesen Liefertermin.

Es tut uns wirklich sehr leid, daß wir das anfänglich festgesetzte Lieferdatum nicht einhalten können. Wir hoffen jedoch, daß die Maschinen unsere Werkstätten Anfang Mai verlassen werden.

Wir hoffen, daß dieser Verzug Ihnen keine ernstlichen Unannehmlichkeiten verursacht.

Für diese bedauerliche Verzögerung bitten wir um Entschuldigung

a) und hoffen, daß Sie verstehen werden, daß dies Umständen

cunstancias (o: razones; causas) fuera de nuestro control.

(od. Gründen) zuzuschreiben ist, über die wir keine Kontrolle haben.

b) esperando que Vds. no nos harán responsables de acontecimientos fuera de nuestro control.

b) und hoffen, daß Sie uns für Vorkommnisse außerhalb unserer Kontrolle nicht verantwortlich machen werden.

c) esperando que esto no les ocasione a Vds. inconvenientes injustos (o: serios).

c) und hoffen, daß Ihnen hierdurch keine ungebührlichen (od. ernstlichen) Unannehmlichkeiten entstehen.

d) y haremos todo lo posible por tramitar su pedido.

d) und tun unser Bestes, um Ihren Auftrag auf den Weg zu bringen.

Para evitar más retrasos enviaremos las mercancías a sus locales comerciales por carretera sin cargarles gastos adicionales.

Zur Vermeidung weiterer Verzögerungen werden wir die Waren durch Straßentransport ohne zuzügliche Berechnung zu Ihren Geschäftsräumen schicken.

Como Vds. indicaron que no necesitan la mercancía con urgencia, esperamos que este retraso no les causará demasiados inconvenientes.

Da Sie angaben, daß die Waren nicht dringend gebraucht werden, hoffen wir, daß diese Verzögerung Ihnen keine übermäßigen Unannehmlichkeiten verursachen wird.

Lamentamos sinceramente que de esta forma tengamos que causarles molestias, ya que estamos siempre interesados en prestar el mejor servicio posible a nuestros clientes.

Wir bedauern wirklich, daß wir Ihnen auf diese Weise Unannehmlichkeiten bereiten müssen, da uns immer sehr daran liegt, unsere Kunden bestmöglich zu bedienen.

En vista de estas circunstancias bastante extraordinarias (o: poco comunes), estamos seguros de que Vds. tendrán en este caso un poco de paciencia.

Angesichts dieser ziemlich ungewöhnlichen Umstände sind wir sicher, daß Sie in diesem Falle etwas Geduld haben werden.

Acepten, por favor, nuestras (sinceras) excusas

Bitte nehmen Sie unsere (aufrichtige) Entschuldigung

a) por los inconvenientes que les hemos ocasionado.

a) für die verursachten Unannehmlichkeiten entgegen.

b) por esta demora.

b) wegen dieser Verzögerung entgegen.

8. Teilsendung

Nuestra fábrica está trabajando a plena capacidad y, si no ocurre algo inesperado, les suministraremos el primer envío el 7 de mayo

Unsere Fabrik ist voll ausgelastet und, falls nichts Unerwartetes passiert, werden wir Ihnen die erste Sendung am 7. Mai schicken,

a) y el resto en 14 (o: 15) días.

a) und den Rest in 14 Tagen.

b) y los demás envíos seguirán, conforme convenido, en intervalos de 14 (o: 15) días.

b) und die anderen Sendungen werden wie abgemacht in Abständen von 14 Tagen folgen.

Nuestro servicio de transportes (o: de expedición) fue instruido por nosotros de expedir sus pedidos el 20 de mayo, 20 de junio y 20 de julio.

Unserer Speditionsabteilung (od. Versandabteilung) wurden Anweisungen gegeben, Ihre Aufträge am 20. Mai, 20. Juni und 20. Juli zu versenden.

Expediremos a Vds. los siguientes artículos por paquete postal al principio de la próxima semana:

Die folgenden Artikel werden durch Paketpost Anfang der nächsten Woche an Sie abgehen:

Todas las partidas con excepción de la n° 99 les serán expedidas dentro de los próximos días desde almacén.

Alle Posten Ihres Auftrages mit Ausnahme von Nr. 99 werden innerhalb der nächsten Tage ab Lager an Sie geliefert.

Sentimos no estar en condiciones de expedir los lotes n° 40 y 44 de su pedido antes del principio de marzo.

Leider sind wir aber nicht in der Lage, die Posten Nr. 40 und 44 Ihres Auftrages vor Anfang März abzuschicken.

Sentimos mucho que los lotes 4 y 5 no estarán disponibles antes de principios de abril.

Wir bedauern, daß die Posten 4 und 5 erst Anfang April greifbar sind.

No podemos prometerles el envío de estos artículos antes del 10 de abril, esperando que esto les venga bien (o: les convenga).

Wir können nicht versprechen, diese Artikel vor dem 10. April abzuschicken und hoffen, daß Ihnen dies paßt.

9. Weitere Lieferungen können nur nach Begleichung der noch offenstehenden Rechnungen erfolgen

1. Muchas gracias por habernos pasado otro pedido,

1. Vielen Dank für die Erteilung eines weiteren Auftrages,

2. Nos complace haber recibido

2. Es hat uns gefreut, Ihren Auf-

su pedido relativo a otro suministro de cuero para vestimenta,

a) pero ya que el balance de su cuenta se eleva ahora a Ptas. 80.000,– (o: sobrepasa Ptas. 80.000,–), nos complacería recibir de Vds. un cheque antes de concluir otros negocios (o: antes de que podamos otorgarles créditos para otros suministros).

b) sin embargo, debemos llamar su atención sobre el hecho de que todavía siguen pendientes nuestras facturas del 11 de abril y 2 de mayo.

Sentimos informarles que su pedido fue detenido por nuestro servicio de créditos hasta que hayamos recibido los 2.930,– marcos alemanes que nos deben del último envío.

Por esta razón les rogamos

a) enviarnos un cheque de Ptas. 150.000,– como pago (parcial) de su factura.

b) enviarnos inmediatamente (o: a vuelta de correo) un cheque en liquidación de su cuenta para que su pedido pueda ejecutarse sin más demora.

1. Haremos lo necesario para que su taponadora sea expedida inmediatamente

2. Su nuevo pedido será expedido

3. Enviaremos el nuevo pedido

a) luego que llegue su cheque.

b) una vez que hayan efectua-

---

trag für eine weitere Lieferung Leder für Bekleidung zu erhalten,

a) aber da der Saldo Ihres Kontos jetzt bei Ptas. 80.000,– steht (od. jetzt Ptas. 80.000,– überschreitet), würden wir es begrüßen, einen Scheck von Ihnen zu erhalten, bevor wir weitere Geschäfte abschließen (od. bevor wir Kredite für weitere Lieferungen gewähren können).

b) wir müssen jedoch darauf hinweisen, daß unsere Rechnungen vom 11. April und 2. Mai noch offenstehen.

Wir bedauern sehr Ihnen mitzuteilen, daß Ihr Auftrag durch unsere Kreditabteilung aufgehalten wird bis zum Erhalt von DM 2.930,–, die für Ihre letzte Sendung fällig sind.

Wir bitten Sie deshalb, uns

a) einen Scheck in Höhe von Ptas. 150.000,– zur (Teil)Zahlung Ihrer Rechnung zu schicken.

b) sofort (od. postwendend) einen Scheck zur Regulierung Ihres Kontos zu schicken, so daß Ihr Auftrag ohne weitere Verzögerung ausgeführt werden kann.

1. Wir werden dafür sorgen, daß die Korkenverschlußmaschine sofort herausgeht,

2. Ihr neuer Auftrag wird versandt werden,

3. Wir schicken den neuen Auftrag,

a) sobald Ihr Scheck ankommt.

b) sobald Sie die Juli-Rech-

do el pago de las facturas de julio.

Sin duda la demora en el pago se debe a un error y la suma se hallará posiblemente en camino. Luego que la hayamos recibido podremos expedir su pedido sin más tardar.

nungen bezahlt haben.

Zweifellos ist der Zahlungsverzug einem Versehen zuzuschreiben, und die Zahlung ist vielleicht schon jetzt unterwegs. Ihr Eintreffen wird es uns ermöglichen, Ihren Auftrag sofort zu versenden.

10. Schlußworte

1. Les aseguramos que

2. Les agradecemos habernos pasado un pedido de prueba y prometemos que

su pedido será ejecutado con esmero y puntualidad.

Estamos (completamente) seguros de que

a) Vds. estarán más que satisfechos con las faldas y los pantalones elegidos, y nos complacería continuar sirviéndoles aún durante muchos años en el futuro.

b) Vds. estarán completamente satisfechos con la ejecución de su pedido y que este primer negocio dará lugar (o: conducirá) a unas relaciones agradables y permanentes entre nuestras empresas.

Esperamos

a) que esto sea sólo el principio de unas largas y agradables relaciones (o: relaciones comerciales), y pueden Vds. estar seguros de que haremos todo lo que esté a nuestro alcance para intensificar éstas.

b) que éste sea sólo el primero de los muchos pedidos que Vds. nos pasarán.

1. Wir versichern Ihnen, daß

2. Wir danken Ihnen für die Erteilung eines Probeauftrages und versprechen, daß

Ihr Auftrag sorgfältig und prompt erledigt wird.

Wir sind (ganz) sicher, daß

a) Sie mit den ausgewählten Damenröcken und Hosen mehr als zufrieden sein werden, und würden uns freuen, Sie in der Zukunft noch viele Jahre zu bedienen.

b) Sie mit der Ausführung Ihres Auftrages voll zufrieden sein werden und daß dieser erste Abschluß zu einer angenehmen und dauernden Verbindung zwischen unseren Unternehmen führen wird.

Wir hoffen,

a) daß dies der Anfang einer langen und angenehmen Verbindung (od. Geschäftsverbindung) ist, und Sie können gewiß sein, daß wir alles in unserer Macht Stehende tun werden, diese zu vertiefen.

b) daß dies nur der erste von vielen Aufträgen sein wird, die Sie uns erteilen werden.

c) que esto resultará ser el inicio de unas largas relaciones comerciales beneficiosas (o: provechosas) para ambas partes.

Se están haciendo todos los esfuerzos posibles para corresponder a sus exigencias, y esperamos que la ejecución de este pedido de prueba conducirá a otros negocios, especialmente a una orden (de carácter) permanente.

Nos encontramos siempre animados del deseo de servir a nuestros clientes lo mejor posible, y estamos seguros de que Vds. con gusto concluirán negocios con nosotros.

Les aseguro con mucho gusto que me ocuparé personalmente de la ejecución de su pedido y vigilaré que cada pieza sea fabricada exactamente según su especificación.

Como Vds. tal vez no conozcan todavía la larga gama de productos de la que disponemos, les enviamos adjunto un ejemplar del catálogo completo, esperando que la ejecución de este pedido les incitará a concluir más negocios con nosotros.

c) daß sich dies als Beginn einer langen und beiderseits gewinnbringenden Geschäftsverbindung erweisen wird.

Alle möglichen Anstrengungen werden unternommen, um Ihren Anforderungen zu entsprechen, und wir hoffen, daß die Erledigung dieses Probeauftrages zu weiteren Geschäften führen wird, insbesondere zu einem Dauerauftrag.

Wir sind immer bestrebt, unsere Kunden bestens zu bedienen, und sind sicher, daß Sie gerne mit uns Geschäfte abschließen werden.

Ich versichere Ihnen gerne, daß ich mich persönlich um Ihren Auftrag kümmern und darauf achten werde, daß jedes Stück genau nach Ihrer Spezifikation angefertigt wird.

Da Sie unsere breite Produktpalette vielleicht nicht kennen, senden wir Ihnen in der Anlage ein Exemplar unseres Gesamtkataloges und hoffen, daß die Ausführung dieses Auftrages zu weiteren Geschäften zwischen uns führen wird.

B. Stornierung, Auftragsablehnung

1. Der Auftrag wird vom Auftraggeber zurückgezogen

El 12 de abril pasamos un pedido de 200 alfombras de frisa alta para entrega a finales del próximo mes.

1. La reciente crisis en el merca-

Am 12. April bestellten wir 200 Hochflauschteppiche zur Lieferung Ende des nächsten Monats.

1. Die kürzliche Krise auf dem

do local tuvo graves efectos sobre la venta y hace inevitable

hiesigen Markt hat ernstliche Auswirkungen auf den Verkauf gehabt und macht es unvermeidlich,

2. La súbita caída del tipo de cambio nos fuerza a

2. *Der plötzliche Kurssturz zwingt uns,*

a) anular nuestro pedido.

a) *unseren Auftrag zu stornieren.*

b) revocar (o: cancelar) parte de nuestro pedido.

b) *einen Teil unseres Auftrages zu stornieren.*

El cliente, para el cual iban destinadas las mercancías pedidas, revocó el negocio por razones desconocidas por nosotros.

Der Kunde, für den die bestellten Waren bestimmt waren, hat aus einem uns nicht bekannten Grund das Geschäft rückgängig gemacht.

1. Como nuestra casa tuvo que declararse en quiebra,

1. *Da unsere Firma Konkurs anmelden mußte,*

2. Como la nueva sociedad no se encarga de negocios existentes,

2. *Da die neue Firma keine bestehenden Geschäfte übernimmt,*

3. Como existencias considerables se encuentran todavía en almacén,

3. *Da noch beträchtliche Mengen von Waren auf Lager sind,*

4. Como Vds. hasta ahora faltaron a suministrar las mercancías pedidas hace tres meses,

4. *Da Sie bisher versäumt haben, die vor drei Monaten bestellten Waren zu liefern,*

a) les rogamos cancelar (o: anular) nuestro pedido del 16 de junio.

a) *bitten wir Sie, unseren Auftrag vom 16. Juni zu streichen.*

b) nos vemos, si bien de mala gana, forzados a revocar el pedido.

b) *sind wir, wenn auch ungern, gezwungen, den Auftrag zu annullieren.*

c) no nos queda otra solución (o: no tenemos otra alternativa) que anular el pedido.

c) *bleibt uns nichts anderes übrig (od. haben wir keine andere Wahl), als den Auftrag zu stornieren.*

1. Sentimos deber rogarles que cancelen el pedido,

1. *Wir bedauern, Sie bitten zu müssen, den Auftrag zu stornieren,*

2. Lamentamos deber (o: tener que) pedirles este favor,

2. *Es tut uns leid, Ihnen diese Bitte stellen zu müssen,*

a) pero esperamos que, en consideración a nuestras relaciones comerciales de

a) *hoffen jedoch, daß Sie in Anbetracht unserer langjährigen Geschäftsverbindung*

muchos años, Vds. podrán corresponder a nuestro ruego.

b) pero el deterioro de la situación económica no nos deja otra alternativa.

Por favor, cancelen nuestro pedido de 50 faldas del tamaño 10 y envíennos en su lugar (o: en sustitución) 50 faldas del tamaño 12.

Examinando una vez más nuestro pedido n° B415 del 8 de mayo, Vds. constatarán que habíamos señalado la importancia de una entrega hasta el 25 de junio lo más tarde.

Ya les hemos escrito dos veces para recordarles la importancia de un suministro inmediato.

Como Vds. omitieron suministrar las perchas hasta la fecha convenida, nos hemos aprovisionado en otra parte.

Vds. recordarán que habíamos acentuado la importancia de un pronto suministro, y comprenderán que su demora nos da el derecho de entablar demanda por daños y perjuicios.

(Por consecuencia) les agradeceríamos nos dispensasen de nuestra obligación.

Espero con gusto una respuesta favorable.

Por favor, confirmen la anulación (o: revocación; cancelación).

unserer Bitte entsprechen können.

b) jedoch läßt uns die Verschlechterung der wirtschaftlichen Lage keine andere Wahl.

Bitte annullieren Sie unseren Auftrag über 50 Röcke Größe 10 und schicken Sie uns statt dessen (od. als Ersatz) 50 Röcke Größe 12.

Wenn Sie sich unseren Auftrag Nr. B415 vom 8. Mai noch einmal ansehen, werden Sie finden, daß wir die Wichtigkeit der Lieferung bis allerspätestens 25. Juni betont haben.

Wir haben Ihnen bereits zweimal geschrieben und Sie an die Wichtigkeit prompter Lieferung erinnert.

Da Sie es versäumt haben, die Kleiderbügel bis zum vereinbarten Datum zu liefern, haben wir anderswo Ersatz bezogen.

Sie werden sich daran erinnern, daß wir die Wichtigkeit einer baldigen Lieferung betont haben, und werden verstehen, daß Ihre Verspätung uns das Recht gibt, Sie auf Schadenersatz zu verklagen.

Wir wären (infolgedessen) sehr dankbar, wenn Sie uns von unserer Verpflichtung entbinden würden.

Ich sehe einer günstigen Antwort gerne entgegen.

Bitte bestätigen Sie die Annullierung.

2. Der Lieferant besteht auf Einhaltung des Vertrages oder stimmt der Stornierung zu

Lamentamos mucho no poder corresponder a su deseo de cancelar su pedido n° B31579.

Wir bedauern sehr, daß wir Ihrem Wunsche nach Streichung Ihres Auftrages Nr. B31579 nicht nachkommen können.

En consideración a las circunstancias estamos preparados a

In Anbetracht der Umstände sind wir bereit,

a) reducir el número de escafandras de las 50 pedidas a las 20 que pueden comprar ahora.

a) die Anzahl der 50 bestellten Taucheranzüge auf die 20, die Sie jetzt abnehmen können, zu reduzieren.

b) cancelar el pedido (o: una parte del pedido) de bastones que Vds. nos pasaron el 6 de junio.

b) den Auftrag (od. einen Teil des Auftrages) über Spazierstökke, den Sie uns am 6. Juni erteilt haben, zu streichen.

Nuestro jefe de explotación (o: jefe del servicio de embalaje) me informó que

Unser Betriebsleiter (od. Leiter unserer Packabteilung) hat mir mitgeteilt, daß

a) las mercancías ya habían sido embaladas y entregadas al agente de transportes (o: transportista).

a) die Waren bereits verpackt und dem Spediteur übergeben seien.

b) su pedido ya está coordinado y se espera su expedición.

b) Ihr Auftrag bereits zusammengestellt ist und nun auf Absendung wartet.

Siempre es de nuestro agrado atender (o: complacer) a nuestros clientes fijos (o: habituales), sintiendo no poder corresponder a sus deseos en esta oportunidad (u: ocasión).

Wir kommen unseren Stammkunden immer gerne entgegen und bedauern, daß wir bei dieser Gelegenheit Ihren Wünschen nicht entsprechen können.

Hay que señalar, sin embargo, que de ninguna forma podemos hacer más concesiones, teniendo que insistir en que su casa cumpla correctamente sus obligaciones en el futuro.

Es muß jedoch betont werden, daß wir unter keinen Umständen weiter nachgeben können und darauf bestehen müssen, daß Ihr Unternehmen in Zukunft seine Verpflichtungen voll und ganz erfüllt.

Vds. recordarán que ya pasaron cuatro semanas desde que la cepilladora estaba lista para la recogida, no pudiendo nosotros

Sie werden sich daran erinnern, daß jetzt schon vier Wochen vergangen sind, seitdem die Hobelmaschine abholbereit

comprender por qué Vds. no respondieron (o: contestaron) a nuestras cartas del 22 de mayo, 4 de junio y 10 de junio.

Nos referimos a nuestras previas cartas del 2 y 8 de junio, en las que les informamos que su fresadora (o: talladora) estaba lista para ser recogida.

Si Vds. no quieren recoger las mercancías dentro de 7 días, tendremos que cargarles los costes de almacén.

war, und wir können nicht verstehen, warum Sie auf unsere Briefe vom 22. Mai, 4. Juni und 10. Juni nicht geantwortet haben.

Wir beziehen uns auf unsere vorherigen Briefe vom 2. Juni und 8. Juni, in denen wir Ihnen mitteilten, daß Ihre Fräsmaschine abholbereit ist.

Wenn Sie die Waren nicht innerhalb von 7 Tagen abholen wollen, müssen wir Ihnen die Lagerkosten berechnen.

3. Der Auftrag wird vom Lieferanten abgelehnt

Sentimos mucho que no nos sea posible aceptar su pedido a los precios y condiciones propuestos por Vds.

Muy a pesar nuestro, no podemos aceptar su pedido,

a) ya que cualquier cambio en el volumen implicaría una reorganización de nuestros talleres, lo que de momento no podemos tomar en consideración.

b) dado que ya no producimos los artículos indicados en su pedido.

c) ya que Vd. exige el suministro dentro de tres semanas como condición en firme.

1. No podemos suministrar exactamente según su pedido,

2. Lamentamos no poder ejecutar su pedido,

   a) ya que no tenemos nada que corresponda a su muestra.

   b) dado que ya no tenemos

Wir bedauern sehr, daß es uns unmöglich ist, Ihren Auftrag zu den von Ihnen vorgeschlagenen Preisen und Bedingungen anzunehmen.

Zu unserem großen Bedauern können wir Ihren Auftrag nicht annehmen,

a) da jede Änderung in der Größe eine Reorganisation unserer Werkstätte mit sich bringen würde, was wir augenblicklich nicht in Betracht ziehen können.

b) da wir die in Ihrer Bestellung angeführten Artikel nicht mehr herstellen.

c) da Sie die Lieferung innerhalb von drei Wochen als feste Bedingung verlangen.

1. Wir können nicht genau nach Ihrem Auftrag liefern,

2. Wir bedauern, Ihren Auftrag nicht ausführen zu können,

   a) da wir nichts haben, das Ihrem Muster entsprechen würde.

   b) da diese Muster nicht mehr

estas muestras en almacén (o: estas muestras ya no son modernas).

auf Lager (od. nicht mehr modern) sind.

c) dado que se agotaron nuestras existencias por completo.

c) da unser Lager völlig erschöpft ist.

d) dado que ya no disponemos de estos colores.

d) da diese Farben nicht mehr vorrätig sind.

Sentimos no poder suministrar los tubos de cobre pedidos el 1° de junio.

Leider können wir die am 1. Juni bestellten Kupferrohre nicht liefern.

1. Debido a la extraordinaria demanda de cubertería de Solingen ya no tenemos, de momento, la marca pedida por Vds. en almacén

1. Wegen der außergewöhnlichen Nachfrage nach Solinger Besteckwaren haben wir die von Ihnen bestellte Marke augenblicklich nicht mehr auf Lager,

2. Lamentamos mucho que nuestras existencias de estas colchas estén ahora agotadas

2. Wir bedauern sehr, daß unsere Lagerbestände dieser Decken nun erschöpft sind,

a) y no es de esperar que sean posibles más suministros dentro de las próximas semanas.

a) und es ist nicht anzunehmen, daß weitere Lieferungen in den nächsten Wochen möglich sind.

b) y sólo podemos garantizar el suministro para finales de junio.

b) und wir können Lieferung erst Ende Juni garantieren.

En los últimos años la demanda de patines de ruedas disminuyó de tal forma

In den letzten Jahren hat die Nachfrage nach Rollschuhen so abgenommen,

a) que hemos suspendido la producción.

a) daß wir die Herstellung eingestellt haben.

b) que nos vimos obligados a abandonar su producción.

b) daß wir gezwungen waren, ihre Herstellung einzustellen.

Después de recibir algunas reclamaciones, ya no tomamos esta serie de artículos en almacén.

Nach einigen Beschwerden nehmen wir diese Artikelserie nicht mehr auf Lager.

Dificultades en la producción nos obligan a rechazar por el momento más pedidos de este modelo.

Herstellungsschwierigkeiten zwingen uns, weitere Bestellungen für dieses Modell vorläufig abzulehnen.

Quisiéramos aconsejarles comprar en su lugar nuestro nuevo modelo, que podemos, sin

Wir möchten Ihnen raten, statt dessen unser neues Modell zu kaufen, das wir unbedingt als

duda, recomendarles como un producto excelente a un precio relativamente bajo.

La demanda de este material ha excedido nuestras expectativas, y a pesar de enérgicos esfuerzos nuestros no hemos podido dar abasto a la cantidad de pedidos que recibimos.

Al examinar nuestra carta del 3 de abril Vds. encontrarán

a) que nuestra oferta no era en firme, y que llamamos su atención sobre la importancia de su respuesta inmediata.

b) que ya no podemos suministrar estos motores al antiguo precio de Ptas. 10.000,–, ya que desde su primer pedido hubo tres alzas (o: aumentos) de precio.

c) que este precio especial sólo es válido para una compra mínima de 10.000 piezas.

Los salarios aumentaron considerablemente desde que Vds. nos pasaron su último pedido, y sólo podemos aceptar éste a los precios indicados en la lista adjunta.

Esperamos que Vds. comprenderán nuestra situación

a) y modificarán su pedido según nuestra propuesta.

b) y confirmarán su pedido a los precios indicados.

Examinamos detalladamente su contraproposición a nuestra oferta del 2 de junio, pero lamentamos mucho deber informarles que no podemos aceptarla.

ausgezeichnetes Erzeugnis zu einem verhältnismäßig niedrigen Preis empfehlen können.

Die Nachfrage nach diesem Material hat unsere Erwartungen übertroffen, und trotz energischer Anstrengungen konnten wir mit dem Auftragsandrang nicht fertig werden.

Bei Prüfung unseres Schreibens vom 3. April werden Sie finden,

a) daß unser Angebot nicht fest war und daß wir die Wichtigkeit einer baldigen Antwort betont haben.

b) daß wir diese Motoren zum alten Preis von Ptas. 10.000,– nicht mehr liefern können, da seit Ihrem ersten Auftrag drei Preiserhöhungen stattgefunden haben.

c) daß dieser Sonderpreis nur bei Mindestabnahme von 10.000 Stück gilt.

Die Lohnkosten sind seit Ihrer letzten Bestellung beträchtlich gestiegen, und wir können diesen Auftrag nur zu den auf der beigefügten Liste notierten Preisen annehmen.

Wir hoffen, daß Sie unsere Lage verstehen

a) und Ihren Auftrag entsprechend unserem Vorschlag ändern werden.

b) und Ihren Auftrag zu den angegebenen Preisen bestätigen werden.

Wir haben Ihren Gegenvorschlag zu unserem Angebot vom 2. Juni sorgfältig geprüft, bedauern jedoch sehr Ihnen mitteilen zu müssen, daß wir ihn nicht annehmen können.

Sentimos no poder ayudarles en este asunto.

Wir bedauern, daß wir Ihnen in dieser Angelegenheit nicht behilflich sein können.

Nos pondremos en contacto con Vds. luego que

Wir werden uns mit Ihnen in Verbindung setzen, sobald

a) podamos suministrar de nuevo esta mercancía.

a) wir diese Ware wieder liefern können.

b) la situación se normalice.

b) die Lage sich wieder normalisiert.

Sólo suministramos a mayoristas (o: No suministramos a clientes privados), por lo que les proponemos dirigirse a la siguiente sociedad:

Wir liefern nur an Großhändler (od. Wir liefern nicht an Privatkunden) und schlagen Ihnen deshalb vor, sich an die folgende Firma zu wenden:

Acabamos de enviarles el siguiente telegrama:

Wir haben Ihnen gerade wie folgt telegraphiert:

NO PODEMOS EXPEDIR SU PEDIDO 20 JUNIO STOP NO TENEMOS MERCANCIA EN ALMACEN

KÖNNEN IHRE BESTELLUNG 20 JUNI NICHT SENDEN STOP WAREN NICHT VORRÄTIG

El telegrama fue enviado para evitar (posibles) inconvenientes.

Das Telegramm wurde gesandt, um (eventuelle) Unannehmlichkeiten zu vermeiden.

VI. Ausführung eines Auftrages. Versandanzeige

Wenn Waren versandt werden *(se envían o despachan)*, sollte der Käufer entweder durch Versandanzeige oder durch einen Brief benachrichtigt werden *(debería ser informado o por aviso de envío/expedición o por carta)*, was versandt wurde, wann es versandt wurde und wie es versandt wurde. Der Kunde weiß dann, daß die Waren unterwegs sind *(están en camino)* und kann die nötigen Vorkehrungen *(medidas)* für den Empfang treffen, z. B. Platz im Lager schaffen *(procurar sitio en el almacén)*, Fahrzeuge für den Transport bereithalten etc.

Die Rechnung wird beigelegt *(se incluye o es incluida)* mit der Bitte um Regulierung.

Mit dem Wunsch *(deseo)*, daß die Waren in gutem Zustand *(en buen estado)* und rechtzeitig *(a tiempo, puntualmente)* ankommen und den Beifall des Empfängers *(destinatario)* finden, verbindet man die Bitte *(ruego)* um Erteilung weiterer Aufträge.

Manchmal werden auch einige Bemerkungen *(observaciones)* über den Preis *(precio)*, die Qualität *(calidad)*, Verpackung *(embalaje)*, Lieferung *(suministro)* usw. der Ware zu machen sein, besonders wenn vom vorge-

---

NOTA DE EXPEDICIÓN   Número 3296740

Velázquez & León, S. A.
Méndez Alvaro 195
28045 Madrid
España

Pedido n° 830

Hans-Günther Theuringer KG
Grabenweg 19
4300 Essen
Alemania Federal

10 de octubre de 19 . .

Acabamos de expedir:

Cantidad	Descripción	Artículo n°
200 cajas	Rioja Vega 1978	SP 300 529
120 cajas	Rioja Vega 1981	TL 200 751
500 cajas	Rioja Vega 1983	HI 150 302
350 cajas	Gaviota, tinto 1987	TT 560 311
750 cajas	Gaviota, blanco 1987	LJ 200 540
1920 cajas	en total, de 6 botellas cada una = 17.280 kg o sea 8.640 litros	

Entrega: Por camión de nuestra sociedad
Las reclamaciones deben hacerse dentro de 15 días.

---

ausgefülltes Lieferschein-Formular

schriebenen Auftrag irgendwie abgewichen werden mußte *(desviarse, divergir)*. Namentlich sind nähere Angaben dann nötig, wenn man den Auftrag aus irgendeinem Grunde, etwa aus Mangel an Vorrat *(por falta de existencias)* usw. nur teilweise *(parcialmente)* ausführen konnte.

Häufig wird eine vorgedruckte Versandanzeige *(formulario de aviso de envío)* ausgefüllt, oder die Versandanzeige ist eine Kopie der Rechnung, wenn die Rechnung mit mehreren Kopien *(con varias copias)* im „multicopy-Verfahren" hergestellt wird. Das Original ist die Rechnung für den Kunden. Die zweite Kopie dient als Versandanzeige, die mit der Post versandt wird als Mitteilung *(notificación)*, daß die Ware unterwegs ist *(que la mercancía se encuentra en camino)*. Die dritte Kopie dient als Packzettel *(lista de embalaje)* und wird der Ware beigelegt *(es adjuntada a la mercancía)*. Die beiden Kopien weisen in der Regel keine Preise aus. Diese Multi-Kopie-Methode stellt sicher *(asegura)*, daß alle Dokumente die gleiche Information enthalten. Sie brauchen nur einmal geschrieben zu werden.

Es ist Pflicht des Käufers, die bestellten Waren anzunehmen und gemäß den Bedingungen des Verkaufsvertrages *(según las condiciones del contrato de compraventa)* zu bezahlen.

Die Dokumente *(documentos)*, die bei Exportsendungen hauptsächlich in Frage kommen, sind:

1. Handelsfaktura *(factura comercial)*.
2. Konsulatsfaktura *(factura consular)*.
3. Versicherungspolice oder Zertifikat *(póliza o certificado de seguro)*.
4. Konnossement, Luftfrachtbrief, Postquittung *(conocimiento de embarque, carta de flete aéreo, recibo/comprobante de correos)*, je nach Versandart.
5. Zollinhaltserklärung *(declaración de aduana sobre el contenido)*.
6. Ursprungszeugnis *(certificado de origen)*, falls vorgeschrieben.
7. Exportlizenz *(licencia de exportación)*, falls vorgeschrieben.

Die deutsche Ausfuhrerklärung *(declaración de exportación)* geht nur bis zur deutschen Grenze.

Die Warenverkehrsbescheinigung *(certificado de circulación de mercancías)* ist der Nachweis des EG-Charakters von Waren und dient der Präferenzberechtigung *(justificación de preferencia)*, d.h. der Zollfreiheit *(exención de derechos de aduana)* oder Ermäßigung.

Die Rechnung

Eine Rechnung wird ausgestellt *(se extiende una factura)*, um den Käufer über den zu zahlenden Betrag zu informieren. Sie enthält folgende Angaben:

Name und Anschrift des Lieferanten bzw. Verkäufers *(suministrador o vendedor)*;

Name und Anschrift des Käufers *(comprador)*;

Name und Anschrift des Empfängers *(destinatario o consignatario)*;

Datum und Rechnungsnummer *(fecha y número de la factura)*;

Datum der Bestellung und Bestellnummer *(fecha del pedido y número del pedido)*;

Menge *(cantidad)*;

Warenart mit genauer Beschreibung *(descripción)*, Katalognummer *(número del catálogo)*;

Preis pro Einheit *(por unidad)* und Gesamtpreis *(precio total)*;

Rabatte *(descuentos)* außer Sofortzahlungsrabatt *(descuento por pago al contado)*;

Transportart und evtl. Transportkosten;

Versicherung;

Mehrwertsteuer *(impuesto sobre el valor añadido, IVA)* mit Prozentangabe *(indicación del porcentaje)*;

Gesamtwert der Faktura;

Die Abkürzungen S. E. u. O. *(salvo error u omisión = Irrtümer und Auslassungen vorbehalten)*;

Verschiedene Einzelheiten *(detalles diversos)* wie z.B. Zahlungsmethode

FABRICA DE LICORES Y   JARABES - VERMOUTHS
AGUARDIENTES   VINOS GENEROSOS

CARLOS BASTIDA

D. N. I. 15.650.232

Mayor, 35 y Nueva, 1 - 3   -   Teléfonos 127811 - 127976

BURLADA (Pamplona)

Sr. D.   **ABEGG – SERVICE GMBH**   C. I. F./D. N. I.

Muy Sr. mío: Cumpliendo la orden con que ha tenido V. a bien favorecerme y que me ha sido

transmitida por .... remito a V. por

.. los géneros detallados al pie de la presente, cuyo importe de

Ptas. [illegible] *debito a V. en cuenta, del cual me reembolsaré el día ....*

en giro a su cargo sin más aviso.

No dudando que quedará V. satisfecho de este envío y en la confianza de que continuará

favoreciéndome con sus pedidos me reitero de V. atento S. S. q. e. s. m.,

Carlos Bastida

FACTURA   PRO FORMA

SERVIDO				PRECIO	IMPORTE
Mes	Día			Pesetas	Pesetas
		3 Botellas de licor			
		Muestras sin valor comercial			
		Samples no commercial value			
		Valor a efectos estadísticos:			1.000.– Ptas
		Value for statistical purposes:			1.000.– Ptas
		Nº de Bultos: 1 Peso bruto: 5 Kgs.			
		Packing: 1 Gross weight: 5 Kgs.			
		País de origien: ESPAÑA			
		Country of origin: SPAIN			

Proforma-Rechnung

FACTURA n° A. 4301

Juan Martín Romero, S. L.
Polígono Industrial Fuente del Jarro
C. Ciudad de Sevilla, 38
46980 Paterna (Valencia)
Tel. (6) 482 49 11

Exportadores Comerciales S. A.
Atención: Sr. G. F. Ramón
Gran Vía, 890 B
48011 Bilbao

23 de septiembre 19 . .

Cantidad	Art.-n°	Descripción	Precio/unidad Ptas.	Total Ptas.
100 latas	5068	aceitunas negras con hueso	200	20.000
500 latas	3008	aceitunas sin hueso	300	150.000
100 latas	1468	pimientos del piquillo Extra	400	40.000
				210.000
		./. 20% descuento		42.000
				168.000
		6% IVA		10.080
		IMPORTE TOTAL:		178.080

Condiciones de pago: 2% de descuento en el caso de pago al contado

ausgefülltes Rechnungsformular für das Inland

(método de pago), Zeitpunkt des Versandes, Rücksendung von Leergut *(devolución de envases vacíos)*;

Vielfach wird auch auf schiedsgerichtliche Entscheidung *(arbitraje en el caso de disputa;* oder juristisch *litigación)* hingewiesen.

Mehrwertsteuer *(impuesto sobre el valor añadido, IVA)*

Die Mehrwertsteuer *(MWSt)* für Waren und Dienstleistungen existiert in allen EWG-Ländern und wurde in Spanien am 1. 1. 1988 eingeführt. Sie ist bei jeder Produktionsstufe *(cada etapa de producción)* zahlbar, von der Urerzeugung *(producción primaria)* bis zum Endverbraucher *(consumidor final)*.

Bemessungsgrundlage *(base de cálculo)* ist der Mehrwert der Waren *(valor añadido)* auf jeder einzelnen Produktions- oder Handelsstufe.

Mehrwertsteuer ist auch für importierte Waren und Dienstleistungen zu zahlen. Einige Waren und Dienstleistungen sind von dieser Steuer ausgenommen *(exentos)* oder befreit *(liberados)*, z. B. Exporte. Die Regierungen können die Höhe der Mehrwertsteuer ändern. Grundsätzlich zahlt jede Firma Mehrwertsteuer für die Waren und Dienstleistungen, die sie kauft, und berechnet Mehrwertsteuer auf die Verkäufe, kann aber die vorher auf die gekauften Waren und Dienstleistungen berechnete Mehrwertsteuer abziehen *(deducir)*. In dem nachfolgenden Beispiel wird der Einfachheit halber ein Steuersatz von 10% angenommen:

Ein Urerzeuger *(productor primario)* verkauft an einen Fabrikanten (Weiterverarbeiter, *manufacturador*) einen Grundstoff und berechnet hierfür Ptas. 20.000 plus Ptas. 2.000 Umsatzsteuer *(impuesto sobre la venta)*. Diese Ptas. 2.000 muß er an die Steuerbehörde *(Delegación de Hacienda)* abführen.

Der Fabrikant bearbeitet den Grundstoff, den er an einen Großhändler *(mayorista)* für Ptas. 50.000 plus Ptas. 5.000 Mehrwertsteuer verkauft, und zahlt an die Steuerbehörde Ptas. 3.000 (= Ptas. 5.000 minus Ptas. 2.000).

Der Großhändler verkauft die Ware an den Einzelhändler *(minorista, detallista)* für Ptas. 58.000 plus Ptas. 5.800 Mehrwertsteuer und zahlt an die Steuerbehörde Ptas. 800 (= Ptas. 5.800 minus Ptas. 5.000).

Der Einzelhändler verkauft die Ware für Ptas. 75.400 plus Ptas. 7.540 Mehrwertsteuer und zahlt an die Steuerbehörde Ptas. 1.740 (= Ptas. 7.540 minus Ptas. 5.800). Der Einzelhändler berechnet seinen Kunden gewöhnlich einen Preis, der die Mehrwertsteuer einschließt.

Die EXPORTRECHNUNG *(factura de exportación)* ist ähnlich wie die Inlandsrechnung, jedoch zuzüglich vieler anderer Angaben und Dokumente, denn im internationalen Handel dient die Rechnung nicht nur als Zahlungsaufforderung *(requerimiento o intimación al pago)*, sie wird darüber hinaus benötigt *(necesitada)* zur Festsetzung des Zolls *(determinación de los derechos de aduana)*, Devisenkontrolle *(control de cambios o divisas)*, Vertragsfestsetzung mit Banken *(estipulaciones contractuales con bancos)*, für die Verschiffung *(para el embarque)*, für eventuelle Importlizenzen *(licencias de importación)*.

Sie enthält noch folgende Angaben:

Genaue Einzelheiten über Verpackung *(embalaje)* einschließlich Abmessungen *(dimensiones)*;

Netto- und Bruttogewicht *(pesos neto y bruto)* jeder Packung *(bulto)* und ihre Nummern;

Masia Vallformosa, s.a.
GRANDES VINOS Y CAVAS

Apdo. 327 de Vilafranca del Penedès
Teléfono 897 82 86 - Telex 93637 MASV E
VILOBÍ - ALT PENEDÈS (Barcelona)

ABEGG SERVICE GmbH
Walbecker Strasse 1
4000 DUSSELDORF 11
ALEMANIA R.F.

Att. Mr. Peter Abegg

N° FACTURA
378-379-EV

FECHA FACTURA	COD. CLIENTE	TRANSPORTE	PCO.
16-06-88		Camión TIR MTKDU-586	4897

CAJAS	CODIGO	PRECIO FINAL	A R T I C U L O	PRECIO BASE	IMPORTE BASE	DTO.	TOTAL BASE
100 de	6/75 Clts.		VINO ESPUMOSO 11,45° % vol. "GRAN BRUT"	30,70	3.070,-- DM		
140 de	6/75 Clts.		VINO TINTO SECO 12,20° % vol. "VALL RESERVA 80"	27,10	3.794,-- DM		
			Importe.....................................		6.864,-- DM		
			Descuento 3 %		205,92 DM		
			TOTAL FOB. BARCELONA..........		6.658,08 DM		

PORTES EMBALAJE				I. V. A.	TOTAL PESETAS
					6.658,08 DM

DOMICILIADO O PAGADERO:

FORMA DE PAGO: Contra entrega de documentos.

Rechnung und Versandanzeige

Transportzeichen *(marcaciones para el transporte)*;
Einzelheiten über die Transportart *(medio de transporte)*;
Einzelheiten über die Verkaufsbedingungen, fob, cif usw. und Bestimmungshafen *(puerto de destino)*;
Angabe der Banken, über die die Zahlung abgewickelt wird.

Bei der Angabe des Gewichts *(peso)* wird bei größeren Warensendungen oft eine besondere Gewichtsnota *(nota de peso)* verwendet. Hier ist zu unterscheiden:

a) das Rein- oder Nettogewicht *(peso neto)*, das wirkliche Gewicht *(peso real o efectivo)* der Waren ohne Verpackung oder irgendeine Art von Behältern *(tipo de envases)*;

b) das Roh- oder Bruttogewicht *(peso bruto)*, das Gesamtgewicht einer Ware einschließlich Verpackung;

c) die Tara, das Leergewicht *(tara)*, d. h. das Gewicht des Behälters oder der Verpackung wie z. B. Kisten *(cajas)*, Packpapier *(papel de empaquetar o embalar)* usw.

Man unterscheidet:

1. die reine oder absolute Tara *(tara real o absoluta)*: das tatsächliche Gewicht der Verpackung, das in jedem einzelnen Falle genau ermittelt wird;

2. die Durchschnitts- oder Prozenttara *(tara media)*: das Gewicht einiger Pakete als Durchschnitt *(promedio)* für eine größere Anzahl;
3. die geschätzte Tara *(tara estimada)*;
4. die Super-, Über- oder Zuschlagtara *(sobretara o tara adicional)*, wenn die Verpackung ein bestimmtes Gewicht übersteigt;
5. die Usanztara oder Usotara *(tara corriente o usual)*, die von der Zollbehörde *(autoridades aduaneras)* bei der Berechnung des Zollgewichts vom Bruttogewicht abgezogen *(deducida)* wird.

d) Tara und Gutgewicht *(tara y buen peso o tasa)* ist der dem Kunden zugestandene Gewichtsvorteil für Verlust *(pérdida)* usw.

Nach Abzug der Tara vom Bruttogewicht erhält man das Nettogewicht der Ware. „Tara" ist auch das Leergewicht *(peso en vacío)* eines Lastwagens *(camión)* oder Eisenbahnwaggons *(vagón)*. Dieses Gewicht ist meistens auf die Seite des Fahrzeuges gemalt, so daß das Ladegewicht *(peso de carga)* durch Wiegen des Transportfahrzeugs und Abziehen *(deducción)* des Leergewichts zu finden ist *(se puede calcular)*. Beim Container heißt dies: *peso en vacío del contenedor*.

Je nach Umständen (z. B. beim Speditions- oder Kommissionsgeschäft) kommen als *DERECHOS DE EXPEDICION* (Gebühren, Kosten, Spesen) und *GASTOS DE EXPEDICION* (Auslagen, Unkosten) folgende Posten *(partidas)* in Betracht, die oft in einer besonderen Kosten- oder Spesenrechnung *(nota de gastos o costes)* aufgeführt werden:

Gastos de subasta – Auktionsgebühren
corretaje – Maklergebühr
gastos de acarreo – Rollgeld, Fuhrgeld, Zustellungsgebühren
comisión – Provision
derechos de aduana – Zollabfertigung
entrega – Ablieferung, Auslieferung
derechos de muelle – Dockgebühren
extracción de muestras – Probenziehen
derechos de aduana para la exportación – Ausfuhrzoll
aforo – Eichen
derechos de aduana para la importación – Einfuhrzoll
seguro – Versicherung
derechos de desembarque o descarga – Landungsgebühren
derechos de carga – Ladegebühren
selección – Sortieren (der Partien)
seguro marítimo – Seeversicherung
medir, pesar y contar – messen, wiegen und zählen
gastos de embalaje – Verpackung(sgebühren)
nota de tránsito – Passier-, Durchgangsschein
gastos de porte – Porto(auslagen)
control de pruebas al azar – Stichprobenkontrolle
derechos de embarque – Verladungsgebühren
derechos de timbre – Stempelgebühr
control – Überwachen
gastos de almacenaje – Lagergebühren
almacenaje – Einlagerung
gastos de pesada – Wiegegeld
derechos de muelle o muellaje – Kaigebühren

Die Fracht *(flete)* wird bei Schwergut *(carga pesada)* nach dem Gewicht und bei Leichtgut *(carga ligera)* nach dem Umfang *(volumen)* oder Maß *(dimensiones)* der Waren berechnet. Sie kann beim Abgang *(salida)* oder bei der Ablieferung *(entrega)* der Waren gezahlt werden.

Die KONSULATSFAKTURA *(factura consular)* ist in einigen Ländern, wo die Einfuhrzölle ad valorem berechnet werden, erforderlich. Diese Konsulatsfaktura enthält eine vor dem Konsul des importierenden Landes abgegebene eidesstattliche Erklärung *(contiene una declaración jurada prestada ante el cónsul del país de importación)*, daß die Einzelheiten der Rechnung korrekt sind *(los detalles de la factura son correctos)*. Der Konsul beglaubigt daraufhin die Rechnung *(certifica o legaliza entonces la factura)*. Vielfach müssen sie auch von der Handelskammer gegengezeichnet werden *(tienen que ser refrendadas o contrafirmadas por la Cámara de Comercio)*.

Solche Konsulatsfakturen werden von den Zollbehörden *(autoridades aduaneras)* im Lande des Käufers als rechtmäßige Grundlage *(base legal)* für die Berechnung des Einfuhrzolles angenommen. Sie werden auch amtlich beglaubigte Fakturen *(facturas legalizadas)* genannt.

Die ZOLLINHALTSERKLÄRUNG *(declaración de aduana; declaración del contenido para pasar la aduana)* ist ein Dokument, in dem die Art der zollpflichtigen Waren *(mercancías sujetas al pago de aranceles)* angegeben werden muß.

Das URSPRUNGSZEUGNIS *(certificado de origen)* wird von Überseeländern *(países ultramarinos)* verlangt, wo den Waren Vorzugsimportzölle *(derechos de importación preferentes)* zugestanden werden. Solche Bescheinigungen werden von einer amtlichen Organisation *(organismo oficial)*, z. B. einer Handelskammer, unterzeichnet.

Die EXPORTLIZENZ *(licencia de exportación)* ist nur für einige Warenarten erforderlich, denn die meisten Waren können unbeschränkt *(ilimitadamente, sin restricción)* exportiert werden. Ausnahmen sind z. B. Waffen *(armas)*, strategische Güter *(bienes estratégicos)*, gewisse Chemikalien *(ciertas materias químicas)* etc. Hierfür muß eine Exportlizenz vor Verschiffung beantragt werden *(hay que solicitar una licencia de exportación antes del embarque)*.

Der Lieferschein

Wird die Ware durch eigenes Fahrzeug *(por vehículo propio)* zugestellt, ist es üblich, einen Lieferschein *(talón o nota de entrega)* mitzuschicken, aus dem Warenart und Menge ersichtlich sind. Oft wird auch auf dem Durchschlag des Lieferscheins der Empfang *(recibo)* der Waren bestätigt. Wenn die Sendung bei Empfang nicht sofort geprüft wird *(Si la mercancía no es examinada inmediatamente después de haber sido recibida)*, so wird der Empfang der Kisten usw. mit dem Zusatz *(observación adicional)* bestätigt „Inhalt nicht geprüft" *(contenido no [fue] examinado)*.

Der Frachtbrief

Wenn ein Lieferant Waren mit der Eisenbahn oder durch Lastkraftwagen-Güterverkehr schickt, muß er einen Frachtbrief *(carta de porte,* bei der Eisenbahn: *talón de ferrocarril)* ausfüllen *(rellenar)*. Dieses Dokument ist eine Empfangsbescheinigung *(recibo)* und ein Beförderungsvertrag *(contrato de transporte)*, ist aber nicht, wie das Konnossement, verkäuflich *(vendible)*, übertragbar *(transferible)*, begebbar *(negociable)*. Im Frachtbrief müssen verzeichnet werden: Einzelheiten über das Gewicht *(detalles sobre el peso)*, Beschreibung der Waren *(descripción de la mercancía)*, Absender *(remitente, expedidor, consignador)*, Empfänger *(destinatario)* und Bestimmungsort *(lugar de destino)*, wer die Fracht bezahlt *(quien paga el flete)*, d. h. ob die Waren frachtfrei *(porte pagado)* oder die Frachtkosten per Nachnahme *(porte debido, contra reembolso)* gehen.

Wenn die Waren in beschädigtem Zustand *(en estado averiado)* ankommen, sollte der Unterzeichner im Lieferbuch *(libro de suministros)* nach seiner Unterschrift noch eine entsprechende Bemerkung machen *(hacer la observación correspondiente)*.

Außer diesem Inlandfrachtbrief gibt es noch den internationalen Frachtbrief *(CIM = Convention internationale concernant le transport des marchandises par chemins de fer/Convención internacional respecto al transporte de mercancías por ferrocarril* bzw. *CMR = Convention relative au contrat de transport international de marchandises par route/Convención relativa al contrato del transporte internacional de mercancías por carretera)*. Dieser internationale Frachtbrief ermöglicht zusammen mit einer T. I. F. Zollerklärung *(Transport international ferroviaire/Transporte internacional ferroviario)* oder dem Carnet-TIR *(= Transport international de marchandises par route/Transporte internacional de mercancías por carretera)* die Durchfahrt von Eisenbahnwaggons bzw. Lastwagen unter Zollverschluß *(bajo precinto aduanero)* durch ein Land gegen Vorlage eines Exemplars der Erklärung *(contra presentación de la declaración)* bei Einfahrt und Ausfahrt *(entrada y salida)*.

Das Konnossement

Das Konnossement *(conocimiento)* ist das wichtigste Dokument im internationalen Handel. Es ist

a) eine Bescheinigung des Schiffseigentümers *(armador)* mit der Bestätigung *(confirmación)*, daß die Waren zur Verschiffung nach einem bestimmten Bestimmungsort *(un lugar de destino determinado)* empfangen wurden;

b) ein Vertrag zum Transport der Waren *(contrato para el transporte de mercancías)* zwischen dem Versender *(consignador)* und der Reederei *(compañía naviera)*;

c) eine durch Indossament übertragbare Besitzurkunde *(título de propiedad transferible por endoso)* und setzt fest *(fija, determina)*, daß der rechtliche Besitzer *(poseedor legal)* des Konnossements der rechtliche Besitzer der Ware ist.

Dieses Dokument wird von dem Käufer oder seiner Bank als Beweis *(prueba o comprobante)* gefordert *(exigido)*, daß die Waren abgesandt wurden, bevor Zahlung geleistet wird *(antes de que se efectúe el pago)*.

Dann wird das Konnossement dem Käufer geschickt, für den es ein Beweis seines Besitzanspruches ist *(para quien constituye una prueba de su derecho de posesión)*, denn nur gegen Aushändigung *(contra entrega)* des Konnossements wird die Ware an den legitimierten Empfänger ausgeliefert, d. h. die Übergabe *(entrega)* der Urkunde bewirkt den Übergang des Eigentums an der Ware *(ocasiona el traspaso del derecho de posesión de la mercancía)*.

In den Überseeländern wird das Konnossement auch zur Zollabfertigung *(despacho aduanero)* benutzt.

Das Konnossement wird in mehreren Ausfertigungen ausgestellt, jede Ausfertigung hat eine Nummer, meistens erhält die Reederei *(compañía naviera)* eine Ausfertigung, eine zweite bekommt der Kapitän *(capitán)*, die übrigen erhält der Absender.

Im einzelnen enthält das Konnossement folgende Angaben:

Name und Anschrift des Versenders *(expedidor)*;

Anschrift des zu Benachrichtigenden *(dirección de la persona a que se debe notificar)*;

Name des transportierenden Schiffes *(vapor transportador)*;

Ladehafen *(puerto de embarque)*;

Bestimmungshafen *(puerto de destino)*;

Markierung und Nummern *(marcación y números)*;

Anzahl und Art der Verpackung *(número de piezas y tipo de embalaje)*;

Eine Beschreibung *(descripción)* der Ware;

Bruttogewicht *(peso bruto)*;

Abmessungen *(dimensiones)*;

Angaben bezüglich Versicherung *(seguro)*;

Kosten der Fracht *(flete)* und ob Fracht bezahlt oder bei Ankunft zu zahlen ist *(si el flete fue pagado o si habrá que pagarlo a la llegada)*;

Nachweis *(justificante)* der Verladung an Bord *(embarque a bordo)*;

Zahl der ausgegebenen Exemplare *(ejemplares extendidos)* des Konnossements;

Ort und Datum der Ausgabe *(lugar y fecha de emisión)*.

Ein Konnossement, das ohne Einschränkung *(sin restricción)* feststellt, daß die Waren „augenscheinlich in guter Ordnung und Verfassung sind" *(se encuentran aparentemente en buen estado)*, ist ein „reines Konnossement" *(conocimiento limpio)*, d. h. mit der Klausel „clean on board" = *limpio a bordo* versehen. Falls die Ware oder Verpackung *(embalaje)* Schäden und Mängel *(averías y desperfectos)* aufweist, wird dies im Dokument vermerkt, und das Konnossement wird als unreines Konnossement *(conocimiento defectuoso o tachado)* bezeichnet.

Dokumentenkredite *(créditos documentarios)* erfordern immer reine Konnossemente. Bei Vorlage eines unreinen Konnossements *(si se presenta un conocimiento defectuoso)* wird die Bank die Zahlung verweigern. Vgl. Kap. XVIII.

Das DURCHKONNOSSEMENT *(conocimiento directo)* wird ausgestellt, wenn eine Schiffsladung *(carga marítima)* von einem Ozeantransporter zu einem Landtransporter umgeladen werden muß *(tiene que ser transferida de un medio de transporte marítimo a un medio de transporte terrestre)* oder von einem Ozeantransporter auf einen anderen. So kann ein solches Durchkonnossement alle Stadien des Transports zusammenfassen *(puede agrupar todas las etapas del transporte)*.

Es wird von der Bank wie ein Reedereikonnossement akzeptiert, falls im Akkreditiv nicht ausdrücklich ein anderes Transportdokument verlangt wird *(si en el crédito documentario no se ha exigido explícitamente otro documento de transporte)*.

Die SPEDITEURÜBERNAHMEBESCHEINIGUNG *(certificado de recepción del agente de transportes)* ist keine durch Indossament übertragbare Besitzurkunde *(no constituye un título de propiedad transferible por endoso)*, wird aber von den Banken als bankfähig akzeptiert, wenn eine Zahlung gegen dieses Dokument im Akkreditiv ausdrücklich vereinbart wird.

Die FIATA *(= Fédération internationale des associations transitaires et assimilées/Federación Internacional de los Asociados Transitarios y Asimilados)* stellt zwei Dokumente aus, das FCR = Forwarding Agents' Certificate of Receipt, sowie das FCT = Forwarder's Certificate of Transport, die als Spediteurübernahmebescheinigungen international anerkannt werden.

Der LADESCHEIN *(carta de porte, guía de carga)* ist das Konnossement für den Schiffstransport auf Kanälen *(canales)*, Flüssen *(ríos)* und Binnenseen *(lagos)*.

Der LUFTFRACHTBRIEF *(carta de flete o porte aéreo)* ist das Dokument für den Lufttransport. Es ist jedoch keine durch Indossament übertragbare Besitzurkunde *(título de propiedad)*, kann also nicht zur Übertragung des Besitzrechts der Waren genutzt werden *(no puede utilizarse para traspasar el título de propiedad de la mercancía)*.

Die Verpackung

Bei der Verpackung sind die Gesetze des Bestimmungslandes zu beachten *(en lo que se refiere al embalaje, tendrá que observarse la legislación del país de destino)*. Viele Länder verbieten *(prohiben)* gewisses Verpackungsmaterial wie z.B. Heu *(heno)*, Stroh *(paja)* oder Häcksel *(paja cortada)*.

Die zum Versand kommenden Waren werden in Kisten *(cajas)*, Lattenkisten *(cajones enrejados)*, Blechbüchsen *(latas)*, Korbflaschen *(bombonas, damajuanas)*, Kartons *(cartones)*, Holz- oder Metallfässern *(barriles de madera o metal)*, Weinfässern *(pipas)*, kleinen Fässern *(barricas)*, Säkken *(sacos)* aus Papier *(papel)*, Jute *(yute)* und Plastik *(plástico)* verpackt und fortlaufend numeriert *(numeradas consecutivamente)* und mit einem Zeichen versehen *(marcadas)*.

Dazu kommen noch Anweisungen *(instrucciones)* wie:
zerbrechlich = *frágil*
Glas = *vidrio*
feuergefährlich = *inflamable*
Säure – Vorsicht = *ácido – cuidado*
ätzend = *corrosivo*
radioaktiv = *radiactivo*
leicht verderblich = *fácilmente perecedero*
oben = *arriba*
unten = *abajo*
nicht kippen/stürzen = *no volcar*
Vorsicht = *atención, cuidado*

hier anheben = *levantar aquí*
diese Seite öffnen, od. hier öffnen = *abrir de este lado o: abrir aquí*
nicht umlegen = *no tumbar*
nicht kanten, sondern rollen = *no poner de canto, rodar*
nicht werfen = *no arrojar*
vor Nässe schützen = *protéjase contra la humedad*
nicht in feuchtem Raum lagern = *no almacenar en lugar húmedo*
kühl aufbewahren = *conservar en lugar frío*
trocken aufbewahren = *almacenar en lugar seco*
nicht auf Deck verstauen = *no estibar sobre cubierta*
keine Haken gebrauchen = *no usar ganchos*

Bei seemäßiger Verpackung *(embalaje marítimo)* werden die Holzkisten *(cajas de madera)* mit Zink *(zinc)*, Zinn *(estaño)* oder mit Wachs-
tucheinlagen *(revestimientos de hule)* ausgelegt und mit Bandeisen *(flejes
de hierro)* versehen. Die Waren können dann in einfachem Papier statt
Wachstuch oder Packpapier *(papel de embalar)* eingeschlagen werden.
Durch den Zinkeinsatz ist die Kiste luftdicht verschlossen *(la caja es cerrada herméticamente o: es impermeable al aire)*, die Waren sind vor Beschädigung geschützt *(protegidas contra averías)*. Zum Schutz der Ware
und besonders, um Bruch *(rotura)* zu verhindern, verwendet man auch
Säge- oder Hobelspäne *(serrín o virutas)*, Holzwolle *(lana de madera)*,
Wellpappe *(cartón ondulado)* oder Plastikformteile *(piezas moldeadas de
plástico)*.

Wolle *(lana)* oder Baumwolle *(algodón)* wird in Ballen verpackt *(es
embalada/o en balas)*. Mit der Ballenpresse *(prensa embaladora, prensa-
balas)* oder der Packmaschine *(máquina embaladora)* werden die Ballen
dicht zusammengepreßt *(comprimidas fuertemente)* mit oder ohne Umhül-
lung *(envoltura)* wie Segeltuch *(lona)*, Wachstuch *(hule)* oder geteertem
Segeltuch *(lona alquitranada)*. Mit Bandeisen *(fleje de hierro)*, Draht
(alambre) oder Stricken *(cuerdas)* wird das Ganze zusammengehalten.

Der Containertransport

Die Container *(contenedores)* sind kastenartige Behälter, meist aus
Stahl *(acero)* oder Aluminium *(aluminio)* und werden hauptsächlich in
Standardgrößen *(tamaños standard)* benutzt. Die Nutzlast *(carga útil)* be-
trägt normalerweise zwischen ca. 18 und 22 Tonnen *(toneladas)*.

Die Container werden mit Hilfe von Container-Verladebrücken *(puentes transbordadores)* vom Eisenbahn-Tragwagen oder vom LKW-Fahrge-
stell auf das Containerschiff *(buque portacontenedores)* gehoben. Für
Flugzeuge gibt es die sogenannten Igloo Container.

Es gibt Container mit Temperaturkontrolle *(control de temperatura)*
zum Transport von leichtverderblichen Gütern *(productos perecederos)*,
Kühlcontainer *(contenedores frigoríficos)*, mit Ventilatoren versehene
Container *(contenedores ventilados)*, Tanker Container *(buques cisterna
portacontenedores)* für Flüssigkeiten in großen Mengen *(líquidos en grandes cantidades)*, Container für Trockenfracht *(contenedores para cargas
secas)* und besonders konstruierte Container für hochwertige Waren *(mercancías de alta calidad)*, sogar für Automobile.

Die Kühlcontainer sind mit dem Kühlsystem des Schiffes verbunden und in Containerbahnhöfen *(estaciones para contenedores)* an das Kühlanschlußsystem *(sistema de conexión frigorífica)* angeschlossen.

Der große Vorteil des Containertransports ist der schnelle Haus-zu-Haus Dienst *(servicio a domicilio o de puerta a puerta)* vom Exporteur zum Importeur.

1. Eingangsformeln

1. Nos alegramos (de) poder comunicarles que

1. *Wir freuen uns, Ihnen mitzuteilen, daß*

2. Nos complace confirmar que

2. *Wir freuen uns, zu bestätigen, daß*

3. Por favor, tomen nota de que

3. *Bitte nehmen Sie davon Kenntnis, daß*

  a) su pedido de chaquetas de lana de oveja, que Vds. nos pasaron el 30 de julio, está listo para ser expedido.

  a) *Ihr Auftrag über Schaffell-Jacken, den Sie uns am 30. Juli erteilt haben, jetzt versandbereit ist.*

  b) su pedido de armarios archivadores fue expedido hoy con dirección a Sevilla (o: a su almacén, a su fábrica).

  b) *Ihr Auftrag über Aktenschränke heute in Richtung Sevilla (od. an Ihr Lager, an Ihre Fabrik) abgegangen ist.*

  c) recibimos los artículos por Vds. pedidos el 6 de junio, y que éstos van a ser expedidos dentro de poco.

  c) *wir die von Ihnen am 6. Juni bestellten Artikel erhalten haben und diese in Kürze versandt werden.*

  d) las mercancías fueron expedidas conforme a sus deseos (o: según sus instrucciones).

  d) *die Waren gemäß Ihren Wünschen (od. gemäß Ihren Anweisungen) versandt wurden.*

  e) las mercancías serán expedidas a su almacén el 3 de marzo.

  e) *die Waren am 3. März an Ihr Lagerhaus geliefert werden.*

  f) las mercancías fueron expedidas hoy y creemos que llegarán a ésa dentro de 7 a 9 días.

  f) *die Waren heute versandt worden sind und Sie in 7 bis 9 Tagen erreichen dürften.*

Recibimos su carta del 30 de mayo en la que nos piden una respuesta urgente con referencia a la entrega de su pedido n° N214.

Wir haben Ihr Schreiben vom 30. Mai erhalten, in dem Sie uns um eine dringende Antwort bezüglich der Lieferung Ihres Auftrages Nr. N214 ersuchen.

2. Preis der Waren

Como Vds. podrán deducir de la factura adjunta,

Wie Sie aus der beiliegenden Rechnung ersehen,

a) el precio es más alto de lo que esperábamos. Los fabricantes se vieron forzados a alzarlo debido a los crecientes gastos de salarios y de material.

a) ist der Preis höher als wir erwarteten. Die Hersteller sahen sich zu dieser Erhöhung wegen der steigenden Lohn- und Materialkosten gezwungen.

b) el precio se encuentra dentro de los límites por Vds. fijados (o: dentro del importe máximo que Vds. habían indicado).

b) liegt der Preis innerhalb der von Ihnen festgesetzten Grenzen (od. innerhalb des von Ihnen angegebenen Höchstbetrages).

c) les otorgamos una rebaja especial del 2 por ciento.

c) haben wir einen Sonderrabatt von 2% gewährt.

Quisiéramos subrayar que a este precio especial sólo podemos aceptar pedidos suplementarios por una cantidad mínima de 1.000 unidades.

Wir möchten hervorheben, daß wir zu diesem Sonderpreis Nachbestellungen nur für eine Mindestmenge von 1.000 Stück annehmen können.

Los gastos de expedición y del seguro están (o: van) incluidos en la factura.

Versandkosten und Versicherung sind in der Rechnung eingeschlossen.

3. Güte der Waren

La selección de estos artículos se hizo con especial esmero, por lo que creemos que serán de su entera satisfacción.

Die Auswahl dieser Artikel ist mit besonderer Sorgfalt vorgenommen worden und wir glauben deshalb, daß sie Ihre volle Zufriedenheit finden werden.

Esperamos que nuestras mercancías

Wir hoffen, daß unsere Waren

a) resultarán ser sumamente (o: muy) satisfactorias.

a) sich als höchst zufriedenstellend erweisen werden.

b) corresponderán a sus expectativas.

b) Ihren Erwartungen entsprechen werden.

c) serán adecuadas para sus fines.

c) für Ihren Zweck geeignet sind.

Cada una de las máquinas fue examinada concienzudamente y está provista de nuestra plena garantía.

Jede Maschine ist gründlich überprüft worden und trägt unsere volle Garantie.

Nuestro representante técnico en Murcia le informará con mucho gusto sobre todos los puntos referentes a la instalación y al servicio (o: al mantenimiento). El dispone de un almacén suficiente de todas las piezas de recambio.

Unser technischer Vertreter in Murcia wird Sie gerne über jeden Punkt bezüglich der Aufstellung und Wartung (od. Pflege) informieren. Er verfügt über ein ausreichendes Lager aller Ersatzteile.

4. Verpackung

Nos complace confirmarles que sus instrucciones de embalaje serán ejecutadas en todos sus detalles (o: minuciosamente) por nuestro agente de transportes.

Wir freuen uns zu bestätigen, daß Ihre Packanweisungen durch unseren Spediteur in allen Einzelheiten (od. peinlich genau) ausgeführt werden.

Sus instrucciones referentes al embalaje y a la marcación

Ihre Anweisungen bezüglich der Verpackung und Markierung

a) se ejecutaron meticulosamente.

a) sind sorgfältig ausgeführt worden.

b) fueron observadas minuciosamente por nuestro agente de transportes (o: por nuestros embaladores experimentados).

b) sind peinlich genau von unserem Spediteur (od. von unseren erfahrenen Packern) befolgt worden.

Las cajas están marcadas: FSC en un cuadrado y numeradas consecutivamente del 1 al 10 (o: y están o: van numeradas consecutivamente a partir del 10 para arriba).

Die Kisten sind markiert: FSC in viereckiger Umrahmung und sind von 1 bis 10 numeriert (od. und sind fortlaufend von 10 aufwärts numeriert).

La máquina está embalada en una caja de madera de las dimensiones 180 cm x 120 cm x 60 cm, con un peso neto de 80 kg y (un peso) bruto de 95 kg.

Die Maschine ist in einer Holzkiste verpackt mit den Abmessungen 180 cm × 120 cm × 60 cm, mit einem Nettogewicht von 80 kg und einem Bruttogewicht von 95 kg.

El envío consiste de

Die Sendung besteht aus

a) 3 contenedores, 4 arcones por contenedor.

a) 3 Containern, 4 Truhen pro Container.

b) 5 cajas, cada una conteniendo 6 juegos (o: servicios) de café.

b) 5 Kisten, jede mit einem Inhalt von 6 Kaffeeservicen.

c) 50 cartones con un peso de 15 kg cada uno.

c) 50 Kartons, mit einem Gewicht von je 15 kg.

Permítannos recordarles que no es admitido utilizar ganchos al descargar la mercancía.

Dürfen wir Sie daran erinnern, daß beim Ausladen keine Haken verwendet werden dürfen.

No aceptamos (ni cargamos) la devolución de cajas.

Kisten werden (nicht berechnet und) nicht zurückgenommen.

El embalaje será de su cuenta.

Die Verpackung geht zu Ihren Lasten.

Por favor, devuelvan embalajes vacíos porte pagado a nuestro depósito.

Bitte schicken Sie Leergut frachtfrei an unser Depot zurück.

Es posible devolver embalajes vacíos por la mitad del precio calculado.

Leergut kann zur Hälfte des berechneten Preises zurückgesandt werden.

El importe en cuestión le será abonado en cuenta, luego que hayamos recibido los embalajes vacíos.

Der in Frage kommende Betrag wird Ihnen nach Empfang des zurückgeschickten Leerguts gutgeschrieben werden.

Antes de embalarlos, todos los artículos serán examinados individualmente (o: uno por uno).

Alle Artikel werden vor dem Verpacken einzeln geprüft.

Sólo se podrán considerar indemnizaciones por daños y perjuicios o por entrega insuficiente, si el remitente (o: consignador) de las mercancías es informado dentro de tres días después de recibirlas.

Schadenansprüche wegen Beschädigung oder Minderlieferung können nur berücksichtigt werden, wenn der Warenabsender innerhalb von drei Tagen nach Empfang der Waren benachrichtigt wird.

5. Versicherung, Verzollung

Según sus instrucciones, nuestro agente de transportes asegurará las mercancías contra todos los riesgos.

Gemäß Ihren Anweisungen wird unser Spediteur die Waren gegen alle Risiken versichern lassen.

Nuestro agente de transportes, la casa ..., se encargará del transporte, seguro y flete, siéndoles pagados a ellos la prima y los gastos de expedición.

Transport, Versicherung und Fracht werden von unserem Spediteur, der Firma ..., besorgt, und die Prämie und Versandgebühren sind an sie zu bezahlen.

Fue concluido un seguro en la cuantía de Ptas. ... solamente hasta la frontera germano-holandesa.

Eine Versicherung in Höhe von Ptas. ... wurde nur bis zur deutsch-holländischen Grenze abgeschlossen.

Hemos contratado el seguro según las condiciones usuales, y nuestro banco le enviará, como de costumbre, el certificado de seguro con nuestra letra y el conocimiento.

Die Versicherung haben wir zu den üblichen Bedingungen besorgt, und unsere Bank wird Ihnen, wie üblich, das Versicherungszertifikat mit unserer Tratte und dem Konnossement zusenden.

Esperamos que el envío, que está completamente cubierto por el seguro, les llegará en condiciones impecables.

Wir hoffen, daß die Sendung, die durch Versicherung voll gedeckt ist, Sie unbeschädigt erreichen wird.

Cualquier reclamación deberá presentarse, dentro de 10 días después de la llegada de las mercancías al lugar de su destino, al agente de la compañía de seguros.

Jede Beschwerde muß innerhalb von 10 Tagen nach Ankunft der Waren an ihrem Bestimmungsort bei dem Agenten der Versicherungsgesellschaft eingereicht werden.

Para el despacho aduanero

Für die Zollabfertigung

a) han sido indicados todos los detalles referentes a pesos y medidas.

a) sind alle Einzelheiten über Gewichte und Maße angegeben.

b) los pesos bruto y neto de cada caja han sido indicados en la factura.

b) sind Brutto- und Nettogewicht jeder Kiste auf der Rechnung angegeben.

6. Lieferung

a) Art der Zusendung oder Verladung

1. Nos complace informarles (o: confirmarles) que

1. Wir freuen uns Ihnen mitzuteilen (od. zu bestätigen), daß

2. Hagan el favor de tomar nota de que

2. Bitte nehmen Sie davon Kenntnis, daß

a) las mercancías pedidas el 6 de abril están listas para ser recogidas (o: se encuentran en nuestra fábrica de Stuttgart listas para ser recogidas).

a) die am 6. April bestellten Waren jetzt abholbereit sind (od. jetzt in unserem Werk Stuttgart zur Abholung bereitstehen).

b) el pedido arriba mencionado se expedirá inmediatamente por flete aéreo y estará en su posesión (o: poder)

b) der obige Auftrag unverzüglich durch Luftfracht zum Versand kommt und innerhalb der nächsten Tage in

dentro de los próximos días
(o: llegará a ésa dentro de
los próximos días).

Ihrem Besitz sein (od. Sie innerhalb der nächsten Tage erreichen) dürfte.

c) el paquete les fue expedido
esta mañana como envío
certificado y les será entregado contra pago de Ptas.
5.000,—. Este importe incluye el embalaje, así como
los gastos por envío certificado y reembolso.

*c) das Paket als Einschreibesendung heute morgen an
Sie abgesandt wurde und
Ihnen gegen Zahlung von
Ptas. 5.000,— ausgehändigt
wird. Dieser Betrag schließt
Verpackung sowie Einschreibe- und Nachnahmegebühr ein.*

d) las mercancías les fueron
expedidas esta tarde por paquete postal por gran velocidad.

*d) die Waren heute nachmittag
an Sie durch Postpaket mit
Eilzustellung abgesandt
wurden.*

e) las mercancías especificadas en su formulario de pedido n°. 543 han sido expedidas por ferrocarril, porte
pagado, a Hamburgo (o:
fueron expedidas en 12 cajas de 100 kg cada una, según sus instrucciones).

*e) die in Ihrem Auftragsformular Nr. 543 spezifizierten Waren frachtfrei per Bahn nach
Hamburg geschickt worden
sind (od. in 12 Kisten zu je
100 kg gemäß Ihren Anweisungen abgesandt worden
sind).*

f) su pedido fue expedido (en
el día de) hoy por los agentes de transporte Puerto &
Morales, Lda.

*f) Ihr Auftrag heute durch die
Speditionsfirma Puerto &
Morales Lda. zum Versand
gekommen ist.*

g) sus mercancías saldrán de
nuestro almacén en vagones frigoríficos.

*g) Ihre Waren in Kühlwaggons
unser Lager verlassen werden.*

h) la máquina pedida por Vds.
será expedida pasado mañana en el vapor «Segovia»,
que zarpará de Vigo el 15 de
octubre.

*h) die von Ihnen bestellte Maschine übermorgen mit dem
Dampfer „Segovia", der am
15. Oktober aus Vigo ausläuft, versandt wird.*

i) todas las mercancías enumeradas en el pedido de
compra, (que estaba) incluido en su carta del 2 de agosto, fueron embarcadas en el
vapor «Voyager», que zarpó
de Barcelona ayer y llegará
a Kiel el 24 de Febrero.

*i) alle auf der Einkaufsorder,
die Ihrem Schreiben vom
2. August beilag, aufgeführten Waren mit dem Schiff
„Voyager" verschifft worden sind, das gestern von
Barcelona abgefahren ist
und am 24. Februar in Kiel
ankommen wird.*

j) hemos embarcado las siguientes mercancías a bor-

*j) wir die folgenden Waren an
Bord des Schiffes „China"*

do del vapor «China», que partió el 11 de marzo y llegará a Costa Rica el 7 de abril.

verschifft haben, das am 11. März abgefahren ist und am 7. April in Costa Rica ankommt.

Acabamos de enviar sus mercancías por paquete postal y nos permitimos presentarles en el anexo nuestra factura n° 421 por el importe de Ptas. 45.000,–.

Wir haben soeben Ihre Waren per Postpaket abgeschickt und erlauben uns, Ihnen in der Anlage unsere Rechnung Nr. 421 über Ptas. 45.000,– zu übersenden.

La máquina saldrá de nuestra fábrica esta tarde y estará en sus talleres el próximo miércoles lo más tarde.

Die Maschine wird unser Werk heute nachmittag verlassen und wird spätestens nächsten Mittwoch in Ihrer Werkstatt sein.

Nuestro conductor partirá de nuestro almacén el próximo lunes a las 8.30 horas para la distribución de mercancías en su región. Deberá estar en su almacén alrededor de las 3 de la tarde.

Unser Fahrer wird nächsten Montag um 8.30 Uhr in unserem Lagerhaus zur Lieferung in Ihrer Gegend abfahren. Er dürfte Ihr Lagerhaus ungefähr um 3 Uhr nachmittags erreichen.

Hemos hecho todos los preparativos necesarios con nuestro agente de transporte.

Wir haben mit dem Spediteur alle notwendigen Vorkehrungen getroffen.

Confirmamos nuestra llamada telefónica por la que les avisamos que el envío fue embarcado en la nave Laredo que llegará el 1° de marzo a Bremen.

Wir bestätigen unser Telefonat, mit dem wir Sie benachrichtigt haben, daß die Sendung mit MS Laredo verschifft wurde, das am 1. März in Bremen eintrifft.

La máquina está ahora lista para ser embarcada en el vapor Simona, que zarpará de Vigo el 15 de febrero, y llegará a Cuxhaven el 21 de marzo.

Die Maschine steht jetzt zur Verschiffung mit MS Simona bereit, das am 15. Februar von Vigo abfährt und am 21. März in Cuxhaven ankommen wird.

Ya tomamos las respectivas medidas con nuestro agente de transporte, …, para el embarque, y luego que recibamos la especificación de los gastos, haremos lo necesario para que los documentos de embarque les sean enviados, como convenido, por el Banco … contra aceptación de nuestra letra.

Entsprechende Vorkehrungen für die Verschiffung sind bereits mit unserem Spediteur, …, getroffen worden, und sobald wir die Gebührenaufstellung erhalten, werden wir dafür sorgen, daß die Schiffsdokumente Ihnen durch die … Bank gegen Akzept unserer Tratte wie vereinbart geschickt werden.

El envío se espera en Málaga el 10 de mayo en el vapor Ambassador que zarpó ayer de Rotterdam.

Die Sendung wird in Málaga am 10. Mai erwartet mit MS Ambassador, das gestern von Rotterdam ausgelaufen ist.

Como deseado (o: de costumbre) las mercancías fueron enviadas c.i.f. Hamburgo.

Wie erbeten (od. üblich) wurden die Waren c.i.f. Hamburg gesandt.

b) baldige oder rechtzeitige Ankunft der Ware

Esperamos que las mercancías lleguen a tiempo

Wir hoffen, daß die Waren rechtzeitig ankommen

a) y que Vds. las recibirán en estado impecable.

a) und Sie in erstklassigem Zustand erreichen.

b) y que les gustarán a Vds.

b) und daß sie Ihnen gefallen werden.

c) y que tendremos el placer de recibir otros pedidos de Vds.

c) und daß wir das Vergnügen haben werden, weitere Aufträge von Ihnen zu erhalten.

Hemos recomendado encarecidamente a nuestro agente de transportes tratar el caso urgentemente.

Wir haben unserem Spediteur eingeschärft, die Sache dringlich abzuwickeln.

Para asegurar que las mercancías les lleguen a tiempo, las hemos despachado tres días antes de la fecha de entrega garantizada (o: tres días por adelantado).

Um sicherzustellen, daß die Waren Sie rechtzeitig erreichen, haben wir sie drei Tage vor dem garantierten Liefertermin (od. drei Tage im voraus) abgeschickt.

Nos complace informarles que logramos por medio de esfuerzos especiales reducir en unos días el plazo de entrega convenido.

Wir freuen uns, Ihnen mitzuteilen, daß es uns durch besondere Anstrengungen gelungen ist, den vereinbarten Liefertermin um einige Tage zu verkürzen.

Les quedaríamos muy agradecidos nos informaran si el envío ha llegado sin novedad.

Wir wären Ihnen für Ihre Anzeige dankbar, daß die Sendung sicher angekommen ist.

c) die vollständige Lieferung kann erst später erfolgen

Teniendo en cuenta la urgencia del asunto, les enviamos hoy la parte de su pedido que pudimos despachar inmediatamente desde almacén.

Angesichts der Dringlichkeit des Falles haben wir heute den Teil Ihres Auftrages abgesandt, den wir sofort ab Lager liefern konnten.

Es posible que la entrega del resto se retarde de tres a cuatro semanas.

Der Rest der Lieferung kann sich um drei bis vier Wochen verzögern.

Les enviaremos el resto tan pronto como tengamos (o: dispongamos de) nuevas existencias.

Wir werden Ihnen den Rest schicken, sobald wir über neue Vorräte verfügen.

Incluiremos el resto en un envío ulterior.

Den Rest werden wir einer späteren Sendung beifügen.

Haremos lo que podamos (o: Estamos haciendo todo lo posible)

Wir werden unser Bestes tun (od. Wir unternehmen alle Anstrengungen),

a) para suministrar el resto de las mercancías cuanto antes.

a) *um den Rest der Waren möglichst schnell zu liefern.*

b) para embarcar el resto de las mercancías en la próxima nave que zarpará de Amberes el 10 de junio.

b) *um den Rest der Waren auf das nächste Schiff zu bekommen, das am 10. Juni von Antwerpen abfährt.*

7. Zahlung des Rechnungsbetrages

En el anexo les enviamos

In der Anlage senden wir Ihnen

a) nuestra factura para los instrumentos ópticos pedidos el 1° de marzo.

a) *unsere Rechnung für die am 1. März bestellten optischen Instrumente.*

b) una copia de la nota de entrega y nuestra factura por duplicado (o: triplicado).

b) *eine Kopie des Lieferscheins und unsere Rechnung in doppelter (od. dreifacher) Ausführung.*

Adjuntamos nuestra factura n° 1738

Wir fügen unsere Rechnung Nr. 1738 bei

a) para los cortacéspedes pedidos el 20 de febrero.

a) *für die am 20. Februar bestellten Rasenmäher.*

b) por la cuantía de Ptas. 25.530,– para el primer suministro.

b) *in Höhe von Ptas. 25.530,– für die erste Lieferung.*

c) por el importe de Ptas. 9.000,– que debitaremos en su cuenta.

c) *in Höhe von Ptas. 9.000,– die wir Ihrem Konto belasten werden.*

d) aguardando el recibo de su cheque.

d) *und sehen dem Erhalt Ihres Schecks entgegen.*

e) y, como fue convenido, presentaremos los documentos de embarque y nuestra letra al Banco ... para su (o: a la) aceptación.

e) *und werden, wie vereinbart, die Schiffsdokumente und unsere Tratte durch die ... Bank zum Akzept vorlegen.*

f) esperando gustosamente sus futuros pedidos.

f) und sehen dem Erhalt weiterer Aufträge gerne entgegen.

Nos permitimos enviarles adjunto

Wir gestatten uns, Ihnen in der Anlage

a) nuestro extracto de cuenta para el trimestre que termina el 30 de junio.

a) unseren Kontoauszug für das am 30. Juni endende Quartal zu senden.

b) nuestro extracto de cuenta para todos los negocios concluidos en enero (o: hasta el 31 de enero) con un saldo de Ptas. 60.540,– a nuestro favor.

b) unseren Kontoauszug für alle Abschlüsse im Januar (od. bis zum 31. Januar) zu senden mit einem Saldo von Ptas. 60.540,– zu unseren Gunsten.

Les agradeceríamos

Wir wären Ihnen dankbar

a) su pronto pago.

a) für baldige Zahlung.

b) el pago de este importe, como de costumbre, por medio de un cheque o giro bancario.

b) für Regulierung dieses Betrages, wie üblich durch Scheck oder Banküberweisung.

c) si pudieran enviarnos su giro cuanto antes.

c) wenn Sie Ihre Überweisung möglichst bald schicken könnten.

Nos complacerá recibir su cheque a vuelta de correo (o: inmediatamente).

Es wird uns freuen, Ihren Scheck umgehend (od. sofort) zu erhalten.

Hagan el favor de enviarnos su cheque por la cuantía de la factura adjunta (o: del extracto de cuenta) hasta finales de este mes.

Bitte senden Sie uns Ihren Scheck für den Betrag der beiliegenden Rechnung (od. des Kontoauszuges) bis Ende dieses Monats.

Libraremos (o: giraremos) sobre Vds. una letra por esta cuantía.

Wir ziehen für diesen Betrag auf Sie einen Wechsel.

Si Vds. prefieren pagar por letra, les rogamos nos lo digan para que podamos librar sobre Vds. una letra a 30 días vista, que les enviaríamos para su aceptación.

Wenn Sie lieber durch Wechsel bezahlen, bitten wir Sie, uns dies mitzuteilen, damit wir auf Sie einen Wechsel mit 30 Tagen Sicht ziehen können, den wir Ihnen zum Akzept schicken würden.

Incluimos nuestra factura n° G639 (o: nuestro extracto de cuenta para todos los negocios de marzo),

Wir fügen unsere Rechnung Nr. G639 (od. unseren Kontoauszug für alle Abschlüsse im März) bei

a) girando sobre Vds., como deseado, a 60 días vista por el importe pagadero.

a) und haben, wie erbeten, auf Sie mit 60 Tagen Sicht für den fälligen Betrag gezogen.

b) librando por el importe de Ptas. 30.540,– una letra a 30 días vista sobre Vds.

Por favor, acepten la letra y devuélvanla lo más rápidamente posible.

Adjuntamos una letra a 60 días vista, rogándoles la acepten y nos la devuelvan.

Les rogamos honren la letra cuando les sea presentada.

Hemos entregado los documentos de embarque a los corresponsales de su banco en Francfort,

a) los cuales aceptaron nuestra letra a la vista girada sobre ellos.

b) los cuales aceptaron nuestra letra a 60 días vista librada sobre ellos por el importe de su carta de crédito.

Hemos instruido a nuestro banco entregar los documentos de embarque contra el pago de nuestra letra.

Incluimos una copia de la factura. Hemos girado por este importe una letra a 60 días vista sobre Vds. a través del Banco . . ., al cual hemos instruido entregar el conocimiento contra aceptación de la misma.

Nos complace adjuntar el siguiente juego de documentos de embarque:

– factura referente a un equipo de laboratorio dental por valor de Ptas. 500.450,– (en cinco ejemplares, como deseado)

– conocimiento limpio a bordo (en triplicado)

– póliza de seguro marítimo por

---

b) und haben für den Betrag von Ptas. 30.540,– mit 30 Tagen Sicht einen Wechsel auf Sie gezogen.

Bitte versehen Sie die Tratte mit Ihrem Akzept und senden Sie sie so bald wie möglich zurück.

Eine 60-Tage-Tratte ist beigefügt, und wir möchten Sie bitten, sie mit Ihrem Akzept versehen an uns zurückzusenden.

Bitte lösen Sie unsere Tratte bei Vorlage ein.

Wir haben die Schiffsdokumente an die Korrespondenten Ihrer Bank in Frankfurt ausgehändigt.

a) und sie haben unsere Sichttratte auf sie akzeptiert.

b) die unsere 60-Tage-Tratte auf sie für den Betrag Ihres Akkreditivs angenommen haben.

Wir haben unsere Bank angewiesen, die Schiffsdokumente gegen Zahlung unserer Tratte auszuhändigen.

Eine Kopie der Rechnung fügen wir bei. Wir haben für diesen Betrag mit 60 Tagen Sicht durch die . . . Bank auf Sie gezogen, die die Weisung erhalten hat, das Konnossement gegen Akzeptierung der Tratte auszuhändigen.

Es freut uns, den folgenden Satz Verschiffungsdokumente beizufügen:

– Rechnung über Zahnlabor-Ausrüstung im Wert von Ptas. 500.450,– (in fünffacher Ausfertigung, wie erbeten)

– reines Bordkonnossement (in dreifacher Ausfertigung)

– Seeversicherungspolice   für

Ptas. 72.300,– (o: certificado de seguro n° C71863)

– certificado de origen.

Hagan el favor de informarnos, luego que los conocimientos hayan llegado a su poder sin novedad.

Permítannos recordarles que nuestras condiciones de pago son 30 días, con un descuento del 2½%, o 60 días, neto.

Nuestras condiciones de pago siguen siendo: neto contra letra a tres meses vista o un 3½% de descuento, en caso de un pago dentro de 30 días.

El importe de la factura es pagadero por letra a 60 días vista o pago al contado con un descuento del 2%.

Ptas. 72.300,– (od. Versicherungszertifikat Nr. C71863)

– Ursprungszeugnis.

Bitte unterrichten Sie uns, sobald die Konnossemente sicher in Ihren Besitz gelangt sind.

Dürfen wir Sie daran erinnern, daß unsere Zahlungsbedingungen 30 Tage mit 2½% Skonto oder 60 Tage netto sind.

Unsere Zahlungsbedingungen sind unverändert: netto gegen Dreimonatssichttratte oder 3½% Skonto bei Zahlung innerhalb von 30 Tagen.

Rechnungsbetrag zahlbar durch 60-Tage-Sichttratte oder 2% Skonto bei Barzahlung.

8. Schlußworte, Bitte um weitere Aufträge

Aguardamos con mucho gusto sus ulteriores pedidos

a) que ejecutaremos con el usual esmero y puntualidad.

b) que ejecutaremos con el mayor esmero.

1. Estamos convencidos de que Vds. estarán satisfechos con las mercancías

2. Apreciamos mucho esta oportunidad de servirles

a) y aguardamos gustosamente sus noticias.

b) y esperamos que Vds. nos favorezcan con nuevos pedidos en el próximo futuro.

Estamos seguros de que la ex-

Wir erwarten gern Ihre weiteren Aufträge,

a) die wir mit der üblichen Sorgfalt und Pünktlichkeit erledigen werden.

b) die wir mit größter Sorgfalt ausführen werden.

1. Wir sind überzeugt, daß Sie mit den Waren zufrieden sein werden,

2. Wir schätzen diese Gelegenheit, Sie zu bedienen, sehr

a) und sehen Ihren weiteren Nachrichten gerne entgegen.

b) und hoffen, daß Sie uns in naher Zukunft neue Aufträge werden zukommen lassen.

Wir sind sicher, daß die ausge-

celente calidad de las mercancías que les enviamos será para
Vds. un incentivo para pasarnos
pedidos ulteriores.

1. Esperamos que el esmero dedicado por nosotros a la ejecución de su pedido

2. Esperamos que la puntual ejecución de su pedido

a) les satisfará y les hará posible favorecernos con otros
pedidos de compra.

b) conducirá a otros negocios
mutuos (o: entre nosotros).

Les aseguramos que todos los
pedidos que Vds. nos pasen serán siempre ejecutados con
esmero.

Si pudiéramos hacer algo ayu-
dándoles en lo relativo a la publicidad para las máquinas de hacer punto, les rogamos nos lo comuniquen.

Rogamos acepten Vds. nuestras disculpas (o: Les rogamos
sinceramente nos disculpen) por
la demora en ejecutar su pedido.

*zeichnete Qualität der gesand-
ten Waren für Sie ein Anreiz sein
wird, uns weitere Aufträge zu erteilen.*

*1. Wir hoffen, daß die Sorgfalt,
die wir auf die Ausführung
Ihres Auftrages verwendet haben,*

*2. Wir hoffen, daß die prompte
Ausführung Ihres Auftrages*

*a) Ihre Zufriedenheit finden
wird und es Ihnen ermög-
licht, uns mit weiteren Einkaufsorders zu betrauen.*

*b) zu weiteren Geschäften zwi-
schen uns führen wird.*

*Wir versichern Ihnen, daß alle
weiteren Aufträge, die Sie uns erteilen, immer sorgfältig erledigt
werden.*

*Wenn wir irgend etwas tun
können, um Ihnen bei der Werbung für die Strickmaschinen zu
helfen, teilen Sie uns dies bitte
mit.*

*Bitte nehmen Sie unsere Ent-
schuldigung entgegen (od. Wir
bitten aufrichtig um Entschuldigung) für die Verzögerung in der
Ausführung Ihres Auftrages.*

VII. Begleichung der Rechnung

Die Zahlungsmethoden sind wie folgt:
1. bar *(al contado)*, Münzen und Banknoten *(monedas y billetes)*;
2. durch die Post *(por correo)*:
   a) Postanweisung *(giro postal)*;
   b) Nachnahme *(contra reembolso)*;
3. durch die Bank *(por el banco)*:
   a) Scheck *(cheque, talón)*;
   b) Banküberweisung *(transferencia bancaria)*;
   c) Wechsel *(letra de cambio)*;
   d) Dokumentenkredit *(crédito documentario)*;
   e) Bankwechsel *(letra bancaria)*;

4. durch Kreditkarte *(tarjeta de crédito)*, z.B. American Express, Diners, Visa, Master Charge, 4 B, Eurocard, Tarjeta 6.000.

Vgl. Kap. XVIII.

1. Eingangsformeln

(Vgl. S. 51 ff.)

Muchísimas gracias por la pronta ejecución de nuestro pedido.

Besten Dank für die prompte Ausführung unseres Auftrages.

Nos alegra saber que el envío llegó a tiempo y en buen estado.

Wir freuen uns, daß die Sendung rechtzeitig und in gutem Zustand angekommen ist.

Les damos las gracias por su carta del 10 de abril

Wir danken Ihnen für Ihr Schreiben vom 10. April

a) comunicándonos que las 5 cajas de cojinetes de bolas fueron embarcadas en la motonave Laredo.

a) mit der Mitteilung, daß 5 Kisten Kugellager mit MS Laredo verschifft worden sind.

b) participándonos el embarque de nuestro pedido de frenos de discos con la motonave Marina.

b) mit der Mitteilung der Verschiffung unseres Auftrages über Scheibenbremsen mit MS Marina.

1. Las 8 cajas de émbolos de compresor que enviaron Vds. el 8 de mayo fueron suministradas ayer,

1. Die 8 Kisten Kompressorkolben, die Sie am 8. Mai versandt haben, wurden gestern angeliefert,

2. Las mercancías han llegado en buen (o: perfecto) estado,

2. Die Waren sind in gutem (od. ausgezeichnetem) Zustand angekommen,

apreciando por nuestra parte mucho que Vds. hayan ejecutado nuestra orden con tanto esmero y rapidez.

und wir schätzen es sehr, daß Sie unseren Auftrag so sorgfältig und schnell erledigt haben.

1. Nos complace enviarles adjunto nuestro cheque n° ... sobre el Banco Popular por importe de Ptas. ...,

1. Wir freuen uns, Ihnen in der Anlage unseren Scheck Nr. ... auf den Banco Popular in Höhe von Ptas. ... zu übersenden

2. Nos complace comunicarles que se ordenó una transferencia a su cuenta con el Banco de Santander,

2. Es freut uns, Ihnen mitzuteilen, daß eine Überweisung auf Ihr Konto bei dem Banco de Santander veranlaßt wurde

3. Hemos ordenado el pago por importe de Ptas. . . . a través del Dresdner Bank,

a) como primer plazo, según lo convenido entre nosotros (o: nuestro contrato).

b) como pago a cuenta de nuestro pedido n° . . .

c) para saldo total (o: como pago parcial) de su factura n° . . .

d) como liquidación de la factura n° . . ., deducido el abono n° . . . (o: menos el 2% de descuento).

e) en liquidación (total) de su extracto de cuenta del 30 de junio.

f) saldando (o: liquidando) con ello nuestra cuenta hasta el 31 de enero (concediendo un 2% de descuento).

g) rogándoles efectuar el correspondiente abono en nuestra cuenta.

h) deseando rogarles enviarnos una confirmación a su debido tiempo.

i) rogándoles sepan disculpar la demora de pago.

Les agradecemos el pronto suministro e incluimos cheque n° . . . por el importe de su factura menos el 3% de descuento.

Como solicitaron, hemos dado instrucciones a nuestro banco, el Deutsche Bank de Düsseldorf, de transferir telegráficamente el importe de Ptas. . . . a favor de su cuenta en el Banco de Santander de Madrid.

El saldo pendiente por importe

3. Wir haben die Zahlung in Höhe von Ptas. . . . durch die Dresdner Bank veranlaßt

a) als erste Rate gemäß unserer Vereinbarung (od. unserem Vertrag).

b) als Anzahlung für unseren Auftrag Nr. . . .

c) zum vollen Ausgleich (od. als Teilzahlung) Ihrer Rechnung Nr. . . .

d) zur Regulierung der Rechnung Nr. . . . abzüglich Gutschrift Nr. . . . (od. abzüglich 2% Skonto).

e) zum (vollen) Ausgleich Ihres Kontoauszuges vom 30. Juni.

f) und dies gleicht unser Konto bis zum 31. Januar aus (bei Gewährung eines Skontos von 2%).

g) und bitten Sie um entsprechende Gutschrift auf unser Konto.

h) und möchten Sie bitten, uns zur gegebenen Zeit eine Bestätigung zu schicken.

i) und bitten Sie wegen der späten Zahlung um Entschuldigung.

Wir danken Ihnen für die prompte Lieferung und fügen Scheck Nr. . . . bei über den Betrag Ihrer Rechnung abzüglich 3% Skonto.

Wie erbeten, haben wir unsere Bank, die Deutsche Bank, Düsseldorf, angewiesen, den Betrag von Ptas. . . . zu Gunsten Ihres Kontos bei dem Banco de Santander in Madrid telegrafisch zu überweisen.

Der unbezahlte Saldo in Höhe

de Ptas. ... será transferido telegráficamente por nuestro banco lo más tardar el 31 de diciembre.

Rogamos girar sobre nosotros a 60 días vista por el importe de su factura, enviándonos su letra a la aceptación.

Hemos recibido y examinado su extracto de cuenta para el trimestre finalizado el 30 de septiembre,

a) constatando que está conforme con nuestros libros.

b) estando de conformidad con el saldo pendiente de Ptas. ...

von Ptas. ... wird durch unsere Bank spätestens am 31. Dezember telegrafisch überwiesen.

Bitte ziehen Sie auf uns mit 60 Tagen Sicht für den Betrag Ihrer Rechnung und senden Sie uns die Tratte zum Akzept.

Wir haben Ihren Kontoauszug für das am 30. September endende Quartal erhalten und geprüft

a) und stellen fest, daß er mit unseren Büchern übereinstimmt.

b) und stimmen mit dem fälligen Saldo von Ptas. ... überein.

2. Bitte um Empfangsbestätigung

Les ruego me envíen el recibo oficial concerniente a este pago.

Hagan el favor de acusar recibo.

Adjuntamos su factura, rogándoles devolvérnosla con su recibí.

No es (o: se hace) necesaria una confirmación de esta transferencia.

Bitte senden Sie mir Ihre offizielle Quittung für diese Zahlung.

Bitte bestätigen Sie den Erhalt.

Wir fügen Ihre Rechnung bei. Bitte schicken Sie uns diese quittiert zurück.

Eine Bestätigung für diese Überweisung ist nicht notwendig.

VIII. Empfang der Zahlung. Zahlungsbestätigung

Mit dem Empfang *(recibo)* der Zahlung *(pago)* ist das Geschäft *(transacción)* abgeschlossen.

Im bargeldlosen Zahlungsverkehr *(pagos sin movimiento de numerario)* ist eine Empfangsbestätigung *(acuse de recibo)* nicht erforderlich.

Zahlung durch Scheck ist erst dann gültig *(válido, tiene vigor)* oder als Barzahlung *(pago al contado o en efectivo)* anzusehen, wenn der Scheck bezahlt oder eingelöst worden ist *(ha sido pagado o hecho efectivo)*; daher wird die Zahlung durch Scheck unter Vorbehalt quittiert: *Salvo buen cobro; con las reservas de costumbre; bajo la reserva de que el cheque sea hecho efectivo.*

Bei Irrtümern bei der Zahlung, wenn z. B. der Kunde einen unberechtigten *(injustificado)* Rabatt abzieht, macht man ihn darauf aufmerksam und bittet um Berichtigung *(rectificación, corrección).*

In den meisten Fällen drückt man zum Schluß die Hoffnung auf weitere Bestellungen aus.

Die Quittung *(recibo)* gibt das Datum *(fecha),* den Betrag *(importe),* die Form der Zahlung (in bar *al contado o en efectivo,* durch Scheck *por [medio de] cheque* usw.) und den gewährten Abzug *(descuento concedido)* an und wird vom Empfänger unterschrieben.

Es genügt auch, wenn unter die Rechnung *pagado* (Bezahlt) oder *recibí (el importe)* (Dankend erhalten) mit Unterschrift und Datum gesetzt wird.

1. Eingangsformeln

Les agradecemos su carta del 8 de abril con su cheque (o: letra; giro) por Ptas. ...

Wir danken Ihnen für Ihren Brief vom 8. April mit Ihrem Scheck (od. Wechsel; Ihrer Tratte) über Ptas. ...

a) en liquidación de su cuenta.

a) zum Ausgleich Ihres Kontos.

b) para saldo total (o: como pago parcial) de nuestro extracto de cuenta del 30 de junio.

b) zum vollen Ausgleich (od. als Teilzahlung) unseres Kontoauszuges vom 30. Juni.

c) para saldo total de nuestra factura del 2 de mayo.

c) zum vollen Ausgleich unserer Rechnung vom 2. Mai.

Muchas gracias por el envío de su cheque por importe de Ptas. ... para saldo total de su cuenta.

Besten Dank für die Übersendung Ihres Schecks in Höhe von Ptas. ... zum vollen Ausgleich Ihres Kontos.

1. Les damos las gracias por su cheque de Ptas. ...

1. Wir danken Ihnen für Ihren Scheck über Ptas. ...

2. Les agradecemos la transferencia de Ptas. ... a nuestra cuenta en el Banco Bilbao-Vizcaya

2. Wir danken Ihnen für Ihre Überweisung von Ptas. ... auf unser Konto bei dem Banco Bilbao-Vizcaya

a) en liquidación de nuestro extracto de cuenta del 31 de diciembre.

a) zum Ausgleich unseres Kontoauszuges vom 31. Dezember.

b) y por el pronto pago de nuestra factura.

b) und für die prompte Bezahlung unserer Rechnung.

Hemos abonado este importe en su cuenta (alegrándonos in-

Wir haben diesen Betrag Ihrem Konto gutgeschrieben (und fü-

cluir el recibo oficial deseado).

gen gern die gewünschte offizielle Quittung bei).

Su cuenta queda con ello saldada hasta el día de hoy.

Ihr Konto ist somit bis heute ausgeglichen.

2. Empfangsbestätigung über Teilzahlung

Les agradecemos su cheque (o: su transferencia) por importe de Ptas....

Wir danken Ihnen für Ihren Scheck (od. Ihre Überweisung) in Höhe von Ptas....

a) como pago parcial de nuestra factura del 3 de octubre.

a) als Teilzahlung unserer Rechnung vom 3. Oktober.

b) como pago a cuenta (o: primer pago parcial) de su pedido del 7 de abril.

b) als Anzahlung (od. erste Teilzahlung) für Ihren Auftrag vom 7. April.

El saldo aún pendiente se eleva a Ptas....

Der noch ausstehende Saldo beträgt Ptas....

Confirmamos que el precio total se eleva a Ptas. ... y que el saldo de Ptas. ... es pagadero a la entrega.

Wir bestätigen, daß der Gesamtpreis Ptas. ... beträgt, und daß der Saldo von Ptas. ... bei Lieferung zahlbar ist.

Les agradecemos su transferencia y quedamos en espera del saldo aún pendiente (o: no liquidado) de Ptas. ... dentro de los próximos días.

Wir danken Ihnen für Ihre Überweisung und sehen dem Empfang des noch nicht regulierten Saldos von Ptas. ... innerhalb der nächsten Tage entgegen.

3. Unregelmäßigkeiten und Irrtümer bei der Zahlung

Desprendemos del pago de nuestra factura nº ... que Vds. han deducido un 5% de descuento.

Wir ersehen aus der Bezahlung unserer Rechnung Nr. ..., daß Sie 5% Skonto abgezogen haben.

Lamentamos no poder aceptar este pago como liquidación total de su cuenta (o: nuestra factura).

Wir bedauern, daß wir diese Zahlung nicht als vollen Ausgleich Ihres Kontos (od. unserer Rechnung) annehmen können.

Sentimos que no nos sea posible concederles el descuento retenido,

Wir bedauern, daß es uns nicht möglich ist, Ihnen den abgezogenen Skonto zu gewähren,

a) ya que suministramos sólo a precios netos.

b) dado que solamente podemos hacer concesiones en cuanto a rebajas si las facturas se pagan puntualmente.

Las condiciones de pago permiten la rebaja por pago al contado del 3% sólo en caso de pago dentro de 10 días a partir de la fecha del extracto de cuenta (o: de la factura), mientras que su pago actual quedó vencido hace más de seis semanas.

Rogamos transfieran el saldo de Ptas. ... dentro de los próximos días.

Para ahorrarles la molestia de una transferencia por separado, pueden Vds. transferir el importe de Ptas. ... al efectuar la liquidación de su próximo extracto de cuenta.

a) da wir nur zu Nettopreisen liefern.

b) da wir Zugeständnisse für Rabatte nur machen können, wenn Rechnungen prompt bezahlt werden.

Die Zahlungsbedingungen gestatten den 3 %igen Kassarabatt nur bei Zahlung innerhalb von 10 Tagen ab Datum des Kontoauszuges (od. der Rechnung), wogegen Ihre jetzige Bezahlung mehr als sechs Wochen überfällig war.

Bitte überweisen Sie den Saldo von Ptas. ... innerhalb der nächsten Tage.

Um Ihnen die Mühe einer getrennten Überweisung zu ersparen, können Sie den Betrag von Ptas. ... bei der Regulierung Ihres nächsten Kontoauszuges mit überweisen.

4. Schlußworte

Incluimos (o: adjuntamos) recibo por duplicado,

a) esperando que Vds. hayan quedado satisfechos con la ejecución de su pedido.

b) esperando tener el placer de servirles de nuevo.

Les damos nuestras más expresivas gracias por el pronto envío de su cheque.

Wir fügen eine Quittung in doppelter Ausfertigung bei,

a) und wir hoffen, daß Sie mit der Erledigung Ihres Auftrages zufrieden waren.

b) und wir hoffen, daß wir das Vergnügen haben werden, Sie wieder zu bedienen.

Wir danken Ihnen verbindlichst für die prompte Übersendung Ihres Schecks.

Geschäftsgang

Die folgenden Briefe veranschaulichen einen einfachen, die Briefgattungen II—VIII umfassenden Geschäftsgang, der natürlich je nach Umständen erweitert werden kann.

I Rundschreiben

Oviedo, 13 de enero de 19 . .

Señores Beitía & Cía
Bilbao

Señores:

Tengo el gusto de participarles que para dar a mi antiguo y leal empleado Don Juan Puig una prueba de lo mucho que aprecio sus servicios, he resuelto hoy admitirle como socio.
La larga experiencia de Don Juan Puig y sus múltiples dotes le facultan ampliamente para afianzar el prestigio de mi antigua casa.
El nuevo negocio girará bajo la razón social de
ROBERT & PUIG.
Rogándoles tomen nota de las firmas estampadas al pie, y aprovechando esta ocasión para darles las gracias por la confianza con que me han honrado por espacio de tantos años, quedo de Vds. muy atentamente.

Luis Robert

Don Luis Robert firmará: Robert & Puig.
Don Juan Puig firmará: Robert & Puig.

II Anfrage

Bilbao, 20 de enero de 19 . .

Robert & Puig
Oviedo

Señores:

Acusamos recibo de su circular del 13 del corriente y les agradeceríamos mucho enviasen a vuelta de correo su última lista de precios y algunas muestras de los artículos que tienen en almacén.
Si sus precios y condiciones son aceptables, pueden Vds. contar con importantes pedidos nuestros.

Muy atentamente
Beitía & Cía.

III Angebot

Oviedo, 28 de enero de 19 . .

Señores Beitía & Cía.
Bilbao

Señores:

Con referencia a su carta del 20 del corriente tenemos el gusto de informarles que hoy les enviamos por correo las muestras solicitadas.

Adjunto hallarán Vds. una lista de nuestros actuales precios por la que verán que cotizamos un 5% por debajo del precio de plaza.

Los géneros estarán listos para la entrega en plazo muy breve, pero la fabricación de un tipo especial requerirá un tiempo razonable.

Nos alegrará recibir sus gratos encargos, que obtendrán nuestra mejor atención.

Quedamos de Vds. muy atentamente,

Robert & Puig.

IV Auftrag

Bilbao, 4 de febrero de 19 . .

Señores Robert & Puig
Oviedo

Señores:

Recibimos a su debido tiempo su lista de precios y muestras, y con la presente tenemos el gusto de enviarles una nota de pedido especificada.

Sírvanse cuidar de que la calidad sea exacta a la muestra, y tomen nota de que la entrega se desea a la mayor brevedad posible.

Esperando que dedicarán Vds. su mejor atención a este pedido, nos reiteramos de Vds. muy atentamente,

Beitía & Cía.

V Auftragsbestätigung

Oviedo, 12 de febrero de 19 . .

Señores Beitía & Cía.
Bilbao

Señores:

Hemos recibido su carta del 4 del corriente, conteniendo una nota de pedido, por la cual les damos nuestras más expresivas gracias.

De conformidad con sus deseos, haremos todo lo posible por expedir la mercancía en el curso del próximo mes.

Muy atentamente
Robert & Puig.

Robert & Puig benachrichtigen am 1. März Beitía & Cía., daß sie nicht rechtzeitig liefern können:

Con referencia a su orden del 4 del mes pasado, sentimos tener que comunicarles que debido a la escasez de materias primas no podemos efectuar a tiempo la entrega de la mercancía. De todos modos, pueden estar Vds. seguros de que no demoraremos el despacho más de lo absolutamente necesario.

Sírvanse disculpar esta demora involuntaria, que esperamos no les origine daños mayores.

Muy atentamente
Robert & Puig.

Beitía & Cía. bitten um Beschleunigung der Lieferung und um baldige Zusendung wenigstens eines Teiles der bestellten Waren:

Refiriéndonos a su carta del 1 del corriente hemos de rogarles activen cuanto sea posible la expedición de nuestro pedido.
La temporada para la venta de los artículos está ya muy cercana, y al menos la mitad de ellos han de ser expedidos muy en breve, pues de otro modo nos originaría la tardanza un serio perjuicio.
Esperando recibir su envío en breve, quedamos entretanto de Vds. muy atentamente,

Beitía & Cía.

VI Ausführung des Auftrages

Oviedo, 15 de marzo de 19 . .

Señores Beitía & Cía.
Bilbao

Señores:

De conformidad con sus instrucciones, hemos expedido hoy a su dirección por gran velocidad parte de los géneros encargados el 4 del mes pasado.
Nos permitimos incluir la factura, cuyo importe de Ptas. . . . agradeceremos nos remitan por cheque.
Esperamos que la mercancía será de su entera satisfacción y que este pedido no sea sino el primero de una serie más importante.
El resto de su pedido será despachado dentro de una semana o, a más tardar, de dos.

Muy atentamente
Robert & Puig.

Am 30. März melden Robert & Puig, daß der Rest der Waren abgegangen ist:

Tenemos el gusto de informarles que hemos conseguido completar la orden que nos hicieron el 4 del mes pasado. Los géneros han sido despachados hoy y llegarán a su poder en fecha oportuna.
Nuestra factura, por liquidación, asciende a Ptas. . . ., que suplicamos a Vds. nos abonen en cuenta.
Volvemos a pedirles excusas por los trastornos que esta demora haya podido ocasionarles y quedamos en espera de sus nuevos encargos.

Muy atentamente
Robert & Puig.

VII Zahlung

Bilbao, 8 de abril de 19 . .

Señores Robert & Puig
Oviedo

Muy señores nuestros:

Adjunto les remitimos

      cheque por Ptas. . . .

en liquidación de sus envíos del 15 y 30 del pasado, según detallamos abajo.

Les agradeceremos nos envíen el acuse de recibo correspondiente.

Muy atentamente
Beitía & Cía.

Especificación

Su envío del 15 de marzo	Ptas. . . . . . .
Su envío del 30 de marzo	Ptas. . . . . . .
menos el 3% de descuento por pago al contado	Ptas. . . . . . .
Líquido	Ptas. . . . . . .

VIII Zahlungsbestätigung

Oviedo, 16 de abril de 19 . .

Señores Beitía & Cía.
Bilbao

Señores:

Agradecidos les acusamos recibo del cheque por valor de Ptas. . . . que incluyen en su estimada de ayer y que hemos abonado en su cuenta en pago de nuestras facturas del 15 y del 30 de marzo.

Esperando vernos favorecidos en breve con sus nuevas órdenes, quedamos de Vds. muy atentamente,

Robert & Puig.

IX. Die Einholung von Auskünften

Vor Abschluß von Verkäufen an unbekannte Firmen, und wenn Waren auf Kredit verkauft werden *(son vendidas a crédito)*, wird die Kreditwürdigkeit *(solvencia; crédito; fiabilidad)* des Käufers durch Einholung von Auskünften geprüft. Kunden, die einen Erstauftrag erteilen *(pasan un primer pedido)*, werden deshalb gewöhnlich aufgefordert *(se les pide)*, die

Namen von Personen oder Firmen anzugeben *(indicar)*, an die sich der Lieferer um Auskunft wenden kann *(puede dirigirse solicitando informes)*. Dies geschieht auch dann, wenn ein Kunde ein besonders großes Geschäft abschließen oder seinen Kredit bedeutend erhöht haben will, oder wenn sich die Verhältnisse einer Firma anscheinend verschlechtern.

Die Kreditwürdigkeit eines Kunden ergibt sich aus seiner Zahlungsfähigkeit *(solvencia)* und Zahlungswilligkeit *(buena voluntad de pago)*.

In dem Erkundigungsschreiben *(carta de petición de informes)* bittet man um Auskunft über den allgemeinen Ruf *(reputación en general)*, die Kreditwürdigkeit und Zahlungsfähigkeit, und ob der Kunde prompt zahlt *(paga puntualmente)*. Man sichert dem Geschäftsfreund gewöhnlich strenge Verschwiegenheit *(rigurosa o estricta discreción)* zu, dankt für die Gefälligkeit *(favor; deferencia)* und bietet Gegendienste an *(se ofrece uno a la recíproca)*.

Auskunft kann eingeholt werden bei Geschäftsfreunden, Banken und Auskunfteien.

Banken antworten in der Regel nicht direkt auf private Anfragen *(peticiones particulares de informes)*. Sie sind jedoch meist bereit, die Auskunft an eine andere Bank zu geben. Wenn der Lieferant deshalb eine Bankreferenz haben will, muß er sich an seine eigene Bank wenden, die für ihn bei der Bank des potentiellen Kunden *(posible cliente)* die Auskunft einholt. Für ein Zeugnis über die Bonität *(testimonio sobre la solvencia)* eines Kunden kann sich der Lieferer auch an eine der zahlreichen Kreditauskunfteien *(agencias de informes)* wenden. Unternehmen mit einer großen Zahl von Kunden zahlen ein Jahresabonnement *(suscripción anual)* und erhalten Informationsschriften, die eingehende praktische Auskunft über die meisten Unternehmen geben. Wenn der Abonnent eine genaue Auskunft haben will, füllt er ein entsprechendes Formular *(impreso; formulario)* aus.

1. Eingangsformeln

Acabamos de recibir un (primer) pedido por importe de Ptas. ... de las bodegas Ibérica Comercial Ltda. de Murcia,

Wir haben soeben einen (Erst)-Auftrag über Ptas. ... von der Weinkellerei Ibérica Comercial Ltda. aus Murcia erhalten,

a) la cual nos ha remitido a Vds.

a) und sie hat uns an Sie verwiesen.

b) la cual ha dado su nombre (o: su casa) como referencia.

b) die Ihren Namen (od. Ihre Firma) als Referenz angegeben hat.

c) agradeciéndoles por nuestra parte cualquier información que nos puedan dar sobre la seriedad de dicha casa.

c) und wären Ihnen für jede Information, die Sie uns über die Zuverlässigkeit dieser Firma geben können, dankbar.

d) quedándoles muy agradecidos si nos dieran un informe

d) und wären Ihnen dankbar, wenn Sie uns einen Bericht

sobre la solvencia de dicha casa.

über die Bonität dieser Firma geben würden.

(La casa) Indica haber efectuado negocios con Vds. durante los pasados años y nos ha dado el nombre de su empresa como referencia.

(Die Firma) Sie gibt an, daß sie mit Ihnen während der vergangenen Jahre Geschäfte getätigt hat und hat uns den Namen Ihres Unternehmens als Referenz angegeben.

Por el Sr. Larrañaga, director gerente de la casa Suministros Industriales, S. A., me he enterado de que éste ha efectuado negocios con Vds. en el último tiempo.

Von Herrn Larrañaga, dem geschäftsführenden Direktor der Firma Suministros Industriales, S. A., habe ich erfahren, daß er in der letzten Zeit mit Ihnen Geschäfte abgeschlossen hat.

La casa Mateos & Guardiola nos ha remitido a Vds. para que nos proporcionen informes sobre la reputación de ésta.

Die Firma Mateos & Guardiola hat uns an Sie verwiesen zwecks Auskunft über ihren Ruf.

La casa mencionada en la hoja adjunta

Die auf dem beigefügten Zettel genannte Firma

a) quisiera entablar relaciones comerciales con nosotros, necesitando un crédito de tres meses de hasta Ptas. . . .

a) möchte mit uns in Geschäftsverbindung treten und benötigt einen Dreimonatskredit bis zu Ptas. . . .

b) nos ha rogado suministrarles como primer pedido (o: con cargo a cuenta corriente) mercancías por importe de Ptas. . . .

b) hat uns gebeten, ihr als Erstauftrag (od. auf laufende Rechnung) Waren in Höhe von Ptas. . . . zu liefern.

Nuestros posibles clientes Guamán & Hnos., de Bilbao, nos han indicado su nombre como referencia bancaria.

Unsere potentiellen Kunden Guamán & Hnos. in Bilbao haben uns Ihren Namen als Bankreferenz angegeben.

2. Einzelheiten und Gründe der Anfrage

Les quedaríamos muy agradecidos por cualquier información que nos puedan dar

Wir wären Ihnen sehr dankbar für jede Auskunft, die Sie uns geben können

a) sobre su situación financiera y modo de atender los pagos.

a) über ihre finanzielle Lage und Zahlungsfähigkeit.

b) sobre su reputación y solvencia.

b) über ihren Ruf und ihre Kreditwürdigkeit.

c) sobre sus actividades y el volu-

c) über ihre Tätigkeit und den

men de negocios (o: transacciones).

Umfang ihrer Geschäfte (od. Transaktionen).

1. Consideraríamos como un gran favor (o: una gran deferencia) si tuvieran la amabilidad de decirnos (o: comunicarnos) confidencialmente si

1. *Wir würden es als sehr große Gefälligkeit betrachten, wenn Sie uns liebenswürdigerweise vertraulich sagen (od. mitteilen) würden, ob*

2. Les quedaríamos (sumamente) agradecidos si nos comunicaran si

2. *Wir würden (äußerst) dankbar sein, wenn Sie uns mitteilten, ob*

3. En especial quisiéramos saber si

3. *Insbesondere möchten wir wissen, ob*

4. Les quedaríamos muy reconocidos si nos procuraran informes de si

4. *Wir wären Ihnen zu Dank verbunden, wenn Sie uns Informationen verschaffen würden, ob*

5. Rogamos a Vds. nos envíen informes sobre la reputación y situación financiera de la casa y, en especial, participarnos si

5. *Bitte senden Sie uns einen Bericht über den Ruf und die finanzielle Lage der Firma und insbesondere Ihre Mitteilung darüber, ob*

a) dicha empresa es digna de confianza (o: fiable) en sus pagos y si ha pagado con cierta puntualidad sus facturas.

a) *dieses Unternehmen verläßlich in seinen Zahlungen ist und ob es seine Rechnungen einigermaßen prompt bezahlt hat.*

b) cumple (o: atiende) puntualmente sus compromisos.

b) *sie ihren Verpflichtungen pünktlich nachkommt.*

c) (ella) es digna de crédito hasta la suma de Ptas. . . .

c) *sie bis zu einer Summe von Ptas. . . . kreditwürdig ist.*

d) considerarían un crédito de Ptas. . . . como riesgo aceptable.

d) *Sie einen Kredit von Ptas. . . . als annehmbares Risiko betrachten würden.*

e) Vds. tienen desde hace tiempo relaciones comerciales con esta casa, y si sus transacciones con Vds. fueron liquidadas siempre puntualmente.

e) *Sie mit dieser Firma seit langem in Geschäftsbeziehung stehen, und ob ihre Abschlüsse mit Ihnen immer prompt reguliert wurden.*

f) la reputación y la situación financiera de esta casa justifican un crédito de hasta Ptas. . . .

f) *der Ruf und die finanzielle Lage dieser Firma einen Kredit bis zu Ptas. . . . rechtfertigen.*

g) su volumen de negocios con Vds. es de importancia.

g) *ihr Geschäftsvolumen mit Ihnen bedeutend ist.*

h) Vds. la recomendarían como cliente.

h) Sie sie als Kunden empfehlen würden.

¿Considerarían como seguro conceder a esta casa un crédito de hasta Ptas....?

Würden Sie es als sicher betrachten, dieser Firma einen Kredit bis zu Ptas.... zu gewähren?

¿Existe alguna razón para dudar de su solvencia?

Besteht irgendein Grund, an ihrer Kreditwürdigkeit zu zweifeln?

La suma en cuestión será de Ptas. ... aproximadamente, por lo que les quedaría agradecido si me comunicaran si le consideran solvente por este importe.

Die betreffende Summe wird ungefähr Ptas. ... sein, und ich wäre dankbar, wenn Sie mir mitteilen würden, ob Sie ihn für diesen Betrag kreditwürdig halten.

Dado que el importe en cuestión sobrepasa Ptas. ..., es natural que no nos agrade conceder un crédito sin tener antes certeza sobre su reputación.

Da der betreffende Betrag Ptas. ... übersteigt, gewähren wir natürlich ungern einen Kredit, ohne uns über seinen Ruf Gewißheit zu verschaffen.

Tengan la amabilidad de comunicarnos su opinión sobre la seriedad de la casa, indicando el importe de crédito que se les puede conceder sin riesgo.

Wären Sie so liebenswürdig, uns Ihre Meinung über die Zuverlässigkeit der Firma mitzuteilen und den Kreditbetrag anzugeben, der gefahrlos gewährt werden kann.

Les quedaríamos agradecidos por cualquier información que nos puedan proporcionar en relación con el crédito, la situación financiera y la reputación en general de esta casa.

Wir wären für jede Auskunft dankbar, die Sie uns bezüglich des Kreditansehens, der finanziellen Lage und des allgemeinen Rufs dieser Firma geben können.

Dado que éste es nuestro primer negocio con esta casa, les quedaríamos muy agradecidos nos participen hasta qué límite consideran Vds. esta casa como solvente.

Da es unser erstes Geschäft mit dieser Firma ist, wären wir Ihnen für Ihre Mitteilung sehr dankbar, bis zu welcher Grenze Sie die Firma als sicher betrachten.

Rogamos nos den respuesta a las siguientes preguntas:

Würden Sie bitte die folgenden Fragen beantworten:

¿Son clientes de Vds. en la actualidad?

Sind sie jetzt einer Ihrer Kunden?

¿Desde cuándo están en relaciones comerciales con Vds.?

Wie lange stehen sie mit Ihnen schon in geschäftlicher Verbindung?

¿Hacen uso de descuentos por pago al contado? En caso nega-

Nehmen sie Kassarabatte wahr? Falls nicht, zahlen sie

tivo, ¿pagan puntualmente al vencimiento?

prompt bei Fälligkeit?

¿Han solicitado prórrogas? En caso afirmativo, ¿por qué período de tiempo?

Haben sie um Verlängerung gebeten, und falls ja, für welche Zeitspanne?

¿Considerarían Vds. sus relaciones comerciales con dicha empresa en general como satisfactorias?

Würden Sie Ihre Geschäftsbeziehungen mit dieser Firma als im allgemeinen zufriedenstellend betrachten?

¿Cómo juzgan Vds. su situación financiera actual?

Wie beurteilen Sie ihre augenblickliche finanzielle Lage?

¿Son sus perspectivas comerciales favorables?

Sind ihre Geschäftsaussichten günstig?

3. Zusicherung der Verschwiegenheit

Vds. pueden contar con nuestra discreción.

Sie können sich auf unsere Diskretion verlassen.

Se sobreentiende que cualquier información de Vds. será tratada confidencialmente.

Jede Auskunft von Ihnen wird natürlich vertraulich behandelt werden.

1. Su respuesta

1. Ihre Antwort

2. Cualquier información que recibamos de Vds. (o: que Vds. nos puedan pasar)

2. Jede Auskunft, die wir von Ihnen erhalten (od. die Sie vielleicht an uns weitergeben können),

será, naturalmente, mantenida en absoluto secreto.

wird natürlich streng geheimgehalten werden.

1. Tengan la seguridad de que cualquier información que nos diesen

1. Bitte seien Sie versichert, daß jede Auskunft, die Sie uns eventuell geben,

2. Huelga decir que toda información que nos proporcionen Vds.

2. Wir brauchen wohl nicht zu sagen, daß jede von Ihnen gegebene Auskunft

a) será mantenida en absoluto secreto.

a) streng geheimgehalten werden wird.

b) será tratada confidencialmente.

b) vertraulich behandelt werden wird.

Les quedaremos (verdaderamente) muy agradecidos

Wir werden (wirklich) sehr dankbar sein

a) por cualquier información que Vds. nos den (o: puedan dar).

a) für jede Auskunft, die Sie uns geben wollen (od. können).

b) por su ayuda.

Ni que decir tiene que cualquier información que nos proporcionen Vds. será sin responsabilidad para Vds.

Les agradecemos su gentileza y les aseguramos absoluta discreción.

Celebraríamos corresponder a este favor a la recíproca cuando se nos presente la ocasión.

1. Si en algún momento podemos prestarles un servicio similar,

2. Si en alguna ocasión podemos hacerles un favor parecido,

a) rogamos se dirijan a nosotros.

b) haremos esto con sumo gusto.

Mucho apreciamos su ayuda, esperando poder corresponder a este favor a la recíproca.

Para facilitar su respuesta incluimos un cuestionario con un sobre franqueado.

Mucho agradeceríamos una respuesta, incluyendo a tal efecto un cupón-respuesta internacional.

b) für Ihre Hilfe.

Es ist uns klar, daß jede von Ihnen eventuell gelieferte Auskunft ohne Verantwortung für Sie sein wird.

Wir danken Ihnen für Ihre Liebenswürdigkeit und sagen Ihnen absolute Diskretion zu.

Wir würden uns freuen, diesen Gefallen zu erwidern, wenn immer uns das möglich sein sollte.

1. Wenn wir Ihnen irgendwann einen ähnlichen Dienst erweisen können,

2. Wenn wir Ihnen irgendwann einen ähnlichen Gefallen tun können,

a) wenden Sie sich bitte an uns.

b) werden wir dies sehr gerne tun.

Wir schätzen Ihre Hilfe sehr und hoffen, diese Gefälligkeit erwidern zu können.

Zur Erleichterung Ihrer Antwort ist ein Fragebogen beigefügt mit einem Freiumschlag.

Wir wären Ihnen für eine Antwort sehr dankbar und fügen einen internationalen Antwortschein bei.

X. Auskunfterteilung

Auskünfte werden in der Regel „ohne Verbindlichkeit" *(sin garantía ni responsabilidad)* erteilt.

Bei unentgeltlicher Auskunft haftet der Auskunftgeber *(se hace responsable el informador)* lediglich für vorsätzlich falsche Auskunft *(informes falsos dados premeditadamente)*, bei entgeltlicher Auskunft *(informes dados a título oneroso)* erstreckt sich die Haftung auf Vorsatz *(premeditación)* und Fahrlässigkeit *(negligencia)*.

Wer vorsätzlich oder grob fahrlässig unwahre, kreditgefährdende Tatsachen *(hechos falsos que ponen un crédito en peligro)* verbreitet, ist schadenersatzpflichtig *(obligado al pago de indemnización)*.

Der Auskunftempfänger ist zur Geheimhaltung der Auskunft verpflichtet *(está obligado a mantener en secreto la información o los informes)*.

Im allgemeinen kann man zwischen günstigen *(favorables)*, unbestimmten *(vagos)* und ungünstigen *(desfavorables)* Auskünften unterscheiden.

Die Auskunft sollte einen Hinweis enthalten, daß die Information streng vertraulich *(estrictamente confidencial)* und nur für den Empfänger bestimmt ist. Angaben werden gemacht über den Ruf *(reputación)* und Charakter des Inhabers oder der Inhaber und ihr kaufmännisches Verhalten *(conducta)*; die Rechtsverhältnisse *(situación legal)*; die Vermögenslage *(situación económica)* der Firma; die Bilanz *(balance)* und den Umsatz *(cifra de negocios)* des letzten Jahres oder der letzten Jahre; die Kreditwürdigkeit *(solvencia)*; die Zahlungsweise *(modo de pago o cómo cumple sus obligaciones de pago)*; die Höhe des Kredits, der ohne Risiko eingeräumt werden kann *(volumen de crédito que se puede conceder sin riesgo)*. Zum Abschluß wird noch einmal taktvoll darin erinnert, daß die Auskunft vertraulich ist und ohne Verbindlichkeit gegeben wird.

1. Eingangsformeln

Muchas gracias por su carta del 7 de marzo solicitando informes sobre la casa Control Data, S. A.

Vielen Dank für Ihr Schreiben vom 7. März mit der Bitte um Auskunft über die Firma Control Data, S. A.

Les agradecemos su solicitud de informes sobre la reputación comercial del Sr. Juan Lomas de Valencia.

Wir danken Ihnen für Ihre Anfrage über das geschäftliche Ansehen des Herrn Juan Lomas aus Valencia.

1. Con agrado les damos los informes que van a continuación

1. Wir geben Ihnen gerne die folgende Auskunft

2. Pudimos obtener los siguientes hechos de nuestra sucursal de Ingolstadt

con relación a la casa mencionada en su solicitud de informes del 3 de noviembre.

2. Wir konnten die folgenden Fakten von unserer Niederlassung in Ingolstadt erhalten

bezüglich der in Ihrer Anfrage vom 3. November erwähnten Firma.

Podemos recomendar absolutamente la casa sobre la cual Vds. piden informes.

Wir können die Firma, über die Sie sich erkundigen, durchaus empfehlen.

Hemos concluido ahora nuestras indagaciones referentes a la casa mencionada en su carta del 8 de abril, alegrándonos poder informar positivamente.

Wir haben nunmehr unsere Erkundigungen bezüglich der in Ihrem Schreiben vom 8. April erwähnten Firma abgeschlossen und freuen uns, günstig berichten zu können.

Hemos recibido ahora de nuestros amigos de Bamberg los informes que solicitaron en su carta del 9 de mayo.

Wir haben nunmehr von unseren Freunden in Bamberg die in Ihrem Schreiben vom 9. Mai erbetene Auskunft erhalten.

2. Günstige Auskunft

1. La casa mencionada (en su escrito)

1. Die (in Ihrem Schreiben) erwähnte Firma

2. La casa (en cuestión)

2. Die (in Frage stehende) Firma

   a) fue fundada originalmente por Juan Molina, habiendo sido adquirida en el año 1978 por el Grupo XYZ.

   a) ist ursprünglich von Juan Molina gegründet worden und wurde im Jahre 1978 von der Gruppe XYZ übernommen.

   b) fue establecida en el año 1968 por Hans Schilling (habiendo ampliado su actividad desde entonces con sucursales en Gießen y Constanza).

   b) wurde von Hans Schilling im Jahre 1968 gegründet (und hat sich seitdem mit Niederlassungen in Gießen und Konstanz vergrößert).

   c) cuyo capital inscrito (1960) ascendió a Ptas. ..., evolucionó rápidamente, teniendo en la actualidad 60 empleados y una cifra de negocios (estimada) de Ptas. ...

   c) deren eingetragenes Kapital (1960) Ptas. ... betrug, entwickelte sich schnell und hat nun 60 Büroangestellte und einen (geschätzten) Umsatz von Ptas. ...

   d) es administrada por los dos ingenieros propietarios, los cuales la transformaron de unos modestos talleres a la actual magnitud.

   d) wird geleitet von den beiden Eigentümern, zwei Ingenieuren, die sie von einer einfachen Werkstatt zu ihrer augenblicklichen Größe aufgebaut haben.

   e) es una empresa pequeña, pero muy conocida y reputada con más de 50 años de existencia en esta ciudad.

   e) ist eine kleine, jedoch sehr bekannte und hochangesehene Firma, die schon mehr als 50 Jahre in dieser Stadt besteht.

   f) es una empresa de gran prestigio y seriedad, de sana gestión financiera y puntual en el pago de las facturas.

   f) ist eine höchst angesehene und zuverlässige Firma, finanziell gesund und pünktlich in der Bezahlung der Rechnungen.

g) es una empresa acreditada y
seria.

g) *ist ein gut fundiertes und zu-
verlässiges Unternehmen.*

h) es muy conocida en la plaza
(o: en los círculos comerciales locales), gozando al parecer de buena reputación.

h) *ist am Orte (od. in örtlichen
Geschäftskreisen) wohlbe-
kannt und hat anscheinend
einen guten Ruf.*

i) goza de gran prestigio.

i) *genießt ein großes Ansehen.*

j) goza de estima y confianza
en círculos comerciales.

j) *genießt in Geschäftskreisen
Achtung und Vertrauen.*

k) tiene una excelente reputación.

k) *hat einen ausgezeichneten
Ruf.*

l) es considerada digna de
crédito.

l) *wird als kreditwürdig betrachtet.*

m) tiene una gestión financiera
sana y la reputación de cumplir sus compromisos pun-
tualmente.

m) *ist finanziell gesund und
hat den Ruf, ihren Verpflichtungen pünktlich nachzu-
kommen.*

n) goza de la mejor reputación
y su solvencia está fuera de
duda.

n) *genießt den höchsten Ruf,
und ihre Kreditwürdigkeit
steht außer Zweifel.*

o) nos es bien conocida desde
hace 10 años.

o) *ist uns seit 10 Jahren gut bekannt.*

p) ha efectuado negocios con
nosotros desde hace más de
15 años.

p) *hat seit mehr als 15 Jahren
mit uns Geschäfte getätigt.*

q) es un buen cliente nuestro.

q) *ist ein guter Kunde von uns.*

r) nos ha pasado regularmente pedidos desde hace va-
rios años.

r) *hat uns seit mehreren Jahren regelmäßig Aufträge erteilt.*

s) nos es bien conocida, habiendo efectuado con ella a
lo largo de los años transacciones de consideración.

s) *ist uns gut bekannt, und wir
haben mit ihr über Jahre
hinaus beträchtliche Ge-
schäftsabschlüsse getätigt.*

t) mantiene desde hace muchos años una cuenta con
nosotros, la cual en algunas
ocasiones fluctúa entre
Ptas. ... y Ptas. ..., por lo
que no vacilaríamos en am-
pliarle el crédito a importes
mucho más elevados.

t) *hat bei uns schon seit vielen
Jahren ein Konto, das
manchmal zwischen Ptas.
... und Ptas. ... schwankt,
und wir würden nicht zö-
gern, ihr den Kredit auf viel
höhere Beträge zu erwei-
tern.*

Efectuamos con ellos negocios desde hace más de 10 años
(o: desde hace muchos años),

*Wir tätigen mit ihnen seit mehr
als 10 Jahren (od. seit vielen Jahren) Geschäfte*

a) pudiendo decir que los pagos nos fueron hechos siempre puntualmente.

a) und können sagen, daß man uns immer pünktlich bezahlt hat.

b) habiendo encontrado siempre que fueron absolutamente dignos de confianza.

b) und haben immer gefunden, daß sie absolut zuverlässig waren.

c) teniendo la impresión de que se les puede conceder sin inconvenientes un crédito de hasta Ptas....

c) und haben den Eindruck, daß man ihnen unbedenklich einen Kredit bis zu Ptas. ... gewähren kann.

d) no vacilando por nuestra parte en hacer negocios con ellos en las condiciones propuestas.

d) und wir würden nicht zögern, zu den vorgeschlagenen Bedingungen mit ihnen Geschäfte zu tätigen.

Nos informan que

Man teilt uns mit, daß

a) la casa fue fundada en 1970 y que ésta ha cumplido siempre con regularidad sus compromisos.

a) die Firma 1970 gegründet wurde und daß sie ihren Verpflichtungen immer regelmäßig nachgekommen ist.

b) que se trata de fabricantes establecidos desde hace mucho tiempo y de la mejor reputación, pudiendo ser considerados como seguros para el crédito mencionado por Vds.

b) sie alteingesessene Fabrikanten von höchstem Ruf und Ansehen sind und für den von Ihnen erwähnten Kredit als sicher betrachtet werden können.

c) su cifra de negocios (o: ventas) sobrepasa Ptas....

c) ihr Jahresumsatz Ptas. ... übersteigt.

1. Los directores

1. Die Direktoren

2. El propietario y sus dos hijos

2. Der Besitzer und seine beiden Söhne

a) son, sin lugar a dudas, comerciantes de probada honradez e integridad.

a) sind zweifellos rechtschaffene und unbescholtene Geschäftsleute.

b) están considerados como comerciantes aptos y dignos de confianza.

b) werden als tüchtige und zuverlässige Geschäftsleute bezeichnet.

c) son conocidísimos en ésta y gozan de gran consideración.

c) sind hier wohlbekannt und genießen großes Ansehen.

d) son muy estimados en todas partes no sólo debido a su habilidad en los negocios, sino también por su probidad.

d) sind überall nicht nur wegen Ihrer Geschäftstüchtigkeit, sondern auch wegen ihrer Rechtschaffenheit höchst geschätzt.

Aprovechamos esta oportunidad para asegurarles a Vds. que el Sr. Mateos goza de nuestra entera confianza.

Wir begrüßen diese Gelegenheit, Ihnen zu versichern, daß Herr Mateos unser volles Vertrauen genießt.

Durante todos los años trascurridos nuestras relaciones comerciales con ellos fueron siempre absolutamente satisfactorias.

Während der ganzen Jahre waren unsere Geschäftsverbindungen mit ihnen stets vollständig zufriedenstellend.

Recomendamos al Sr. Merino sin reservas.

Wir empfehlen Herrn Merino ohne Vorbehalt.

Pagó todas las facturas puntualmente. Nuestros comprobantes no muestran ni un solo pago diferido.

Er hat alle Rechnungen pünktlich bezahlt. Unsere Unterlagen weisen keine einzige verzögerte Zahlung auf.

Un crédito de la cuantía indicada por Vds. no parece implicar riesgo.

Ein Kredit in der von Ihnen erwähnten Höhe erscheint risikolos.

Después de algunas dificultades en el primer año la empresa ha cumplido sus compromisos regularmente y con puntualidad.

Nach einigen Schwierigkeiten im ersten Jahr ist die Firma ihren Verpflichtungen regelmäßig und pünktlich nachgekommen.

3. Unbestimmte Auskunft

La casa mencionada en su carta del 13 de julio no nos es conocida.

Die in Ihrem Schreiben vom 13. Juli erwähnte Firma ist uns nicht bekannt.

Lamentamos (por lo tanto) no estar en condiciones de dar una opinión sobre la situación financiera de la casa . . .

Wir bedauern (deshalb), daß wir nicht in der Lage sind, ein Urteil über die finanzielle Lage der Firma . . . abzugeben,

a) dado que en el último tiempo no hemos estado en relaciones comerciales con ella.

a) da wir in der letzten Zeit mit ihr nicht in Geschäftsverbindung gestanden haben.

b) aparte de que los negocios efectuados con ella se basan estrictamente en pago al contado.

b) außer, daß unsere mit ihr getätigten Geschäfte auf strikter Barzahlung beruhen.

c) con la excepción de que les aconsejamos tratar deseos de crédito de ella con cautela.

c) außer daß wir Ihnen raten, ihre Kreditwünsche mit Vorsicht zu behandeln.

Por cuanto sabemos se trata

Soweit wir wissen, ist es eine

de una casa seria (o: reputada) y digna de confianza,

a) pero, dado que en los últimos años efectuamos pocas transacciones, no podemos responder de su solvencia.

b) pero no sabemos con seguridad cómo es su situación financiera.

c) pero al parecer sobrepasó sus posibilidades económicas en el último tiempo.

Nos sorprende bastante que esta casa les haya dado nuestro nombre como referencia.

1. Desde una serie de años hemos realizado negocios con ellos,

2. Durante los últimos tres años nos pasaron en muchas ocasiones pedidos,

a) pero hasta la fecha todas nuestras transacciones se efectuaron a base de pago al contado.

b) no obstante, nuestra cifra anual de negocios con ellos ha sido sumamente escasa.

Nuestra cifra anual de negocios con ellos es muy baja, y al examinar nuestros antecedentes vemos

a) que no siempre liquidaron nuestras facturas con puntualidad.

b) que algunas de sus facturas quedaron pendientes de pago largo tiempo.

Las transacciones efectuadas con ellos son demasiado pequeñas para garantizar una opinión satisfactoria de su situación financiera.

seriöse (od. angesehene) und zuverlässige Firma,

a) aber da wir mit ihr in den letzten Jahren wenige Abschlüsse getätigt haben, können wir für ihre Bonität nicht bürgen.

b) aber wir wissen nichts Sicheres über ihre finanzielle Lage.

c) aber sie hat sich in der letzten Zeit anscheinend geschäftlich übernommen.

Wir sind ziemlich überrascht, daß diese Firma Ihnen unseren Namen als Referenz gegeben hat.

1. Wir haben seit einer Reihe von Jahren mit ihnen Geschäfte getätigt,

2. Sie haben uns während der letzten drei Jahre bei vielen Gelegenheiten Aufträge erteilt,

a) aber bis heute waren alle unsere Abschlüsse auf Barzahlungsbasis.

b) jedoch ist unser jährlicher Umsatz mit ihnen äußerst gering gewesen.

Unser jährlicher Umsatz mit ihnen ist sehr klein, und bei Prüfung unserer Unterlagen finden wir,

a) daß sie Rechnungen von uns nicht immer pünktlich reguliert haben.

b) daß einige ihrer Rechnungen lange Zeit offengeblieben sind.

Die mit ihnen getätigten Geschäfte sind zu klein, um eine zufriedenstellende Beurteilung ihrer finanziellen Lage zu garantieren.

No sabemos lo suficiente de esta empresa para poder responder a sus preguntas satisfactoriamente.

Wir wissen über dieses Unternehmen nicht genug, um Ihre Fragen zufriedenstellend beantworten zu können.

4. Ungünstige Auskunft

Nos sorprende (bastante) que la casa mencionada en su escrito del 12 de mayo

Wir sind (einigermaßen) überrascht, daß die in Ihrem Schreiben vom 12. Mai erwähnte Firma

a) les haya remitido a nosotros.

a) Sie an uns verwiesen hat.

b) haya indicado nuestro nombre como referencia.

b) unseren Namen als Referenz angegeben hat.

Lamentamos no estar en condiciones

Wir bedauern, nicht in der Lage zu sein,

a) de dar referencias satisfactorias.

a) zufriedenstellende Referenzen zu geben.

b) de poder ayudarles (mucho) referente (o: con relación) a la casa mencionada en su petición de informes del 14 de septiembre.

b) Ihnen (viel) helfen zu können bezüglich der in Ihrer Anfrage vom 14. September erwähnten Firma.

c) de darles información sobre la solvencia de la casa mencionada en su carta del 13 de octubre.

c) Ihnen über die Bonität der in Ihrem Schreiben vom 13. Oktober genannten Firma Auskunft zu geben.

Hemos examinado a fondo la situación financiera de la casa en cuestión

Wir haben die finanzielle Lage der in Frage stehenden Firma sehr genau untersucht

a) y tenemos que aconsejarles al efecto considerar con prudencia las demandas de crédito de la misma.

a) und müssen Ihnen raten, ihre Kreditwünsche mit Vorsicht zu betrachten.

b) y quisiéramos (o: tenemos que) recomendar al efecto una política guiada por la prudencia.

b) und möchten (od. müssen) eine Politik der Vorsicht empfehlen.

c) recomendando extrema precaución al conceder un crédito a esa empresa.

c) und empfehlen äußerste Vorsicht bei der Gewährung eines Kredits für diese Firma.

d) queriendo disuadirles a Vds. de un giro en descubierto de Ptas. . . .

d) und würden von einer Kreditüberschreitung von Ptas. . . . abraten.

Hemos recibido de ellos únicamente un pedido, por lo que lamentamos no poder darles a Vds. referencia alguna basada en largas experiencias. Tuvimos algunas dificultades en obtener nuestros fondos.

Es cierto que durante los años pasados efectuamos negocios con ellos, pero nuestras cifras anuales de negocios con ellos fueron (sumamente) bajas y sus facturas quedaron bastante tiempo pendientes de pago.

Si bien el Sr. ... es un comerciante excelente con gran círculo de clientes, sus negocios apenas justifican una concesión de crédito de la cuantía mencionada.

La empresa, cuyo capital inscrito se elevó a DM 50.000,– (1960), está aparentemente bajo una dirección poco competente.

En la reciente quiebra de XYZ sufrieron graves pérdidas.

Hace algunos meses se nos recomendó ser muy prudente en la concesión de créditos, ya que son poco puntuales en sus pagos.

Desde hace unos meses hemos constatado crecientes dificultades en la liquidación de nuestras facturas pendientes.

Tienen fama de ser muy lentos en sus pagos (o: liquidar sus facturas muy tarde) esperando con frecuencia hasta que se les envía una segunda o tercera reclamación.

Aplazan con frecuencia el pago hasta la inminencia de medidas judiciales.

El volumen de sus negocios ha disminuido en el último tiempo,

Wir haben nur einen Auftrag von ihnen erhalten und bedauern somit, daß wir Ihnen keine Referenz aus langer Erfahrung geben können. Wir hatten einige Schwierigkeiten, zu unserem Geld zu kommen.

Es stimmt, daß wir mit ihnen während der vergangenen Jahre Geschäfte getätigt haben, aber unser jährlicher Umsatz mit ihnen war (äußerst) klein, und ihre Rechnungen sind ziemlich lange unbezahlt geblieben.

Obgleich Herr ... ein ausgezeichneter Geschäftsmann mit einem großen Kundenkreis ist, rechtfertigen seine Geschäfte kaum eine Kreditgewährung in dem erwähnten Ausmaße.

Die Firma, deren eingetragenes Kapital (1960) DM 50.000,– betrug, steht scheinbar unter einer nicht sehr fähigen Leitung.

In dem kürzlichen XYZ-Konkurs haben sie schwere Verluste erlitten.

Vor einigen Monaten hat man uns geraten, bei der Kreditgewährung sehr vorsichtig zu sein, da sie mit ihren Zahlungen unpünktlich sind.

Seit einigen Monaten haben wir wachsende Schwierigkeiten bei der Regulierung unserer fälligen Rechnungen festgestellt.

Sie haben den Ruf, mit ihren Zahlungen sehr langsam zu sein (od. ihre Rechnungen sehr spät zu regulieren), und warten oft, bis man ihnen eine zweite oder dritte Mahnung schickt.

Sie verschieben oft die Zahlung, bis gerichtliche Schritte bevorstehen.

Der Umfang ihrer Geschäfte hat in der letzten Zeit nachgelas-

no habiendo cumplido sus compromisos con la habitual (o: necesaria) puntualidad.

Hace aproximadamente un año que esta casa fue demandada judicialmente en dos pleitos (o: causas), tratándose aquí de reclamaciones relacionadas con el impago de importes vencidos, sin embargo, el pago fue efectuado después en ambos casos.

Recientemente nos hemos enterado de que un nuevo socio ha aportado capital fresco en la empresa.

Bajo estas circunstancias

a) un crédito de Ptas. .... sería un gran (o: serio) riesgo.

b) es aconsejable extrema precaución al conceder crédito.

c) vacilaríamos en recomendarles a Vds. efectuar transacciones con ellos por la cuantía indicada en su carta.

d) les recomendaríamos a Vds. ser prudentes.

Lamentamos no poder darles un informe positivo que quizá les pudiera inducir a efectuar negocios con ellos.

Sentimos tener que decirles

a) que no podemos responder de la formalidad de esta casa.

b) que no podemos recomendarla.

Nuestras experiencias con ellos no han sido satisfactorias.

sen, da sie ihren Verpflichtungen nicht mit der üblichen (od. nötigen) Pünktlichkeit nachgekommen sind.

Vor etwa einem Jahr war diese Firma in zwei Prozessen (od. Gerichtsfällen) angeklagt, bei denen es sich um Ansprüche wegen Nichtbezahlung fälliger Beträge handelte, doch wurde die Zahlung später in beiden Fällen getätigt.

Wir haben kürzlich erfahren, daß ein neuer Teilhaber frisches Kapital in die Firma eingebracht hat.

Unter diesen Umständen

a) wäre ein Kredit von Ptas. .... ein großes (od. ernstes) Risiko.

b) ist äußerste Vorsicht bei der Kreditgewährung ratsam.

c) würden wir zögern, Ihnen zu empfehlen, mit ihnen Geschäftsabschlüsse in Höhe des in Ihrem Schreiben angegebenen Betrages zu tätigen.

d) würden wir Ihnen empfehlen, vorsichtig zu sein.

Wir bedauern, daß wir Ihnen keine positive Auskunft geben können, die Sie vielleicht dazu bringen könnte, mit ihnen Geschäfte zu tätigen.

Wir bedauern, Ihnen sagen zu müssen,

a) daß wir uns für die Zuverlässigkeit dieser Firma nicht verbürgen können.

b) daß wir sie nicht empfehlen können.

Unsere Erfahrungen mit ihnen sind nicht zufriedenstellend gewesen.

5. Schlußworte

Nos hubiera agradado darles a Vds. una respuesta más satisfactoria.

Wir hätten Ihnen gerne eine zufriedenstellendere Antwort gegeben.

Desgraciadamente no podemos ayudarles, por lo que les proponemos informarse en una agencia de informes.

Leider können wir Ihnen nicht weiterhelfen und schlagen deshalb vor, daß Sie durch eine Auskunftei Erkundigungen einholen.

Esperamos que esta información les servirá (o: les será de utilidad), dando por entendido que Vds. tratarán ésta confidencialmente.

Wir hoffen, daß diese Auskunft Ihnen helfen wird, und setzen voraus, daß Sie sie als vertraulich behandeln werden.

Esta información es estrictamente confidencial (o: es únicamente para su uso propio), siendo dada sin (ninguna) responsabilidad para nosotros.

Diese Auskunft ist streng vertraulich (od. ist nur für Ihren eigenen Gebrauch) und wird ohne (jedwede) Verantwortung unsererseits erteilt.

Rogamos considerar este informe, por el cual no asumimos responsabilidad alguna, como estrictamente confidencial.

Bitte betrachten Sie diese Auskunft, für die wir keine Verantwortung übernehmen, als streng vertraulich.

Nos complace serles de utilidad, rogándoles, sin embargo, tratar los informes que les damos como estrictamente confidenciales.

Wir freuen uns, Ihnen zu helfen, bitten Sie jedoch sicherzustellen, daß die Ihnen gegebene Auskunft als streng vertraulich behandelt wird.

Les damos esta información confidencialmente y sin compromiso de nuestra parte.

Wir geben Ihnen diese Auskunft vertraulich und ohne Verantwortung unsererseits.

Se sobreentiende, por supuesto, que esto es solamente una opinión personal, por la cual no asumimos ninguna responsabilidad.

Es versteht sich natürlich von selbst, daß dies nur ein persönlicher Eindruck ist, für den wir keine Verantwortung übernehmen.

Rogamos tratar esto con la más absoluta discreción.

Bitte behandeln Sie dies strengstens vertraulich.

XI. Beschwerden, Mängelrügen

Im Geschäftsleben kommt es zu Klagen *(quejas; reclamaciones)*, wenn falsche Waren *(mercancías erróneas)* geliefert werden, die Qualität nicht zufriedenstellend ist *(no es satisfactoria)*, die Waren beschädigt *(averiadas; dañadas)* sind oder zu spät *(demasiado tarde)* geliefert werden oder der Preis oder die Menge den Vereinbarungen nicht entspricht *(no son como se estipuló)*.

Der Käufer muß die erhaltene Ware unverzüglich prüfen *(examinar sin demora)* und die entdeckten Mängel dem Lieferer sofort mitteilen. Nicht gleich feststellbare Mängel müssen sofort nach Entdeckung beanstandet werden.

Der Käufer kann seine Ansprüche geltend machen *(puede hacer valer sus derechos)*, oder er kann es dem Lieferer überlassen, Vorschläge zu machen. Je nach Art der Beanstandung wird der Käufer Rückgängigmachung des Vertrages *(cancelación o anulación del contrato)*, Herabsetzung *(reducción)* des Kaufpreises, Ersatzlieferung *(entrega de reemplazo o reposición)* oder Schadenersatz *(indemnización)* verlangen.

Bei verzögerter Lieferung *(entrega demorada)* wird der Lieferer darauf aufmerksam gemacht, daß er im Verzug ist *(está en demora)* und daß die Lieferung bis zu einem bestimmten Zeitpunkt *(plazo determinado)* erfolgen muß. Ist die gewährte Nachfrist abgelaufen *(si ha expirado el plazo de gracia o la prolongación del plazo)*, so hat der Käufer Anspruch auf Schadenersatz *(derecho a indemnización)*, oder er kann von dem Vertrag zurücktreten *(puede desistir del contrato)*, indem er den Auftrag zurückzieht *(cancelando o anulando el pedido)*.

Wenn der Käufer die von ihm bestellten und ordnungsgemäß gelieferten Waren nicht annimmt, kann der Lieferer nach Ablauf einer angemessenen Nachfrist *(prórroga razonable del plazo)* den Käufer auf Schadenersatz verklagen *(entablar demanda por daños y perjuicios)* oder die Waren versteigern lassen *(hacer subastar la mercancía o vender la mercancía en subasta)*.

Die Beschwerdeführung *(formulación de quejas)* ist eine unangenehme Angelegenheit *(asunto desagradable)*. Wenn sie jedoch zurückhaltend und taktvoll erfolgt *(se hace de forma cautelosa y con tacto)*, wird das Geschäft in der Zukunft nicht gefährdet *(no se pone en peligro)*.

Man bedauere den Grund der Beschwerde *(se lamenta el motivo de queja)*, gebe die genauen Gründe der Unzufriedenheit an *(se indican detalladamente las razones de estar insatisfecho)*, bitte um eine Erklärung *(se pide aclaración)* und schlage vor, wie die Angelegenheit bereinigt werden sollte *(se sugiere la forma en que se debería arreglar el asunto)*. Die Beschwerde sollte sich auf die Feststellung der Tatsachen beschränken und Grobheiten vermeiden *(evitar descortesías)*; man bekommt durch Höflichkeit das Gewünschte viel wahrscheinlicher *(es más probable obtener con cortesía lo que se desea)*.

Wenn man mit der Antwort auf den ersten Beschwerdebrief nicht zufrieden ist, muß ein zweiter stärker im Ton sein *(en un tono más categórico)*, aber immer noch taktvoll und höflich. Es ist sehr schwierig, fest *(firme)* zu sein und zu zeigen, daß man es ernst meint *(que se toma la cosa en serio)*. Man kann eine milde Warnung aussprechen *(formular o expre-*

NOTA DE CREDITO

Acreditado en cuenta a: Almacenes Capitolio
Rambla de la Montaña 13

47001 Valladolid

Fecha	Cantidad	Concepto	Ptas.
22 Mayo	4	Cajas vacías devueltas	2.210,–

ausgefülltes Gutschriftanzeige-Formular

NOTA DE DEBITO

Cargado en cuenta a: Montero & Hijos, S.L.
Plaza Mayor 10

47002 Valladolid

Fecha	Concepto	Ptas.
5 Mayo	N/ factura nº 573 C	19.370,–
22 Mayo	S/ devolución cajas vacías	2.210,–
	Saldo a n/f.	17.160,–
	Incluido I.V.A.	

ausgefülltes Belastungsanzeige-Formular

sar una amonestación indulgente), daß man bereit ist, seine Beschwerde mit weiteren Schritten zu verfolgen *(hacer seguir otras medidas),* wenn die Situation nicht besser wird *(no mejora).*

Belastungs- und Gutschriftsanzeige

Rechnungen tragen häufig den Vorbehalt *(reserva)* „S. E. u O." *(salvo error u omisión),* der den Lieferanten berechtigt, alle Fehler, die sich in eine Rechnung eingeschlichen haben, zu berichtigen *(a rectificar todas las faltas que se han deslizado en la factura).*

Wenn der Lieferer dem Käufer zuwenig berechnet hat *(ha calculado de menos),* schickt er ihm eine BELASTUNGSANZEIGE *(nota de débito)* für den entsprechenden Betrag.

Wenn dem Käufer zuviel berechnet wurde *(se le ha calculado en exceso o de más),* sendet der Lieferer ihm eine GUTSCHRIFTSANZEIGE *(nota de crédito).* Gutschriftsanzeigen werden auch an den Käufer gesandt, wenn Waren zurückgeschickt wurden, weil sie nicht bestellt *(no fueron ordenadas),* beschädigt *(fueron dañadas o averiadas),* ungeeignet *(inadecuadas)* oder nicht zufriedenstellend *(insatisfactorias),* der Beschreibung nicht entsprechend *(la descripción no correspondía)* oder von falscher Farbe oder Größe *(de color o tamaño incorrecto)* waren sowie bei Fehlgewicht *(falta de peso)* und wenn berechnetes Leergut zurückgesandt wurde *(se devolvieron envases facturados).*

Gutschriftsanzeigen werden vielfach rot geschrieben, um sie von Rechnungen und Belastungsanzeigen zu unterscheiden.

Leere Verpackungen werden mit einer kurzen Notiz zurückgesandt:

Los envases vacíos que nos cargó Vd. en su factura del 6 del corriente, le han sido devueltos por ferrocarril a porte pagado. Sírvase remitirnos su nota de crédito correspondiente.

oder:

Hemos devuelto hoy por ferrocarril y a porte pagado un contenedor vacío y les agradeceríamos nos envíen una nota de crédito por el importe cargado en cuenta de Ptas. . . .

1. Eingangsformeln

1. Los cubiertos pedidos por nosotros el 10 de octubre

1. *Die von uns am 10. Oktober bestellten Besteckwaren*

2. Los cubiertos suministrados en virtud de nuestra orden n° . . . del 10 de octubre

2. *Die auf Grund unserer Bestellung Nr. . . . vom 10. Oktober gelieferten Besteckwaren*

a) fueron despachados esta mañana a través de la compañía Transportes Lorenzo, S. A.

a) *wurden heute morgen durch die Firma Transportes Lorenzo, S. A. angeliefert.*

b) llegaron esta mañana, por lo que les agradecemos la

b) *kamen heute morgen an, und wir danken Ihnen für die*

puntual ejecución de nuestro pedido.

pünktliche Erledigung unseres Auftrages.

c) llegaron en buen estado, con excepción de las tijeras para trinchar.

c) sind in gutem Zustande angekommen mit Ausnahme der Geflügelscheren.

Hace cuatro semanas les pedí a Vds. una broca espiral, habiéndonos prometido la entrega dentro de siete días.

Vor vier Wochen bestellte ich bei Ihnen einen Spiralbohrer, und man versprach uns die Lieferung innerhalb von sieben Tagen.

Siento mucho tener que quejarme del último envío.

Ich bedauere sehr, daß ich mich über die letzte Sendung beschweren muß.

Al examinar las mercancías,

Als wir die Waren prüften,

a) que Vds. nos enviaron el 10 de junio, encontramos...

a) die von Ihnen am 10. Juni gesandt wurden, fanden wir...

b) que recibimos en virtud (o: en cumplimiento) de nuestra orden n° ..., hemos constatado que...

b) die wir auf Grund (od. in Erledigung) unseres Auftrages Nr. ... erhalten haben, stellten wir fest, daß...

Tuvimos ahora ocasión de examinar detalladamente las mercancías que nos suministraron Vds. en cumplimiento de nuestra orden n° ...

Wir hatten nun die Gelegenheit, die Waren, die Sie in Erledigung unseres Auftrages Nr. ... geliefert haben, genau zu prüfen.

Mucho nos sorprende que Vds. no hayan dado contestación a ninguna de las cartas que les dirigimos el 10 de abril, 16 de abril y 2 de mayo, y ni siquiera hayan acusado el recibo de nuestro telegrama del 4 de mayo.

Es überrascht uns sehr, daß Sie keinen der Briefe, die wir Ihnen am 10. April, 16. April und 2. Mai sandten, beantwortet und noch nicht einmal den Empfang unseres Telegramms vom 4. Mai bestätigt haben.

Aunque Vds. nos indicaron en su carta del 22 de mayo que su mecánico principal, el Sr. Martínez, se encontraba en camino, no ha aparecido por aquí hasta la fecha.

Obgleich Sie in Ihrem Schreiben vom 22. Mai angegeben haben, daß Ihr Hauptmechaniker, Herr Martínez, zu uns unterwegs war, ist er bis heute hier noch nicht aufgetaucht.

Estamos (muy) asombrados de la actitud adoptada en su escrito del 8 de junio.

Wir sind über die in Ihrem Schreiben vom 8. Juni eingenommene Haltung (sehr) erstaunt.

2. Grund der Beschwerde

a) geringere, minderwertige Qualität

Sentimos (o: lamentamos) mucho tener que comunicar (o: informar) a Vds.

Es tut uns sehr leid (od. Wir bedauern sehr), Ihnen mitteilen (od. Sie davon unterrichten) zu müssen,

a) que su última (o: reciente) entrega no corresponde a (o: queda decisivamente por debajo de) su estándar usual.

a) daß Ihre letzte (od. kürzliche) Lieferung nicht Ihrem üblichen Standard entspricht (od. entschieden unter Ihrem üblichen Standard ist).

b) que este material es completamente inservible (o: inadecuado).

b) daß dieses Material ganz unbrauchbar (od. ungeeignet) ist.

Sentimos tener que quejarnos de su mercancía, en otras ocasiones tan buena.

Wir bedauern, daß wir uns über Ihre sonst so gute Ware beschweren müssen.

Tenemos que subrayar que el Sr. Gonzaga fue informado expresamente sobre la aplicación a dar.

Wir müssen betonen, daß Herr Gonzaga ausdrücklich über deren Verwendungszweck informiert wurde.

La entrega actual es sumamente insatisfactoria.

Die jetzige Lieferung ist höchst unzufriedenstellend.

Nuestro ingeniero-jefe declara (o: informa) que la máquina es absolutamente inadecuada para el fin previsto.

Unser Oberingenieur erklärt (od. berichtet), daß die Maschine für den beabsichtigten Zweck völlig ungeeignet ist.

Desgraciadamente hemos recibido un número de quejas (o: reclamaciones) referente a su último suministro de artículos de baño, especialmente en cuanto a los trajes de baño.

Leider haben wir eine Anzahl Beschwerden bezüglich Ihrer letzten Sendung Badeartikel bekommen, insbesondere über die Badeanzüge.

Después de haber examinado cuidadosamente los aparatos indicadores de radiación, recibidos en virtud de nuestro pedido n° ..., nos vemos obligados a expresarles nuestro asombro en cuanto a la calidad inferior de los mismos.

Nach sorgfältiger Prüfung der auf Grund unseres Auftrages Nr. ... erhaltenen Strahlenanzeigegeräte sind wir gezwungen, unser Erstaunen über ihre minderwertige Qualität zum Ausdruck zu bringen.

Al desempaquetar este envío recién llegado hemos constata-

Beim Auspacken dieser gerade erhaltenen Sendung stellten

do que el pescado congelado resulta invendible, dado que la fecha para su consumición ha caducado hace tiempo.

wir fest, daß der Gefrierfisch unverkäuflich ist, da das Haltbarkeitsdatum seit langem überschritten wurde.

b) die Lieferung entspricht nicht der Probe, dem Muster oder der Bestellung

1. Nos sorprende constatar que

1. Wir sind überrascht festzustellen, daß

2. Sentimos comunicarles que

2. Wir bedauern, Ihnen mitzuteilen, daß

a) las mercancías enviadas en virtud de nuestra orden n° ... no corresponden a la muestra que condujo a la concesión de nuestro pedido.

a) die uns auf Grund unseres Auftrages Nr. ... gesandten Waren mit dem Muster, das zur Erteilung unseres Auftrages geführt hat, nicht übereinstimmen.

b) la calidad de los tejidos para muebles es claramente inferior en comparación con las muestras que nos fueron sometidas, y en virtud de las cuales hemos pasado nuestro pedido.

b) die Qualität der Möbelstoffe im Vergleich zu den uns unterbreiteten Mustern, auf Grund derer wir unseren Auftrag erteilten, eindeutig minderwertig ist.

Este pedido fue concedido en virtud de una muestra que nos dejó el representante de Vds.

Dieser Auftrag wurde auf Grund eines von Ihrem Vertreter überlassenen Musters erteilt.

Vds. no solamente han sido poco puntuales en la ejecución de nuestro pedido, sino que además han suministrado mercancías por debajo del nivel que habíamos (o: hubiéramos) esperado en virtud de la muestra.

Sie sind nicht nur unpünktlich in der Ausführung unseres Auftrages gewesen, sondern haben Waren unter dem Standard, den wir auf Grund des Musters erwarteten (od. erwartet hätten), geliefert.

Las mercancías recibidas (o: suministradas)

Die erhaltenen (od. gelieferten) Waren

a) no corresponden en absoluto (o: están lejos de corresponder) a la muestra.

a) entsprechen überhaupt (od. bei weitem) nicht dem Muster.

b) difieren de la muestra en que se basa nuestro pedido.

b) stimmen mit dem Muster, auf dem unser Auftrag basiert, nicht überein.

Al abrir los contenedores nos

Beim Öffnen der Container wa-

sorprendió, sin embargo, tener que constatar

a) que seis de las diez carretillas elevadoras (de horquilla) no correspondían al tipo pedido.

b) que la caja n° 8 contiene varios artículos que no hemos ordenado.

Dado que las batas no corresponden ni a la descripción de su catálogo ni a la muestra, no podemos aceptar esta mercancía al precio estipulado.

ren wir jedoch überrascht festzustellen,

a) daß sechs der zehn Gabelstapler nicht dem bestellten Typ entsprachen.

b) daß die Kiste Nr. 8 mehrere Artikel enthält, die wir nicht bestellt haben.

Da die Hausmäntel weder der Beschreibung in Ihrem Katalog noch dem Muster entsprechen, können wir diese Waren nicht zu dem vereinbarten Preis annehmen.

c) falsche Ware, für die man keine Verwendung hat

Lamentamos tener que llamar su atención sobre el suministro incorrecto: mercancías falsas recibidas, además, en mal estado.

Wir bedauern, Sie auf falsche Lieferung aufmerksam machen zu müssen: auf falsche und außerdem in schlechtem Zustand erhaltene Waren.

Constatamos que Vds.nos han enviado correas de cuero artificial para relojes en lugar de las que ordenamos de cuero.

Wir stellen fest, daß Sie uns Uhrenarmbänder aus Kunstleder statt der bestellten Uhrenarmbänder aus Leder geschickt haben.

En lugar de las bandejas de metal especificadas en su catálogo con el n° ... hemos recibido bandejas de madera, a las cuales no podemos dar aplicación.

Statt der in Ihrem Katalog als Nr. ... aufgeführten Metall-Tabletts erhielten wir Tabletts aus Holz, die wir nicht gebrauchen können.

Al abrir el paquete recibido esta mañana hemos comprobado que contenía otros artículos completamente diferentes a los ordenados.

Beim Öffnen des heute morgen erhaltenen Pakets stellten wir fest, daß es vollkommen andere Artikel als die bestellten enthielt.

No podemos aceptar estas mercancías, ya que no corresponden a la muestra pedida (o: al color, al tamaño pedido, a la forma pedida).

Wir können diese Waren nicht annehmen, da sie nicht dem bestellten Muster (od. der bestellten Farbe, Größe, Form) entsprechen.

Sólo podemos figurarnos (o: suponemos) que

Wir können nur vermuten (od. Wir nehmen an), daß

a) la casa encargada del embalaje o su transportista han come-

a) die Packfirma oder Ihr Spediteur einen Fehler gemacht ha-

tido una falta, y que esta caja constituye parte de otro pedido.

ben und daß diese Kiste Teil eines anderen Auftrages ist.

b) que se cometió un error.

b) ein Fehler gemacht wurde.

Incluimos una lista del contenido de la caja n° 3, rogándoles dar instrucciones de que se efectúe una entrega de reemplazo.

Wir fügen eine Liste des Inhalts der Kiste Nr. 3 bei und bitten Sie, eine sofortige Ersatzlieferung zu veranlassen.

Parece ser que en su sección de embalaje existe una supervisión deficiente, pues es ahora la quinta vez en siete semanas que tenemos, desgraciadamente, que participarles una entrega errónea.

Wir bedauern, daß in Ihrer Packabteilung scheinbar eine ungenügende Aufsicht besteht, denn es ist jetzt schon das fünfte Mal in sieben Wochen, daß wir Fehllieferungen melden mußten.

d) zuwenig oder zuviel geliefert

Les agradecemos la puntual entrega (o: el puntual despacho) de las mercancías ordenadas por nosotros el 10 de abril,

Wir danken Ihnen für die pünktliche Lieferung (od. für die pünktliche Absendung) der von uns am 10. April bestellten Waren,

a) teniendo, no obstante, que hacerles observar que en nuestro formulario de pedido habíamos especificado 100 pelucas de señora, mientras que Vds. nos han suministrado 120.

a) müssen aber darauf aufmerksam machen, daß auf unserem Auftragsformular 100 Damenperücken aufgeführt waren, während Sie uns 120 Perücken geliefert haben.

b) constatando, sin embargo, que – si bien nosotros habíamos pedido 1000 bobinas para transformadores – nos fueron suministradas solamente 800 por su transportista.

b) stellen jedoch fest, daß – während wir 1000 Transformatorspulen bestellt haben – uns durch Ihren Spediteur nur 800 angeliefert wurden.

c) lamentando, no obstante, tener que participarles que se constató una falta de peso de 23,5 kg al llegar el envío.

c) bedauern jedoch, Ihnen mitteilen zu müssen, daß ein Untergewicht von 23,5 kg festgestellt wurde, als die Sendung ankam.

1. Al examinar los diferentes artículos suministrados en virtud del pedido arriba mencionado, hemos constatado que

1. Bei Prüfung der verschiedenen auf Grund des obigen Auftrages gelieferten Artikel stellten wir fest, daß

2. Al comparar los artículos con la factura, hemos constatado que

2. Beim Vergleichen der Artikel mit der Rechnung stellten wir fest, daß

3. Al abrir las cajas (o: al examinar las mercancías), constatamos, sin embargo, que

a) faltan los siguientes artículos:

b) la caja n° 5 únicamente contiene 46 toallas, en lugar de las 50 especificadas en la lista de embalaje.

La lista adjunta especifica las discrepancias en detalle.

Incluimos una lista de los artículos faltantes.

La caja no muestra señales de robo (o: latrocinio).

¿Podrían Vds., por lo tanto, hacer el favor de indagar ante sus embaladores (o: transportistas) antes de hacer valer nuestros derechos?

Si se trata o no de un robo es una cuestión que deberá decidir la compañía de seguros que está investigando actualmente este asunto.

Los artículos faltantes van especificados en la copia del pedido que adjuntamos para información de Vds.

Muy a pesar nuestro tenemos que participarles que se constató que casi todos los sacos presentaban una falta de peso de 5 a 6 kg, y que el peso total faltante, por lo tanto, se eleva a ... kg.

El transportista no se podía explicar la pérdida (o: merma) de peso.

3. *Beim Öffnen der Kisten (od. Bei Prüfung der Waren) stellen wir jedoch fest, daß*

a) *die folgenden Artikel fehlen:*

b) *Kiste Nr. 5 nur 46 Handtücher enthält statt der 50, die auf der Packliste aufgeführt sind.*

Die beigefügte Liste führt die Unstimmigkeiten im einzelnen auf.

Wir fügen eine Liste der fehlenden Artikel bei.

Die Kiste weist keine Anzeichen eines Diebstahls auf.

Könnten Sie deshalb bei Ihren Packern (od. Spediteuren) bitte nachforschen, bevor wir unsere Ansprüche geltend machen.

Ob es sich um einen Diebstahl handelt oder nicht, ist eine Frage, die von der Versicherung zu entscheiden ist, die diese Sache augenblicklich untersucht.

Die fehlenden Artikel sind auf der Kopie der Bestellung verzeichnet, die wir zu Ihrer Unterrichtung beifügen.

Zu unserem großen Bedauern müssen wir Ihnen sagen, daß festgestellt wurde, daß fast jeder Sack 5 bis 6 kg Fehlgewicht hatte, und daß das Fehlgewicht deshalb insgesamt ... kg beträgt.

Der Spediteur konnte sich den Gewichtsverlust nicht erklären.

e) der berechnete Preis ist zu hoch

Al examinar su factura estuvimos, sin embargo, sorprendidísimos de constatar que Vds. han

Bei Prüfung Ihrer Rechnung waren wir jedoch höchst überrascht festzustellen, daß Sie für

calculado Ptas. . . . por la máquina plisadora, mientras que el precio indicado en abril ascendía solamente a Ptas. . . .

die Plisseemaschine Ptas. . . . berechnen, während der im April genannte Preis nur Ptas. . . . betrug.

En su factura nº . . . del 2 de julio parece existir un error.

In Ihrer Rechnung Nr. . . . vom 2. Juli scheint ein Fehler zu sein.

De conformidad (o: de acuerdo) con lo convenido entre nosotros las mercancías deberían haber sido suministradas con porte pagado.

Gemäß unserer Vereinbarung hätten die Waren frachtfrei geliefert werden sollen.

Al examinar su factura estuve, sin embargo, muy sorprendido de constatar que Vds. no habían concedido la rebaja del 5% que nos habían prometido

Bei Prüfung Ihrer Rechnung war ich jedoch überrascht festzustellen, daß Sie die 5% Rabatt nicht gewährt hatten, die Sie uns zusagten

a) para pedidos superiores a Ptas. . . .

a) auf Aufträge über Ptas. . . .

b) para pedidos de más de 10 artículos ordenados al mismo tiempo.

b) auf Aufträge von mehr als 10 gleichzeitig bestellten Artikeln.

Rogamos dar instrucciones de rectificar (o: de que se rectifique) esta falta.

Würden Sie bitte veranlassen, daß dieser Fehler berichtigt wird.

f) Fehler in der Rechnung oder dem Kontoauszug

1. Con la presente quisiéramos hacerles observar las faltas que aparecen en su factura nº . . . :

1. Hiermit möchten wir Sie auf Fehler aufmerksam machen, die auf Ihrer Rechnung Nr. . . . erscheinen:

2. Lamento tener que comunicarles que en su factura nº . . . existe una falta:

2. Ich bedaure Ihnen mitteilen zu müssen, daß sich in Ihrer Rechnung Nr. . . . ein Irrtum befindet:

3. La factura arriba citada (o: mencionada) es evidentemente incorrecta:

3. Die obenerwähnte Rechnung ist offensichtlich nicht richtig:

a) por la partida nº 12 se calcularon Ptas. . . ., en lugar de Ptas. . . .

a) Posten Nr. 12 wurde mit Ptas. . . . berechnet statt mit Ptas. . . .

b) en la partida 15 aparecen 12 cajas de mermelada de naranja, en lugar de las 10 ca-

b) Posten 15 zeigt 12 Kisten Orangenmarmelade statt der 10 bestellten und gelie-

jas ordenadas y suministradas.

c) no se hizo deducción de la rebaja (especial o de introducción) del 3% para pedidos de más de Ptas. ... (prometida por Vds.).

d) Vds. han cometido una falta en su suma total. La cifra exacta es Ptas. ..., y no Ptas. ... como Vds. han indicado.

Esta factura fue aparentemente extendida para las mercancías que habíamos pedido la semana pasada, en lugar de las recibidas efectivamente hasta hoy.

Desgraciadamente existe una discrepancia entre las mercancías despachadas y su factura.

Les devolvemos, por lo tanto, esta factura, esperando la correcta (o: rectificada) dentro de los próximos días, la cual liquidaré inmediatamente.

Rogamos examinar el asunto y abonarnos el importe correspondiente.

Rogamos nos envíen su abono por el importe calculado de más.

Hemos recibido su extracto de cuenta correspondiente al mes de marzo y constatado los siguientes errores:

No se efectuó asiento del importe de Ptas. ..., que nos correspondía en relación con la devolución de las cajas de embalaje vacías (o: de las mercancías suministradas erróneamente), de acuerdo con su abono n° ... del 28 de febrero.

Con la factura n° ... por Ptas. ... se nos cargó en cuenta dos

ferten Kisten.

c) Der 3%ige (Sonder- oder Einführungs-) Rabatt auf Aufträge von mehr als Ptas. ... (den Sie versprachen) wurde nicht abgezogen.

d) Sie haben in Ihrer Gesamtsumme einen Fehler gemacht. Die richtige Zahl ist Ptas. ..., nicht Ptas. ... wie von Ihnen angegeben.

Diese Rechnung ist scheinbar ausgestellt worden für die Waren, die wir vergangene Woche bestellt hatten, statt für die tatsächlich bis heute erhaltenen.

Leider besteht eine Unstimmigkeit zwischen den gesandten Waren und Ihrer Rechnung.

Wir schicken Ihnen deshalb diese Rechnung zurück und erwarten die richtige innerhalb der nächsten Tage, die ich sofort regulieren werde.

Bitte untersuchen Sie die Angelegenheit und schreiben Sie uns den entsprechenden Betrag gut.

Bitte schicken Sie uns Ihre Gutschrift für den zuviel berechneten Betrag.

Wir haben Ihren Kontoauszug für März erhalten und stellen die folgenden Fehler fest:

Der Betrag von Ptas. ..., der uns für die Rücksendung der leeren Packkisten (od. der falsch gelieferten Waren) gemäß Ihrer Gutschrift Nr. ... vom 28. Februar zusteht, wurde nicht eingetragen.

Mit der Rechnung Nr. ... über Ptas. ... sind wir zweimal bela-

veces, una vez el 10 de marzo y nuevamente el 14 de marzo.	stet worden, einmal am 10. März und noch einmal am 14. März.
Vds. nos cargan Ptas. ... por la factura n° ... No poseemos ningún comprobante en relación con tal factura, ni podemos tampoco encontrar aviso de entrega de mercancías que pudiera aclarar esta partida (o: esta factura).	Sie belasten uns mit Ptas. ... für die Rechnung Nr. ... Wir haben keine Unterlagen über eine solche Rechnung und können auch keine Lieferanzeige für Waren finden, die diesen Posten (od. diese Rechnung) erklären könnte.
Vds. han olvidado evidentemente nuestra transferencia de Ptas. ..., con la cual el importe total pagadero queda reducido a Ptas. ...	Sie haben offensichtlich unsere Überweisung von Ptas. ... übersehen, die den fälligen Gesamtbetrag auf Ptas. ... herabsetzt.
Deducimos, por lo tanto, la suma de Ptas. ... del importe de su extracto de cuenta,	Wir ziehen deshalb die Summe von Ptas. ... von dem Betrag Ihres Kontoauszuges ab
a) incluyendo adjunto nuestro cheque por importe de Ptas. ... como liquidación total.	a) und fügen als Anlage unseren Scheck in Höhe von Ptas. ... zum vollen Ausgleich bei.
b) instruyendo a nuestro banco transferir la suma de Ptas. ... como liquidación total.	b) und veranlassen unsere Bank, die Summe von Ptas. ... zum vollen Ausgleich zu überweisen.

g) Art und Ursache der Beschädigung

1. Lamentamos comunicarles que	1. Wir bedauern Ihnen mitzuteilen, daß
2. Lamentamos tener que informarles (o: participarles; decirles) que	2. Wir bedauern Ihnen berichten (od. sagen) zu müssen, daß
a) los ventiladores enviados por Vds. el 13 de julio en ejecución de nuestro pedido n° ... han llegado en un estado verdaderamente insatisfactorio.	a) die von Ihnen am 13. Juli in Ausführung unseres Auftrages Nr. ... gesandten Ventilatoren in höchst unbefriedigendem Zustand angekommen sind.
b) el suministro de latas que recibimos hoy llegó en tan grave estado de deterioro que no podemos aceptarlo.	b) die Lieferung von Blechdosen, die wir heute erhalten haben, so schwer beschädigt ist, daß wir sie nicht annehmen können.
c) cuatro de las veinte cajas correspondientes a su sumi-	c) vier der zwanzig Kisten Ihrer Sendung Spielzeuge man-

nistro de juguetes fueron embaladas de manera deficiente.

d) cinco paquetes estaban completamente humedecidos (o: calados).

e) una parte de las mercancías estaba deteriorada (o: averiada) por el agua de mar.

f) los termómetros electrónicos enviados – su factura n° ... – llegaron rotos como consecuencia de la insuficiente calidad del material de embalaje utilizado.

g) dos de las cajas (n° 6 y 8) presentan huellas de un robo (o: de haber sido abiertas violentamente durante el transporte).

Cinco contenedores han llegado en estado impecable, pero en el sexto sufrieron roturas un gran número de objetos.

Por desgracia tenemos que quejarnos del negligente (o: mal; deficiente) embalaje de su último envío.

El cartón ondulado empleado es más delgado y menos resistente que de costumbre.

Las cajas 17, 19 y 20 no contenían las capas de revestimiento impermeable que habíamos exigido.

Lamentamos en efecto que no hayan sido cumplidas nuestras instrucciones específicas de embalaje.

Dado que todos los artículos fueron embalados bien (o: cuidadosamente) se sobreentiende que la caja fue tratada (o: mane-

gelhaft verpackt waren.

d) fünf der Pakete vollständig durchnäßt waren (od. durch und durch naß waren).

e) ein Teil der Waren durch Seewasser verdorben war.

f) die Sendung elektronischer Thermometer – Ihre Rechnung Nr. ... – wegen der ungenügenden Qualität des benutzten Verpackungsmaterials zerbrochen angekommen ist.

g) zwei der Kisten (Nr. 6 und 8) Spuren eines Diebstahls aufweisen (od. Spuren zeigen, daß sie während des Transportes aufgebrochen worden sind).

Fünf Container sind in einwandfreiem Zustand angekommen, aber in dem sechsten sind eine große Anzahl von Gegenständen zerbrochen.

Leider müssen wir uns über die nachlässige (od. schlechte; mangelhafte) Verpackung Ihrer letzten Sendung beschweren.

Die benutzte Wellpappe ist dünner und weniger widerstandsfähig als üblich.

Die Kisten 17, 19 und 20 enthielten nicht die Lagen wasserdichter Auskleidung, die wir gefordert hatten.

Wir bedauern in der Tat, daß unsere ausdrücklichen Packanweisungen nicht befolgt wurden.

Da alle Artikel gut (od. sorgfältig) verpackt waren, ist es klar, daß die Kiste während des Transports sehr rauh behan-

jada) de manera muy ruda durante el transporte.

Dado que el deterioro exterior era claramente visible,

a) hicimos abrir los paquetes en presencia del conductor del camión, el cual confirmó el mal estado en que fueron suministradas las mercancías.

b) añadimos a nuestro recibo «cajas n° 3 y 4 averiadas; no fue examinado contenido».

Incluimos una lista de las mercancías averiadas (o: faltantes)

a) y les quedaríamos muy agradecidos si reemplazaran éstas lo más pronto posible.

b) y celebraríamos si se pusieran en contacto con las autoridades ferroviarias (o: con el transportista; la compañía de seguros) en relación con el asunto.

Esta es la segunda vez en tres meses que tenemos motivo de dirigirnos a Vds. en relación con el mismo asunto.

Con su carta del 22 de mayo Vds. nos comunicaron que habían sido embarcadas seis cajas de objetos de estaño en la motonave Bremer Merkur, sin embargo, sólo han sido suministradas cuatro.

Nuestra agencia de transportes, la casa Peters & Co., nos participa que la caja n° 12 no pudo ser localizada cuando la agencia presentó el conocimiento en Amberes.

Acabamos de recibir la noticia de que una de las ocho cajas con instrumentos ópticos, embarcadas en la motonave Ronsard el

delt wurde.

Da die äußere Beschädigung deutlich sichtbar war,

a) ließen wir die Pakete in Gegenwart des Lastwagenfahrers öffnen, der den schlechten Zustand, in dem die Waren geliefert wurden, bestätigte.

b) fügten wir unserer Quittung hinzu „Kisten Nr. 3 und Nr. 4 beschädigt; Inhalt nicht geprüft".

Wir fügen eine Liste der beschädigten (od. fehlenden) Waren bei

a) und würden dankbar sein, wenn Sie diese so schnell wie möglich ersetzten.

b) und würden uns freuen, wenn Sie sich wegen der Angelegenheit mit der Bahnbehörde (od. dem Transporteur; der Versicherungsgesellschaft) in Verbindung setzen würden.

Dies ist das zweite Mal in drei Monaten, daß wir Grund haben, Ihnen wegen derselben Angelegenheit zu schreiben.

In Ihrem Schreiben vom 22. Mai teilten Sie uns mit, daß sechs Kisten Zinnwaren durch MS Bremer Merkur verschifft worden waren, es sind jedoch nur vier angeliefert worden.

Unser Spediteur, die Firma Peters & Co., berichtet, daß die Kiste Nr. 12 nicht zu finden war, als er das Konnossement in Antwerpen vorlegte.

Wir haben gerade die Mitteilung erhalten, daß eine der acht Kisten mit optischen Instrumenten, die mit MS Ronsard am 23.

23 de abril, amparadas con el conocimiento n° ..., no pudo ser localizada al llegar el barco a Rotterdam.

A pesar de los repetidos esfuerzos de nuestra parte, no pudimos encontrar (o: hallar) el resto de los paquetes que Vds. indican haber embarcado (o: despachado).

Estamos efectuando en ésta pesquisas urgentes, sin embargo, nos alegraría si Vds. se pusieran en contacto allí con la compañía naviera (o: correos; el transportista).

Antes de presentar nuestra reclamación ante la compañía de seguros, les quedaríamos muy agradecidos si nos confirmaran que todas las cajas contenían efectivamente la cantidad facturada al abandonar su almacén.

He dado conocimiento igualmente de la pérdida a la compañía de seguros.

A los efectos de inspección por parte del perito de la compañía de seguros (o: de la agencia de transportes), tenemos a disposición de éste – al cual hemos dado conocimiento de la rotura – la caja junto con el contenido exactamente como lo recibimos.

Adjuntamos el informe de los peritos junto con el certificado de seguro, una copia de la factura y el conocimiento a fin de que puedan arreglar nuestro caso con la compañía de seguros.

Según el informe del perito, parece ser que la avería se originó debido a un embalaje que ofreció deficiente seguridad, y no a un tratamiento rudo de las cajas.

April unter Konnossement Nr. ... verschifft wurden, nicht zu finden war, als das Schiff in Rotterdam ankam.

Trotz wiederholter Bemühungen unsererseits konnten wir den Rest der Pakete, die Sie als verschifft (od. abgesandt) aufführen, nicht ausfindig machen.

Wir stellen hier dringende Nachforschungen an, würden uns jedoch freuen, wenn Sie sich dort mit der Schiffsgesellschaft (od. Post, dem Spediteur) in Verbindung setzen würden.

Bevor wir unsere Forderung bei der Versicherungsgesellschaft geltend machen, wären wir dankbar, wenn Sie uns bestätigen würden, daß jede dieser Kisten bei Verlassen Ihres Lagers tatsächlich die fakturierte Menge enthielt.

Ich habe auch die Versicherungsgesellschaft von dem Verlust in Kenntnis gesetzt.

Wir halten die Kiste nebst Inhalt genau wie empfangen zur Inspektion durch den Begutachter der Versicherung (od. der Speditionsfirma) bereit und haben ihn von dem Bruch bereits in Kenntnis gesetzt.

Wir fügen den Gutachterbericht bei mit dem Versicherungszertifikat, einer Kopie der Rechnung und das Konnossement, so daß Sie unseren Fall mit der Versicherungsgesellschaft regeln können.

Nach dem Bericht des Gutachters rührt der Schaden wahrscheinlich von nicht genügend gesicherter Verpackung her, und nicht von zu rauher Behandlung der Kisten.

h) Lieferverzögerung

El 4 de enero les pasé (o: hice) a Vds. un pedido de maquinaria agrícola

a) para su suministro a más tardar el 7 de marzo.

b) subrayando la importancia del suministro hasta el 7 de marzo lo más tardar.

Ya han pasado tres semanas desde que les hicimos nuestro pedido de delantales de goma y aún estamos esperando este suministro.

La entrega de las mercancías pedidas el 5 de agosto acusa ya un retraso considerable (o: es ahora muy urgente).

En su confirmación de pedido Vds. han indicado (o: confirmado) que el suministro (o: la mercancía) se despacharía dentro de tres semanas, por lo que mucho nos sorprende no haber recibido aún ningún aviso de expedición (o: envío).

Con referencia a nuestro pedido del 7 de mayo de alimentos para bebés desearíamos saber cuándo podemos contar con la entrega, dado que las mercancías se necesitan ahora urgentemente.

Dado que aún no hemos recibido las jaulas para pájaros, les rogamos examinar la cuestión y procurar hacer el envío sin demora.

A pesar del tiempo transcurrido desde que les enviamos nuestro pedido, no hemos tenido aún noticia alguna de Vds. referente al envío.

No podemos en absoluto comprender

Am 4. Januar sandte (od. erteilte) ich Ihnen einen Auftrag über landwirtschaftliche Maschinen

a) zur Lieferung nicht später als 7. März.

b) und betonte die Wichtigkeit der Lieferung bis spätestens 7. März.

Nun sind drei Wochen vergangen, seitdem wir unseren Auftrag über Gummischürzen erteilt haben, und wir warten noch immer auf die Lieferung.

Die Lieferung der am 5. August bestellten Waren weist jetzt einen erheblichen Verzug auf (od. ist nun sehr dringend).

In Ihrer Auftragsbestätigung haben Sie angegeben (od. bestätigt), daß die Lieferung (od. Ware) innerhalb von drei Wochen versandt würde, und wir sind deshalb sehr überrascht, daß wir noch keine Versandanzeige erhalten haben.

Mit Bezug auf unseren Auftrag vom 7. Mai über Kleinkindernährmittel würden wir gerne wissen, wann wir mit der Lieferung rechnen können, da die Waren jetzt dringend benötigt werden.

Da wir die Vogelkäfige noch nicht erhalten haben, bitten wir Sie, diese Angelegenheit zu prüfen und für unverzüglichen Versand zu sorgen.

Trotz der Zeit, die vergangen ist, seitdem wir Ihnen unseren Auftrag sandten, haben wir von Ihnen noch keinerlei Nachricht über den Versand.

Wir können einfach nicht verstehen,

a) por qué razón no hemos recibido aún los frenos que habíamos pedido ya el 30 de mayo.

a) *warum wir die Bremsbeläge, die wir schon am 30. Mai bestellt hatten, noch nicht erhalten haben.*

b) por qué no han llegado aún las mercancías pedidas para su suministro el pasado mes.

b) *warum die zur Lieferung im vorigen Monat bestellten Waren noch nicht angekommen sind.*

Lamentamos no haber tenido aún noticias referentes a las máquinas de fabricar botones. Hemos solicitado información a nuestro banco, pero éste nos dice que no ha recibido aún ninguna documentación de Vds.

Wir bedauern, daß wir von der Lieferung der Knopfmaschinen noch nichts gehört haben. Unsere Bank haben wir um Auskunft gebeten, die aber sagt, daß sie von Ihnen noch keine Dokumente erhalten hat.

Mucho lamentamos no haber recibido aún, a pesar de numerosas promesas, el envío especificado en nuestro pedido n°...

Wir bedauern sehr, daß wir die in unserer Bestellung Nr. ... spezifizierte Sendung trotz zahlreicher Versprechungen noch nicht erhalten haben.

Desde que pasamos el pedido de sierras circulares han pasado ya tres meses.

Seit der Bestellung der Kreissägen sind nunmehr drei Monate vergangen.

Permítasenos recordarles a Vds. que los timbres eléctricos, cuyo despacho les habíamos rogado efectuar el 5 de septiembre, no han sido aún suministrados en ésta, a pesar de haberles llamado a Vds. tres veces por teléfono y de ser ésta la segunda carta que les escribimos en este asunto.

Dürfen wir Sie daran erinnern, daß die elektrischen Türklingeln, um deren Absendung wir Sie am 5. September baten, hier immer noch nicht angeliefert worden sind, obgleich wir Sie dreimal angerufen haben und dies der zweite Brief ist, den wir in dieser Angelegenheit schreiben.

der Liefertermin war bei der Auftragserteilung entscheidend

1. Al hacer nuestra primera petición de informes su agente de ventas nos aseguró

1. *Bei unserer ersten Anfrage versicherte uns Ihr Verkaufsleiter,*

2. Cuando hice el pedido me dijo su representante

2. *Als ich den Auftrag erteilte, sagte mir Ihr Vertreter,*

3. Estábamos únicamente dispuestos a pasarles el pedido a base de su promesa de

3. *Wir waren nur bereit, Ihnen den Auftrag zu erteilen auf Grund Ihrer Zusage,*

4. Les hicimos a Vds. el pedido bajo la condición (previa) de

4. *Wir erteilten Ihnen den Auftrag unter der Bedingung (od. Voraussetzung),*

a) que el suministro fuera efectuado puntualmente.

a) daß die Lieferung pünktlich erfolgen würde.

b) que las fresadoras de engranajes fueran suministradas hasta fin de mes (o: hasta lo más tardar el 15 de mayo).

b) daß die Zahnradfräsmaschinen bis zum Ende des Monats (od. bis spätestens 15. Mai) geliefert würden.

c) que el plazo de entrega no excediera tres semanas.

c) daß die Lieferzeit drei Wochen nicht überschreiten würde.

Como les hemos declarado expresamente al hacer el pedido, es absolutamente necesario atenerse estrictamente a los plazos de entrega si queremos cumplir nuestros compromisos contractuales frente a nuestros clientes.

Wie wir Ihnen bei Auftragserteilung ausdrücklich erklärt haben, ist die strenge Einhaltung der Lieferzeiten unbedingt notwendig, wenn wir unsere vertraglichen Verpflichtungen unseren Kunden gegenüber einhalten wollen.

1. Hemos puesto de manifiesto claramente que

1. Wir haben deutlich zum Ausdruck gebracht, daß

2. Al pasarles (u: otorgarles) nuestro pedido pusimos de relieve que

2. Als wir Ihnen unseren Auftrag sandten (od. erteilten), betonten wir, daß

a) era absolutamente necesario efectuar el suministro el 20 de octubre lo más tardar.

a) die Lieferung am 20. Oktober spätestens erforderlich sei.

b) el plazo de entrega era una condición esencial.

b) die Lieferzeit eine wesentliche Voraussetzung sei.

der Lieferverzug verursacht Schwierigkeiten

Cada día adicional de demora en el suministro significa para nosotros pérdidas e inconvenientes.

Jeder weitere Tag des Lieferverzugs bedeutet für uns Verlust und Unannehmlichkeiten.

Estamos esperando ya desde hace algún tiempo estas telas para pantallas, cuyo suministro hemos prometido a un número de clientes.

Wir warten auf diese Lampenschirmstoffe nun schon einige Zeit, deren Lieferung wir einer Anzahl Kunden versprochen haben.

Vds. comprenderán (o: verán perfectamente) que esta demora nos pone en una situación desagradable.

Sie werden verstehen (od. Es wird Ihnen klar sein), daß dieser Verzug uns in eine unangenehme Lage bringt.

Toda demora adicional nos ocasionará ahora

Jeder weitere Verzug wird uns jetzt

a) pérdidas considerables.

b) considerables inconvenientes, dado que nuestra licencia de importación caduca el 31 de octubre.

Les hicimos comprender suficientemente que era absolutamente necesario efectuar un suministro puntual por parte de nuestros proveedores a fin de poder cumplir con nuestros planes de producción (o: de lograr el objetivo de producción fijado).

Nuestras existencias (o: nuestro inventario; stock) de ropa (o: vestimenta) para playa se están (o: está) agotando y la temporada veraniega (o: de vacaciones) alcanzará pronto su punto culminante.

Tenemos que rogarles efectuar sin demora el suministro del pedido arriba mencionado.

En caso de que este envío esté en camino, rogamos a Vds. nos llamen por teléfono para entonces ver lo que podemos hacer aquí a fin de acelerar el suministro a nuestra fábrica.

Si el pedido se retardó debido al hecho de que Vds. no están en condiciones de efectuar el envío de ciertos artículos inmediatamente, rogamos nos llamen por teléfono, y nosotros les participaremos qué piezas necesitamos en el acto, qué piezas podemos recibir más tarde y cuáles quizás debemos anular (o: revocar).

Si no podemos tener la seguridad de poder recibir al menos la mitad de la cantidad pedida dentro de una semana nos veremos en una situación extremadamente difícil (o: precaria).

a) beträchtlichen Verlust verursachen.

b) beträchtliche Unannehmlichkeiten verursachen, da unsere Einfuhrlizenz am 31. Oktober abläuft.

Wir haben es Ihnen hinreichend klargemacht, daß eine prompte Lieferung von Seiten unserer Zulieferer unbedingt erforderlich ist, damit wir unsere Produktionspläne einhalten (od. unser Produktionssoll erzielen) können.

Unsere Vorräte an Strandbekleidung gehen zu Ende, und die Sommersaison (od. Ferienzeit) wird bald auf ihrem Höhepunkt sein.

Wir müssen um unverzügliche Lieferung des obigen Auftrages bitten.

Wenn diese Sendung auf dem Wege ist, rufen Sie uns bitte an, und wir werden sehen, was wir hier tun können, um die Lieferung zu unserer Fabrik zu beschleunigen.

Wenn der Auftrag dadurch aufgehalten wurde, daß Sie nicht in der Lage sind, gewisse Artikel sofort zum Versand zu bringen, rufen Sie uns bitte an, und wir werden Sie anweisen, welche Teile wir unverzüglich brauchen, auf welche Teile wir warten können und welche Teile wir vielleicht stornieren (od. streichen) müssen.

Wenn wir nicht sicher sein können, wenigstens die Hälfte der bestellten Menge innerhalb einer Woche zu erhalten, werden wir in eine höchst schwierige Lage kommen.

1. Tenemos que insistir, por ello, que se nos informe por télex

2. Agradeceríamos recibir un telegrama

sobre cuándo podemos contar con los pinceles.

1. Si Vds. no están en condiciones de prometer la entrega (como máximo) dentro de las próximas dos semanas,

2. En caso de que no recibamos las mercancías dentro de siete días con una explicación satisfactoria,

a) tendremos que anular el pedido (muy a pesar nuestro).

b) nos veremos obligados a cancelar el pedido.

Tenemos que exigir una garantía inequívoca de que las mercancías serán suministradas hasta el 2 de junio.

Estamos dispuestos a concederles una última prórroga, a saber hasta el 3 de julio.

Si las mercancías no son entregadas hasta entonces

a) no nos quedará otro remedio que considerar la falta de cumplimiento como una infracción de nuestro contrato.

b) nos abasteceremos (o: cubriremos nuestras necesidades) en otra casa, exigiendo indemnización de Vds. por cualquier pérdida sufrida eventualmente como consecuencia de ello.

Esta es la última reclamación. Nuestra paciencia se ha agotado por completo, por lo que no estamos dispuestos a conceder más prórrogas.

---

1. *Wir müssen deshalb darauf bestehen, durch Telex benachrichtigt zu werden,*

2. *Wir wären für ein Telegramm dankbar,*

wann wir die Farbpinsel erwarten können.

1. *Wenn Sie nicht in der Lage sind, die Lieferung (im äußersten Falle) innerhalb der nächsten zwei Wochen zuzusagen (od. zu versprechen),*

2. *Falls wir die Waren nicht innerhalb von sieben Tagen mit einer zufriedenstellenden Erklärung erhalten,*

a) *werden wir (zu unserem Bedauern) den Auftrag stornieren müssen.*

b) *werden wir uns gezwungen sehen, den Auftrag zu streichen.*

Wir müssen eine eindeutige Garantie verlangen, daß die Waren bis zum 2. Juni geliefert werden.

Wir sind bereit, Ihnen eine letzte Verlängerung zu gewähren, nämlich bis zum 3. Juli.

Wenn die Waren bis dann nicht geliefert werden,

a) *bleibt uns nichts anderes übrig, als die Nichtlieferung als einen Verstoß gegen unseren Vertrag zu betrachten.*

b) *werden wir uns anderweitig eindecken und von Ihnen jeden Verlust zurückfordern, den wir als Folge hiervon eventuell erleiden.*

Dies ist die allerletzte Mahnung. Unsere Geduld ist nun völlig erschöpft, und wir sind deshalb nicht bereit, weitere Verlängerungen zu gewähren.

die abgeschickten Waren sind noch nicht angekommen

Los cepillos eléctricos de dientes no han llegado aún. Rogamos averigüen si fueron despachados ya o si se extraviaron en el correo.

Die elektrischen Zahnbürsten sind noch nicht angekommen. Stellen Sie bitte fest, ob sie abgesandt wurden oder ob sie mit der Post verlorengegangen sind.

Sentimos comunicarles a Vds. que las máquinas de pelar patatas enviadas por Vds. el 12 de abril aún no fueron suministradas.

Wir bedauern Ihnen mitzuteilen, daß die von Ihnen am 12. April abgesandten Kartoffelschälmaschinen noch nicht angeliefert worden sind.

Hagan el favor de averiguar en su agencia de transportes qué ha pasado con el envío.

Wollen Sie bitte in Ihrer Speditionsfirma feststellen, was mit der Sendung passiert ist.

Pónganse, por favor, en contacto con su oficina de correos (o: su transportista) en ésa

Bitte setzen Sie sich mit Ihrem dortigen Postamt (od. Transporteur) in Verbindung,

a) y comunicarnos cuándo podemos contar con el envío.

a) und teilen Sie uns mit, wann wir die Lieferung erwarten können.

b) y darnos noticias sin demora tan pronto como oigan algo definitivo.

b) und geben Sie uns unverzüglich Nachricht, sobald Sie etwas Definitives hören.

die Ware traf verspätet ein

Con gran pesar constatamos que los muebles para habitaciones de niños, pedidos el 22 de mayo, fueron suministrados finalmente esta mañana, a pesar de que se garantizó una entrega rápida y Vds. habían recibido el pedido a base de esta garantía.

Mit großem Bedauern stellen wir fest, daß die am 22. Mai bestellten Kinderzimmermöbel erst heute morgen angeliefert wurden, obgleich eine schnelle Lieferung garantiert wurde und Sie den Auftrag auf Grund dieser Garantie erhalten haben.

Sentimos tener que quejarnos con motivo de la entrega retardada de las telas para forros pedidas el 17 de abril.

Wir bedauern, uns wegen der verspäteten Lieferung der am 17. April bestellten Futterstoffe beschweren zu müssen.

Las escaleras de aluminio acaban de llegar a ésta después de un retraso de 10 días, por el cual no dieron ninguna explicación.

Die Aluminiumleitern sind nach einer Verzögerung von 10 Tagen erst jetzt eingetroffen, wofür keine Erklärung abgegeben wurde.

die häufigen Lieferzeitüberschreitungen können nicht länger akzeptiert werden

Esta no es (en absoluto) la primera vez que se originó (o: que ha tenido lugar) una demora en la entrega (o: que tenemos que deplorar una entrega retardada),

a) y en muchos casos la demora fue de más de dos semanas.

b) y debido a la frecuencia creciente de esta contrariedad, nos vemos obligados a participarles que bajo estas circunstancias no podemos continuar nuestros negocios mutuos.

1. Hemos tenido permanentemente motivo de queja por demora en la entrega,

2. Hemos subrayado repetidas veces la necesidad absoluta de cumplir con los plazos de entrega,

   a) haciendo al efecto referencia a nuestras cartas del 15 de marzo y 2 y 18 de abril.

   b) por lo que si Vds. no están en condiciones de garantizar entregas futuras hasta los plazos fijados específicamente, nos veremos obligados a buscar otro suministrador.

El suministro se efectuó en dos envíos parciales, uno con un retraso de cinco días y el otro con dos semanas.

Hace poco menos de dos meses tuvimos que presentar una queja similar.

No podemos tolerar de ningún modo que esta situación se prolongue infinitamente, por lo que

Dies ist nicht (od. keineswegs) das erste Mal, daß eine Lieferungsverzögerung eingetreten ist, (od. daß wir uns über verspätete Lieferung beklagen müssen),

a) und in vielen Fällen betrug die Verspätung mehr als zwei Wochen.

b) und durch die zunehmende Häufigkeit dieses Ärgernisses sehen wir uns gezwungen zu sagen, daß unter diesen Umständen die Geschäfte zwischen uns nicht weitergehen können.

1. Wir haben ständig Anlaß gehabt, uns über Lieferverzug zu beschweren,

2. Wir haben wiederholt die absolute Notwendigkeit der Einhaltung der Lieferdaten betont,

a) und wir weisen Sie auf unsere Briefe vom 15. März und 2. und 18. April hin.

b) und falls Sie nicht in der Lage sind, zukünftige Lieferungen bis zu den im einzelnen festgesetzten Terminen zu garantieren, sind wir gezwungen, einen anderen Lieferanten zu suchen.

Die Lieferung ist in zwei Teilsendungen erfolgt, eine fünf Tage und die andere zwei Wochen zu spät.

Vor weniger als zwei Monaten hatten wir eine ähnliche Beschwerde vorgebracht.

Wir können unmöglich dulden, daß diese Situation endlos so weitergeht, und müssen dar-

tenemos que insistir en que se cumplan (o: se respeten) los plazos de entrega al hacer futuros pedidos.

auf bestehen, daß Sie bei zukünftigen Bestellungen die Liefertermine beachten.

3. Entschädigungsansprüche, Schadenersatz

Rogamos nos abonen Vds. en cuenta el importe de los artículos averiados (o: faltantes).

Bitte schreiben Sie unserem Konto den Wert der beschädigten (od. fehlenden) Artikel gut.

1. Creemos que sería sumamente injusto si tuviéramos que correr únicamente nosotros con la pérdida,

1. *Wir glauben, es wäre höchst unfair, wenn wir allein den Verlust tragen müßten,*

2. Estamos sorprendidísimos de la negligencia en la ejecución de nuestro pedido,

2. *Wir sind über eine so nachlässige Ausführung unseres Auftrages höchst überrascht,*

3. Esperamos, sin embargo, que nos resarcirán Vds. de las pérdidas sufridas por nosotros,

3. *Wir erwarten jedoch, daß Sie die von uns erlittenen Verluste wiedergutmachen,*

a) esperando sus propuestas en relación con una indemnización.

a) *und erwarten Ihre Vorschläge für eine Entschädigung.*

b) deseando tener noticias sobre qué concesiones están Vds. dispuestos a hacer para arreglar el asunto.

b) *und würden gerne hören, welche Zugeständnisse Sie bereit sind zu machen, um den Fall zu regeln.*

4. Annahme nur gegen Preisermäßigung

Como consecuencia de ello, no nos es posible vender estos artículos de cuero al precio usual.

Infolgedessen ist es uns unmöglich, diese Lederwaren zu dem üblichen Preis zu verkaufen.

Para poder vender estos géneros de punto tendré que reducir los precios por lo menos en un 15%.

Wenn ich diese Jerseystoffe absetzen soll, muß ich die Preise wenigstens um 15% heruntersetzen.

Estas conservas vegetales solamente se pueden vender con una rebaja de precio considerable.

Diese Gemüsekonserven können nur mit einem beträchtlichen Preisnachlaß abgesetzt werden.

1. Estaríamos dispuestos a quedarnos con los barómetros

1. *Wir wären bereit, die Barometer zu behalten,*

2. Estamos dispuestos a aceptar las máquinas para hacer galletas

2. *Wir sind bereit, die Keksmaschinen anzunehmen,*

a) si Vds. están conformes (o: de acuerdo) en conceder una rebaja considerable de precio.

a) *wenn Sie einverstanden sind, einen erheblichen Preisnachlaß zu geben.*

b) si Vds. reducen el precio en aproximadamente un 12%.

b) *wenn Sie den Preis um etwa 12% reduzieren.*

c) y cargar a su casa solamente los gastos de la reparación.

c) *und Ihre Firma nur mit den Kosten der Instandsetzung (od. Reparatur) zu belasten.*

Rogamos nos indiquen Vds. qué rebaja nos pueden hacer, enviándonos una factura rectificada.

Würden Sie uns bitte mitteilen, welche Preisermäßigung Sie uns anbieten wollen, und senden Sie uns eine berichtigte Rechnung.

5. Umtausch oder Nachlieferung

Les rogamos a Vds. por lo tanto

Deshalb bitten wir Sie,

a) nos envíen sin demora (o: dentro de los próximos días) piezas de reemplazo (y cargarnos el importe correspondiente en cuenta).

a) *uns unverzüglich (od. innerhalb der nächsten Tage) Ersatzstücke zu senden (und unser Konto damit zu belasten).*

b) nos envíen los artículos faltantes por paquete postal urgente.

b) *uns die fehlenden Artikel durch Eilpaketpost zu senden.*

Tenemos que insistir en un reemplazo inmediato de las seis cajas y rogarles que en el futuro sean cumplidas con exactitud nuestras instrucciones.

Wir müssen auf sofortigem Ersatz für die sechs Kisten bestehen und Sie bitten, unsere Anweisungen in Zukunft sorgfältig zu befolgen.

Tenemos que rogarles a Vds. dar inmediatamente instrucciones de que se efectúen suminis-

Wir müssen Sie bitten, die Ersatzlieferung für die fehlenden (od. fehlerhaften; beschädigten)

tros de reemplazo para los artículos faltantes (o: defectuosos), ya que debemos cumplir un plazo de entrega para con uno de nuestros clientes.

Artikel sofort zu veranlassen, da wir einen Liefertermin einem unserer Kunden gegenüber einhalten müssen.

El material es absolutamente inadecuado para las necesidades de nuestros clientes (o: para nuestros fines), por lo que no nos queda otro remedio que rogarles aceptar la devolución y reemplazarlo por material de la calidad pedida.

Das Material ist für die Bedürfnisse unserer Kunden (od. für unsere Zwecke) völlig ungeeignet, und deshalb bleibt uns nichts anderes übrig, als Sie zu bitten, es zurückzunehmen und durch Material der bestellten Qualität zu ersetzen.

Rogamos telegrafiar o telefonear inmediatamente si Vds. están en condiciones de suministrar a la mayor brevedad los 2.000 cepillos metálicos.

Bitte telegrafieren oder telefonieren Sie umgehend, ob Sie in der Lage sind, baldmöglichst die 2.000 Drahtbürsten zu liefern.

No he recibido de Vds. ningún acuse de recibo de los 24 sombreros de piel que les devolví el 12 de octubre. Estos me fueron suministrados erróneamente en lugar de los sombreros de fieltro.

Ich habe von Ihnen keine Bestätigung des Empfangs der 24 Pelzhüte erhalten, die ich Ihnen am 12. Oktober zurückgeschickt habe. Diese sind mir versehentlich an Stelle der Filzhüte geliefert worden.

6. Annahmeverweigerung

El último envío de ropa para bebés pedida el 12 de abril

Die letzte Sendung der am 12. April bestellten Kleinkinderbekleidung

a) no es satisfactorio.

a) ist nicht zufriedenstellend.

b) es para nosotros completamente inutilizable.

b) ist für uns völlig unbrauchbar.

c) es absolutamente invendible, por lo que no podemos aceptar éste.

c) ist vollständig unverkäuflich, und wir können sie nicht annehmen.

Siento no poder quedarme con los vaqueros (o: tejanos), dado que ya tengo existencias suficientes.

Ich bedaure, daß ich die Jeans nicht behalten kann, da ich bereits einen ausreichenden Vorrat habe.

Bajo estas circunstancias no nos queda otro remedio que re-

Unter diesen Umständen bleibt uns nichts anderes übrig,

chaز...اr el envío.

als die Sendung zurückzuweisen.

1. La cantidad suministrada en exceso queda a disposición de Vds., esperando al efecto sus instrucciones

1. *Die zuviel gelieferte Menge wird zu Ihrer Verfügung gehalten, und wir erwarten Ihre Anweisungen,*

2. No estamos (por lo tanto) en condiciones de aceptar el envío, quedando a la espera de sus instrucciones

2. *Wir sind (deshalb) nicht in der Lage, die Sendung anzunehmen und erwarten Ihre Anweisungen,*

a) sobre la aplicación a dar.

a) *wie wir darüber verfügen sollen.*

b) sobre cómo debe efectuarse la devolución.

b) *wie sie zurückgeschickt werden soll.*

En el entretanto tenemos las mercancías a la disposición de Vds.

Inzwischen halten wir die Waren zu Ihrer Verfügung.

Les devolvemos hoy la etiquetadora con portes contra reembolso.

Wir schicken heute die Etikettiermaschine unter Frachtnachnahme an Sie zurück.

¿Desean Vds. que les devuelva los candados?

Wünschen Sie, daß ich die Vorhängeschlösser an Sie zurücksende?

Por desgracia nuestra demanda está cubierta hasta tal punto que no podemos encontrar compradores para cantidades accesorias.

Leider ist unser Bedarf so vollständig gedeckt, daß wir für Mehrmengen keinen Absatz finden können.

Si esta (o: nuestra) propuesta no les conviene a Vds. les devolveremos las mercancías con portes contra reembolso.

Wenn Ihnen dieser (od. unser) Vorschlag nicht paßt, werden wir Ihnen die Waren unter Frachtnachnahme zurückschicken.

Quisiera devolver la máquina y que me sea reembolsado el importe de la compra.

Ich möchte die Maschine zurückgeben und den Kaufbetrag zurückerstattet bekommen.

7. Schlußworte

Creemos que tiene que existir una explicación para ello, por lo que esperamos con interés su respuesta.

Wir glauben, daß es hierfür eine Erklärung geben muß, und erwarten mit Interesse Ihre Antwort.

Sin duda (o: indudablemente) existe una explicación adecuada sobre las razones de no haber enviado estos aparatos de riego.

Quizás harían el favor de explicar el porqué de tan larga demora, para la cual no parece haber una razón.

1. Les quedaríamos muy agradecidos si pudieran examinar este lamentable incidente

2. Nos serían Vds. de gran utilidad si examinaran este asunto inmediatamente

   a) y nos comunicaran el resultado (o: la razón de la demora).

   b) y nos comunicaran su opinión (o: parecer).

   c) y nos remitieran estas mercancías sin demora.

   d) y garantizaran que en el futuro recibamos los artículos correctos a su debido tiempo.

   e) y tomaran las medidas oportunas para que se cumplan estrictamente en el futuro nuestras instrucciones de embalaje.

Esperamos sus noticias de

a) que el envío se halla en camino.

b) que las mercancías serán enviadas inmediatamente.

Tomen Vds., por favor, todas las medidas necesarias para sacarnos de este atolladero (o: para exonerarnos de esta situación violenta) en que nos han involucrado al efectuar demasiado tarde su entrega y enviar una mercancía errónea.

Estamos convencidos de que

Zweifellos gibt es eine angemessene Erklärung dafür, daß Sie diese Bewässerungsgeräte nicht geschickt haben.

Vielleicht würden Sie bitte die lange Verzögerung erklären, für die es scheinbar keinen Grund gibt.

1. *Wir wären dankbar, wenn Sie diesen bedauerlichen Vorfall untersuchen würden*

2. *Sie würden uns sehr helfen, wenn Sie diese Angelegenheit sofort untersuchen würden*

   a) *und uns das Ergebnis (od. den Grund für die Verzögerung) mitteilten.*

   b) *und uns Ihre Stellungnahme mitteilten.*

   c) *und uns diese Waren unverzüglich schickten.*

   d) *und sicherstellten, daß wir in Zukunft die richtigen Artikel zur richtigen Zeit erhalten.*

   e) *und alle notwendigen Schritte unternehmen würden, damit unsere Packanweisungen zukünftig streng befolgt werden.*

Wir erwarten Ihre Mitteilung,

a) *daß die Sendung auf dem Wege ist.*

b) *daß die Waren unverzüglich gesandt werden.*

Unternehmen Sie bitte alle nötigen Schritte, um uns aus der Klemme herauszubekommen (od. der Zwangslage zu befreien), in die Ihre zu späte Lieferung und falsche Sendung uns gebracht haben.

Wir sind überzeugt, daß Sie die

Vds. examinarán el asunto, informándonos tan pronto como sea posible sobre

a) lo que Vds. piensan hacer al efecto.

b) lo que Vds. pueden hacer a fin de ayudarnos a abordar estas dificultades.

c) lo que Vds. proponen a fin de solucionar el asunto.

Rogamos tratar la cuestión con carácter urgente.

Estamos seguros de que bajo estas circunstancias se cuidarán Vds. de efectuar una entrega inmediata y que las herramientas estarán de todos modos en nuestro poder dentro de este último plazo suplementario de suministro.

Si Vds. no se ponen en contacto con nosotros antes del 10 de mayo, tendrán que cancelar (o: anular) el pedido en su totalidad.

Tenemos que insistir en que Vds.

a) dediquen en el futuro más atención (o: cuidado) a la ejecución de nuestros pedidos.

b) examinen las máquinas concienzudamente antes de que éstas abandonen su fábrica, ya que ésta es la tercera vez que tenemos que hacerles una reclamación en relación con accesorios faltantes.

Esperamos que un incidente de tal índole no vuelva a suceder.

Si Vds. en el futuro no me pueden satisfacer

a) no me quedará otro remedio que colocar mis pedidos en otra casa.

Angelegenheit untersuchen werden und uns so bald wie möglich mitteilen,

a) was Sie in dieser Angelegenheit zu tun gedenken.

b) was Sie tun können, um uns zu helfen, über diese Schwierigkeiten hinwegzukommen.

c) was Sie vorschlagen, um dies in Ordnung zu bringen.

Bitte behandeln Sie die Sache als dringend.

Wir sind sicher, daß Sie unter diesen Umständen für sofortige Lieferung sorgen werden und daß die Werkzeuge auf alle Fälle innerhalb dieser letzten Nachlieferfrist in unserem Besitz sein werden.

Wenn Sie sich mit uns nicht vor dem 10. Mai in Verbindung setzen, dann streichen Sie bitte den ganzen Auftrag.

Wir müssen darauf bestehen, daß Sie

a) in Zukunft der Ausführung unserer Aufträge mehr Sorgfalt widmen werden.

b) die Maschinen sorgfältig prüfen, bevor sie Ihr Werk verlassen, da dies schon das dritte Mal ist, daß wir uns bei Ihnen wegen fehlender Zubehörteile beschweren müssen.

Wir hoffen, daß ein solcher Vorfall nicht wieder vorkommen wird.

Wenn Sie mich in Zukunft nicht zufriedenstellen können,

a) wird mir nichts anderes übrigbleiben, als meine Aufträge anderweitig zu placieren.

b) me veré obligado a dar por terminadas las estipulaciones tomadas.

1. Sólo con desagrado rompemos después de tanto tiempo las relaciones comerciales con Vds., pero esperamos que comprenderán que, en caso de que no suceda algo inmediatamente, nos veremos obligados a

2. Bajo estas circunstancias, y en caso de que no tengamos noticias inmediatamente, nos veremos obligados a

3. En caso de que no puedan Vds. corresponder a los ruegos expresados en nuestras cartas del 2 y 10 de marzo no nos quedará otro remedio que

a) tomar otras medidas.

b) anular el pedido.

c) dar fin al contrato.

d) exigir indemnización en concepto de violación del contrato.

e) emprender medidas judiciales contra Vds. sin aviso previo alguno.

f) pasar el asunto a nuestros abogados.

Desgraciadamente ésta no es la primera vez que tuvimos que quejarnos,

a) y seguramente comprenderán Vds. lo enojoso que es esto, sin tener en cuenta el desperdicio (o: la pérdida) de tiempo que ello lleva consigo.

b) por lo que tenemos que rogarles a Vds. procurar (o: tomar

b) werde ich gezwungen sein, die Vereinbarungen als beendet zu betrachten.

1. Nur ungern brechen wir nach einer so langen Verbindung die Geschäftsbeziehung mit Ihnen ab, aber wir hoffen, daß Sie verstehen, daß, falls nicht sofort etwas geschieht, wir gezwungen sein werden,

2. Unter diesen Umständen werden wir – falls wir von Ihnen nicht umgehend hören – gezwungen sein,

3. Falls Sie unseren in unseren Briefen vom 2. März und 10. März enthaltenen Bitten nicht nachkommen können, wird uns nichts anderes übrigbleiben, als

a) andere Vorkehrungen zu treffen.

b) den Auftrag zu stornieren.

c) den Vertrag zu beenden.

d) Schadenersatz wegen Vertragsbruch zu fordern.

e) gegen Sie ohne weitere Vorwarnung gerichtliche Schritte zu unternehmen.

f) die Angelegenheit unseren Rechtsanwälten zu übertragen.

Leider ist dies nicht das erste Mal, daß wir uns beschweren mußten,

a) und Sie werden sicher verstehen, wie ärgerlich das ist, ganz abgesehen von der damit verbundenen Zeitverschwendung.

b) und wir müssen Sie bitten dafür zu sorgen (od. sicherzu-

las medidas pertinentes) para que las mercancías que nos expiden sean embaladas (o: examinadas) concienzudamente.

stellen), daß die an uns gesandten Waren sorgfältig verpackt (od. geprüft) werden.

Verdaderamente no puedo comprender que Vds. no estén en condiciones de cumplir sus compromisos (u: obligaciones) para con un cliente habitual.

Ich verstehe wirklich nicht, daß Sie nicht imstande sind, Ihren Verpflichtungen einem Stammkunden gegenüber nachzukommen.

Quizás reconsiderarán Vds. ahora el asunto.

Sie werden sich die Sache jetzt vielleicht noch einmal überlegen.

Sentimos mucho tener que escribirles a Vds. de esta manera, pero tememos que no nos dejaron otra alternativa.

Wir bedauern sehr, daß wir Ihnen so schreiben müssen, fürchten jedoch, daß Sie uns keine andere Wahl gelassen haben.

Sólo con desagrado tomamos esta medida, por lo que esperamos que no se haga necesaria.

Wir unternehmen nur sehr ungern diesen Schritt und hoffen deshalb, daß er nicht notwendig werden wird.

Esta oferta permanece en vigor sólo 10 días a partir del día de hoy.

Dieses Angebot bleibt nur 10 Tage offen, ab heutigem Datum.

Hemos remitido su carta a nuestros abogados, los Srs. Arriaga, Marqués y López, para su tramitación. Rogamos dirigir ulteriores informaciones a dichos señores.

Wir haben Ihren Brief an unsere Rechtsanwälte, die Herren Arriaga, Marqués y López, zur Erledigung weitergegeben. Bitte senden Sie weitere Mitteilungen an sie.

XII. Antworten auf Beschwerden

Beschwerden *(reclamaciones, quejas)* kommen, weil falsche Waren gesandt wurden, die Qualität schlecht ist, die Ware beschädigt *(deteriorada, averiada)* ist, oder die Lieferfrist *(plazo de entrega)* nicht eingehalten *(observado)* wurde, die berechneten Preise zu hoch sind oder den vereinbarten Preisen nicht entsprechen.

Wenn eine Beschwerde berechtigt ist *(es justificada)*, wird sich der Verkäufer beim Käufer sofort entschuldigen *(se disculpará inmediatamente ante el comprador)* und eine Lösung vorschlagen. Nichts irritiert einen Kunden mehr als Ausflüchte *(excusas)* und der Versuch *(intento)*, das Argument zu seinem eigenen Vorteil zu verdrehen *(tergiversar o falsear en beneficio propio)*. Falls der Käufer vorschlägt, die Waren zu behalten *(caso que el comprador proponga quedarse con la mercancía)*, wird der Lieferer wahrscheinlich einverstanden sein und einen Preisnachlaß gewähren *(accederá a conceder una rebaja)*.

Manchmal beanstandet der Käufer die gesandten Waren *(pone reparos; hace objeciones a las mercancías)*, um sich vor der Erfüllung des Vertrages zu drücken *(para eludir el cumplimiento del contrato)*, weil er die Waren nicht mehr braucht oder sie anderswo billiger bekommen kann. In solchen Fällen wird der Lieferer auf seine Lieferbedingungen *(condiciones de entrega o suministro)* aufmerksam machen und auf Einhaltung des Vertrages bestehen *(insistiendo en el cumplimiento del contrato)*.

Falls die Beschwerde nicht berechtigt ist, ist die Antwort hierauf schwierig und heikel *(delicada)*. Selbst wenn die Beschwerde sehr unhöflich *(descortés)* ist, bleibe man sachlich *(objetivo)* und höflich *(cortés)*. Demütigen Sie einen Kunden niemals *(no humille nunca a un cliente)*, selbst wenn er wirklich im Unrecht ist *(no tenga razón)*. Man bedenke, daß gute Beziehungen zwischen Firmen manchmal ihren Ursprung in einer korrekten, verständnisvollen *(comprensible)* und entgegenkommenden Haltung *(actitud complaciente)* bei der Antwort selbst auf eine unberechtigte Beschwerde *(reclamación injustificada)* haben. Gut abgefaßte *(bien redactadas)* und taktisch vernünftige Entschuldigungsbriefe *(cartas de disculpa)* haben manchen gerichtlichen Schritt verhindert *(han evitado más de una medida judicial)*. Gerichtsprozesse *(procesos, pleitos)* sind teuer.

Die Worte „ohne Gewähr oder ohne Obligo" *(sin garantía ni responsabilidad o sin compromiso)* schützen nach spanischem Gebrauch und Recht den Schreiber vor jeglichen ungünstigen Auswirkungen, wenn er Ausführungen, Vorschläge oder Zugeständnisse usw. in einem Brief macht *(si hace declaraciones, propuestas o concesiones etc. en una carta)*, und die Verhandlungen zwecks außergerichtlicher Einigung scheitern *(si fracasan las negociaciones referentes a un ajuste o arreglo extrajudicial)*.

Die Worte *sin compromiso ni responsabilidad* schreibe man am besten am Anfang des Briefes gleich hinter den Betreff. Beispiel für den Brieftext: *Sin perjuicio de cualesquiera derechos propios estaríamos dispuestos a* . . . (Unbeschadet eigener Ansprüche wären wir bereit, . . .).

1. Eingangsformeln

Inmediatamente después de recibir su carta les hemos informado a Vds. por télex

Sofort nach Erhalt Ihres Schreibens informierten wir Sie durch Telex,

a) que las mercancías fueron despachadas el 1 de marzo.

a) daß die Waren am 1. März versandt wurden.

b) que los repuestos (o: piezas de recambio) serán enviados/as inmediatamente.

b) daß die Ersatzteile sofort geschickt werden.

1. Les agradecemos su carta del 12 de mayo, lamentando mu-

1. Wir danken Ihnen für Ihren Brief vom 12. Mai und bedau-

cho enterarnos de que

ern sehr zu erfahren, daß

2. Nos asombra mucho enterarnos de que

2. *Es erstaunt uns sehr zu erfahren, daß*

3. Lamentamos mucho recibir su reclamación de que

3. *Wir bedauern sehr, Ihre Beschwerde zu erhalten, daß*

4. Nos inquieta mucho oír que

4. *Es beunruhigt uns sehr zu hören, daß*

a) Vds. no están (completamente) satisfechos con nuestras mercancías (o: nuestro suministro).

a) *Sie mit unseren Waren (od. unserer Lieferung) nicht (ganz) zufrieden sind.*

b) el suministro (o: la entrega) del 10 de enero no responde a las exigencias.

b) *die Lieferung vom 10. Januar nicht den Anforderungen entspricht.*

c) nuestro último suministro de alfombras no tiene una salida rápida (o: se vende lentamente).

c) *unsere letzte Teppich-Lieferung keinen schnellen Absatz findet (od. sich langsam verkauft).*

d) Vds. están insatisfechos con la ejecución de su pedido n° 31571 del 8 de mayo.

d) *Sie mit der Ausführung Ihres Auftrages Nr. 31571 vom 8. Mai unzufrieden sind.*

e) las mercancías no satisfacen las exigencias (o: las estipulaciones contractuales).

e) *die Waren den Anforderungen nicht genügen (od. nicht vertragsmäßig ausgefallen sind).*

f) las mercancías recibidas no corresponden a la calidad esperada.

f) *die erhaltenen Waren nicht der erwarteten Qualität entsprechen.*

g) los artículos no corresponden a la muestra.

g) *die Artikel dem Muster (od. der Probe) nicht entsprechen.*

h) Vds. encuentran demasiado caras nuestras mercancías.

h) *Sie unsere Waren zu teuer finden.*

i) Vds. no han recibido las mercancías encargadas (el 8 de marzo).

i) *Sie die (am 8. März) bestellten Waren nicht erhalten haben.*

j) su pedido de abrigos de señora aún no fue ejecutado.

j) *Ihr Auftrag über Damenmäntel noch nicht ausgeliefert ist.*

k) las cajas de cartón ondulado pedidas por Vds. el 10 de abril aún no habían llegado (o: no llegaron hasta el 15 de abril) a ésa.

k) *die von Ihnen bestellten Wellkarton-Schachteln Sie bis 10. April nicht erreicht hatten (od. Sie erst am 15. April erreichten).*

l) existía una falta de peso.

l) ein Fehlgewicht bestand.

m) el número de artículos suministrados no concordaba con el número de artículos pedidos (o: cargados en cuenta).

m) die Zahl der gelieferten Artikel mit der Zahl der bestellten (od. in Rechnung gestellten) Artikel nicht übereinstimmte.

n) las mercancías han llegado (o: han sido suministradas) (parcialmente) en un estado (muy) deteriorado.

n) die Waren (teilweise) in (schwer) beschädigtem Zustand angekommen (od. geliefert worden) sind.

o) el contenido de una de las cajas enrejadas estaba muy deteriorado.

o) der Inhalt einer der Lattenkisten schwer beschädigt war.

p) el suministro ha sufrido daños durante el transporte.

p) die Lieferung beim Transport beschädigt worden ist.

q) no se procedió de acuerdo con sus instrucciones de embalaje.

q) Ihre Packanweisungen nicht befolgt wurden.

r) la caja n° 3 no contenía las mercancías pedidas por Vds.

r) die Kiste Nr. 3 nicht die von Ihnen bestellten Waren enthielt.

s) uno de los motores suministrados tenía un defecto.

s) einer der gelieferten Motoren einen Defekt hatte.

t) la máquina comprada por Vds. hace algunos meses ya no funciona.

t) die vor einigen Monaten von Ihnen gekaufte Maschine nicht mehr funktioniert.

Les agradecemos su carta del 2 de mayo,

Wir danken Ihnen für Ihren Brief vom 2. Mai,

a) con la que nos hacen observar nuestro error en la ejecución de su último pedido, esperando sepan disculpar este lamentable error.

a) mit dem Sie uns auf unseren Fehler bei der Ausführung Ihres letzten Auftrages aufmerksam machen, und hoffen, daß Sie diesen bedauerlichen Fehler entschuldigen.

b) informándonos que entre los artículos de nuestra factura se especificó un secador eléctrico de manos que Vds. no habían ordenado.

b) mit der Mitteilung, daß unter den Artikeln auf unserer Rechnung ein elektrischer Handtrockner aufgeführt ist, den Sie nicht bestellt hatten.

c) haciéndonos observar un error en nuestra factura (o: nuestro extracto de cuenta).

c) mit dem Sie uns auf einen Fehler in unserer Rechnung (od. in unserem Kontoauszug) aufmerksam machen.

d) cuestionando el precio indica-

d) in dem Sie den von uns für Um-

do de los bolsos en bandolera, artículo n° 1030.

hängetaschen, Artikel Nr. 1030, angegebenen Preis in Frage stellen.

e) lamentando por nuestra parte que existiera un malentendido.

e) und bedauern, daß ein Mißverständnis vorlag.,

2. Die Beschwerde wird untersucht

1. Estamos muy intranquilizados por las declaraciones en cuanto al estado de las mercancías compradas por Vds.,

1. Über die Ausführungen zu dem Zustand der von Ihnen gekauften Waren sind wir sehr beunruhigt

2. Lamentamos mucho enterarnos de que las mercancías suministradas en virtud de su orden n° 874 del 5 de mayo parecen ser de calidad inferior,

2. Wir bedauern sehr zu hören, daß die auf Grund Ihres Auftrages Nr. 874 vom 5. Mai gelieferten Waren qualitätsmäßig minderwertig zu sein scheinen,

a) habiendo dado al efecto instrucciones de que se efectúe una investigación detallada del asunto.

a) und haben eine eingehende Untersuchung der Angelegenheit veranlaßt.

b) habiendo informado al fabricante del descontento de Vds.

b) und haben dem Hersteller Ihre Unzufriedenheit mitgeteilt.

c) quedándoles muy agradecidos si nos devolvieran algunas piezas para su examen.

c) und wären Ihnen dankbar, wenn Sie uns einige Stücke zur Untersuchung zurücksenden würden.

1. Huelga decir que haremos examinar la cuestión sin demora

1. Natürlich werden wir die Sache unverzüglich untersuchen lassen

2. Hemos iniciado indagaciones a fin de examinar la cuestión

2. Wir haben Erkundigungen eingeleitet, um der Sache auf den Grund zu gehen,

a) y les comunicaremos el resultado a Vds.

a) und werden Ihnen das Ergebnis mitteilen.

b) y esperamos poder dar en el curso de las próximas dos semanas una aclaración satisfactoria.

b) und hoffen, innerhalb der nächsten zwei Wochen eine zufriedenstellende Erklärung geben zu können.

c) y nos pondremos a su debido tiempo nuevamente en contacto con Vds.

c) und werden uns zur gegebenen Zeit wieder mit Ihnen in Verbindung setzen.

d) y nos pondremos en contacto con Vds. tan pronto hayan sido concluidas las averiguaciones.

Su derecho de indemnización

a) será tramitado por la vía usual.

b) lo hemos cursado (o: pasado) a nuestra sección de reclamaciones.

1. Nos hemos dirigido al transportista (o: agencia de transportes) en cuanto al asunto

2. Después de recibir su carta nos pusimos inmediatamente en contacto con el transportista (o: fabricante)

3. Hemos cursado (o: pasado) su reclamación al transportista (o: suministrador)

a) habiendo rogado al mismo aclaración.

b) con el ruego de examinar el asunto (o: iniciar investigaciones concretas).

c) y les comunicaremos a Vds. el resultado sin demora (o: tan pronto tengamos noticias de éste).

d) con el ruego de que nos envíe un informe (detallado).

e) habiendo dado instrucciones de que les envíe a Vds. directamente una aclaración.

Sin poseer algunos datos adicionales en que poder basarnos, nos es bastante difícil averiguar qué es lo que fracasó. Sea Vd. por consiguiente tan amable, por favor, de contestar a las preguntas que aparecen en la hoja adjunta.

d) und werden uns mit Ihnen in Verbindung setzen, sobald die Untersuchungen abgeschlossen sind.

Ihr Entschädigungsanspruch

a) wird auf dem üblichen Wege bearbeitet.

b) wurde an unsere Reklamationsabteilung weitergeleitet.

1. Wir haben uns wegen der Angelegenheit an den Spediteur gewandt

2. Nach Erhalt Ihres Schreibens haben wir uns sofort mit dem Spediteur (od. Hersteller) in Verbindung gesetzt

3. Ihre Beanstandung haben wir an den Spediteur (od. Lieferanten) weitergeleitet

a) und haben ihn um Aufklärung gebeten.

b) mit der Bitte, die Angelegenheit zu untersuchen (od. genaue Untersuchungen anzustellen).

c) und werden Ihnen das Ergebnis unverzüglich (od. sobald wir von ihm hören) mitteilen.

d) mit der Bitte, uns einen (eingehenden) Bericht zu schikken.

e) und veranlaßt, an Sie direkt eine Erklärung zu schicken.

Für uns ist es ohne einige zusätzliche Fakten, auf die wir uns stützen können, ziemlich schwierig festzustellen, was schiefgegangen ist. Würden Sie deshalb bitte die auf dem beigefügten Blatt gestellten Fragen beantworten.

La muestra remitida no es lo suficientemente grande para formarse un juicio, por lo que les agradeceríamos nos devolvieran la pieza entera.

Lamentamos mucho que la tela comprada por Vds. no sea resistente al lavado. No nos podemos explicar esto en absoluto, por lo que quisiéramos devolver al fabricante la pieza comprada por Vds.

Lo mejor será, seguramente, hacer examinar el envío (o: la mercancía),

a) por lo que ordenaremos a un especialista que pase por su fábrica para valorar el daño.

b) por lo que nuestro Sr. Wilms llamará por teléfono a su Sr. López en el curso de los próximos días para convenir una cita adecuada para ambos.

Almacenen, por favor, estos artículos por separado, de forma que nuestro representante pueda valorarlos (la próxima semana) y concederles a Vds. una rebaja razonable.

Dado que nuestro jefe de exportación visitará España el próximo mes, pasará por su casa para ver cómo se puede arreglar el asunto a su entera satisfacción.

A los efectos de examinar las cajas dañadas, el transportista enviará un inspector, por lo que les rogamos tener las mismas a disposición de éste.

Das zugesandte Muster ist zur Beurteilung nicht groß genug, und wir wären deshalb für die Rücksendung des ganzen Stückes dankbar.

Wir bedauern sehr, daß der von Ihnen gekaufte Stoff nicht waschecht ist. Dies können wir uns überhaupt nicht erklären und möchten deshalb das von Ihnen gekaufte Stück an den Hersteller zurücksenden.

Es wird wohl am besten sein, die Sendung (od. Ware) untersuchen zu lassen,

a) und wir werden veranlassen, daß ein Fachmann in Ihrer Fabrik vorspricht und den Schaden beurteilt.

b) und unser Herr Wilms wird Ihren Herrn López im Laufe der nächsten Tage anrufen, um eine beiderseits passende Verabredung zu treffen.

Lagern Sie bitte diese Artikel getrennt, so daß unser Vertreter sie (in der nächsten Woche) bewerten und Ihnen einen angemessenen Nachlaß gewähren kann.

Da unser Exportleiter im nächsten Monat Spanien besuchen wird, wird er bei Ihnen vorsprechen, um zu sehen, wie die Angelegenheit zu Ihrer vollsten Zufriedenheit geregelt werden kann.

Zur Untersuchung der beschädigten Kisten wird der Spediteur einen Inspektor schicken; halten Sie diese deshalb bitte zu seiner Verfügung.

3. Die Beschwerde ist gerechtfertigt

a) der Fehler wird eingestanden

1. Admitimos que Vds. tienen motivo de queja

1. Wir geben zu, daß Sie Grund zur Beschwerde haben,

2. Su reclamación es justificada

2. Ihre Beschwerde ist berechtigt,

3. Tenemos que admitir nuestra equivocación

3. Wir müssen unseren Irrtum zugeben,

4. Sentimos haber cometido errores al efectuar su orden

4. Wir bedauern, bei Ihrer Bestellung Fehler gemacht zu haben,

y haremos todo lo que esté en nuestro poder para remediar (o: reparar) este error evidente de nuestro departamento de . . .

und wir werden alles in unserer Macht Stehende tun, diesen offensichtlichen Fehler (od. Irrtum) unserer ... Abteilung zu beheben (od. gutzumachen).

Rogamos (muy) sinceramente sepan disculpar

Wir bitten aufrichtig (od. sehr) um Entschuldigung für

a) los inconvenientes originados con motivo del retraso de 10 días en el suministro.

a) die durch die Lieferverzögerung von 10 Tagen entstandenen Unannehmlichkeiten.

b) nuestra negligencia de informarles que la entrega se retrasaría.

b) unser Versäumnis, Sie zu benachrichtigen, daß die Lieferung sich verzögern würde.

1. La producción quedó paralizada temporalmente

1. Die Produktion war zeitweilig aufgehalten worden

2. Las dificultades en la conclusión de los trabajos aumentaron

2. Die Schwierigkeiten bei der Fertigstellung der Arbeit wurden erhöht

a) debido a la llegada retrasada de algunas piezas especiales, lo cual fue el motivo de la demora.

a) durch die verspätete Ankunft einiger Sonderteile, was der Grund für die Verspätung war.

b) debido a una avería mecánica, por cuyo motivo la producción se retrasó cinco días.

b) durch einen Maschinenschaden, der die Produktion fünf Tage aufgehalten hat.

Les aseguramos a Vds. que los pedidos fueron tramitados correlativamente, pero como durante los últimos dos meses la entrada de pedidos fue tan gran-

Wir versichern Ihnen, daß die Aufträge in genauer Reihenfolge erledigt wurden, aber da während der zwei letzten Monate der Bestellungseingang besonders

de, tuvimos que hacer todo lo que pudimos para satisfacer la demanda.

Les aseguramos a Vds. que haremos todos los esfuerzos posibles para que reciban las mercancías, esperando por nuestra parte que el suministro se efectúe el 15 de octubre.

1. Hicimos averiguaciones inmediatamente en nuestra sección de expedición, en donde nos enteramos, muy a pesar nuestro, de que

2. Después de examinar el asunto, hemos constatado que

   a) efectivamente se cometió una falta al confundir los números al empaquetar, lo que tuvo como consecuencia que Vds. recibieran erróneamente otros artículos.

   b) las cajas fueron expedidas a una dirección falsa.

   c) 20 artículos destinados a otro cliente fueron embalados en las cajas que deberían contener las mercancías pedidas por Vds.

   d) desgraciadamente las mercancías no fueron examinadas debido a negligencia de un auxiliar.

Hemos tomado medidas inmediatamente para intensificar el control en nuestro departamento de inspección.

Comprendemos perfectamente que les haya ocasionado inconvenientes recibir solamente 200 cartones de (agua de) colonia, en lugar de los 2.000 encargados, por lo que apreciaríamos sepan disculpar este error.

Lamentamos extraordinariamente que la furgoneta (o: ca-

---

groß war, haben wir getan, was wir konnten, um den Bedarf zu befriedigen.

Wir versichern Ihnen, daß wir alle möglichen Anstrengungen machen, damit Sie die Waren erhalten, und erwarten, daß die Lieferung am 15. Oktober erfolgt.

1. *Wir stellten sofort in unserer Versandabteilung Untersuchungen an und hörten zu unserem Bedauern, daß*

2. *Nach Prüfung der Angelegenheit haben wir festgestellt, daß*

   a) *tatsächlich durch Verwechslung der Zahlen ein Fehler beim Packen gemacht wurde, der dazu führte, daß Sie die falschen Artikel erhielten.*

   b) *die Kisten an eine falsche Adresse versandt wurden.*

   c) *20 für einen anderen Kunden bestimmte Artikel in die Kisten gepackt wurden, die die von Ihnen bestellten Waren enthalten sollten.*

   d) *die Waren leider wegen Nachlässigkeit einer Aushilfskraft nicht geprüft wurden.*

Wir haben sofort Schritte unternommen, um die Kontrolle in unserer Inspektionsabteilung zu verschärfen.

Wir verstehen voll und ganz, daß es Ihnen Unannehmlichkeiten bereitet hat, nur 200 Kartons Eau de Cologne statt der bestellten 2000 zu erhalten, und wir bitten sehr, diesen Fehler zu entschuldigen.

Wir bedauern außerordentlich, daß der Lieferwagen am Zoll auf-

mioneta de reparto) fuera detenida en la Aduana debido al hecho
de que nosotros habíamos olvidado, por desgracia, incluir el
certificado de origen.

Lamentamos haber omitido
por inadvertencia abonar en su
cuenta...

*gehalten wurde, weil wir leider
versäumt haben, das Ursprungszeugnis beizufügen.*

*Wir bedauern, daß wir es ver-
sehentlich unterlassen haben,
Ihrem Konto ... gutzuschreiben.*

b) die Forderungen werden gewährt. Man macht Vorschläge

En consideración a nuestras
largas y agradables relaciones
comerciales, quisiéramos arreglar sin demora este asunto a su
más entera satisfacción.

*In Anbetracht unserer langen
und angenehmen Geschäftsverbindungen möchten wir diese
Angelegenheit zu Ihrer vollsten
Zufriedenheit unverzüglich erledigen.*

1. A fin de arreglar amistosamente el asunto,

2. Para complacer a Vds.,

a) estamos dispuestos a indemnizarles el daño (o: la
pérdida).

b) cambiaremos las mercancías sin gastos.

1. *Um die Angelegenheit in Güte
zu regeln,*

2. *Um Ihnen entgegenzukommen,*

a) *sind wir bereit, den Schaden
(od. Verlust) zu ersetzen.*

b) *werden wir die Waren kostenlos umtauschen.*

1. Considerando la urgencia,

2. A fin de que no se les causen a
Vds. más trastornos,

3. A fin de que puedan Vds. cumplir con sus plazos de entrega,

4. A fin de subsanar el error,

a) les remitimos un nuevo suministro por flete aéreo.

b) proponemos enviar un camión el próximo martes, 3
de mayo, el cual llegará a
ésa hacia las 14 horas con el
pedido correcto.

c) hemos dado instrucciones

1. *In Anbetracht der Dringlichkeit*

2. *Damit Sie nicht noch weitere
Unannehmlichkeiten haben,*

3. *Damit Sie Ihre Liefertermine
einhalten können,*

4. *Um den Irrtum wiedergutzu-
machen,*

a) *schicken wir Ihnen eine
neue Sendung per Luft-
fracht.*

b) *schlagen wir vor, am nächsten Dienstag, dem 3. Mai,
einen Lastwagen zu schik-
ken, der gegen 14 Uhr mit
der richtigen Bestellung bei
Ihnen ist.*

c) *haben wir die sofortige Ab-*

de que se les envíen a Vds. inmediatamente las mercancías correctas, esperando que las reciban dentro de los próximos días.

sendung der richtigen Waren an Sie veranlaßt und hoffen, daß Sie sie innerhalb der nächsten Tage erhalten.

d) hemos despachado hoy reemplazo para los artículos averiados (o: faltantes, defectuosos).

d) haben wir heute Ersatz für die beschädigten (od. fehlenden, fehlerhaften) Artikel geschickt.

e) les enviamos inmediatamente otros 250 vasos para vino – esta vez con embalaje doble para garantizar que lleguen a ésa en perfecto estado.

e) senden wir Ihnen sofort noch 250 Weingläser – diesmal doppelt verpackt, um sicherzustellen, daß sie Sie in gutem Zustand erreichen.

Rogamos a Vds. nos comuniquen

Bitte teilen Sie uns mit,

a) si desean una entrega de reemplazo (o: reposición) o prefieren un abono en su cuenta por Ptas. . . .

a) ob Sie eine Ersatzlieferung wünschen oder Gutschrift über Ptas. . . . auf Ihr Konto vorziehen.

b) si debemos enviar los 3 abrigos faltantes como entrega individual, o si prefieren que incluyamos éstos en el próximo suministro.

b) ob wir die fehlenden 3 Mäntel als Einzelsendung schicken sollen oder ob Sie es vorziehen, daß wir diese der nächsten Lieferung beifügen.

Con el fin de indemnizarles por la calidad insatisfactoria, estamos dispuestos

Um Sie für die unbefriedigende Qualität zu entschädigen, sind wir bereit,

a) a concederles a Vds. una rebaja de Ptas. . . . por metro.

a) Ihnen einen Preisnachlaß von Ptas. . . . pro Meter zu gewähren.

b) a concederles a Vds. un descuento del 10%.

b) Ihnen 10% Skonto zu gewähren.

c) a prolongar el plazo de pago de 3 a 6 meses.

c) die Zahlungsfrist von 3 auf 6 Monate zu verlängern.

De todos modos estamos dispuestos a aceptar (o: admitir) la devolución del material y, en caso de que no podamos suministrar él que Vds. desean, a anular su orden.

Jedenfalls sind wir bereit, das Material zurückzunehmen und, falls wir das von Ihnen gewünschte nicht liefern können, Ihren Auftrag zu stornieren.

1. En caso de que estén Vds. dispuestos a quedarse con las mercancías,

1. Falls Sie bereit sind, die Waren zu behalten,

2. Para indemnizarles por la pérdida ocasionada,

a) les concederíamos una rebaja especial del 10%.

b) proponemos otorgarles un 5% adicional sobre el precio al por mayor (o: de mayorista).

c) les autorizamos a reducir el precio en un 10% a fin de vender rápidamente las existencias.

d) les concederíamos una rebaja de Ptas. ... en caso de que se queden Vds. con todo el envío.

Con seguridad hallaremos, con un poco de buena voluntad, un compromiso aceptable.

No quisiéramos que por nuestra culpa sufrieran Vds. una pérdida.

Hemos dado instrucciones a nuestro agente de transportes para que retire la caja de la fábrica de Vds. y la reexpida al cliente a quien debería haber sido enviada.

Les rogamos devolvernos los artículos rotos, a fin de que podamos presentar la reclamación ante nuestra compañía de seguros.

Hemos efectuado hoy el envío franco domicilio y libre de derechos de aduana de las diez cajas, en compensación de las mercancías devueltas.

Nuestra furgoneta estará a fines de la semana próxima en ..., por lo que les quedaríamos muy agradecidos si pudieran entregar Vds. los artículos a nuestro conductor, el cual les hará la reposición correspondiente.

2. Um Sie für den entstandenen Verlust zu entschädigen,

a) würden wir Ihnen einen Sonderrabatt von 10% gewähren.

b) schlagen wir vor, Ihnen weitere 5% auf den Großhandelspreis einzuräumen.

c) ermächtigen wir Sie, den Preis um 10% zu reduzieren, um die Ware schnell zu verkaufen.

d) würden wir einen Rabatt von Ptas. ... gewähren, falls Sie die ganze Sendung behalten.

Sicherlich werden wir mit einigem guten Willen einen akzeptablen Kompromiß finden.

Wir möchten nicht, daß Sie durch unsere Schuld einen Verlust erleiden.

Wir haben unserem Spediteur Anweisung gegeben, die Kiste in Ihrem Werk abzuholen zur Weiterleitung an den Kunden, an den sie hätte geschickt werden sollen.

Wir bitten Sie, die zerbrochenen Artikel zurückzusenden, so daß wir bei unserer Versicherung den Anspruch anmelden können.

Wir haben heute die zehn Kisten als Ersatz für die zurückgeschickten frei Haus und zollfrei zum Versand gebracht.

Unser Lieferwagen wird Ende nächster Woche in ... sein, und wir wären Ihnen dankbar, wenn Sie die Artikel unserem Fahrer übergeben würden, der Ihnen dafür Ersatz aushändigen wird.

Mañana les serán entregadas a Vds. de nuestro almacén de ... 15 máquinas por medio de furgoneta especial. El conductor se hará cargo al mismo tiempo de las 15 máquinas que no deseaban Vds., por lo que quisiéramos rogarles tener a disposición de éste embaladas estas 15 máquinas.

Morgen werden Ihnen 15 Maschinen durch Sonderlieferwagen von unserem Lager in ... zugestellt. Der Fahrer wird gleichzeitig die 15 nicht gewünschten Maschinen mitnehmen; deshalb möchten wir Sie bitten, diese 15 Maschinen verpackt für ihn bereitzuhalten.

Al recibo de esta carta (o: de la presente) el mecánico-jefe de nuestra casa, el Sr. Keller, se hallará en camino hacia ésa. Estamos convencidos de que no le será difícil encontrar el defecto en su máquina y repararla.

Wenn Sie diesen Brief erhalten, wird unser leitender Monteur, Herr Keller, auf dem Weg zu Ihnen sein, und wir sind überzeugt, daß er den Schaden ohne Schwierigkeiten finden und Ihre Maschine in Ordnung bringen wird.

c) man hält sich nicht für schuldig, will aber den Fehler gutmachen

Les agradecemos su carta del 2 de mayo y quisiéramos indicar al respecto que

Wir danken Ihnen für Ihren Brief vom 2. Mai und möchten darauf hinweisen, daß

a) todos los pedidos son ejecutados correlativamente.

a) alle Aufträge in genauer Reihenfolge ausgeführt werden.

b) las mercancías han sido examinadas cuidadosamente (como de costumbre) antes de ser embaladas (o: expedidas).

b) die Waren vor dem Verpacken (od. dem Versand) (wie üblich) sorgfältig geprüft worden sind.

Lamentamos mucho el malentendido que condujo a su reclamación.

Wir bedauern das Mißverständnis, das zu Ihrer Beanstandung führte, sehr.

Según nuestro parecer (o: nuestra opinión)

Nach unserer Ansicht (od. unserem Dafürhalten)

a) existe un malentendido por parte de Vds.

a) liegt ein Mißverständnis Ihrerseits vor.

b) su reclamación (o: queja) no es del todo justificada.

b) ist Ihre Klage (od. Beanstandung) nicht ganz gerechtfertigt.

c) no existe negligencia alguna de nuestra sección de embalaje.

c) liegt keine Nachlässigkeit unserer Packabteilung vor.

d) es imposible una merma de peso.

d) ist ein Fehlgewicht unmöglich.

1. Hemos hecho todos los esfuerzos

1. *Wir haben alle Anstrengungen gemacht,*

2. Hemos hecho todo lo posible

2. *Wir haben unser Bestes getan,*

a) por acelerar la entrega.

a) *die Lieferung zu beschleunigen.*

b) por suministrar en la fecha fijada.

b) *zur festgesetzten Zeit zu liefern.*

c) por evitar (o: impedir) toda demora en la ejecución de sus órdenes.

c) *jede Verzögerung in der Ausführung Ihrer Aufträge zu vermeiden (od. verhindern).*

Su carta tiene que haberse cruzado con la nuestra avisándoles el envío del suministro.

Ihr Brief muß sich mit dem unsrigen, der Ihnen den Versand der Sendung anzeigt, gekreuzt haben.

Las mercancías están en camino y los documentos fueron entregados debidamente al banco.

Die Waren sind auf dem Weg, und die Dokumente wurden der Bank ordnungsgemäß ausgehändigt.

Nuestro aviso de envío ya les fue enviado a Vds. y suponemos que en el entretanto habrán recibido, sin duda, éste.

Unsere Versandanzeige wurde Ihnen geschickt, und Sie werden diese zweifellos inzwischen erhalten haben.

Hemos sido informados de que las mercancías de Vds.

Wir sind benachrichtigt worden, daß Ihre Waren

a) llegarán a fines de esta (o: la próxima) semana a Bilbao.

a) *Ende dieser (od. nächster) Woche in Bilbao ankommen werden.*

b) estarán en su poder el próximo jueves.

b) *nächsten Donnerstag in Ihrem Besitz sein werden.*

c) están ahora en camino.

c) *jetzt unterwegs sind.*

Una huelga (en la fábrica) ha paralizado la producción.

Ein Streik (in der Fabrik) hat die Produktion aufgehalten.

No obstante, dado que se puso fin a ésta en el entretanto, estamos ahora en condiciones de recuperar nuestros pedidos (o: el retraso en el trabajo).

Da dieser jedoch inzwischen beigelegt wurde, sind wir jetzt in der Lage, unsere Aufträge (od. Arbeitsrückstände) aufzuholen.

Bajo estas (o: tales) circunstancias esperamos que Vds. no nos atribuyan (o: atribuirán) la culpa.

Unter diesen (od. solchen) Umständen hoffen wir, daß Sie uns die Schuld nicht zuschreiben werden.

1. Teniendo en consideración

1. *In Anbetracht unserer langen*

nuestras largas relaciones comerciales estamos dispuestos

*Geschäftsverbindungen sind
wir bereit,*

2. Sin compromiso, y con el fin
de llevar a término este asunto, estamos dispuestos

2. *Ohne Verbindlichkeit und damit diese Angelegenheit zum
Abschluß gebracht wird, sind
wir bereit,*

a) a concederles a Vds. una rebaja especial del 5%.

a) *Ihnen einen Sonderrabatt
von 5% zu gewähren.*

b) a aceptar la devolución de
las mercancías (, rogándoles efectuar la reexpedición
con gastos de transporte
contra reembolso).

b) *die Waren zurückzunehmen
(und bitten Sie um Rücksendung   per   Nachnahme-
fracht).*

c) a reemplazarles los artículos faltantes sin gastos.

c) *die fehlenden Artikel kostenfrei zu ersetzen.*

Para satisfacer a ambas partes
proponemos repartir los gastos.

*Um beide Parteien zufrieden-
zustellen, schlagen wir vor, die
Kosten zu teilen.*

Aunque no somos en absoluto
responsables de esta lamentable
situación, haremos todo lo que
esté a nuestro alcance para
arreglar la cuestión (o: para ayudarles a Vds.).

*Obgleich wir keineswegs für
diese bedauerliche Situation verantwortlich sind, werden wir alles in unserer Macht Stehende
tun, die Sache in Ordnung zu
bringen (od. Ihnen zu helfen).*

Aunque el plazo de garantía ha
caducado, estamos dispuestos a
complacerles a Vds.,

*Obwohl die Garantiezeit abge-
laufen ist, sind wir bereit, Ihnen
entgegenzukommen*

a) efectuando las reparaciones
necesarias libres de gastos.

a) *und werden die notwendigen
Reparaturen kostenlos durchführen.*

b) calculándoles a Vds. únicamente los gastos de material,
pero no (los gastos) de mano
de obra.

b) *und werden Ihnen nur die Materialkosten, nicht aber die
Arbeitskosten berechnen.*

Habiendo caducado el plazo
de garantía, comprenderán Vds.
que no podemos cumplir su deseo de reparar la máquina libre
de gastos.

*Da die Garantiezeit abgelaufen
ist, werden Sie verstehen, daß
wir Ihren Wunsch, die Maschine
kostenlos zu reparieren, nicht
erfüllen können.*

Dado que nuestra garantía sólo cubre defectos de material y
fabricación, no podemos hacernos cargo de los gastos de reparación.

*Da unsere Garantie nur Mate-
rial- und Verarbeitungsfehler
deckt, können wir die Reparatur-
kosten nicht übernehmen.*

Si bien nuestra garantía de tres

Obwohl unsere dreijährige Ga-

años cubre todos los defectos de fabricación y material, no podemos asumir la responsabilidad a causa de un uso inadecuado.

rantie alle Verarbeitungs- und Materialfehler deckt, können wir die Verantwortung für unsachgemäße Behandlung nicht übernehmen.

d) man lehnt die Verantwortung ab, weil jemand anders den Fehler begangen hat

Hemos examinado este asunto y el jefe encargado de nuestro almacén (o: el inspector de nuestra sección de expedición) confirma

Wir haben diese Angelegenheit untersucht, und der Leiter unseres Lagers (od. Kontrolleur unserer Versandabteilung) bestätigt,

a) que su suministro abandonó nuestro almacén (o: nuestra fábrica) el 30 de mayo.

a) daß Ihre Lieferung unser Lager (od. unsere Fabrik) am 30. Mai verließ.

b) que las mercancías fueron retiradas por el agente de transportes el 20 de abril.

b) daß die Waren von dem Spediteur am 20. April abgeholt wurden.

c) que las cajas salieron de nuestro almacén con nuestra furgoneta el 10 de marzo, habiendo sido entregadas ese mismo día al agente de transportes.

c) daß die Kisten unser Lager mit unserem Lieferwagen am 10. März verlassen haben und an diesem Tage der Speditionsfirma übergeben wurden.

1. Por desgracia, tenemos que constatar que no se pueden tener en consideración demandas de indemnización de ninguna clase

1. Leider müssen wir feststellen, daß keinerlei Ersatzforderungen in Erwägung gezogen werden können

2. No podemos asumir responsabilidad alguna

2. Wir können keine Verantwortung (od. Haftung) übernehmen

a) por demoras (o: retrasos) de transporte una vez despachada la mercancía.

a) für Transportverzögerungen nach Absendung der Ware.

b) por retrasos en el suministro originados (u: ocasionados) por huelgas (o: inundaciones; incendio; fuerza mayor).

b) für durch Streik (od. Überschwemmung; Feuer; höhere Gewalt) entstandene Lieferungsverzögerungen.

c) por robo (o: hurto) ocurrido, sin duda, después de que ya no éramos responsables de las mercancías.

c) für Diebstahl, der erfolgt sein muß, nachdem wir für die Waren nicht mehr verantwortlich waren.

d) por reparaciones necesarias debido a uso inadecuado.

d) für durch unsachgemäße Behandlung erforderliche Reparaturen.

e) porque el daño se originó, según nuestra opinión, debido a fuerza mayor.

e) weil der Schaden unserer Ansicht nach durch höhere Gewalt entstanden ist.

Parece casi increíble que ...

Es scheint fast unglaublich, daß ...

No me puedo explicar ...

Ich kann mir ... nicht erklären.

No nos es posible cumplir con sus deseos.

Es ist uns nicht möglich, Ihrem Wunsche nachzukommen.

Sentimos (o: lamentamos) mucho

Wir bedauern sehr, daß wir

a) no poder complacerles a Vds. en este asunto.

a) Ihnen in dieser Angelegenheit nicht entgegenkommen können.

b) no poder tener en consideración su demanda de indemnización.

b) Schadenanspruch nicht in Erwägung ziehen können.

1. Hemos examinado aquí nuestra documentación (o: nuestros comprobantes) y constatamos que

1. Wir haben unsere Unterlagen hier geprüft und stellen fest, daß

2. Las indagaciones (o: averiguaciones) han mostrado que

2. Untersuchungen haben gezeigt, daß

a) fue embalado el número correcto de 150 piezas, temiendo que debe haber sido abierta la caja, si bien no existen síntomas de ello.

a) die richtige Anzahl von 150 Stück verpackt wurde, und wir fürchten, daß man die Kiste geöffnet haben muß, obwohl nichts darauf hinweist.

b) las probetas (o: los tubos de ensayo) salieron de nuestra fábrica en buen estado, habiendo sido efectuado el embalaje con el esmero de costumbre.

b) die Reagenzgläser unsere Fabrik in gutem Zustand verließen und wie immer sorgfältig verpackt waren.

c) su pedido fue embalado correctamente y embarcado en buen estado, como demuestra el conocimiento limpio extendido por la compañía naviera.

c) Ihr Auftrag richtig verpackt und in gutem Zustand verschifft wurde, wie dies das von der Reederei ausgestellte reine Konnossement beweist.

Dado que las mercancías fue-

Da die Waren mit größter Sorg-

ron embaladas con el mayor esmero, sólo podemos suponer que, como Vds. sugieren, éstas fueron tratadas descuidadamente durante el transporte.

falt verpackt wurden, können wir daraus nur schließen, daß sie, wie Sie andeuten, während des Transports unvorsichtig behandelt wurden.

Las mercancías fueron remitidas a Vds. por correo, no obstante, éstas han sido devueltas por correos con la observación «desconocido bajo esta dirección».

Die Waren wurden an Sie mit der Post versandt, jedoch von der Post zurückgeschickt mit dem Vermerk „unter dieser Anschrift unbekannt".

1. Examinado el asunto detalladamente, nos hemos enterado de que

1. Wir haben die Angelegenheit genau untersucht und erfahren, daß

2. Después de habernos puesto en contacto con nuestro agente de transportes, éste nos comunica que

2. Wir haben uns mit unserem Spediteur in Verbindung gesetzt, der uns mitteilt, daß

a) no hubo la menor demora en el transporte de las mercancías.

a) in der Beförderung der Waren nicht die geringste Verzögerung eingetreten ist.

b) el envío fue detenido en ruta debido a una avería.

b) die Sendung wegen einer Panne unterwegs aufgehalten wurde.

c) el daño se originó en ruta (o: en el recinto del agente de transportes).

c) der Schaden unterwegs (od. auf dem Gelände des Spediteurs) entstanden ist.

d) la rotura tiene que haber tenido lugar a bordo de la motonave Victoria.

d) der Bruch an Bord des MS Victoria entstanden sein muß.

e) las mercancías no pueden haberse mojado (o: humedecido) antes del embarque.

e) die Waren nicht vor der Verladung naß geworden sein können.

Durante el examen efectuado con motivo de las mercancías faltantes hemos constatado que

Bei der Untersuchung wegen der fehlenden Waren haben wir festgestellt, daß

a) sus cinco cajas fueron descargadas por error en Vigo y esperan ser reembarcadas para Orense.

a) Ihre fünf Kisten fälschlich in Vigo abgeladen wurden und die Weiterverschiffung nach Orense erwarten.

b) la caja fue abandonada en el muelle, siendo ésta, sin embargo, cargada en la nave Christel, que se espera llegue el 13 de marzo a su puerto.

b) die Kiste auf dem Kai zurückgelassen wurde. Sie wurde jedoch auf MS Christel verladen, das am 13. März in Ihrem Hafen erwartet wird.

Dado que el barco zarpó (o: salió) el sábado,	*Da das Schiff am Sonnabend ausgelaufen ist,*
a) no existió motivo para excluir las mercancías.	*a) lag kein Grund vor, die Waren auszuschließen.*
b) las mercancías tendrían que haber llegado a su poder el pasado lunes.	*b) hätten die Waren am vorigen Montag in Ihrem Besitz sein müssen.*
Quisiéramos proponerles a Vds.	*Wir möchten vorschlagen,*
a) efectuar indagaciones ante los agentes de su puerto.	*a) daß Sie bei den Agenten in Ihrem Hafen Untersuchungen anstellen.*
b) dar cuenta del daño a la compañía de seguros.	*b) daß Sie den Schaden der Versicherungsgesellschaft melden.*
Por supuesto nos pondremos en contacto con ... referente al asunto.	*Wir werden uns wegen der Angelegenheit natürlich mit ... in Verbindung setzen.*
Vds. pueden recibir indemnización de las autoridades ferroviarias, las cuales (o: del agente de transportes, el cual) son responsables (es responsable) del daño (o: de la pérdida).	*Sie können Schadenersatz bekommen von der Bahnbehörde, die (od. dem Spediteur, der) für den Schaden (od. Verlust) verantwortlich ist.*
De conformidad con nuestro contrato	*Gemäß unserem Vertrag*
a) les rogamos a Vds. ponerse en contacto en cuanto al asunto con la compañía de seguros.	*a) setzen Sie sich bitte wegen der Angelegenheit mit der Versicherungsgesellschaft in Verbindung.*
b) deberían Vds. formular una queja en ...	*b) sollten Sie sich bei ... beschweren.*
c) deberían Vds. dirigir su demanda (o: reclamación) a ...	*c) sollten Sie Ihre Forderung an ... richten.*
En caso de que debamos tomar medidas de nuestra parte, les rogamos nos lo comuniquen.	*Falls wir unsererseits Schritte unternehmen sollen, teilen Sie uns dies bitte mit.*
Quisiéramos aconsejarles iniciar en ésa investigaciones (análogas).	*Wir möchten Ihnen raten, dort bei Ihnen (ähnliche) Nachforschungen anzustellen.*
A pesar de nuestra cautela (o: nuestra gran precaución) no pudimos evitar tal incidente.	*Trotz unserer Vorsicht (od. großen Sorgfalt) konnten wir einen solchen Vorfall nicht verhindern.*

Creemos que el asunto quedará aclarado en un par de días.

Wir denken, daß sich die Angelegenheit in ein paar Tagen klären wird.

4. Die Beschwerde ist ungerechtfertigt. Man weist alle Ansprüche zurück

Estamos muy asombrados (o: extrañados) del contenido de su carta, debiendo comunicarles a Vds. que

Wir sind über den Inhalt Ihres Briefes sehr erstaunt und müssen Ihnen mitteilen, daß

a) no podemos comprender su reclamación (o: queja).

a) wir Ihre Beschwerde nicht verstehen können.

b) no podemos acceder a (o: aceptar) su reclamación.

b) wir auf Ihre Forderung nicht eingehen können.

c) no podemos asumir ninguna responsabilidad.

c) wir keine Haftung übernehmen können.

d) no podemos aceptar en absoluto que su queja sea fundada (o: plausible).

d) wir niemals akzeptieren können, daß Ihre Beschwerde stichhaltig ist.

e) Vds. no pueden hacer valer derechos ante nosotros.

e) Sie keine Ansprüche an uns stellen können.

f) tenemos que rechazar (o: rehusar) su reclamación.

f) wir Ihre Forderung ablehnen müssen.

g) tenemos que rechazar totalmente su afirmación.

g) wir Ihre Behauptung in ihrer Gesamtheit zurückweisen müssen.

h) no podemos aceptar la devolución de mercancía alguna, a no ser que se efectúe dentro de un plazo de 10 días a partir del suministro.

h) wir die Rücksendung irgendwelcher Waren nicht annehmen können, es sei denn, daß dies innerhalb von 10 Tagen nach Lieferung geschieht.

i) no podemos aceptar su proposición.

i) wir Ihren Vorschlag nicht annehmen können.

j) no nos podemos someter a sus condiciones.

j) wir uns Ihren Bedingungen nicht unterwerfen können.

k) no podemos aprobar (o: dar nuestra conformidad a) su arreglo.

k) wir Ihrer Regelung nicht beipflichten können.

l) no podemos concederles el crédito deseado.

l) wir Ihnen den gewünschten Kredit nicht einräumen können.

m) no podemos estar conformes con un descuento del 5%.

Quisiéramos hacer referencia a las condiciones de entrega contenidas en nuestra cotización de precios y expuestas, por otra parte, al dorso de nuestra confirmación de pedido.

1. Vds. recordarán (o: Quisiéramos recordarles) que

2. Quisiéramos hacer observar que

a) la lista de precios, a la que Vds. se refieren, indica claramente que todos los precios son sin compromiso.

b) la cláusula 9 del contrato nos exonera de todas las demoras ocasionadas por huelga (o: fuerza mayor).

c) las condiciones indicadas en nuestro catálogo fijan claramente que la entrega no puede ser garantizada dentro de un período menor de tres semanas.

d) la cláusula nº 11 de las condiciones de entrega indica expresamente que no se puede aceptar revocación alguna ni tener en cuenta (o: consideración) quejas, en caso de que ello no se efectúe dentro de un plazo de 10 días a partir del suministro.

e) Vds. han dejado pasar (o: transcurrir) tres semanas sin informarnos sobre la cantidad faltante, lo cual significa que ni nosotros ni nuestro transportista pueden hacerse responsables de la pérdida, en caso de que no estuviéramos en condiciones de encontrar los paquetes faltantes.

---

m) wir einem Abzug von 5% nicht zustimmen können.

Wir möchten Sie auf die in unserer Preisangabe enthaltenen und weiterhin auf der Rückseite unserer Auftragsbestätigung dargelegten Lieferungsbedingungen hinweisen.

1. Sie werden sich (Wir möchten Sie) daran erinnern, daß

2. Wir möchten darauf hinweisen, daß

a) die Preisliste, auf die Sie Bezug nehmen, klar angibt, daß alle Preise freibleibend sind.

b) Klausel 9 des Vertrages uns von allen durch Streik (od. höhere Gewalt) verursachten Verzögerungen entlastet.

c) die in unserem Katalog angegebenen Bedingungen klar festsetzen, daß Lieferung innerhalb weniger als drei Wochen nicht garantiert werden kann.

d) Klausel Nr. 11 der Lieferungsbedingungen ausdrücklich angibt, daß keine Rücknahme angenommen oder Beschwerden berücksichtigt werden können, falls dies nicht innerhalb 10 Tagen nach Lieferung geschieht.

e) Sie drei Wochen haben vergehen lassen, ohne uns von der Fehlmenge zu unterrichten, und das bedeutet, daß weder wir noch unser Spediteur für den Verlust verantwortlich gemacht werden können, falls wir nicht in der Lage sein sollten, die fehlenden Pakete zu finden.

Una vez examinadas sus quejas estamos seguros de que éstas se deben a un malentendido por parte de Vds.

Wir haben Ihre Beschwerden untersucht und sind sicher, daß sie auf einem Mißverständnis Ihrerseits beruhen.

1. Resulta de nuestros comprobantes que

1. *Nach unseren Unterlagen ergibt sich, daß*

2. Una investigación ha dado como resultado que

2. *Eine Untersuchung hat ergeben, daß*

3. Pudimos constatar que

3. *Wir konnten feststellen, daß*

a) no tenemos culpa alguna.

a) *wir keine Schuld haben.*

b) queda excluido por completo un error de nuestra parte.

b) *ein Irrtum unsererseits ganz außer Frage steht.*

c) su reclamación es absolutamente injustificada (o: carece de todo fundamento).

c) *Ihre Forderung ganz ungerechtfertigt (od. unbegründet) ist.*

d) la calidad suministrada fue cuidadosamente examinada por nuestros expertos antes del embarque.

d) *vor Verschiffung die gelieferte Qualität sorgfältig durch unsere Experten untersucht wurde.*

e) no nos hemos apartado en modo alguno de las condiciones estipuladas.

e) *wir in keiner Weise von den vereinbarten Bedingungen abgewichen sind.*

f) su pedido fue ejecutado según contrato (o: de conformidad con sus instrucciones).

f) *Ihre Bestellung vertragsmäßig (od. Ihren Anweisungen gemäß) ausgeführt wurde.*

g) los paquetes estaban en impecable estado al ser retirados de nuestra fábrica (o: de nuestro almacén).

g) *die Pakete bei Abholung in unserer Fabrik (od. unserem Lager) in tadellosem Zustand waren.*

h) las mercancías correspondían exactamente a la muestra.

h) *die Waren genau dem Muster (od. der Probe) entsprachen.*

i) fue calculado el precio correcto.

i) *der richtige Preis berechnet wurde.*

Lamentamos no estar en condiciones

Wir bedauern, nicht in der Lage zu sein,

a) de aceptar sus objeciones.

a) *Ihre Einwendungen gelten zu lassen.*

b) de acceder a su ruego (o: propuesta).

b) *Ihrer Bitte (od. Ihrem Vorschlag) zuzustimmen.*

Si Vds. consideran la cuestión una vez más, verán (o: admitirán)

Wenn Sie die Angelegenheit noch einmal in Erwägung zie-

que

hen, werden Sie sehen (od. zugeben), daß

a) nuestra indicación es absolutamente correcta.

a) unsere Angabe völlig richtig ist.

b) su rehusamiento únicamente se puede basar en un malentendido.

b) Ihre Weigerung nur auf einem Mißverständnis beruhen kann.

c) no se nos puede hacer responsables de . . .

c) wir für . . . nicht verantwortlich gemacht werden können.

Ligeras discrepancias de color son absolutamente normales.

Leichte Abweichungen in der Farbe sind ganz normal.

Su pedido no nos dio la impresión de ser especialmente urgente, dado que Vds. no hicieron ninguna indicación al respecto.

Ihr Auftrag machte auf uns nicht den Eindruck, daß er besonders dringend war, da Sie keine diesbezügliche Angabe gemacht haben.

Nuestro representante (o: primer mecánico), que les visitó el 2 de abril, no pudo descubrir ningún defecto grave en su máquina (o: en las mercancías).

Unser Vertreter (od. erster Monteur), der Sie am 2. April aufsuchte, konnte keinen ernsthaften Fehler an Ihrer Maschine (od. an den Waren) entdecken.

Si Vds. siguen nuestras instrucciones de servicio, estamos seguros de que la máquina funcionará satisfactoriamente.

Wenn Sie unsere Betriebsanleitung befolgen, sind wir überzeugt, daß die Maschine zufriedenstellend arbeiten wird.

Un examen ha dado como resultado que no existe ningún defecto de fabricación en los artículos devueltos.

Eine Untersuchung hat ergeben, daß keine Herstellungsfehler in den zurückgeschickten Artikeln bestehen.

Según las estipulaciones contractuales, no estamos obligados, bajo las circunstancias dadas, a pagar una indemnización. No obstante, Vds. querrán seguramente proporcionarse consejo legal (o: jurídico).

Nach den Vertragsbedingungen sind wir unter den gegebenen Umständen zum Schadenersatz nicht verpflichtet. Sie werden jedoch sicherlich juristischen Rat einholen wollen.

En vista de las circunstancias, consideramos su queja como injustificada.

In Anbetracht der Umstände betrachten wir Ihre Beschwerde als unberechtigt.

Espero que Vds. no insistan en una reclamación a la que no tienen ningún derecho.

Ich hoffe, Sie werden nicht auf einer Forderung beharren, auf die Sie keinen Anspruch haben.

Hemos nombrado al Sr. Casal árbitro en el asunto.

Wir haben Herrn Casal zum Schiedsrichter in der Angelegenheit bestellt.

Rogamos pasen Vds. el material al Sr. Ochoa para que efectúe un dictamen imparcial.

Bitte übergeben Sie das Material Herrn Ochoa zu einer unparteiischen Begutachtung.

5. Schlußworte

Lamentamos mucho que Vds. tuvieran estos inconvenientes.

Es tut uns sehr leid, daß Sie diese Unannehmlichkeiten hatten.

Sentimos mucho haber dado motivo para esta reclamación.

Wir bedauern sehr, zu dieser Beschwerde Anlaß gegeben zu haben.

Agradecemos a Vds.

Wir danken Ihnen,

a) que nos hayan llamado la atención sobre el asunto (o: este importante asunto; este error; esto)

a) daß Sie uns auf die Angelegenheit (od. diese wichtige Angelegenheit; diesen Irrtum; uns hierauf) aufmerksam gemacht haben.

b) que nos hayan llamado la atención sobre una situación de la que no sabíamos nada hasta que recibimos sus noticias.

b) daß Sie uns auf eine Lage, von der wir bis zu Ihrer Nachricht nichts wußten, aufmerksam gemacht haben.

Lamentamos mucho (o: sinceramente)

Wir bedauern sehr (od. aufrichtig)

a) haber dado motivo para esta reclamación (o: queja).

a) zu dieser Beschwerde Anlaß gegeben zu haben.

b) la demora en la ejecución de su pedido.

b) die Verzögerung in der Ausführung Ihres Auftrages.

c) los inconvenientes y las molestias causadas a Vds., no obstante, ahora tienen Vds. al menos una explicación de cómo pudo pasar (o: suceder) esto.

c) die Unannehmlichkeiten und den Ihnen bereiteten Ärger, aber Sie haben jetzt wenigstens eine Erklärung dafür, wie dies alles passiert (od. entstanden) ist.

Lamentamos mucho estos inconvenientes, pero seguramente comprenderán que ello se debió a circunstancias fuera del alcance de nuestra influencia.

Wir bedauern diese Unannehmlichkeiten sehr. Sie werden aber sicher verstehen, daß dies auf Umstände zurückzuführen war, auf die wir keinen Einfluß hatten.

Rogamos acepten nuestras más sinceras disculpas por

Bitte, nehmen Sie unsere aufrichtige Entschuldigung entgegen für

a) este error.

a) diesen Irrtum.

b) esta equivocación (inexplicable).

b) dieses (unerklärliche) Versehen.

c) las molestias que les hemos ocasionado (con esta falta; esta negligencia; este descuido).

c) die Mühe, die wir Ihnen (durch diesen Fehler; dieses Versäumnis; diese Nachlässigkeit) verursacht haben.

d) esta falta (o: este incidente) sumamente lamentable que se originó en nuestra sección de embalaje.

d) diesen höchst bedauerlichen Fehler (od. Vorfall), der in unserer Packabteilung passierte.

e) todos los inconvenientes causados con motivo de la demora (o: esta equivocación; este error).

e) alle durch diese Verzögerung (od. dieses Versehen, diesen Irrtum) verursachten Unannehmlichkeiten.

Esperamos (por lo tanto) que

Wir hoffen (daher), daß

a) Vds. estén de acuerdo con nuestra concesión (o: contrapropuesta).

a) Sie mit unserem Zugeständnis (od. mit unserem Gegenvorschlag) einverstanden sein werden.

b) Vds. admitirán que nuestra última propuesta es generosa.

b) Sie zugeben werden, daß unser letztes Angebot großzügig ist.

c) el arreglo propuesto por nosotros corresponderá a sus deseos (o: les satisfará).

c) die von uns vorgeschlagene Regelung Ihren Wünschen entspricht (od. Sie zufriedenstellen wird).

d) Vds. aceptarán esto como una justa y razonable solución del asunto.

d) Sie dies als faire und vernünftige Lösung der Angelegenheit annehmen werden.

e) Vds. acepten nuestra oferta de arreglar el asunto amistosamente a fin de evitarnos tener que hacer uso de los servicios de un árbitro.

e) Sie unser Angebot einer gütlichen Bereinigung der Angelegenheit annehmen, um die Dienste eines Schlichters nicht in Anspruch nehmen zu müssen.

f) a pesar de estas demoras, errores y confusiones Vds. estarán ahora muy satisfechos con la máquina.

f) Sie trotz dieser Verzögerungen, Irrtümer und dem Durcheinander mit der Maschine jetzt sehr zufrieden sind.

g) Vds. encontrarán las mercancías de reemplazo satisfactorias en todo sentido.

g) Sie die Ersatzwaren in jeder Weise zufriedenstellend finden.

h) al recibo de la presente Vds. estén en posesión de las mercancías.

h) Sie bei Erhalt dieses Briefes im Besitz der Waren sind.

i) este incidente no les impedirá continuar favoreciéndonos con ulteriores negocios.

i) dieser Vorfall Sie nicht von weiteren Geschäften mit uns abhalten wird.

j) debido a este desgraciado incidente no tengan Vds. ningún prejuicio frente a nosotros en el futuro.

j) Sie durch diesen unglücklichen Vorfall zukünftig kein Vorurteil gegen uns haben werden.

Les rogamos disculpen nuestra inadvertencia.

Bitte entschuldigen Sie unsere Unachtsamkeit.

Mucho sabemos apreciar su paciencia en este desagradable asunto.

Wir wissen Ihre Geduld in dieser bedauerlichen Angelegenheit sehr zu schätzen.

Quisiéramos asegurarles que lamentamos excepcionalmente que haya pasado esto con uno de nuestros más antiguos clientes.

Wir möchten Ihnen versichern, daß wir besonders bedauern, daß dies bei einem unserer ältesten Kunden passiert ist.

1. Les aseguramos que

1. Wir versichern Ihnen, daß

2. Les prometemos que

2. Wir versprechen Ihnen, daß

3. Pueden estar seguros de que

3. Sie können sicher sein, daß

4. Les agradecemos su cooperación, prometiéndoles que

4. Wir danken Ihnen für Ihre Kooperation und versprechen, daß

a) haremos todo lo que esté a nuestro alcance (o: todo lo posible) para ejecutar futuros pedidos con el mayor esmero.

a) wir unser Bestes tun werden, um zukünftige Aufträge mit größter Sorgfalt auszuführen.

b) tomaremos precauciones especiales a fin de que no se repita tal falta (o: una demora).

b) wir besondere Vorsorge treffen werden, damit so ein Fehler (od. eine Verzögerung) nicht wieder vorkommt.

c) haremos todo lo que esté en nuestro poder para evitar en el futuro apartarnos (o: desviarnos) del alto nivel (o: estándar) de calidad.

c) wir alles in unserer Macht Stehende tun werden, um in Zukunft ein Abgleiten von dem hohen Qualitätsstandard zu vermeiden.

d) haremos todo lo posible por acelerar el suministro.

d) wir alles tun, um die Lieferung zu beschleunigen.

Estamos instalando un ordenador que, según esperamos, mejorará nuestro servicio posventa (o: nuestra asistencia técnica).

Wir sind dabei, einen Computer aufzustellen, der, wie wir erwarten, unseren Kundendienst verbessern wird.

Confiamos que Vds. no consideren necesario

Wir hoffen sehr, daß Sie es nicht für notwendig erachten werden,

a) romper las relaciones con nuestra casa.

a) die Verbindungen mit unserem Hause abzubrechen.

b) privarnos de su confianza.

b) uns Ihr Vertrauen zu entziehen.

c) dar un paso tan drástico, anulando su pedido.

c) einen solch drastischen Schritt vorzunehmen und Ihren Auftrag zu stornieren.

En vista de la aclaración hecha anteriormente, quizás reflexionen Vds. nuevamente el asunto.

In Anbetracht der obigen Erklärung werden Sie vielleicht die Angelegenheit nochmals überdenken wollen.

Esperamos que este pequeño malentendido no enturbiará (o: perturbará) nuestras buenas relaciones.

Wir hoffen, daß dieses kleine Mißverständnis unsere guten Beziehungen nicht trüben (od. stören) wird.

Esperamos que sea posible acordar una entrevista personal (o: cita) para poder discutir detalladamente y sobre una base razonable todo el asunto.

Wir hoffen, daß es möglich sein wird, eine Zusammenkunft zu vereinbaren, bei der die ganze Angelegenheit auf einer vernünftigen Basis ausdiskutiert werden kann.

Les rogamos a Vds. nos hagan saber exactamente qué arreglo les satisfaría (o: complacería).

Lassen Sie uns bitte genau wissen, welche Regelung Sie zufriedenstellen würde.

1. Nuestra contaduría (o: sección de contabilidad) les enviará un aviso de abono

1. Unsere Rechnungsabteilung wird Ihnen eine Gutschriftsanzeige senden

2. Adjunto reciben Vds. nuestro abono

2. Sie erhalten beiliegend unsere Gutschrift

a) por (importe de) Ptas. .... correspondiente al valor de la mercancía deteriorada (o: devuelta).

a) über Ptas. ...., was dem Wert der beschädigten (od. zurückgeschickten) Waren entspricht.

b) por la diferencia de precio.

b) über den Preisunterschied.

Quisiéramos rogar a Vds. cargarnos en cuenta los gastos ocasionados.

Wir möchten Sie bitten, unser Konto mit den Ihnen entstandenen Kosten zu belasten.

Dado que el error ha quedado ahora rectificado, adjuntamos (a la presente) el extracto de cuenta corregido (o: la factura modificada).

Dieser Fehler ist nun berichtigt worden, und wir fügen den revidierten Kontoauszug (od. die geänderte Rechnung) bei.

El resto aún no suministrado de su entrega fue anulado según sus deseos.

Der noch nicht ausgelieferte Rest Ihrer Bestellung wurde wie gewünscht gestrichen.

Rogamos a Vds. remitir a su cliente el reemplazo junto con nuestras disculpas.

Bitte schicken Sie Ihrem Kunden den Ersatz zusammen mit unserer Entschuldigung.

XIII. Zahlungsaufforderungen, Mahnungen, gerichtliche Eintreibung der Schulden

Der rechtzeitige Eingang der Zahlungen wird durch Terminkartei oder Computer überwacht. Kommt der Schuldner *(deudor)* am Fälligkeitstag seinen Verpflichtungen nicht nach *(Si el deudor no cumple con sus obligaciones en el día de vencimiento)*, muß er gemahnt werden *(hay que reclamarle el pago)*.

Nichtzahlung ist entweder versehentlich *(inadvertidamente)* oder absichtlich *(deliberadamente)*. Gründe können sein: Vergeßlichkeit *(olvido o descuido)*, ungenügende Kontrolle der Zahlungstermine *(control insuficiente de las fechas de pago)*, Einsparung von Zinsen *(ahorro de intereses)*, vorübergehende Schwierigkeiten *(dificultades transitorias)* oder Zahlungsunfähigkeit *(insolvencia)*. In Inflationszeiten *(tiempos de inflación)* wird das Geld um so wertloser *(tiene menos valor)*, je länger die Zahlung verschoben wird *(cuanto más tiempo se difiera el pago)*. Manche Firmen verschieben die Zahlung absichtlich, um so mit dem Betriebskapital *(capital de explotación)* ihrer Lieferanten zu arbeiten.

Das Mahnschreiben *(carta de reclamación)* zählt zu den schwierigsten Aufgaben des kaufmännischen Schriftwechsels. Kein Anflug von Ärger *(ningunos síntomas de enfado o disgusto)* sollte sich in solche Briefe einschleichen *(deslizarse)*. Jede Mahnung erfordert Einfühlungsvermögen *(comprensión o intuición)* und Takt *(tacto)*. Man will sein Geld haben, möchte aber auch das Wohlwollen *(benevolencia o buena voluntad)* des Kunden bewahren. Viele Kunden sind empfindlich *(sensibles)* und fühlen sich durch eine Mahnung leicht verletzt *(se ofenden fácilmente)* und kaufen dann bei der Konkurrenz. Takt ist das Schlüsselwort *(palabra clave)*. Ein Telefongespräch hat in manchen Fällen eine bessere Wirkung *(en algunos casos produce mejor efecto)* als ein Brief. Auch die Zusendung von Rechnungskopien wird nicht so sehr als persönliche Mahnung empfunden. Eine erste Erinnerung wird freundlich im Ton *(afable en el tono)* sein. Viele Firmen benutzen im ersten Stadium *(en el primer estadio)* gedruckte Karten *(tarjetas impresas)* als Mahnschreiben. Solche Postkarten sollten jedoch in geschlossenem Umschlag gesandt werden, weil offene Postkarten kreditschädigend wirken können *(pudieran dañar la reputación de una casa)*.

Hat dieses erste Erinnerungsschreiben *(primer recordatorio)* keinen Erfolg, so schickt man nach kurzer Zeit ein zweites, das etwas schärfer im Ton *(un poco más enérgico en el tono)*, aber höflich *(cortés)* ist. Man versucht vielfach, den Schuldner zu überreden *(persuadir)*, wenigstens eine Teilzahlung *(pago parcial)* sofort zu machen.

Wenn die Zahlung immer noch nicht erfolgt und keine Erklärung abgegeben wird, ist ein dritter Brief notwendig *(se hace necesaria)*. Man bringt zum Ausdruck, daß man beabsichtigt, Schritte einzuleiten *(tomar medidas)*, um die Zahlung zu erzwingen *(para forzar el pago)*, und setzt eine letzte Frist *(poniendo un último plazo)*.

Falls alle drei Mahnungen ignoriert werden *(son ignoradas)*, kann man wohl annehmen *(es razonable suponer)*, daß der Kunde entweder die Rechnung nicht bezahlen kann oder will.

Im letzten Stadium ist Festigkeit *(firmeza)* berechtigt *(justificada)*, Unhöflichkeit *(descortesía)* jedoch unverzeihlich *(imperdonable)*.

Legt man Gewicht auf die Erhaltung der Beziehungen, so kann man kurz vor Anwendung gerichtlicher Mahnungen noch einen letzten Versuch *(intento)* zur Erlangung der Zahlung auf gütlichem bzw. außergerichtlichem Wege *(vía amistosa o extrajudicial)* machen.

Wenn der Gläubiger auf gütlichem Wege nicht zu seinem Geld kommen kann, wird er das gerichtliche Mahnverfahren *(procedimiento monitorio judicial)* einleiten. Außer der geschuldeten Summe wird er von dem festgesetzten Termin an Verzugszinsen *(intereses moratorios)* berechnen, denn der Schuldner befindet sich, nachdem er diese letzte Frist nicht eingehalten hat, in Zahlungsverzug *(demora en el pago)*.

Der Kunde, der auf laufende Rechnung beliefert wird, erhält, je nach den vereinbarten Bedingungen, monatlich oder vierteljährlich einen Kontoauszug *(extracto de cuenta)*. Dieser Auszug zeigt das Datum und den Betrag aller gesandten Rechnungen sowie die Gutschriften *(abonos en cuenta)* und die erhaltenen Zahlungen und gibt am Ende den Saldo *(saldo)* an. Dieser Kontoauszug ist keine Mahnung, sondern eine Aufforderung zur Zahlung des Saldos *(requerimiento de pago del saldo)*, falls nicht ein späteres Zahlungsziel vereinbart ist.

Falls die letzte Mahnung an den Schuldner keinen Erfolg hatte *(no tuvo éxito)*, erfolgt die Eintreibung *(cobro o recaudación)* der Schuld auf dem gerichtlichen Wege *(por vía judicial)*.

1. Höfliche erste Mahnung

a) Hinweis auf offenstehende Rechnungen

La presente tiene únicamente por objeto recordar a Vd. que aún no hemos recibido el pago de Ptas. . . ., es decir, el saldo que venció en su cuenta el 1° del pasado mes.

Dies ist nur eine Erinnerung, um Ihnen mitzuteilen, daß wir die Zahlung von Ptas. . . . noch nicht erhalten haben, d.h. den auf Ihrem Konto am Ersten des vorigen Monats fälligen Saldo.

Permítanos recordarle que su cuenta muestra un saldo (deudor) pendiente.

Dürfen wir Sie daran erinnern, daß auf Ihrem Konto ein fälliger Betrag offensteht.

1. Nuestros comprobantes muestran que

1. Unsere Unterlagen zeigen, daß

2. Quisiéramos recordar a Vd. que

2. Wir möchten Sie daran erinnern, daß

3. Sentimos (o: lamentamos) tener que comunicarle (o: recordarle) que

3. Es tut uns leid, Ihnen mitteilen zu müssen (od. daran erinnern zu müssen), daß

a) nuestra factura del 10 de julio por Ptas. ... aún no ha sido liquidada (o: pagada).

a) unsere Rechnung vom 10. Juli über Ptas. ... noch nicht beglichen (od. bezahlt) worden ist.

b) aún no hemos recibido transferencia alguna en concepto de las mercancías suministradas a Vd. hace seis semanas, a cuyo efecto remitimos a Vd. un extracto de cuenta el 30 de abril.

b) wir noch keine Überweisung für die Ihnen vor sechs Wochen gelieferten Waren erhalten haben, wofür wir Ihnen einen Kontoauszug am 30. April überreicht hatten.

c) no hemos recibido ningún aviso de abono (o: nota de crédito) de nuestro banco por el suministro del 10 de mayo.

c) wir von unserer Bank noch keine Gutschriftsanzeige für die Lieferung vom 10. Mai erhalten haben.

d) no hemos recibido el saldo de nuestro extracto de cuenta de septiembre por importe de Ptas. ..., cuya liquidación está pendiente desde hace más de cuatro semanas.

d) wir den Saldo unseres Kontoauszuges vom September in Höhe von Ptas. ... noch nicht erhalten haben, dessen Regulierung jetzt mehr als vier Wochen überfällig ist.

b) Kopie der Rechnung oder des Kontoauszuges wird beigefügt

Creemos que Vd. no habrá recibido el extracto de cuenta que le remitimos el 31 de enero, ya que la liquidación (o: el pago) está pendiente desde hace tres semanas.

Wir glauben, daß Sie den Kontoauszug, den wir Ihnen am 31. Januar sandten, nicht erhalten haben, da die Regulierung (od. Zahlung) nunmehr drei Wochen überfällig ist.

1. El 30 de junio les hemos enviado nuestro extracto de cuenta trimestral. Dado que, no obstante, no hemos recibido el

1. Am 30. Juni haben wir Ihnen unseren vierteljährlichen Kontoauszug gesandt. Da wir jedoch kein Zahlungsavis erhal-

correspondiente aviso de pago, adjuntamos una copia (del mismo),

ten haben, fügen wir eine Kopie bei

2. Dado que quizás nuestro extracto de cuenta se extravió, adjuntamos una copia (del mismo),

2. Da unser Kontoauszug vielleicht verlorengegangen ist, fügen wir eine Kopie bei

3. Adjuntamos un extracto de cuenta detallado que muestra un saldo deudor de Ptas. . . . ,

3. Wir fügen einen detaillierten Kontoauszug bei, der einen Debetsaldo von Ptas. . . . zeigt,

a) esperando que Vd. pueda efectuar (u: ordenar) pronto la provisión de fondos.

a) und hoffen, daß Sie nun bald die Regulierung vornehmen (od. veranlassen) können.

b) no dudando que Vd. se ocupará pronto del asunto.

b) und Sie werden sich zweifellos bald darum kümmern.

La copia de la factura va incluida como anexo

Die Kopie der Rechnung ist als Anlage beigefügt,

a) y mucho apreciaríamos nos mandara su transferencia a vuelta de correo (o: inmediatamente).

a) und wir würden uns freuen, wenn Sie uns postwendend (od. umgehend) Ihre Überweisung senden würden.

b) y le quedaríamos muy agradecidos por el envío de su cheque.

b) und wir würden Ihnen für die Übersendung Ihres Schecks dankbar sein.

El extracto de cuenta adjunto muestra un saldo deudor de Ptas. . . .

Der beigefügte Kontoauszug zeigt einen Debetsaldo von Ptas. . . .

c) Kunde bezahlte bisher pünktlich

Podemos suponer que (o: Estamos seguros de que; No existe duda de que) únicamente debido a un error (o: descuido) de su parte la provisión de fondos está pendiente desde hace cuatro semanas.

Wir können nur annehmen, daß (od. Wir sind sicher, daß; Es besteht kein Zweifel, daß) nur durch ein Versehen Ihrerseits die Regulierung nun vier Wochen überfällig ist.

Dado que Vd., sin duda, ha olvidado esta factura, quisiéramos recordársela.

Da Sie zweifellos diese Rechnung übersehen haben, möchten wir Sie daran erinnern.

1. Dado que hasta ahora los plazos mensuales (o: las mensualidades) ingresaron con prontitud,

1. Da bisher alle monatlichen Raten prompt eingegangen sind,

2. Dado que por lo general la liquidación de sus facturas se realizó con mucha puntualidad,

2. Da Sie in der Regel in der Begleichung Ihrer Rechnungen sehr pünktlich sind,

3. Dado que Vd. siempre liquida sus facturas con tanta puntualidad,

3. Da Sie Ihre Rechnungen immer so prompt begleichen,

a) nos preguntamos si Vd. ha olvidado (o: echado en olvido) nuestra liquidación de septiembre.

a) fragen wir uns, ob Sie unsere September-Abrechnung übersehen haben.

b) nos preguntamos si existe una razón especial para esta demora de pago (o: por qué razón no hemos recibido la liquidación arriba mencionada, la cual venció ya hace cuatro semanas).

b) fragen wir uns, ob ein besonderer Grund für diese Zahlungsverzögerung besteht (od. weshalb wir die Zahlung der obigen Abrechnung nicht erhalten haben, die bereits vier Wochen überfällig ist).

d) gibt es einen Grund für Nichtzahlung?

1. En caso de existir una razón para la demora en el pago (o: En caso de que exista una razón por la que Vd. no ha efectuado aún pago alguno para estos artículos),

1. Falls ein Grund für die Zahlungsverzögerung besteht (od. Falls ein Grund besteht, warum Sie für diese Artikel noch keine Zahlung geleistet haben),

2. De existir una razón por la que Vd. retiene el pago,

2. Wenn ein Grund dafür besteht, daß Sie die Zahlung zurückhalten,

3. Si Vd. tiene una demanda de información aclaratoria en lo que se refiere a su cuenta.

3. Wenn Sie eine Rückfrage wegen Ihres Kontos haben,

4. Si Vd. tiene alguna pregunta con respecto a estas facturas por pagar (o: pendientes),

4. Wenn Sie Fragen bezüglich dieser unbezahlten (od. ausstehenden) Rechnungen haben,

a) rogamos nos lo comunique a fin de poder aclarar el asunto.

a) teilen Sie uns dies bitte mit, so daß die Angelegenheit aufgeklärt werden kann.

b) póngase Vd. inmediatamente en contacto con nosotros, por favor (o: comuníquenoslo inmediatamente).

b) setzen Sie sich bitte sofort mit uns in Verbindung (od. teilen Sie uns dies bitte sofort mit).

¿Pudiera ser que sus comprobantes no estén de acuerdo con

Könnte es sein, daß Ihre Unterlagen mit den unsrigen nicht

los nuestros y que Vd. tuviera una pregunta referente a una de las facturas?

übereinstimmen und daß Sie eine Frage bezüglich einer der Rechnungen haben?

¿Existe una discrepancia entre sus comprobantes y los nuestros?

Besteht eine Unstimmigkeit zwischen Ihren und unseren Unterlagen?

1. Si, no obstante, sus comprobantes están de acuerdo con los nuestros,

1. Wenn Ihre Unterlagen aber mit den unsrigen übereinstimmen,

2. Si, a pesar de ello, el extracto de cuenta es correcto,

2. Wenn jedoch der Kontoauszug richtig ist,

a) le rogamos nos envíe ahora un cheque, en caso de que no esté ya en camino.

a) senden Sie uns jetzt bitte Ihren Scheck, falls er nicht schon unterwegs ist.

b) le rogamos nos envíe su transferencia inmediatamente.

b) so senden Sie uns Ihre Überweisung bitte sofort.

e) Teilzahlung erhalten, Restzahlung wird angefordert

Muchas gracias por su carta del 7 de marzo incluyendo cheque de Ptas. ... en concepto de pago parcial del saldo pendiente de nuestra factura de enero.

Besten Dank für Ihr Schreiben vom 7. März mit Scheck über Ptas. ... als Teilzahlung des fälligen Saldos unserer Januar-Rechnung.

Muchas gracias por su cheque (o: por su transferencia) de Ptas. ...

Vielen Dank für Ihren Scheck (od. Ihre Überweisung) von Ptas. ...

1. Mucho apreciamos este pago parcial,

1. Wir schätzen diese Teilzahlung sehr,

2. Agradecemos a Vd. su cheque de Ptas. ... como cobertura parcial de su cuenta,

2. Wir danken Ihnen für Ihren Scheck über Ptas. ... zum teilweisen Ausgleich Ihres Kontos,

3. Le damos a Vd. las gracias por su carta del 13 de abril junto con un cheque de Ptas. ... en concepto de pago a cuenta,

3. Wir danken Ihnen für Ihr Schreiben vom 13. April mit einem Scheck über Ptas. ... als Anzahlung,

a) teniendo, sin embargo, que señalar que este importe es completamente insuficiente.

a) müssen aber darauf hinweisen, daß dieser Betrag gänzlich unzureichend ist.

b) queriendo, sin embargo, señalar que la suma aún pen-

b) möchten aber darauf hinweisen, daß die noch aus-

diente es considerable.

c) debiendo recordar a Vd. que su cuenta muestra aún un saldo pendiente (de pago) de Ptas....

Dado que nuestra política de negocios consiste en trabajar con pequeños márgenes de ganancia, lamentamos no poder conceder facilidades crediticias a largo plazo.

stehende Summe beträchtlich ist.

c) müssen Sie aber daran erinnern, daß Ihr Konto noch einen unbezahlten (od. überfälligen) Saldo von Ptas.... aufweist.

Da unsere Geschäftspolitik darin besteht, mit kleiner Gewinnspanne zu arbeiten, bedauern wir, daß wir keine langfristigen Krediterleichterungen gewähren können.

f) Schlußworte

Por ello, celebraríamos si Vd. tomara las medidas oportunas para que se efectuara el pago en el curso de los próximos días.

1. Con gusto quedamos en espera de

2. Rogamos que nos envíe

a) su letra (de cambio) como liquidación de nuestra factura n° 1832 dentro de los próximos días.

b) su cheque a vuelta de correo.

Dado que el importe (debido) está ya pendiente hace más de cuatro semanas (o: hace considerable tiempo),

a) esperamos que Vd. lo pague en los próximos días.

b) le quedaríamos muy agradecidos si Vd. nos enviase inmediatamente su cheque.

Contamos con su inmediata cooperación.

Rogamos a Vd. nos envíe su cheque (o: su transferencia) hoy mismo; a no ser que ya lo haya hecho recientemente, en cuyo

Wir würden es deshalb begrüßen, wenn Sie veranlassen würden, daß die Zahlung im Laufe der nächsten Tage erfolgt.

1. Wir erwarten gerne

2. Schicken Sie uns bitte

a) Ihre Tratte zum Ausgleich unserer Rechnung Nr. 1832 innerhalb der nächsten Tage.

b) postwendend Ihren Scheck.

Da der (geschuldete) Betrag jetzt mehr als vier Wochen (od. beträchtlich) überfällig ist,

a) hoffen wir, daß Sie ihn in den nächsten Tagen bezahlen werden.

b) wären wir dankbar, wenn Sie uns umgehend Ihren Scheck senden würden.

Wir rechnen mit Ihrer sofortigen Kooperation.

Bitte senden Sie uns Ihren Scheck (od. Ihre Überweisung) noch heute, falls Sie das nicht schon kürzlich gemacht haben.

caso rogamos nos disculpe este recordatorio.

In diesem Falle entschuldigen Sie bitte diese Erinnerung.

Si el pago ya está en curso, rogamos hacer caso omiso de esta carta (o: disculpar esta reclamación y aceptar nuestras más expresivas gracias).

Wenn die Zahlung schon auf dem Wege ist, dann beachten Sie diesen Brief bitte nicht (od. entschuldigen Sie diese Mahnung bitte und nehmen sie unseren aufrichtigen Dank entgegen).

2. Dringende Mahnung

a) Eingangsformeln

Nos permitimos (o: Quisiéramos; Tenemos que) llamar su atención de

Wir dürfen (od. möchten; müssen) Sie darauf aufmerksam machen,

a) que nuestra última factura trimestral por Ptas. ... ha vencido ya.

a) daß unsere letzte vierteljährliche Rechnung über Ptas. ... überfällig ist.

b) que Vd. ha sobrepasado considerablemente el período de validez del crédito usualmente concedido.

b) daß Sie die üblicherweise gewährte Kreditdauer beträchtlich überschritten haben.

Una vez más quisiéramos llamar su atención

Noch einmal möchten wir Sie

a) sobre la copia adjunta de nuestra factura del 15 de julio por Ptas. ...

a) auf die beigefügte Kopie unserer Rechnung vom 15. Juli über Ptas. ... aufmerksam machen.

b) sobre el extracto de cuenta arriba citado y nuestra carta del 17 de febrero.

b) auf den obigen Kontoauszug und unser Schreiben vom 17. Februar aufmerksam machen.

c) sobre el extracto de cuenta adjunto, del cual le remitimos copia con nuestra carta del 15 de marzo. El importe pendiente de pago se eleva a Ptas. ...

c) auf den beigefügten Kontoauszug, von dem Ihnen mit unserem Brief vom 15. März eine Kopie geschickt wurde, aufmerksam machen. Der fällige Betrag ist Ptas. ...

Es (para nosotros) difícil de comprender

Wir können schwer verstehen (od. Es ist schwer verständlich),

a) por qué no hemos recibido respuesta a nuestra carta del 13 de enero, con la que le rogá-

a) warum wir auf unseren Brief vom 13. Januar keine Antwort erhalten haben, in dem wir Sie

bamos liquidar el importe pendiente.

b) por qué Vd. no ha pagado la factura vencida por un importe de Ptas....

1. Con pesar constatamos que Vd. no ha contestado a nuestra carta del 8 de junio,

2. Lamentamos no haber recibido contestación (o: respuesta) a nuestra carta del 7 de mayo,

a) llamando su atención sobre el saldo pendiente en su cuenta de Ptas....

b) rogándole pagar el importe aún pendiente de la factura n° R 7511 de Ptas....

c) recordándole que aún no fue pagada su factura pendiente hace ya más de un mes.

Lamento no haber recibido aún respuesta alguna de Vd.

Esta factura venció ya hace cuatro meses.

baten, den ausstehenden Betrag zu begleichen.

b) warum Sie die überfällige Rechnung von Ptas. ... nicht bezahlt haben.

1. Wir stellen mit Bedauern fest, daß Sie auf unseren Brief vom 8. Juni nicht geantwortet haben,

2. Wir bedauern, daß wir keine Antwort auf unseren Brief vom 7. Mai erhalten haben,

a) der auf einen auf Ihrem Konto ausstehenden Saldo von Ptas. ... aufmerksam macht.

b) mit der Bitte, den für Rechnung Nr. R 7511 noch ausstehenden Betrag von Ptas. ... zu bezahlen.

c) der Sie daran erinnert, daß Ihre bereits mehr als einen Monat überfällige Rechnung noch nicht bezahlt ist.

Ich bedauere, noch keine Antwort von Ihnen erhalten zu haben.

Diese Rechnung ist jetzt schon vier Monate überfällig.

b) Hinweis auf vereinbarte Zahlungsbedingungen

1. Adjuntamos una copia de nuestra factura y quisiéramos recordarle que

2. Aprovechamos esta oportunidad para recordarle que

a) nuestras condiciones son neto a 30 días.

b) nuestras condiciones son como sigue: un 2½% de descuento en caso de pago dentro de 10 días; neto al contado dentro de un mes.

1. Wir fügen eine Kopie unserer Rechnung bei und möchten Sie daran erinnern, daß

2. Wir nehmen diese Gelegenheit wahr, um Sie daran zu erinnern, daß

a) unsere Bedingungen 30 Tage netto sind.

b) unsere Bedingungen wie folgt sind: 2½% Skonto bei Bezahlung innerhalb von 10 Tagen; netto Kasse bei Zahlung innerhalb eines Monats.

c) al hacer la oferta le indicamos que el bajo precio requiere un pronto pago.

1. Como Vd. sabe (o: sabrá),

2. Como ya habíamos mencionado,

a) nuestras condiciones de venta estipulan un pago neto a 30 días, dado que trabajamos con un margen de beneficio bajísimo.

b) las condiciones de nuestro contrato no admiten una prórroga del crédito de más de un mes.

c) se acordó conceder a su empresa un crédito con una validez de un mes normal, después de recibido el extracto de cuenta.

1. De acuerdo con (o: Según) nuestras condiciones de venta

2. De acuerdo con (o: De conformidad) con nuestro convenio

a) el pago vence a los 30 días a partir de la fecha de la factura.

b) el pago debería efectuarse a través de nuestro banco, sin embargo, éste aún no nos ha informado de su transferencia.

Le remitimos a Vd. a nuestras Condiciones Generales, de las cuales le fue enviado un ejemplar el 15 de marzo, adjuntando a esta carta otro ejemplar.

Nuestras condiciones estipulan expresamente que el pago deberá efectuarse dentro de 30 días.

---

c) wir Sie bei Angebotsabgabe darauf aufmerksam machten, daß der niedrige Preis eine baldige Zahlung erfordert.

1. Wie Sie wissen (werden),

2. Wie früher schon erwähnt,

a) setzen unsere Verkaufsbedingungen eine Bezahlung netto 30 Tage fest, da wir mit einer sehr kleinen Gewinnspanne arbeiten.

b) räumen die Bedingungen unseres Vertrages keine Erweiterung des Kredits von mehr als einem Monat ein.

c) wurde vereinbart, Ihrem Unternehmen eine Kreditzeit von einem Kalendermonat ab Erhalt des Kontoauszugs zu gewähren.

1. Gemäß unseren Verkaufsbedingungen

2. Gemäß unserer Vereinbarung

a) ist die Zahlung 30 Tage ab Rechnungsdatum fällig.

b) sollte die Zahlung durch unsere Bank erfolgen, jedoch hat uns diese von Ihrer Überweisung noch nicht benachrichtigt.

Wir weisen Sie auf unsere Allgemeinen Bedingungen hin, von denen Ihnen ein Exemplar am 15. März zugesandt wurde, und von dem ein weiteres Exemplar diesem Schreiben beigefügt ist.

Unsere Bedingungen setzen ausdrücklich fest, daß die Zahlung innerhalb von 30 Tagen erfolgen muß.

c) Bitte um Überweisung des vollen oder eines Teilbetrages, Vorschläge zur Abwicklung usw.

Nos alegraría si efectuara el pago inmediatamente o nos hiciera una propuesta sobre cómo y cuándo piensa Vd. pagar.

Wir würden uns freuen, wenn Sie die Zahlung umgehend leisteten oder uns einen Vorschlag machten, wie und wann Sie zahlen wollen.

1. Dado que el pago venció ya hace un mes,

1. Da die Zahlung nun einen Monat überfällig ist,

2. Dado que el importe adeudado (o: Dado que la liquidación de esta factura) lleva ya pendiente (de pago) considerable tiempo,

2. Da der geschuldete Betrag (od. Da die Regulierung dieser Rechnung) nunmehr beträchtlich überfällig ist,

3. Dado que las dos facturas ya hace mucho tiempo que están pendientes (de pago),

3. Da die beiden Rechnungen längst überfällig sind,

a) esperamos su transferencia para liquidar por completo el saldo pendiente dentro de los próximos días.

a) erwarten wir Ihre Überweisung zum vollen Ausgleich innerhalb der nächsten Tage.

b) estaríamos muy agradecidos si efectuaran un pronto pago para saldar por completo su cuenta.

b) wären wir für Ihre baldige Bezahlung zum vollen Ausgleich Ihres Kontos dankbar.

c) tenemos que rogarles nos remitan inmediatamente su cheque.

c) müssen wir Sie darum bitten, uns Ihren Scheck umgehend zu senden.

d) apreciaríamos de manera especial si se tomaran pronto la molestia de efectuar al menos un pago parcial.

d) würden wir es besonders schätzen, wenn Sie sich bald bemühen würden, wenigstens eine Teilzahlung zu leisten.

e) nos agradaría recibir una aclaración sobre el motivo de esta demora (o: de su falta de pago).

e) würden wir gerne eine Erklärung für den Grund dieses Verzuges (od. für Ihre Nichtzahlung) erhalten.

Si Vd. no tiene la posibilidad de efectuar el pago total aceptaríamos ahora el 50% como pago inicial, debiendo abonar Vd. el resto dentro de 90 días.

Wenn Sie die volle Bezahlung nicht ermöglichen können, würden wir jetzt 50 Prozent als Zahlung akzeptieren, der Rest müßte innerhalb 90 Tagen beglichen werden.

Si Vd. nos envía inmediatamente un cheque por importe de

Wenn Sie uns sofort einen Scheck über Ptas. . . . senden mit

Ptas. ..., junto con una relación de las liquidaciones a efectuar en varios plazos, estaríamos dispuestos con gusto a hacerles concesiones.

einem Plan für den Ausgleich in mehreren Raten, werden wir Ihnen gerne entgegenkommen.

Comprendemos perfectamente que en ocasiones, por unos motivos u otros, nuestros clientes se encuentren en dificultades financieras, estando por ello muy interesados en cooperar con Vd. a fin de hallar una posibilidad en cuanto a liquidar esta suma, desde hace tanto tiempo pendiente.

Es ist uns klar, daß unsere Kunden gelegentlich aus dem einen oder anderen Grunde in finanziellen Schwierigkeiten sind, und es liegt uns sehr daran, mit Ihnen zusammenzuarbeiten und einen Weg zu finden, diese lang überfällige Summe abzuzahlen.

Con seguridad Vd. no desea perder su solvencia ante nosotros, así como tampoco es de nuestro interés perderle como cliente.

Sicherlich wollen Sie Ihren Kredit bei uns nicht verlieren – noch möchten wir Sie als Kunden verlieren.

Su factura venció ya hace dos meses, por lo que Vd. comprenderá que no podemos llevar nuestro negocio sin recibir pago por mercancías suministradas.

Ihre Rechnung ist jetzt zwei Monate überfällig, und Sie werden verstehen, daß wir unser Geschäft nicht führen können, wenn wir für gelieferte Waren keine Zahlung erhalten.

Si Vd. se abstiene de realizar el pago por más tiempo, nos veremos obligados probablemente a revisar nuestras condiciones comerciales.

Wenn Sie die Zahlung noch länger zurückhalten, werden wir möglicherweise gezwungen sein, unsere Geschäftsbedingungen zu revidieren.

d) Schlußworte

Quedamos (por lo tanto) en espera de recibir su cheque por el importe arriba mencionado.

Wir sehen (deshalb) dem Empfang Ihres Schecks über den obigen Betrag entgegen.

En tales circunstancias le quedaríamos a Vd. muy agradecidos si solucionara esta cuestión sin demora.

Unter diesen Umständen wären wir Ihnen dankbar, wenn Sie diese Angelegenheit unverzüglich erledigen würden.

Apreciaríamos una pronta liquidación.

Eine baldige Regulierung würden wir begrüßen.

Esperamos que Vd. despache ahora este asunto sin más pérdida de tiempo.

Wir hoffen, daß Sie diese Angelegenheit nunmehr ohne weitere Verzögerung erledigen werden.

Vd. comprenderá que no podemos esperar indefinidamente la liquidación.

Sie werden verstehen, daß wir nicht ewig auf eine Regulierung warten können.

Sentimos tener que insistir ahora en un pago inmediato del importe pendiente.

Wir bedauern, daß wir nun auf unverzügliche Bezahlung des noch ausstehenden Betrages drängen müssen.

Dado que no hemos recibido el importe pendiente ni una explicación en cuanto a la demora, tenemos que insistir en que se efectúe la transferencia inmediatamente.

Da wir weder den ausstehenden Betrag noch eine Erklärung für die Verzögerung erhalten haben, müssen wir auf einer sofortigen Überweisung bestehen.

Sus pagos no fueron siempre realizados de conformidad con nuestras estipulaciones, por lo que tenemos que rogarles hacernos una transferencia, como compensación total, dentro de un plazo de siete días, o nos veremos obligados a suspender los suministros.

Ihre Zahlungen sind nicht immer im Einvernehmen mit unseren Abmachungen erfolgt, und wir müssen Sie bitten, uns eine Überweisung zum vollen Ausgleich innerhalb von sieben Tagen zu senden, oder wir werden gezwungen sein, die Lieferungen einzustellen.

No nos es posible continuar los suministros, a no ser que Vd. cumpla sus compromisos con puntualidad.

Es ist uns unmöglich, Sie weiter zu beliefern, es sei denn, daß Sie Ihren Verpflichtungen pünktlich nachkommen.

Le rogamos nos comunique por télex qué medidas adoptará Vd. respecto al pago.

Bitte teilen Sie uns durch Telex mit, welche Vorkehrungen Sie für eine Bezahlung treffen.

Rogamos a Vd. confirmar por télex haber dado instrucciones en cuanto al pago.

Bitte bestätigen Sie durch Telex, daß Sie die Zahlung veranlaßt haben.

3. Scharfe dringende Mahnung

a) Eingangsformeln

Lamentamos que a pesar de varias cartas de reclamación (o: de nuestras cartas del 20 de abril y 2 de mayo) su cuenta no haya sido saldada hasta la fecha.

Wir bedauern, daß trotz mehrerer Mahnschreiben (od. unserer Briefe vom 20. April und 2. Mai) Ihr Konto bis heute noch nicht ausgeglichen ist.

Nuestra factura venció ya hace tres meses, siendo por ello im-

Unsere Rechnung ist nun drei Monate überfällig, und es ist des-

portante que Vd. tome inmediatamente una decisión.

A pesar de las dos reclamaciones el pago de nuestra factura continúa pendiente, no habiendo recibido explicación alguna de su parte en cuanto a la demora.

1. Hemos enviado a Vd. varias reclamaciones

2. Hemos escrito a Vd. el 10 de mayo y después (o: nuevamente) el 25 de mayo

a) con respecto a la factura pendiente desde hace tanto tiempo, sin haber recibido una respuesta de su parte (o: no habiendo recibido ni el pago ni una respuesta de su parte).

b) en relación con nuestra factura de Ptas....

c) referente al importe que se nos debe por (o: en concepto de) nuestra factura nº F 11775.

Los extractos de cuenta fueron remitidos el 30 de abril y 15 de mayo.

Dado que no hemos recibido noticia alguna de Vd., tenemos que rogarle efectuar un pago inmediato.

Habíamos esperado que Vd. nos explicara al menos por qué el pago no fue efectuado hasta ahora.

No podemos comprender

a) por qué Vd. ha ignorado nuestras dos cartas anteriores.

b) por qué no hemos recibido de Vd. una contestación a nuestras cartas del 10 y 18 de abril en relación con la suma sobrevencida de Ptas.... desde el 28 de febrero.

halb wichtig, daß Sie umgehend eine Entscheidung treffen.

Trotz der zwei Mahnungen ist unsere Rechnung immer noch nicht bezahlt, und wir haben keine Erklärung für die Verzögerung erhalten.

1. Wir haben Ihnen mehrere Mahnungen geschickt

2. Wir haben Ihnen am 10. Mai geschrieben und später (od. wieder) am 25. Mai

a) wegen Ihrer so lange überfälligen Rechnung, ohne von Ihnen eine Antwort zu erhalten (od. haben aber weder eine Zahlung noch eine Nachricht von Ihnen erhalten).

b) wegen unserer Rechnung über Ptas....

c) bezüglich des uns geschuldeten Betrages unserer Rechnung Nr. F 11775.

Kontoauszüge wurden am 30. April und 15. Mai gesandt.

Wir haben von Ihnen noch kein Wort gehört und müssen Sie jetzt um sofortige Zahlung ersuchen.

Wir hatten gehofft, Sie würden wenigstens erklären, warum die Zahlung noch nicht erfolgt ist.

Wir können nicht verstehen,

a) warum Sie unsere beiden vorigen Briefe ignoriert haben.

b) warum wir von Ihnen auf unsere Briefe vom 10. und 18. April wegen der seit 28. Februar überfälligen Summe von Ptas.... keine Antwort erhalten haben.

Le hemos rogado a Vd. ya en dos ocasiones liquidar nuestra factura del 3 de mayo por importe de Ptas. ..., la cual está pendiente de pago desde hace ya tres meses.

Schon zweimal haben wir Sie gebeten, unsere Rechnung vom 3. Mai in Höhe von Ptas. ... zu begleichen, die nun schon drei Monate überfällig ist.

b) weitere Lieferungen müssen vorläufig eingestellt werden

1. Con paciencia hemos estado esperando una propuesta o una explicación de su parte referente a la liquidación del saldo de su cuenta (o: Hasta el día de hoy hemos mostrado una paciencia extraordinaria), pero dado que Vd., por las razones que sean, no manifiesta ni siquiera el deseo de dar una explicación,

1. *Geduldig haben wir auf einen Vorschlag oder eine Erklärung Ihrerseits bezüglich der Regulierung Ihres Kontos gewartet (od. Wir sind bis jetzt außerordentlich geduldig gewesen), aber da Sie aus irgendeinem Grunde nicht einmal willens sind, eine Erklärung zu geben,*

2. (Lamentamos tener que causarle inconvenientes, pero) dado que Vd. no ha contestado a nuestras cartas anteriores en relación con nuestra factura pendiente hace tanto tiempo,

2. *(Wir bedauern sehr, Ihnen Unannehmlichkeiten zu bereiten, aber) da Sie auf unsere vorigen Briefe wegen unserer so lange überfälligen Rechnung nicht geantwortet haben,*

a) no nos queda otro remedio que suspender el trato preferente de suministrarle con cargo a la cuenta corriente.

a) *bleibt uns nichts anderes übrig, als die Vorzugsbehandlung, Sie auf laufende Rechnung zu beliefern, einzustellen.*

b) tenemos que dejar de hacerle suministros provisionalmente, rogándole nos envíe a vuelta de correo un cheque.

b) *müssen wir vorübergehend weitere Lieferungen einstellen und bitten Sie, uns umgehend einen Scheck zu schicken.*

c) hemos ordenado a nuestro servicio de reparto suspender las entregas semanales a su agencia.

c) *haben wir unseren Zustelldienst angewiesen, die wöchentlichen Lieferungen an Ihre Geschäftsstelle auszusetzen.*

c) dringende Aufforderung zu zahlen

No es nuestro deseo ocasionar dificultades a Vd., y aún menos enredarnos con nuestros clien-

Wir haben nicht den Wunsch, Ihnen Schwierigkeiten zu bereiten, und noch weniger in einen

tes en un litigio, no obstante, si no tenemos noticias suyas en un plazo de 10 días, tendremos que considerar seriamente otras medidas a fin de obtener el pago.

Rechtsstreit mit unseren Kunden verwickelt zu werden, doch falls wir von Ihnen nicht innerhalb von 10 Tagen hören, müssen wir uns ernstlich die weiteren Schritte überlegen, um zu unserem Geld zu kommen.

No podemos explicarle a Vd. con el suficiente énfasis la necesidad de que dé respuesta inmediata a la presente y, de ser posible, remitir un cheque en concepto de pago de nuestra factura.

Wir können Ihnen nicht eindringlich genug die Notwendigkeit der sofortigen Beantwortung dieses Briefes klarmachen, und wenn möglich einen Scheck zur Bezahlung unserer Rechnung zu schicken.

Tenemos que insistir pues en la provisión de fondos hasta más tardar finales del mes en curso.

Wir müssen nun auf Regulierung bis spätestens Ende dieses Monats bestehen.

Le proponemos a Vd. un plazo hasta fines del corriente (mes) para saldar su cuenta.

Wir schlagen Ihnen eine Frist bis Ende dieses Monats zur Bereinigung Ihres Kontos vor.

1. Dado que ninguna partida de nuestra factura vencida es objeto de controversia,

1. Da kein Posten unserer überfälligen Rechnung umstritten ist,

2. Dado que Vd. ha rebasado considerablemente el plazo de pago normalmente concedido,

2. Da Sie die üblich gewährte Zahlungsfrist beträchtlich überschritten haben,

3. En vista del hecho de que estos importes están pendientes desde hace ya más de cinco meses,

3. Angesichts der Tatsache, daß diese Beträge nun schon mehr als fünf Monate ausstehen,

4. Dado que no podemos dejar más tiempo en descubierto el saldo vencido,

4. Da wir diesen überfälligen Saldo nicht länger offenhalten können,

a) tenemos que exigir que, al menos, nos haga llegar Vd. inmediatamente un pago parcial.

a) müssen wir verlangen, daß Sie uns wenigstens umgehend eine Teilzahlung zukommen lassen.

b) tenemos que insistir en obtener el pago hasta el 10 de junio.

a) müssen wir auf den Erhalt der Zahlung bis 10. Juni bestehen.

c) tenemos que apremiarle a efectuar el pago sin demora.

c) müssen wir auf unverzügliche Bezahlung drängen.

1. Para evitar inconvenientes (o: molestias)

1. Um Unannehmlichkeiten zu vermeiden,

2. Para evitar tener que pasar el asunto a nuestros abogados, con gran probabilidad de un procedimiento (o: una acción) judicial consecutivo/a,

2. *Um zu vermeiden, die Angelegenheit unseren Rechtsanwälten zu übergeben mit der großen Wahrscheinlichkeit eines nachfolgenden Gerichtsverfahrens,*

a) rogamos a Vd. hacer inmediatamente las gestiones necesarias en cuanto al pago del importe pendiente.

a) *bitten wir Sie, unverzüglich wegen dieses ausstehenden Betrages etwas zu unternehmen.*

b) esperamos que Vd. efectúe al efecto la transferencia sin demora.

b) *hoffen wir, daß Sie nunmehr unverzüglich Ihre Überweisung senden werden.*

Únicamente por el hecho de que apreciamos la reputación de su casa, vacilamos en pasar el asunto a nuestra agencia de cobros.

Nur weil wir Ihr Firmenansehen schätzen, zögern wir, die Angelegenheit unserem Inkassobüro zu übertragen.

4. Befristete letzte Mahnung, Klageandrohung

a) Eingangsformeln

Nuestro extracto de cuenta correspondiente al mes de marzo fue presentado tres veces sin que el importe de Ptas. ... haya sido liquidado.

Unser Kontoauszug von März ist dreimal vorgelegt worden, aber der Betrag von Ptas. ... steht immer noch aus.

No hemos recibido contestación a ninguna de nuestras cartas en relación con su cuenta pendiente, siendo éste nuestro último requerimiento.

Wir haben auf keinen unserer Briefe wegen Ihres überfälligen Kontos eine Antwort bekommen. Dies ist unsere letzte Aufforderung.

Sentimos no poder permitir que la factura arriba mencionada continúe pendiente por más tiempo.

Leider können wir nicht zulassen, daß die obenstehende Rechnung weiter offenbleibt.

b) es wird eine letzte Frist gesetzt

Lamentamos (o: Nos vemos obligados a) tener que informar a Vd. que si

Wir bedauern (od. Wir sind gezwungen) Ihnen mitzuteilen, daß, wenn

a) no tenemos noticias de Vd. in-

a) *wir nicht umgehend (od. inner-*

mediatamente (o: dentro de los próximos cinco días),

halb der nächsten fünf Tage) von Ihnen hören,

b) no recibimos su cheque o su promesa de pago dentro de un plazo razonable,

b) wir Ihren Scheck oder Ihr Zahlungsversprechen nicht innerhalb einer angemessenen Zeit erhalten,

c) no es saldada la factura pendiente dentro de diez días,

c) die überfällige Rechnung nicht innerhalb von zehn Tagen beglichen wird,

d) no llega a nuestro poder hasta el 8 de mayo su transferencia del importe total de Ptas. ..., como especificado en nuestro extracto de cuenta,

d) Ihre Überweisung des vollen Betrages von Ptas. ... wie in unserem Kontoauszug spezifiziert, nicht bis zum 8. Mai eintrifft,

I) no nos quedará otra alternativa que

I) wir keine andere Wahl haben werden als

II) nos veremos obligados a

II) wir gezwungen sein werden,

a) tomar otras medidas.

a) andere Schritte zu unternehmen.

b) tomar medidas por vía de apremio en cuanto al pago.

b) Schritte zur zwangsweisen Zahlung zu unternehmen.

c) tomar medidas judiciales para obtener el pago.

c) gerichtliche Schritte zur Erlangung der Zahlung zu unternehmen.

d) tomar las medidas necesarias en cuanto al cobro del importe pendiente.

d) die notwendigen Schritte zur Eintreibung des überfälligen Betrages zu unternehmen.

e) pasar el asunto a nuestro departamento jurídico (o: nuestros asesores jurídicos; a nuestros abogados).

e) die Angelegenheit unserer Rechtsabteilung (od. unseren juristischen Beratern; unseren Rechtsanwälten) zu übertragen.

f) dar instrucciones a nuestros abogados para que procedan judicialmente a los efectos del cobro del importe pendiente.

f) unsere Rechtsanwälte anzuweisen, zur Eintreibung des ausstehenden (od. fälligen) Betrages gerichtlich vorzugehen.

1. De no llegar su cheque a vuelta de correo,

1. Wenn Ihr Scheck nicht postwendend eintrifft,

2. De no llegar el pago dentro de diez días, a partir de la fecha de la presente,

2. Wenn die Zahlung nicht innerhalb von zehn Tagen ab Datum dieses Schreibens eintrifft,

a) nos veremos obligados a proceder judicialmente contra Vd.

a) werden wir gezwungen sein, gerichtliche Schritte gegen Sie zu unternehmen.

b) no nos deja Vd. otra alternativa que pasar el asunto a nuestros abogados para su ulterior tramitación.

b) lassen Sie uns keine andere Wahl, als die Angelegenheit unseren Rechtsanwälten zur weiteren Behandlung zu übergeben.

Estamos seguros de que Vd. aprovechará esta prórroga excepcional del plazo, evitándose así los inconvenientes y los gastos que se ocasionan al pasar el cobro de una deuda a una agencia de cobros (o: a un abogado).

Wir sind sicher, daß Sie diese außergewöhnliche Fristverlängerung ausnutzen werden und so die Unannehmlichkeit und die Kosten unnötig machen, die sich ergeben, wenn eine Forderung einem Inkassobüro (od. einem Rechtsanwalt) zum Einzug übertragen wird.

c) Ankündigung, daß nun der Rechtsanwalt beauftragt ist

1. Dado que no hemos recibido su transferencia para la liquidación de su cuenta, pendiente desde hace ya cinco meses,

1. Da wir Ihre Überweisung zur Regulierung Ihres Kontos, das jetzt fünf Monate überfällig ist, noch nicht erhalten haben,

2. Dado que no hemos recibido contestación alguna a nuestra correspondencia previa,

2. Da wir keine Antwort auf unsere vorhergehende Korrespondenz erhalten haben,

3. Hemos tratado de evitarlo, pero en vista de que Vd. no ha dado respuesta a ninguna de nuestras numerosas reclamaciones (o: dado que todos nuestros intentos de inducirle a saldar su cuenta fueron ignorados),

3. Wir haben versucht, es zu vermeiden, da Sie jedoch auf keine unserer zahlreichen Mahnungen geantwortet haben (od. da alle unsere Versuche, Sie zu veranlassen, Ihr Konto zu bereinigen, ignoriert worden sind),

a) nos vemos obligados a tomar medidas tendentes a salvaguardar nuestros intereses.

a) sind wir gezwungen, zur Wahrung unserer Interessen Maßnahmen zu ergreifen.

b) no parece existir otra posibilidad que poner este asunto en manos de nuestro departamento de cobros (o: abogado).

b) scheint nichts anderes möglich zu sein, als diese Angelegenheit unserem Inkassobüro (od. Rechtsanwalt) zu übergeben.

c) tomaremos medidas para obtener el pago por vía judicial.

c) ergreifen wir Maßnahmen, um die Zahlung auf gerichtlichem Wege zu erreichen.

El asunto será pasado a nuestro departamento jurídico a fin

Die Angelegenheit wird unserer Rechtsabteilung übergeben

de que éste tome las medidas que juzgue oportunas.

El asunto ha sido puesto en manos de nuestros abogados con instrucciones de que inicien inmediatamente medidas judiciales.

Lamento tener que proceder de este modo, pero Vd. podrá comprender que no me queda otra alternativa.

Tenemos aún esperanzas de que Vd. pague la factura sin demora, ahorrándose así los inconvenientes y considerables gastos de un proceso (o: pleito).

zur Durchführung der Schritte, die sie für nötig erachtet.

Die Angelegenheit wurde jetzt unseren Rechtsanwälten übertragen, die angewiesen worden sind, ab sofort gerichtliche Schritte einzuleiten.

Ich bedaure es, dies tun zu müssen, habe jedoch, wie Sie verstehen werden, keine andere Wahl.

Wir hoffen immer noch, daß Sie diese Rechnung unverzüglich bezahlen werden und sich die Unannehmlichkeit und beträchtlichen Kosten eines Prozesses ersparen werden.

5. Man beauftragt den Rechtsanwalt

Le quedaríamos muy agradecidos si Vd. actuara por orden nuestra en relación con el cobro de una deuda.

Con la presente le autorizo a exigir judicialmente el pago de mi factura al Sr. . . .

Le ruego iniciar sin demora medidas judiciales, manteniéndome completamente al corriente sobre el curso ulterior del asunto.

Trate Vd., por favor, de arreglar el asunto amigablemente (o: por vía amistosa; o: extrajudicialmente).

Incluimos copias de cartas de la casa ... y nuestros escritos a ésta, cuyo contenido habla por sí mismo.

Remítame, por favor, una liquidación de los gastos ocasionados hasta la fecha, así como una estimación de los gastos futuros previsibles caso que tenga lugar una causa.

Wir wären dankbar, wenn Sie hinsichtlich der Eintreibung einer Schuld in unserem Auftrag handeln würden.

Hiermit beauftrage ich Sie, meine Rechnung an Herrn ... einzutreiben.

Bitte leiten Sie unverzüglich gerichtliche Schritte ein und halten Sie mich über den weiteren Verlauf der Angelegenheit voll informiert.

Versuchen Sie bitte, die Angelegenheit gütlich (oder: auf außergerichtlichem Wege) zu regeln.

Wir fügen Kopien von Briefen der Firma ... und unsere Briefe an sie bei. Der Inhalt erklärt sich selbst (od. spricht für sich).

Bitte senden Sie mir eine Abrechnung für die bis heute entstandenen Kosten und eine Schätzung der wahrscheinlich zu erwartenden Kosten, wenn der Fall zur Gerichtsverhandlung kommt.

XIV. Antworten auf Zahlungsaufforderungen

Es können berechtigte *(justificadas)* und unvermeidliche *(inevitables)* Gründe für eine Zahlungsverzögerung *(demora de pago)* vorliegen.

Kann der Schuldner seinen Zahlungsverpflichtungen nicht pünktlich nachkommen *(no puede cumplir con sus compromisos u obligaciones puntualmente)*, empfiehlt es sich immer, dem Gläubiger *(acreedor)* in höflicher *(cortés)* und geschäftsmäßiger *(comercial)* Form und womöglich noch vor Erhalt einer Mahnung *(reclamación)* die Gründe der Unpünktlichkeit *(falta de puntualidad)* anzugeben, z. B. Versehen *(inadvertencia; descuido)*, Geschäftsflaute *(recesión; paralización de los negocios)*, Geldknappheit *(escasez de fondos)*, langsamer Eingang *(ingreso lento)* der Außenstände *(cobros pendientes)* etc.

Besonders in Zeiten großer Arbeitslosigkeit *(desempleo; paro)* können viele Geschäftsleute ihren Zahlungsverpflichtungen nicht rechtzeitig nachkommen, da der Umsatz *(cifra de negocios)* wegen geringer Kaufkraft *(poder adquisitivo)* zurückgeht und so eine Geschäftsflaute zur Folge hat.

Weitere Ursachen für eine Zahlungsverzögerung können sein: die Abwesenheit des Geschäftsführers durch Krankheit *(ausencia del gerente por causa de enfermedad)*; ein Scheck oder ein Wechsel kann sich verirrt haben *(puede haberse extraviado)*; eine Computerpanne *(defecto en el ordenador)* kann den Zahlungsverkehr in Unordnung gebracht haben *(puede haber causado extorsiones en el movimiento de pagos)*.

Auch höhere Gewalt *(fuerza mayor)*, wie z. B. ein Feuer *(incendio)*, das in einer Firma ausbricht, kann der Grund sein, daß man um Zahlungsaufschub *(prórroga del pago)* bitten muß, da die Abwicklung der Entschädigung *(tramitación de la indemnización)* durch die Versicherungsgesellschaft *(compañía de seguros)* vielleicht einige Wochen dauert.

Ein solches Ersuchen wird vom Gläubiger mit einer Frist *(plazo)* für die Überweisung *(transferencia o remesa)* des geschuldeten Betrages *(importe debido)* angenommen werden *(será aceptada)*.

Je nach Umständen bittet man um Entschuldigung *(se piden disculpas)*, Nachsicht *(benevolencia)* oder Bewilligung einer Zahlungsfrist *(concesión de un plazo o prórroga)* oder schlägt evtl. einen Zahlungsplan vor *(se propone un plan de pagos)*. Man drückt sein Bedauern aus, daß man den Lieferanten hat warten lassen *(de haber hecho esperar al suministrador)*, und drückt die Hoffnung aus, daß er verstehen wird, daß man unter schwierigen Umständen *(bajo circunstancias difíciles o adversas)* alles tut, um seinen Verpflichtungen nachzukommen.

1. Eingangsformeln

Sentimos que en la liquidación de su factura se haya ocasionado una demora.

Es tut uns leid, daß in der Begleichung Ihrer Rechnung eine Verzögerung eingetreten ist.

Acusamos recibo de su carta del 15 de agosto adjuntando copia del extracto de cuenta correspondiente al segundo trimestre, la cual hemos pasado para su tramitación a nuestra Contaduría.

Wir bestätigen den Empfang Ihres Schreibens vom 15. August mit der beigefügten Kopie des Kontoauszuges für das zweite Quartal, die wir an unsere Rechnungsabteilung zur Erledigung weitergegeben haben.

Hemos recibido su carta del 20 de julio

Wir haben Ihren Brief vom 20. Juli erhalten

a) e incluimos cheque n° ... por Ptas. ... como liquidación total de la factura pendiente.

a) und fügen Scheck Nr. ... über Ptas. ... zum vollen Ausgleich der überfälligen Rechnung bei.

b) rogándonos pagar (o: hacer efectiva) inmediatamente su factura pendiente n° ... de Ptas. ...

b) mit der Bitte um sofortige Zahlung Ihrer fälligen Rechnung Nr. ... von Ptas. ...

c) recordándonos que el pago del importe debido en su extracto de cuenta de junio ha vencido (hace tiempo).

c) in dem Sie daran erinnern, daß die Zahlung des geschuldeten Betrages auf Ihrem Juni-Kontoauszug überfällig ist.

Rogamos nos disculpen la demora en contestar a sus cartas en relación con la factura pendiente.

Wir bitten um Entschuldigung wegen der Verzögerung in der Beantwortung Ihrer Briefe bezüglich der überfälligen Rechnung.

Lamentamos mucho no haber respondido a su carta, con la que nos rogaban hacer efectiva su factura n° ... del ..., pero debido a que hemos estado atravesando una época de negocios muy difícil, habíamos esperado día por día saldar nuestra cuenta.

Wir bedauern sehr, auf Ihren Brief mit der Bitte um Zahlung Ihrer Rechnung Nr. ... vom ... nicht geantwortet zu haben, aber wir haben geschäftlich eine schwere Zeit durchgemacht und hatten täglich gehofft, unser Konto zu bereinigen.

Estamos muy sorprendidos de su carta del 30 de marzo rogándonos el pago de la factura arriba mencionada.

Wir sind über Ihr Schreiben vom 30. März mit der Bitte um Zahlung der oben erwähnten Rechnung sehr erstaunt.

El importe de Ptas. ... fue hecho efectivo mediante giro bancario (o: cheque) el 31 de marzo. Rogamos examinar sus libros (o: comprobantes), informándonos si en el entretanto han recibido este pago.

Der Betrag von Ptas. ... wurde durch Banktratte (od. Scheck) am 31. März bezahlt. Bitte prüfen Sie Ihre Unterlagen und benachrichtigen Sie uns, ob Sie diese Zahlung inzwischen erhalten haben.

Acuso recibo de su carta del 2

Ich bestätige den Empfang Ih-

de abril amenazándome con medidas judiciales por no haber hecho efectiva su factura n°...

res Schreibens vom 2. April, das wegen der Nichtbezahlung Ihrer Rechnung Nr. ... mit gerichtlichen Schritten droht.

2. Grund der Zahlungsverzögerung

Debido a circunstancias imprevisibles no estuvimos en condiciones de liquidar sus últimas facturas como habíamos deseado, y como es nuestra costumbre.

Infolge unvorhersehbarer Umstände waren wir nicht imstande, Ihre letzten Rechnungen so zu erledigen, wie wir es wünschten und normalerweise gewohnt sind.

1. Teníamos la intención de pagar esta factura hasta finales del mes pasado, pero

1. Wir hatten die Absicht, diese Rechnung bis zum Ende des vorigen Monats zu bezahlen, aber

2. Cuando les escribimos prometiéndoles pagar el importe total hasta el 15 de abril esperábamos con absoluta seguridad poderlo hacer, pero

2. Als wir schrieben und Ihnen versprachen, bis zum 15. April voll zu bezahlen, erwarteten wir voll und ganz, dies zu können, aber

a) la quiebra inesperada de uno de nuestros clientes más antiguos y dignos de confianza nos puso en una precaria situación.

a) durch den unerwarteten Konkurs eines unserer ältesten und zuverlässigsten Kunden sind wir in eine schwierige Lage gekommen.

b) con motivo de la quiebra de uno de nuestros más importantes deudores del extranjero atravesamos provisionalmente considerables dificultades.

b) durch den Konkurs eines unserer größeren Schuldner im Ausland sind wir in beträchtliche vorübergehende Schwierigkeiten gekommen.

c) en el último tiempo los negocios marchan mal, y nuestros propios clientes cumplen con sus compromisos sólo con lentitud (o: son lentos en el ajuste de sus cuentas; o: pago de sus facturas).

c) in der letzten Zeit geht das Geschäft schlecht, und unsere eigenen Kunden kommen ihren Verpflichtungen nur schleppend nach (od. sind langsam in der Bereinigung ihrer Konten od. Bezahlung ihrer Rechnungen).

d) debido a la encarnizada competencia actual atravesamos temporalmente con-

d) durch die augenblickliche mörderische Konkurrenz sind wir in beträchtliche vor-

siderables dificultades, viéndonos obligados a diferir algunos pagos.

übergehende Schwierigkeiten gekommen und sind gezwungen, einige Zahlungen hinauszuschieben.

Seguramente se acordarán Vds. de que en noviembre tuvimos que mudarnos a nuevos locales comerciales, lo cual significó considerables gastos, así como cierta pérdida de beneficio.

Sie werden sich sicher erinnern, daß wir im November in neue Geschäftsräume umziehen mußten, was beträchtliche Kosten bedeutete und auch einigen Gewinnverlust.

Parece ser que no hemos interpretado bien (o: correctamente) sus condiciones de pago, pues tuvimos la impresión de que Vds. exigían liquidación dentro de tres meses.

Wir haben anscheinend Ihre Zahlungsbedingungen nicht richtig verstanden, da wir den Eindruck hatten, daß Sie Regulierung innerhalb drei Monaten verlangten.

Nos resultaría ahora muy inoportuno saldar inmediatamente nuestra cuenta.

Es würde uns jetzt sehr ungelegen sein, unser Konto sofort auszugleichen.

Nuestra difícil situación actual es sólo pasajera (o: de carácter provisional).

Unsere augenblickliche schwierige Lage ist nur vorübergehend.

El motivo, por el cual no hemos pagado su factura del 30 de marzo, consiste en que Vds. calcularon Ptas. ... de más, de cuyo hecho llamamos su atención con una carta anterior.

Der Grund, daß wir Ihre Rechnung vom 30. März noch nicht bezahlt haben, liegt darin, daß Sie Ptas. ... zuviel berechneten, worauf wir Sie in einem vorhergehenden Brief aufmerksam gemacht haben.

Nuestra casa se halla en administración de quiebra, por lo que no estamos en condiciones de cumplir con nuestros compromisos.

Unsere Firma steht unter Konkursverwaltung, und wir sind nicht in der Lage, unseren Verpflichtungen nachzukommen.

3. Man leistet oder verspricht Zahlung

Adjuntamos a Vds. un cheque por importe de Ptas. ... en concepto de liquidación total de su factura n° ...

In der Anlage senden wir Ihnen einen Scheck über Ptas. ... zum vollen Ausgleich Ihrer Rechnung Nr. ...

Remitimos a Vds. Ptas. ... como pago a cuenta (o: entrada),

Wir senden Ihnen Ptas. ... als Anzahlung

a) asegurándoles hacer todos los

a) und werden alle Anstrengun-

esfuerzos posibles para pagar el saldo antes del 1° de septiembre.

gen unternehmen, um den Saldo vor dem 1. September zu bezahlen.

b) rogándoles tengan la amabilidad de concedernos aún un par de semanas para el pago del importe restante.

b) und bitten Sie, so freundlich zu sein, uns noch einige Wochen zur Zahlung des Restbetrages zu gewähren.

c) enviándoles un importe adicional en dos semanas.

c) und werden Ihnen einen weiteren Betrag in 14 Tagen schikken.

d) rogándoles girar a nuestro cargo una letra a 90 días vista por el importe aún pendiente de Ptas. ... más el 12% de intereses anuales.

d) und bitten Sie, für den noch fälligen Betrag von Ptas. ... zuzüglich 12% Jahreszinsen auf uns einen 90-Tage-Sichtwechsel zu ziehen.

Lo mejor que podemos hacer, sin embargo, por el momento es remitirles el cheque adjunto de Ptas. ... como pago a cuenta y rogarles que nos concedan un plazo adicional para el pago de la diferencia.

Das Beste, was wir jedoch augenblicklich tun können, ist, Ihnen den beigefügten Scheck über Ptas. ... als Anzahlung zu schicken mit der Bitte, uns zur Zahlung der Differenz eine weitere Frist einzuräumen.

Proponemos (por lo tanto) plazos de Ptas. ...cada uno, vencederos el 15 de los meses enero, febrero y marzo, quedándoles sumamente agradecidos si aceptaran este plan (o: esta propuesta).

Wir schlagen (deshalb) Ratenzahlungen von je Ptas. ... vor, fällig am 15. Januar, 15. Februar und 15. März, und wären Ihnen außerordentlich dankbar, wenn Sie diesen Plan (od. Vorschlag) annehmen würden.

Esperamos dentro de las próximas semanas una suma de consideración que nos permitirá cumplir por completo con nuestros compromisos.

Wir erwarten innerhalb der nächsten Wochen eine ansehnliche Summe, die es uns ermöglichen wird, unseren Verpflichtungen voll nachzukommen.

Podemos asegurarles que la liquidación total se efectuará, lo más tardar, dentro de cuatro a cinco semanas.

Wir können Ihnen versichern, daß die volle Regulierung innerhalb von vier bis fünf Wochen spätestens erfolgen wird.

4. Bitte um Fristgewährung

Como Vds. saben, sus facturas fueron siempre pagadas en el pasado con puntualidad, por lo que tenemos que rogarles ahora, con

Wie Sie wissen, sind Ihre Rechnungen früher immer prompt reguliert worden, und wir müssen Sie nun mit dem größten Wider-

la mayor reluctancia de nuestra parte, concedernos una prórroga de varias semanas para cumplir con nuestros compromisos actuales.

streben um eine mehrwöchige Verlängerung zur Bereinigung der augenblicklichen Verpflichtung bitten.

Como consecuencia de ello, me veo obligado a pedirles que me permitan diferir el pago hasta finales de marzo.

Ich bin deshalb gezwungen, Sie um Erlaubnis zu bitten, die Zahlung bis Ende März zu verschieben.

1. Lamentamos mucho

1. Wir bedauern sehr, Sie

2. Nos encontramos en una muy desagradable situación, viéndonos obligados a

2. Wir sind in einer sehr unangenehmen Lage und sind gezwungen, Sie

a) rogarles nos concedan una prórroga para el pago de su factura de enero.

a) um eine Verlängerung bei der Zahlung Ihrer Januar-Rechnung bitten zu müssen.

b) preguntarles si sería posible prolongar la fecha de vencimiento de su letra de cambio nº ..., por importe de Ptas...., por dos meses.

b) fragen zu müssen, ob es möglich wäre, das Fälligkeitsdatum Ihrer Tratte Nr. ... in Höhe von Ptas.... um zwei Monate zu verlängern.

c) pedirles una prolongación del crédito, ya que nos es sumamente difícil cumplir actualmente (o: por el momento) este compromiso.

c) um eine Kreditverlängerung bitten zu müssen, da es für uns äußerst schwierig ist, dieser Verpflichtung augenblicklich nachzukommen.

Les puedo asegurar que el pago será efectuado íntegramente en esa fecha posterior.

Ich kann Ihnen versichern, daß die Zahlung zu diesem späteren Datum voll geleistet wird.

Bajo tales circunstancias, y en caso de que Vds. lo consideren aceptable, celebraríamos nos concediesen una prórroga de dos semanas.

Unter diesen Umständen würden wir eine zweiwöchige Verlängerung begrüßen, falls dies für Sie annehmbar (od. akzeptabel) ist.

5. Schlußworte

Lamentamos mucho los inconvenientes ocasionados con motivo de esta factura pendiente ya hace tanto tiempo.

Wir bedauern die durch diese schon so lange überfällige Rechnung verursachten Unannehmlichkeiten sehr.

Lamentamos mucho tener que manifestar este ruego,

Wir bedauern sehr, daß wir diese Bitte äußern müssen,

a) esperando, sin embargo, que Vds. puedan corresponder a él.

a) hoffen aber, daß Sie sie gewähren können.

b) asegurándoles que haremos todo lo posible bajo estas circunstancias.

b) und versichern Ihnen, daß wir alles unter diesen Umständen Mögliche tun werden.

Mucho apreciaríamos si Vds. nos hicieran esta concesión con carácter excepcional.

Wir wären sehr dankbar, wenn Sie uns ausnahmsweise dieses Zugeständnis machen würden.

Mucho apreciamos la paciencia que mostraron Vds. en este asunto.

Die von Ihnen in dieser Angelegenheit gezeigte Geduld schätzen wir sehr.

Como Vds. saben, siempre he velado por que mis facturas fueran pagadas con puntualidad en el pasado, sintiendo tener que dirigir a Vds. ahora este ruego.

Wie Sie wissen, habe ich immer sichergestellt, daß meine Rechnungen in der Vergangenheit pünktlich bezahlt worden sind, und ich bedauere sehr, diese Bitte jetzt an Sie richten zu müssen.

Tan pronto como Vds. nos envíen una factura rectificada, ordenaremos, como de costumbre, saldar nuestra cuenta por medio de cheque.

Sobald Sie uns eine berichtigte Rechnung schicken, werden wir veranlassen, daß unser Konto wie üblich durch Scheck ausgeglichen wird.

En el entretanto nos complacería saber que Vds. están dispuestos a revocar el bloqueo de suministro.

Inzwischen würden wir uns freuen zu hören, daß Sie bereit sind, den Lieferstopp aufzuheben.

6. Antwort auf Bitte um Zahlungsaufschub

Estamos en poder de su carta del 2 de abril,

Wir haben Ihren Brief vom 2. April erhalten

a) lamentando enterarnos de las dificultades en que les ha puesto la quiebra de uno de sus clientes importantes.

a) und bedauern, von den Schwierigkeiten zu hören, in die der Bankrott eines wichtigen Kunden Sie versetzt hat.

b) pidiéndonos les concedamos un plazo adicional de dos semanas para la provisión de fondos a su cuenta corriente.

b) mit der Bitte, Ihnen eine weitere Frist von zwei Wochen zur Regulierung Ihres laufenden Kontos zu gewähren.

c) estando dispuestos por nuestra parte, en vista de las circunstancias especiales, a con-

c) und sind in Anbetracht der besonderen Umstände bereit, Ihnen 60 Tage zur Regulierung cederles un plazo de 60 días para la provisión de fondos a su cuenta corriente.

Ihres Kontos zu gewähren.

1. Bajo las circunstancias mencionadas, y teniendo en cuenta la puntualidad con que Vds. siempre pagaron sus facturas en el pasado (o: hasta ahora), estamos dispuestos a

1. Unter den erwähnten Umständen und wegen der Pünktlichkeit, mit der Sie Ihre Rechnungen in der Vergangenheit (od. bis heute) immer bezahlt haben, sind wir bereit,

2. En vista de la extraordinaria situación en que Vds. se encuentran, nos hemos decidido a

2. Angesichts der außergewöhnlichen Lage, in der Sie sich befinden, haben wir uns entschlossen,

a) ayudarles en cuanto nos sea posible.

a) Ihnen so weit wie möglich zu helfen.

b) corresponder a su petición, adjuntándoles al efecto nuestra letra a 60 días vista, la cual les rogamos nos devuelvan de inmediato debidamente aceptada.

b) Ihrer Bitte zu entsprechen, und fügen unsere 60-Tage-Sichttratte bei. Bitte schicken Sie uns diese mit Ihrem Akzept versehen umgehend zurück.

c) aceptar la prolongación del pago, no obstante, y a fin de poder preparar nuestro cierre de ejercicio, les rogamos nos hagan llegar los fondos, a más tardar, el 31 de octubre.

c) Ihre hinausgeschobene Zahlung zu akzeptieren, jedoch mit der Bitte, daß sie uns nicht später als 31. Oktober erreicht, damit unser Jahresabschluß vorbereitet werden kann.

d) prorrogar el plazo de pago en este caso excepcional por otras cuatro semanas.

d) den Zahlungstermin in diesem außergewöhnlichen Fall um weitere vier Wochen zu verlängern.

Si Vds. nos hacen una transferencia (o: nos remiten un cheque) por valor de la mitad del importe de nuestra factura, giraremos una letra a su cargo a 60 días por la otra mitad.

Wenn Sie uns eine Überweisung (od. Ihren Scheck) in Höhe des halben Betrages unserer Rechnung schicken, werden wir für die restliche Hälfte mit 60 Tagen auf Sie ziehen.

1. Vds. comprenderán, sin embargo, que esta concesión no debe crear un precedente

1. Sie werden jedoch verstehen, daß dieses Zugeständnis keinen Präzedenzfall schafft

2. Se considerará, no obstante, como convenido que esto constituye realmente una excepción

2. Es gilt jedoch als vereinbart, daß dies in der Tat eine Ausnahme ist

y que nuestras condiciones

und daß unsere üblichen Be-

usuales: 2½ por ciento de descuento por pago dentro de siete
días o neto al contado a 30 días
permanecerán invariables en el
futuro.

*dingungen: 2½ Prozent Skonto
bei Zahlung innerhalb von
sieben Tagen oder netto Kasse
30 Tage in Zukunft nicht geändert werden.*

XV. Speditionsgeschäft, Versand, Verschiffung, Transport

Der Spediteur *(agente de transportes, transportista)* besorgt die Beförderung von Gütern durch Frachtführer *(porteadores)* oder Verfrachter *(fletantes)*. Er führt alle mit der Abholung und Zustellung der Waren seiner Kunden verbundenen Arbeiten aus. Viele Spediteure sind gleichzeitig Frachtführer.

Wenn ein Exporteur den Versand durch einen Spediteur in seinem Lande erledigen läßt *(hace despachar)*, führt der Spediteur die ganze Transaktion durch *(ejecuta la transacción completa)*, läßt die Waren abholen *(da orden de recoger las mercancías)* und nach dem Dock transportieren *(transportar al dique)*, zahlt die Gebühren *(derechos, gastos)*, schließt mit der Reederei ab *(toma las medidas necesarias frente a la compañía de navegación)*, zahlt die Fracht *(flete)*, versichert *(asegura)* die Waren, besorgt alle notwendigen Dokumente, wie z. B. Konnossement *(conocimiento de embarque)*, Konsularrechnung *(factura consular)*, Ursprungszeugnis *(certificado de origen)*, Wert- und Gewichtsbescheinigung *(certificado de valor y peso)*, Versicherungspolice *(póliza de seguro)*, Gesundheitszeugnis *(certificado de sanidad)* usw.

Der Spediteur berät über die beste Transportart, stellt kostenfreie Berechnungen der Frachtsätze *(cotizaciones de tarifas de fletes)* auf und ist oft in der Lage, eine Ermäßigung *(reducción)* der Fracht- und Versicherungssätze *(tarifas de seguro)* zu gewähren. Er übernimmt ferner die Zusammenstellung *(composición)* von Sammelgütern oder Sammelladungen *(consignaciones globales o embarques colectivos)*, besorgt Behälter *(recipientes)*, Paletten *(paletas)* oder Container *(contenedores)*, sorgt für seemäßige Verpackung *(embalaje marítimo)*, Umpackung *(reembalaje)*, Umsignierung *(reetiquetaje)*, Beipackung *(inclusión)*, Umladung *(trasbordo)* und Verzollung *(despacho aduanero)* oder Lagerung *(almacenaje)* im Zolllager *(depósito de aduanas)*.

Im Binnenhandel besorgen die Eisenbahn- und Kanalgesellschaften *(compañías de ferrocarril y de canales)* meist durch ihren eigenen Rollfuhrdienst *(servicio de acarreo)* die Abfuhr oder Abholung *(recogida)* und Ablieferung *(entrega)* der Ware.

Je nach Art der Waren werden für den Seetransport folgende Frachtschiffe benutzt:
- Stückgutschiffe konventioneller Bauart *(buques para carga general)*.
- Semi-Containerschiffe *(buques semicontenedores)* für den Transport von Containern und konventionellem Stückgut.
- Vollcontainerschiffe *(buques portacontenedores)*. Das Ladevermögen

dieser Schiffe wird nicht in Tonnage angegeben, sondern in TEUs (= *twenty-foot equivalent units: unidades equivalentes a 20 pies*), d. h. wie viele Zwanzig-Fuß-Container das Schiff aufnehmen kann.

- Kühlschiffe *(buques frigoríficos)* transportieren Fleisch *(carne)* und andere leichtverderbliche Ware *(géneros perecederos)* wie Molkereiprodukte *(productos lácteos)* und Obst *(fruta)*.
- Auto-Transporter *(transportadores de automóviles)* sind auf den Transport von Motorfahrzeugen spezialisiert. Es gibt Auto-Transporter mit einer Ladekapazität von 5500 Personenwagen.
- Massengutschiffe *(buques de mercancía a granel)* als Trockenfrachter *(buques de carga seca)* zum Transport von Kohle *(carbón)*, Eisenerz *(mineral de hierro)*, Bauxit *(bauxita)*, Getreide *(cereales)* usw. oder als Tanker *(buques cisterna)*, z. B. Öltanker *(buques petroleros)* oder auch als Erz/Öl-Tanker *(buques para el transporte de mineral y petróleo)*. Bei LNG-Tankern (= *liquefied natural gas: buques para el transporte de gas natural líquido)* und LPG-Tankern (= *liquefied petroleum gas: buques para el transporte de gasóleo líquido)* muß die Ladung auf −161 Grad Celsius gekühlt sein, um ihre flüssige Form zu erhalten *(debe ser refrigerada a 161 grados C bajo cero para mantener su forma líquida)*.
- Roll-on-roll-off-Schiffe ermöglichen das Beladen und Löschen *(carga y descarga)* des Schiffes mit Landtransportmitteln ohne Kraneinsatz *(empleo de grúas)*. Hierzu gehören auch die Fährschiffe, die Passagiere, Personenkraftwagen und Lastwagen transportieren.
- Barge-Carriers *(portabarcazas)*. Diese großen Schiffe haben viele Leichter *(lanchas)* oder Lastkähne *(barcazas)* an Bord, die aus eigener Kraft oder zu Schleppeinheiten zusammengefaßt in Flußmündungen *(estuarios)* hineinfahren können, während das Mutterschiff *(buque nodriza)* weiterfährt, nachdem es eine weitere Gruppe von beladenen Leichtern oder Lastkähnen für den Transitverkehr in umgekehrter Richtung *(tránsito en dirección contraria)* an Bord genommen hat *(tomado a bordo)*. Es gibt zwei ähnliche Systeme: das LASH-System (= *Lighter Aboard Ship: sistema LASH)* und das Seabee-System (= *Sea barge: sistema Seabee)*. Eine dritte Variante ist das BACAT-System (= *barge aboard catamaran: sistema BACAT* = Lastkahn an Bord eines Auslegerboots)*, das besonders für kürzeren Seetransport benutzt wird.
- Luftkissenfahrzeuge *(aerodeslizadores)* transportieren Passagiere und Fahrzeuge *(pasajeros y vehículos)*.

Import. Der Kapitän *(capitán)* des einlaufenden Schiffes überreicht dem Zollamt *(aduana)* den Schiffsbericht *(declaración de carga, manifiesto)* mit Angaben über Einzelheiten des Schiffes, seine Ladung *(carga)*, den Abfahrtsort *(lugar de partida)*, die Mannschaft *(tripulación)* und den Namen des Kapitäns.

Der Importspediteur legt der Zollbehörde die Einfuhrerklärung *(declaración de importación)* mit allen sonstigen für die Zollabfertigung *(despacho aduanero)* eventuell erforderlichen Dokumenten wie Konsulatsfaktura *(factura consular)*, Ursprungszeugnis *(certificado de origen)*, Einfuhrgenehmigung *(licencia de importación)* usw. vor. Nach Abwicklung der Zollformalitäten erhält der Importspediteur eine Freigabebescheinigung *(nota de despacho)*, die es der Hafenbehörde *(autoridad portuaria)* gestattet, die Ware freizugeben *(entregar las mercancías)*.

Zölle *(derechos)* sind Abgaben, die der Staat beim Übergang von Waren über die Zollgrenze *(frontera aduanera)* erhebt. Beim Zolltarif *(tarifa aduanera, arancel de aduanas)* sind folgende Unterscheidungen zu machen:

a) Wertzölle *(aranceles ad valorem, sobre el valor)*; diese werden nach dem Wert der importierten Ware erhoben *(recaudados, cobrados)*, wofür die Konsularfaktura notwendig ist, z. B. für Fabrikwaren wie Autos, Uhren, Fotoapparate usw.

b) spezifische Zölle *(aranceles específicos)*; diese werden nach dem Gewicht oder der Menge *(peso o cantidad)* der importierten Waren berechnet, z. B. für Wein *(vino)*, Spirituosen *(bebidas alcohólicas)*, Benzin *(gasolina)*, Tabak *(tabaco)* usw.

c) Mischzölle *(aranceles compuestos)*: diese sind eine Kombination des Wertzolls und des spezifischen Zolls.

d) Ausfuhrzoll *(derecho de exportación)* für ausgehende *(exportadas)*, Einfuhrzoll *(derecho de importación)* für eingehende *(importadas)* und Durchfuhrzoll *(derecho de tránsito)* für Transitwaren *(mercancías en tránsito)*.

Ist der Zoll in den einzelnen Ländern gleich, so spricht man vom Einheitszoll *(derecho uniforme)*, während der Differential-, Unterscheidungs- oder Begünstigungszoll *(derecho diferencial, discriminatorio, preferencial)* in den einzelnen Ländern verschieden ist, d. h. die Waren einer Gattung verschieden belastet *(grava)*. Durch die Meistbegünstigungsklausel *(cláusula de nación más favorecida)* verpflichten sich die GATT-Mitgliedsstaaten, einander alle handelspolitischen Zugeständnisse zu gewähren *(acordarse unos a otros todas las concesiones político-económicas)*, die sie dritten Staaten einräumen.

Der Schutzzoll *(arancel proteccionista)* wird erhoben, um inländische Industriezweige vor Auslandskonkurrenz zu schützen.

Der Ausgleichszoll *(tasa compensatoria)* soll die inländische Industrie vor ausländischer Konkurrenz schützen, insbesondere wenn ein Land seinen Ausfuhrzuschuß einer Ausfuhrzuschuß *(prima a la exportación)* zahlt.

Der Rückzoll *(reintegro de los derechos)* ist eine Rückzahlung für Zollgebühren *(derechos de aduana)*, wenn Waren oder Materialien, für die Einfuhrzoll *(derechos de importación)* gezahlt wurde, später nach der Verarbeitung wieder exportiert werden.

„Contribución de usos y consumos" ist eine Verbrauchersteuer auf im Inland erstellte Waren und Dienstleistungen *(mercancías y servicios producidos en el interior)*, wie z. B. Tabakwaren, Wein, Bier, Spirituosen etc.

Einlagerung. Wird eine eingeführte Ware nicht sofort gebraucht, so kann sie zunächst in einem Zollager *(depósito de aduana)* untergebracht werden. Müßte z. B. der auf eine Sendung von Tabak zu zahlende Zoll sofort nach Ankunft der Ware bezahlt werden, wäre ein großer Teil des Kapitals des Importeurs festgelegt *(quedaría inmovilizado)*. Die sogenannten Zollager überwinden dieses Problem *(superan este problema)*. Es sind Gebäude, in denen zollpflichtige Waren *(mercancías sujetas al pago de aduana)* unter der Kontrolle der Zollbehörde gelagert *(almacenadas)* werden. Aus dem Zollager werden Waren erst freigegeben *(se alza el embargo)*, wenn der Zoll bezahlt ist. Es kann von den Berechtigten oder dem Beauftragten nur gemeinsam mit dem Zollbeamten betreten werden. Während die Waren unter Zollverschluß sind *(están bajo precinto adua-*

nero), kann man von ihnen Proben entnehmen, sie verpacken oder mischen *(se pueden sacar pruebas, se pueden empaquetar o mezclar)*.

Der als Empfangsbescheinigung für eingelagerte Waren dienende Lagerschein *(certificado de depósito, warrant)* kann an Order lauten und durch Indossament *(endoso)* übertragen werden. Nur auf dessen Vorzeigen *(presentación)* hin werden die Waren vom Lagerhalter *(guardaalmacén)* herausgegeben *(entregadas)*.

Um die Ware nach der Zollabfertigung zum Weitertransport in Empfang nehmen zu können, muß der Spediteur entweder das Konnossement, den Lieferschein *(talón de entrega, boletín)* oder den Docklagerschein *(certificado de depósito)* vorlegen.

Der *„talón de entrega"* gibt Einzelheiten der Waren an und wird vom Schiffsvertreter nach Einzug des Konnossements ausgestellt. Er wird benutzt, wenn der Importeur den überseeischen Verkäufer oder den Verschiffungshafen der Waren geheimhalten will *(no quiere dar a conocer el vendedor ultramarino o el puerto de embarque)*. Zusammen mit dem *„certificado de depósito"* kann er ein begebbares *(negociable)* Papier sein.

Umladung *(trasbordo)*. Wenn zur Erreichung des Bestimmungsortes *(lugar de destino)* einer Sendung mehrere Transportmittel benutzt werden, so findet Umladung statt, wozu im grenzüberschreitenden Verkehr *(tráfico fronterizo)* ein Zolldurchfuhr- oder Umladungsschein *(nota de trasbordo)* nötig ist. (Vgl. S. 215, Durchkonnossement.)

Über Waren, die beim Transport *(durante el tránsito)* beschädigt worden sind, wird eine Schadensbescheinigung *(certificado de daños)* ausgestellt, die bei einer etwaigen Schadenersatzklage *(demanda de indemnización)* dem Schiffseigner *(armador, naviero)* oder Versicherer *(asegurador)* gegenüber als Beweismittel *(comprobante)* gebraucht werden kann.

Schiffsangelegenheiten *(asuntos navieros)*. Der Schiffseigner oder Reeder *(propietario del buque)* vermietet als Verfrachter *(fletante)* ein Schiff entweder ganz oder zum Teil an den Befrachter *(fletador)* zur Beförderung *(transporte)* von Waren. In der Regel vermittelt ein Schiffsmakler *(corredor de buques)* zwischen beiden. Der zwischen Verfrachter und Befrachter abgeschlossene Vertrag *(contrato)* heißt Befrachtungsvertrag oder Charterpartie *(póliza de fletamento)*. Die Befrachtung kann für eine bestimmte Reise *(fletamento para un viaje determinado, fletamento por viaje)* oder Zeit *(fletamento a plazo, fletamento por tiempo)* gelten. In diesem Vertrag sind u. a. die Liegetage *(días de estadía)*, d. h. die für das Einladen *(carga)* und Ausladen *(descarga)* bestimmten Tage, festzulegen. Der Kapitän hat Anspruch auf Entschädigung für die Überliegezeit *(sobreestadía)*, d. h. wenn die festgesetzte Zeit überschritten wird, und erhält eine Vergütung *(bonificación)* für Nichtausnutzung der Liegetage. Für den Aufenthalt des Schiffes im Hafen ist vom Reeder Kielgeld *(portaje, derecho de puerto)* zu bezahlen.

Die Schiffseigentümer veröffentlichen Schiffslisten *(listas de buques)* mit Angabe der Namen, der Bestimmungsorte *(lugares de destino)*, der Abfahrtsdaten *(fechas de salida, partidas)* usw. der Schiffe. Der Spediteur ist somit in der Lage, seinen Kunden die neuesten Schiffsnachrichten *(noticias navieras)* zu übermitteln *(transmitir)*.

Der Briefwechsel zwischen Spediteur und Absender oder Verfrachter beschränkt sich in der Hauptsache auf die Ausfertigung *(extensión)* der verschiedenen Begleitpapiere *(documentación anexa)* und Formulare *(im-*

presos, formularios); aber bei der Übernahme eines neuen Geschäfts, bei der Erledigung von Schadenersatzansprüchen *(derechos de indemnización)*, Beschwerden *(quejas, reclamaciones)* usw. kann er vielgestaltig sein.

Man benachrichtigt den Spediteur von der mit dem Dampfer oder der Bahn zu transportierenden Sendung, gibt die Frachtstücke mit Zeichen *(marcas)*, Nummern *(números)* und Inhalt *(contenido)* an und erteilt die nötigen Anweisungen.

Hat der Spediteur den Auftrag ausgeführt, so benachrichtigt er den Empfänger der Waren und sendet gegebenenfalls die nötigen Papiere an den Unterspediteur *(subtransportista)*. Dem Exporteur überreicht er das Konnossement und seine Kostenrechnung *(nota o factura de gastos)* mit Angabe der Art der Vergütung für Fracht und Spesen.

Luftfrachtverkehr. Der Hauptvorteil des Lufttransports ist die kurze Transportzeit und bessere Transportbedingungen *(condiciones de transporte)*. Wertvolle Waren, hochempfindliche *(muy delicadas, sensibles)* Maschinen und Geräte, wissenschaftliche Instrumente *(instrumentos científicos)*, Medikamente *(medicamentos)*, dringend benötigte Ersatzteile *(piezas de recambio)*, Früchte und Blumen und selbst lebende Tiere und Motorfahrzeuge können schnell von einem Teil der Welt zum anderen transportiert werden. Hierdurch entfällt eine größere Lagerhaltung wichtiger Ersatzteile.

Die erforderlichen Dokumente sind weniger und einfacher als für den Seetransport. Im Luftverkehr ersetzt der Luftfrachtbrief *(carta de flete aéreo)* das Konnossement. Im Gegensatz zum Konnossement ist der Luftfrachtbrief jedoch kein Besitztitel *(título de propiedad)*.

Wenn es für einen Exporteur notwendig ist, über die Waren eine Kontrolle zu behalten, und der Luftfrachtspediteur den Transport nicht als Nachnahmesendung *(envío contra reembolso)* abwickeln kann, können die Waren an eine Bank im Lande des Importeurs geschickt werden mit der Anweisung, die Freigabe der Waren *(entrega de la mercancía)* nur zu bestimmten Bedingungen vorzunehmen.

Die Frachtspesen *(gastos de transporte)* sind im allgemeinen vom Absender *(expedidor)* im voraus zu bezahlen *(pagar por adelantado)* bis zum Bestimmungsflughafen *(aeropuerto de destino)*, während die Spesen am Bestimmungsort vom Empfänger eingezogen werden *(son cobrados al consignatario)*. Für eine Reihe von Ländern besteht auch die Möglichkeit, Waren unfrankiert oder als Nachnahme zu versenden.

Die Luftfrachtsätze *(tarifas de fletes aéreos)* richten sich nach dem Gewicht der Ware und der Länge des Flugweges. Für Sendungen *(envíos)* unter 45 kg wird der normale Frachtsatz *(tarifa normal)* erhoben, während für schwerere Sendungen ein Nachlaß *(rebaja, deducción)* gewährt wird.

Die Auslieferung der Sendung erfolgt nur gegen schriftliche Empfangsbestätigung *(acuse de recibo por escrito)*.

An den Spediteur oder Schiffsagenten

1. Auftrag, ein Schiff zu mieten (chartern)

1. Quisiéramos fletar un buque de aproximadamente 800 toneladas de registro

1. *Wir möchten ein Schiff von ungefähr 800 Registertonnen chartern*

2. Le rogamos nos proporcione un buque con una capacidad de carga de aprox. 4.000 toneladas

2. *Bitte besorgen Sie uns ein Schiff mit einer Ladekapazität von ungefähr 4.000 Tonnen*

a) para un envío de tractores agrícolas desde Bremen a Barcelona.

a) *für eine Sendung von landwirtschaftlichen Traktoren von Bremen nach Barcelona.*

b) para un viaje circular desde Amberes a La Coruña con carga mixta.

b) *für eine Rundreise von Antwerpen nach La Coruña für gemischte Ladungen.*

1. Hemos concertado un contrato para el suministro de instalaciones de riego desde Bremen a Bilbao durante los próximos cinco meses,

1. *Wir haben einen Vertrag abgeschlossen für die Lieferung von Berieselungsanlagen von Bremen nach Bilbao während der nächsten fünf Monate*

2. Tenemos que embarcar 5.000 toneladas de fertilizantes desde Amberes a Cádiz,

2. *Wir müssen 5.000 Tonnen Düngemittel von Antwerpen nach Cádiz verschiffen*

a) por lo que quisiéramos saber si Vd. puede organizar un fletamento para un buque adecuado.

a) *und würden gerne wissen, ob Sie einen Zeitcharter für ein geeignetes Schiff arrangieren können.*

b) por lo que nos alegraría si pudiesen proporcionarnos un buque con una capacidad de carga de aproximadamente 5.000 toneladas.

b) *und würden uns freuen, wenn Sie uns ein Schiff beschaffen (od. besorgen) könnten mit einer Ladekapazität von ungefähr 5.000 Tonnen.*

El buque debe (o: debería)

Das Schiff muß (od. sollte)

a) estar listo para la carga el 5 de junio.

a) *am 5. Juni ladebereit sein.*

b) estar en condiciones de hacer tres viajes de ida y vuelta durante el período (o: del 1° de marzo al 15 de noviembre), teniendo en consideración 2

b) *in der Lage sein, drei Hin- und Rückreisen während der Zeit (od. vom 1. März bis 15. November) zu machen, unter Berücksichtigung von 2 Tagen* días para la carga y descarga en cada viaje.

für das Laden und Löschen bei jeder Reise.

Es muy importante que el buque esté el 23 de abril en Amberes listo para tomar carga a bordo.

Es ist sehr wichtig, daß das Schiff am 23. April in Antwerpen ist und bereit, Ladung an Bord zu nehmen.

Por favor, tome las medidas necesarias para fletar la motonave Adele en las condiciones mencionadas en su carta del 22 de abril, es decir Ptas. .... por tonelada, enviándonos la póliza de fletamento para su firma, junto con su cuenta de comisión.

Bitte veranlassen Sie alles Notwendige, um MS Adele zu den in Ihrem Schreiben vom 22. April genannten Bedingungen zu chartern, nämlich Ptas. ... pro Tonne, und schicken Sie uns die Charterpartie zur Unterschrift zusammen mit Ihrer Provisionsrechnung.

2. Anfrage nach Frachtsätzen und Übernahmebedingungen

1. Desprendemos de su anuncio en la «Internationale Transport-Zeitschrift»

1. Wir entnehmen Ihrer Annonce in der „Internationalen Transport-Zeitschrift",

2. Hemos sido informados (o: Nos hemos enterado) de

2. Man hat uns davon unterrichtet (od. Wir hören),

a) que Vd. ofrece un servicio de flete aéreo mundial.

a) daß Sie einen weltweiten Luftfrachtdienst anbieten.

b) que Vd. está especializado en embarques de contenedores a(l) y desde (el) Canadá.

b) daß Sie Spezialist für Containerverschiffungen nach und von Kanada sind.

c) que su empresa mantiene un servicio de contenedores en la ruta Rotterdam-Caracas.

c) daß Ihr Unternehmen einen Containerdienst auf der Route Rotterdam-Caracas unterhält.

d) que su casa mantiene un servicio regular de entrega mediante camiones dirección Valencia, y de que Vd. está interesado en recibir carga de retorno de Valencia a Duisburg.

d) daß Ihre Firma einen regelmäßigen Zustelldienst durch Lastwagen nach Valencia unterhält und daß Sie daran interessiert sind, Rückladungen von Valencia nach Duisburg zu erhalten.

En breve (o: La semana próxima; El 12 de marzo) tenemos

In Kürze (od. Nächste Woche; Am 12. März) haben wir

a) listo un envío de 20 cajas para un cliente de Madrid.

a) eine Sendung von 20 Kisten für einen Kunden in Madrid zum Versand bereit.

b) listo un envío de instrumentos médicos de un peso de aproximadamente 50 kg. para un cliente de Sevilla, envío este que queremos efectuar por vía aérea (o: por camión, por ferrocarril).

b) eine Sendung medizinischer Geräte mit einem Gewicht von ungefähr 50 kg für einen Kunden in Sevilla bereit, die wir auf dem Luftwege (od. durch Lastwagen; mit der Bahn) senden wollen.

c) un envío de aspiradoras para entrega desde nuestro almacén de Valencia a una casa de Cádiz.

c) eine Sendung Staubsauger zur Lieferung von unserem Lagerhaus in Valencia an eine Firma in Cadiz.

d) listo un envío de retenes frontales para su transporte (o: embarque) a Túnez.

d) eine Sendung Gleitringdichtungen zum Transport (od. zur Verschiffung) nach Tunis bereit.

e) listo un envío de máquinas para la fabricación de tubos para su reexpedición f.o.b. Vigo a Casablanca.

e) eine Sendung Rohrherstellungsmaschinen zum Weitertransport f.o.b. Vigo nach Casablanca bereit.

Las mercancías serán empaquetadas en ... cartones (o: cajas, contenedores) de las dimensiones ... × ... × ... cm y un peso de aprox. ... kg.

Die Waren werden in ... Kartons (od. Kisten, Containern) mit den Abmessungen ... × ... × ... cm und einem Gewicht von ungefähr ... kg verpackt werden.

El valor facturado del envío es de Ptas. ...

Der Fakturawert der Sendung ist Ptas. ...

Sería necesario (o: preciso) un seguro por el importe de la factura, más los gastos del envío.

Es wäre eine Versicherungsdeckung für den Rechnungsbetrag zuzüglich der Versandkosten der Sendung erforderlich.

Tenemos la intención de efectuar el envío de

Wir beabsichtigen den Versand von

a) mercancías perecederas mediante camiones frigoríficos desde Barcelona en intervalos de una semana.

a) verderblicher Waren durch Kühllastwagen ab Barcelona in Abständen von einer Woche.

b) mercancías muy frágiles a Düsseldorf por vía aérea y nos complacería que nos indicaran detalles sobre sus tarifas, inclusive seguro.

b) sehr zerbrechlicher Ware nach Düsseldorf auf dem Luftwege und würden uns freuen, wenn Sie uns Einzelheiten Ihrer Tarife einschließlich Versicherung nennen würden.

1. Rogamos nos indiquen

   a) sus tarifas mínimas para embarques regulares de aros de émbolo desde Amberes a Barcelona.

   b) sus tarifas para pequeños envíos de bultos sueltos colectivos, inclusive seguro.

   c) sus tarifas generales de flete para bultos sueltos, inclusive recogida en nuestra fábrica y suministro a las ciudades siguientes:

   d) sus tarifas globales (o: a tanto alzado) para la recogida y entrega de muebles de tubo de acero desde Essen a Ciudad Real.

   e) su tarifa de servicio de tránsito más reducida (o: su presupuesto) para...

   f) su tarifa de flete más ventajosa (o: actual) para máquinas para fabricar latas, embaladas en cajas, de Bremen a Valencia.

Rogamos nos remita sus tarifas actualmente en vigor.

Rogamos nos indique

a) las fechas de salida, frecuencia de las mismas, así como duración de la travesía.

b) el nombre del próximo buque que sale para Vigo y la última fecha en que se acepta carga.

c) si Vd. puede despacharnos el envío, y en tal caso, en qué condiciones.

d) si hay que reservar espacio de carga (o: bodega), enviándonos en caso dado el impreso de inscripción necesario.

1. Bitte nennen Sie uns

   a) *Ihre niedrigsten Tarife für regelmäßige Verschiffungen von Kolbenringen von Antwerpen nach Barcelona.*

   b) *Ihre Tarife für Sammelstückgut kleiner Sendungen einschließlich Versicherung.*

   c) *Ihre allgemeinen Frachttarife für Stückgut einschließlich Abholung von unserem Werk und Lieferung nach folgenden Städten:*

   d) *Ihre Pauschaltarife für Abholung und Anlieferung von Stahlrohrmöbeln von Essen nach Ciudad Real.*

   e) *Ihre niedrigste Durchfrachtrate (od. Ihren Kostenvoranschlag) für...*

   f) *Ihren günstigsten (od. augenblicklichen) Frachttarif für in Kisten verpackte Blechdosenmaschinen von Bremen nach Valencia.*

Bitte schicken Sie uns Ihre augenblicklich gültigen Tarife.

Wir bitten um Angabe

a) *der Abfahrtszeiten und wie oft diese stattfinden sowie der Überfahrtsdauer.*

b) *des Namens des nächsten nach Vigo abfahrenden Schiffes und des letzten Termins, an dem Ladungen angenommen werden.*

c) *ob Sie die Sendung für uns abfertigen können, und falls ja, zu welchen Bedingungen.*

d) *ob Laderaum reserviert werden muß; und schicken Sie uns bitte gegebenenfalls das nötige Anmeldeformular.*

e) la diferencia en las tarifas entre transporte por pequeña velocidad y gran velocidad (o: transporte por ferrocarril o carretera).

e) des Unterschiedes in den Tarifen zwischen Transport als Frachtgut und Expreßgut (od. Transport per Bahn oder Lastwagen).

f) si le es posible a Vd. retirar las cajas el 22 de marzo entre las 14.00 y 16.00 horas.

f) ob Sie es ermöglichen können, die Kisten am 22. März zwischen 14.00 und 16.00 Uhr abzuholen.

g) qué formalidades hay que cumplir.

g) welche Formalitäten damit verbunden sind.

h) cuándo se efectuaría el suministro al destinatario.

h) wann die Lieferung an den Empfänger erfolgen würde.

Quizás pudiera Vd. incluir un cálculo aproximativo de las tarifas de flete aéreo.

Vielleicht könnten Sie einen Überschlag der Luftfrachtraten beifügen.

3. Annahme der Bedingungen

Después de haber examinado su oferta del 2 de febrero hemos decidido

Wir haben Ihr Angebot vom 2. Februar geprüft und uns entschlossen, Sie

a) conferirles la ejecución de todos nuestros transportes.

a) mit der Durchführung aller unserer Transporte zu betrauen.

b) encomendarles la tramitación de todos nuestros fletes aéreos (o: marítimos) de ida y vuelta.

b) mit der Abwicklung aller unserer eintreffenden und abgehenden Luftfrachten (od. Seefrachten) zu betrauen.

c) confiarles los envíos que deben ser ejecutados el 10 de cada mes (o: en la primera semana completa de cada mes) y transportados por flete aéreo.

c) mit den Sendungen zu betrauen, die am 10. eines jeden Monats (od. in der ersten vollen Woche eines jeden Monats) durchzuführen und als Luftfracht zu verschicken sind.

En caso de que no puedan reducir los derechos, tememos que

Falls Sie Ihre Gebühren nicht ermäßigen können, fürchten wir, daß

a) no podremos hacer uso de su oferta.

a) wir von Ihrem Angebot keinen Gebrauch machen können.

b) deberemos considerar si no sería mejor pasar nuestros negocios a otra compañía de navegación (o: a otro transportista).

b) wir uns überlegen müssen, ob es nicht besser wäre, unsere Geschäfte einer anderen Schiffahrtslinie (od. einem anderen Spediteur) zu übertragen.

4. Aufträge, Versandanzeigen, Versandvorschriften

Confirmamos nuestra conversación telefónica de hoy con Vd. y le rogamos retirar el siguiente envío:

Sírvanse Vds.

a) retirar de la dirección arriba mencionada el envío de máquinas-herramientas y hacerse cargo del embarque con el vapor que salga más pronto para Vigo.

b) retirar de nuestra fábrica 3 cajas de madera marcadas GD 1−3 y reexpedirlas a la estación terminal de contenedores CT II de Bremerhaven, para su embarque a La Coruña.

c) ordenar la retirada del siguiente envío de la dirección abajo mencionada (o: de la casa MENTISA; o: de nuestra fábrica de Valencia):

Tenemos un envío de máquinas para encuadernaciones

a) para su suministro a Alicante listas para ser retiradas.

b) en la dirección arriba citada listas para ser retiradas y enviadas a Alicante.

Hemos dado instrucciones a la casa López & Hnos. para que les envíe el siguiente suministro:

Hoy hemos remitido a Vds.

a) un envío de ropa deportiva para su reexpedición a Santander.

b) el siguiente envío por ferrocarril, libre de portes:

c) las mercancías especificadas a continuación, las cuales ro-

Wir bestätigen unser heutiges Telefongespräch mit Ihnen und bitten Sie, die folgende Sendung abzuholen:

Würden Sie bitte

a) *von der obigen Anschrift eine Sendung Werkzeugmaschinen abholen und für die Verschiffung mit dem nächstmöglichen Dampfer nach Vigo sorgen.*

b) *3 Holzkisten mit der Markierung GD 1−3 von unserem Werk abholen zum Weitertransport zum Container Terminal CT II, Bremerhaven, zur Verschiffung nach La Coruña.*

c) *veranlassen, daß die folgende Sendung von der untengenannten Anschrift (od. bei der Firma MENTISA; od. in unserem Werk Valencia) abgeholt wird:*

Wir haben eine Sendung Buchbindereimaschinen

a) *zur Lieferung nach Alicante abholbereit.*

b) *an der obigen Adresse zum Versand nach Alicante zur Abholung bereit.*

Wir haben die Firma López & Hnos. angewiesen, Ihnen die folgende Sendung zu schicken:

Heute sandten wir Ihnen

a) *eine Sendung Freizeitbekleidung zur Weiterbeförderung nach Santander.*

b) *die folgende Sendung per Bahn, frachtfrei:*

c) *die nachstehend aufgeführten Waren, die wir Sie bitten, bis*

gamos almacenar hasta nuevo aviso.

auf weiteres auf Lager zu neh-men.

Rogamos a Vds. transportar las mercancías (o: cajas; bultos)

Bitte befördern Sie die Waren (od. Kisten; Ballen)

a) inmediatamente (o: sin demora).

a) sofort (od. unverzüglich).

b) a más tardar el 12 de mayo.

b) nicht später als 12. Mai.

c) con la debida antelación para que lleguen a Madrid el 5 de junio.

c) so rechtzeitig, daß sie in Madrid am 5. Juni eintreffen.

d) por flete aéreo.

d) durch Luftfracht.

e) con el primer buque portacontenedores.

e) mit dem nächsten Container-schiff.

f) con el primer buque disponible dirección Caracas.

f) mit dem ersten verfügbaren Schiff nach Caracas.

g) con la motonave Pilar.

g) durch MS Pilar.

h) por ferrocarril (o: camión).

h) per Bahn (od. Lastwagen).

i) por camión como envío colectivo.

i) per Lkw-Sammelgutverkehr.

j) por camión con precinto aduanero.

j) durch Fahrzeug mit Zollver-schluß.

k) por furgoneta frigorífica.

k) durch Kühllieferwagen.

l) a la tarifa más ventajosa.

l) zum günstigsten Tarif.

m) en las condiciones acordadas.

m) zu den vereinbarten Bedin-gungen.

n) según nuestras instrucciones del 5 de junio.

n) gemäß unseren Anweisungen vom 5. Juni.

o) f.o.b. Barcelona; todos los demás derechos van a cargo del destinatario.

o) f.o.b. Barcelona; alle anderen Gebühren trägt der Empfän-ger.

p) libre de portes.

p) frachtfrei.

q) con porte contra reembolso.

q) als Frachtnachnahme.

r) con todos los derechos acumulados contra reembolso.

r) mit allen bis dahin auflaufen-den Gebühren per Nachnah-me.

s) a la dirección siguiente:

s) an die folgende Anschrift:

t) al destinatario indicado en la lista.

t) an den in der Liste aufgeführ-ten Empfänger.

u) a la dársena Victoria para su

u) an die Victoria-Docks zur Wei-

reembarque en la motonave Anna.

terverschiffung durch MS Anna.

v) al almacén de nuestro transportista de Bremerhaven.

v) an das Lagerhaus unseres Spediteurs in Bremerhaven.

Rogamos a Vd. ocuparse

Bitte sorgen Sie

a) de ejecutar un embalaje cuidadoso.

a) für sorgfältige Verpackung.

b) de que las mercancías sean embaladas bien (o: en cajas para exportación).

b) dafür, daß die Waren gut (od. in Exportkisten) verpackt sind.

c) de que sean observadas con exactitud (o: estrictamente) las instrucciones de embalaje.

c) dafür, daß die Packanweisungen genau beachtet werden.

d) de que las mercancías no sean almacenadas al aire libre.

d) dafür, daß die Waren nicht im Freien gelagert werden.

Adjuntamos (o: incluimos)

Wir fügen

a) las instrucciones de embalaje, las cuales deben ser observadas estrictamente.

a) die Packanweisungen bei, die genau beachtet werden müssen.

b) su formulario (o: impreso) debidamente rellenado con las instrucciones de entrega, incluida la factura comercial por triplicado y el certificado de origen.

b) Ihr Formular mit den ordnungsgemäß ausgefüllten Versandanweisungen bei, einschließlich Handelsrechnung in dreifacher Ausfertigung und Ursprungszeugnis.

Nos ocuparemos nosotros mismos del seguro.

Wir werden für die Versicherung (od. für den Versicherungsschutz) selbst sorgen.

El seguro debería ser contratado por una suma de Ptas. . . . y

Die Versicherung sollte für Ptas. . . . abgeschlossen und

a) debitado en nuestra cuenta.

a) unserem Konto belastet werden.

b) debitado al consignatario.

b) dem Empfänger belastet werden.

Los gastos de flete (y seguro)

Die Kosten für Fracht (und Versicherung)

a) serán pagados por nosotros, y el conocimiento debería llevar la observación «libre de gastos».

a) werden von uns bezahlt, und das Konnossement sollte den Vermerk „frachtfrei" tragen.

b) deben ser pagados por el consignatario, y el conocimiento debería llevar la observación

b) sind vom Empfänger zu bezahlen, und das Konnossement sollte den Vermerk tragen «flete pagadero en el lugar de destino».

„Fracht zahlbar am Bestimmungsort".

Todos los gastos ocasionados hasta el (aero)puerto de destino serán pagados por nosotros.

Alle bis zum Bestimmungs-(flug)hafen entstehenden Kosten werden von uns bezahlt.

Esperamos que Vds. estén en condiciones de

Wir hoffen, daß Sie in der Lage sind,

a) transportar este envío con el primer buque disponible hasta Rotterdam para su transbordo en barcazas del Rin (o: gabarras).

a) diese Sendung durch das erste verfügbare Schiff nach Rotterdam zu transportieren zur Umladung auf Rheinlastkähne (od. Leichterschiffe).

b) tomar las medidas necesarias en cuanto al transbordo con un conocimiento combinado de tránsito.

b) die notwendigen Vorkehrungen zu treffen für die Umladung mit kombiniertem Durchgangskonnossement.

Una vez efectuado el embarque de las mercancías, les rogamos nos envíen el conocimiento por triplicado con el certificado de seguro.

Nach Verschiffung der Waren senden Sie uns bitte das Konnossement in dreifacher Ausführung mit dem Versicherungszertifikat.

Se exigen los conocimientos por triplicado dentro de 7 días después de la fecha de extensión.

Die Konnossemente in dreifacher Ausfertigung werden innerhalb von 7 Tagen nach Ausstellungsdatum verlangt.

Según las condiciones del crédito documentario

Gemäß den Bedingungen des Akkreditivs

a) el envío debe ser embarcado lo más tardar hasta el 14 de marzo.

a) muß die Sendung bis 14. März spätestens verschifft sein.

b) la última fecha de embarque (o: fecha de envío) es el 6 de mayo.

b) ist das späteste Verschiffungsdatum (od. Absendedatum) der 6. Mai.

La fecha de vencimiento del crédito es el 31 de octubre (o: ha sido prorrogada hasta el 15 de noviembre), siendo la última fecha de embarque el 20 de octubre.

Das Verfalldatum des Kredits ist der 31. Oktober (od. ist verlängert worden bis 15. November), und der letzte Verschiffungstermin ist der 20. Oktober.

Se requieren para su entrega al Banco de Santander hasta el 20 de noviembre conocimientos limpios, en un juego completo de 3 ejemplares, extendidos a la orden, y con la observación «porte

Reine Konnossemente in einem vollständigen Satz von 3 Exemplaren, an Order ausgestellt und mit dem Vermerk „Fracht bezahlt", sowie das Versicherungszertifikat und das Beschaf-

pagado», así como el certificado de seguro y el de calidad.

Rogamos traten Vds. el asunto como urgentísimo, ya que nuestros clientes han pasado el pedido con la condición de que el suministro se efectúe a más tardar el 15 de abril.

En caso de existir la posibilidad de una demora, preferiríamos enviar las mercancías por flete aéreo.

Les quedaríamos muy agradecidos si dieran instrucciones de que el suministro de café embarcado en la motonave Altamira nos sea enviado inmediatamente después de su descarga.

Incluimos el conocimiento con dos ejemplares de la factura comercial, el certificado de origen y la licencia de importación n°...

Rogamos a Vds. ordenen

a) que las mercancías sean despachadas inmediatamente después de la llegada.

b) que se retiren todas las marcas (o: etiquetas) de origen antes de la reexpedición.

c) que se marquen nuevamente todas las mercancías y se reexpidan en un envío a Düsseldorf.

d) que se separen las cajas 10—12 del envío y se añadan éstas al suministro destinado a la casa López & Hnos.

e) que se reexpidan las cajas a Kiel, siguiendo al efecto las instrucciones de la casa Morales & Cía.

f) que se rechace la aceptación de las mercancías.

fenheitszeugnis werden bis 20. November zur Übergabe an den Banco de Santander benötigt.

Bitte behandeln Sie die Angelegenheit als äußerst dringend, da unsere Kunden den Auftrag unter der Bedingung erteilt haben, daß die Lieferung nicht später als 15. April erfolgt.

Sollte die Möglichkeit einer Verzögerung bestehen, würden wir es vorziehen, die Waren durch Luftfracht zu senden.

Wir wären Ihnen dankbar, wenn Sie veranlassen würden, daß die durch MS Altamira verschiffte Sendung Kaffee sofort nach Löschen an uns gesandt wird.

Wir fügen das Konnossement bei mit zwei Exemplaren der Handelsrechnung, Ursprungszeugnis und Einfuhrlizenz Nr. ...

Würden Sie bitte veranlassen,

a) die Waren sofort bei Ankunft abzufertigen.

b) alle Ursprungszeichen (od. Etiketten) vor Weiterversand zu entfernen.

c) alle Waren neu zu kennzeichnen und sie in einer Sendung nach Düsseldorf weiterzusenden.

d) die Kisten 10—12 von der Sendung zu trennen und sie der Lieferung an die Firma López & Hnos. beizupacken.

e) die Kisten nach Kiel weiterzusenden und dabei die Anweisungen der Firma Morales & Cía. zu befolgen.

f) die Annahme der Waren zu verweigern.

g) que se almacenen las mercancías en un depósito de aduanas.

g) die Waren in einem Zollspeicher zu lagern.

h) que se devuelvan las mercancías con el próximo buque.

h) die Waren mit dem nächsten Schiff zurückzuschicken.

i) que se examinen las cajas al efectuar la descarga y se retengan todas las dañadas, ya que el envío está únicamente asegurado hasta el puerto de destino.

i) die Kisten beim Entladen zu untersuchen und alle beschädigten zurückzuhalten, da die Sendung nur bis zum Bestimmungshafen versichert ist.

XVI. Absatzmethoden im Exportgeschäft

Ausfuhrhändler, Ausfuhrkommissionär, Vertretung, Agentur, Makler

Die verschiedenen Märkte erfordern verschiedene Marketingmethoden. Der grundsätzliche Unterschied *(diferencia fundamental)* zwischen dem Inlandsmarkt *(mercado interior)* und dem Exportmarkt ist, daß der Exportmarkt eine große Anzahl unterschiedlicher Länder umfaßt mit anderen Bedürfnissen *(necesidades)*, Wirtschaftssystemen *(sistemas económicos)* und Handelsbräuchen *(usos comerciales, usanzas)*.

Wenn ein Unternehmen einmal beschlossen hat zu exportieren, müssen Entscheidungen bezüglich des finanziellen Engagements *(compromisos financieros)* getroffen werden und darüber, inwieweit man Kontrolle über die verschiedenen Aspekte des Vertriebes *(aspectos de distribución)* behalten will. Die Wahl der Absatzwege *(canales de distribución)* hängt in jedem Falle ab von den Zielen des Unternehmens *(objetivos de la empresa)*, seiner Größe *(tamaño)* und Produktpalette *(gama de productos)* sowie von dem Auslandsmarkt und der Wettbewerbssituation *(situación competitiva)*.

Einem Unternehmen, das exportieren will, stehen eine Anzahl von Methoden *(número de métodos)* offen:

Für einen Hersteller ist der indirekte Verkauf *(venta indirecta)*, d. h. Verkauf durch inländische Absatzwege *(canales interiores de venta)* leichter, weil er weniger Kapitalanlage erfordert *(requiere menos inversión)* und mit weniger Risiken verbunden ist *(invuelve menos riesgos)*.

Der Ausfuhrhändler *(exportador)* kauft und verkauft auf eigene Rechnung *(compra y vende por cuenta propia)*. Er kauft Waren, die er für exportgünstig hält *(que él considera favorables en cuanto a su exportación)*, und verkauft sie auf einem geeigneten ausländischen Markt *(mercado exterior apropiado)*. Ausfuhrhändler sind vielfach spezialisiert auf Länder und/oder Warenarten *(categoría de mercancías)*. Der Hersteller, der durch einen Ausfuhrhändler exportiert, ist aller Sorge über die Kreditwürdigkeit ausländischer Kunden enthoben *(queda librado de todas las preocupaciones referentes a la solvencia de los clientes extranjeros)* und erhält die Zahlung in seiner Währung. Er braucht sich nicht um die Einzelheiten der Verpackung und Verschiffung zu kümmern, und alle Risiken des internationalen Handels werden durch den Ausfuhrhändler getragen *(corren a cargo del exportador)*. Nicht nur für kleinere Unternehmen, deren Exportpotential es nicht rechtfertigt *(no justifica)*, eine eigene Organisation aufzubauen, sind Ausfuhrhändler von Bedeutung, sondern auch für große Unternehmen, für die sie die kleineren Märkte bearbeiten, wo es nicht wirtschaftlich *(económico)* sein würde, eigene Verkaufsbemühungen *(esfuerzos de venta)* zu unternehmen.

Der Ausfuhrkommissionär *(comisionista de exportaciones)* handelt als Kaufagent auf Provisionsbasis *(actúa como agente de compras a base de comisión)* für einen oder verschiedene ausländische Importeure, von denen er Einkaufsorders erhält. Im Gegensatz zum Ausfuhrhändler kauft der Ausfuhrkommissionär weder auf eigene Rechnung noch unterhält er Lager *(mantiene existencias)*, sondern handelt lediglich als Vermittler *(intermediario)*. Er erhält Aufträge von seinem Auftraggeber aus Übersee *(comitente de ultramar)* und placiert sie bei den Herstellern *(se las pasa a los fabricantes)*. Er übernimmt auch die mit dem Versand der Ware verbundene Arbeit.

Manche große Unternehmen unterhalten in der ganzen Welt Einkaufsbüros *(oficinas de compras)*, z.B. Kaufhäuser. Sie übernehmen, wenn sie Aufträge vergeben, auch alle mit dem Transport verbundenen Arbeiten.

Wenn der direkte Verkauf *(venta directa)* auf einem Auslandsmarkt *(mercado exterior o extranjero)* erfolgreich sein soll *(para que sea efectiva)*, ist es wichtig, in dem betreffenden Lande vertreten zu sein *(estar representado en el país en cuestión)*.

Unternehmen mit einem großen Außenhandelsvolumen wickeln ihre Exportgeschäfte selbst ab. Ein großer Hersteller hat seine eigene Exportabteilung *(sección o departamento de exportación)* und gegebenenfalls Verkaufsbüros im Ausland *(secciones o departamentos de venta en el extranjero)*.

Kleinere Firmen, die exportieren möchten, denen aber die Mittel und die Erfahrung fehlen *(les faltan los recursos y la experiencia)*, dies allein zu machen, schließen sich vielfach mit anderen Firmen zur Bildung einer Exportgruppe oder Exportgemeinschaft *(agrupación de exportación)* zusammen. Eine solche Gruppe führt den Vertrieb, die Verschiffung und alle anderen mit dem Export verbundenen Arbeiten der Mitglieder *(miembros)* aus.

Die Ernennung *(nombramiento)* von Auslandsagenten *(agentes exteriores)* oder Verteilern *(distribuidores)* ist traditionsgemäß *(tradicionalmente)* die hauptsächlichste Exportmethode *(método de exportación)*.

Der Auslandsagent kennt im Gegensatz zum Hersteller die Marktstruktur und die Handelsbräuche, hat Kontakte in der Branche *(contactos en el ramo)*, wird nach dem Erfolg bezahlt *(es remunerado de acuerdo con los resultados obtenidos)* und befindet sich in bequemer Marktnähe *(se encuentra localizado a una distancia asequible del mercado)*.

Der Kommissionär *(comisionista o agente de comisiones)* handelt als

Vermittler zur Hereinholung *(obtención)* und Weiterleitung *(transmisión)* von Aufträgen und erhält für seine Tätigkeit eine Provision.

Der Delkredere-Kommissionär *(comisionista de delcredere)* wird von seinem Auftraggeber oder Kommittenten beauftragt, Waren für ihn zu verkaufen, jedoch unter der Bedingung *(bajo la condición)*, daß er alle Risiken der Nichtbezahlung durch den Kunden trägt *(corre con todos los riesgos por falta de pago por parte del cliente)*. Für dieses Risiko erhält er eine zusätzliche Provision *(comisión adicional)*.

Konsignationswaren *(mercancías en consignación)* sind Waren, die von dem Besitzer (Konsignant: *consignador*) an einen Agenten (Konsignatar: *consignatario*) zum Verkauf gesandt werden. Der Konsignant behält den Besitz an den Waren, bis der Agent sie verkauft hat. Der Konsignatar versucht, die Waren zu einem möglichst günstigen Preis für Rechnung des Konsignanten zu verkaufen. Er erhält eine Provision und kann unverkäufliche *(invendibles)* Waren zurückschicken *(devolver)*. Der Konsignationshandel ist besonders bei Waren üblich, die nur nach Besichtigung gekauft werden *(son compradas únicamente previa inspección)*.

Der Verteiler *(distribuidor)* kennt wie der Agent die Marktstruktur. Er unterhält ein Lager *(mantiene existencias)* und verfügt über die Ausstellungsräume *(salones o locales de exposición)*, ist oft Alleinverteiler *(distribuidor exclusivo)* für ein Gebiet *(zona)* und kauft und verkauft auf eigene Rechnung *(por cuenta propia)*. Er ist also ein Großhändler *(comerciante al por mayor o mayorista)*, dessen Vergütung *(remuneración)* sich aus dem Unterschied zwischen dem Einkaufspreis *(precio de compra)* und dem Verkaufspreis *(precio de venta)* ergibt und nicht aus einer von dem Lieferanten gewährten Provision *(comisión otorgada por el suministrador)*. Je nach Warenart führt er auch den Kundendienst *(servicio postventa)* durch.

Der Makler *(corredor)* ist eine besondere Art eines Agenten, der für seinen Auftraggeber *(comitente)* Waren oder Dienstleistungen kauft oder verkauft und für das abgeschlossene Geschäft eine Maklergebühr *(corretaje)* oder Provision *(comisión)* erhält. Der Makler wird nicht Besitzer der Ware und kann nicht in eigenem Namen handeln, sondern nur im Namen des Auftraggebers.

Man unterscheidet folgende Arten von Maklern:

Warenmakler *(corredores de mercancías)*, die den Einkauf und Verkauf von Waren vermitteln

Börsenmakler *(corredores de bolsa o agentes de cambio)*

Immobilienmakler *(corredores de inmuebles o agentes de la propiedad inmobiliaria)*

Luftfrachtmakler *(agentes de transportes por vía aérea)*

Schiffsmakler, Frachtenmakler *(corredores de buques o agentes marítimos)*

Versicherungsmakler *(agentes de seguros)*.

Der Faktor *(factor)* ist eine besondere Art Agent, der für seinen Auftraggeber Waren oder Dienstleistungen gegen Bezahlung einer Provision verkauft. Im Gegensatz zu dem Makler gehen die Waren in den Besitz des Faktors über *(las mercancías pasan a ser posesión del factor)*, und er schließt Geschäfte in seinem eigenen Namen ab.

Makler und Faktoren handeln in der Hauptsache mit Waren wie z. B. Obst *(fruta)*, landwirtschaftlichen Produkten *(productos agrícolas)* und Rohmaterialien *(materias primas)*.

Versteigerer *(subastadores, Am.: licitadores)* verkaufen Waren durch Versteigern *(venden mercancías en subasta)* an den Meistbietenden *(mejor postor).* Der Verkäufer kann einen Mindestpreis *(precio mínimo)* angeben, unter dem er nicht verkaufen will. Wichtige Versteigerungen finden an den Warenbörsen *(bolsas de contratación)* statt.

Eine andere Art der Erschließung eines Exportmarktes ist das E x p o r - t i e r e n   v o n   S a c h k e n n t n i s *(asistencia técnica),* d. h. einem ausländischen Hersteller die Lizenz zur Herstellung und zum Vertrieb von Maschinen, Waren usw. zu erteilen. Dieser Export verursacht wenig Kosten und vermeidet alle Vertriebskosten *(evita todos los gastos de distribución).* Der Lizenznehmer *(titular de una licencia)* bezahlt für jede Einheit eine Lizenzgebühr *(derecho de licencia o royalty).* Ein Nachteil kann auf die Dauer *(a la larga)* jedoch das Risiko einer eventuellen ernsten Konkurrenz sein *(la posibilidad de crearse el riesgo de una seria competencia).*

A. Anknüpfung der Geschäftsverbindung

1. Vertreter an den Auftraggeber

a) Eingangsformeln

1. El Sr. Hall de la casa Hall & Hijos se ha puesto en contacto con nosotros para informarnos

2. Por medio del Sr. Mansilla nos hemos enterado de

3. Desprendemos de su anuncio en «El País»

   a) que Vds. necesitan (o: buscan) un agente para fomentar las ventas de sus productos aquí en Austria (o: para apoyar a Vds. en la distribución).

   b) que Vds. están interesados en vender tejidos de estambre en Suiza.

   c) que Vds. buscan posibilidades de venta (o: mercados) para sus balanzas.

   d) que Vds. buscan una casa de confianza con buenas re-

1. *Herr Hall der Firma Hall & Hijos hat sich mit uns in Verbindung gesetzt und mitgeteilt,*

2. *Durch Herrn Mansilla haben wir gehört,*

3. *Wir entnehmen Ihrer Anzeige in „El País",*

   a) *daß Sie einen Agenten benötigen (od. suchen), um den Absatz Ihrer Erzeugnisse hier in Österreich zu fördern (od. um Sie beim Vertrieb zu unterstützen).*

   b) *daß Sie daran interessiert sind, Kammgarnstoffe in der Schweiz zu verkaufen.*

   c) *daß Sie Absatzmöglichkeiten (od. -märkte) für Ihre Waagen suchen.*

   d) *daß Sie eine zuverlässige Firma suchen mit guten Ver-*

laciones en el ramo de ferretería como agente (de compras) en la República Federal de Alemania.

1. Trabajamos como agentes para una serie de fábricas latinoamericanas, estando interesados en saber al efecto,

2. Existiendo una contínua (o: viva; buena) demanda de confecciones de corderillo, quisiéramos saber

3. En la Feria de Hanóver vi sus precintos de seguridad y quisiera saber

a) si su casa está representada en la República Federal de Alemania.

b) si Vds. han considerado las posibilidades del mercado en este país.

1. Hemos visto algunas de las series de artículos fabricados por Vds. y estaríamos

2. Su anuncio en la revista técnica «LOGISTIK HEUTE» ha llamado nuestra atención y estaríamos

a) interesados en la venta de sus artículos, trabajando como agentes suyos en el Norte del Rin-Westfalia.

b) interesados en actuar como distribuidores exclusivos de las máquinas de engrapillar fabricadas por Vds., lo cual, según creemos, redundaría en beneficio mutuo.

c) interesados en vender sus artículos sobre la base de consignación.

Hemos trabajado algunos años para la casa . . . de . . . ,

---

bindungen in der Eisenwarenbranche als (Einkaufs-) Agenten in der Bundesrepublik Deutschland.

1. *Wir arbeiten als Agenten für eine Reihe lateinamerikanischer Fabriken und sind daran interessiert zu erfahren,*

2. *Es besteht eine anhaltende (od. lebhafte; gute) Nachfrage nach Schaffellbekleidung, und wir möchten wissen,*

3. *Ich sah Ihre Sicherheitssiegel auf der Hannover-Messe und möchte gerne erfahren,*

a) *ob Ihre Firma in der Bundesrepublik Deutschland vertreten ist.*

b) *ob sie die Möglichkeiten des Marktes in diesem Land in Betracht gezogen haben.*

1. *Wir haben einige der von Ihnen hergestellten Artikelserien gesehen und wären*

2. *Wir sind auf Ihre Anzeige in der Fachzeitschrift „LOGISTIK HEUTE" aufmerksam geworden und wären*

a) *an dem Verkauf Ihrer Waren interessiert und daran, als Ihr Agent in Nordrhein-Westfalen zu arbeiten.*

b) *daran interessiert, als Alleinverteiler für die von Ihnen hergestellten Heftmaschinen für Verpackungen tätig zu sein, was, wie wir glauben, zu unserem beiderseitigen Vorteil sein würde.*

c) *daran interessiert, Ihre Waren auf Konsignationsbasis zu verkaufen.*

Wir haben einige Jahre für die Firma . . . in . . . gearbeitet,

a) que recientemente fue adquirida por el grupo XY.

a) die aber kürzlich von der XY-Gruppe übernommen wurde.

b) la cual establecerá en breve una sucursal propia en este país.

b) aber sie wird in Kürze ihre eigene Zweigstelle in diesem Lande einrichten.

Dado que ésta ya no necesita nuestros servicios, nos agradaría ofrecerles nuestra ayuda para dar a conocer aquí sus productos.

Da sie unsere Dienste nicht mehr benötigt, würden wir Ihnen gerne helfen, Ihre Erzeugnisse hier bekanntzumachen.

Dado que tenemos la intención de importar en un próximo futuro artículos de porcelana y cerámica española, estamos interesados en ponernos en contacto con una serie de fabricantes prominentes de España, con el fin de elegir un surtido adecuado para el mercado alemán.

Da wir beabsichtigen, in der nahen Zukunft spanische Porzellan- und Keramikwaren zu importieren, sind wir daran interessiert, uns mit einer Reihe prominenter Hersteller in Spanien in Verbindung zu setzen, um geeignete Sortimente für den deutschen Markt auszuwählen.

b) Befähigung und Verbindungen

1. Como una de las más antiguas casas de importación y distribución establecidas en ésta

1. Als eine der ältesten hier etablierten Import- und Verteilerfirmen

2. Como antiguos importadores y distribuidores de primera categoría

2. Als führende und langjährige Importeure und Verteiler

3. Como prominentes importadores y distribuidores con sucursales en la mayoría de las ciudades importantes

3. Als führende Import- und Verteilerfirma mit Niederlassungen in den meisten wichtigen Städten

a) conocemos el mercado exactamente, teniendo una activa (o: amplia; bien constituida) organización de ventas.

a) kennen wir den Markt ganz genau und haben eine rührige (od. umfassende; gutausgebaute) Verkaufsorganisation.

b) conocemos la situación local, teniendo la experiencia y medios necesarios para fomentar intensivamente sus negocios (o: abrirles a Vds. un buen mercado en Suiza; o: crearles a Vds. una buena demanda de sus productos).

b) kennen wir die örtlichen Verhältnisse und haben die nötige Erfahrung und Mittel, um Ihre Geschäfte intensiv zu fördern (od. einen guten Markt für Sie in der Schweiz zu erschließen; od. eine gute Nachfrage für Ihre Erzeugnisse zu schaffen).

c) tenemos valiosas relaciones con numerosos mercados de venta, no sólo en todas las regiones de Baviera, sino también en Baden-Württemberg.

c) haben wir wertvolle Verbindungen zu vielen Absatzmärkten nicht nur in allen Gebieten Bayerns, sondern auch in Baden-Württemberg.

Somos (aún) una empresa joven (o: una pequeña firma),

Wir sind (noch) ein junges Unternehmen (od. eine kleine Firma),

a) que muestra, no obstante, un rápido desarrollo.

a) das (die) sich aber schnell entwickelt.

b) pero esperamos ampliar nuestra actividad (o: esfera de actividades) en un próximo futuro.

b) hoffen aber, unsere Tätigkeit (od. unser Betätigungsfeld) in der nahen Zukunft zu erweitern.

Su proposición (o: propuesta) nos interesa y creemos que nuestra experiencia de 15 años con artículos similares resultará de gran valor.

Ihr Vorschlag interessiert uns, und wir glauben, daß unsere 15jährige Erfahrung mit ähnlichen Waren sich von unschätzbarem Wert erweisen wird.

Tenemos sucursales en Hamburgo y Stuttgart, estando por ello en condiciones de incorporar todo el país en nuestra esfera de actividades.

Wir haben Filialen in Hamburg und Stuttgart und sind deshalb in der Lage, das ganze Land in unsere Tätigkeit einzubeziehen.

Nuestros locales son lo suficientemente grandes para posibilitar una amplia capacidad de almacenaje.

Unsere Räumlichkeiten sind groß genug und ermöglichen eine umfangreiche Lagerhaltung.

Poseemos amplios y bien equipados locales de exposición, no sólo en nuestras oficinas centrales de Hamburgo, sino también en Mannheim y Munich, ciudades éstas que ofrecen excelentes posibilidades para exposiciones.

Wir haben geräumige und gutausgestattete Ausstellungsräume, nicht nur in unserer Hauptgeschäftsstelle in Hamburg, sondern auch in Mannheim und München, die ausgezeichnete Ausstellungsmöglichkeiten bieten.

1. Ya tenemos la representación exclusiva de otras varias empresas,

1. Wir haben bereits die Alleinvertretung von mehreren anderen Unternehmen,

2. Representamos tres casas latinoamericanas de primera fila en el ámbito internacional en el sector de la electrónica,

2. Wir vertreten drei der weltweit führenden lateinamerikanischen Firmen auf dem Gebiete der Elektronik,

a) pero en artículos que no representan competición para Vds.

a) aber in nicht-konkurrierenden Artikeln.

b) pero en artículos que complementan los de Vds.

b) aber in Artikeln, die die Ihrigen ergänzen.

c) y esperamos que Vds. nos permitan prestarles servicios similares.

c) und hoffen, daß Sie uns erlauben, Ihnen ähnliche Dienste zu erweisen.

1. Somos una casa de ventas por correo (o: por catálogo) muy expansiva en el sector de la industria del ocio

1. Wir sind ein stark expandierendes Versandhaus auf dem Freizeitgebiet

2. Como Vds. saben, somos unos almacenes conocidos (o: una cadena de tiendas al por menor conocida) con sucursales en todas las grandes ciudades de la República Federal de Alemania

2. Wir sind, wie Sie wissen, ein bekanntes Kaufhaus (od. eine bekannte Einzelhandelskette) mit Filialen in allen größeren Städten der Bundesrepublik Deutschland

y estaríamos interesados en discutir con Vds. la posibilidad de vender su confección deportiva bajo nuestra marca especial «Fortuna».

und wären daran interessiert, mit Ihnen die Möglichkeit zu diskutieren, Ihre Freizeitbekleidung unter dem Namen unserer Hausmarke „Fortuna" zu verkaufen.

1. Estando especializados en la compra de artículos de recuerdo,

1. Wir sind auf den Kauf von Souvenirs spezialisiert

2. Dado que actuamos como agentes de compras para un gran número de casas comerciales,

2. Wir sind als Einkaufsagenten für eine große Anzahl Firmen tätig

a) creemos poder prestarles buenos servicios en virtud de nuestra reputación y nuestras relaciones.

a) und glauben, daß wir Ihnen durch unseren Ruf und unsere Verbindungen gute Dienste leisten können.

b) podemos prometer servicios sin competencia en cuanto a precios, rebajas y tarifas de transportes.

b) und können konkurrenzlose Dienste in bezug auf Preise, Rabatte und Frachtsätze versprechen.

c) Marktlage

1. Compartimos su opinión sobre las posibilidades del mercado,

1. Wir teilen Ihre Ansicht über die Möglichkeiten des Marktes,

2. Tenemos todos los motivos para creer que sus tejidos de

2. Wir haben allen Grund zu glauben, daß Ihre Seidenstoffe mit

seda podrían ser importados con éxito en Austria (o: que encontrarían un mercado favorable en ...),

Erfolg in Österreich eingeführt werden könnten (od. einen aufnahmefähigen Markt in ... finden würden),

3. Estamos convencidos de que aquí un mercado considerable (o: lucrativo) está esperando ser desarrollado,

3. Wir sind überzeugt, daß hier ein beachtlicher (od. gewinnbringender) Markt darauf wartet, erschlossen zu werden,

4. Estamos convencidos de que el mercado reaccionará positivamente,

4. Wir sind überzeugt, daß der Markt positiv reagieren wird,

a) si bien consideramos (como) imposible juzgar ahora el volumen de ventas que se podría alcanzar.

a) obgleich wir es für unmöglich halten, schon jetzt das erreichbare Verkaufsvolumen zu beurteilen.

b) por lo que nos alegraría recibir un pequeño envío de sus tejidos para ensayar el mercado.

b) und wir würden uns freuen, eine kleine Sendung von Ihren Stoffen zu erhalten, um den Markt zu testen.

c) por lo que nos agradaría recibir una selección representativa de sus productos para la venta por cuenta de Vds.

c) und wir würden gerne eine repräsentative Auswahl Ihrer Erzeugnisse zum Verkauf auf Ihre Rechnung erhalten.

d) si bien los gastos iniciales de publicidad serán muy considerables.

d) obgleich die anfänglichen Werbekosten sehr beträchtlich sein werden.

Parecen existir buenas perspectivas para sus productos,

Es scheinen gute Aussichten für Ihre Erzeugnisse zu bestehen,

a) por lo que creemos que, si bien la venta durante los primeros meses quizás sea baja, los resultados finales justificarán el establecimiento de una agencia.

a) und wir glauben, daß, obgleich der Verkauf während der ersten Monate vielleicht niedrig sein wird, die Endergebnisse die Errichtung einer Agentur rechtfertigen werden.

b) aunque nos esforzamos en no sobreestimarlas, sobre todo teniendo en cuenta que sus productos van destinados a un grupo especial de personas.

b) aber wir sind bestrebt, sie nicht überzubewerten, insbesondere, da sich Ihre Erzeugnisse an eine besondere Zielgruppe wenden.

c) en caso de que la calidad encuentre buena aceptación y el precio sea competitivo.

c) falls die Qualität zusagt und der Preis konkurrenzfähig ist.

1. La situación del mercado es difícil por el momento y

1. Die Marktlage ist augenblicklich schwierig, und

2. La demanda de hilos de seda no es alta y

a) las ventas probablemente no sobrepasarán Ptas....

b) la dificultad principal en cuanto a la venta de sus hilos será el precio.

En el mercado local existe una considerable resistencia hacia tales artículos.

Recomendamos

a) que, una vez establecido un precio mínimo a convenir, nos dejen obrar libremente en la fijación de los precios.

b) ensayar el mercado, proponiéndoles a Vds. enviarnos una selección representativa de sus productos junto con hojas informativas y folletos.

Sus artículos son desconocidos aquí (o: en este país),

a) existiendo poca esperanza de encontrar (o: crear) mercado para sus avíos de pesca a los precios fijados en su catálogo.

b) por lo que dudamos mucho que nos sea posible vender éstos a sus precios de catálogo.

c) habiendo Vds. juzgado el mercado aparentemente con demasiado optimismo.

Es usual que los compradores obtengan precios c.i.f., de forma que considero deseable que me envíen sobre esta base listas revisadas de precios.

Estaríamos dispuestos a actuar como sus representantes exclusivos si Vds., por su parte, nos hicieran concesiones en cuanto a precios y condiciones.

---

2. *Die Nachfrage nach Seidengarnen ist nicht hoch, und*

a) *die Verkäufe werden wahrscheinlich Ptas. ... nicht übersteigen.*

b) *die Hauptschwierigkeit des Absatzes Ihrer Garne wird ihr Preis sein.*

Hier auf dem Markt besteht ein beträchtlicher Widerstand gegen solche Waren.

Wir empfehlen,

a) *daß Sie uns nach Festsetzung eines noch zu vereinbarenden Mindestpreises in der Preisgestaltung freie Hand lassen.*

b) *den Markt zu testen, und schlagen vor, uns eine repräsentative Auswahl Ihrer Waren mit Merkblättern und Broschüren zu senden.*

Ihre Waren sind hier (od. in diesem Lande) unbekannt,

a) *und es wird wenig Hoffnung bestehen, zu den in Ihrem Katalog festgesetzten Preisen für Ihre Angelgeräte einen Markt zu finden (od. zu schaffen).*

b) *und wir zweifeln sehr, daß es uns möglich sein wird, sie zu Ihren Katalogpreisen abzusetzen.*

c) *und Sie haben den Markt anscheinend zu optimistisch beurteilt.*

Es ist üblich, daß Käufer cif Preise bekommen, so daß ich es für wünschenswert halte, mir revidierte Preislisten auf dieser Basis zu schicken.

Wir wären bereit, als Ihr Alleinvertreter tätig zu sein, wenn Sie bereit wären, uns in Preisen und Bedingungen entgegenzukommen.

d) Werbung

Creemos que con una publicidad adecuada (o: bien pensada) sus productos tendrán una venta considerable en este país.

Wir glauben, daß bei geeigneter (od. wohlüberlegter) Werbung Ihre Erzeugnisse in diesem Lande einen beträchtlichen Absatz haben würden.

1. Es evidentemente del interés de todos nosotros lanzar una campaña de publicidad eficaz

1. *Es liegt offensichtlich im Interesse von uns allen, einen erfolgreichen Werbefeldzug aufzuziehen,*

2. Sería importante efectuar (o: realizar) una fuerte campaña de publicidad

2. *Es wäre wichtig, eine starke Werbekampagne durchzuführen,*

3. Consideramos necesario intensificar la publicidad

3. *Wir halten es für notwendig, die Werbung zu intensivieren,*

   a) para reactivar las ventas.

   a) *um den Verkauf anzukurbeln.*

   b) para introducir con éxito sus productos en este mercado.

   b) *um Ihre Erzeugnisse erfolgreich auf dem hiesigen Markt einzuführen.*

   c) para alcanzar (u: obtener) el grado más alto posible de penetración en el mercado para sus productos.

   c) *um den für Ihre Erzeugnisse höchstmöglichen Grad der Marktdurchdringung zu erreichen (od. erzielen).*

En el estadio inicial nuestros costes serán altos.

Im Anfangsstadium werden unsere Unkosten hoch sein.

La partida individual más grande de nuestros gastos será destinada a publicidad.

Der größte Einzelposten unserer anfänglichen Auslagen wird für die Werbung sein.

1. Propondríamos que nos dejen

1. *Dürfen wir vorschlagen, daß*

2. Suponemos que nos dejarán

2. *Wir nehmen an, daß*

   a nuestra discreción la elección de los medios de publicidad.

   Sie die Wahl der Werbemedien uns überlassen.

e) persönliches Gespräch wird vorgeschlagen
(Vgl. Kap. XXIV)

Si estuvieran interesados en nuestra proposición (o: en el establecimiento de una agencia aquí),

Wenn Sie an unserem Vorschlag (od. an der Errichtung einer Agentur hier) interessiert wären,

a) recomendaríamos una pronta

a) *würden wir eine baldige Zu-*

entrevista para discutir los detalles.

sammenkunft zur Besprechung der Einzelheiten empfehlen.

b) el Sr. Echegaray se alegraría de visitar a Vds. dentro de dos semanas para discutir todos los detalles (o: la posibilidad de un contrato).

b) würde Herr Echegaray sich freuen, Sie in zwei Wochen zur Besprechung aller Einzelheiten (od. der Möglichkeit eines Vertrages) aufzusuchen.

f) Referenzen
(Vgl. Kap. IV,9)

Ni que decir tiene que con mucho gusto les daremos (una lista con) referencias, así como cualquier otra información que pudieran pedirnos.

Wir werden Ihnen natürlich gerne (eine Liste mit) Referenzen geben und auch jede weitere evtl. von Ihnen geforderte Auskunft.

Creemos que Vds. encontrarán satisfactorias nuestras referencias comerciales y bancarias. Adjuntamos una lista.

Wir glauben, daß Sie unsere Handels- und Bankreferenzen zufriedenstellend finden werden. Eine Liste ist beigefügt.

En caso de que quieran Vds. asegurarse de nuestra reputación, les proponemos que se dirijan al Deutsche Bank, de Düsseldorf, y a la casa Noriega & Hijos, cuya representación exclusiva en el Norte del Rin-Westfalia tuvimos durante los últimos 15 años.

Falls Sie sich über unseren Ruf vergewissern wollen, schlagen wir vor, daß Sie sich an die Deutsche Bank, Düsseldorf, wenden und an die Firma Noriega & Hijos, deren Alleinvertretung in Nordrhein-Westfalen wir während der letzten 15 Jahre innehatten.

g) Bedingungen, Provision

Lamentamos no haber podido aceptar nada más que una oferta como representantes exclusivos.

Wir bedauern, daß wir nur ein Angebot als Alleinvertreter annehmen konnten.

Salvo (o: A reserva de) un acuerdo satisfactorio sobre las condiciones, tendríamos mucho gusto en representar a Vds. en este país.

Vorbehaltlich einer zufriedenstellenden Vereinbarung über die Bedingungen, würden wir Sie gerne in diesem Lande vertreten.

1. Antes de comprometernos definitivamente, naturalmente tenemos que considerar sus propuestas sobre

1. Bevor wir uns endgültig verpflichten (od. festlegen), müssen wir uns natürlich Ihre Vorschläge überlegen über

2. Si nuestra propuesta encuentra su interés, mucho nos agra-

2. Wenn unser Vorschlag Ihr Interesse findet, würden wir ger-

daría recibir informaciones sobre	ne Informationen erhalten über
a) comisión, rebajas, condiciones de pago, etc.	a) Provision, Rabatte, Zahlungsbedingungen usw.
b) las cifras mínimas de venta que Vds. esperarían (o: el volumen de ventas obtenible; las ventas previstas).	b) die Mindestverkaufszahlen, die Sie erwarten würden (od. das zu erreichende Verkaufsvolumen; das Verkaufssoll).
c) la clase de material publicitario que Vds. podrían suministrar.	c) die Art des Werbematerials, das Sie liefern könnten.
d) el importe que Vds. están dispuestos a invertir en la publicidad inicial.	d) den Betrag, den Sie bereit sind, bei der anfänglichen Werbung anzulegen.
1. Para resarcirnos de los altos e inevitables gastos iniciales de introducir sus productos en el mercado	1. Um uns für die unvermeidlichen hohen Anfangskosten, Ihr Erzeugnis auf dem Markt einzuführen, zu entschädigen,
2. En atención a (o: Considerando) nuestros altos gastos en el estadio inicial	2. In Anbetracht unserer hohen Ausgaben im Anfangsstadium
3. Teniendo en consideración nuestras extensas relaciones	3. In Anbetracht unserer ausgedehnten Verbindungen
creemos que Vds. aceptarán una comisión del 15% como adecuada.	glauben wir, daß Sie einer Provision von 15% als angemessen zustimmen.
Estamos dispuestos	Wir sind bereit,
a) a efectuar negocios con Vds., o bien sobre la base de consignación o mediante la concesión de pedidos en firme, si sus precios y condiciones son razonables.	a) mit Ihnen Geschäfte zu tätigen entweder auf einer Konsignationsgrundlage oder durch Erteilung fester Aufträge, wenn Ihre Preise und Bedingungen angemessen sind.
b) a actuar para Vds. sobre la base de delcredere contra el pago de una comisión adicional del 3%.	b) gegen eine zusätzliche Provision von 3% auf einer Delkredere-Grundlage für Sie tätig zu sein.
1. Estaríamos dispuestos a hacernos cargo de la representación en las siguientes condiciones:	1. Wir wären bereit, die Vertretung zu folgenden Bedingungen zu übernehmen:
2. Quisiéramos confirmar los puntos principales del conve-	2. Wir möchten die Hauptpunkte der Abmachung bestätigen,

nio al que llegamos en nuestra entrevista de ayer:

a) que actuaremos como representantes exclusivos para Vds. en la República Federal de Alemania.

b) que la duración del contrato es de tres años, pudiendo ser después prolongado anualmente.

c) que ambas partes contratantes correrán por partes iguales con los gastos de publicidad.

d) que percibiremos una comisión del 10%.

e) que recibimos una comisión sobre todos los pedidos procedentes de nuestra parte, incluso si el suministro sólo se efectúa después de que el contrato, por las razones que sea, haya terminado.

f) que todos los pedidos de la República Federal de Alemania deberán ser considerados como pedidos nuestros y que sobre éstos recae una comisión del 10%.

g) que nosotros presentamos liquidaciones mensuales de venta y que Vds. giran sobre nosotros por el importe neto de estas ventas a 60 días.

h) que todos los pedidos obtenidos serán remitidos a Vds. para su tramitación.

i) que Vds. se cuidarán de proveer suficiente ayuda técnica.

j) que nosotros suministramos a Vds. análisis regulares sobre el mercado.

Encontramos las condiciones propuestas por Vds. satisfacto-

die wir bei unserer gestrigen Zusammenkunft erzielt haben:

a) daß wir als Alleinvertreter für Sie in der Bundesrepublik Deutschland tätig sein werden.

b) daß die Dauer des Vertrages drei Jahre beträgt und dann jährlich erneuert werden kann.

c) daß die Werbekosten von beiden Parteien zu gleichen Teilen getragen werden.

d) daß wir eine Provision von 10% erhalten.

e) daß wir auf alle von uns hereingebrachten Aufträge eine Provision erhalten, selbst wenn die Lieferung erst erfolgt, nachdem der Vertrag, aus welchen Gründen auch immer, beendet ist.

f) daß alle Aufträge aus der Bundesrepublik Deutschland als Aufträge von uns zählen und eine Provision von 10% bringen.

g) daß wir monatliche Verkaufsabrechnungen vorlegen und Sie für den Nettobetrag dieser Verkäufe auf uns mit 60 Tagen ziehen.

h) daß alle erhaltenen Aufträge an Sie zur Erledigung übermittelt werden.

i) daß Sie für ausreichende technische Unterstützung sorgen.

j) daß wir Ihnen regelmäßige Marktbeurteilungen senden.

Wir finden die von Ihnen vorgeschlagenen Bedingungen zu-

rias y quedamos en espera de recibir su borrador (o: minuta) del contrato de representación (o: el contrato oficial para ser firmado).

friedenstellend und sehen dem Empfang Ihres Vertretungsvertragsentwurfs (od. des offiziellen Vertrags zur Unterzeichnung) entgegen.

h) Schlußworte

Estamos convencidos de que un convenio a base de una representación exclusiva sería de beneficio mutuo para ambas partes,

Wir sind davon überzeugt, daß eine auf einer Alleinvertretung basierende Abmachung zu unserem beiderseitigen Vorteil sein würde,

a) por lo que nos interesaría conocer su opinión (o: parecer).

a) und es würde uns interessieren, Ihre Ansicht zu hören.

b) por lo que celebraríamos recibir sus comentarios al efecto.

b) und würden Ihre weitere Stellungnahme begrüßen.

c) por lo que esperamos con interés su respuesta.

c) und erwarten mit Interesse Ihre Antwort.

Si se deciden a conferirnos la representación,

Wenn Sie beschließen, uns die Vertretung zu übertragen,

a) estamos seguros de que no tendríamos dificultad alguna en fijar las condiciones.

a) sind wir sicher, daß wir keine Schwierigkeiten bei der Festsetzung der Bedingungen haben würden.

b) encaminaríamos todos nuestros esfuerzos a fomentar sus intereses.

b) würden wir alle Anstrengungen unternehmen, Ihre Interessen zu fördern.

Quedamos con gusto en espera

Wir sehen

a) de su pronta decisión.

a) Ihrer baldigen Entscheidung gerne entgegen.

b) de su carta confirmando estos puntos (o: extremos).

b) Ihrem Brief mit der Bestätigung dieser Punkte gerne entgegen.

c) de su proyecto de contrato (o: borrador del contrato) exponiendo los términos (o: las condiciones) de la representación mencionada.

c) Ihrem Vertragsentwurf, der die Bedingungen der obigen Vertretung darlegt, gerne entgegen.

d) de su contrato oficial para firmarlo.

d) Ihrem offiziellen Vertrag zur Unterschrift gerne entgegen.

Apreciamos su confianza en nosotros

Wir schätzen Ihr Vertrauen in uns

a) y agradecemos a Vds. el habernos ofrecido primeramente a nosotros hacernos cargo de la representación.

a) und danken Ihnen, daß Sie uns als erstem die Übernahme Ihrer Vertretung angeboten haben.

b) y tendremos sumo gusto en iniciar una cooperación próspera para ambas partes.

b) und freuen uns sehr auf den Beginn einer für beide Teile erfolgreichen Zusammenarbeit.

c) y les aseguramos nuestra entusiástica cooperación en la eficaz promoción de sus productos en esta región.

c) und versichern Sie unserer begeisterten Zusammenarbeit bei der erfolgreichen Förderung Ihrer Erzeugnisse in diesem Bezirk.

d) y con gusto devolvemos a Vds., como nos rogaron, un ejemplar del contrato debidamente firmado.

d) und senden Ihnen gerne – wie erbeten – ein Exemplar des Vertrages unterschrieben zurück.

2. Firma an den Vertreter

a) Eingangsformeln

Habiendo tenido la Cámara de Comercio de Madrid (o: el Sr. ... de ...) la amabilidad de indicarnos su nombre y dirección,

Die Handelskammer in Madrid (od. Herr ... von ...) hat uns freundlicherweise Ihren Namen und Ihre Anschrift gegeben,

a) nos dirigimos a Vd. para informarnos si Vd. estaría dispuesto a actuar como nuestro agente (de compras) en Madrid.

a) und wir fragen an, ob Sie bereit wären, als unser (Einkaufs)Agent in Madrid tätig zu sein.

b) nos dirigimos a Vd. con la presente para informarnos si Vd. tendría interés en hacerse cargo de la venta de nuestros productos en España.

b) und wir fragen hiermit an, ob Sie daran interessiert wären, den Verkauf unserer Erzeugnisse in Spanien zu übernehmen.

1. Nos hemos enterado por (mediación de) nuestra embajada de Bonn

1. Wir erfahren durch unsere Botschaft in Bonn,

2. Cuando nos entrevistamos en la (o: con ocasión de la) feria de Hanóver Vd. mencionó

2. Als wir uns auf der Hannover-Messe trafen, erwähnten Sie,

que Vd. está interesado en una representación.

daß Sie an einer Vertretung interessiert sind.

Agradecemos a Vds. su carta del 25 de abril

Wir danken Ihnen für Ihr Schreiben vom 25. April

a) preguntando si nuestra casa está representada en México.

a) mit der Anfrage, ob unsere Firma in Mexiko vertreten ist.

b) con la cual se ofrecen para actuar como nuestros representantes en la República Argentina.

b) in dem Sie anbieten, als unser Vertreter in Argentinien tätig zu sein.

c) con detalles exactos sobre su experiencia y sus relaciones comerciales.

c) mit genauen Einzelheiten über Ihre Erfahrung und Geschäftsbeziehungen.

d) y nos alegramos mucho de su respuesta positiva a nuestra oferta.

d) und freuen uns sehr über Ihre positive Antwort auf unser Angebot.

e) y nos alegra saber que Vds. están dispuestos a hacerse cargo de la representación para la venta de nuestros artículos en Méjico.

e) und freuen uns zu erfahren, daß Sie bereit sind, die Vertretung für den Absatz unserer Waren in Mexiko zu übernehmen.

1. Teniendo mucho interés en ampliar el mercado de nuestros productos,

1. Es liegt uns viel daran, den Markt für unsere Produkte zu erweitern,

2. Deseando introducir nuestras instalaciones de grandes cocinas para hotelería en el mercado centroamericano,

2. Wir möchten sehr gerne unsere Hotelgroßkücheneinrichtungen auf dem zentralamerikanischen Markt einführen,

3. Teniendo un vivo interés en ampliar nuestra exportación a España,

3. Wir haben lebhaftes Interesse, unseren Export nach Spanien zu erweitern,

a) buscamos agentes (o: representantes) a efectos de fomentar nuestros productos.

a) und wir suchen Agenten (od. Vertreter) zur Förderung unserer Erzeugnisse.

b) buscamos un representante verdaderamente activo y enérgico con (algunos) conocimientos del ramo.

b) und wir suchen einen wirklich rührigen, energischen Vertreter mit (einigen) Branchenkenntnissen.

c) nos hemos decidido a encargar a un representante con la tramitación de nuestro negocio de exportación en su país.

c) und wir haben uns entschlossen, einen Vertreter mit der Abwicklung unseres Exportgeschäftes in Ihrem Lande zu beauftragen.

Preferiríamos una casa comercial con conocimientos del ramo en nuestro sector

Wir würden eine Firma mit Branchenkenntnis auf unserem Gebiet vorziehen,

a) que disponga ya de una red de ventas bien establecida.

a) die bereits über ein gut ausgebautes Verkaufsnetz verfügt.

b) que tenga buenas relaciones con los compradores destacados de Cataluña y, si fuera posible, disponga de locales comerciales y de exposición céntricos.

b) die gute Beziehungen zu den führenden Einkäufern in Katalonien hat und, wenn möglich, über zentral gelegene Geschäfts- und Ausstellungsräume verfügt.

1. Estimamos mucho su interés por nuestra gama de productos

1. Ihr Interesse an unserer Produktpalette schätzen wir sehr

2. Hemos leído con interés el informe de sus actividades

2. Wir haben mit Interesse den Bericht über Ihre Aktivitäten gelesen

a) y nos agradaría entrar en detalles en cuanto a su proposición para una representación en las Islas Canarias.

a) und würden gerne auf Ihren Vorschlag für eine Vertretung auf den Kanarischen Inseln näher eingehen.

b) y nos agradaría aceptarle como representante nuestro.

b) und würden Sie gerne als unseren Vertreter aufnehmen.

1. Como continuación a nuestra carta del 25 de abril (o: a nuestra correspondencia previa)

1. Im Anschluß an unser Schreiben vom 25. April (od. an unsere vorhergehende Korrespondenz)

2. Después de la conversación sostenida con el Sr. Martínez durante su visita

2. Nach der Besprechung mit Herrn Martínez bei seinem Besuch

nos hemos decidido a ofrecerles a Vds. la representación exclusiva para las Islas Baleares, en las condiciones convenidas con el Sr. Martínez (o: en las condiciones estipuladas en el proyecto de contrato adjunto).

haben wir uns entschlossen, Ihnen die Alleinvertretung für die Balearen anzubieten, zu den mit Herrn Martínez vereinbarten Bedingungen (od. zu den in dem beigefügten Vertragsentwurf festgesetzten Bedingungen).

b) Artikel und Markt

Por correo separado enviamos catálogos ilustrados, folletos y otras informaciones prácticas,

Mit getrennter Post werden bebilderte Kataloge, Broschüren und andere sachdienliche Informationen gesandt,

a) que muestran las clases de productos fabricados por nosotros.

a) die die Arten der Waren zeigen, die wir herstellen.

b) por lo que verán la abundante

b) so daß Sie die reiche Auswahl

selección de muebles para laboratorios que fabricamos.

an Labormöbeln, die wir herstellen, sehen können.

1. En caso de que nuestra propuesta encuentre su interés, le rogamos a Vd. nos lo haga saber

1. Wenn unser Vorschlag Ihr Interesse findet, dann lassen Sie uns bitte wissen,

2. Nos complacería saber

2. Wir würden gerne erfahren,

a) a qué condiciones estaría Vd. dispuesto a representarnos y qué existencias quiere tener aproximadamente en almacén.

a) zu welchen Bedingungen Sie bereit wären, uns zu vertreten, und welchen Lagervorrat Sie ungefähr halten möchten.

b) a qué condiciones se efectúan, por lo general, los negocios en su país.

b) zu welchen Bedingungen die Geschäfte in Ihrem Lande im allgemeinen getätigt werden.

c) qué artículos son apropiados para su mercado.

c) welche Waren für Ihren Markt geeignet sind.

Los precios indicados son fob Bremerhaven, sin embargo, si sus clientes están acostumbrados a comprar cif, podemos enviarles a Vds. una lista revisada de precios.

Die angegebenen Preise sind fob Bremerhaven, wenn jedoch Ihre Kunden gewohnt sind, cif zu kaufen, können wir Ihnen eine revidierte Preisliste schicken.

Estamos convencidos

Wir sind überzeugt,

a) de que los precios, dado que son muy competitivos, garantizarán una venta continua y creciente en su país, a pesar de la fuerte competencia.

a) daß die sehr konkurrenzfähigen Preise einen beständigen und wachsenden Verkauf in Ihrem Lande sicherstellen werden, trotz heftiger Konkurrenz.

b) de que un representante realmente activo y enérgico podría incrementar mucho nuestras ventas.

b) daß ein wirklich aktiver und energischer Vertreter unsere Verkäufe sehr steigern könnte.

c) Werbung

Por supuesto que sería necesario efectuar una publicidad adecuada.

Eine angemessene Werbung wäre natürlich notwendig.

Estaríamos dispuestos a

Wir wären bereit,

a) invertir un importe mínimo de Ptas. ... para llevar a cabo una campaña de publicidad con

a) einen Mindestbetrag von Ptas. ... anzulegen, um einen erfolgreichen Werbefeldzug auf-

éxito (o: para acelerar el proceso de ventas).

zuziehen (od. um den Verkaufsprozeß zu beschleunigen).

b) gastar un importe mínimo de Ptas. ... para publicidad en el primer año.

b) für die Werbung im ersten Jahr einen Mindestbetrag von Ptas. ... auszugeben.

Le enviaremos a Vd. muestras de los artículos, así como catálogos, regularmente.

Wir werden Ihnen Muster der Artikel und regelmäßig Kataloge senden.

Adjuntamos un plan completo de publicidad con diseños y dibujos, rogándole a Vd. nos pase sus comentarios al efecto.

Wir fügen einen vollständigen Werbeplan mit Skizzen und Zeichnungen bei und bitten Sie um Ihre Stellungnahme.

Dado que no estamos familiarizados con la situación de su país, se trata aquí de un asunto sobre el cual nos complacería tener su opinión.

Da wir mit den Verhältnissen in Ihrem Lande nicht vertraut sind, ist dies eine Angelegenheit, über die wir Ihre Meinung begrüßen würden.

Se está haciendo una publicidad muy intensa en los periódicos de su país (o: en todas las revistas del ramo) para nuestros nuevos microondas.

Für unsere neuen Mikrowellenherde wird in den Zeitungen Ihres Landes (od. in allen einschlägigen Zeitschriften) umfassend geworben.

d) Vertretungsangebot

1. En vista de sus relaciones (con los compradores principales de su país),

1. In Anbetracht Ihrer Verbindung (zu den Haupteinkäufern in Ihrem Lande)

2. Dado que Vd. dispone de experiencia e instalaciones para fomentar nuestras ventas en España,

2. Da Sie über die Erfahrung und die Einrichtungen verfügen, um unsere Verkäufe in Spanien zu fördern,

3. Dado que su casa nos es ya bien conocida,

3. Da Ihre Firma uns bereits gut bekannt ist,

   a) quisiéramos ofrecer a Vds. la representación.

   a) möchten wir Ihnen die Vertretung anbieten.

   b) estamos dispuestos a ofrecerles a Vds. una representación exclusiva para un período inicial de dos años sobre la base de una comisión del diez por ciento sobre todas las ventas de nuestros productos en su país.

   b) sind wir bereit, Ihnen eine Alleinvertretung für eine Anfangszeit von zwei Jahren anzubieten auf der Basis einer Provision von zehn Prozent auf alle Verkäufe unserer Erzeugnisse in Ihrem Lande.

Nos alegra ofrecer a Vd. la representación (exclusiva)

a) y celebraríamos recibir sus comentarios al efecto.

b) y nos agradaría conocer tan pronto como sea posible a qué condiciones está Vd. dispuesto a hacerse cargo de la representación (o: actuar como representante nuestro).

Wir freuen uns, Ihnen die (Allein-)Vertretung anzubieten,

a) und würden Ihre Stellungnahme begrüßen.

b) und würden gerne so bald wie möglich die Bedingungen erfahren, zu denen Sie bereit sind, die Vertretung zu übernehmen (od. als unser Vertreter tätig zu sein).

e) Vorschlag eines Besuches
(Vgl. Kap. XXIV)

Si está Vd. interesado en representarnos (o: en hacerse cargo de nuestra representación),

a) le proponemos discutir de una manera general qué clase de representación podríamos constituir en común.

b) nuestro jefe de exportación, el Sr. Schneider, se alegraría de hacer a Vd. una visita a finales de mes, cuando él esté en Madrid, para discutir los detalles.

Wenn Sie daran interessiert sind, uns zu vertreten (od. unsere Vertretung zu übernehmen),

a) schlagen wir vor, ganz allgemein zu besprechen, welche Art Vertretung wir zusammen errichten könnten.

b) würde sich unser Exportleiter, Herr Schneider, freuen, Ihnen Ende des Monats, wenn er in Madrid ist, einen Besuch abzustatten, um Einzelheiten zu besprechen.

f) Bedingungen

Le concederíamos (o: pagaríamos) a Vd. una comisión del 10 por ciento sobre el valor fob de los suministros, pagadera trimestralmente.

Proponemos una comisión del 10 por ciento sobre el valor fob, con una comisión adicional de garantía del 2 por ciento, pagadera trimestralmente contra liquidación de ventas.

Estamos dispuestos a ofrecerle (o: concederle) a Vd. una comisión del 10 por ciento

Wir würden Ihnen eine Provision von 10 Prozent auf den fob-Wert der Sendungen gewähren (od. zahlen), zahlbar vierteljährlich.

Wir schlagen eine Provision von 10 Prozent auf den fob-Wert vor, mit einer weiteren Delkredere-Provision von 2 Prozent, vierteljährlich gegen Verkaufsabrechnung zahlbar.

Wir sind bereit, Ihnen eine Provision von 10 Prozent

a) sobre todas las ventas efectuadas por Vd. como representante exclusivo para Cataluña y Baleares.

b) sobre todas las compras realizadas por Vd. como agente de compras.

En caso de que Vd. estuviera dispuesto a actuar como agente de delcredere, estaríamos de acuerdo en aumentar su comisión al 12 por ciento.

Antes de redactar el contrato oficial para su firma nos agradaría confirmar los puntos principales sobre los cuales nos hemos puesto de acuerdo, a saber:

Nos complace confirmar el acuerdo logrado durante las conversaciones sostenidas entre Vd. y nuestro Sr. Gerber, como sigue:

Nos hemos puesto de acuerdo sobre los puntos siguientes:

Vd. actuará como nuestro representante (o: distribuidor) exclusivo en Egipto.

La representación será en exclusiva para la venta de nuestros productos en...

El nombramiento tendrá validez primeramente por un período de prueba de dos años.

Le nombraremos a Vd. nuestro representante (o: distribuidor) exclusivo en la República Argentina para la venta de nuestra maquinaria agrícola para un período de dos años a partir del 1 de enero.

Aprobamos su proposición original de incluir las provincias

a) *auf alle von Ihnen als Alleinvertreter für Katalonien und die Balearen abgeschlossenen Verkäufe anzubieten (od. zu gewähren).*

b) *auf alle von Ihnen als unserem Einkaufsagenten getätigten Käufe anzubieten (od. zu gewähren).*

Falls Sie bereit sein sollten, als Delkredere-Agent tätig zu sein, wären wir einverstanden, Ihre Provision auf 12 Prozent zu erhöhen.

Bevor wir den offiziellen Vertrag zur Unterzeichnung aufsetzen, würden wir gerne die Hauptpunkte bestätigen, über die wir uns einig geworden sind, nämlich:

Wir bestätigen gerne das bei den Besprechungen zwischen Ihnen und unserem Herrn Gerber erreichte Übereinkommen wie folgt:

Über die folgenden Punkte sind wir uns einig geworden:

Sie werden als unser Alleinvertreter (od. Alleinverteiler) in Ägypten tätig sein.

Die Vertretung wird eine Alleinvertretung sein für den Absatz unserer Erzeugnisse in...

Die Ernennung wird zuerst einmal für eine Probezeit von zwei Jahren gelten.

Wir werden Sie als unseren Alleinvertreter (od. Alleinverteiler) in Argentinien für den Verkauf unserer landwirtschaftlichen Maschinen für eine Zeit von zwei Jahren ernennen, beginnend am 1. Januar.

Wir stimmen Ihrem ursprünglichen Vorschlag zu, die Provin-

de Lérida y Gerona en su zona.

1. Mientras Vd. sea nuestro representante exclusivo

2. Durante la validez de este contrato

Vd. no venderá ningún producto de la competencia (o: ningún producto que pueda competir con los nuestros), ya sea por cuenta propia o por cuenta de cualquier otra empresa.

No nombraremos a ningún otro representante o distribuidor en su zona (o: país) para la venta de...en...

Todos los artículos deberán ser suministrados y facturados por nosotros a los clientes directamente, con copia para Vd.

Sin nuestra autorización escrita (o: expresa) no deberá Vd. prometer o dar crédito a cliente alguno.

Vd. recibirá una comisión del 10 por ciento

a) sobre sus ventas de nuestros productos.

b) sobre los precios facturados de todos los productos pedidos a través de Vd. y pagados debidamente por los compradores correspondientes.

c) sobre el valor neto de todos los pedidos intermediados a través de Vd., al que se añadiría una comisión de garantía del 2 por ciento.

d) sobre los valores fob de todos los artículos enviados a La Coruña, independientemente de si se trata de pedidos proporcionados por Vd. o no, pagadera al fin de cada trimestre.

---

zen Lérida und Gerona in Ihr Gebiet einzubeziehen.

1. Während Sie unser Alleinvertreter sind,

2. Während der Dauer dieses Vertrages

werden Sie keine Erzeugnisse der Konkurrenz (od. keine Waren, die mit unseren Erzeugnissen konkurrieren,) verkaufen, weder auf eigene Rechnung noch auf Rechnung irgendeines anderen Unternehmens.

Wir werden keinen anderen Vertreter oder Verteiler in Ihrem Gebiet (od. Land) für den Verkauf von... in... ernennen.

Alle Waren sind von uns direkt an die Kunden zu liefern und zu fakturieren, mit Kopie an Sie.

Ohne unsere schriftliche (od. ausdrückliche) Genehmigung werden Sie keinem Kunden Kredit versprechen oder geben.

Sie werden eine Provision von 10 Prozent

a) auf Ihre Verkäufe unserer Erzeugnisse erhalten.

b) auf die fakturierten Preise aller durch Sie bestellten und ordnungsgemäß von den betreffenden Käufern bezahlten Waren erhalten.

c) auf den Nettowert aller durch Sie vermittelten Aufträge erhalten, zu der noch eine Delkredere-Provision von 2 Prozent hinzukommen würde.

d) auf die fob-Werte aller nach La Coruña gesandten Waren erhalten, gleichgültig ob es sich um von Ihnen hereingeholte Aufträge handelt oder nicht, zahlbar Ende jedes Quartals.

Los clientes liquidarán sus facturas directamente con nosotros, a cuyo efecto enviaremos a Vd., a fines de cada mes, una lista de todos los pagos recibidos por nosotros.

Die Kunden werden ihre Rechnungen direkt mit uns regulieren, und wir werden Ihnen am Ende eines jeden Monats eine Aufstellung über alle Zahlungen schicken, die wir erhalten haben.

Le reembolsaremos a Vd. todos aquellos gastos razonables, que necesariamente se le hubieran ocasionado.

Wir werden Ihnen alle angemessenen Spesen ersetzen, die Ihnen notwendigerweise entstanden sind.

Vd. nos enviará su liquidación trimestralmente.

Sie werden uns Ihre Abrechnung vierteljährlich schicken.

Vd. venderá nuestros productos a base de consignación, enviándonos mensualmente liquidaciones de ventas. Nosotros, por nuestra parte, giraremos a cargo de Vd. por el importe neto pagadero.

Sie werden unsere Erzeugnisse auf Konsignationsbasis verkaufen und uns monatliche Verkaufsabrechnungen schicken. Wir werden dann auf Sie für den fälligen Nettobetrag ziehen.

Vd. pondrá a disposición posibilidades adecuadas de almacenaje para los motores dados a Vd. en consignación.

Sie werden angemessene Lagermöglichkeiten für die Ihnen in Konsignation gegebenen Motoren zur Verfügung stellen.

Vd. deberá mantener (en almacén) existencias mínimas de 50 motores.

Sie werden einen Mindestvorrat von 50 Motoren halten.

Vd. deberá tener en almacén existencias de los artículos para los cuales existe una demanda continua a fin de ejecutar rápidamente pequeños pedidos.

Sie werden Vorräte der Artikel auf Lager halten, für die eine ständige Nachfrage besteht, um kleine Aufträge schnell zu erledigen.

Vd. deberá tener una selección representativa (o: una selección completa) de nuestros productos en sus locales de exposición.

Sie werden eine repräsentative Auswahl (od. eine komplette Auswahl) unserer Erzeugnisse in Ihren Ausstellungsräumen führen.

Estamos de acuerdo en contribuir con Ptas. ... a los gastos de publicidad.

Wir sind damit einverstanden, Ptas. ... zu den Werbungskosten beizutragen.

Contribuiremos con un importe anual de Ptas. ... a los gastos de publicidad (local).

Wir werden einen jährlichen Beitrag von Ptas. ... zu den Kosten der (örtlichen) Werbung leisten.

Le enviaremos a Vd. gratis una

Wir werden Ihnen in angemes-

cantidad adecuada de literatura tendente a fomentar las ventas.

sener Menge kostenlos Verkaufsliteratur für die Absatzförderung schicken.

El contrato será revisado después de (los) dos años.

Der Vertrag wird nach (den) zwei Jahren überprüft werden.

Ambas partes tienen, en todo momento, la posibilidad de rescindir el contrato por escrito con un plazo de preaviso de seis meses.

Beiden Parteien steht es frei, den Vertrag jederzeit schriftlich mit einer Kündigungsfrist von sechs Monaten zu beenden.

Si los negocios concluidos por Vd. se elevaran a menos de Ptas. … en un año, el convenio puede ser cancelado por escrito con un plazo de preaviso de tres meses (o: inmediatamente).

Wenn die durch Sie abgeschlossenen Geschäfte in einem Jahr weniger als Ptas. … betragen, kann die Vereinbarung schriftlich mit einer Kündigungsfrist von drei Monaten (od. sofort) beendet werden.

Vd. transmitirá las reclamaciones inmediatamente, ejecutando asimismo las investigaciones previas.

Beschwerden werden Sie sofort weiterleiten und die Voruntersuchungen erledigen.

Rogamos a Vd. nos comunique si está de acuerdo con estos puntos (o: extremos).

Bitte teilen Sie uns mit, ob Sie mit diesen Punkten einverstanden sind.

En caso de estar de acuerdo con las condiciones arriba indicadas,

Wenn die obigen Bedingungen Ihnen zusagen,

a) nos alegraría continuar discutiendo el asunto.

a) würden wir uns freuen, die Angelegenheit weiter zu besprechen.

b) haremos que el contrato sea redactado y enviado a Vd. para ser firmado.

b) werden wir veranlassen, daß der Vertrag abgefaßt und Ihnen zur Unterschrift gesandt wird.

Adjuntamos un borrador del contrato revisado, tomando en consideración un aumento del 12 por ciento de su comisión, así como ciertos gastos.

Wir fügen ein Konzept des revidierten Vertrages bei, der Ihre Provision auf 12 Prozent erhöht und gewisse Ausgaben berücksichtigt.

Adjuntamos dos ejemplares de nuestro contrato corriente (o: estándar) de representación, rogándole nos devuelva un ejemplar firmado.

Wir fügen zwei Exemplare unseres üblichen (od. Standard-) Vertretervertrages bei. Bitte senden Sie uns ein Exemplar unterschrieben zurück.

Le agradeceríamos devuelva

Wir wären dankbar, wenn Sie

el contrato, en caso dado, con sus comentarios al efecto.

den Vertrag zurücksenden würden, gegebenenfalls mit Ihrer Stellungnahme.

Nos alegra comunicar a Vd. que, después de nuestra visita en sus locales de exposición y depósito en Toledo y nuestra valoración del mercado español de maquinaria agrícola, nos hemos decidido a nombrarle nuestro agente de ventas y mantenimiento.

Es freut uns, Ihnen mitzuteilen, daß wir uns nach unserem Besuch Ihrer Ausstellungs- und Lagerräume in Toledo und unserer Bewertung des spanischen Marktes für landwirtschaftliche Maschinen entschlossen haben, Sie zu unserem Verkaufs- und Wartungsagenten zu ernennen.

g) Schlußworte

Nos agradará (o: Nos agradaría) saber

Es wird (od. würde) uns freuen zu hören,

a) a qué condiciones estaría Vd. dispuesto a concluir un contrato (o: representarnos; trabajar para nosotros).

a) zu welchen Bedingungen Sie bereit wären, einen Vertrag abzuschließen (od. uns zu vertreten; für uns tätig zu sein).

b) que Vd. está dispuesto a hacerse cargo de la representación en estas condiciones.

b) daß Sie bereit sind, zu diesen Bedingungen die Vertretung zu übernehmen.

Dado que hasta (el día de) hoy no hemos recibido ninguna contestación (o: respuesta), desprendemos que Vd. no está interesado en representarnos en su país.

Da wir bis heute noch keine Antwort erhalten haben, folgern wir, daß Sie nicht daran interessiert sind, uns in Ihrem Lande zu vertreten.

Esperamos tener pronto noticias suyas, ya que debemos tomar una rápida decisión.

Wir hoffen, recht bald von Ihnen zu hören, da wir zu einer schnellen Entscheidung kommen wollen.

Esperamos

Wir hoffen,

a) recibir su consentimiento (o: aprobación) referente a estas condiciones, en la expectativa de una larga y fructífera colaboración con la venta de nuestros productos.

a) Ihre Zustimmung zu diesen Bedingungen zu erhalten, und freuen uns auf eine lange und erfolgreiche Zusammenarbeit beim Absatz unserer Erzeugnisse.

b) que Vd. acepte nuestro contrato y se incorpore en nuestra organización como representante exclusivo de su región.

b) daß Sie unseren Vertrag annehmen und als Alleinvertreter in Ihrem Gebiet unserer Organisation beitreten werden.

384 Exportgeschäft

h) es besteht kein Interesse, es ist noch keine Entscheidung getroffen worden

Mucho apreciamos su interés,

Wir schätzen Ihr Interesse sehr,

a) si bien aún no hemos tomado una decisión en cuanto a una representación.

a) haben jedoch noch keine Entscheidung über eine Vertretung getroffen.

b) aunque por el momento las existentes estipulaciones no nos permiten establecer una representación exclusiva.

b) jedoch erlauben bestehende Abmachungen uns augenblicklich nicht, eine Alleinvertretung zu errichten.

1. En caso de que la situación cambie,

1. Sollte sich die Lage ändern,

2. De tomarse en consideración una representación de tal índole,

2. Falls eine solche Vertretung in Erwägung gezogen wird,

nos ocuparemos de su solicitud (o: candidatura).

werden wir Ihre Bewerbung berücksichtigen.

i) Kündigung

Dado que sus negocios durante el primer trimestre quedaron una vez más por debajo del objetivo de ventas,

Da Ihre Abschlüsse während des ersten Quartals wieder unter dem Verkaufssoll lagen,

a) tendremos que considerar la rescisión de su representación al llegar el momento de la prórroga de su contrato en el próximo junio.

a) werden wir erwägen müssen, Ihre Vertretung aufzulösen, wenn die Erneuerung des Vertrages im nächsten Juni fällig wird.

b) nos vemos obligados a rescindir el contrato.

b) sind wir gezwungen, den Vertrag zu kündigen.

Sentimos (o: Lamentamos)

Wir bedauern,

a) que el cambio de situación haga impracticable el convenio actual.

a) daß die geänderte Lage unsere augenblickliche Vereinbarung undurchführbar macht.

b) comunicar a Vd. que debemos disolver la representación.

b) Ihnen mitzuteilen, daß wir Ihnen Ihre Vertretung kündigen müssen.

Esto significa que, según las condiciones del contrato (o: estipulaciones contractuales), la representación quedará rescindida el próximo 31 de diciembre.

Dies bedeutet, daß gemäß den Vertragsbedingungen die Vertretung am nächsten 31. Dezember beendet sein wird.

Lamentamos la necesidad de disolver una relación comercial de ocho años, pero circunstancias sobre las cuales no tenemos influencia alguna fueron únicamente responsables del cambio de política de nuestra dirección.

Wir bedauern die Notwendigkeit, eine achtjährige Geschäftsverbindung aufzulösen, jedoch waren Umstände, auf die wir keinen Einfluß haben, allein für die geänderte Politik unserer Direktion verantwortlich.

B. Erteilung und Erledigung von Aufträgen

1. Verkauf von Waren, Konsignation(ssendung)

1. Como continuación a nuestra carta del 26 de abril

1. Im Anschluß an unser Schreiben vom 26. April

2. De conformidad con sus instrucciones (o: Como deseaba Vd., o: Como solicitó Vd.)

2. Ihren Anweisungen entsprechend (od. Wie gewünscht od. erbeten)

3. Después de haber examinado detenidamente su propuesta

3. Nach sorgfältiger Erwägung Ihres Vorschlages

4. Para analizar el mercado

4. Um den Markt zu testen,

a) hemos ordenado que se le envíen a Vd.10 cajas de herramientas de precisión, con las marcas LM 1–10, a cuyo efecto adjuntamos nuestra factura proforma y el conocimiento (o: los documentos de embarque).

a) haben wir veranlaßt, Ihnen 10 Kisten Präzisionswerkzeuge mit der Kennzeichnung LM 1–10 zu senden, und fügen unsere Pro-forma-Rechnung und das Konnossement (od. die Verschiffungsdokumente) bei.

b) enviamos a Vd. (o: a su dirección) una selección de nuestras especialidades como indicamos a continuación (o: en la factura adjunta).

b) senden wir an Sie (od. an Ihre Adresse) eine Auswahl unserer Spezialitäten wie untenstehend (od. wie auf beiliegender Rechnung) angegeben.

En breve recibirá Vd. (con la motonave Düsseldorf Express) un suministro (de prueba) de cinco cajas con artículos de cuero, los cuales fueron seleccionados especialmente para el mercado centroamericano.

Sie werden in Kürze (mit MS Düsseldorf Express) eine (Probe)Sendung von fünf Kisten mit Lederwaren erhalten, die für den zentralamerikanischen Markt besonders ausgewählt wurden.

Adjuntamos el conocimiento y la póliza de seguro, esperando que el despacho de la mercancía no ocasione dificultad alguna.

Als Anlage fügen wir das Konnossement und die Versicherungspolice bei und hoffen, daß die Abfertigung der Ware keine Schwierigkeiten bereiten wird.

man bittet den Vertreter, den Absatz der Ware zu fördern

Para ayudarle a Vd. en la fijación de los precios adjuntamos una especificación con detalles exactos y precios de catálogo.

Um Ihnen bei der Festsetzung der Preise zu helfen, fügen wir eine Einzelaufstellung mit genauen Angaben und Listenpreisen bei.

1. Dado que la demanda de ropa deportiva parece ser por el momento muy viva,

1. *Da die Nachfrage nach Sportbekleidung augenblicklich sehr lebhaft erscheint,*

2. Dado que los instrumentos ópticos son de excelente calidad,

2. *Da die optischen Instrumente von ausgezeichneter Qualität sind,*

3. Dado que los accesorios para motocicletas destinados al mercado español han sido seleccionados especialmente,

3. *Da die Motorrad-Zubehörteile für den spanischen Markt besonders ausgewählt worden sind,*

a) quedamos en espera de sus noticias de que Vd. ha obtenido precios favorables (o: por encima del promedio).

a) *sehen wir Ihrer Nachricht, daß Sie zufriedenstellende (od. überdurchschnittliche) Preise erzielt haben, gerne entgegen.*

b) contamos con que Vd. realizará todos los esfuerzos para venderla/los a precios lucrativos.

b) *verlassen wir uns darauf, daß Sie alle Anstrengungen machen werden, um sie zu lohnenden Preisen abzusetzen.*

Haga, por favor, todo lo posible para vender el artículo (o: la partida; el lote) a Ptas. . . . .

Bitte tun Sie Ihr Bestes (od. Äußerstes), den Artikel (od. Posten) zu Ptas. . . . . zu verkaufen.

No tenemos la intención de fijar un precio mínimo, sino que estamos dispuestos a fiarnos de su juicio (o: parecer) en este asunto.

Wir beabsichtigen nicht, einen Mindestpreis festzusetzen, sondern sind bereit, uns in dieser Angelegenheit auf Ihr Urteil zu verlassen.

La cuestión de precios la dejamos a su albedrío, bajo la condición

In Preisangelegenheiten geben wir Ihnen freie Hand unter der Voraussetzung,

a) de que no venda Vd. el sumi-

a) *daß Sie die Sendung nicht un-*

nistro por debajo de Ptas. . . .

ter Ptas. . . . verkaufen.

b) de que los ingresos netos cubran el precio de coste.

b) daß die Selbstkosten durch die Nettoeinnahmen gedeckt werden.

Zahlungsweise und Schlußworte

Por supuesto,

Sie werden natürlich

a) Vd. abonará el resultado neto en nuestra cuenta.

a) das Nettoergebnis unserem Konto gutschreiben.

b) Vd. nos enviará un cheque bancario (o: cheque sobre Madrid) por el importe obtenido.

b) uns einen Bankscheck (od. Scheck auf Madrid) für den erzielten Betrag schicken.

c) Vd. aceptará nuestra letra (o: giro) por Ptas. . . .

c) unsere Tratte in Höhe von Ptas. . . . akzeptieren.

Esperamos que las mercancías

Wir hoffen, daß die Waren

a) llegarán a su poder en buen estado.

a) Sie in gutem Zustand erreichen werden.

b) llegarán sin riesgo a ésa, apreciando conocer su opinión en relación con su adaptación en su mercado.

b) Sie sicher erreichen werden, und würden Ihre Meinung in bezug auf ihre Eignung für Ihren Markt begrüßen.

c) encontrarán la aceptación de Vd.

c) Ihre Zustimmung finden werden.

d) corresponderán a las exigencias de su clientela.

d) den Anforderungen Ihrer Kunden entsprechen werden.

2. Auftrag zum Einkauf von Waren

a) Anweisungen an den Kommissionär

Hoy hemos dado a Vd. instrucciones telegráficas de comprar para nosotros . . .

Heute haben wir Sie telegrafisch angewiesen, für uns . . . zu kaufen.

Rogamos comprar y embarcar por nuestra cuenta, para su suministro a más tardar el 30 de junio, las mercancías mencionadas a continuación:

Bitte kaufen und verschiffen Sie für unsere Rechnung zur Lieferung nicht später als 30. Juni die nachstehend aufgeführten Waren:

Hemos recibido hace tres semanas las listas de precios enviadas por Vd., remitiéndole hoy adjunto nuestro pedido de compra n° M 872 para instrumentos electrónicos.

Wir haben vor drei Wochen die uns gesandten Preislisten erhalten und senden Ihnen nunmehr in der Anlage unsere Einkaufsorder Nr. M 872 für elektronische Geräte.

La orden de compra contiene (o: da) instrucciones exactas referentes al embalaje, seguro y documentación de embarque.

Der Einkaufsauftrag enthält (od. gibt) genaue Anweisungen bezüglich Verpackung, Versicherung und Verschiffungsdokumente.

Hemos tenido recientemente un número de demandas de vino español y, por ello, le quedaríamos muy agradecidos si nos enviara un suministro (de prueba) de aproximadamente 120 botellas de vino tinto y blanco respectivamente.

Wir haben kürzlich eine Anzahl Anfragen nach spanischem Wein erhalten und wären Ihnen dankbar, wenn Sie uns eine (Probe)-Sendung von etwa je 120 Flaschen Rot- und Weißwein schikken würden.

La cuestión de los precios la dejamos a su criterio, bajo la condición de que los gastos totales de las mercancías no sobrepasen las Ptas....

Die Frage der Preise überlassen wir Ihrem Ermessen, vorausgesetzt, daß die Gesamtkosten der Waren Ptas. ... nicht übersteigen.

Una vez recibidas las mercancías le pagaremos la comisión convenida del 10 por ciento.

Wenn wir die Waren erhalten, werden wir Ihnen die vereinbarte Provision von 10 Prozent zahlen.

b) Kommissionär an den Auftraggeber

Como nos rogó Vd. (o: instruyó Vd.) hemos comprado para Vd....

Wie erbeten (od. angewiesen), haben wir für Sie... gekauft.

Hemos conseguido recibir todas las mercancías especificadas en su orden de compra n° K 16123, habiéndolas embarcado en la motonave Dart Continent que salió ayer de Rotterdam.

Es ist uns gelungen, alle in Ihrer Einkaufsorder Nr. K 16123 verzeichneten Waren zu erhalten, und wir haben sie durch MS Dart Continent verschifft, das gestern von Rotterdam ausgelaufen ist.

Nos alegra comunicar a Vd. que hemos recibido precios especialmente ventajosos y que sólo se cobró un recargo de poca importancia en concepto de embalaje especial.

Wir freuen uns, Ihnen mitzuteilen, daß wir besonders günstige Preise erhalten haben und daß nur ein geringer Zuschlag für Sonderverpackung erhoben wurde.

Adjuntamos las facturas de los diferentes suministradores con nuestra relación general, la cual muestra un saldo de Ptas. ... a nuestro favor. Hemos librado una letra por este importe sobre Vd. a 30 días vista a través del Banco de Santander.

Wir fügen die Rechnungen der verschiedenen Lieferanten bei mit unserer Gesamtaufstellung, die einen Saldo von Ptas. ... zu unseren Gunsten aufweist. Wir haben für diese Summe auf Sie mit 30 Tagen Sicht durch den Banco de Santander gezogen.

3. Empfangsbestätigung der Waren

Nos complace informar a Vd. que el suministro de grabadores de vídeo enviado el 2 de marzo ha llegado en estado impecable en la fecha fijada.

Wir freuen uns, Ihnen mitzuteilen, daß die am 2. März gesandte Lieferung Videorecorder an dem festgesetzten Datum in tadellosem Zustand angekommen ist.

Quedamos muy agradecidos por su nota de entrega y el conocimiento para los reguladores de temperatura, embarcados en la motonave Selandia, los cuales llegaron en perfecto estado.

Vielen Dank für Ihre Lieferanzeige und das Konnossement für die mit MS Selandia verschifften Temperaturregler, die in ausgezeichnetem Zustande eingetroffen sind.

Hemos examinado las facturas y encontrado éstas en orden.

Wir haben die Rechnungen nachgeprüft und in Ordnung gefunden.

4. Unbefriedigendes Ergebnis

a) Vertreter an den Auftraggeber

Desgraciadamente tenemos que indicar (o: informar)

Leider müssen wir sagen (od. berichten),

a) que se está haciendo cada vez más difícil vender sus artículos en este país.

a) daß es immer schwieriger wird, Ihre Waren in diesem Lande zu verkaufen.

b) que los artículos son (absolutamente) inadecuados para este mercado.

b) daß die Waren für diesen Markt (völlig) ungeeignet sind.

c) que la venta de sus artículos ha demostrado ser más difícil de lo que se podría haber esperado cuando nos hicimos cargo de su representación.

c) daß sich der Absatz Ihrer Waren als schwieriger erwiesen hat, als erwartet werden konnte, als wir Ihre Vertretung übernahmen.

Lamentamos mucho el descenso en las ventas, que indudablemente (o: por completo) se debe

Wir bedauern den Absatzrückgang sehr, der zweifellos (od. gänzlich)

a) a la creciente competencia de los países asiáticos del este.

a) auf die wachsende Konkurrenz aus den ostasiatischen Ländern zurückzuführen ist.

b) a los derechos (o: aranceles) de importación impuestos últimamente.

b) auf die kürzlich erhobenen Einfuhrzölle zurückzuführen ist.

c) a la incierta situación económica y al rápido descenso del poder adquisitivo en este país.

c) auf die unsichere wirtschaftliche Lage und die rapide abnehmende Kaufkraft in diesem Lande zurückzuführen ist.

Parecen existir pocas perspectivas para un aumento de las ventas en tanto persista la actual situación.

Für eine Steigerung der Verkäufe scheint wenig Aussicht zu bestehen, solange die augenblickliche Lage anhält.

1. Ya en ocasiones anteriores llamamos a Vd. la atención sobre la competencia creciente en este mercado

1. Bei früheren Gelegenheiten haben wir Sie schon auf die wachsende Konkurrenz auf diesem Markt aufmerksam gemacht

2. Sin duda conoce Vd. la amenazante competencia (o: la creciente presión de la competencia)

2. Sie kennen sicher den bedrohlichen Wettbewerb (od. den zunehmenden Konkurrenzdruck)

a) de productos japoneses y surcoreanos, todos ellos de buena calidad y considerablemente más baratos que los suyos.

a) von japanischen und südkoreanischen Erzeugnissen, die alle von guter Qualität und beträchtlich billiger als Ihre Erzeugnisse sind.

b) de las casas surcoreanas, cuyos bajos precios y rápidos suministros ejercen un efecto notable sobre los compradores de ésta.

b) von südkoreanischen Firmen, deren niedrige Preise und schnelle Lieferungen eine bemerkenswerte Wirkung auf die hiesigen Käufer haben.

Indudablemente Vd. tendrá conocimiento de las importantes campañas de publicidad

Ihnen werden zweifellos die umfangreichen Werbefeldzüge

a) de las grandes empresas con relaciones internacionales.

a) der großen Firmen mit internationalen Beziehungen bekannt sein.

b) de nuestros competidores suramericanos, establecidos fir-
memente en el mercado.

*b) unserer südamerikanischen
Konkurrenten bekannt sein,
die auf dem Markt fest etabliert
sind.*

Sin duda Vds. tienen planes

Zweifellos haben Sie Pläne, um

a) de rechazar a nuevos competidores que probablemente
inundarán el mercado.

*a) neuankommende Konkurren-
ten abzuwehren, die wahr-
scheinlich den Markt über-
schwemmen.*

b) de hacer cara a la fuerte competencia con que nos vemos
confrontados en la actualidad.

*b) der starken Konkurrenz entge-
genzutreten, der wir uns jetzt
gegenübersehen.*

1. Si Vds. quieren continuar
manteniéndose firmes en este
mercado,

*1. Wenn Sie sich auf diesem
Markt weiter behaupten wollen,*

2. Si Vds. quieren mantener su
posición (o: continuar competitivos),

*2. Wenn Sie Ihre Stellung halten
wollen (od. konkurrenzfähig
bleiben wollen),*

a) es absolutamente necesaria
una pronta entrega de los
pedidos otorgados a Vds.

*a) ist prompte Lieferung der
Ihnen erteilten Aufträge unbedingt erforderlich.*

b) parece ser inevitable reducir algo los precios.

*b) scheint es unerläßlich, die
Preise etwas zu reduzieren.*

c) parece ser aconsejable
efectuar una reducción general de los precios.

*c) scheint eine allgemeine
Preisermäßigung ratsam.*

Sólo pudimos mantener nuestra posición

*Wir konnten unsere Stellung
nur halten,*

a) ejerciendo presión sobre
nuestros colaboradores del
servicio exterior.

*a) indem wir auf unsere Außen-
dienstmitarbeiter Druck aus-
übten.*

b) aumentando nuestros gastos
de publicidad.

*b) indem wir unsere Werbungs-
ausgaben erhöhten.*

El mercado es más adecuado
para artículos baratos de calidad
razonable que para artículos de
lujo para el cliente exigente.

*Der Markt ist für Billigwaren
vernünftiger Qualität geeigneter
als für Luxuswaren für den an-
spruchsvollen Kunden.*

Vd. no se ha dado cuenta

*Es ist Ihnen nicht klargewor-
den,*

a) de que el retroceso de nuestras ventas es una consecuencia directa de su falta de disposición de cooperar con nosotros.

*a) daß unser Absatzrückgang
eine direkte Folge Ihrer fehlenden Bereitschaft ist, mit uns
zusammenzuarbeiten.*

b) de que la razón principal de las malas ventas son los altos precios de sus artículos.

b) daß der Hauptgrund für den schlechten Absatz die hohen Preise Ihrer Waren sind.

c) de que su incapacidad (o: negligencia) en adaptar sus productos a las necesidades del mercado es la única razón de los insuficientes resultados.

c) daß Ihre Unfähigkeit (od. Ihr Versäumnis), Ihre Erzeugnisse den Erfordernissen des Marktes anzupassen, der einzige Grund für die dürftigen Ergebnisse ist.

Las oscilaciones monetarias hacen difíciles las ventas.

Währungsschwankungen machen den Absatz schwierig.

Sería importantísimo tomar medidas para

Es wäre äußerst wichtig, dafür zu sorgen,

a) que los folletos y demás material de publicidad sean redactados en el idioma del país al cual van destinados.

a) daß Broschüren und anderes Werbematerial in der Sprache des Landes abgefaßt werden, für das sie bestimmt sind.

b) que se haga todo lo posible para evitar demoras en el suministro.

b) daß alles geschieht, um Lieferungsverzögerungen zu vermeiden.

Creemos que al fin estamos haciendo verdaderamente progresos.

Wir glauben, daß wir endlich wirklich vorankommen (od. Fortschritte machen).

Sin embargo, y hablando con cierta cautela, somos optimistas, pensando que las dificultades actuales serán vencidas, siéndonos entonces posible

Wir sind jedoch vorsichtig optimistisch, daß die augenblicklichen Schwierigkeiten überwunden werden und daß es uns möglich sein wird,

a) aumentar las ventas del nivel actual a aproximadamente Ptas....

a) den Absatz von dem augenblicklichen Niveau auf ungefähr Ptas.... zu steigern.

b) elevar las ventas claramente aunando nuestros esfuerzos.

b) durch gemeinsame Anstrengungen den Absatz deutlich zu erhöhen.

Esperamos estar en condiciones de duplicar nuestras ventas durante los próximos doce meses, obteniendo así (aún) mejores resultados.

Wir erwarten, in der Lage zu sein, unseren Absatz während der nächsten zwölf Monate zu verdoppeln und (noch) bessere Ergebnisse zu erzielen.

b) Auftraggeber an den Vertreter

Hemos recibido su liquidación del mes de marzo y debemos expresar nuestra preocupación

Wir haben Ihre Verkaufsabrechnung für den Monat März erhalten und müssen unsere Besorgnis zum Ausdruck bringen

a) por el drástico retroceso de ventas en su zona.

a) über den drastischen Verkaufsrückgang in Ihrem Gebiet.

b) por el alto importe de gastos.

b) über den hohen Spesenbetrag.

c) por el precio, absolutamente insatisfactorio, que Vd. ha obtenido para...

c) über den bei weitem nicht zufriedenstellenden Preis, den Sie für... erhalten haben.

1. Sentimos (o: Lamentamos) enterarnos de

1. Es tut uns leid zu erfahren (od. Wir bedauern), daß

2. Nos preocupa (o: Nos causa preocupación)

2. Wir sind darüber besorgt, daß

a) que les sea a Vds. difícil vender las mercancías, en especial teniendo en cuenta que éstas tienen aquí un buen mercado.

a) es Ihnen schwerfällt, die Waren zu verkaufen, insbesondere, wenn man berücksichtigt, daß sie hier einen guten Absatz haben.

b) que sus ventas hayan disminuido considerablemente durante los últimos meses.

b) Ihre Verkäufe während der letzten Monate beträchtlich zurückgegangen sind.

Si bien (o: Aunque) suponemos que quizás exista un motivo justificado para esta situación insatisfactoria, tenemos, sin embargo, que rogarle a Vd. que nos presente regularmente informes detallados.

Obwohl wir annehmen, daß es vielleicht einen guten Grund für diese unbefriedigende Sachlage gibt, müssen wir Sie doch bitten, uns regelmäßig ausführliche Berichte vorzulegen.

Como representante nuestro Vd. ha vendido durante los primeros seis meses 450 máquinas. Desde este comienzo tan halagador las ventas han sufrido un descenso tal que Vd., por término medio, no ha vendido ahora más de 30 máquinas por mes.

Als unser Vertreter haben Sie während der ersten sechs Monate 450 Maschinen verkauft. Seit diesem ermutigenden Anfang sind die Verkäufe jedoch in einem solchen Ausmaß zurückgegangen, daß Sie nun im Durchschnitt nicht mehr als 30 Maschinen pro Monat verkauft haben.

Es posible, por supuesto, que

Natürlich ist es möglich, daß

a) Vd. tenga que enfrentar dificultades de las cuales no tenemos conocimiento.

a) Sie mit Schwierigkeiten zu kämpfen haben, von denen wir nichts wissen.

b) un retroceso general en el comercio de su región podría explicar la situación actual.

b) ein allgemeiner Rückgang im Handel in Ihrem Gebiet die augenblickliche Lage erklären könnte.

Nuestra política de negocios

Es ist unsere Geschäftspolitik,

es apoyar a nuestros representantes en el desarrollo de sus mercados. Sin embargo, no estamos en condiciones de hacer esto si Vd. no nos informa sobre sus dificultades.

Sus observaciones referentes a los precios nos sorprenden mucho,

a) dado que nuestros artículos se venden bien en la mayoría de los mercados.

b) dado que un examen detallado muéstra (o: pone de manifiesto) que ciertos productos de la competencia se vendieron sin problemas.

Quisiéramos saber qué medidas tomará Vd. para mejorar la actual situación y aportar algunos pedidos de consideración.

unsere Vertreter bei der Erschließung ihrer Märkte zu unterstützen. Wir sind jedoch nicht in der Lage, dies zu tun, wenn Sie uns nicht von Ihren Schwierigkeiten unterrichten.

Ihre Bemerkungen bezüglich der Preise erstaunen uns sehr,

a) da unsere Artikel sich auf den meisten Märkten gut verkaufen.

b) da eine nähere Untersuchung zeigt, daß gewisse Konkurrenzerzeugnisse ohne Schwierigkeit verkauft wurden.

Wir möchten wissen, welche Schritte Sie unternehmen werden, um die augenblickliche Situation zu bessern und einige größere Aufträge beizubringen.

5. Marktbericht

a) Vertreter an den Auftraggeber

Vd. me rogó le pasara comentarios (o: un informe) sobre la posibilidad de aumentar la exportación a la República Federal de Alemania.

Después de haber finalizado nuestras investigaciones preliminares estamos preparando un detallado informe sobre nuestras conclusiones,

a) el cual será presentado a Vd. dentro de los próximos días.

b) el cual formará la base de ulteriores conversaciones con Vd.

Adjunto encontrará Vd.

a) un informe exacto sobre nuestras investigaciones.

Sie baten mich um Stellungnahme (od. einen Bericht) über die Möglichkeit einer Steigerung des Exports in die Bundesrepublik Deutschland.

Wir haben unsere Voruntersuchungen abgeschlossen und bereiten einen umfassenden Bericht über unsere Schlußfolgerungen vor,

a) der Ihnen innerhalb der nächsten Tage vorgelegt werden wird.

b) der die Grundlage für weitere Besprechungen mit Ihnen bilden wird.

In der Anlage finden Sie

a) einen genauen Bericht über unsere Untersuchungen.

b) nuestra circular con datos sobre los movimientos (o: detalles) de nuestro mercado.

Nuestro informe mostrará a Vd.

a) que aquí existe una creciente demanda de artículos de baño, siendo las perspectivas verdaderamente excelentes para trajes de baño de buena calidad y a precios competitivos.

b) que la situación económica en este país no es favorable para la importación de artículos de lujo.

c) que existe una viva (o: continua) demanda de aparatos técnicamente muy desarrollados de esta índole.

d) que (en caso) de corresponder sus artículos a la muestra, éstos se venderían bien en este mercado.

e) que el retroceso de la demanda es una consecuencia del alto precio de sus artículos.

f) que hay ocho firmas de consideración en el ramo, de las cuales una posee una participación en el mercado de más del 40%.

g) que el mercado está aún flojo.

h) que el mercado por fin se ha recuperado.

i) que las condiciones del mercado se han estabilizado.

Estamos convencidos de que

a) en Austria existen excelentes perspectivas para un amplio mercado de exportación en cuanto a sus cafeteras electrodomésticas.

b) si Vds. reducen los precios y adaptan sus productos a las

b) *unser Rundschreiben mit Angabe der Bewegungen (od. Einzelheiten) unseres Marktes.*

Unser Bericht wird Ihnen zeigen,

a) *daß hier eine wachsende Nachfrage nach Badeartikeln besteht und die Aussichten für Badeanzüge guter Qualität zu konkurrenzfähigen Preisen wirklich ausgezeichnet sind.*

b) *daß die wirtschaftliche Lage in diesem Lande für die Einführung von Luxuswaren nicht günstig ist.*

c) *daß eine lebhafte (od. ständige) Nachfrage nach technisch hochentwickelten Geräten dieser Art besteht.*

d) *daß, wenn Ihre Waren dem Muster entsprechen, sie sich gut auf diesem Markt verkaufen dürften.*

e) *daß der Nachfragerückgang eine Folge der hohen Preise Ihrer Waren ist.*

f) *daß es acht größere Firmen in der Branche gibt, von denen eine mehr als 40% Marktanteil hält.*

g) *daß der Markt immer noch flau ist.*

h) *daß der Markt sich endlich erholt hat.*

i) *daß die Marktbedingungen sich stabilisiert haben.*

Wir sind überzeugt, daß

a) *ausgezeichnete Aussichten für einen großen Exportmarkt für Ihre Kaffeemaschinen in Österreich bestehen.*

b) *wenn Sie die Preise herabsetzen und Ihre Erzeugnisse den*

necesidades del mercado, existirán buenas perspectivas de éxito (o: existiría un buen mercado para sus productos).

Erfordernissen des Marktes anpassen, alle Aussicht auf Erfolg besteht (od. ein guter Markt für Ihre Erzeugnisse bestehen würde).

Adjuntamos ejemplares de listas de precios de casas de la competencia.

Wir fügen Exemplare von Preislisten der Konkurrenzfirmen bei.

Creemos que su producto especial tiene buenas perspectivas de éxito, dado que el modelo de lujo de su competidor va indicado con un precio de lista de Ptas. . . .

Wir glauben, daß Ihr spezielles Erzeugnis alle Aussichten auf Erfolg hat, da das Luxusmodell Ihres Konkurrenten mit einem Listenpreis von Ptas. . . . angegeben ist.

Estamos seguros de que Vd. se alegrará de recibir este optimista y tranquilizante informe.

Wir sind sicher, daß Sie erfreut sein werden, diesen optimistischen und beruhigenden Bericht zu erhalten.

b) Auftraggeber an den Vertreter

Quizás tuviera Vd. la amabilidad de redactarme un informe

Würden Sie bitte für mich einen Bericht ausarbeiten,

a) sobre cómo se pueden mejorar nuestras cifras de venta.

a) wie unsere Verkaufszahlen verbessert werden können.

b) sobre cómo se puede ampliar nuestra participación en el mercado.

b) wie unser Marktanteil erweitert werden kann.

c) sobre lo que Vd. considera como puntos peligrosos.

c) was Sie als Gefahrenpunkte betrachten.

d) sobre el volumen global del mercado, sus tendencias, así como las firmas que están suministrando.

d) über den Gesamtumfang des Marktes, seine Tendenzen und die Firmen, die ihn im Moment beliefern.

Cualquier propuesta que Vd. pudiera hacernos será de gran ayuda, siendo considerada por nosotros muy cuidadosamente.

Alle von Ihnen gemachten Vorschläge werden uns sehr helfen und sehr sorgfältig in Betracht gezogen werden.

En nuestro futuro planeamiento y desarrollo nos sería de gran ayuda si Vd. rellenara el formulario adjunto y nos lo devolviera dentro de dos semanas.

Bei unserer zukünftigen Planung und Entwicklung würde es uns sehr helfen, wenn Sie den beigefügten Fragebogen ausfüllen und uns innerhalb von zwei Wochen zurückschicken würden.

Un cierto aumento de precios es casi inevitable, por lo que le quedaríamos a Vd. muy agradecidos si nos asesorara en cuanto a lo que el mercado puede aguantar.

Eine gewisse Preiserhöhung ist fast unvermeidlich, und wir wären Ihnen für Ihren Rat dankbar, was der Markt verkraften kann.

Quedamos con gusto en espera de su informe detallado

Wir sehen Ihrem eingehenden Bericht

a) sobre la situación del mercado y las futuras tendencias del mismo.

a) über die Marktsituation und künftige Markttendenz gerne entgegen.

b) con sugerencias sobre cómo podemos contribuir, según su opinión, a situar de nuevo nuestras ventas, por lo menos, al nivel de antes.

b) mit Vorschlägen, wie wir nach Ihrer Ansicht dazu beitragen können, unseren Absatz wenigstens auf das frühere Niveau zurückzuführen, gerne entgegen.

Agradecemos a Vd. su carta del 27 de abril

Wir danken Ihnen für Ihr Schreiben vom 27. April

a) con el informe confidencial sobre la situación en Chile, enviado por su representante en Santiago.

a) mit dem vertraulichen Bericht über die Lage in Chile, der von Ihrem Vertreter in Santiago geschickt wurde.

b) y nos alegra saber que Vd. cree que el mercado en la América Latina es aún susceptible de desarrollo.

b) und freuen uns zu hören, daß Sie glauben, daß der Markt in Lateinamerika noch entwicklungsfähig ist.

c) dando a Vd. las gracias por el esmero con que ha expuesto la situación del comercio de pieles en la Argentina.

c) und danken Ihnen für die Sorgfalt, mit der Sie die Lage des Pelzhandels in Argentinien dargelegt haben.

d) y su recomendación referente a la calidad de los productos más adecuados para este mercado.

d) und für Ihre Empfehlung bezüglich der Qualität der Waren, die für diesen Markt am besten geeignet sind.

e) alegrándonos de enterarnos de que en Venezuela probablemente crecerá la demanda de ordenadores personales en el curso de los próximos dos o tres años (o: probablemente se recuperará).

e) und freuen uns zu hören, daß in Venezuela die Nachfrage nach Heimcomputern im Laufe der nächsten zwei oder drei Jahre wahrscheinlich beträchtlich wachsen wird (od. sich wahrscheinlich erholen wird).

Quedamos muy agradecidos por el envío regular de los informes del mercado.	*Besten Dank für die regelmäßige Zusendung der Marktberichte.*
Su (último) informe es para nosotros algo desalentador.	*Ihr (letzter) Bericht ist für uns etwas entmutigend.*
Rogamos a Vds. continúen poniéndonos al corriente sobre la situación de su mercado.	*Bitte halten Sie uns weiter über den Stand Ihres Marktes auf dem laufenden.*

XVII. Versicherung(swesen)

Unter Versicherung *(seguro)* versteht man im allgemeinen die Verlagerung *(desplazamiento)* eines Risikos *(riesgo)*, das auf dem Vermögen des Versicherten *(sobre el patrimonio del asegurado)* ruht, auf das Vermögen des Versicherers *(asegurador)* durch die Bezahlung einer Geldsumme. Man unterscheidet zwischen Privatversicherung *(seguro privado)* und Sozialversicherung *(seguros sociales)*. Letztere dient dem Schutz gegen Krankheit (Krankenversicherung, *seguro de enfermedad*), Unfall (Unfallversicherung, *seguro de accidentes*), Invalidität (Invalidenversicherung, *seguro de invalidez*) und Arbeitslosigkeit (Arbeitslosenversicherung, *seguro contra el paro*). Es besteht Versicherungspflicht *(seguro obligatorio)*, und die vom Versicherten zu leistende Geldsumme heißt Beitrag *(cuota)*.

Der Versicherungsvertrag *(contrato de seguro)* wird schriftlich in Form des Versicherungsscheins *(póliza de seguro)* festgelegt. Der Versicherer ist verpflichtet, bei Eintritt des Versicherungsfalles *(en caso de siniestro)* je nach Art der Versicherung einen bestimmten Kapitalbetrag *(capital)*, eine Rente *(renta)* oder eine Entschädigung *(indemnización)* zu zahlen. Der Versicherungsnehmer *(contratante del seguro)* hat die vereinbarte Prämie *(prima)* oder, bei Versicherung auf Gegenseitigkeit *(seguro mutuo)*, den Beitrag zu entrichten *(abonar la cuota)*. Meistens ist der Versicherungsnehmer zugleich auch der Versicherte, d. h. die Person, die den Anspruch auf die Leistung *(prestación)* hat. Es kann sich aber auch um zwei verschiedene Personen handeln, was bei der Lebensversicherung im allgemeinen der Fall ist.

Häufig kommt ein Versicherungsvertrag durch Vermittlung eines Versicherungsagenten *(por mediación de un agente de seguros)* zustande.

Als Versicherer kommen öffentlich-rechtliche Versicherungsanstalten *(instituciones aseguradoras de derecho público)*, Versicherungsgesellschaften in Form einer Aktiengesellschaft *(compañías de seguros en forma de sociedad anónima)* und Versicherungsvereine auf Gegenseitigkeit *(compañías mutuas de seguros)* in Betracht. Sie können ihrerseits das Risiko verteilen *(repartir el riesgo)*, indem sie von der Rückversicherung *(reaseguro)* oder der Mitversicherung *(coaseguro)* Gebrauch machen. Bei der Rückversicherung versichert sich der Erstversicherer *(primer asegurador)* seinerseits wieder bei einer anderen Gesellschaft, dem Rückversicherer *(reasegurador)*, bei der Mitversicherung wird das Risiko unter verschiedenen Versicherern aufgeteilt, wobei jeder von ihnen für einen Teil der Versicherungssumme haftet *(responde de una parte de la suma asegurada)*.

In der Privatversicherung unterscheidet man zwischen Schadenversicherung *(seguro contra daños)* und Personenversicherung *(seguro de personas)*.

A) Schadenversicherung. Der Versicherer hat hier nur die Summe zu leisten *(satisfacer)*, die zur Deckung des tatsächlich entstandenen Schadens *(cobertura del daño concreto)* erforderlich ist. Die Höchstgrenze der Leistung *(prestación)* wird durch die Versicherungssumme bestimmt. Übersteigt diese den Wert des versicherten Interesses oder der versicherten Sache (Versicherungswert, *interés asegurado*), so spricht man von Überversicherung *(sobreseguro)*. Der umgekehrte Fall ist die Unterversicherung *(infraseguro)*.

Arten der Schadenversicherung sind:
Feuerversicherung *(seguro contra incendios)*; Hagelversicherung *(seguro contra el pedrisco)*; Viehversicherung *(seguro de ganados)*; Transportversicherung *(seguro de transportes)*; Haftpflichtversicherung *(seguro de responsabilidad civil)*; Kraftfahrzeugversicherung *(seguro de vehículos)*; Einbruchdiebstahlversicherung *(seguro contra robos)*; Maschinenversicherung *(seguro de maquinaria)*; Kursverlustversicherung *(seguro de cambios)*; Postversicherung *(seguro postal)*.

B) Personenversicherung. Der Versicherer ist verpflichtet, bei Eintritt des Versicherungsfalles einen bestimmten Betrag an Kapital oder Rente zu zahlen (Versicherungssumme, *suma asegurada*), unabhängig von der Höhe des wirklich eingetretenen Bedarfs *(necesidad sentida)*. Die wichtigste Art ist die Lebensversicherung *(seguro de vida)*. Daneben gibt es die Unfallversicherung *(seguro de accidentes)*, die Krankenversicherung *(seguro de enfermedad)* und die Altersversicherung *(seguro de vejez)*.

Am wichtigsten für den Außenhandel *(comercio exterior)* ist neben der Exportkreditversicherung *(seguro de crédito a la exportación)* durch die Compañía Española de Seguros de Crédito a la Exportación (CESCE) wohl die von Versicherungsgesellschaften betriebene Seeversicherung *(seguro marítimo)*, die sich mit der Versicherung von Schiffen *(buques)*, Frachten *(fletes)*, Ladungen *(cargamentos)* oder des imaginären Gewinns *(beneficio probable)* befaßt. Ein großer Teil dieser Versicherungen wird an der Schiffahrts- und Versicherungsbörse *(bolsa de seguros y navegación)* durch Vermittlung der Versicherungsagenten *(agentes de seguros)* abgeschlossen.

Der Seeversicherungsschein *(póliza de seguro marítimo)* lautet:

a) hinsichtlich der Dauer: „auf Zeit" *(seguro por tiempo determinado)*; Generalpolice, laufende Police, *póliza de abono, póliza flotante*) oder „auf eine bestimmte Reise" *(seguro por viaje determinado)*;

b) hinsichtlich der versicherten Summe *(suma asegurada)*: „untaxiert", „offen" oder „laufend" (ohne Wertangabe: *póliza en blanco* = Pauschalpolice) oder „taxiert" (mit Wertangabe: *póliza tasada)*.

Verschiedene Klauseln *(cláusulas)* bestimmen die Haftung *(responsabilidad)* des Versicherers und enthalten oft eine Befreiung, Franchise *(franquicia)* von der Entschädigung oder Leistung *(indemnización)* für kleine oder geringe Schäden, Bagatellschäden *(averías de poca consideración)*, und zwar:

a) bei leichtverderblicher Ware (mit höherem Prämiensatz *[con prima mayor]*): *Contra todo riesgo* = gegen alle Gefahren; *Contra avería particular* = mit besonderer Havarie;

b) bei gut verpackter und dem Verderben wenig ausgesetzter Ware:
Libre de avería particular = frei von besonderer Havarie, oder auch *Con franquicia del 3%* = frei von 3% Beschädigung oder frei von Beschädigung, wenn unter 3%, d. h. der Versicherer haftet *(responde)* erst für den über 3% hinausgehenden Schaden.
Contra pérdida total, salvo varada = frei von Bruch, außer im Strandungsfalle; d. h. der Versicherer übernimmt das Risiko nur bei gänzlichem Verlust *(pérdida total)* der Waren.

Im Januar 1982 wurden in Großbritannien die neuen „Institute Cargo Clauses" eingeführt, nach denen man sich im internationalen Seeverkehr *(tráfico marítimo internacional)* am häufigsten richtet.

Die Incoterms verpflichten den Verkäufer eines CIF-Vertrages, die Ware gegen das Transportrisiko *(riesgo del transporte)* auf „F.P.A. *(Free of Particular Average)*-Bedingungen" zu versichern. Seit 1. 1. 1982 gelten die Institute Cargo Clauses (I.C.C.) A, B und C. Sie ersetzen die bisherigen Klauseln „alle Risiken", W.A. *(with average)* und F.P.A.

Die Klausel A *(cláusula A)* bietet die weiteste Deckung *(ofrece la más amplia cobertura)*, die Klausel C die geringste Deckung. Die Klausel A entspricht der alten „alle-Risiken-Vorschrift" *(prescripción incluyendo todos los riesgos)*, während die Klauseln B und C den früheren F.P.A.- und W.A.-Bedingungen am nächsten kommen.

Der der Sache zugestoßene Schaden heißt Havarie *(avería)*. Man unterscheidet:

a) große Havarie *(avería gruesa o común)*: es handelt sich um Schäden *(averías-daños)* und Aufwendungen *(averías-gastos)*, die vom Kapitän *(capitán)* vorsätzlich veranlaßt sind, um eine drohende Gefahr *(riesgo inminente)* von Schiff *(buque)* und Ladung *(cargamento)* abzuwenden. Sie ist von allen Beteiligten *(interesados)* gemeinschaftlich zu tragen.

b) besondere Havarie *(avería particular)*: Beschädigung von Waren durch Transportunfälle *(accidente de transporte)*, Naturereignisse *(fenómenos naturales)* usw.; diese Schäden sind vom Eigentümer der beschädigten Sache zu tragen.

Über das Entstehen und den Hergang einer Havarie arbeitet der Kapitän *(capitán)* einen Seeprotest oder eine Verklarung *(protesta)* aus. Danach wird der Schaden von Besichtigern *(peritos)* festgestellt und in dem Havariezertifikat oder -attest *(certificado de avería)* bescheinigt, auf Grund dessen die Abschätzer (Dispacheure, *peritos liquidadores de averías)* eine Schadenaufmachung (Dispache, *tasación [o liquidación] de averías)* ausarbeiten und den Versicherern zur Kenntnisnahme ihres Anteils am Schaden überreichen.

Der Verlust gilt als Teilverlust *(pérdida parcial),* wenn der versicherte Gegenstand nur zum Teil, und als Totalverlust *(pérdida total o absoluta),* wenn er gänzlich verloren ist, als angenommener Totalverlust *(pérdida total justificable)* aber, wenn die Wiederbeschaffung *(recuperación)* oder Bergung *(salvamento)* der Sache zu kostspielig sein würde. Der beschädigte Gegenstand kann dem Versicherer gegen Zahlung der Versicherungssumme überlassen (abandonniert) werden *(puede ser abandonado o cedido)*.

Nach Lloyd's Register werden die Schiffe in bezug auf ihre Seetüchtigkeit *(cualidades marítimas)* mit A, B, C usw. klassifiziert *(clasificados)*. A bezeichnet ein durchaus gutes *(absolutamente bueno)* Schiff, während die anderen Buchstaben verschiedene Grade des Minderwertes von Schiffen angeben. Zahlen (1 für *completamente bueno* völlig gut, 2 für *mediano* mittelmäßig) beziehen sich auf die Ausrüstung *(armamento)* des Schiffes, also A 1 = *primera clase* (erstklassig in Rumpf und Ausrüstung).

Das Schiffahrtsanzeigeblatt *(Boletín Naviero)* gibt Nachricht über jedes in irgendeinem Hafen *(puerto)* der Welt eingelaufene Schiff und über Seeunfälle *(catástrofes marítimas)*.

Die Produkthaftung hat seit den siebziger Jahren, vor allem im Hinblick auf den Verbraucherschutz *(protección del consumidor)*, zunehmend an Bedeutung gewonnen. Damit ist die Produkthaftpflichtversicherung *(seguro de responsabilidad respecto al producto)* für Industrieunternehmen immer wichtiger geworden. Die Rechtsprechung *(jurisdicción)* hat die Haftung des Produzenten immer mehr verschärft *(ha intensificado cada vez más la responsabilidad del productor)*.

Der Warenhersteller hat seinen Unternehmensbereich so auszugestalten, daß keine Erzeugnisse in den Verkehr gelangen, die eine Gefahrenquelle *(fuente de peligros)* bilden können. Verursacht sein Produkt einen Schaden, so hat nicht mehr der Geschädigte *(el dañado o perjudicado)* ihm ein Verschulden nachzuweisen *(demostrar una culpa)*, es ist vielmehr Sache des Herstellers, sich zu entlasten *(exonerarse)*. Wegen der hohen Anforderungen an die Organisation seines Betriebes gelingt ihm dies nur selten. Sichert ein Unternehmer bestimmte Eigenschaften seiner Produkte zu *(garantiza determinadas cualidades de sus productos)*, so haftet er für alle Schäden *(se hace responsable de todos los daños)*, die sich aus dem Fehlen dieser Eigenschaften ergeben *(que resultan como falta de estas cualidades)*, auch dann, wenn ihn kein Verschulden trifft.

Die Haftung für Produktionsschäden *(responsabilidad por daños causados por producción defectuosa)* kann in den allgemeinen Geschäftsbedingungen *(condiciones comerciales generales)* nicht ausgeschlossen werden *(no puede ser excluida)*. Von großer Bedeutung ist die Produkthaftung bei der Massenherstellung *(producción en masa)*, besonders bei Kraftfahrzeugen. Ganze Serien von Kraftfahrzeugen werden von den Automobilfabriken zwecks Abstellen von Mängeln zurückgerufen *(son retiradas para subsanar defectos técnicos)*. Besonders wichtig ist der Versicherungsschutz *(protección por seguro)* bei Lieferung in das Ausland. Dies gilt besonders dann, wenn der Produzent in Länder exportiert, in denen erfahrungsgemäß *(por experiencia)* an Güte und Sicherheit von Erzeugnissen der Industrie sehr weitgehende Anforderungen gestellt werden *(para los cuales las exigencias de calidad y seguridad son muy altas)* und in denen deshalb auch mit einer weitgehenden Produkthaftung gerechnet werden muß *(se debe contar con una amplia responsabilidad respecto al producto)*.

Die zuständige Stelle *(organismo competente)* für die Aufsicht *(supervisión)* und Koordinierung *(coordinación)* der Versicherungswirtschaft in Spanien ist die „Dirección General de Seguros". Bei dieser Abteilung des „Ministerio de Economía y Hacienda" müssen alle Versicherungsgesellschaften eingetragen sein.

Besonders hohe Risiken der öffentlichen Hand *(sector público)* werden hauptsächlich von zwei unabhängigen Instituten abgesichert, und zwar vom „Consorcio de Compensación de Seguros" bzw. von der „Empresa Nacional de Seguros Agrarios (ENESA)".

Die in Spanien noch sehr zahlreichen privaten Versicherungsgesellschaften, die in der „Unión Española de Entidades Aseguradoras, Reaseguradoras y de Capitalización (UNESPA)" vereinigt sind *(están asociadas)*, werden zur Zeit im Rahmen *(dentro del marco)* der „Ley de Ordenación del Seguro Privado" (Gesetz zur Gestaltung der Privatversicherung) dem internationalen Standard angepaßt. Seit Inkrafttreten *(entrada en vigor)* dieses Gesetzes im Jahre 1984 sind – besonders durch Fusionen *(fusiones)* – viele kleine von großen Gesellschaften übernommen worden, so daß die Gesamtzahl der Versicherungen jetzt schon stark abgenommen hat. Die neue Gesetzgebung *(legislación)* versucht im Hinblick auf die Schaffung eines Binnenmarktes *(con miras a la creación de un mercado interior)* in der EU, die Stellung *(posición)* der spanischen Versicherungsgesellschaften zu stärken *(fortalecer)*.

Die wichtigsten Versicherungsgesellschaften Spaniens sind: La Unión y el Fénix Español, Euroseguros, MAPFRE, Plus Ultra und La Estrella.

Die Pensionsfonds
Los Fondos de Pensiones

Die Pensionsfonds wurden in Spanien als ein zusätzliches System *(sistema complementario)* zu den Leistungen *(prestaciones)* der Sozialversicherung *(Seguro Social)* eingeführt. Grund hierfür war vor allem die Einsicht, daß das öffentliche Vorsorgenetz *(red de previsión pública)* in einigen Jahren nicht mehr in der Lage sein wird, die notwendige Deckung *(cobertura)* zu leisten. Nach dem Vorbild anderer europäischer Staaten wurde am 8. Juni 1987 das Gesetz für Pensionspläne und -fonds *(Ley de Planes y Fondos de Pensiones)* eingeführt. Es versteht sich als zusätzliche Vorsorge-Spareinrichtung *(instrumento de ahorro previsión)*, das darüber hinaus noch einen steuerlichen Anreiz *(incentivo/atractivo fiscal)* in Form von Abschreibungsmöglichkeiten *(posibilidades de amortización)* bietet.

Es ist jedoch nicht allein die steuerliche Einsparung *(ahorro fiscal)*, die Pensionsfonds so interessant macht. Der wichtigste Vorteil ist die Sicherheit *(certeza)* zu wissen, daß man im Augenblick der Pensionierung *(jubilación)* in den Genuß zusätzlicher Leistungen kommt. Besonders in Spanien, wo die Alterspyramide *(pirámide de edad)* hinsichtlich einer Deckung der Altersrenten durch die Sozialversicherung zu pessimistischen Zukunftsperspektiven Anlaß gibt, ist ein solch zusätzliches Produkt *(producto adicional)* vielleicht eine Lösung *(solución)*.

Das Gesetz legt drei Arten *(tipos)* von Pensionsplänen fest: Die Beschäftigtenpläne *(planes de empleo)*, bei welchen der Urheber *(promotor)* eine Firma *(entidad)*, Körperschaft *(corporación)* oder Unternehmung *(empresa)* und die Beteiligten *(partícipes)* ihre Angestellten sind; die Pläne der Mitglieder *(asociados)* im Falle eines Verbandes *(asociación)*, einer Gewerkschaft *(sindicato)* oder eines Kollektivs *(colectivo)*, und schließlich das Einzelsystem *(sistema individual)*, bei welchem der Urheber eine oder mehrere Finanzinstitutionen *(entidades financieras)* sind und die

Teilhaber solche Personen, die sich freiwillig *(voluntariamente)* an diesem Plan beteiligen.

Der Rechtsschutz
La protección jurídica

Dieser Zweig *(sector)* der Versicherungswirtschaft *(industria de seguros)*, der bis vor kurzem – teils auf Grund fehlender Gesetzgebung *(legislación)*, teils wegen des fehlenden Interesses seitens der Verbraucher *(consumidores)* – in Spanien ein recht bescheidenes Dasein führte, hat in den letzten Jahren stark an Bedeutung gewonnen und könnte nach Meinung von Experten in den 90er Jahren eine sehr wichtige Rolle *(papel muy importante)* innerhalb der Versicherungsbranche *(ramo asegurador)* spielen. Ein wichtiger Schritt in diese Richtung war die Verkündung *(promulgación)* eines entsprechenden Gesetzes *(ley)* im Dezember 1990, das dahin zielt, die spanische Gesetzgebung an die EG-Richtlinien *(directivas comunitarias)* für die Versicherungswirtschaft anzupassen *(adaptar)*.

Die Rechtsschutzpolice *(póliza de defensa/protección jurídica)*, die weder Schäden *(siniestros)* deckt *(cubrir)* noch Entschädigung *(indemnización)* leistet *(prestar)*, sondern sämtliche Gerichtskosten *(costas judiciales)*, die der Versicherte haben könnte, übernimmt *(hacerse cargo)*, existiert in Spanien seit etwa 40 Jahren, wurde aber in Verbindung mit einer Haftpflichtversicherung *(seguro de responsabilidad civil)* oder mit der Autoversicherung angeboten. Der Kreis der Versicherten, die eine Rechtsschutzversicherung abschließen, umfaßt alle Schichten der Bevölkerung *(capas sociales)* wie Verbraucher *(consumidores)*, Eigentümergemeinschaften *(comunidades de propietarios)*, Freiberufler *(profesiones libres)* und Industrielle *(industriales)*.

Insgesamt bieten etwa 24 Versicherungsgesellschaften *(compañías de seguros)* nebenbei Rechtsschutz an, indem sie die entsprechenden Policen *(pólizas)* als Zusatzgarantie *(garantía complementaria)* zur Kfz-Versicherung *(seguro de automóviles)* oder eine andere der vielen Versicherungen verkaufen. Auf dem Gebiet des Rechtsschutzes haben sich jedoch in Spanien fünf Gesellschaften, die seit Jahren als Spezialisten gelten *(ser considerados)*, etabliert *(establecerse)*: Cap-Arag, DAS, Winterthur, *DEPSA* und *DRAGO*.

Die *DAS* hat sogar das Alleinrecht *(derecho exclusivo, exclusiva)* für den Rechtsschutz des Spanischen Verbraucherverbandes *(Unión de Consumidores de España/UCE)*.

Die Exportkreditversicherung
El seguro de crédito a la exportación

Ähnlich wie in Deutschland die Ausfuhrkreditgesellschaft mbH/AKA, die Kreditanstalt für Wiederaufbau/KfW und die HERMES Kreditversicherungs-AG, gibt es in Spanien eine Institution, welche die im Zusammenhang mit dem Außenhandel *(comercio exterior)* stehenden Risiken abdeckt *(cubrir riesgos)* und die Exporttätigkeit *(actividad exportadora)* fördert *(fomentar, promover)*. Es handelt sich hierbei um die *C.E.S.C.E.*

oder *"Compañía Española de Crédito a la Exportación"*. Diese Gesellschaft vermittelt *(proporcionar, gestionar)* sowohl den spanischen Exporteuren als auch den finanzierenden Kreditinstituten beim Abschluß einer Versicherung *(al concertar un seguro)* eine Reihe von Versicherungspolicen *(pólizas de seguros)* zur Deckung *(cobertura)* der sich je nach Art des Geschäfts ergebenden Risiken. Die möglichen Schäden *(siniestros)* können wirtschaftlicher, politischer oder außergewöhnlicher Natur sein. Wirtschaftliche Schäden *(siniestros de carácter comercial)* entstehen z. B. bei Zahlungseinstellung *(suspensión de pagos)* oder Konkurs *(quiebra)* des ausländischen Käufers, bei Kündigung *(rescisión)* des Kaufvertrages *(contrato de compraventa)*, bei Nichtzahlung *(impago)* usw. Politische oder außergewöhnliche Schäden *(siniestros de carácter político o extraordinario)* entstehen z. B. durch Krieg oder Revolution, durch Maßnahmen der in- oder ausländischen Regierung, die eine Ausfuhr oder deren Zahlung verhindern, usw. Ferner sind solche Schäden, die mit der Exportförderung *(fomento/promoción de las exportaciones)* zusammenhängen *(guardar relación)*, besonders zu erwähnen. Diese Schäden entstehen u. a. durch unzureichende Kostenabschreibung *(amortización de gastos)*, Kostenerhöhung *(elevación de costes)* oder Wechselkursunterschiede *(diferencias de cambio)*. Die wirtschaftlichen Risiken werden durch sogenannte *"pólizas de compradores privados"*, also Policen privater Käufer, die politischen oder außergewöhnlichen Risiken durch sogenannte *"pólizas de compradores públicos"*, also Policen öffentlicher Käufer, abgedeckt *(cubrir, asegurar)*.

Beim Export von Gütern *(bienes)* und Dienstleistungen *(servicios)* beträgt die Höchstdeckung *(cobertura máxima)* im Falle von Schäden wirtschaftlichen Charakters 85% des Nettoausfalls *(pérdida neta)* und im Falle von Schäden politischen oder außergewöhnlichen Charakters 90% des Nettoausfalls. Die Differenz von 15% bzw. 10% stellt den Risikoanteil *(participación de riesgo)* dar, den der Deckungsnehmer *(asegurado)* selbst tragen muß, also den Selbstbehalt oder die Selbstbeteiligung *(cuota del asegurado, franquicia)*.

Bei Vorfinanzierungskrediten *(créditos de prefinanciación)* mit festem Auftrag *(pedido en firme)* oder Exportfinanzierungen erfolgt die Deckung mittels einer sogenannten *"póliza de crédito de comprador"*, wenn es sich um eine Kreditversicherung *(seguro de crédito)* zugunsten ausländischer Käufer handelt, und mittels einer sogenannten *"póliza de garantías bancarias"*, wenn es sich um eine Kreditversicherung für die Vorfinanzierung von Ausfuhren mit festem Auftrag bzw. eine Versicherung von Zusatzgarantien *(garantías complementarias)* zugunsten von Finanzkreditgebern *(entidades financieras)* handelt. Die Höchstdeckung bei der *"póliza de crédito de comprador"* beträgt 90% im Falle eines Schadens wirtschaftlichen Charakters und 85% im Falle eines Schadens politischen oder außergewöhnlichen Charakters. Bei den *"pólizas de garantías bancarias"* darf die Höchstdeckung 85% der Kreditsumme *(principal)* nicht übersteigen *(exceder, sobrepasar)*.

Bei der Ausfuhrförderung *(fomento/promoción de la exportación)* kommen andere Policen zum Tragen *(ser de aplicación)*. Im Falle einer Versicherung für die Marktforschung *(seguro de prospección de mercados)* ist dies die *"póliza de prospección de mercados"* mit einer Höchstdeckung von 50%, im Falle einer Versicherung für die Teilnahme an Messen *(seguro de asistencias a ferias)* die *"póliza de asistencias a ferias"* mit einer Höchstdeckung von 90%, im Falle einer Versicherung für Kostenerhöhung *(seguro de elevación de costes)* eine *"póliza de elevación de costes"* mit einer Höchstdeckung von 85% des Erhöhungsbetrages, wobei eine Erhöhung unter 50% der Gesamtkosten unberücksichtigt bleibt *(no tomar en consideración)*. Ferner ist die *"póliza de riesgo de cambio"* zu erwähnen, die im Falle einer Wechselkursversicherung *(seguro de diferencias de cambio)* in Frage kommt, wenn die Kursdifferenz 3% übersteigt. Die Höchstdeckung beläuft sich in diesem Fall auf 90% des Nettoausfalls. Im übrigen ist eine *"póliza de riesgo de cambio"* für den Exporteur oder die finanzierende Institution nur bei Zahlungszielen *(plazos de pago)* von über einem Jahr von Interesse, da sonst eine Absicherung auf dem Devisenterminmarkt *(mercado de futuros)* günstiger ist.

1. Kunde an die Versicherungsgesellschaft

a) Anfrage

Necesitamos un seguro contra todo riesgo (o: Quisiéramos efectuar un seguro) para lo siguiente:

Wir benötigen Vollkasko-Versicherung (od. Wir möchten eine Versicherung abschließen) für folgendes:

Rogamos nos envíen ofertas para los siguientes seguros:

Senden Sie uns bitte Angebote für die folgenden Versicherungen:

Comuníquennos, por favor, en qué condiciones pueden ofrecer Vds. el siguiente seguro:

Bitte teilen Sie uns mit, zu welchen Bedingungen Sie den folgenden Versicherungsschutz anbieten können:

Quisiéramos renovar (o: prolongar) la póliza arriba mencionada por la misma suma y las mismas condiciones como anteriormente para cubrir . . .

Wir möchten die obige Police für den gleichen Betrag und zu den gleichen Bedingungen wie vorher zur Deckung der . . . erneuern.

Hagan el favor de indicar sus primas más bajas (o: reducidas) para todo riesgo en relación con el embarque de maquinaria agrícola de Amberes a Lagos.

Bitte nennen Sie Ihre niedrigsten Prämien für alle Risiken für die Verschiffung landwirtschaftlicher Maschinen von Antwerpen nach Lagos.

Hagan el favor de indicar su prima de seguro para una póliza flotante para todos los riesgos por importe de Ptas. . . . para em-

Bitte nennen Sie Ihren Versicherungssatz für eine Abschreibepolice für alle Risiken in Höhe von Ptas. . . . für Verschiffungen

barques de mercancías de índole general, a efectuar con la línea Hapag-Lloyd desde Bremerhaven o Rotterdam a puertos españoles.

allgemeiner Waren durch die Hapag-Lloyd-Linie von Bremerhaven oder Rotterdam nach spanischen Häfen.

1. Embarcamos regularmente suministros de máquinas-herramientas a Bilbao, tanto por medio de embarques convencionales como también con buques portacontenedores de la línea Hapag-Lloyd,

1. Wir verschiffen regelmäßig Sendungen von Werkzeugmaschinen nach Bilbao sowohl durch konventionelle Schiffe als auch durch Containerschiffe der Hapag-Lloyd-Linie

2. Efectuaremos durante los próximos cuatro meses diferentes embarques de instrumentos ópticos a Caracas,

2. Wir werden während der nächsten vier Monate verschiedene Verschiffungen optischer Instrumente nach Caracas haben

deseando por ello conocer sus tarifas más reducidas para todo riesgo (o: libre de avería particular).

und möchten gerne Ihre niedrigsten Versicherungssätze für alle Risiken (od. frei von Teilhavarie) erfahren.

Rogamos enviarnos el formulario de solicitud correspondiente.

Bitte senden Sie uns das erforderliche Antragsformular.

b) Bitte um Abschluß der Versicherung

Agradecemos a Vds. su carta del 2 de mayo, indicándonos las tarifas de seguro.

Wir danken Ihnen für Ihr Schreiben vom 2. Mai mit der Angabe von Sätzen für Versicherungsschutz.

Las condiciones ofrecidas por Vds. con su carta del 22 de marzo son aceptables, por lo que les quedaríamos muy agradecidos si Vds. prepararan ahora la póliza y nos la enviaran.

Die von Ihnen in Ihrem Schreiben vom 22. März angebotenen Bedingungen sind akzeptabel, und wir wären Ihnen dankbar, wenn Sie jetzt die Police vorbereiten und uns zusenden würden.

Rogamos asegurar para nosotros (o: efectuar; o: contratar un seguro para) lo siguiente:

Bitte versichern Sie für uns (od. uns für; od. besorgen Sie Versicherungsschutz für) folgendes:

1. Rogamos ordenar por nuestra cuenta la contratación de un seguro contra todo riesgo para el suministro siguiente:

1. Bitte veranlassen Sie für uns den Abschluß einer Versicherung gegen alle Risiken für die folgende Sendung:

2. Rogamos asegurar para noso-

2. Bitte versichern Sie für uns die

tros las mercancías especificadas a continuación:

a) 2 cajas de vídeocasetes, marcadas GF 1−2, por valor de Ptas. ...., desde Emden a Buenos Aires con la motonave Christel de la línea Unifeeder, que zarpará el 24 de abril.

b) 2 cajas de televisores, marcadas GF 1−2, por valor de Ptas. ...., que se encuentran ahora en el tinglado 18, de Bremen, para ser embarcadas con el primer barco disponible con dirección Sevilla.

Rogamos nos aseguren contra todos los riesgos, de almacén a almacén, por un valor de Ptas. .... para lo siguiente:

El suministro arriba citado deberá ser asegurado bajo nuestra póliza global n° ...

Rogamos tomen nota de que hemos embarcado hoy un nuevo suministro, por valor de Ptas. .... bajo la póliza global arriba mencionada, con la motonave Sydney Express que zarpará de Rotterdam el 24 de mayo.

Adjuntamos un formulario rellenado con la declaración de un nuevo embarque de herramientas por valor de Ptas. .... a Rosario.

El valor facturado del envío, incluido flete y seguro, se eleva a Ptas. ....

El cargamento deberá ser asegurado:

a) de almacén a almacén.

b) depositado en almacén.

c) en ruta.

d) contra todo riesgo.

---

nachstehend verzeichneten Waren:

a) 2 Kisten Videorecorder, Kennzeichnung GF 1−2, Wert Ptas. ..., von Emden nach Buenos Aires mit MS Christel der Unifeeder Linie, das am 24. April auslaufen soll.

b) 2 Kisten Fernseher, Kennzeichnung GF 1−2, Wert Ptas. ..., die jetzt in Schuppen 18, Bremen, liegen und auf Verschiffung durch das erste verfügbare Schiff nach Sevilla warten.

Bitte versichern Sie uns gegen alle Risiken von Lagerhaus zu Lagerhaus im Werte von Ptas. .... für folgendes:

Die oben erwähnte Sendung soll unter unserer Pauschalpolice Nr. .... versichert werden.

Bitte nehmen Sie davon Kenntnis, daß wir unter der obigen Pauschalpolice heute eine weitere Sendung im Werte von Ptas. ... mit MS Sydney Express verschifft haben, das am 24. Mai in Rotterdam auslaufen soll.

Wir fügen ein ausgefülltes Formular bei mit der Deklaration einer weiteren Verschiffung von Werkzeugen im Werte von Ptas. ... nach Rosario.

Der fakturierte Wert der Sendung, einschließlich Fracht und Versicherung, beträgt Ptas. ....

Die Ladung soll versichert werden:

a) von Lagerhaus zu Lagerhaus.

b) im Lagerhaus gelagert.

c) auf dem Transportweg.

d) gegen alle Risiken.

El seguro se precisará a partir del 10 de abril.

Die Versicherung wird ab 10. April benötigt.

Rogamos extender una nueva póliza flotante en las mismas condiciones y por el mismo importe como anteriormente para cubrir suministros de mercancías de índole general a puertos suramericanos.

Stellen Sie bitte eine neue Abschreibepolice zu denselben Bedingungen und für denselben Betrag wie vorher aus für Sendungen allgemeiner Waren nach südamerikanischen Häfen.

Ordenen, por favor, efectuar el seguro necesario, enviándonos la póliza tan pronto como sea posible.

Bitte veranlassen Sie die notwendige Versicherung, und senden Sie uns die Police so bald wie möglich.

Rogamos confirmar en el entretanto haber efectuado el seguro del envío (o: que estamos asegurados).

Bestätigen Sie inzwischen bitte den Deckungsschutz für die Sendung (od. daß wir versichert sind).

Rogamos nos envíen su promesa de fondos (o: la póliza de seguros provisional) a la mayor brevedad posible.

Bitte schicken Sie uns Ihre Deckungszusage (od. den vorläufigen Versicherungsschein) so bald wie möglich.

Rogamos procurar cobertura por un importe de Ptas. ... para todos los riesgos mencionados en su carta y en las condiciones indicadas, con efecto al 1° de marzo.

Bitte beschaffen Sie Deckung für Ptas. ... für alle in Ihrem Schreiben erwähnten Risiken und zu den angegebenen Bedingungen mit Wirkung ab 1. März.

2. Schadenregulierung. Schadenanmeldung

De conformidad (o: De acuerdo) con las condiciones de nuestra póliza n° ...

Gemäß den Bedingungen unserer Police Nr. ...

a) damos parte de un accidente (o: siniestro), cuyos detalles van a continuación:

a) melden wir einen Unfall, dessen Einzelheiten wie folgt sind:

b) ponemos en su conocimiento el siguiente accidente (o: siniestro):

b) setzen wir Sie hiermit von dem folgenden Unfall in Kenntnis:

Con pesar damos parte

Mit Bedauern melden wir

a) de un incendio en nuestra fábrica (o: en nuestro almacén) ayer por la noche (o: en la noche de ayer).

a) ein Feuer in unserer Fabrik (od. unserem Lager) gestern nacht.

b) la pérdida de una caja con por-

b) den Verlust einer Kiste Porzel-

celana, asegurada por Vds. bajo la póliza arriba mencionada.

lan, die bei Ihnen unter der obigen Police versichert ist.

c) que a las (o: aproximadamente a las) cinco horas de esta mañana tuvo lugar un incendio en nuestra oficina.

c) daß um (od. ungefähr gegen) fünf Uhr heute morgen in unserem Büro ein Feuer ausgebrochen ist.

d) que nuestro camión, con matrícula..., estuvo implicado en un grave accidente de circulación, en el que resultaron heridas tres personas.

d) daß unser Lastwagen mit dem amtlichen Kennzeichen ... in einen schweren Verkehrsunfall verwickelt war, bei dem drei Personen verletzt wurden.

Adjuntamos documentación exponiendo los detalles de este accidente (o: de un accidente que tuvo lugar el...).

Wir fügen Dokumente bei, die die Einzelheiten dieses Unfalls (od. eines Unfalls, der sich am... ereignete) darlegen.

1. A la llegada de la motonave Arktis Moon en Rotterdam el 15 de marzo se constató

1. Bei Ankunft des MS Arktis Moon in Rotterdam am 15. März wurde festgestellt,

2. Durante la descarga del buque se constató

2. Während des Abladens vom Schiff wurde festgestellt,

a) que un lado de la caja núm. 15, que contiene géneros de cuero, estaba roto (o: se había reventado).

a) daß eine Seite der Kiste Nr. 15, die Lederwaren enthält, geborsten war.

b) que la caja núm. 18 estaba (considerablemente) averiada (, de lo cual fuimos debidamente informados por los agentes).

b) daß die Kiste Nr. 18 (schwer) beschädigt war (und die Agenten benachrichtigten uns entsprechend).

c) que varios bultos estaban muy húmedos (o: humedecidos), mostrando graves daños causados por el agua.

c) daß mehrere Ballen sehr feucht waren und schlimme Wasserschäden aufwiesen.

d) que de las 150 cajas solamente 80 estaban en un perfecto estado.

d) daß von den 150 Kisten nur 80 in einwandfreiem Zustand waren.

e) que más de la mitad de la mercancía fue dañada seriamente por el agua de mar.

e) daß mehr als die Hälfte der Ware durch Seewasser ernstlich beschädigt wurde.

La caja debería contener, según factura, 100 abrigos de piel, de los cuales 20 sufrieron graves daños.

Die Kiste sollte laut Rechnung 100 Pelzmäntel enthalten, von denen 20 sehr beschädigt waren.

Rogamos ordenar que su peri-

Bitte veranlassen Sie, daß Ihr

to (o: representante) se persone aquí (o: ante nosotros) y me dé instrucciones de Vds. en cuanto al salvamento.

Gutachter (od. Vertreter) bei uns vorspricht und mir Ihre Anweisungen bezüglich der Bergung gibt.

La caja fue abierta y el contenido examinado por un perito local de seguros en presencia del agente de la compañía marítima.

Die Kiste wurde geöffnet und der Inhalt durch einen örtlichen Versicherungs-Gutachter in Gegenwart des Agenten der Schiffsgesellschaft geprüft.

Adjuntamos el informe del perito y la comprobación del agente de buques de que el daño fue constatado cuando se descargó la caja.

Wir fügen den Bericht des Gutachters bei und die Feststellung des Schiffsagenten, daß der Schaden festgestellt wurde, als die Kiste entladen wurde.

Los expertos declaran (o: son de la opinión) que

Die Sachverständigen erklären (od. sind der Meinung), daß

a) el daño fue ocasionado por haber estado mal estibada la mercancía a bordo del vapor.

a) der Schaden durch schlechte Unterbringung der Waren an Bord des Dampfers verursacht worden sei.

b) se habría obtenido el precio original si la mercancía hubiera llegado en buen estado.

b) die Waren ihren Originalpreis eingebracht hätten, wenn sie in gutem Zustand angekommen wären.

Las mercancías averiadas fueron inspeccionadas y, según certificado adjunto de reconocimiento, subastadas.

Die beschädigten Waren wurden besichtigt und laut beiliegendem Besichtigungsattest versteigert.

La avería marítima ha sido valorada en Ptas....

Der Seeschaden ist auf Ptas. ... geschätzt worden.

1. De conformidad con las condiciones de nuestra póliza, les damos parte de esta avería en el acto,

1. Gemäß den Bedingungen unserer Police melden wir Ihnen diesen Schaden sofort

2. Quisiéramos hacer valer nuestros derechos de conformidad con las condiciones de nuestra póliza.

2. Wir möchten deshalb einen Anspruch geltend machen gemäß den Bedingungen unserer Police

a) quedándoles muy agradecidos si nos enviaran el formulario de solicitud necesario.

a) und wären Ihnen dankbar, wenn sie uns das erforderliche Antragsformular schicken würden.

b) rogándoles tramitar el asunto urgentemente.

b) und bitten Sie, die Angelegenheit dringend zu erledigen.

XVIII. Das Finanzsystem

Die spanische Regierung *(Gobierno español)* ist durch das Wirtschafts-und Finanzministerium *(Ministerio de Economía y Hacienda)* für die Geldpolitik *(política monetaria, financiera)* des Landes zuständig. Als Ausführungsorgan *(órgano ejecutivo)* dieses Ministeriums fungiert die spanische Zentralbank *(Banco de España)*.

Das spanische Finanzsystem *(sistema financiero)* setzt sich zusammen aus der bereits zitierten Zentralbank, dem Bankensystem *(sistema banca-rio)* und den staatlichen Kreditinstituten *(entidades de crédito oficial* oder kurz: *crédito oficial)*.

Die Banco de España, der durch Rechtsverordnung *(Decreto-ley)* im Jahre 1962 als eine autonome Institution errichtet wurde, überwacht das gesamte spanische Bankwesen und reguliert in ihrer Funktion als Zentralbank den Geldumlauf *(circulación monetaria)* durch die Ausgabe *(emisión)* von Banknoten *(billetes de banco)* und Münzen *(monedas)*, trifft währungspolitische Maßnahmen *(medidas político-monetarias)*, wie z. B. die Festsetzung des Diskontsatzes *(fijación del tipo de descuento)* für die Rediskontierung *(redescuento)*, nimmt am Devisenmarkt *(mercado de divisas)* teil, verwaltet die Währungsreserven *(reservas de divisas o moneta-rias)* und überwacht die Einhaltung der Devisenbestimmungen *(disposi-ciones sobre divisas)*. Die Banco de España verlangt von den Banken u. a. die regelmäßige Vorlage *(presentación regular)* der Monatsbilanzen *(ba-lances mensuales)* und tägliche Berichte über deren Devisenpositionen sowie andere Informationen. Des weiteren muß der Banco de España alle Kapitalmarkttransaktionen *(transacciones del mercado de capitales)* und die Gründung *(fundación)* neuer Banken genehmigen. Der Consejo Superior Bancario (Oberste Bankrat) berät den Banco de España. Dieser Rat besteht aus Vertretern der Privatbanken, der staatlichen Kredit-institutionen und des Wirtschafts- und Finanzministeriums.

Den wichtigsten Sektor des spanischen Bankensystems bilden die Pri-vatbanken *(bancos privados/banca privada)*. Das aus dem Jahre 1962 stammende Bankengesetz *(Ley de Ordenación Bancaria)* schrieb die Auf-teilung in Handelsbanken *(bancos comerciales)* und Industriebanken *(bancos industriales)* vor. Die Handelsbank stellte die klassische Form einer Bank, z. B. die Gewährung *(concesión)* kurzfristigen Kredits *(crédito a corto plazo)* und die Hereinnahme von Depositen *(captación de depósi-tos)*, dar. Die Industriebank hatte zum Gegenstand die Finanzierung mittel- und langfristiger Investitionen *(financiación de inversiones a medio y largo plazo)* sowie die Förderung *(promoción)* neuer Unternehmen. Diese damals vom Gesetzgeber *(legislador)* vorgeschriebene Unterteilung hat auf Grund einer größeren Annäherung der Institute an Marktsegmen-te *(segmentos del mercado)*, die mit dem Bild *(imagen)* einer traditionellen Bank nicht mehr konform gehen, inzwischen ihre Gültigkeit *(validez, vigencia)* verloren.

Heutzutage kann man von Universalbanken *(bancos universales, mix-tos)* sprechen. Auch die früher übliche Einteilung in überregionale Banken *(banca nacional)*, Regionalbanken *(banca regional)* und Lokalbanken *(banca local)* – je nach Verbreitungsgrad *(grado de expansión)* – hat an Bedeutung verloren. Sicherlich bestehen noch Unterschiede im Aufgabenbereich *(campo de actividades)* der jetzigen Bankinstitute *(institutos bancarios)*. So hat sich innerhalb bestimmter Bankengruppen *(grupos bancarios)* die sogenannte *"banca de negocios"* entwickelt, die nicht nur das traditionelle Bankengeschäft *(operaciones bancarias tradicionales)* betreiben, sondern auch spezifische Aufgaben wahrnehmen, wie z. B. die Begebung *(emisión, lanzamiento)* und Plazierung *(colocación)* von Schuldverschreibungen *(obligaciones)*, die Durchführung von Kapitalerhöhungen *(ampliaciones de capital)* usw.

Aus den früheren sieben Großbanken *(grandes bancos, die sogenannte "gran banca")*, die bis Anfang der 90er Jahre den Markt beherrscht hatten, sind auf Grund von Verschmelzungen *(fusiones)* fünf geworden. In einem liberalisierten Binnenmarkt *(mercado único, interior)* galten eben Fusionen als der einzige Weg zur erforderlichen Verbesserung der Wettbewerbsfähigkeit *(competitividad)*. Den ersten Platz in der spanischen Bankenlandschaft *(paisaje bancario)* hat Banco de Santander (BS) durch die Übernahme *(absorción)* der in finanzielle Schwierigkeiten *(dificultades financieras)* geratenen Banco Español de Crédito (BANESTO) eingenommen. Die zweite Position im Ranking belegt Banco Bilbao Vizcaya, die aus der Verschmelzung Banco de Bilbao und Banco de Vizcaya entstanden war. An dritter Stelle befindet sich die Corporación Bancaria Española – besser bekannt unter dem Namen Argentaria. Hierbei handelt es sich um keine private Bank, sondern um eine Gruppierung *(agrupación)* öffentlich-rechtlicher Institute *(entidades de derecho público)*, an der der spanische Staat mehrheitlich beteiligt ist *(participar mayoritariamente)*. Die vierte Position wird von Banco Central Hispano (BCH) eingenommen, die aus der Fusion von Banco Central und Banco Hispano Americano hervorgegangen ist *(provenir, resultar)*. An fünfter Stelle befindet sich Banco Popular (BP).

Die seit 1979 erfolgte Liberalisierung *(liberalización)* im spanischen Bankwesen hat eine verstärkte Präsenz *(presencia acentuada)* von ausländischen Banken in Form von Niederlassungen *(sucursales)* und Vertretungen *(oficinas de representación)* mit sich gebracht. Umgekehrt hat die spanische Präsenz in den letzten Jahren in den Ländern der Europäischen Union sowie in Lateinamerika und in den USA sehr stark zugenommen.

Die spanischen Großbanken unterhalten ein ausgedehntes Filialnetz *(red de sucursales)*. An der Spitze steht *(estar a la cabeza)* heutzutage Banco Central Hispano mit mehr als 4000 Filialen, gefolgt von Banco de Santander mit mehr als 3700 und Banco Bilbao Vizcaya mit mehr als 2600. Im internationalen Vergleich gilt Spanien als "overbanked".

Eine neue Entwicklung auf dem spanischen Bankenmarkt *(mercado bancario)* – nach dem Siegeszug *(marcha triunfal)* der Geldautomaten *(cajeros automáticos)* – ist die Errichtung des sogenannten "telebanking" *(banca telefónica)*. Die erste unabhängige Telebank, die Banco Directo, wurde von der Argentaria-Gruppe 1990 errichtet. Sie hat inzwischen mehr als 100 000 Kunden. Kurz danach erfolgte die Gründung der zweiten unabhängigen Telebank *(banco telefónico independiente)*, der Openbank, durch die Santander-Gruppe. Andere Banken bieten diese Telefondienste *(servicios telefónicos)* innerhalb ihrer Organisation an, und zwar in einer eigens dafür vorgesehenen Abteilung.

Die zweite große Gruppe des spanischen Bankensystems ist die der Sparkassen *(cajas de ahorro)*. Im Unterschied zu den Privatbanken, die als Aktiengesellschaften fungieren, sind die Sparkassen gemeinnützige öffentliche Institute *(entidades de utilidad pública)* und damit nicht auf Gewinnerzielung *(ánimo de lucro)* ausgerichtet. Sie haben einen großen Teil der ihnen anvertrauten Mittel *(recursos)* in öffentliche Vorhaben *(proyectos públicos)* investieren müssen, wie z. B. in den Wohnungsbau *(construcción de viviendas)* und in Wertpapiere *(títulos-valores)* der öffentlichen Hand *(sector público)*. Vorläufer *(precursor)* der Sparkassen war das Pfandhaus *(monte de piedad, montepío)*. Noch heute führen viele Sparkassen die Bezeichnung *"Monte de Piedad"* in ihrem Firmennamen *(razón social)*. Die Mittelverwendung *(aplicación de fondos/recursos)* unterliegt weitgehend der Kontrolle des Wirtschafts- und Finanzministeriums. Alle Sparkassen sind ihrem Vertretungsorgan *(órgano de representación)*, dem Sparkassenverband *(Confederación Española de Cajas de Ahorro/CECA)* angeschlossen, dessen Funktionen denen des *"Consejo Superior Bancario"* für den Bereich der Privatbanken entspricht.

Auf Grund der neuen gesetzlichen Bestimmungen *(disposiciones legales)* wurde die Geschäftstätigkeit *(actividad/gestión comercial)* der Sparkassen derjenigen der Privatbanken weitgehend angeglichen. Die Sparkassen weisen gegenüber den Privatbanken eine höhere Automatisierung *(automatización)*, weniger Personal und wegen der in den letzten Jahren schnell wachsenden Ersparnisse *(ahorros)* der Privatkundschaft *(clientela particular)*, vor allem der Kleinsparer *(pequeños ahorradores)*, eine günstige Refinanzierung *(refinanciación)* sowie, insgesamt gesehen, eine konkurrenzfähige Kostenstruktur *(estructura de costes)* auf. Wie die Privatbanken befand sich der spanische Sparkassensektor in einem starken Konzentrationsprozess *(proceso de concentración)*. Die größten Sparkassen Spaniens sind: La Caixa, Caja de Madrid und Ibercaja.

Die dritte Gruppe im Bankensystem bilden die Kreditgenossenschaften *(Cooperativas de Crédito)*. Es handelt sich hierbei um Institutionen genossenschaftlichen Charakters *(entidades de carácter cooperativo)*, die als solche dem Ministerium für Arbeit und soziale Sicherheit *(Ministerio de Trabajo y Seguridad Social)* unterstellt sind. Da sie aber gleichzeitig als sozialökonomische Zielsetzung *(objetivo económico-social)* die Deckung *(cobertura)* des Finanzbedarfs *(necesidades de financiación)* der ihr angeschlossenen Genossenschaft *(cooperativas)* und deren Mitglieder *(socios)* haben, sind sie in ihrer Eigenschaft als Finanzinstitutionen *(entidades financieras)* auch dem Wirtschafts- und Finanzministerium *(Ministerio de Economía y Hacienda)* und der Zentralbank *(Banco de España)* unterstellt.

Die Kreditgenossenschaften sind in zwei Gruppen unterteilt: Die landwirtschaftlichen Genossenschaften, in Spanien als *"cajas rurales"* bezeichnet, die auf dem Agrarsektor *(sector agrario)* tätig sind, und die nicht-landwirtschaftlichen Genossenschaften *(cooperativas no agrarias)*, die in Spanien eine sehr bescheidene Rolle spielen *(jugar un papel muy modesto)*.

Die vierte Gruppe des spanischen Finanzsystems bilden die staatlichen Kreditinstitute *(entidades de crédito oficial* oder kurz unter dem Begriff *"crédito oficial"* bekannt). Diese Gruppe setzt sich zusammen aus einem Komplex *(complejo)* öffentlich-rechtlicher Institute *(entidades de derecho público)* die vom *"Instituto de Crédito Oficial/ICO"* in seiner Funktion als staatliche Finanzholding *(holding financiero estatal)* angeführt wurde.

Seine Mitglieder, die sogenannten *"Entidades Oficiales de Crédito/EOC"* waren ursprünglich die folgenden vier Banken: *Banco de Crédito Agrícola, Banco Hipotecario de España, Banco de Crédito Industrial* und *Banco de Crédito Local.* Zu dieser Gruppe gehört auch die *Banco Exterior de España/BEX,* die seit 1971 die offizielle Exportbank *(banco de exportación)* Spaniens ist. Trotz ihrer Umwandlung *(transformación)* in eine Geschäftsbank *(banco de negocios)* ist das traditionelle Exportkreditgeschäft *(operaciones de crédito a la exportación)* ihre wesentliche Aktivität geblieben.

Das *ICO* ist eine autonome Institution *(entidad autónoma)* öffentlichen Rechts *(de derecho público),* die ausschließlich dem Wirtschafts- und Finanzministerium unterstellt ist und hat vor allem die Aufgabe, die Aktivitäten der staatlichen Kreditinstitute zu kontrollieren und zu koordinieren sowie die staatlichen Finanzmittel *(recursos financieros)* an die einzelnen Institute weiterzuleiten *(pasar, canalizar),* um deren Kreditgeschäft *(operaciones crediticias)* zu refinanzieren. *ICO* konzentriert sich hauptsächlich auf mittel- und langfristige Kredite *(créditos a medio y largo plazo)* an die Landwirtschaft *(agricultura),* den Wohnungsbau *(construcción de viviendas),* die Industrie und lokale Institutionen *(entidades locales).* Eine bedeutende Rolle spielt *ICO* auf dem Markt für festverzinsliche Wertpapiere *(mercado de renta fija)* durch die Ausgabe von Anleihen *(emisión de empréstitos). ICO* unterzeichnete 1990 einen Kooperationsvertrag *(acuerdo de cooperación)* mit der deutschen Kreditanstalt für Wiederaufbau/KFW, um im Hinblick auf den europäischen Binnenmarkt die Finanzierung grenzüberschreitender Investitionen *(inversiones transfronterizas)* zu erleichtern. Durch die Gründung der *Corporación Bancaria Española,* kurz *Argentaria* genannt, wurden die Mitglieder von *ICO* unter dieser neuen Dachgesellschaft *(holding)* zusammengefaßt. Die *Argentaria*-Gruppe besteht aus folgenden Instituten: *BEX, Caja Postal, Banco Hipotecario, Banco de Crédito Local* und *Banco Directo. Banco de Crédito Agrícola* wurde von *Caja Postal* und *Banco de Crédito Industrial* von *BEX* übernommen. *Argentaria* nimmt somit die dritte Stelle bei der *"gran banca"* ein.

Die drei Grundaufgaben *(funciones básicas)* einer Bank sind:

1. Geld von Kunden anzunehmen *(aceptar)* und zu verwalten *(administrar)* = das Passivgeschäft der Bank *(las operaciones pasivas de la banca).*
2. Kreditsuchenden Kunden Geld zu leihen *(prestar)* = das Aktivgeschäft der Bank *(las operaciones activas de la banca).*
3. Die Möglichkeit zu bieten, Geld abzuheben *(sacar o retirar dinero)* und von einem Konto zum anderen zu überweisen *(transferir),* d. h. den Zahlungsverkehr *(movimiento de pagos)* ihrer Kunden durchzuführen.

Die Eröffnung eines Kontos *(apertura de una cuenta)* ist Voraussetzung für den Geschäftsverkehr mit einer Bank, wofür u. a. die Vorlage *(presentación)* einer Vollmacht *(poder)* und Unterschriftsproben *(facsímiles de firmas)* der Zeichnungsberechtigten *(personas autorizadas o con poder para firmar)* erforderlich sind.

Die Hauptarten der Konten sind:

a) *Cuenta corriente* (Kontokorrent oder Girokonto); für die Erledigung der täglichen Geldgeschäfte *(tramitación de las transacciones monetarias diarias),* wie Einzahlungen *(ingresos o pagos),* Abhebungen *(cobros)* und Überweisungen *(transferencias)*. Die Einlagen bringen niedrige Zinsen *(intereses bajos)*. Der Kunde erhält ein Scheckbuch *(talonario de cheques)*.

b) *Cuenta de ahorros* (Sparkonto); die Einlagen werden je nach Laufzeit *(plazo de vencimiento)* verzinst, wie z. B. Sichteinlagen *(imposiciones a la vista)*, die die Bank auf Verlangen des Einlegers *(depositante, imponedor)* jederzeit zurückzahlen muß, und Termineinlagen *(imposiciones a plazo)*, und zwar unter 6 Monaten *(imposiciones de ahorro a plazo inferior a 6 meses)*, oder über 6 Monaten, aber unter einem Jahr *(superior a 6 meses, pero bajo un año)*. Der Kunde erhält ein Sparbuch *(libreta de ahorros)*.

Weitere Arten von Sparkonten sind: *Cuenta de ahorro-vivienda* (Konto für den Wohnungsbau), *cuenta de ahorro bursátil* (Wertpapiersparkonto) und *cuenta de ahorro del emigrante* (Sparkonto für im Ausland lebende Spanier).

c) *Cuenta de préstamos* (Darlehenskonto); dies wird für einen Kredit mit fester Laufzeit eingerichtet. Der Kreditbetrag wird dem Darlehenskonto belastet *(cargado o puesto en cuenta)*, während das Kontokorrentkonto entsprechend erkannt *(acreditada)* wird. Rückzahlungen *(pagos para el reembolso del crédito)* erfolgen gewöhnlich monatlich, das laufende Konto wird entsprechend belastet und der Betrag dem Darlehenskonto gutgeschrieben.

Eine *cuenta común* (Gemeinschaftskonto) ist ein Konto, das von mehreren Personen benutzt wird (z. B. Eheleuten).

Der Scheck

Der Scheck *(cheque o talón)* ist eine in bestimmter Form ausgestellte Zahlungsanweisung *(orden de pago)*, durch die der Aussteller *(librador)* den Bezogenen *(librado)* anweist, an die im Scheck bezeichnete Person oder den Überbringer *(portador)* aus seinem Konto *(cuenta)* eine bestimmte Geldsumme zu bezahlen.

Der Scheck dient dem Zahlungsverkehr *(servicio de pagos)*. Zu diesem Zweck erhält der Kontoinhaber *(titular de la cuenta o cuentacorrentista)* bei der Eröffnung eines Bankkontos *(apertura de una cuenta bancaria)* in Form eines Girokontos *(cuenta corriente)*, auch Kontokorrent oder laufendes Konto genannt, oder eines Depositenkontos *(cuenta de depósito)*, nachdem er auf einem Einzahlungsbeleg *(comprobante o resguardo de ingreso)* seine Einlagen *(imposiciones)* gemacht hat, ein Scheckbuch *(talonario de cheques)* mit fortlaufend numerierten Formularen *(talones numerados correlativamente)* zur Abhebung *(cobro)* oder Überweisung *(transferencia)* bestimmter Summen.

Ein ordnungsgemäß ausgefüllter Scheck muß nach neuem spanischem Recht (seit Juli 1985) die folgenden wesentlichen Bestandteile *(requisitos esenciales)* aufweisen:

1. Die Bezeichnung als Scheck *(denominación de cheque)*;
2. Die unwiderrufliche Anweisung *(mandato irrevocable)*, eine bestimmte Geldsumme zu zahlen;
3. Den Namen des Bezogenen, der immer eine Bank sein muß;
4. Den Zahlungsort *(lugar de pago)*. Bei seinem Fehlen gilt der beim Bezogenen angegebene Ort;

5. Den Tag und Ort der Ausstellung *(fecha y lugar de emisión)*;
6. Die Unterschrift des Ausstellers *(firma del librador)*.

Der Bezogene ist zur Zahlung des Schecks nur verpflichtet, wenn dieser gedeckt ist *(cuando hay provisión de fondos)*. Ein Akzept ist hier im Gegensatz zum Wechsel unzulässig *(no está permitida)*.

Man unterscheidet:

a) *Cheque al portador* (Inhaber- oder Überbringerscheck): Die Auszahlung erfolgt an denjenigen, der den Scheck vorlegt, den Überbringer. Er liegt vor, wenn die Bezeichnung des Schecknehmers fehlt oder seinem Namen der Zusatz „oder Überbringer" *(o al portador*, auch *páguese al portador)* hinzugefügt ist.
   Die Übertragung *(transferencia)* erfolgt durch einfache Übergabe *(entrega)*.

b) *Cheque a la orden* (Orderscheck): Die Auszahlung erfolgt an den Bezeichneten oder dessen Order *(a su orden)*, d. h. an denjenigen, der durch Indossament *(endoso)* als Berechtigter ausgewiesen wird. Er liegt vor, wenn der Scheck an eine bestimmte Person zahlbar gestellt ist *(hecho pagadero)*, gleichgültig, ob er den Zusatz „an Order" *(a la orden)* trägt oder nicht.

c) *Cheque nominativo o intransferible* (Rekta- oder Namensscheck): Hier ist eine Übertragung nur durch Abtretung der Forderung *(cesión del crédito)*, nicht aber durch bloße Übergabe oder Indossament möglich. Er liegt vor, wenn die Übertragung durch Hinzufügung. des Zusatzes „nicht an Order" (im Spanischen ausgedrückt durch: „*No a la orden*" oder „*Páguese únicamente a . . .*") ausgeschlossen ist. Diese Form des Schecks ist jedoch weniger häufig, da die Nichtbegebbarkeit *(no negociabilidad)* dem Wesen des Schecks als Zahlungsmittel widerspricht.

Nach anderen Gesichtspunkten unterscheidet man weiter:

a) *Cheque abierto o no cruzado* (Barscheck): Der Betrag wird hier dem Inhaber in bar ausgezahlt.

b) *Cheque para abonar en cuenta* (Verrechnungsscheck): Durch den Vermerk „nur zur Verrechnung" *(para abonar en cuenta)*, der quer über die Vorderseite *(anverso)* des Schecks gesetzt wird, wird dem Bezogenen verboten, in bar zu zahlen. Die Einlösung des Schecks kann hier nur durch Gutschrift auf ein Konto des Berechtigten *(abono en la cuenta del tomador)* erfolgen. Dadurch dient er der Erhöhung der Sicherheit des Zahlungsverkehrs.

c) *Cheque cruzado* (gekreuzter Scheck): Die Kreuzung erfolgt durch zwei Parallellinien quer über die Vorderseite des Schecks. Man unterscheidet:
   1) *Cruzado general* (allgemeine Kreuzung), wenn zwischen den Linien „*Banco*" und „*Compañía*" oder ähnliches angegeben wird.
   2) *Cruzado especial* (besondere Kreuzung), wenn zwischen die Linien der Name einer bestimmten Bank geschrieben wird.

Im ersten Fall darf die Zahlung nur an eine Bank oder eine Gesellschaft, im zweiten Fall nur an die bezeichnete Bank oder Gesellschaft erfolgen. Diese Scheckformen verhindern *(evitan)*, daß der unrechtmäßige Inhaber *(poseedor ilegítimo)* eines Schecks den Betrag abheben kann.

Der „*cruzado general*" kann in einen „*cruzado especial*" umgewandelt werden, aber nicht umgekehrt.

Bei Nichteinlösung des Schecks kann der Inhaber gegen den Aussteller und die Indossanten nach ordnungsgemäßer Protesterhebung *(levantamiento del protesto)* Rückgriff *(regreso)* nehmen. Hierbei gelten im wesentlichen die gleichen Regeln wie für den Wechsel (vgl. S. 453–454).

Aus irgendeinem Grunde kann der Scheck vom Aussteller gesperrt werden *(ser anulado, cancelado)*. Der Bankier kann mit einem der folgenden Vermerke *(advertencia, nota)* den Scheck unbezahlt zurückgeben *(devolver el cheque no pagado)*:

Devuélvase al librador (an den Aussteller zurück), wenn kein ausreichendes, und *Sin fondos*, wenn gar kein Guthaben vorhanden ist.

Fondos insuficientes (nicht genügend), wenn das Guthaben nicht ausreicht.

Cruce duplicado auf zwei Bankiers gekreuzt.

Librador fallecido Aussteller verstorben.

Defectuoso o Difieren cifras y letras der Betrag in Buchstaben und Zahlen ist verschieden.

Cancelado por error irrtümlicherweise ungültig gemacht.

Cheque mutilado (Scheck verstümmelt): er wird zurückgewiesen, sofern nicht etwa die Bank, die ihn vorlegt, *Mutilado aquí accidentalmente* (zufällig) hinzufügt.

Pendiente de cobro, wenn ein Kunde Schecks einzahlt und dann darauf zieht, ehe sie eingelöst sind *(son cobrados)*, oft mit dem Zusatz: *Vuélvase a presentar el día . . .*

Orden de no pagar u *orden de pago anulada por el librador* Zahlungsverweigerung (Zahlung widerrufen) vom Aussteller.

La alteración en la suma requiere la firma del librador Änderung im Betrag erfordert die Unterschrift des Ausstellers.

No tiene cuenta kein Konto.

Cuenta cancelada Konto abgeschlossen.

Tarjetas de garantía (Scheckkarten): Diese Plastikkarte *(tarjeta de plástico)* dient im Gegensatz zur Kreditkarte *(tarjeta de crédito)* (vgl. S. 413) als Garantie, daß der Scheck des Ausstellers von der Bank bis zu einer gewissen Höhe eingelöst wird.

Die Eurocheque-Karte *(tarjeta eurocheque)*, die in Spanien nicht so verbreitet ist wie die Kreditkarte, ermöglicht es dem Karteninhaber, in Europa bei Banken Schecks einzulösen oder in Geschäften, die das rotblaue „EC"-Zeichen zeigen *(que muestran el símbolo EC en rojo y azul)*, mit Scheck zu zahlen.

Weitere Zahlungsmethoden und Dienstleistungen der Bank

Domiciliación de recibos (Dauerauftrag): Der Kunde gibt der Bank die Anweisung, regelmäßig zu vorgeschriebenen festen Terminen einen Betrag in bestimmter Höhe auf ein anderes Konto zu überweisen (z. B. Miete, Versicherungsbeiträge usw.) *(por ejemplo: alquiler, primas de seguros, etc.)*.

Domiciliación de la nómina o servicio nómina (Gehaltskonten): Es ist heute weitgehend üblich geworden, daß Arbeitnehmer *(empleados o asalariados)* Löhne und Gehälter *(salarios y sueldos)* vom Arbeitgeber *(pa-*

BC BANCO CENTRAL
MADRID, O.P.
ALCALA, 49

0016
0359·1.1

PTAS.

PAGUESE POR ESTE CHEQUE A

PESETAS

DE

DE 19

(Plaza y fecha en letra)

Serie H H N N.° 2·284·059

Mod. 165-P

⑈2846059⑈0016⑈ 03594 000

Scheckformular

Scheckformular (zweisprachig)

trono o empresario) auf ein Bankkonto überweisen lassen und Zahlungen bargeldlos abwickeln *(efectúan pagos sin movimiento de numerario)*.

Transferencias telegráficas y por correo (telegrafische oder postalische Überweisungen) sind Geldüberweisungen ins Ausland, wobei die Bank den Überweisungsauftrag entweder durch Telegramm oder Telex oder durch Luftpost an die Korrespondenzbank im entsprechenden Land schickt. Banken in Europa, Nordamerika und Hong Kong haben der Dringlichkeit halber ein Computersystem mit dem Namen SWIFT *(Society for Worldwide Interbank Financial Telecommunication)* geschaffen.

Cheque bancario (Bankscheck): Der Bankscheck ist ein Scheck, der von einer Bankfiliale *(sucursal)* auf ihre Hauptgeschäftsstelle *(central)* oder auf eine Korrespondenzbank im Ausland entweder in der eigenen Währung oder einer fremden Währung *(moneda extranjera o divisas)* gezogen wird. Ein solcher Scheck wird als sicheres Zahlungsmittel angesehen, da der Zahlungsempfänger *(beneficiario del pago)* sicher sein kann, daß der Scheck bei Vorlage eingelöst wird *(será hecho efectivo a la presentación)*.

Tarjeta de crédito (Kreditkarte), eine Art von Verbraucherkredit *(crédito de consumo)*. Beispiele: Eurocard, Visa, 4 B, Amex (American Express), Diners. Die Karten werden von Banken und Finanzorganisationen *(organizaciones financieras)* ausgegeben *(emitidas)*. Sie sind ein Mittel, Waren und Dienstleistungen in Geschäften, Restaurants, Werkstätten, Hotels usw. sofort auf Kredit zu erhalten. Die Karte wird vorgelegt und die Rechnung vom Kunden unterschrieben, von dem Einzelhändler an die Finanzorganisation geschickt und von dort bezahlt. Der Kartenbesitzer *(titular de la tarjeta)* erhält eine monatliche Abrechnung *(liquidación mensual)* mit allen Rechnungen für den Zeitraum. Diese ist innerhalb einer festgesetzten Anzahl von Tagen zu bezahlen *(pagadera dentro de un número determinado de días)*. Nach Ablauf der Zahlungsfrist werden hohe Zinsen berechnet.

Cheques de viaje o Travellers' Cheques (Reiseschecks) lauten auf bestimmte runde Beträge und werden in der eigenen oder fremden Währung ausgestellt. Beim Kauf des Reiseschecks bei der Bank muß der Erwerber seine Unterschrift auf die Vorderseite des Schecks setzen, bei der späteren Einlösung muß die zweite Unterschrift am Bankschalter *(ventanilla)* der einlösenden Bank *(banco pagador)* geleistet werden.

Cambio de moneda (Geldwechsel), d.h. Kauf und Verkauf fremder Währung *(compra y venta de divisas)*.

Custodia de documentos y valores (sichere Aufbewahrung von Dokumenten und Wertgegenständen) in Stahlkammern *(cámaras acorazadas)*. Große Banken bieten dem Kunden außerdem einen Safe-Deposit Service *(servicio cajas de seguridad)*, d.h. der Kunde kann in diesen Stahlkammern ein abschließbares Fach in einem besonders gebauten Safe mieten *(alquilar una caja de seguridad)*.

Cajeros permanentes o nocturnos (Nachttresore) sind von der Straßenseite aus zugängliche Einwurfvorrichtungen und dienen der Deponierung von Bargeldeinnahmen nach Geschäftsschluß. Der Kunde kann in einer von der Bank zur Verfügung gestellten Geldkassette nach Geschäftsschluß *(después o fuera de las horas de oficina)* seine Bareinnahmen deponieren *(depositar)*.

Cajeros automáticos (Geldautomaten) ermöglichen dem Bankkunden,

Bargeld in Banknoten bis zu einem bestimmten Wert zu jeder Tages- oder Nachtzeit zu erhalten. Sie sind an das Computernetz *(red de computadores)* der Bank angeschlossen. Man betätigt sie mit einer Karte mit Magnetschrift *(banda magnética)* in Verbindung mit einer persönlichen Nummer. Der Automat zahlt an den Kunden nicht nur den gewünschten Barbetrag aus, sondern gibt auf Verlangen auch seinen Kontostand an, er nimmt Aufträge zur Ausstellung von Scheckbüchern entgegen und führt Banküberweisungen durch.

Asesoramiento y administración de inversiones (Beratung und Verwaltung von Geldanlagen), Kauf und Verkauf von Aktien und Obligationen durch eigene Makler (vgl. Kap. XX).

Concesión de informes (Bankauskünfte)

Alquiler financiero (Leasing) (vgl. S. 90)

Financiación de las ventas o Factoring (Absatzfinanzierung).

Seguro (Versicherung): Manche spanische Banken bieten *(ofrecen)* als Agenten für Versicherungsgesellschaften in eigenen Abteilungen Privatpersonen und Firmen umfangreiche Versicherungsdienste an.

Avales de licitación (Leistungsversprechen): Wenn sich Firmen in der Bauindustrie *(industria de la construcción)* an einer Ausschreibung *(subasta o concurso-subasta)* beteiligen, müssen sie häufig ein Leistungsversprechen beibringen, aus dem hervorgeht, daß sie in der Lage sind, die Bedingungen des Vertrages bis zur Vollendung zu erfüllen und nicht auf halbem Wege bankrott machen *(hacer bancarrota o quebrar)*. Gewöhnlich wird eine Bank gebeten, ein solches Leistungsversprechen zu geben.

Servicios al exportador y al importador (Dienstleistungen für den Exporteur und Importeur) (vgl. S. 415).

Créditos (Kredite): Das Kreditgeschäft ist die wichtigste Einnahmequelle *(fuente de ingresos)* der Banken. Man unterscheidet:

a) *Descubiertos en cuenta* (Kontoüberziehungen), die bekannteste und preiswerteste Methode des Bankkredits. Die Bank gestattet nach Vereinbarung dem Kunden, sein Konto bis zu einer gewissen Höhe *(hasta una cantidad o cuantía determinada)* zu überziehen *(dejar en descubierto o rebasar)*. Die Zinsen werden auf täglicher Grundlage berechnet *(Los intereses son cargados sobre la base diaria)*.

b) *Crédito bancario* (Bankkredit) mit fester Laufzeit *(vencimiento fijo)*, und zwar kurzfristige, mittelfristige und langfristige Kredite *(créditos a corto, medio y largo plazo)* sowie Überbrückungskredite *(créditos transitorios o para superar necesidades transitorias)*. Die Zinsen werden nicht auf täglicher Grundlage wie bei der Kontoüberziehung berechnet, sondern auf den vollen Betrag *(importe total)* für die gesamte Laufzeit des Kredits.

Die Banken geben vielfach Kredite ohne Sicherheit *(créditos sin garantía)*. Bei größeren Krediten verlangen die Banken Sicherheiten, z. B. Verpfändung von Wertpapieren *(pignoración de títulos)*, Übertragung einer Lebensversicherungspolice *(cesión de una póliza de seguro de vida)*, eine Hypothek auf Grundbesitz *(hipoteca inmobiliaria)*, eine Bürgschaft *(fianza)* oder eine Verpfändungsurkunde *(escritura de pignoración)*, womit die Bank das Recht erhält, den Kreditsaldo *(saldo acreedor)* mit dem Debetsaldo *(saldo deudor)* eines anderen Kontos des Schuldners aufzurechnen.

Zu den vielfältigen Dienstleistungen der Banken gehört ebenfalls im breiten Bereich *(amplio sector)* der Wertpapiere das Emissionsgeschäft *(negocio de emisión de valores)*, wobei die Banken im Rahmen der sogenannten Emissionskonsortien *(grupos o sindicatos de emisión)* den Verkauf von neu emittierten Wertpapieren übernehmen.

Dienstleistungen für den Exporteur und Importeur

Die Banken leisten dem Exporteur und Importeur nicht nur bei der Finanzierung der Auslandsgeschäfte wichtige Dienste. Sie helfen auch bei der Erschließung potentieller Märkte für Exportwaren, stellen Verbindungen zu überseeischen Käufern, Verkäufern und Agenten her, liefern Bank-zu-Bank Auskünfte *(informes comerciales interbancarios)* über die Kreditwürdigkeit *(solvencia o crédito)* von Firmen in der ganzen Welt und verfassen Berichte *(informes)* über die politische und wirtschaftliche Lage *(situación política y económica)* in vielen Ländern, über Importbeschränkungen *(restricciones sobre las importaciones)* und Devisenkontrollen *(control de cambios)* und über andere, den Exporteur interessierende Entwicklungen.

Sie informieren über Währungsschwankungen *(fluctuaciones monetarias)* und bieten Währungsterminabschlüsse *(contratos de cambio a plazo o de futuro)* zur Ausschaltung des Kursrisikos *(para eliminar el riesgo de cambio)*. Wenn z. B. ein Exporteur ein Geschäft in fremder Währung abschließt, besteht die Gefahr, daß der Wert der fremden Währung in der Zeit zwischen der Auftragserteilung und dem Zahlungstermin fällt, so daß er beim Umwechseln der fremden Währung in seine Landeswährung unter Umständen große Verluste hat. Zur Kurssicherung kann er bei Abschluß des Exportgeschäfts die fremde Währung seiner Bank zu einem fest vereinbarten Kurs verkaufen. Im umgekehrten Falle weiß der Importeur schon bei Auftragserteilung, welche Summe er zum Zahlungszeitpunkt in der eigenen Währung zu bezahlen hat.

Im Exportgeschäft ist die sicherste Zahlungsmethode die Vorauszahlung durch telegrafische Überweisung *(transferencia telegráfica)* oder Bankscheck *(cheque bancario)* (vgl. S. 408, 413). Ein größerer Teil internationaler Zahlungen erfolgt jedoch durch:

1. *Letra documentaria* (D o k u m e n t e n t r a t t e)
   Der Exporteur zieht einen Wechsel auf den Importeur und legt ihn mit den Verschiffungsdokumenten *(documentos de embarque)* seiner eigenen Bank vor mit der Bitte *(ruego, solicitud)*, den Wechsel und die Verschiffungsdolumente an ihre Zweigstelle oder Korrespondenzbank im Lande des Importeurs zu senden und den fälligen Betrag einzuziehen *(cobrar el importe debido)* oder, falls ein Nachsichtwechsel (vgl. S. 440) gezogen wurde, das Akzept des Importeurs einzuholen *(obtener la aceptación del importador)*. Diese Zahlungsweise, bei der die Bank nur als Inkassobank *(banco encargado del cobro)* handelt, wird in der Regel nur bei langjährigen und vertrauenswürdigen Kunden *(clientes antiguos y de confianza)* angewandt.

2. *Crédito documentario* (D o k u m e n t e n a k k r e d i t i v)
   Wenn der Importeur und der Exporteur einen Verkaufsvertrag abgeschlossen haben *(han concluido un contrato de compraventa)*, der Zah-

VIA AEREA

TELEX
(ITT) 1021 BANKSUD CZ
(ITT) 1303 BANKSUD CZ
(TDE) 40436 BSA CL
(TDE) 40934 BSA CL

BANCO SUD AMERICANO
COMERCIO EXTERIOR

PO BOX 90 - D SANTIAGO - CHILE
CABLES "AMERIBANK"

NOMBRE DEL BANCO EMISOR/NAME OF ISSUING BANK	CREDITO DOCUMENTARIO NUMERO/NUMBER
BANCO SUD AMERICANO	IRREVOCABLE/IRREVOCABLE
LUGAR Y FECHA DE EMISION/PLACE AND DATE OF ISSUE	DOCUMENTARY CREDIT
SANTIAGO, SEPTEMBER 14th-1988	FECHA Y LUGAR DE VENCIMIENTO/DATE AND PLACE OF EXPIRY
	BUDAPEST, JANUARY 10th-1989

SOLICITANTE/APPLICANT .

BENEFICIARIO/BENEFICIARY

BANCO AVISADOR/ADVISING BANK
SALZBURGER KREDIT-UND WECHSEL-BANK
ENGESELLSCHAFT/MAKARTPLATZ 3 (A-5020)
PO BOX 24 (A-5024) SALZBURG -AUSTRIA

MONTO/AMOUNT   USD 6.770,00

Crédito utilizable: - Credit available with

por-by [X] PAGO/PAYMENT [ ] ACEPTACION/ACCEPTANCE [ ] NEGOCIACION/NEGOTIATION

Embarques Parciales/Partial Shipments	Transbordo/Transhipment
[ ] Permitidos/Allowed [X] Prohibidos/Not Allowed	[ ] Permitidos/Allowed [X] Prohibidos/Not Allowed

Embarque/despacho/toma a cargo desde/en   FOB HAMBURG
Shipment/dispach/taking in charge from/at

para transporter a   VALPARAISO-CHILE
for transportation to

contra la presentación de los documentos aqui mismo indicados
against presentation of the documents detailed herein

girada(s) contra
drawn on

y de su/s) letra(s) de cambio
and of your draft(s) at

MERCADERIAS/GOODS
QUOTE PARTES Y PIEZAS ELECTRICAS PARA VEHICULOS
MOTORIZADOS UNQUOTE

[X] FOB [ ] CANDF [ ] CIF

NOTE: Beneficiary must send copies of shipping documents
directly to buyers via air mail.

COMMERCIAL KIND - OTHER CLAUSULAS/OTHER TERMS

LISTA DE DOCUMENTOS A PRESENTAR/LIST OF DOCUMENTS TO BE PRESENTED SHOULD INDICATE FREE OF ERRORS

[X] FACTURA COMERCIAL/COMMERCIAL INVOICE   1/5   THE IMPORT LICENCE NA   3/3

[X] JUEGO COMPLETO DE CONOCIMIENTOS DE EMBARQUE LIMPIOS A BORDO/FULL SET OF CLEAN ON BOARD MARINE BILLS OF LADING

[ ] GUIA AEREA/AIR WAYBILL

INDIQUE "FLETE PAGADO"   [X] FLETE POR PAGAR
MARKED "FREIGHT PREPAID" [ ] FREIGHT TO COLLECT

[ ] EMITIDOS A NUESTRA ORDEN PARA SOLICITANTES
[X] ISSUED TO OUR FOR APPLICANT
[ ] POLIZA DE SEGURO CUBRIENDO/INSURANCE POLICY COVERING

THIS PRESENT .   . . .
TO ONE OR MORE DULY AUTHORIZED
OPERATIONS UNDER CHAPTER IV
IMPORT REPORT OF THE COMPENDIUM
OF IMPORT REGULATIONS ISSUED BY

[ ] CERTIFICADO DE SANIDAD/FITOSANITARIO [X] LISTA DE EMBARQUE [ ] CERTIFICADO DE PESO [ ] CERTIFICADO DE ORIGEN
HEALTH/FITOSANITARY CERTIFICATE   PACKING LIST 1/3   WEIGHT CERTIFICATE   ORIGIN CERTIFICATE

[ ] NOTA DE GASTOS   [ ] OTROS
STATEMENT SHIPPING CHARGES   OTHERS

[X] DESPACHAR TODOS LOS DOCUMENTOS POR AEREO A NOSOTROS, EN UN SOLO JUEGO MENCIONANDO NUESTRO No DE CREDITO
AIR MAIL ALL DOCUMENTS IN ONE SET DIRECTLY TO US MENTIONING OUR L/C NUMBER

INSTRUCCIONES ESPECIALES/SPECIAL CONDITIONS

[X] SEGURO SERA CUBIERTO EN CHILE/INSURANCE WILL BE COVERED IN CHILI

[X] ESTA OPERACION ESTA AMPARADA POR LOS REGISTROS DE IMPORTACION N.o 157.290
THIS TRANSACTION IS COVERED BY IMPORT LICENSE N.o

[ ] CREDITO DOCUMENTARIO TRANSFERIBLE/TRANSFERABLE CREDIT

[X] INFORMEN CUALQUIER DIFICULTAD POR TELEX/REPORT BY TLX ANY DIFFICULTY   ATTN

[X] We confirm this L/C is subject to UCP 1983, ICC publication NR 400

[ ] Sin Agregar su Confirmación – Without Adding your Confirmation   [X] Agregando su Confirmación/Adding your Confirmation

REEMBOLSO/REIMBURSEMENT   Yourselves at sight, through COMMERZBANK AG-FRANKFURT-GERMANY -
OFFICE.

Emitimos este crédito documentario a su favor. Queda sometido a las Reglas y Usos Uniformes relativos a los Créditos Documentarios (revisión 1974, Publicación N.o 290 de la Cámara de Comercio Internacional, Paris, Francia) que nos obliga según sus términos. En especial según su artículo 3. En todo giro o letra que se necesita debe mencionarse expresamente el número y la fecha del crédito asi como el nombre de nuestro banco. Si el crédito es utilizable por negociación cada presentación debe ser anotada en el reverso de este ejemplar por el banco donde el crédito sea utilizable.

We hereby issue this Documentary Credit in your favour. It is subject to the Uniform Customs and Practice for Documentary Credits (1983 Revision, International Chamber of Commerce, Paris, France, Publication N.o 400 and engages us in accordance with the terms thereof, and especially in accordance with the terms of Article 3 thereof. The number and the date of the credit and the name of our bank must be quoted on all drafts required. If the credit is available by negotiation, each presentation must be noted on the reverse of this advice by the bank where the credit is available.

AGRADECIENDOLES SU ACUSE DE RECIBO SE DESPIDE ATTE. DE UD
YOUR ACKOWLEDGMENT WILL BE APPRECIATED, YOURS FAITHFULLY

secq/

FIRMAS AUTORIZADAS/AUTORIZED SIGNATURES
BANCO SUD AMERICANO

Form. 83 - Dominguez

1

lung durch Dokumentenkredit vorsieht *(que prevé pago por medio de crédito documentario)*, ist der Ablauf wie folgt:

Der Importeur weist seine Bank, die krediteröffnende Bank *(banco emisor)*, an, einen Kredit zu Gunsten des Exporteurs zu eröffnen *(abrir un crédito a favor del exportador)*.

Die krediteröffnende Bank bittet ihre Korrespondenzbank im Lande des Exporteurs, dem Exporteur den Kredit anzuzeigen oder zu bestätigen *(avisar o confirmar)*. Diese avisierende Bank *(banco notificador o avisador)* teilt dem Exporteur mit, daß der Kredit eröffnet worden ist.

Der Exporteur kann nach Erhalt dieser Kreditzusage die Waren verschiffen und sendet anschließend die Dokumente, die die Verschiffung nachweisen *(que cubren el embarque)*, an die avisierende Bank. Wenn die Dokumente den Anforderungen des Kredits entsprechen, wird die avisierende Bank je nach den Vereinbarungen das Dokumentenakkreditiv einlösen, akzeptieren oder begeben *(pagará, aceptará o negociará el crédito documentario)*.

Die avisierende Bank sendet die Dokumente durch Luftpost an die krediteröffnende Bank, die ihrerseits prüft, ob die Dokumente mit den festgesetzten Bedingungen übereinstimmen *(están de conformidad con las condiciones establecidas)*. Wenn alle Dokumente die Anforderungen des Kredits erfüllen, führt sie die Zahlung durch *(efectúa el pago)* oder akzeptiert den Wechsel und schickt diesen an den Exporteur zurück.

Die krediteröffnende Bank gibt dann nach Zahlung des fälligen Betrages durch den Importeur oder gemäß anderer zwischen ihr und dem Importeur vereinbarter Bedingungen *(otras condiciones establecidas o estipuladas entre el banco y el importador)* die Dokumente frei, und der Importeur kann die Transportdokumente an seinen Spediteur weitergeben, der die Waren im Hafen in Empfang nimmt und ausliefert.

Die Internationale Handelskammer *(Cámara de Comercio Internacional/CCI)* hat wegen der Wichtigkeit der Akkreditivklauseln und zur Standardisierung der nötigen Formulare eine entsprechende Broschüre in verschiedenen Sprachen herausgegeben.

Die Arten des Akkreditivs sind:

a) *Crédito revocable* (widerrufliches Akkreditiv). Dieses bringt Risiken mit sich *(involucra riesgos)*, da der Kredit ohne vorherige Benachrichtigung jederzeit abgeändert oder widerrufen werden kann.

b) *Crédito irrevocable* (unwiderrufliches Akkreditiv). Dieses kann ohne Zustimmung aller beteiligten Parteien nicht geändert oder widerrufen werden *(no puede ser modificado ni anulado sin la conformidad previa de todas las partes intervenientes)*. Es ist eine eindeutige Verpflichtung *(una obligación determinante)* seitens der krediteröffnenden Bank. Der Exporteur bleibt jedoch von der Verpflichtung einer ausländischen Bank abhängig.

c) *Crédito irrevocable confirmado* (bestätigtes, unwiderrufliches Akkreditiv). Dieses gibt dem Verkäufer eine doppelte Sicherheit der Bezahlung, da eine Bank im Lande des Exporteurs eine zusätzliche Verpflichtung übernimmt. Nicht nur die krediteröffnende Bank im Ausland hat sich verpflichtet *(se ha comprometido u obligado)*, den Exporteur bei Vorlage der Dokumente zu bezahlen, sondern auch die das Akkreditiv bestätigende Bank *(banco confirmador)* in seinem Lande hat eine eindeutige Verpflichtung übernommen *(se ha comprometido en firme)*, daß die Bedingungen zur Zahlung und zum Akzept ordnungsgemäß erfüllt werden *(que las condiciones en cuanto al pago y aceptación serán cumplidas en debida forma)*.

Wenn Banken gegen Dokumententratte Kredit geben *(conceden crédito contra una letra documentaria)*, verlangen sie von dem Exporteur eine Verpfändungserklärung *(declaración de pignoración)*, in dem der Exporteur damit einverstanden ist, daß die Waren auf dem freien Markt verkauft werden, wenn die Dokumententratte nicht eingelöst wird *(si la letra documentaria no se hace efectiva)*.

Abrechnungsstellen

Die „*Cámara de Compensación o de Clearing*" (Abrechnungs- und Verrechnungsstelle) ermöglicht den angeschlossenen Banken, ihre gegenseitigen Forderungen *(cobros recíprocos)* auszugleichen und zu verrechnen, d. h. unter „*clearing*" versteht man die bargeldlose Verrechnung *(compensación sin movimiento de numerario)* von Schecks, Wechseln etc. Der Saldo wird am Ende eines jeden Tages ausgeglichen.

Devisen

Devisen *(divisas, moneda extranjera)* sind alle Zahlungsmittel *(medios de pago)* in fremder Währung, also Wechsel *(letras de cambio)*, Schecks *(cheques)*, Bankschecks *(cheques bancarios)*, Akkreditive *(cartas de crédito)*; Guthaben *(haberes o saldos activos)* bei ausländischen Banken oder Einlagen in fremder Währung *(imposiciones en moneda extranjera)* bei einheimischen Banken; Wertpapiere *(títulos-valores)*, Obligationen *(obligaciones o bonos)* und Anteile *(acciones)* an ausländischen Unternehmungen.

Ein Land nimmt Devisen ein durch Auslandsgeschäfte, d. h. Warenexporte und Dienstleistungen *(servicios)* wie Transporte *(transportes)*, Fremdenverkehr *(turismo)*, Versicherungen *(seguros)*, Lizenzabkommen *(acuerdos sobre licencias)*.

Unter Währung *(moneda)* versteht man das Geld eines bestimmten Landes, z. B. US-Dollar *(dólar)*, Pound Sterling *(libra esterlina)*, DM *(marco alemán)*, FF *(franco francés)*, Schweizer Franken *(franco suizo)* etc.

Der ausländische Währungsmarkt *(mercado de divisas)* hat keinen festen geographischen Ort *(lugar geográfico fijo)*, weil er aus einer großen Zahl von Banken und autorisierten Devisenhändlern in den großen Finanzzentren der Welt besteht. Diese Zentren haben ein sehr gutes Telekommunikationssystem untereinander *(sistema de telecomunicación entre sí)* und sind daher ständig über Veränderungen an allen Plätzen unterrichtet.

Die Abwertung einer Währung nennt man „*devaluación*" und eine Aufwertung „*revaluación*".

Von den Banken und Wechselstuben werden zwei Kurse genannt, ein niedrigerer Kurs, zu dem die Banken ausländische Währung kaufen (in

Spanien *„compra"* = „Geld" genannt), und ein höherer Kurs, zu dem die Banken ausländische Währung verkaufen (in Spanien *„venta"* = „Brief" genannt).

Sorten *(billetes y monedas extranjeras)* sind Bargeld. Ihre Kurse sind ungünstiger als die Devisenkurse, weil der Handel mit Münzen und Banknoten kostspieliger ist wegen der Vorratshaltung ohne Zinsen *(debido a tener que mantener existencias sin intereses)*, hohen Versandkosten *(gastos de transporte)* und der Gefahr des Falschgeldes *(dinero falso o falsificado)*.

Gesetzliche Zahlungsmittel *(medios legales de pago)* sind Banknoten und Münzen, die angenommen werden müssen, wenn sie als Zahlung angeboten werden. Im Gegensatz dazu sind z. B. Schecks kein gesetzliches Zahlungsmittel, und ihre Annahme kann verweigert werden.

Devisentermingeschäfte *(operaciones de divisas a plazo o de futuro)* sind Spekulationsgeschäfte oder dienen zur Absicherung gegen Kursverluste im internationalen Import- und Exportgeschäft (vgl. S. 415 und 466).

Der Euro-Währungsmarkt *(el euromercado de divisas)* bietet *(ofrece)* ein Netzwerk von Bankeinlagen *(depósitos)* und Krediten *(créditos)* in einer anderen als der Währung des Landes, in der sich die Bank befindet. Der Markt entwickelte sich Ende der 1950er Jahre nach der Wiederherstellung *(reestablecimiento)* der Konvertibilität *(convertibilidad)* zwischen den Haupt-Währungen.

So sind Euro-Dollars Dollareinlagen *(depósitos en dólares)* bei Banken außerhalb der Vereinigten Staaten *(mantenidos por bancos fuera de los Estados Unidos)*. Der Hauptunterschied zwischen einer Dollareinlage in den Vereinigten Staaten und einem Euro-Dollar ist, daß der letztere der Geldautorität der Regierung weniger oder nicht unterliegt.

Der Euro-Dollar ist die bedeutendste der Euro-Währungen, gefolgt von dem Euro-Sterling, der D-Mark, dem holländischen Gulden *(florín holandés)*, dem Schweizer Franken *(franco suizo)* und anderen Währungen. Charakteristisch für sie ist, daß sie in anderen Währungen frei umtauschbar sind *(son libremente convertibles)*.

Ein aktiver Währungsmarkt besonders für den Euro-Dollar ist in London entstanden, dessen hochentwickelter Währungsmarkt Möglichkeiten für kurzfristige Kapitalanlagen, meistens für weniger als 3 Monate bietet.

„Euro" ist insofern irreführend, als solche Einlagen auch bei nichteuropäischen Banken bestehen.

LIBOR *(London Interbank Offered Rate)* ist als internationaler Schlüssel-Zinssatz *(tipo de interés estándar)* der Zinssatz, zu dem Londoner Banken bereit sind *(están dispuestos)*, erstklassigen Banken Geld zu leihen *(prestar fondos o dinero a bancos de primera categoría)*. Der entsprechende Zinssatz heißt in Spanien MIBOR *(Madrid Interbank Offered Rate)*.

Kunde an die Bank

1. Kontoeröffnung und -auflösung

Deseando abrir una cuenta corriente con Vds., les ruego

Ich möchte bei Ihnen ein laufendes Konto eröffnen und bitte um

a) me proporcionen informaciones (o: detalles) de sus condiciones.

a) Auskunft (od. Einzelheiten) über Ihre Bedingungen.

b) me propongan una fecha para discutir los pormenores con Vds.

b) einen Terminvorschlag, um die Einzelheiten mit Ihnen zu besprechen.

1. Hemos abierto una nueva casa en...,

1. Wir haben eine neue Firma in ... eröffnet,

2. Hemos fundado una empresa con el Sr. Rosales,

2. Wir haben mit Herrn Rosales ein Unternehmen gegründet,

deseando por ello abrir una cuenta bajo la razón social Salmerón & Rosales en su Instituto.

und wir möchten unter dem Firmennamen Salmerón & Rosales bei Ihrer Bank ein Konto eröffnen.

Adjuntamos los especímenes de las firmas

Wir fügen Unterschriftsproben

a) de los Sres. Romero y Sánchez, los cuales pueden firmar indistintamente cheques por nuestra cuenta.

a) von Herrn Romero und Herrn Sánchez bei, von denen jeder Schecks in unserem Auftrage unterzeichnen kann.

b) de las personas autorizadas para firmar.

b) von den Personen bei, die zeichnungsberechtigt sind.

El Sr. Eizaguirre, director gerente, y el Sr. Iturmendi, jefe de nuestra Contaduría, están autorizados para firmar.

Herr Eizaguirre, der geschäftsführende Direktor, und Herr Iturmendi, der Leiter unserer Rechnungsabteilung, sind zeichnungsberechtigt.

Los cheques deberán llevar dos firmas.

Schecks müssen zwei Unterschriften tragen.

A los efectos de (o: Para la) apertura de cuenta

Zur Eröffnung des Kontos

a) adjuntamos un cheque sobre el Banco de Bilbao por Ptas. ...

a) fügen wir einen Scheck auf den Banco de Bilbao über Ptas. ... bei.

b) ordenamos a nuestro banco, el Deutsche Bank, de Düsseldorf, transferir el contravalor de DM 40.000,–

Rogamos a Vds. nos comuniquen

a) el tipo de interés actual para cuentas de depósitos (o: cuentas de ahorros).

b) qué importe cargan Vds. por una orden permanente mensual.

Hemos decidido trasladar el 1° de marzo la sede de nuestra empresa de Valencia a Barcelona, por lo que les quedaríamos muy agradecidos si transfirieran el saldo de nuestra (o: de mi) cuenta a su sucursal en ésa.

Rogamos cancelar nuestra cuenta n° 987001 y transferir el saldo resultante al Deutsche Bank, de Colonia, para su abono en nuestra cuenta n° 1288117.

b) weisen wir unsere Bank, die Deutsche Bank, Düsseldorf, an, den Gegenwert von DM 40.000,– zu überweisen.

Bitte teilen Sie uns

a) den augenblicklichen Zinssatz für Depositenkonten (od. Sparkonten) mit.

b) mit, was Sie für einen monatlichen Dauerauftrag berechnen.

Wir haben beschlossen, am 1. März den Sitz unseres Unternehmens von Valencia nach Barcelona zu verlegen, und wären Ihnen dankbar, wenn Sie den Saldo unseres (od. meines) Kontos an Ihre Zweigstelle in dieser Stadt überweisen würden.

Bitte lösen Sie unser Konto Nr. 987001 auf, und überweisen Sie den Abschlußsaldo an die Deutsche Bank, Köln, zur Gutschrift auf unser Konto Nr. 1288117.

2. Anweisungen an die Bank

Adjunto un cheque sobre el Banco de Santander por Ptas. .... que recibí de Soler & Cía., rogándoles abonar este importe en mi cuenta corriente n° 192837.

Adjunto una orden permanente para el pago de Ptas. .... el primero de cada mes a la Industrial Castellana Ltda.

Paguen (o: Transfieran), por favor, el primero de cada mes, y hasta nuevo aviso, al Banco Hispano Americano, de Madrid, el importe de Ptas. .... a la cuenta de la casa Romero & Cía.

Ich füge einen Scheck auf den Banco de Santander in Höhe von Ptas. .... bei, den ich von Soler & Cía. erhalten habe. Bitte schreiben Sie diesen Betrag meinem laufenden Konto Nr. 192837 gut.

Ich füge einen Dauerauftrag zur Zahlung von Ptas. .... am Ersten eines jeden Monats an Industrial Castellana Ltda. bei.

Bitte zahlen (od. überweisen) Sie am Ersten eines jeden Monats und bis auf weiteres an den Banco Hispano Americano, Madrid, den Betrag von Ptas. .... auf das Konto der Firma Romero & Cía.

Rogamos a Vds. efectuar los siguientes pagos para nosotros:

Bitte nehmen Sie die folgenden Zahlungen für uns vor:

1. Ordenen Vds. la transferencia de Ptas. ... el primero de cada mes, a partir del próximo 1° de enero,

1. *Bitte veranlassen Sie die Überweisung von Ptas. ... am Ersten eines jeden Monats, beginnend mit dem nächsten 1. Januar,*

2. Rogamos a Vds. transferir Ptas. ... (en letras ...)

2. *Bitte überweisen Sie Ptas. ... (in Worten: ...)*

a) de nuestra cuenta corriente a nuestra cuenta de depósitos.

a) *von unserem laufenden Konto auf unser Depositenkonto.*

b) de nuestra cuenta n°. ... en sus oficinas a la cuenta de la casa Montero & Nogales Ltda. en su sucursal de Málaga.

b) *von unserem Konto Nr. ... bei Ihrer Geschäftsstelle auf das Konto der Firma Montero & Nogales Ltda. bei Ihrer Zweigstelle in Málaga.*

Rogamos a Vds. ordenar la transferencia telegráfica de Ptas. ... al Banco Industrial, Madrid, a favor de la casa Almacenes del Norte, Ltda., con cargo a nuestra cuenta n° 129837.

Bitte veranlassen Sie telegrafische Überweisung von Ptas. ... an den Banco Industrial, Madrid, zugunsten der Firma Almacenes del Norte, Ltda., und belasten Sie unser Konto Nr. 129837.

Transfieran, por favor, el contravalor en marcos alemanes de Ptas. ... a la cuenta postal de Hamburgo n° 7320-5 a favor de la casa Kaiser & Co. AG, de Emden.

Bitte überweisen Sie den DM-Gegenwert von Ptas. ... auf das Postgirokonto Hamburg Nr. 7320-5 zugunsten der Firma Kaiser & Co. AG, Emden.

Rogamos a Vds. suspender con efecto al 1° de enero los pagos (mensuales) a la casa Montero & Hijos.

Bitte stellen Sie mit Wirkung vom 1. Januar die (monatlichen) Zahlungen an die Firma Montero & Hijos ein.

Con la presente anulamos las órdenes dadas con nuestra carta del 2 de junio en relación con el pago a la casa Tomé & Cía.

Hiermit stornieren wir die in unserem Schreiben vom 2. Juni gegebenen Anweisungen bezüglich der Zahlung an die Firma Tomé & Cía.

El cheque adjunto n° ... por Ptas. ... fue devuelto con la observación «sin cobertura», por lo que ruego aclarar por qué razón fue rechazado el pago.

Der beigefügte Scheck Nr. ... über Ptas. ... ist mit dem Vermerk „keine Deckung" zurückgegeben worden, und ich bitte um eine Erklärung, warum die Zahlung verweigert wurde.

1. Confirmamos con la presente las instrucciones dadas a Vds. telefónicamente de

1. *Wir bestätigen hiermit die Ihnen telefonisch gegebenen Anweisungen,*

2. Con la presente confirmo nuestro telegrama de esta mañana, con el que les rogaba

bloquear el pago del siguiente cheque:
cheque n°...
fecha: 8 de junio
beneficiario: José Nadal

librador: Matías López, Ltda.

Este cheque se extravió al parecer en el correo.

Rogamos a Vds. confirmar que este cheque no se hará efectivo (o: no se pagará), para que podamos extender un segundo cheque como liquidación de nuestra factura.

Acusen, por favor, el recibo de esta autorización de suspender el pago.

Con la presente confirmo mi comunicación telefónica de esta mañana de haber extraviado (o: perdido) mi tarjeta de crédito n° ...

Mucho apreciaría me extendieran inmediatamente una nueva tarjeta.

---

2. Hiermit bestätige ich unser Telegramm von heute morgen mit der Bitte,

die Zahlung des folgenden Schecks zu sperren:
Scheck Nr....
Datum: 8. Juni
Zahlungsempfänger: José Nadal
Aussteller: Matías López, Ltda.

Dieser Scheck ist anscheinend in der Post verlorengegangen.

Bitte bestätigen Sie, daß dieser Scheck nunmehr nicht eingelöst werden wird, so daß wir einen Zweitscheck zur Regulierung unserer Rechnung ausstellen können.

Bitte bestätigen Sie den Erhalt dieser Vollmacht, die Zahlung einzustellen.

Hiermit bestätige ich meine telefonische Nachricht von heute morgen, daß ich meine Kreditkarte Nr. ... verlegt (od. verloren) habe.

Ich würde die sofortige Ausstellung einer neuen Karte sehr begrüßen.

3. Bitte um Kreditgewährung

1. Rogamos a Vds. nos comuniquen si, y en qué condiciones, estarían dispuestos a

2. Les estaríamos muy agradecidos si pudieran

     a) concedernos un crédito en descubierto de Ptas....

     b) concedernos un préstamo de Ptas. ... por un período de seis meses.

     c) permitirnos un descubierto de cuenta hasta un importe

---

1. Bitte teilen Sie uns mit, ob und zu welchen Bedingungen Sie bereit wären,

2. Wir wären dankbar, wenn Sie es ermöglichen könnten,

     a) uns einen offenen Kredit von Ptas. ... zu gewähren.

     b) uns ein Darlehen von Ptas. ... für eine Zeit von sechs Monaten zu gewähren.

     c) uns eine Kontoüberziehung bis zu einem Höchstbetrag

máximo de Ptas. ... entre el 1° de marzo y el 31 de agosto.

von Ptas. ... zwischen dem 1. März und 31. August zu gestatten.

Con la presente ruego a Vds. considerar la concesión de un préstamo de Ptas. ... por el plazo de diez meses

Hiermit bitte ich Sie, ein Darlehen von Ptas. ... für die Zeit von zehn Monaten in Erwägung zu ziehen,

a) para hacernos posible la reposición de una máquina defectuosa.

a) um es uns zu ermöglichen, eine schadhafte Maschine zu ersetzen.

b) para la ampliación de nuestra empresa.

b) für die Erweiterung unserer Firma.

1. Necesitamos este préstamo

1. Wir benötigen dieses Darlehen

2. Desearíamos un crédito a medio plazo (o: una financiación) por importe de Ptas. ...

2. Wir möchten einen mittelfristigen Kredit (od. eine Finanzierung) von Ptas. ... erhalten

a) para la compra de materias primas.

a) zum Kauf von Rohmaterialien.

b) para introducir nuestros productos en el mercado suramericano.

b) um unsere Erzeugnisse auf dem südamerikanischen Markt einzuführen.

c) para la financiación del desarrollo ulterior de nuestras actividades en España.

c) zur Finanzierung der weiteren Entwicklung unserer Firmentätigkeit in Spanien.

d) para cubrir ciertos gastos de capital ocasionados por la ampliación de nuestro negocio.

d) zur Deckung gewisser durch die Erweiterung unseres Geschäftes entstandenen Kapitalkosten.

1. Dado que en los próximos meses tengo que cumplir algunos compromisos de envergadura,

1. Da ich in den kommenden Monaten einigen großen Verpflichtungen nachkommen muß,

2. Dado que he concluido recientemente una serie de contratos que requieren una pronta compra de materias primas (o: capital adicional de trabajo),

2. Da ich vor kurzem eine Reihe von Verträgen abgeschlossen habe, die den baldigen Kauf von Rohmaterialien (od. die zuzügliches Arbeitskapital) erfordern,

a) les quedaría muy agradecido si me proporcionaran un crédito a medio plazo por importe de Ptas. ...

a) wäre ich Ihnen dankbar, wenn Sie einen mittelfristigen Kredit von Ptas. ... besorgen würden.

b) tendría mucho gusto en saber sus condiciones para un crédito a corto plazo.

b) möchte ich gerne Ihre Bedingungen für einen kurzfristigen Kredit erfahren.

c) quisiera discutir condiciones en cuanto a las posibilidades de descubiertos de cuenta.

c) möchte ich Vereinbarungen für Kontoüberziehungsmöglichkeiten besprechen.

El desarrollo ulterior de mi empresa hace necesario ahora un crédito.

Die weitere Entwicklung meiner Firma erfordert nun Kredit.

Nuestra expansión se ve detenida por el momento debido a la falta de medios financieros.

Unsere Expansion wird augenblicklich durch Mangel an Finanzen aufgehalten.

Como garantía (adicional) podemos ofrecerles a Vds.:

Als (zusätzliche) Sicherheit können wir Ihnen bieten:

a) certificados de acciones por importe de Ptas. . . . .

a) Aktienzertifikate im Werte von Ptas. . . . .

b) una póliza de seguro de vida por importe de Ptas. . . . .

b) eine Lebensversicherungspolice in Höhe von Ptas. . . . .

En caso de que sea necesario un avalista (o: fiador; garante), el Sr. Ruiz ha tenido la gentileza de declararse dispuesto a actuar como tal.

Sollte ein Bürge erforderlich sein, hat sich Herr Ruiz freundlicherweise bereit erklärt, als solcher zu fungieren.

Adjuntamos copia de nuestro último balance revisado por los auditores.

Wir fügen Kopie unserer letzten durch Wirtschaftsprüfer geprüften Bilanz bei.

Con mucho gusto pasaría por su banco, a una hora conveniente para Vds., a fin de discutir la cuestión.

Ich würde gerne zu einer Ihnen genehmen (od. passenden) Zeit zur Erörterung der Angelegenheit bei der Bank vorsprechen.

4. Bitte um Verlängerung des Kredits

1. De su carta del 20 de mayo desprendemos que Vds. tienen la intención

1. Ihrem Schreiben vom 20. Mai entnehmen wir, daß Sie beabsichtigen,

2. Nos referimos a su carta del 8 de junio indicando las razones

2. Wir beziehen uns auf Ihr Schreiben vom 8. Juni, in dem Sie Ihre Gründe dafür angeben,

a) de revocar el crédito que nos concedieron.

a) den uns gewährten Kredit zurückzuziehen.

b) de revocar las facilidades de un descubierto de cuenta.

b) die Vergünstigungen einer Kontoüberziehung zurückzuziehen.

El 10 de abril me concedieron Vds. un crédito de Ptas. ... que debe ser reembolsado a fines de este mes.

Am 10. April gewährten Sie mir ein Darlehen von Ptas. ..., das zur Rückzahlung Ende dieses Monats fällig ist.

Desgraciadamente tengo que enfrentar pagos (o: pérdidas) inesperados/as, por lo que les quedaría muy agradecido si pudieran prorrogar el plazo de vencimiento del crédito hasta el 30 de septiembre.

Leider stehe ich unerwarteten Zahlungen (od. Verlusten) gegenüber und wäre Ihnen dankbar, wenn Sie die Laufzeit für das Darlehen bis 30. September verlängern könnten.

1. Dado que existen síntomas de activación en nuestro ramo,

1. Da Zeichen einer Belebung in unserer Branche bestehen,

2. Dado que la actividad comercial en todo el país muestra paulatinamente una mejora considerable (o: está mejorando paulatinamente),

2. Da die Geschäftsfähigkeit im ganzen Lande allmählich eine wesentliche Verbesserung zeigt (od. sich allmählich wieder erholt),

a) estamos seguros de que nuestra casa logrará obtener de nuevo en breve un volumen de negocios satisfactorio.

a) sind wir sicher, daß es nur kurze Zeit dauern wird, bis unsere Firma wieder ein zufriedenstellendes Geschäftsvolumen erreicht.

b) les rogamos concedernos una prórroga de ocho semanas para la liquidación del saldo (o: del crédito).

b) bitten wir Sie um eine Verlängerung von acht Wochen zum Ausgleich des Saldos (od. Kredits).

En el entretanto (o: En caso deseado)

Inzwischen (od. Falls gewünscht,)

a) podríamos suministrar las siguientes garantías (adicionales):

a) können wir folgende (zusätzliche) Sicherheiten liefern:

b) depositaremos en ésa su Institución...

b) werden wir... bei Ihnen hinterlegen.

5. Bitte um Zusendung eines Kontoauszugs

Los extractos de cuenta deben ser dirigidos diariamente (o: semanalmente) al Jefe de la Contaduría de la Sociedad XY.

Bankkontoauszüge sind täglich (od. wöchentlich) an den Leiter der Rechnungsabteilung der XY Gesellschaft zu senden.

1. Dado que nuestros libros deberán ser sujetos a una revisión,

1. Da unsere Bücher zur Prüfung fällig sind,

2. Dado que se precisa este extracto de cuenta para una reunión de la Dirección, que se celebrará el 10 de noviembre,

les quedaría muy agradecido si me lo enviaran con la debida prontitud para que llegue aquí lo más tardar el 7 de noviembre.

2. Da dieser Kontoauszug für eine auf den 10. November angesetzte Direktionssitzung benötigt wird,

wäre ich Ihnen dankbar, wenn Sie ihn so senden würden, daß er mich spätestens am 7. November erreicht.

6. Kontoauszug erhalten

a) der Auszug stimmt

Les agradecemos su extracto de cuenta, al cierre del 31 de octubre, que arroja un saldo a nuestro (o: a su) favor de Ptas. . . .

Wir danken Ihnen für Ihren Kontoauszug, abgeschlossen am 31. Oktober, mit einem Saldo zu unseren (od. Ihren) Gunsten von Ptas. . . .

Recibimos ayer su extracto de cuenta trimestral, el cual hemos examinado y hallado de conformidad.

Ihren vierteljährlichen Kontoauszug haben wir gestern erhalten. Wir haben ihn geprüft und für richtig befunden.

Nos complace comunicar a Vds.

Wir freuen uns zu sagen,

a) que sus cifras están de acuerdo con las nuestras.

a) daß Ihre Zahlen mit den unsrigen übereinstimmen.

b) que nuestros libros están de conformidad con su extracto de cuenta.

b) daß unsere Bücher mit Ihrem Kontoauszug übereinstimmen.

b) der Auszug stimmt nicht

De su extracto de cuenta trimestral (o: semestral), recibido esta mañana, desprendo

Ihrem heute morgen erhaltenen vierteljährlichen (od. halbjährlichen) Kontoauszug entnehme ich,

a) que mi cuenta fue debitada por un importe de Ptas. . . . en concepto de gastos bancarios.

a) daß mein Konto mit dem Betrag von Ptas. . . . für Bankspesen belastet wurde.

b) que al calcular los intereses han sufrido Vds. un pequeño error.

b) daß sich bei der Berechnung der Zinsen ein kleiner Irrtum eingeschlichen hat.

c) que aparentemente Vds. han omitido acreditar nuestro pago al contado del 2 de julio (o: la letra de cambio entregada el 3 de julio para ser descontada [o: en gestión de cobro]).

Constatamos que, además de un tipo de interés del 12%, se nos calculó un importe de Ptas. ... bajo la denominación general «gastos bancarios».

Rogamos nos informen

a) en qué se basa este cargo y cómo fue calculado.

b) qué servicios cubre su observación «derechos especiales, gastos y reembolsos» (o: prestaciones) con fecha 1º de julio.

Tengo la impresión de que estos derechos son extremamente altos, por lo que les agradecería me explicaran la razón de ello.

Con referencia a la hoja 23, página 2, de su extracto de nuestra cuenta corriente, les hacemos observar

a) que no disponemos de ningún comprobante en relación con el cheque nº ..., por el cual Vds. nos hacen un cargo de Ptas. ...

b) que Vds. han omitido incluir el aviso de crédito (o: el comprobante de asiento) por importe de Ptas. ... que Vds. acreditaron en nuestra cuenta con fecha de 2 de mayo.

Rogamos a Vds. examinar este asiento (o: esta entrada), o enviarnos una copia del cheque a efectos de verificación.

c) daß Sie offensichtlich unterlassen haben, unsere Bareinzahlung vom 2. Juli gutzuschreiben (od. den zur Diskontierung [od. zum Einzug] am 3. Juli übergebenen Wechsel gutzuschreiben).

Wir stellen fest, daß zuzüglich eines Zinssatzes von 12% uns noch ein Betrag von Ptas. ... berechnet wurde unter der allgemeinen Bezeichnung „Bankspesen".

Wollen Sie uns bitte mitteilen,

a) worauf diese Gebühr beruht und wie sie berechnet wurde.

b) welche Dienstleistungen Ihre Eintragung „Besondere Gebühren, Spesen und Auslagen" (od. Dienstleistungen) mit dem Datum vom 1. Juli deckt.

Ich habe den Eindruck, daß diese Gebühren unangemessen hoch sind, und wäre für Ihre Erklärung des Grundes dankbar.

Mit Bezug auf Blatt 23, Seite 2, Ihres Kontoauszuges für unser laufendes Konto machen wir Sie darauf aufmerksam,

a) daß wir keine Unterlagen für den Scheck Nr. ..., für den Sie eine Belastung von Ptas. ... zeigen, haben.

b) daß Sie es unterlassen haben, die Gutschriftsanzeige (od. den Buchungsbeleg) für den Betrag von Ptas. ... beizufügen, den Sie unserem Konto am 2. Mai gutgeschrieben haben.

Wollen Sie bitte diese Eintragung prüfen oder uns eine Kopie des Schecks zur Prüfung schikken.

7. Der Importeur an die Bank.
Eröffnung eines Akkreditivs

Rogamos a Vds. indicarnos en qué condiciones su banco estaría dispuesto a abrir los créditos documentarios necesarios y tramitar para nosotros los documentos de embarque.

Bitte teilen Sie uns mit, zu welchen Bedingungen Ihre Bank bereit wäre, notwendige Akkreditive einzurichten und für uns die Verschiffungsdokumente zu bearbeiten.

Acabamos de concluir un acuerdo para la compra de suministros mensuales de madera para la construcción procedente de Brasil durante los próximos cuatro meses, por lo que desearíamos abrir una serie de créditos documentarios irrevocables mensuales por dólares USA ... cada uno, a favor de la Brasil Madeira Co.

Wir haben (gerade) ein Abkommen abgeschlossen zum Kauf monatlicher Verschiffungen von Bauholz aus Brasilien während der nächsten vier Monate und möchten eine Reihe monatlicher unwiderruflicher Akkreditive über jeweils US-Dollar ... zugunsten der Brasil Madeira Co. eröffnen.

Adjuntamos el formulario de solicitud rellenado para un crédito documentario, quedándoles muy agradecidos si Vds. pudieran ordenar urgentemente, por comunicación SWIFT, la apertura de un crédito irrevocable por nuestra cuenta en las cajas de su corresponsal en Hong Kong por importe de dólares USA ... a favor de Gawler Co. El crédito deberá ser valedero hasta el 30 de octubre.

Wir fügen das ausgefüllte Antragsformular für ein Dokumentenakkreditiv bei und wären dankbar, wenn Sie durch dringende SWIFT Mitteilung veranlassen würden, für unsere Rechnung bei Ihrem Korrespondenten in Hongkong ein unwiderrufliches Akkreditiv über US-Dollar ... zugunsten der Gawler Co. zu eröffnen. Der Kredit soll bis 30. Oktober gültig sein.

Rogamos a Vds. abrir un crédito documentario por valor de Ptas. ... en las cajas de su sucursal de Madrid (o: de su corresponsal en ...) a favor de Mendizábal & Co. Dicho crédito deberá ser disponible hasta el 5 de mayo contra un embarque de pieles a bordo de la motonave María Luisa que zarpará el 23 de abril con dirección a Bremen.

Bitte eröffnen Sie ein Akkreditiv über Ptas. ... bei Ihrer Geschäftsstelle in Madrid (od. Ihrem Korrespondenten in ...) zugunsten der Mendizábal & Co., das bis 5. Mai verfügbar sein soll gegen eine Verschiffung von Pelzen durch MS María Luisa, das am 23. April nach Bremen ausläuft.

Los beneficiarios deberán girar sobre Vds. por cada embarque efectuado.

Die Begünstigten sollen auf Sie für jede durchgeführte Verschiffung einzeln ziehen.

Les hacemos observar

Bitte beachten Sie,

a) que no están permitidos los embarques parciales.

a) daß Teilverschiffungen nicht gestattet sind.

b) que el último día de embarque deberá ser el 10 de mayo.

b) daß der letzte Tag der Verschiffung der 10. Mai sein soll.

1. Los documentos requeridos son:

1. Die erforderlichen Dokumente sind:

2. Los documentos a adjuntar a la letra de cambio son:

2. Die dem Wechsel beizugebenden Dokumente sind:

3. Las letras deberán ir acompañadas de los siguientes documentos, los cuales deberán sernos entregados contra pago (o: nuestra aceptación de las letras):

3. Die Wechsel müssen von folgenden Dokumenten begleitet sein, die uns gegen Zahlung (od. unser Akzept der Wechsel) auszuhändigen sind:

Conocimiento

Konnossement

Factura comercial

Handelsrechnung

Póliza o certificado de seguro

Versicherungspolice oder -zertifikat

Certificado de origen.

Ursprungszeugnis.

Rueguen Vds. a su corresponsal tener en cuenta que la póliza de seguro ofrezca cobertura completa antes de aceptar la letra.

Bitten Sie Ihren Korrespondenten, darauf zu achten, daß die Versicherungspolice volle Dekkung gibt, bevor der Wechsel akzeptiert wird.

Dado que hemos pasado otro pedido a nuestro suministrador, rogamos a Vds. aumentar el importe del crédito documentario a Ptas...., valedero hasta el...

Da wir unserem Lieferanten einen weiteren Auftrag erteilt haben, bitten wir Sie, das Akkreditiv auf Ptas. ... zu erhöhen, gültig bis zum...

Rogamos a Vds. prorrogar (o: prolongar) la validez del crédito documentario arriba mencionado hasta el...

Bitte verlängern Sie die Gültigkeit des oben erwähnten Akkreditivs bis...

Hagan el favor de aceptar para mí las letras que van a continuación, pagándolas a su vencimiento con cargo a mi cuenta.

Bitte akzeptieren Sie die folgenden Wechsel für mich und lösen Sie sie bei Fälligkeit zu Lasten meines Kontos ein.

Las letras indicadas abajo les serán presentadas a Vds. en breve por libradores extranjeros. Sírvanse Vds. pagar éstas con cargo a mi cuenta.

Die folgenden Wechsel werden Ihnen in Kürze von ausländischen Ausstellern vorgelegt werden. Bitte lösen Sie diese ein und belasten Sie mein Konto.

Adjuntamos una letra acepta-

Wir fügen einen akzeptierten

da, librada sobre nosotros por la casa Robles & Cía, quedándoles muy agradecidos si pudiéramos recibir los documentos que amparan la mercancía en cuestión.

Wechsel bei, der durch die Firma Robles & Cía. auf uns gezogen wurde, und wären dankbar, die Dokumente zu erhalten, die die in Frage kommende Ware decken.

8. Der Exporteur an die Bank.
Einreichung der Verschiffungsdokumente

Rogamos a Vds. nos informen en qué condiciones estaría su Banco dispuesto a hacer efectivos créditos documentarios a cargo de importadores suramericanos.

Bitte teilen Sie uns mit, zu welchen Bedingungen Ihre Bank bereit wäre, Dokumentenakkreditive auf südamerikanische Importeure einzuziehen.

Adjuntamos factura y documentos relacionados con el embarque de máquinas textiles a la casa Aguirre & Cía, Buenos Aires.

Wir fügen Rechnung und Dokumente über eine Verschiffung von Textilmaschinen an die Firma Aguirre & Cía, Buenos Aires, bei.

Nuestra letra a 60 días vista por importe de Ptas. ... sobre la casa Montero & Cía. va (igualmente) adjunta.

Unser 60-Tage-Nachsichtwechsel über Ptas. ... auf die Firma Montero & Cía. ist (ebenfalls) beigefügt.

Adjuntamos nuestra letra a la vista sobre la casa Carbonell, Ltda.,

Wir fügen unseren Sichtwechsel auf die Firma Carbonell, Ltda., bei

a) así como la documentación de embarque.

a) sowie die Verschiffungsdokumente.

b) así como el conocimiento y los documentos especificados a continuación:

b) sowie das Konnossement und die nachstehend aufgeführten Dokumente:

Rogamos a Vds. entregar los documentos adjuntos a nuestro cliente

Bitte übergeben Sie die beigefügten Dokumente unserem Kunden

a) contra pago del giro, abonando el importe recibido a nuestra cuenta n° ...

a) gegen Zahlung der Tratte, und schreiben Sie unserem Konto Nr. ... den erhaltenen Betrag gut.

b) contra aceptación de la letra adjunta a cargo de él a 30 días por el importe de Ptas. ...

b) gegen Akzept der beigefügten, auf ihn mit 30 Tagen gezogenen Tratte in Höhe von Ptas. ...

Rogamos a Vds. presentar la

Wir bitten Sie, den Wechsel

letra para su aceptación contra entrega de los documentos,

a) cobrando el importe a su vencimiento.

b) descontando entonces la letra al cambio del día a favor de nuestra cuenta.

Rogamos a Vds. cobrar el importe de este crédito documentario contra entrega de los documentos adjuntos, abonando el producto en nuestra cuenta.

1. Hagan el favor de remitir la letra a la vista adjunta, girada a cargo de la casa Santillana & Cía., al Banco de la República con instrucciones de

2. Den instrucciones a su corresponsal en Caracas de

a) entregar los documentos adjuntos contra pago de nuestra letra.

b) entregar los documentos (al librado) solamente contra pago de nuestra letra a la vista por importe de Ptas. ..., informándonos una vez efectuado el pago.

La reputación de esta empresa nos es desconocida, por lo que les rogamos a Vds. no entregar los documentos adjuntos sobre la base documentos contra aceptación.

zum Akzept gegen Übergabe der Dokumente vorzulegen

a) und den Betrag bei Fälligkeit einzuziehen.

b) und dann den Wechsel zum Tageskurs zugunsten unseres Kontos zu diskontieren.

Bitte ziehen Sie den Betrag dieses Akkreditivs gegen Aushändigung (od. Übergabe) der beigefügten Dokumente ein und schreiben Sie den Erlös unserem Konto gut.

1. Schicken Sie bitte die beigefügte Sichttratte auf die Firma Santillana & Cía. an den Banco de la República mit der Anweisung,

2. Bitte weisen Sie Ihren Korrespondenten in Caracas an,

a) die beigefügten Dokumente gegen Zahlung unseres Wechsels auszuhändigen.

b) die Dokumente erst (an den Bezogenen) bei Zahlung unserer Sichttratte über Ptas. ... freizugeben und uns zu benachrichtigen, wenn die Zahlung erfolgt ist.

Der Ruf dieses Unternehmens ist uns unbekannt, und wir bitten Sie deshalb, die beigefügten Dokumente nicht auf der Grundlage Dokumente gegen Akzept auszuhändigen.

XIX. Der Wechsel

Der Wechsel *(letra de cambio)* ist ein in bestimmter Form ausgestelltes Wertpapier *(título, valor)*, das unbedingt auf Zahlung einer bestimmten Geldsumme lauten muß. Man unterscheidet den gezogenen Wechsel oder Tratte *(giro)* und den eigenen Wechsel oder Solawechsel *(letra al propio cargo)*. Die Tratte ist die häufigere Form und von größerer praktischer Bedeutung und stellt, ähnlich wie der Scheck, eine Zahlungsanweisung *(orden de pago)* dar. Beim eigenen Wechsel hingegen handelt es sich um ein Zahlungsversprechen *(promesa de pago, pagaré)*. Bei der Tratte sind drei Personen beteiligt:

der Aussteller oder Trassant *(librador, girador)*, der zur Zahlung anweist;

der Bezogene oder Trassat *(librado, pagador)*, der zur Zahlung angewiesen wird;

der Wechselnehmer oder Remittent *(tomador, tenedor)*, an den oder an dessen Order die Wechselsumme gezahlt wird.

Beim eigenen Wechsel gibt es dagegen nur den Aussteller und den Remittenten; der Bezogene fehlt, da der Aussteller selbst den Wechsel einlöst.

Während der Scheck in erster Linie dem Zahlungsverkehr dient, liegt die Bedeutung des Wechsels im Kreditverkehr *(créditos)*.

Im Hinblick darauf kann man einen dreifachen wirtschaftlichen Zweck des Wechsels unterscheiden: Der Wechsel dient als Zahlungsanweisung bzw. Zahlungsmittel *(medio de pago*; Geldersatz, *sustitutivo de dinero)*. Er dient weiter als Kreditsicherung *(garantía de crédito)*. Zwei Beispiele hierfür sind der Handelswechsel *(efecto de comercio)* und der Wechselkredit *(crédito cambiario)*. Letztlich dient er als Finanzierungsmittel *(medio de financiación)* im Rahmen des an anderer Stelle dieses Buches behandelten Akzeptkredits *(crédito de aceptación)*: der Finanzwechsel *(efecto financiero)*.

Im allgemeinen ist der Wechsel ein Orderpapier, d. h. er kann durch Indossament *(endoso)*, eine auf den Wechsel selbst zu setzende Erklärung, übertragen werden. Er kann auch an eigene Order *(„a la propia orden")* des Ausstellers lauten, in diesem Fall sind der Aussteller und der Wechselnehmer ein und dieselbe Person: Eigenorderwechsel *(letra a la propia orden)*. Daneben gibt es auch den Rektawechsel *(letra nominativa o directa)*, der nicht durch Indossament übertragen werden kann. Unzulässig ist ein Inhaberwechsel *(letra al portador)*.

Die wesentlichen Bestandteile des Wechsels *(requisitos esenciales)* sind:
1. Die Bezeichnung als Wechsel *(denominación de letra)*;
2. Die unbedingte Anweisung, eine bestimmte Geldsumme zu zahlen (Wechselsumme, *valor de la letra)*;
3. Unterschrift des Ausstellers *(firma del librador)*;
4. Angabe des Bezogenen *(indicación del librado)*;
5. Angabe des Wechselnehmers *(indicación del tomador)*;
6. Angabe der Verfallszeit *(plazo de vencimiento)*;
7. Tag und Ort der Ausstellung *(fecha y lugar de la libranza)*;
8. Angabe des Zahlungsortes *(lugar de pago)*.

Nach dem neuen spanischen Recht ist die sog. Valutaklausel („Wert in Rechnung" = *„valor en cuenta"*, „Wert erhalten" = *„valor recibido"*, „Wert nach Abrede" = *„valor entendido")*, aus der hervorgeht, ob der Aussteller eine Gegenleistung vom Wechselnehmer erhalten hat, nicht mehr erforderlich.

Die Verfallzeit kann auf verschiedene Weise bestimmt werden. Man unterscheidet danach:
a) Sichtwechsel *(letra a la vista)*: Der Wechsel ist bei Vorlage fällig.
b) Nachsichtwechsel *(letra a tantos días, meses vista)*: Der Wechsel wird eine bestimmte Zeit nach Vorlage fällig.
c) Datowechsel *(letra a tantos días, meses fecha)*: Der Wechsel wird eine bestimmte Zeit nach Ausstellung fällig.

CLASE 8ª

80 PTA
DE 15.001 PTA
A 30.000 PTA

0 B 4843445

Lugar de libramiento/Lloc de lliurament		Importe/Import
Fecha de libramiento/Data de lliurament	Vencimiento/Venciment	

Por esta LETRA DE CAMBIO pagará usted al vencimiento expresado/Per aquesta LLETRA DE CANVI pagareu, el dia del venciment indicat,

a ....

la cantidad de/la quantitat d ....

en el domicilio de pago siguiente/al domicili de pagament següent:

C. C. C.

| | | | | D. C. | |

PERSONA O ENTIDAD/PERSONA O ENTITAT ....

DIRECCION/ADREÇA ....

.... Núm. de cuenta/Núm. de compte ....

Cláusulas/Clàusules

Nombre y domicilio del librado/Nom i domicili del lliurat

Firma, nombre y domicilio del librador
Firma, nom i domicili del lliurador

Acepto/Accepto
A .... de/d .... de 19

No utilice este espacio por estar reservado para inscripción magnética/No utilitzeu aquest espai, que és reservat per a la inscripció magnètica

No utilice el espacio superior, por estar reservado para inscripción magnética/No utilitzeu l'espai superior, que és reservar per a la inscripció magnètica

Por aval de/Per aval d ....

A .... de/d 19 .....

Nombre y domicilio del avalista/Nom i domicili de l'avalador

Páguese a/Pagueu-ho a ....

con domicilio en/amb domicili a ....

.... a .... de/d .... de/d 19 .....

Nombre y domicilio del endosante/Nom i domicili de l'endossant

d) Tagwechsel *(letra a día fijo)*: Der Fälligkeitstag *(día de vencimiento)* wird im Wechsel angegeben.

Ferner wird unterschieden zwischen Platzwechsel *(letra de plaza)* und Domizilwechsel *(letra domiciliada)*. Bei ersterem sind der Ausstellungs- und Zahlungsort identisch, bei letzterem verschieden.

Vom Wechsel können eine oder mehrere, gleichlautende Ausfertigungen *(ejemplares idénticos o del mismo tenor)* ausgestellt werden. Sie müssen als Prima, Sekunda, Tertia usw. *(primera, segunda, tercera de cambio)* unter Angabe des ausgestellten Exemplars gekennzeichnet werden. Die Zahlung erfolgt bei Vorlage jedes beliebigen Exemplars, wonach die übrigen Ausfertigungen ihre Gültigkeit verlieren *(pierden su validez o quedan sin efecto)*.

Ein Wechsel wird ausgestellt, wenn man: a) eine Zahlung *(pago)* zu leisten *(efectuar, hacer)* hat; b) eine außenstehende Forderung *(cuenta pendiente)* einzuziehen *(cobrar)* hat; c) einen Auftrag zur Ausstellung eines Wechsels *(orden de girar)* erhalten hat; d) den dem Bezogenen eingeräumten Kredit *(crédito concedido)* ausnutzen will.

1. Ausstellung eines Wechsels. Wechselanzeige, Trattenavis

Der Anzeigebrief *(aviso de giro)* über die Ausstellung eines Wechsels enthält gewöhnlich außer den oben erwähnten Punkten (wie Ausstellungs-, Verfalltag usw.) auch die Bitte um gute Aufnahme *(prestar buena acogida u honrar)*.

Das Antwortschreiben enthält entweder die Zusicherung der Einlösung *(promesa de pago)* oder die Verweigerung der Annahme *(rehusamiento o recusación de la aceptación)*.

a) Aussteller an den Bezogenen

1. De conformidad (o: acuerdo) con nuestras condiciones de pago,

1. *Gemäß unseren Zahlungsbedingungen*

2. Según lo convenido,

2. *Wie vereinbart,*

3. Como liquidación de nuestra factura,

3. *Zum Ausgleich unserer Rechnung*

4. Por orden y cuenta de la casa . . .,

4. *Im Auftrag und für Rechnung der Firma . . .*

a) hemos girado a cargo de Vd. (una letra) a 30 días vista por el importe de la factura adjunta (o: del extracto de cuenta adjunto).

a) *haben wir auf Sie mit 30 Tagen Sicht über den Betrag der beiliegenden Rechnung (od. des beiliegenden Kontoauszuges) gezogen.*

b) hemos girado a cargo de Vd. a dos meses a partir de la fecha del embarque de su pedido.

b) haben wir mit 2 Monaten ab Datum der Verschiffung Ihres Auftrages auf Sie gezogen.

c) hemos girado a cargo de Vd. por Ptas. ..., pagaderas a la vista (o: a la presentación).

c) haben wir auf Sie mit Ptas. ... gezogen, zahlbar bei Sicht (od. Vorlage).

d) giraremos sobre Vd. de la forma acostumbrada.

d) werden wir in üblicher Weise auf Sie ziehen.

Hemos girado hoy sobre (o: a cargo de) Vd. por Ptas. ..., pagaderas

Heute haben wir Ptas. ... auf Sie gezogen, zahlbar

a) a la vista (o: a petición; a la presentación).

a) nach Sicht (od. auf Verlangen; bei Vorlage).

b) 1 mes a partir de la fecha (o: de hoy).

b) 1 Monat ab heute.

c) el 15 de mayo.

c) am 15. Mai.

d) a 30 días fecha.

d) 30 Tage ab heute.

e) 3 meses vista.

e) 3 Monate nach Sicht.

f) 60 días vista.

f) 60 Tage nach Sicht.

Nuestra letra a 60 días vista, girada a su cargo (a favor de ...), les será presentada por el Banco ..., por lo que les agradeceríamos se sirvieran atenderla (u: honrarla; pagarla).

Unsere auf Sie mit 60 Tagen Sicht (zugunsten von ...) gezogene Tratte wird Ihnen von der ... Bank vorgelegt werden, und wir wären dankbar, wenn Sie diese honorieren würden.

Hemos ordenado a la casa ... girar por nuestra cuenta sobre (o: a cargo de) Vd.

Wir haben die Firma ... beauftragt, für unsere Rechnung auf Sie

a) por el importe que se nos debe.

a) über den uns zustehenden Betrag zu ziehen.

b) al tipo de cambio de ...

b) zum Umrechnungskurs von ... zu ziehen.

c) a 60 días vista.

c) mit 60 Tagen Sicht zu ziehen.

Rogamos a Vd. honrar (o: pagar) el giro a su debido tiempo (o: al vencimiento; a su presentación).

Wir bitten Sie, die Tratte zur gegebenen Zeit (od. bei Fälligkeit; bei Vorlage) einzulösen.

Los documentos de embarque serán entregados contra aceptación del giro.

Die Verschiffungspapiere werden gegen Akzept der Tratte ausgehändigt.

b) Bezogener an den Aussteller

Hemos recibido su carta del 10 de mayo,

a) avisándonos Vd. el giro a nuestro cargo de Ptas. ..., el cual honraremos a su presentación.

b) proponiéndole al efecto pagar mediante letra a 30 días vista, documentos contra aceptación.

c) estando dispuestos a aceptar su giro por el importe correspondiente, pagadero a 60 días vista.

Rogamos girar a nuestro cargo por el importe de su factura

a) a 30 días vista, presentando al pago el giro a través de su banco.

b) adjuntando a su giro los documentos indicados a continuación:

Estamos de acuerdo en aceptar las mercancías en tres envíos, para lo cual Vd. tiene la autorización de girar a nuestro cargo a 60 días vista a partir de la fecha de cada embarque.

Wir haben Ihren Brief vom 10. Mai erhalten,

a) *worin Sie uns Ihre Tratte über Ptas. ... auf uns anzeigen, die bei Vorlage von uns eingelöst wird.*

b) *und schlagen Ihnen vor, durch Wechsel mit 30 Tagen Sicht, Dokumente gegen Akzept, zu zahlen.*

c) *und sind bereit, Ihre Tratte für den entsprechenden Betrag anzunehmen, zahlbar 60 Tage nach Sicht.*

Bitte ziehen Sie auf uns für den Betrag Ihrer Rechnung

a) *mit 30 Tagen Sicht, und legen Sie die Tratte durch Ihre Bank zur Einlösung vor.*

b) *und fügen Sie die nachstehend aufgeführten Dokumente Ihrer Tratte bei.*

Wir sind damit einverstanden, die Waren in drei Sendungen anzunehmen, und Sie haben die Vollmacht, auf uns mit 60 Tagen ab Datum einer jeden Verschiffung zu ziehen.

2. Wechsel zur Annahme, Akzepteinholung

Der Wechsel wird entweder dem Bezogenen selbst, einem Geschäftsfreund *(corresponsal)* oder einer Bank zur Annahme vorgelegt *(presentada para su aceptación)* mit der Bitte, das Papier nach Annahme *(después de haber sido aceptada)* zurückzugeben *(devolverla)*. Die Bank erhält für ihre Mühewaltung *(servicios)* eine bestimmte Gebühr *(comisión)*.

Die Annahme *(aceptación)* ist ein wechselrechtlicher Vorgang, durch den der Bezogene mit seiner Unterschrift erklärt, daß er den Zahlungsauftrag *(mandato)* oder die Belastung *(delegación de deuda)* durch den Aussteller annimmt und die Verpflichtung eingeht *(contrae la obligación)*, den Wechsel bei Fälligkeit *(en su vencimiento)* einzulösen.

Die Annahme stellt die beste Zahlungssicherheit *(garantía de pago)* für den Wechselnehmer *(tenedor)* dar und bestimmt beim Nachsichtwechsel den Zeitpunkt der Fälligkeit.

Jeder Inhaber kann den Wechsel zur Annahme vorlegen. Diese muß schriftlich auf dem Wechsel selbst erfolgen, und zwar geschieht dies im allgemeinen auf der Vorderseite *(anverso)*, wo das Akzept links quer auf den Wechsel gesetzt wird. In Spanien müssen hierbei die Worte „*acepto*" oder „*aceptamos*" hinzugesetzt werden, während in Deutschland die bloße Unterschrift genügt. Sichtwechsel werden nicht zur Annahme, sondern nur zum Inkasso vorgelegt, weil sie bei Vorzeigung *(a su presentación)* fällig werden. Nachsichtwechsel müssen in Spanien innerhalb eines Jahres nach dem Tage der Ausstellung zur Annahme vorgelegt werden, um ihre Verfallszeit zu bestimmen.

Nach der Annahme haftet der Akzeptant *(aceptante)* jedem Wechselberechtigten, einschließlich des Ausstellers, für die Bezahlung der Wechselsumme. Man unterscheidet:

a) *aceptación pura y simple o incondicional*: allgemeine (od. bedingungslose, d. h. an keine besondere Bedingung geknüpfte) Annahme;

b) *aceptación condicional:* bedingte (d. h. von gewissen Bedingungen abhängige) Annahme, wie:

1. zahlbar gegen Aushändigung des Konnossements *(pagadera contra entrega del conocimiento de embarque)*;
2. nur an einem bestimmten Ort zahlbar *(pagadera contra entrega en un cierto lugar)*;
3. mit Hinausschiebung des Verfalltages, z. B. bei einer Dreimonatstratte *(pagadera seis meses a partir de la fecha)*;
4. mit Beschränkung auf einen Teil *(parte)* des Betrages, Teilakzept *(aceptación parcial)*, z. B. bei einem Wechsel für Ptas. 20.000,–: *Aceptado sólo por Ptas. 15.000,–.*

Der Inhaber kann eine bedingte Annahme verweigern und nötigenfalls den Wechsel mangels Annahme *(por falta de aceptación)* protestieren lassen. Eine bedingte Annahme ohne die Einwilligung der Vordermänner *(endosantes anteriores)* befreit diese von jeder Haftbarkeit *(responsabilidad)*. (Vgl. S. 445.)

a) Aussteller an den Bezogenen

Presentamos para su aceptación y devolución un giro a cargo de Vd. a 60 días vista por importe de Ptas. ...

Wir legen unsere auf Sie gezogene 60-Tage-Sichttratte in Höhe von Ptas. ... zum Akzept und zur Rücksendung vor.

Nos permitimos remitir a Vd. adjunta nuestra letra de Ptas. ...

Wir gestatten uns, Ihnen als Anlage unseren Wechsel über Ptas. ... zu senden.

Como convenido, adjuntamos a los documentos de embarque nuestro giro a la vista a cargo de Vd. de Ptas. ..., haciendo entrega de ello a nuestro banco para que se lo transmitan a Vd.

Wie vereinbart, fügen wir unsere Sichttratte auf Sie in Höhe von Ptas. ... den Verschiffungsdokumenten bei und übergeben sie unserer Bank zur Weiterleitung an Sie.

b) Bezogener an den Aussteller

Correspondiendo a sus deseos, remitimos a Vd. su letra por importe de Ptas. ..., debidamente aceptada (o: provista de la aceptación).

Wie gewünscht, übersenden wir Ihnen Ihren ordnungsgemäß angenommenen (od. mit Akzept versehenen) Wechsel über Ptas. ...

Su giro a nuestro cargo de Ptas. ... con fecha 15 de marzo fue aceptado

Ihre Tratte auf uns über Ptas. ... mit Datum 15. März ist angenommen worden

a) y será pagado (u: honrado) por nosotros a su presentación.

a) und wird von uns bei Vorlage eingelöst (oder: honoriert) werden.

b) le rogamos, sin embargo, tener en cuenta en el futuro avisar tales giros.

b) aber achten Sie bitte darauf, solche Tratten in Zukunft anzukündigen.

3. Annahmeverweigerung

Der Bezogene kann aus irgendeinem Grunde (z. B. mangels Anzeige, wegen falscher Anzeige usw.) die Annahme eines Wechsels verweigern *(rechazar o rehusar)* oder die Wechselsumme nicht voll *(no en su totalidad)*, nur bedingt *(condicionalmente)* oder zum Teil *(parcialmente)* annehmen, was u. U. zur Protesterhebung führen kann *(puede conducir al protesto)* (vgl. S. 454).

a) der Bezogene an den Aussteller

Con gran sorpresa de nuestra parte

Zu unserer großen Überraschung

a) nos fue presentada hoy para su aceptación una letra girada por Vd. en concepto de la mercancía embarcada en la motonave Salland.

a) wurde uns heute eine von Ihnen gezogene Tratte für die mit MS Salland verschifften Waren zum Akzept vorgelegt.

b) se nos envió para su aceptación una letra girada por Vd. a favor de la casa ... por importe de Ptas. ...

b) wurde uns eine von Ihnen auf uns zugunsten der Firma ... gezogene Tratte in Höhe von Ptas. ... zur Annahme zugesandt.

1. Nos sorprende constatar que

1. Wir sind überrascht festzustellen, daß

2. No podemos comprender en absoluto por qué

2. Wir können überhaupt nicht verstehen, warum

a) ha girado Vd. a nuestro cargo por el último embarque. En nuestra carta del 8 de junio indicábamos que únicamente nos podríamos hacer cargo de estas mercancías a base de consignación.

a) Sie auf uns für die letzte Verschiffung gezogen haben. In unserem Brief vom 8. Juni gaben wir an, daß wir diese Waren nur auf Konsignationsbasis übernehmen könnten.

b) Vd. ha girado a nuestro cargo sin darnos conocimiento de ello.

b) Sie auf uns ohne Mitteilung gezogen haben.

c) Vd. había incluido a su factura del 6 de junio un giro de Ptas. ..., rogándonos aceptarlo como compensación de nuestra cuenta con Vd.

c) Sie eine Tratte über Ptas. ... Ihrer Rechnung vom 6. Juni beigefügt hatten mit der Bitte, sie zu akzeptieren, um unser Konto bei Ihnen auszugleichen.

1. Por falta de un aviso de parte de Vd.

1. Mangels einer Anzeige Ihrerseits

2. Dado que no le habíamos otorgado poder alguno de girar a nuestro cargo,

2. Da wir Ihnen keine Vollmacht erteilt hatten, auf uns zu ziehen,

a) tuvimos que rechazar la aceptación.

a) mußten wir das Akzept ablehnen.

b) hemos rehusado (naturalmente) pagar la letra.

b) haben wir uns (natürlich) geweigert, den Wechsel einzulösen.

Su letra fue extendida por un importe de Ptas. ..., en tanto que su factura asciende solamente a Ptas. ...

Ihr Wechsel ist auf Ptas. ... ausgestellt, Ihre Rechnung beläuft sich jedoch nur auf Ptas. ...

Rogamos tomar (buena) nota de que

Bitte nehmen Sie davon Kenntnis, daß

a) hemos denegado por ello aceptar en este caso su giro.

a) wir es deshalb abgelehnt haben, in diesem Falle Ihre Tratte zu akzeptieren.

b) rechazaremos todos los giros que no nos hayan sido avisados.

b) wir alle Tratten zurückweisen, die uns nicht avisiert worden sind.

c) no podemos aceptar ningún giro antes de haber examinado la mercancía.

c) wir keine Tratten akzeptieren können, bevor wir die Waren geprüft haben.

Sólo podemos suponer que se cometió un error,

Wir können nur annehmen, daß ein Irrtum unterlaufen ist,

a) por lo que le devolvemos con

a) und senden Ihre nicht akzep-

esta carta su giro sin aceptar.

tierte Tratte mit diesem Schreiben zurück.

b) teniendo que rogar a Vd. retirar la letra.

b) und müssen Sie bitten, den Wechsel zurückzuziehen.

Sin embargo, con el fin de ahorrarle (o: evitarle) gastos, estamos dispuestos a aceptar la letra si la hace pagadera un mes más tarde.

Um Ihnen jedoch Kosten zu ersparen, sind wir bereit, den Wechsel anzunehmen, wenn Sie ihn einen Monat später zahlbar stellen.

Hemos rogado al tenedor de la letra aplazar el protesto hasta el ...

Wir haben den Inhaber des Wechsels gebeten, den Protest bis ... aufzuschieben.

b) der zur Akzepteinholung Beauftragte an den Aussteller

Sentimos (o: Lamentamos) tener que informarle que
a) la letra recibida de Vd. no ha sido aceptada.

Wir bedauern, Ihnen mitteilen zu müssen, daß
a) der von Ihnen erhaltene Wechsel nicht akzeptiert worden ist.

b) la letra de Ptas. ... a nuestro favor fue presentada a la casa ..., habiendo sido denegada la aceptación con la alegación de que Vd. no tiene autorización de girar.

b) der Wechsel über Ptas. ... zu unseren Gunsten der Firma ... vorgelegt und das Akzept verweigert wurde mit der Begründung, daß Sie keine Vollmacht haben zu ziehen.

El girado rehusó la aceptación de la letra, indicando que

Der Bezogene verweigerte die Annahme des Wechsels und gab an, daß

a) él no había sido informado por el librado.

a) er vom Aussteller nicht benachrichtigt worden sei.

b) su giro (de Vd.) no fue avisado debidamente.

b) Ihre Tratte nicht richtig angezeigt worden sei.

c) Vd. no fue autorizado por él a girar a su cargo.

c) er Sie nicht ermächtigt hätte, auf ihn zu ziehen.

Dado que la letra vencerá el 15 de junio, la presentaremos de nuevo (o: volveremos a presentarla).

Da der Wechsel am 15. Juni fällig wird, werden wir ihn noch einmal vorlegen.

Tenemos que rogarle a Vd. darnos una letra en concepto de garantía.

Wir müssen Sie bitten, uns einen Sicherheitswechsel zu geben.

Su letra aceptada, no negociable, de Ptas. ..., a cargo de la casa ..., servirá (o: será retenida)

Ihr akzeptierter Rektawechsel über Ptas. ... auf die Firma ... wird als zusätzliche Sicherheit como garantía adicional.

dienen (od. zurückbehalten werden).

Ruego me informe si debo enviar la letra al protesto.

Bitte teilen Sie mir mit, ob ich den Wechsel protestieren lassen soll.

c) der Aussteller an den Bezogenen

La casa ... nos ha devuelto hoy nuestra letra girada el ... a cargo de Vd. por Ptas. ...

Die Firma ... hat uns heute unseren am ... auf Sie gezogenen Wechsel über Ptas. ... zurückgeschickt.

Nuestra letra de Ptas. ..., con vencimiento el ..., nos ha sido remitida de nuevo con la observación «Devuélvase al librador».

Unser am ... fälliger Wechsel über Ptas. ... ist uns mit dem Vermerk „An den Aussteller zurück" wieder zugesandt worden.

No puedo (o: No acierto a) comprender por qué motivo

Ich kann nicht verstehen, weshalb

a) rehusó Vd. la aceptación de mi giro.

a) Sie die Annahme meiner Tratte verweigert haben.

b) devuelve Vd. la letra sin dar explicaciones (o: sin indicar razones), sobre todo teniendo en cuenta que ésta fue debidamente avisada.

b) Sie den Wechsel ohne Angabe des Grundes zurückschicken, zumal er ordnungsgemäß avisiert wurde.

No podemos explicarnos en absoluto por qué razón Vd. no nos ha informado de que

Wir können überhaupt nicht verstehen, warum Sie uns nicht mitgeteilt haben, daß

a) no podía pagar (u: honrar; atender) la letra.

a) Sie den Wechsel nicht einlösen konnten.

b) la fecha de vencimiento no le convenía.

b) Ihnen der Fälligkeitstag ungelegen war.

c) prefiere otra forma de pago.

c) Sie eine andere Zahlungsweise vorziehen.

Le quedaría agradecido si me explicara por qué motivo (o: razón) fue rehusada la aceptación (o: rehusado el pago).

Ich wäre für eine Erklärung dankbar, warum das Akzept (od. die Zahlung) verweigert wurde.

d) Wechsel nicht angezeigt oder irrtümlich ausgestellt

Sentimos (o: Lamentamos) mucho que nuestro giro a cargo de Vd. por Ptas. ... no haya sido avisado.

Wir bedauern sehr, daß unsere Tratte auf Sie über Ptas. ... nicht angezeigt worden ist.

Rogamos se sirva disculpar que hayamos omitido avisarle (a tiempo) que habíamos girado a cargo de Vd.

Wir bitten um Entschuldigung dafür, daß wir es unterlassen haben, Sie (rechtzeitig) zu benachrichtigen, daß wir auf Sie gezogen hatten.

Debido a un error en nuestra Contaduría (o: Sección de Contabilidad)

Durch ein Versehen in unserer Rechnungsabteilung

a) no se le notificó a Vd. que habíamos girado una letra a su cargo.

a) sind Sie nicht davon benachrichtigt worden, daß wir auf Sie gezogen hatten.

b) no llegó el aviso a tiempo a su poder.

b) ist Ihnen die Anzeige nicht rechtzeitig zugegangen.

c) la letra fue girada a su cargo por equivocación.

c) ist der Wechsel irrtümlicherweise auf Sie gezogen worden.

d) se extendió la letra por un importe de Ptas. ...., en lugar de Ptas. ....

d) ist der Wechsel auf Ptas. .... statt Ptas. .... ausgestellt worden.

Esperamos que halle conforme la letra rectificada y sea pagada a su presentación.

Wir hoffen, daß der berichtigte Wechsel in Ordnung ist und bei Vorlage eingelöst wird.

Lamentamos mucho el error y tomaremos las medidas pertinentes para que no se repita un incidente de tal índole.

Wir bedauern den Irrtum sehr und werden dafür sorgen, daß sich ein solcher Vorfall nicht wiederholt.

Lamentamos extraordinariamente los incidentes (o: trastornos) que se le han ocasionado al haber girado una letra a su cargo, asegurándole a Vd. que no fue nuestra intención (o: estuvo lejos de nosotros) obrar en contra de las condiciones propuestas en su carta del 8 del junio.

Wir bedauern außerordentlich die Unannehmlichkeit, die durch unser Ziehen auf Sie verursacht wurde, und versichern Ihnen, daß es nicht unsere Absicht gewesen ist (od. uns ferngelegen hat), den in Ihrem Schreiben vom 8. Juni dargelegten Bedingungen entgegenzuhandeln.

Rogamos nos disculpe las molestias (o: los inconvenientes) que le hayamos ocasionado.

Wir bitten sehr um Entschuldigung für die verursachte Mühe (od. Unannehmlichkeit).

4. Indossierung eines Wechsels

Der Wechselinhaber kann als Übertragender (Indossant, *endosante*) den Wechsel (nötigenfalls auch schon vor der Annahme, S. 438) durch Übertragungs- oder Begebungsvermerk (Indossament, *endoso*) an eine andere Person (den Indossaten, *endosado*) weitergeben (übertragen, in-dossieren, *endosar, transferir*).

Die zur Indossierung *(endoso)* oder Begebung *(negociación)* nötigen Übertragungsvermerke werden auf der Rückseite *(reverso, dorso)* des Wechsels angebracht, und zwar unterscheidet man:

a) *endoso en blanco* unvollständiger Begebungsvermerk, Blankoindossa-ment, wenn der Indossant bloß seinen Namen schreibt:
   Juan Ruiz oder *Páguese a la orden del Sr.* . . . .

b) *endoso completo* vollständiger Begebungsvermerk, Vollindossament:
   Páguese a la orden del Sr. Mariano López

c) *endoso directo* einschränkendes Indossament, das weitere Indossierung verhindert (vgl. S. 433):
   Páguese al Sr. Mariano López únicamente

Bei Mangel an Raum für Übertragungsvermerke wird ein Verlänge-rungsstück (Allonge: *coleta, adición, suplemento*) angeklebt.

Jeder Indossant ist dem rechtmäßigen Inhaber *(tenedor legal)* des Wechsels haftbar oder regreßpflichtig *(obligado a indemnización)*. Der Inhaber kann im Falle der Nichtannahme *(falta de aceptación)* oder Nichteinlösung *(falta de pago)* des Wechsels gegen ihn Regreß nehmen *(ejercitar acción de regreso)*. Mit dem Vermerk „*sin responsabilidad para mí*" oder (französisch) „*sans recours*" (ohne Regreß) kann er seine Haftbarkeit ablehnen *(declinar la responsabilidad)*. (Vgl. auch S. 439)

Wegen Unregelmäßigkeit *(irregularidad)* oder Weglassung *(omisión)* der Indossamente muß der Wechsel zurückgeschickt werden.

Debido a una irregularidad en el endoso nos vemos obligados a devolverle a Vd. su letra de Ptas. . . .

Wegen einer Unregelmäßig-keit im Übertragungsvermerk müssen wir Ihnen Ihren Wechsel über Ptas. . . . zurücksenden.

Al examinar la letra Vd. podrá constatar que

Beim Prüfen des Wechsels werden Sie feststellen, daß

a) está endosada a la casa . . .

a) er an die Firma . . . indossiert ist.

b) está extendida a su propia or-den.

b) er an Ihre eigene Order ausge-stellt ist.

c) falta (o: se ha omitido) el endo-so.

c) das Indossament fehlt.

Le devolvemos la letra, rogán-dole a Vd. se sirva arreglar el asunto.

Wir senden Ihnen den Wechsel zurück mit der Bitte, die Sache richtigzustellen.

Lamentamos que por equivo-vación (o: por error)

Wir bedauern, daß irrtümli-cherweise (od. aus Versehen)

a) la letra de Ptas. . . . haya sido endosada erróneamente.

a) der Wechsel über Ptas. . . . mit unrichtigem Übertragungsver-merk versehen wurde.

b) fuera omitido el endoso en la letra.

b) der Übertragungsvermerk weggelassen wurde.

c) no fuera endosada correctamente la letra.

c) der Wechsel unrichtig indossiert wurde.

Sírvase Vd. disculpar (o: perdonar) las molestias (o: los inconvenientes) ocasionadas/os.

Bitte entschuldigen Sie die verursachte Mühe (od. Unannehmlichkeit).

5. Domizilierung von Wechseln, Domizilwechsel

Der nicht am Wohnort *(domicilio)* des Bezogenen zahlbar gemachte Wechsel heißt Domizilwechsel *(letra domiciliada)* im Gegensatz zum Platzwechsel *(letra local o sobre plaza)*, der am Wohnort des Bezogenen zahlbar ist.

Man fragt bei einer Bank an, ob und unter welchen Bedingungen man seine Wechsel bei ihr domizilieren *(domiciliar)* könne. Nach Empfang einer bejahenden Antwort *(respuesta afirmativa)* gibt man für die Folge auf den in Betracht kommenden Wechseln die betreffende Bank als Zahlstelle etwa wie folgt an:

Pagadera en el Banco de Santander, Madrid

Bezogener an die Bank

Quisiéramos saber (o: conocer) (o: Rogamos nos informe) en qué condiciones estaría Vd. dispuesto a

Wir würden gerne wissen (od. erfahren) (od. Bitte teilen Sie uns mit), unter welchen Bedingungen Sie bereit wären,

a) domiciliar nuestros giros en su casa.

a) unsere Tratten bei sich zu domizilieren.

b) hacer pagaderas nuestras letras en su casa.

b) unsere Wechsel bei sich zahlbar zu stellen.

c) indicar su banco como domicilio para el pago de una letra de Ptas. ...

c) Ihre Bank als Zahlstelle auf einen Wechsel über Ptas. ... zu setzen (od. anzugeben).

d) aceptar por nuestra cuenta letras, con y sin documentos limpios de embarque.

d) Wechsel mit und ohne reine Verschiffungspapiere für unsere Rechnung anzunehmen.

Siempre le proveeré (o: le haré la provisión de) fondos antes del vencimiento.

Ich werde immer vor Verfall für Deckung sorgen.

Vd. será provisto de fondos con la suficiente antelación para atender los giros.

Sie werden für die Einlösung rechtzeitig mit Deckung versehen werden.

Vd. no correrá riesgo alguno, puesto que

Sie werden keinerlei Gefahr laufen, da

a) todas nuestras letras están cu-

a) alle unsere Wechsel durch

biertas por (medio de) documentación de embarque.

Verschiffungsdokumente gedeckt sind.

b) la letra irá acompañada de la factura, del conocimiento y de la póliza de seguro.

b) der Wechsel von der Rechnung, dem Konnossement und der Versicherungspolice begleitet sein wird.

En caso de que acepte Vd. nuestra propuesta, le agradeceremos nos comunique sus condiciones.

Falls Sie unserem Vorschlag zustimmen, teilen Sie uns bitte Ihre Bedingungen mit.

Las siguientes letras le serán presentadas a Vd. en breve:

Die folgenden Wechsel werden Ihnen in Kürze vorgelegt werden:

Sírvase tomar nota de que hemos domiciliado en su casa (o: en su institución) las siguientes letras aceptadas: librador: ..., importe:..., vencimiento:...

Bitte nehmen Sie davon Kenntnis, daß wir die folgenden Akzepte bei Ihnen domiziliert haben: Aussteller: ... Betrag: ... Verfalltag:...

Rogamos pague (o: haga efectivas) Vd. éstas al vencimiento, informándonos de ello en el momento de pago.

Bitte bezahlen Sie diese bei Fälligkeit und benachrichtigen Sie uns zur Zeit der Zahlung.

6. Diskontierung von Wechseln, Diskontwechsel

Braucht ein Kaufmann Geld, so kann er seine Wechsel von einer Bank oder einem Wechselmakler *(corredor de cambio)* diskontieren lassen *(hacer descontar)*, d.h. er kann sich den Wechselbetrag *(importe de la letra)* vor der Verfallzeit *(antes del vencimiento)* unter Abzug *(deduciendo)* der Zinsen *(intereses)* nach dem jeweiligen Diskontsatz *(tipo de descuento)* für die noch nicht abgelaufene Zeit *(para el período aún no vencido)* auszahlen lassen. Solche Wechsel heißen Diskontwechsel *(letras negociables o a descontar)*.

Tengan la amabilidad de informarnos si, y en qué condiciones,

Bitte teilen Sie uns mit, ob und unter welchen Bedingungen

a) estarían Vds. dispuestos a descontar (o: aceptar para su descuento) (nuestras) letras.

a) Sie bereit wären, (unsere) Wechsel zu diskontieren (od. zum Diskont anzunehmen).

b) ofrecen Vds. posibilidades de descuento.

b) Sie Diskontmöglichkeiten bieten.

Estamos de acuerdo con las condiciones indicadas (o: fijadas) por Vds.

Wir sind mit den von Ihnen genannten (od. festgesetzten) Bedingungen einverstanden.

Adjuntamos los siguientes giros:	*Wir fügen die folgenden Tratten bei:*
Ptas. ..., con vencimiento el 20 de octubre, a cargo de ...	*Ptas. ..., fällig am 20. Oktober auf...*
Adjuntamos las letras indicadas a continuación, rogándoles descontarlas y abonar el contravalor en nuestra cuenta:	*Wir fügen die folgenden Wechsel bei, die Sie bitte diskontieren und unserem Konto gutschreiben wollen:*
Sírvanse Vds.descontar las letras siguientes al cambio del día a favor de nuestra cuenta:	*Bitte diskontieren Sie die folgenden Wechsel zum Tageskurs zugunsten unseres Kontos:*

7. Zahlung durch Wechsel, Wechsel zum Inkasso, Verkauf usw.

Ist die Bank auf Befragen des Kunden *(a petición del cliente)* bereit, Wechsel zu begeben *(negociar)* oder einzuziehen *(cobrar o hacer efectivas)*, so wird in dem begleitenden Schreiben außer der Wechselsumme, Verfallzeit usw. auch der Zweck der Übersendung und bei Kommissionsrimessen *(remesas por cuenta de un tercero)* der Name des Auftraggebers, dem die Summe gutzuschreiben ist, angegeben.

Tengan la bondad de comunicarme (o: hacerme saber) sus condiciones para el cobro de ...	*Bitte teilen Sie mir Ihre Bedingungen zum Einzug von ... mit.*
Les rogamos nos den (o: proporcionen) detalles de sus derechos de cobro para letras a cargo de importadores mejicanos.	*Bitte geben Sie uns die Einzelheiten Ihrer Einzugsgebühren für Wechsel auf mexikanische Importeure an.*
Adjuntamos nuestra letra n° ... a cargo de ... por Ptas. ..., la cual rogamos se sirvan cobrar para nosotros al vencimiento.	*Wir fügen unseren Wechsel Nr. ... auf ... über Ptas. ... bei, den Sie für uns bei Fälligkeit einziehen wollen.*
Adjuntamos las letras siguientes, quedándoles muy agradecidos si nos abonaran en cuenta los importes cobrados.	*Wir fügen die folgenden Wechsel bei und würden Ihnen dankbar sein, wenn Sie uns die eingezogenen Beträge gutschreiben würden.*
Tenga la amabilidad de presentar al cobro las siguientes letras,	*Bitte legen Sie die folgenden Wechsel zur Zahlung vor,*
a) abonándonos en cuenta el importe líquido.	*a) und schreiben Sie uns den Nettoerlös gut.*

b) abonándonos en cuenta el importe cobrado, deducidos sus gastos.

b) und schreiben Sie den Erlös nach Abzug Ihrer Spesen unserem Konto gut.

c) transfiriendo el importe cobrado a nuestra cuenta en (o: con) el Banco...

c) und überweisen Sie den Erlös auf unser Konto bei der ... Bank.

8. Vermißte Wechsel

Ein Wechsel kann irrtümlicherweise *(por error)* oder aus Versehen *(por descuido)* einem Brief nicht beigelegt worden sein *(no haber sido incluida)*.

Um Mißbrauch zu verhüten *(para evitar abusos)*, benachrichtigt der Empfänger *(destinatario)* des Briefes den Absender *(remitente)* oder den Bezogenen sofort von dem vermißten Wechsel. Man bittet, nur gegen die mit Übertragungsvermerk (S. 445) versehene zweite Ausfertigung Zahlung zu leisten.

Ist der Wechsel tatsächlich verlorengegangen *(se ha perdido)*, so kann die Ungültigkeitserklärung *(invalidación; declaración de nulidad)* beantragt werden; findet er sich aber wieder, so genügt entsprechende Mitteilung an die Beteiligten *(partes interesadas)*.

Lamentamos (tener que) comunicarle que

Wir bedauern, Ihnen mitzuteilen (mitteilen zu müssen), daß

a) la letra mencionada en su carta del 3 de marzo no ha llegado a nuestro poder.

a) der in Ihrem Schreiben vom 3. März erwähnte Wechsel uns nicht zugegangen ist.

b) la letra no iba adjunta a su carta del 2 de abril.

b) der Wechsel Ihrem Brief vom 2. April nicht beigelegen hat.

c) no iba incluida a su carta del ... la primera de cambio librada por Vd. a cargo de la casa ... y vencedera el ...

c) der von Ihnen auf die Firma ... gezogene und am ... fällige Primawechsel Ihrem Schreiben vom ... nicht beigefügt war.

d) la letra aceptada por Vd. y librada por la casa ... por importe de Ptas. ... se ha extraviado (o: perdido).

d) der von der Firma ... über Ptas. ... gezogene und von Ihnen akzeptierte Wechsel verlorengegangen ist.

Le ruego por lo tanto me haga llegar una segunda de cambio.

Würden Sie uns deshalb bitte einen Sekundawechsel zusenden.

El girado ha recibido instrucciones de hacer efectivo el importe únicamente contra presentación de la segunda de cambio,

Der Bezogene ist angewiesen worden, nur gegen Vorlage der von uns ordnungsgemäß indossierten zweiten Ausfertigung zu

debidamente endosada por nosotros.

1. Con pesar tomamos nota de que

2. De su carta del 10 de junio desprendemos que

   a) falta (o: se ha perdido) nuestra primera de cambio.

   b) el giro de Ptas. ... no fue remitido con (o: no acompañaba a) nuestra carta del 3 de junio.

   c) Vd. ha perdido la letra girada por la casa ... a nuestro cargo por importe de Ptas. ...

   Según lo deseado,

   a) adjuntamos la segunda de cambio.

   b) el pago será efectuado por ... contra presentación de la segunda de cambio.

   Estamos dispuestos a indemnizarle (o: resarcirle) de cualquier pérdida.

zahlen.

1. Wir nehmen mit Bedauern davon Kenntnis, daß

2. Aus Ihrem Schreiben vom 10. Juni entnehmen wir, daß

   a) unser Primawechsel fehlt (od. verlorengegangen ist).

   b) die Tratte über Ptas. ... mit unserem Schreiben vom 3. Juni nicht geschickt worden ist (od. unserem Schreiben nicht beilag).

   c) Sie den auf uns durch die Firma ... gezogenen Wechsel über Ptas. ... verloren haben.

   Wie gewünscht,

   a) fügen wir die Wechselzweitausfertigung bei.

   b) wird die Zahlung gegen Vorlage der Zweitausfertigung durch ... erfolgen.

   Wir sind bereit, Sie für jeden Verlust zu entschädigen.

9. Verlängerung (oder Erneuerung, Prolongation) eines Wechsels. Stundungsgesuch

Kann der Bezogene am Verfalltag *(fecha de vencimiento)* einen Wechsel nicht einlösen *(pagar, honrar)*, so richtet er an den Aussteller ein Stundungsgesuch *(pide o solicita un plazo o prórroga)*, und zwar meist in der Weise, daß ein neuer Wechsel an Stelle des früheren für denselben Betrag und dieselbe Laufzeit *(plazo de vencimiento)* ausgestellt wird. Der Bezogene zahlt natürlich die Kosten *(gastos)* und Verzugszinsen *(intereses de demora)*.

Wenn der Aussteller auf die Bitte eingehen kann *(puede acceder al ruego)*, so diskontiert er in der Regel mit Zustimmung *(asentimiento, conformidad)* der übrigen wechselmäßig verpflichteten Parteien *(partes obligadas por la letra)* das neue Akzept und schickt dem Bezogenen den Betrag zur Einlösung *(cobro, reembolso)* des ursprünglichen *(original)* Wechsels ein.

Wer zu der Erneuerung *(renovación)* des Wechsels seine Zustimmung nicht gegeben hat, ist von jeder Verbindlichkeit *(responsabilidad)* befreit, falls der Bezogene auch den neuen Wechsel am Verfalltage nicht einlösen sollte.

a) Bitte um Verlängerung

1. Lamento que me sea imposible

1. Ich bedauere, daß es mir unmöglich ist,

2. Con motivo del estancamiento económico en la industria del acero probablemente no estaré en condiciones de

2. Wegen der Wirtschaftsflaute in der Stahlindustrie werde ich wahrscheinlich nicht in der Lage sein,

3. Debido a la inesperada quiebra de uno de mis clientes de más confianza me resulta difícil

3. Wegen des unerwarteten Konkurses eines meiner zuverlässigsten Kunden fällt es mir schwer,

a) pagar íntegramente mi aceptación núm. ..., vencedera el 2 de junio.

a) mein Akzept Nr. ..., das am 2. Juni fällig wird, voll einzulösen.

b) pagar esta letra, vencedera el 10 de abril, teniendo la certeza de que Vd. comprenderá mi dificultad.

b) diesen am 10. April fälligen Wechsel einzulösen, und ich bin sicher, daß Sie meine Schwierigkeit verstehen werden.

c) honrar íntegramente el importe de la letra vencedera el 3 de junio.

c) den vollen Wert des am 3. Juni fälligen Wechsels zu honorieren.

1. Consideraríamos como una deferencia

1. Wir würden es als Entgegenkommen betrachten,

2. Les quedaría muy agradecido (o: reconocido)

2. Ich wäre Ihnen sehr dankbar,

a) si tuvieran la bondad de aceptar Ptas. ... al contado y girar una nueva letra a mi cargo a 60 días vista por la diferencia (o: el saldo) de Ptas. ..., más el ... % de intereses.

a) wenn Sie freundlicherweise Ptas. ... in bar annehmen und einen weiteren Wechsel auf mich mit 60 Tagen Sicht für den Saldo von Ptas. ... zuzüglich Zinsen zu ... % ziehen würden.

b) si nos concediesen una prórroga de su letra de Ptas. ... hasta el ...

b) wenn Sie uns eine Erneuerung Ihres Wechsels über Ptas. ... bis ... gewähren würden.

Rogamos nos comuniquen si estarían de acuerdo en prolon-

Bitte teilen Sie uns mit, ob Sie damit einverstanden wären, un-

gar nuestra letra de Ptas. ... por un mes.

seren Wechsel über Ptas. ... um einen Monat zu verlängern.

Garantizamos

Wir garantieren,

a) honrar esta letra el día del vencimiento.

a) diesen Wechsel am Verfalltag zu honorieren.

b) pagar esta (nueva) letra a su presentación.

b) diesen (neuen) Wechsel bei Vorlage einzulösen.

Como Vds. saben, hemos saldado siempre nuestra cuenta puntualmente, y con gran pesar de nuestra parte tenemos que rogarles ahora nos permitan una prolongación de 30 días (más).

Wie Sie wissen, haben wir unser Konto immer prompt reguliert, und mit dem größten Bedauern müssen wir Sie jetzt um weitere 30 Tage bitten.

Les quedaríamos muy agradecidos si nos pudieran hacer esta concesión.

Wir wären Ihnen sehr dankbar, wenn Sie uns dieses Zugeständnis machen könnten.

Estamos dispuestos a pagar los intereses usuales, en caso de que nos hagan esta deferencia.

Wir sind bereit, die üblichen Zinsen zu zahlen, falls Sie uns entgegenkommen können.

b) Antwort auf Bitte um Verlängerung des Wechsels
(Vgl. XIV, 6)

1. En vista de la excepcional situación en que se encuentra Vd.,

1. Angesichts der außergewöhnlichen Lage, in der Sie sich befinden,

2. Teniendo en consideración sus puntuales pagos hasta la fecha,

2. In Anbetracht Ihrer bisherigen pünktlichen Zahlungen

3. Para complacerle

3. Um Ihnen entgegenzukommen,

a) estamos dispuestos a concederle una prolongación de su letra de Ptas. ... hasta el ...

a) sind wir bereit, Ihnen die Verlängerung Ihres Wechsels über Ptas. ... bis ... zu gewähren.

b) hemos efectuado la prolongación de su letra de Ptas. ... hasta la fecha mencionada.

b) haben wir Ihren Wechsel über Ptas. ... bis zu der angegebenen Zeit verlängert.

c) estamos dispuestos a corresponder a sus deseos, remitiéndole adjunto una nueva letra de Ptas. ..., vencedera el ..., la cual rogamos nos devuelva debidamente firmada.

c) sind wir bereit, Ihrem Wunsche zu entsprechen, und fügen einen neuen Wechsel über Ptas. ..., fällig am ... bei, den Sie bitte unterzeichnen und an uns zurückschicken wollen.

Sentimos comunicarle que no podemos dar nuestra conformidad a una prolongación.

Wir bedauern, Ihnen mitzuteilen, daß wir einer Verlängerung nicht zustimmen können.

1. Dado que el importe de su letra es bastante alto,

1. *Da der Betrag Ihres Wechsels ziemlich hoch ist,*

2. Dado que la letra ya fue prolongada dos veces,

2. *Da der Wechsel schon zweimal prolongiert wurde,*

   a) no podemos conceder una (u: otra) prórroga del plazo.

   a)*können wir eine (weitere) Verlängerung nicht gewähren.*

   b) no podemos prolongar el giro por un mes.

   b)*können wir die Tratte nicht um einen Monat verlängern.*

   c) no podemos contentarnos con más promesas.

   c)*können wir uns nicht länger hinhalten lassen.*

Tenemos que rogarles pagar, por lo menos, una parte del importe (o: efectuar pagos parciales).

Wir müssen Sie bitten, wenigstens einen Teil des Betrages zu zahlen (od. Teilzahlungen zu leisten).

Hemos negociado ya la letra en cuestión.

Wir haben den in Frage stehenden Wechsel schon begeben.

Esperamos que Vds. atenderán la letra a su vencimiento.

Wir hoffen, daß Sie den Wechsel bei Verfall einlösen werden.

La letra original le será devuelta a Vd.

Der Originalwechsel wird Ihnen zurückgeschickt werden.

10. Zahlung oder Einlösung eines Wechsels. Protest wegen Nichtbezahlung oder Nichtannahme

Der Wechsel muß am Verfalltag *(día de vencimiento)* dem Bezogenen zur Zahlung vorgelegt werden *(ser presentada al pago)*. Wird die Vorzeigung *(presentación)* versäumt, so sind Aussteller und Indossanten der weiteren Verbindlichkeit enthoben *(quedan eximidos de la responsabilidad ulterior)*. Wechsel können vor der Verfallzeit *(antes del vencimiento)* eingelöst werden bei entsprechendem Nachlaß *(con el descuento correspondiente)*.

Wechsel sind am festgesetzten Datum zahlbar *(pagaderas en la fecha fijada)* oder, falls dieses ein Feiertag ist, an einem der beiden auf den Verfalltag folgenden Werktage *(días hábiles)*.

Wird der Wechsel am Verfalltage nicht bezahlt, kann der Inhaber *(tenedor)* gegen den Aussteller, den Bezogenen oder Akzeptanten, alle Indossanten und etwaige Wechselbürgen *(avalistas)*, also gegen alle Wechselverpflichteten *(obligados por la letra)*, Rückgriff nehmen *(emprender regreso)*. An eine Reihenfolge ist er hierbei nicht gebunden, er kann sich z. B. nicht nur an seinen unmittelbaren Vormann *(endosante anterior)*, sondern an irgendeinen Indossanten halten (Sprungregreß = *regreso directo)*. Hält er sich aber an die Reihenfolge der Indossamente, so spricht man vom Reihenregreß *(regreso sucesivo)*. Der Rückgriff ist auch schon vor dem Verfalltage möglich, wenn der Bezogene die Annahme verweigert *(niega la aceptación)*: Rückgriff mangels Annahme *(regreso por falta de aceptación)*, oder wenn über das Vermögen des Bezogenen der Konkurs *(quiebra o concurso)* oder das gerichtliche Vergleichsverfahren *(convenio judicial)* verhängt wurde, wenn er seine Zahlungen eingestellt hat *(se encuentra en suspensión de pagos)* oder wenn eine Zwangsvollstreckung *(ejecución forzosa)* in das Vermögen *(patrimonio)* des Bezogenen fruchtlos *(infructuosamente)* verlaufen ist.

Der Rückgriff mangels Zahlung bzw. mangels Annahme ist nur möglich, wenn ordnungsgemäß Protest erhoben wird *(se levanta protesto)*. Man versteht hierunter eine öffentliche Beurkundung *(atestación pública)* der Nichtzahlung *(impago)* bzw. Nichtannahme *(no aceptación)*. Sie erfolgt durch einen Notar *(notario)*.

Protest mangels Annahme muß innerhalb der für die Vorlegung zur Annahme bestimmten Frist bzw. innerhalb der fünf nach Fristablauf *(terminación del plazo)* folgenden Werktage erfolgen. Der Protest mangels Zahlung bei einem Tagwechsel, Datowechsel oder Nachsichtwechsel muß an einem der fünf auf den Verfalltag folgenden Werktage erhoben werden; bei einem Sichtwechsel muß man wie beim Protest mangels Annahme verfahren *(proceder)*. Der Protest mangels Annahme befreit *(exime)* von der Vorlegung zur Zahlung und vom Protest mangels Zahlung.

Die Erhebung des Protestes ist nicht erforderlich, wenn sie durch den Zusatz „ohne Protest", „ohne Kosten", „kostenfrei" *(sin gastos)* vom Aussteller oder einem anderen Wechselverpflichteten erlassen ist. Der Erlaß, der durch einen anderen als den Aussteller erfolgt, wirkt aber nur gegen diesen.

Nach Erhebung des Protestes kann der Inhaber entweder die Wechselklage *(acción cambiaria)* erheben oder einen neuen Wechsel, den sog. Rückwechsel *(letra de resaca)*, ausstellen. Die neue Wechselsumme setzt sich aus der alten Wechselsumme, den Protestkosten *(gastos del protesto)* und den Zinsen vom Verfalltage an zusammen. Auf der Rückrechnung *(cuenta de resaca)* sind diese Beträge *(cantidades)* einzeln aufgeführt.

1. Con gran pesar de nuestra parte nos enteramos de que	1. Zu unserem großen Bedauern hören wir, daß
2. Nuestro banco nos comunica que	2. Unsere Bank teilt uns mit, daß
3. Se nos acaba de informar por télex que	3. Uns ist gerade durch ein Telex mitgeteilt worden, daß
nuestro giro a cargo de Vd. por importe de Ptas. ..., pagadero el 30 de octubre,	unsere Tratte auf Sie über Ptas. ..., fällig 30. Oktober,
nuestra letra debidamente	unser Wechsel, ordnungsge-

aceptada y endosada a nuestro favor por el Sr. ...,

mäß aktzeptiert und an uns von Herrn ... indossiert,

la letra arriba citada

der oben genannte Wechsel

a) no ha sido pagada/o.

a) nicht bezahlt worden ist.

b) no ha sido atendida/o (por el librado) al vencimiento.

b) bei Verfall (vom Bezogenen) nicht eingelöst worden ist.

c) ha sido devuelta/o sin pagar.

c) unbezahlt zurückkam.

d) fue protestada/o con la observación «sin fondos suficientes» (o: «sin cobertura»).

d) mit dem Vermerk „Kein ausreichendes Guthaben" (od. „Keine Deckung") zurückgegeben wurde.

e) fue protestada/o por falta de pago.

e) mangels Zahlung protestiert wurde.

Tenemos que rogarles a Vds.

Wir müssen Sie

a) nos indiquen inmediatamente las razones.

a) um eine umgehende Erklärung bitten.

b) nos hagan proposiciones en cuanto al pago.

b) bitten, uns Zahlungsvorschläge zu machen.

c) nos remitan el importe por medio de cheque.

c) bitten, uns den Betrag durch Scheck zu übersenden.

No nos queda otro remedio que

Es bleibt uns nichts anderes übrig, als

a) insistir en un pago al contado dentro de tres días.

a) auf Barzahlung innerhalb von drei Tagen zu bestehen.

b) insistir en obtener el importe de la letra, más los gastos de protesto originados, dentro de ... días.

b) darauf zu bestehen, daß wir den Betrag des Wechsels zuzüglich der entstandenen Protestkosten innerhalb von ... Tagen erhalten.

Hemos rogado a nuestro banco volver a presentar la letra, esperando por nuestra parte que Vd. esté dispuesto a pagarla.

Wir haben unsere Bank gebeten, den Wechsel noch einmal vorzulegen, und hoffen, daß Sie bereit sein werden, ihn einzulösen.

Ruegue Vd. al tenedor de la letra presentarla nuevamente el ...

Bitten Sie den Inhaber, den Wechsel am ... noch einmal vorzulegen.

Haga Vd. el favor de pasar (o: transmitir) el asunto a ...

Bitte verweisen Sie die Angelegenheit an ...

Le rogamos nos haga llegar sus instrucciones.

Bitte lassen Sie uns Ihre Anweisungen zugehen.

11. Notadresse, Vermittlung, Intervention

Die Notadresse *(dirección en caso de necesidad)* gibt die Person an, die beim notleidenden Wechsel *(letra pendiente de pago o no retirada)* vermitteln oder aushelfen *(intervenir)* soll. Diese durch:

En caso de necesidad dirigirse al Sr. . . .

(Annahme [oder Zahlung]) im Notfall durch Herrn . . . ausgedrückte Vermittlung ist: a) = Ehrenannahme *(aceptación por intervención)*, wenn der Bezogene die Annahme verweigert hat; b) = Ehrenzahlung *(pago por intervención)*, wenn vom Annehmer (Akzeptanten, *aceptante)* Zahlung nicht zu erlangen ist.

Der Intervenient oder Honorant *(interventor)* oder Notadressat *(interventor en caso de necesidad)* ist somit entweder Ehrenannehmer oder Ehrenzahler *(aceptante o pagador por intervención o en honor de . . .)*, und der Intervent oder Honorat ist derjenige, zu dessen Ehren oder für dessen Rechnung *(por honor o cuenta del cual)* der Intervenient einen mangels Annahme oder Zahlung oder Sicherheit protestierten Wechsel *(una letra protestada por falta de aceptación, por falta de pago o seguridad)* honoriert, d. h. annimmt oder bezahlt.

1. Por (o: Con) la presente quisiéramos preguntarles

1. Hiermit fragen wir bei Ihnen an,

2. Con frecuencia tenemos que negociar letras sobre Veracruz, por lo que quisiéramos preguntar

2. Wir haben häufig Wechsel auf Veracruz zu begeben und fragen an,

si Vds. nos permitirían indicar su dirección en caso de necesidad para nuestras letras.

ob Sie uns gestatten würden, Ihren Namen als Notadresse auf unseren Wechseln anzugeben.

No correrán Vds. riesgo alguno, puesto que todas nuestras letras son documentadas (o: están cubiertas con documentación de embarque).

Sie werden keinerlei Gefahr laufen, da alle unsere Wechsel Dokumentenwechsel (od. durch Schiffspapiere gedeckt) sind.

Con sumo gusto les permitimos que den (o: indiquen) el nombre de nuestra casa en caso de necesidad sobre . . .

Wir erlauben Ihnen gerne, unsere Firma als Notadresse auf . . . anzugeben.

En caso de necesidad

Nötigenfalls werden wir

a) intervendremos por (o: en favor de) Vds.

a) für Sie intervenieren.

b) cubriremos los importes correspondientes con pagos al contado.

b) die betreffenden Beträge durch Barzahlung decken.

Pagaré (o: Daré una buena

Bei Verfall werde ich den

acogida a) la letra al vencimiento.

Wechsel einlösen.

Protegeremos (u: Honraremos) la letra por cuenta de Vds. contra reembolso de los gastos.

Wir werden den Wechsel für Ihre Rechnung gegen Erstattung der Auslagen schützen.

Nos hemos permitido (hoy) dar su nombre como dirección en caso de necesidad en una letra por valor de Ptas. . . . a cargo de la casa . . . en . . .

Wir haben uns (heute) erlaubt, Ihren Namen als Notadresse auf einen Wechsel über Ptas. . . . auf die Firma . . . in . . . zu setzen.

Hagan el favor de intervenir en caso de falta de aceptación (o: de pago).

Bitte springen Sie ein (od. intervenieren Sie) im Falle der Nichtannahme (od. Nichtzahlung).

1. Si el librado rehusa (o: rechaza) el pago al vencimiento,

1. Sollte der Bezogene bei Verfall die Zahlung verweigern,

2. Si se recurre a Vds. a efectos del pago,

2. Sollte man sich wegen Zahlung an Sie wenden,

3. Si la intervención de Vds. se hiciera necesaria,

3. Sollte Ihr Eintreten nötig sein,

a) haremos inmediatamente la provisión de fondos.

a) werden wir sofort für Deckung sorgen.

b) podrán Vds. girar a nuestro cargo como consideren conveniente.

b) können Sie nach Belieben auf uns ziehen.

c) les autorizamos a disponer de la mercancía al precio (o: a la cotización) del mercado.

c) ermächtigen wir Sie, über die Waren zu Marktpreisen zu verfügen.

Siempre nos tendrán Vds. a la recíproca.

Wir werden zu Gegendiensten stets bereit sein.

1. Como interventores de su letra sobre . . .

1. Als Notadressaten auf Ihren Wechsel auf . . .

2. Como nos instruyeron con su carta del . . .

2. Wie in Ihrem Schreiben vom . . . angewiesen,

a) hemos intervenido hoy en favor de Vds.

a) sind wir heute ehrenhalber für Sie eingetreten.

b) haciendo honor a su firma hemos aceptado . . .

b) haben wir . . . zu Ehren Ihrer Unterschrift angenommen.

He pagado la letra por cuenta de Vds.

Ich habe den Wechsel für Ihre Rechnung eingelöst.

La letra nos fue presentada para que interviniéramos en el pago.

Der Wechsel ist uns zur Ehrenzahlung vorgelegt worden.

El aceptante ha rogado al banco que difiera el protesto de uno a dos días.	*Der Akzeptant hat die Bank gebeten, den Protest ein bis zwei Tage hinauszuschieben.*
Quisiéramos hacerles observar que	*Wir möchten Sie darauf aufmerksam machen, daß*
a) no podemos cumplir con compromisos imprevistos.	*a) wir unvorhergesehene Verbindlichkeiten nicht erfüllen können.*
b) nuestra dirección en caso de necesidad se limita a letras documentadas.	*b) sich unsere Notadresse auf Dokumententratten beschränkt.*

XX. Handelsbörsen (Wertpapier- und Warenbörsen)

Nach der Definition des spanischen Handelsgesetzbuches *(Código de Comercio)* sind Handelsbörsen *(Bolsas de Comercio)* öffentliche gesetzlich genehmigte Anstalten *(establecimientos públicos legalmente autorizados)*, in denen sich Kaufleute *(comerciantes)* und vereinigte Vermittlungsagenten *(agentes intermediarios colegiados)* versammeln, um Handelsgeschäfte *(operaciones mercantiles)* zu verabreden *(concertar)* oder zu erfüllen *(cumplir)*. Die Errichtung *(creación, constitución)* von Handelsbörsen obliegt *(corresponde, es de la incumbencia)* der Regierung *(Gobierno)*.

In Spanien gibt es vier amtliche Wertpapierbörsen *(bolsas oficiales de valores)*: In Madrid, Barcelona, Bilbao und Valencia. Die älteste und bedeutendste ist die Madrider Börse, die 1831 gegründet wurde. An ihr werden mehr als 80% des gesamten Börsenumsatzvolumens *(volumen de contratación bursátil)* abgewickelt *(realizar)*. Die Börse von Bilbao, die 1890 gegründet wurde, ist die zweitälteste *(segunda en antigüedad)*. Die Börse von Barcelona wurde 1915 und die von Valencia erst 1980 gegründet. Neben den vier amtlichen Börsen gibt es auch regional organisierte Märkte für Wertpapiere in Sevilla und Zaragoza.

Die Überwachung *(control)* und Aufsicht *(supervisión)* der Börsen ist bei einer staatlichen Aufsichtsbehörde *(autoridad estatal supervisora)* zentralisiert, und zwar bei der *"Comisión Nacional del Mercado de Valores/ CNMV"*, eine nach dem Vorbild der amerikanischen *"Securities and Exchange Commission/SEC"* gebildete Einrichtung des öffentlichen Rechts *(establecimiento de derecho público)*, deren Präsident und Vizepräsident von der Regierung ernannt werden. Weitere Kommissionsmitglieder *(miembros de la Comisión)* sind der Generaldirektor des Schatzamtes *(director general del Tesoro)* und der Vizepräsident der *Banco de España* sowie drei weitere vom Wirtschafts- und Finanzministerium *(Ministerio de Economía y Hacienda)* ernannte Mitglieder. Die 130 Mitarbeiter der *CNMV* überwachen die korrekte Preisbildung *(formación correcta de precios/cotizaciones)* und die Emissionstätigkeit *(acitvidad emisora)*, sorgen für Transparenz *(transparencia)* und verhängen, falls nötig, Sanktionen *(imponer sanciones en caso de necesidad)*. Auf Grund ihrer Funktionen stellt die *CNMV* neben der *Banco de España* eine der wichtigsten Stützen *(pilares)* des spanischen Finanzsystems dar. De jure ist sie völlig unabhängig, de facto untersteht sie jedoch wie die Zentralbank dem Wirtschafts- und Finanzministerium.

Die früheren Börsenmakler *(agentes de cambio y bolsa)*, die als einzige zugelassene Makler und Urkundsbeamten *(fedatarios públicos)* den Markt beherrschten, wurden auf Grund der erfolgten Reform durch Wertpapiergesellschaften oder Brokerfirmen ersetzt, die sogenannten *"Sociedades y Agencias de Valores"*. Diese haben die Rechtsform *(forma jurídica)* einer Aktiengesellschaft. Die *"Sociedad de Valores"* kann sowohl für eigene als auch für fremde Rechnung handeln, während die *"Agencia de Valores"* nur für fremde Rechnung tätig wird. Das Mindestkapital der *"Agencia de Valores"* beträgt 200 Millionen Peseten und das der *"Sociedad de Valores"* 750 Millionen Peseten. An diesen Wertpapiergesellschaften können sich auch institutionelle Anleger *(inversores institucionales)* sowie auch indirekt Banken beteiligen.

Die Verrechnung *(compensación)* und Abwicklung *(liquidación)* der Wertpapiergeschäfte erfolgt über den *"Servicio de Compensación y Liquidación de Valores/SCLV"*.

Neben der Überwachungsfunktion *(función de control)* steht der *CNMV* auch das Sanktionsrecht *(derecho de sanción)* zu, so zum Beispiel beim Mißbrauch privilegierter Informationen *(información de iniciados)*. Grundsätzlich gilt in diesem Zusammenhang, daß jeder Marktteilnehmer *(miembro del mercado)*, der früher als die Allgemeinheit *(público en general)* in den Besitz von noch nicht öffentlich gewordenen Informationen gelangt ist, weder direkt noch indirekt in den betreffenden Werten handeln darf. Um diesen Mißbrauch auszuschließen *(excluir, descartar)*, wurde Ende 1989 ein Dekret erlassen, demzufolge börsennotierte Unternehmen *(empresas que cotizan en bolsa)* alle Kapitalveränderungen *(variaciones de capital)* über 5% unverzüglich bekanntgeben müssen. Ferner sind alle Beteiligungen *(participaciones)* offenzulegen *(revelar)*.

Die vier spanischen Börsen sind seit dem 29. Juli 1989 durch ein elektronisches Handelssystem *(sistema electrónico de contratación)* zu einem Markt mit einheitlicher Kursfeststellung *(fijación uniforme de las cotizaciones)* zusammengeschlossen *(estar interconectado)*. Dieses von der kanadischen Börse in Spanien übernommene System ist unter der Bezeichnung CATS bekannt, englisch für "computer-assisted trading system", d. h. computergestütztes Handelssystem *(sistema de negociación [apoyado] por ordenador)*. Statt wie früher beim Handel per Zuruf *(contratación de viva voz)* in den sogenannten *"corros"*, d. h. Wertpapiergruppen oder -sektoren (z. B. *corro minero* = Kuxen, *corro del acero* = Stahlindustrie usw.), den Handel der amtlich notierten Werte *(valores cotizados oficialmente)* auf zehn Minuten pro *corro* täglich zu beschränken, ermöglicht das neue System die fortlaufende Notierung *(cotización continua)* oder den Computerhandel *(mercado continuo)* landesweit *(a nivel nacional)* während sechs Stunden, und zwar von 11 bis 17 Uhr. Obwohl zur Zeit noch zwei parallel laufende Märkte *(mercados paralelos)* an der spanischen Börse existieren, der traditionelle per-Zuruf-Markt *(mercado de viva voz)* und der neue computerisierte Markt *(mercado por ordenador* oder *mercado continuo)*, rechnet man damit, daß sehr bald der *"mercado de viva voz"* völlig verschwunden sein wird. Inzwischen notieren die meisten Werte in dem *"mercado continuo"*.

Neben dem *"mercado continuo"* und den *"corros"* gibt es eine weitere Art des Handels mit Wertpapieren *(contratación de valores)*: Das Tender- oder Ausschreibungsverfahren *(sistema de subasta)*, das für *"pagarés"* und *"letras del Tesoro"* – kurzfristige Schatzanweisungen bzw. -wechsel, die mit einem Abschlag *(con un descuento)* von ihrem Nominalwert *(valor nominal)*, d. h. unter Pari *(bajo la par)* emittiert werden – praktiziert wird. Eine weitere Neuerung *(innovación)*, die den internationalen Börsenusancen *(usos bursátiles)* folgte, war die Einführung der Notierung in Peseten *(cotización en pesetas)* an Stelle der früher üblichen Prozentnotierung *(cotización porcentual)*.

Es gibt zwei Grundformen *(modalidades básicas)* von Börsengeschäften: Kassageschäfte *(operaciones al contado)*, d. h. mit sofortiger Zahlung, und Termingeschäfte *(operaciones a crédito/a plazo)*, d. h. auf Zeit abgeschlossene Geschäfte.

Der dem Makler erteilte Auftrag ist limitiert *(limitada)*, wenn ein Höchst- oder Mindestkurs *(cotización máxima o mínima)* angegeben wird, und unlimitiert *(ilimitada)*, wenn „bestens" oder „bestmöglich" *("al mejor cambio"* o *"al mejor cambio posible")* ausgeführt werden soll. Ein Auftrag kann aber auch „gültig bis auf Widerruf" *("válido hasta contraorden")* erteilt werden.

Bei den Börsenkursen unterscheidet man zwischen Briefkurs *(cotización ofrecida)* und Geldkurs *(cotización demandada)*. Im spanischen Kurszettel *(boletín de cotizaciones)* wird der Briefkurs mit einem *"P"* für *"papel"* gekennzeichnet, womit ausgedrückt wird, daß zu dem angegebenen Kurs mehr Angebot *(oferta)* als Aufträge vorhanden waren. Der Geldkurs wird mit einem *"D"* für *"dinero"* gekennzeichnet, womit ausgedrückt wird, daß zum notierten Kurs mehr Nachfrage *(demanda)* als Angebot vorhanden war.

Als Indikator *(indicador)* der Börsenentwicklung *(evolución bursátil)* veröffentlichen die einzelnen Börsen ihre Börsenindizes *(índices bursátiles)*, welche die Veränderungen der Wertpapiermärkte während einer bestimmten Zeit von einem allgemeinen Standpunkt aus gesehen *(desde un punto de vista general)* widerspiegeln sollen, d. h. für den gesamten Markt und nach Sektoren *(sectores)* geordnet, wie zum Beispiel nach Banken *(banca)*, Versorgungsunternehmen (in Spanien unter der Rubrik: *agua, gas, electricidad)* Bau *(construcción)*, Montanindustrie *(siderometalúrgicas)* usw. Da aber nicht alle an der Börse notierten Werte *(valores cotizados en bolsa)* dieselben Börsenumsätze *(volumen de contratación)* haben, muß man die im spanischen Index enthaltenen Werte einer Gewichtung oder Bewertung *(ponderación)* unterziehen, indem man sich der Börsenkapitalisierung *(capitalización bursátil)* vom Ende des vorhergehenden Jahres bedient *(recurrir)*. Die Berechnung des Wertes *(evaluación)* erfolgt durch Multiplizierung *(multiplicación)* der Anzahl aller Aktien der entsprechenden Gesellschaft, also des Gesellschaftskapitals *(capital social)*, mit dem aktuellen Börsenkurs nach dem Stichtag *(día de referencia)*, dem 31. Dezember.

Die an den Börsen notierten Wertpapiere können grundsätzlich in zwei Gruppen eingeteilt werden: a) Dividendenpapiere *([títulos/valores de] renta variable)* und b) Rentenpapiere *([títulos/valores de] renta fija)*.

Die Dividenden- oder Anteilspapiere *(títulos de participación)* sind von einer Gesellschaft oder von Emittenten ausgegebene Wertpapiere, bei denen der Gewinnanteil *(participación en los beneficios)* in Form von Dividende ausgeschüttet wird *(repartir)*. Sie verkörpern *(representar)* Mitgliedschaftsrechte *(derechos de asociación/de calidad de socio)*, d. h. Miteigentum *(copropiedad)* bzw. Beteiligung *(participación)* an einer Gesellschaft. Der Eigentümer *(propietario)* eines solchen Wertpapiers erhält keinen festen Zins *(interés fijo)*, sondern hat als Miteigentümer Anspruch auf einen Anteil am Jahresgewinn *(beneficio anual)*. Neben der Aktie als klassischem Dividendenpapier zählen dazu die von Investmentgesellschaften *(sociedades de inversión mobiliaria/de cartera)* ausgegebenen Investment-Zertifikate *(certificados de inversión)*. Die Zertifikatsinhaber *(titulares de los certificados)* sind Bruchteilseigentümer *(propietarios de una parte alícuota)* dieses Wertpapierfonds *(fondo de valores)*. Die Zinsen bzw. Dividenden werden gegen Einreichung *(contra entrega)* des vom Kupon- oder Dividendenscheinbogens *(hoja de cupones)* abzutrennenden Zins- oder Dividendenscheins *(cupón de intereses o dividendos)* ausgezahlt. Neue Zins- oder Dividendenscheine werden auf Grund eines Erneuerungsscheins *(talón de renovación)* ausgegeben.

Die Rentenpapiere sind festverzinsliche Papiere *(títulos/valores de renta fija)*, von denen der Inhaber *(titular)* als Gläubiger *(acreedor)* der ausgebenden Gesellschaft ein regelmäßiges Zinseinkommen oder Rente erhält. Der Inhaber hat nicht nur Anspruch auf eine feste Verzinsung *(renta fija, interés fijo)*, sondern auch auf Rückzahlung *(reembolso)* des Nennwertes *(valor nominal)*. Hierunter fallen die Schuldverschreibungen oder Obligationen *(obligaciones, bonos)* in ihren verschiedenen Varianten. Im allgemeinen bezeichnet man als *"obligación"* eine Schuldverschreibung mit einer Laufzeit von 5 Jahren und mehr, während die Bezeichnung *"bono"* für Titel mit einer Laufzeit unter 5 Jahren verwendet wird. Beide Finanzinstrumente sind normalerweise Inhaberpapiere *(títulos al portador)* und werden zu pari *(a la par)*, d. h. zum Nennwert *(valor nominal)* emittiert. Die Zinszahlung erfolgt halbjährlich *(por semestres, semestralmente)* oder jährlich *(por año, anualmente)*. Die Verzinsung *(devengo de intereses)* wird jedoch in Form eines Jahressatzes *(tasa anual)* ausgedrückt und als *"cupón"* bezeichnet. Wird eine Emission über pari *(sobre la par)* – z. B. zu 101% – durchgeführt, so sagt man, daß sie mit einem Aufgeld oder Agio *(con prima)* von 1% ausgegeben wird. Erfolgt eine Emission dagegen unter pari *(por debajo de la par)* – z. B. zu 99% –, so sagt man, daß die Papiere mit einem Abschlag oder Disagio *(con descuento)* emittiert werden. Je nach Laufzeit *(plazo de vencimiento/de amortización)* haben wir es mit zwei verschiedenen Märkten zu tun. Der Geldmarkt *(mercado monetario)* ist der Markt für Titel mit kurzer Laufzeit. Darunter versteht man normalerweise eine Laufzeit bis zu 18 Monaten. Der Kapitalmarkt *(mercado de capitales)*, der in Spanien auch als Wertpapiermarkt *(mercado de valores)* bezeichnet wird, ist dagegen der Markt für diejenigen Titel mit einer Laufzeit über 18 Monate, wenn auch hier gelegentlich Ausnahmen gemacht werden.

Die Finanzmärkte
Los mercados financieros

Je nach Laufzeit *(vencimiento)* der Finanzinstrumente kann man zwei Kategorien von Finanzmärkten unterscheiden den Geldmarkt *(mercado monetario/del dinero)* und den Kapitalmarkt *(mercado de capitales)*.

Der Geldmarkt
El mercado monetario/del dinero

Der Geldmarkt ist der Finanzmarkt, auf dem Geschäfte mit kurzfristigen Finanzinstrumenten – in der Regel mit einer Laufzeit unter einem Jahr – durchgeführt werden. Die in Spanien auf diesem Markt üblichen Finanzinstrumente sind u. a. die verschiedenen Formen von Wechseln *(letras)* und Solawechseln *(pagarés)*, Depositenzertifikate *(certificados de depósito)* und die Hypothekentitel *(títulos hipotecarios)*. Großunternehmen *(grandes empresas)* und Banken greifen in zunehmendem Maße zu diesen Finanzmitteln, die wenig Risiko mit sich bringen, um Zinsen für ihre Überschüsse *(excedentes)* zu erhalten. Einen Teilbereich des Geldmarktes bildet der sogenannte Interbankenmarkt *(mercado interbancario)*, d. h. der Markt, auf dem die Banken sich in Form von Depositen gegenseitig – unmittelbar oder über Vermittlungsgesellschaften, in Spanien die *"Sociedades Mediadoras del Mercado de Dinero/SMMD"* – oder in Form von *"pagarés del Tesoro"* und *"letras del Tesoro"* Geld leihen. Es handelt sich hierbei sozusagen um ein Großhandelsgeschäft *(negocio mayorista/al por mayor)*, bei dem die durchschnittlichen Beträge der einzelnen Transaktionen hoch sind, im Gegensatz zu der Hereinnahme von Depositen *(captación de depósitos)* der Privatkundschaft *(clientela particular)*, die in diesem Falle als "en détail"-Geschäft *(negocio al por menor)* der Banken bezeichnet werden kann. Die Transaktionen werden telefonisch über Vermittlungsagenten *(agentes mediadores)* betätigt, deren Funktion darin besteht, gegen eine Provision *(comisión)* den Kontrahenten *(partes contratantes/contrayentes)* zu einem Geschäft zu verhelfen *(proporcionar un negocio)*.

Der Geldmarkt wird ebenfalls von der Zentralbank zur Durchführung ihrer Geldpolitik *(política monetaria)* in Anspruch genommen *(utilizar)*. Sie tritt Tag für Tag als Anbieter *(oferente)* von Geldmitteln bei Versteigerungen *(subastas)* auf, während auf der anderen Seite Banken und Sparkassen nach diesen Mitteln suchen, um sehr kurzfristige Liquidität, normalerweise für einen Tag, zu erlangen.

Neben den *"Sociedades Mediadoras en el Mercado de Dinero/SMMD"*, die sowohl für eigene wie auch für fremde Rechnung *(por cuenta propia y ajena)* als Vermittler tätig werden *(actuar como mediador)*, existiert in Spanien neuerdings die *"Asociación de Mediadores del Mercado Monetario"*. Die in diesem Verband organisierten Kommissionäre oder "brokers" *(comisionistas, "brokers")* bieten gegen Provision ihre Vermittlung bei Geldmarktgeschäften an.

Geldmarktpapiere
Títulos del mercado monetario

Hierunter fallen:

a) *Pagarés del Tesoro*, das sind Schuldversprechen des Schatzamtes mit Laufzeiten von ursprünglich 6, 12 und 18 Monaten. Sie wurden erstmals 1981 mit dem Ziel, das Defizit des Staatshaushaltes *(déficit presupuestario)* zu finanzieren, und als monetäres Steuerungsinstrument *(instrumento de regulación monetaria)* emittiert. Seit 1987 werden die *"pagarés del tesoro"* nur mit einer Laufzeit von 18 Monaten ausgegeben.

b) *Letras del Tesoro*, das sind Schatzwechsel, die die Rolle der *"pagarés"* als kurzfristige Staatsschuld *(deuda del Estado)* übernommen haben. Sie werden über einen Nennwert von mindestens 1 Million Peseten mit einer Laufzeit von höchstens 18 Monaten unter pari im Tenderverfahren wie die *"pagarés"* emittiert. Man verbrieft sie ausschließlich in Form von Wertrechtspapieren *(anotaciones en cuenta)*, d. h. es sind Titel, für die keine effektiven Stücke *(títulos físicos)* ausgedruckt werden.

c) *Pagarés de empresa*, auch als *"papel comercial"* (commercial paper) bezeichnet: Dies sind kurzfristige Schuldversprechen großer Unternehmen mit Laufzeiten, die normalerweise zwischen 6 und 12 Monaten variieren. Es gibt jedoch *"pagarés de empresa"* mit Laufzeiten von 2 Jahren und darüber. Sie werden unter pari emittiert. Diese *"pagarés"* können auf den Inhaber *(al portador)* oder, und das ist häufiger der Fall, an Order *(a la orden)* lauten *(estar extendido)*. Die Emittenten solcher Titel sind gut bekannte Unternehmen wie *RENFE, INI, Telefónica* und *ENDESA*.

d) *Pagarés bancarios*: Hier handelt es sich um kurzfristige Schuldversprechen von Banken und Sparkassen mit ähnlichen Merkmalen wie die *"pagarés de empresa"*.

e) *Bonos de caja y bonos de tesorería*, das sind mittelfristige Schuldverschreibungen mit einer Laufzeit von 3 bis 5 Jahren, die von Banken und Sparkassen emittiert werden. Die *"bonos de caja"* können nur von Industriebanken *(bancos industriales)*, die *"bonos de tesorería"* hingegen von allen Banken und Sparkassen ausgegeben werden. Die *"bonos de tesorería"* enthalten normalerweise eine Umwandlungsklausel *(cláusula de convertibilidad)*, derzufolge sie in Aktien des emittierenden Bankinstituts *(entidad bancaria emisora)* umgewandelt werden können.

f) *Títulos hipotecarios*: Hier handelt es sich um Hypothekenpfandbriefe, die in drei Gruppen eingeteilt werden können:

  1) *Bonos hipotecarios*: Sie können von den Banken, Sparkassen, von der *Caja Postal*, von den Kreditgenossenschaften *(cooperativas de crédito)*, von der *Banco Hipotecario* und von den Bodenkreditanstalten *(sociedades de crédito hipotecario)* ausgegeben werden.

  2) *Cédulas hipotecarias* sind Titel, die im Gegensatz zu den *"bonos hipotecarios"* durch Hypothekenkredite der Emittenten garantiert sind. Sowohl die *"bonos"* als auch die *"cédulas"* sind mittelfristige Titel mit einer Laufzeit von 3 bis 5 Jahren.

  3) *Participaciones hipotecarias*: Dies sind Rektapapiere *(títulos nominativos)*, d. h. auf den Namen ausgestellte Papiere, mit denen die Emittenten Dritte an Hypothekenkrediten beteiligen können.

Von diesen drei Gruppen sind die *"cédulas"* am meisten verbreitet.

g) *Letras de cambio*, oder Wechsel, die manchmal die Funktion von Geldmarktpapieren erfüllen. Dies ist der Fall, wenn z. B. eine Bank, die einen Wechsel auf einen Geld suchenden Kunden zieht *(girar, librar)*, gleichzeitig Wechselnehmer *(tomador)* ist und anschließend den Wechsel an einen investitionssuchenden Kunden indossiert *(endosar)*.

Auf dem Geldmarkt werden einige *"bonos bancarios"* und *"pagarés de empresa"* als sogenannte *"títulos cupón cero"* (englisch: zero couponbonds) emittiert. Im Gegensatz zu den unter pari *(al descuento)* emittierten Titeln, die eine Vorauszahlung von Zinsen *(pago anticipado de intereses)* implizieren, erfolgt die Zinszahlung bei den *"títulos cupón cero"* bei

Fälligkeit. Diese Art Titel werden zum Nennwert erworben, d. h. zu pari *(a la par)* und je nach Einlösungstermin *(plazo de reembolso)* mit unterschiedlichem Aufgeld *(prima)* getilgt *(amortizar)*. Das Entstehen solcher Instrumente hat zweifellos in erster Linie steuerliche Gründe *(razones fiscales)*. Die bei einer vorzeitigen Veräußerung *(enajenación/venta anticipada)* der Titel zu versteuernden Kursgewinne *(plusvalías sujetas al pago de impuestos)* können durch die Wahl eines für den Inhaber steuerlich günstigen Einlösungstermins beeinflußt werden.

Neben den Titeln mit einem festen Zinssatz und den „Null-Kupon-Titeln" gibt es Titel mit variablem Zinssatz *(tipo de interés variable/flotante)*, der sogenannten "floating rate". Die Zinsen fluktuieren *(fluctuar)* im Verhältnis zu den Schwankungen *(fluctuaciones, oscilaciones)* eines Referenzsatzes *(tipo de referencia)*. Dieser als Referenz genommene Satz kann z. B. der Interbankensatz *(tipo interbancario)* oder der guten Kunden gewährte Vorzugssatz *(tipo preferencial)* sein, zu dem ein fester Differentialsatz *(tipo diferencial fijo)* hinzukommt. Diese ursprünglich für große Kredite verwendete Formel *(fórmula)* findet heutzutage bei einigen Emissionen von *"bonos bancarios"* und *"pagarés"* auf dem Geldmarkt Anwendung *(encontrar aplicación)*.

Der Kapitalmarkt
El mercado de capitales

Der Kapitalmarkt ist der Finanzmarkt für langfristige Kredite *(créditos a largo plazo)* und Beteiligungskapital *(capital de participación)*. Über den Kapitalmarkt fließt den Unternehmen ein großer Teil der Mittel zur langfristigen Finanzierung ihrer Investitionen zu. Auf Grund der auf diesem Markt gehandelten Finanzinstrumente unterscheidet man zwischen dem Markt für festverzinsliche Wertpapiere, auch Rentenmarkt genannt *(mercado de la renta fija)*, und dem Aktienmarkt *(mercado de la renta variable/de acciones)*.

Sowohl auf dem Geld- wie auf dem Kapitalmarkt unterscheidet man zwischen Primärmarkt *(mercado primario)* und Sekundärmarkt *(mercado secundario)*. Mit Primärmarkt bezeichnet man den Emissionsmarkt *(mercado de emisiones)*, d. h. die erstmalige Ausgabe von Wertpapieren und deren Verkauf *(venta)* – auch Plazierung *(colocación)* genannt – an Anleger *(inversores)*. Dagegen bezeichnet man als Sekundärmarkt den Umlaufmarkt *(mercado de negociación)*, auf dem die ausgegebenen Wertpapiere wiederverkauft werden.

Kapitalmarktpapiere
Títulos del mercado de capitales/valores

Hierunter fallen die Papiere der sogenannten *"Deuda Pública"* oder Schuld der öffentlichen Hand. Es gibt:

a) *Bonos del Estado*, das sind Inhaber-Staatsschuldverschreibungen, die zu pari mit einer Laufzeit von 2 bis 4 Jahren und mit einem Nennwert von mindestens 10.000 Peseten emittiert werden. Die Zinszahlung erfolgt halbjährlich. Seit 1986 werden diese Papiere nach dem Tenderverfahren *(sistema de subasta)* ausgegeben.

b) *Obligaciones del Estado*, das sind Namens-Staatsschuldverschreibungen mit einer Laufzeit von 5 bis 8 Jahren und einem Nennwert von mindestens 10.000 Peseten. Die Zinszahlung erfolgt ebenfalls halbjährlich. Die *"obligaciones del Estado"* werden seit 1986 nicht mehr ausgegeben.

c) *Obligaciones* der *Comunidades Autónomas* (autonome Regionen), der *Diputaciones Provinciales* (Provinzlandtage), der *Ayuntamientos* (Rathäuser) usw. Dies sind Papiere, die von den Regionen, Provinzen, Gemeinden und Städten ausgegeben werden. Es handelt sich hierbei um Emissionen, die einerseits miteinander und andererseits mit der Verschuldungspolitik *(política de endeudamiento)* des Staates koordiniert werden.

Unter die Emissionen der privaten Hand *(sector privado)* fallen hauptsächlich folgende Titel:

a) *Obligaciones industriales*, die von Industrieunternehmen ausgegeben werden.

b) *Obligaciones convertibles*, d. h. Wandelschuldverschreibungen, die unter bestimmten Bedingungen zu im voraus festgelegten Terminen *(plazos prefijados)* in Aktien umgetauscht werden können *(poder ser canjeados)*.

c) *Obligaciones* und *bonos con warrant*, das sind Emissionen von Schuldverschreibungen, denen ein Optionsschein *(warrant)* beigefügt ist. Dieser "warrant" berechtigt zum Kauf von Aktien zu einem im voraus festgelegten Termin und Kurs. Der Inhaber hat die Wahl *(elección)*, diese Option auszuüben *(ejecutar la opción)* oder die Optionsscheine unabhängig von der Obligation *(independientemente de la obligación)* an der Börse zu verkaufen.

Der Options- und Futuresmarkt
El mercado de opciones y de futuros (financieros)

Als Ergänzung zu dem traditionellen Kassamarkt *(mercado al contado)* für Aktien und Anleihen hatte die spanische *"Dirección General del Tesoro"* Ende 1989 den Grundstock *(base)* für einen funktionierenden Options- und Futuresmarkt gelegt, und zwar zuerst für die Staatsschuld *(deuda pública)*. Diese Innovation sollte dem Markt mehr Liquidität *(liquidez)* verschaffen und die auf Grund eventueller Zinssatzveränderungen *(variaciones del tipo de interés)* auftretenden Risiken mindern *(reducir riesgos)*. Der Börsenhandel *(negociación bursátil)* mit Optionen und Financial Futures *(opciones y futuros financieros)* wurde erstmals Anfang der 70er Jahre in den USA durchgeführt. Einige Jahre später richtete man auch in Europa Terminbörsen *(bolsas de futuros)* ein, darunter mit der Deutschen Terminbörse (DTB) Anfang 1990 auch in Deutschland. An der DTB können Optionen und Terminkontrakte *(contratos de opciones y futuros)* per Computer *(ordenador)* abgeschlossen werden. Die DTB sollte ursprünglich den internationalen Namen "Goffex" tragen, d. h. German Options und Financial Futures Exchange.

Der spanische Termin- oder Futuresmarkt ist unter der Bezeichnung *MEFF* bekannt: *Mercado Español de Futuros Financieros*. Er wurde kürzlich von der Börse Barcelona zuerst einmal für Rentenwerte *(valores de renta fija)* eingeführt, um mit der innovativen Führung *(liderazgo innovativo)* Madrids als wichtigstem Finanzplatz *(plaza financiera)* Spaniens Schritt zu halten. Als Finanzinstrumente *(instrumentos financieros)* kommen Staatsschuld *(deuda pública)* und Schuldverschreibungen der öffentlichen Hand mit einer Laufzeit von 3 Jahren, sogenannte *"bonos del*

BOLSAS

MADRID
Suben 12, bajan 96, repiten 21. Índice general: **316,13 (−5,06)**

RENTA FIJA
DEUDA PÚBLICA

Nom.	Tít.	Ant.	Mín.	Máx.	Últ.	Días	Vol.
10.000	Amort. 10,25% 77	100				84	
1.000	Amort. 12,50% 82-A	104				59	
10.000	Amort. 13,50% jul. 84-A	99½	99½	99½	99½	118	208
10.000	Amort. 13,50% dic. 84-A	102	100	100	100	105	397
10.000	Amort. 12,25% 85	99				154	
10.000	Amort. 11,50% 85	96	96½	96½	96½	175	907
10.000	Amort. 10% 86	93½	93½	93½	93½	159	640
10.000	Bonos 15,50% 84-A	104¾				51	
10.000	Bonos 15,75% 84-A	104				141	
10.000	Bonos 11,70% 85	97	96½	96½	96½	115	278
10.000	Bonos 13,50% 85	104½				133	
10.000	Bonos 9,40% 86	95				61	
10.000	Bonos 10,10% 86	94½	94½	94½	94½	105	674
10.000	Bonos 11,60% 86	95	95	95	95	155	− 511
10.000	Obligac. 16,50% 83	109½	109½	109½	109½	150	187
10.000	Obligac. 15,25% 84-A	104	104	104	104	130	399
10.000	Obligac. 16% 84	102¼	104	104	104	131	950
10.000	Obligac. 16% 84-A	105	104½	104½	104½	145	266
10.000	Obligac. 11,75% 85	101	100¾	100¾	100¾	35	2.500
10.000	Obligac. 13,50% 85	103½	104	104	104	105	1.187
10.000	Obligac. 13,75% 85	100¼				94	
10.000	Obligac. 9,95% 86	92				60	
10.000	Obligac. 10,65% 86	100	98	98	98	49	330
10.000	Obligac. 11,70% 86	96	96	96	96	103	480

ORGANISMOS OFICIALES

Nom.	Tít.	Ant.	Mín.	Máx.	Últ.	Días	Vol.
10.000	ICO may. 84	103	103	103	103	119	170
10.000	ICO abr. 85	101	101	101	101	140	48
10.000	ICO dic. 85	92¼	92¼	92¼	92¼	132	1.087
10.000	ICO may. 86	91½	91¾	91¾	91¾	132	256

BONOS BANCARIOS

Nom.	Tít.	Ant.	Mín.	Máx.	Últ.	Días	Vol.
1.000	Bankinter 19	102¾	102¾	102¾	102¾	190	1.120
1.000	Bankinter 20	100	100¼	100¼	100¼	191	2.665
1.000	Bankinter 21	103¼	103¼	103¼	103¼	188	5.470
1.000	Bankinter 22	102	102	102	102	185	
1.000	Bankinter 23	101	101	101	101	186	3.621
1.000	Bankinter 25	101½	101½	101½	101½	187	
1.000	Bankinter 26	103	103	103	103	188	15.150
10.000	Eurobanco 15	103				119	
10.000	Eurobanco 16	103¼				139	
10.000	Eurobanco 17	102¾				131	
10.000	Eurobanco 18	103¼				138	
5.000	Guipuzcoano 84	99½	100	100	100	171	100
1.000	Induban 19	100				70	
10.000	Induban 29	100¼	100¼	100¼	100¼	138	811
10.000	Induban 33	100¼	100¼	100¼	100¼	151	802
1.000	Santander 7	100				88	
1.000	Santander 8	105½	105½	105½	105½	131	27.820
1.000	Urquijo Unión 84	104	104¼	104¼	104¼	79	5.487

OBLIGACIONES

Nom.	Tít.	Ant.	Mín.	Máx.	Últ.	Días	Vol.
1.000	CEPSA 85	247				25	
1.000	Dragados 84	D 283				35	
50.000	ENDESA 83	107½				74	
10.000	Hidrola bn 2	101½	103	103	103	116	457
50.000	Iberduero 84	110	109	109	109	64	30
10.000	Sevillana bn 2	105½				61	
10.000	Telefónica dic. 84	97	97	97	97	104	992

Nom.	Tit.	Ant.	Mín.	Máx.	Ult.	Días	Vol.

RENTA VARIABLE
ELECTRICIDAD — 140,48 (−3,68)

Nom.	Tit.	Ant.	Mín.	Máx.	Ult.	Días	Vol.
500	Aguas de Barcelona	490				145	
500	Catalana de Gas	865	655	660	660	165	58.046
500	Eléc. R. de Zaragoza	135	135	135	135	130	10.033
1.250	Electra de Viesgo	375	375	375	375	194	8.127
700 ☆	ENDESA	172	168	170	168	175	22.080
1.000	ENHER B.	126	120	120	120	106	13.226
1.000 ☆	FECSA	61¼				23	
850	Gas y Electricidad	270				144	
1.000 ☆	Hca. Cantábrico	166	160	160	160	192	19.228
500	Hca. Cataluña	92				76	
500 ☆	Hidrola	104¼	101	102¼	102	188	490.345
500 ☆	Iberduero	142½	136	138	137½	190	303.126
2.500	Saltos del Nansa	480	470	470	470	148	1.692
500 ☆	Sevillana	125½	122¾	123¼	123¼	188	238.554
500 ☆	Unión-Fenosa	107	104	105½	105¼	192	602.432

CEMENTOS Y CONSTRUCCIÓN — 674,52 (−16,04)

Nom.	Tit.	Ant.	Mín.	Máx.	Ult.	Días	Vol.
1.000	Ahorro Familiar	385				104	
500 ☆	Asland	1.297	1.270	1.285	1.270	186	25.559
500	Bami	520	515	515	515	87	3.421
500	CEISA	757				80	
5.000	Corp. Noroeste	780				58	
1.000 ☆	Cristalería Española	1.500	1.425	1.425	1.425	111	7.620
1.000 ☆	Cubiertas MZOV	995				133	
500 ☆	Dragados	790	755	757	756	189	64.302
500 ☆	Encinar de los Reyes	855				160	
1.000	Estacionam. Urbanos	535	545	545	545	137	4.780
500	Eurobuilding	395	395	395	395	146	44.510
500	Financiera y Minera	1.850	1.800	1.800	1.800	126	1.768
500	FOCSA	1.330				165	
1.000	Iberpistas	166	158	158	158	176	94.106
500	Inmobanif	745				106	
500 ☆	Inmob. Metropolitana	D 980	950	950	950	138	6.555
500	Inmolevante	380	390	390	390	83	5.417
500 ☆	Portland Valderrivas	4.200				111	
500 ☆	Renta Inmobiliaria	725	740	740	740	107	98.802
1.000	SABA	662	640	-640	640	119	1.222
500 ☆	Uralita	647	635	645	645	191	18.843
300	Urban. Metropolitana	1.030	1.010	1.010	1.010	96	3.689
500 ☆	Urbis	610	584	584	584	186	28.647
500	VACESA	1.150	1.100	1.100	1.100	144	16.925
500	Valenciana Cementos	1.900	1.805	1.805	1.805	158	10.447
500 ☆	Vallehermoso	770	735	740	735	187	51.530
1.000 ☆	Zabálburu	660	645	645	645	119	11.086

QUÍMICAS Y PAPELERAS — 504,53 (+2,62)

Nom.	Tit.	Ant.	Mín.	Máx.	Ult.	Días	Vol.
1.000	Carburos M.	D 1.220	1.220	1.220	1.220	38	3.701
500 ☆	Cros	910	930	955	955	176	68.806
500 ☆	E. Ind. Aragonesas	583	554	558	556	163	140.386
1.000 ☆	Española de Oxígeno	1.420	1.430	1.430	1.430	134	18.888
500 ☆	Explosivos	826	815	825	824	182	97.496
500	Fosforera	775	760	760	760	26	1.210
500	Hidro Nitro	P 120					
1.000	Insular Nitrógeno	280	275	275	275	76	9.046
500 ☆	La Seda de Barcelona	500				106	
500	Nitratos Castilla	610			P 605	88	
500 ☆	Papelera Española	545	530	530	530	175	22.099
500	Perfum. Gal	692			P 657½	36	
500 ☆	Petróleos	765	755	773	773	190	241.153
1.000 ☆	Petromed	1.500	1.500	1.500	1.500	151	16.155
500 ☆	Sarrió	828	815	825	825	181	131.270
500 ☆	SNIACE	551	550	550	550	170	49.433
500	Tafisa B	865	870	870	870	138	4.404
1.000	Torras-Hostench	6.040	6.040	6.040	6.040	110	3.631
500	Unipapel	2.425	2.450	2.450	2.450	171	488

Tesoro", sowie 3-monatige Wechsel *(letras del Tesoro)* in Frage. Die neu gegründete Organisation in der Rechtsform einer AG erhielt den Namen *MEFFSA (Mercado Español de Futuros Financieros, S.A.)*. Ihre Mitglieder sind alle wichtigen Banken und Sparkassen. Die Struktur dieser Institution ähnelt dem französischen "MATIF", dem "Marché à terme d'instruments financiers". Das englische Gegenstück *(equivalente)* ist die "LIFFE" oder "London International Financial Futures Exchange".

Der Optionsmarkt ist eine Variante oder, besser gesagt, eine Ergänzung des Termin- oder Futuresmarktes. Diese erst Ende 1989 von der *OM Ibérica* in Spanien geschaffene Finanzinnovation macht es möglich, ein Anrecht *(derecho)*, d. h. eine Option, gegen Zahlung einer Prämie *(prima)* innerhalb einer Zeitspanne oder Optionsfrist *(plazo de opción)* zu einem vorher vereinbarten Kurs zu kaufen oder zu verkaufen. Es gibt also zwei Optionsarten: die Kaufoption *(opción de compra)* oder "call", und die Verkaufsoption *(opción de venta)* oder "put". Sowohl die "calls" als auch die "puts" können aber gekauft oder verkauft werden, so daß insgesamt vier Varianten beim Optionsgeschäft möglich sind. Der Handel mit Optionen ist sehr vielseitig. Gegenstand des Handels können nicht nur Aktien und Obligationen, sondern auch kurzfristige Zinssätze *(tipos de interés a corto plazo)*, Währungen *(divisas)* und sogar Börsenindizes *(índices bursátiles)* sein.

Die Option auf Währungen *(opción sobre divisas)* stellt eine Alternative zur Kurssicherung *(seguro de cambio)* im Import-Export-Geschäft *(operaciones de importación y exportación)* dar. Die vier beim Optionshandel gegebenen Möglichkeiten müssen aber unbedingt mit einem Außenhandelsgeschäft *(operación de comercio exterior)* im Zusammenhang stehen *(guardar relación)*.

Die Warenbörsen *(lonjas o bolsas de mercancías)* sind Börsen für den Handel mit börsengängigen Waren *(mercancías admitidas a cotización)*, z. B. Baumwolle *(algodón)*, Getreide *(cereales)*, Zucker *(azúcar)* etc. In den meisten Märkten können die Waren so genau klassifiziert *(clasificadas)* und beschrieben *(descritas)* werden, daß eine Inspektion nicht notwendig ist. Wo diese genaue Einstufung *(clasificación exacta)* nach international vereinbartem Standard *(de conformidad con un estándar acordado internacionalmente)* nicht erfolgen kann, wie z. B. bei Wolle *(lana)*, werden Auktionen *(subastas)* durchgeführt.

Die hauptsächlichen spanischen Warenbörsen sind in Madrid, Barcelona, Bilbao und Sevilla, wo vor allem Obst *(fruta)*, Kartoffeln *(patatas)*, Gemüse *(verduras)* und Fisch *(pescado)* gehandelt werden. Die Kurse werden in diesem Falle in Peseten pro Kilo notiert.

Die größten Börsen für Rohstoffe *(materias primas)* befinden sich in USA *(Estados Unidos)*, und zwar in Chicago – Weizen *(trigo)*, Mais *(maíz)*, Sojabohnen *(habas de soja)*, Sojamehl *(harina de soja)*, Sojaöl *(aceite de soja)*; in New York – Zucker *(azúcar)*, Kaffee *(café)*, Gold *(oro)*, Silber *(plata)*, Platin *(platino)*, Kupfer *(cobre)* – sowie in England in London – Gasöl *(gasóleo)*, Kakao *(cacao)*, Kaffee. In London befindet sich ebenfalls die größte Börse der Welt für NE-Metalle *(metales no férreos)*: Kupfer *(cobre)*, Blei *(plomo)*, Zink *(zinc)* und Silber *(plata)*. Abschlüsse *(contratos)* für Kupfer, Blei und Zink werden in Einheiten von je *(en múltiplos de)* 25 Tonnen *(toneladas)* getätigt.

An den Warenbörsen unterscheidet man zwischen Effektivgeschäften *(operaciones al contado)* und Termingeschäften *(operaciones a plazo o a término)*.

MATERIAS PRIMAS

	Spot	3 meses	6 meses	9 meses	12 meses
Aceite de soja					
Chicago (centavos / libra)	17,83	18,16	18,34	18,66	18,90
Algodón					
Nueva York (centavos / libra)	69,05	70,50	71,09	71,20	66,85
Azucar					
Nueva York (centavos / libra)	6,92	7,44	7,60	7,73	7,88
Cacao					
Londres (libras / tonelada)	1.164	1.195	1.215	1.236	1.257
Nueva York (dólares / tonelada)	1.809	1.836	1.867	1.900	1.928
Café					
Londres (libras / tonelada)	1.349	1.381	1.402	1.426	1.444
Nueva York (centavos / libra)	124,55	128,5	130,01	131	131,75
Gasóleo					
Londres (dólares / tonelada)	166,50	167,75	168,25	166,75	
Habas de soja					
Chicago (centavos / bushel)	548	556,50	564,25	572	576,50
Harina de soja					
Chicago (centavos / T. corta)	172,10	170,30	169,30	168,50	168
Maiz					
Chicago (centavos / bushel)	187,50	197	202,75	206	202
Oro					
Nueva York (dólares / onza)	459	466,7	474	481	485,5
Plata					
Nueva York (cvos. / onza)	772	790	810	818	844
Platino					
Nueva York (dólares / onza)	581	588,5	599	608	
Petróleo					
Nueva York (dólares / barril)	19,78	19,68	19,57	19,49	19,40
Trigo					
Chicago (centavos / bushel)	313 ½	323	317	300	303

Fuente: Drexel Burnham Lambert

Im Effektivgeschäft kann ein Händler *(operador)* für sofortige Liefe-rung *(entrega inmediata)* abschließen.

Im Terminhandel erfolgt die Erfüllung des Vertrages *(cumplimiento del contrato)*, d.h. die Abnahme *(aceptación)* oder Lieferung *(suministro o entrega)*, erst zu einem späteren Zeitpunkt *(una fecha posterior)*, jedoch zum Kurs des Abschlußtages *(día de la transacción)*. Im Gegensatz zum Effektivgeschäft werden im Termingeschäft standardisierte Verträge *(contratos estandarizados)* verwendet. Hierbei sind die Qualität *(calidad)*, Größe der Posten *(tamaño de las partidas)* und Liefermonat *(mes de ent-rega)* festgelegt.

Der Hauptzweck *(propósito principal)* des Termingeschäftes ist nicht der Kauf oder Verkauf eines Produktes, sondern Preisrisiken in den Griff zu bekommen *(dominar los riesgos de cambio)*. So kann das Preisrisiko eines Effektivgeschäfts durch den Abschluß eines Termingeschäfts abgesi-chert werden *(asegurar)*, wobei zu unterscheiden ist zwischen der Absi-cherung des Käufers oder Verbrauchers *(seguro del comprador o consu-midor)* und der Absicherung des Verkäufers oder Produzenten *(seguro del vendedor o productor)*.

Da Preisbewegungen *(movimientos u oscilaciones de cambio)* im Effek-tivgeschäft und Termingeschäft im großen und ganzen im Zusammenhang stehen *(guardan relación)*, wird der Verlust *(pérdida)* oder Gewinn *(ganancia o beneficio)* im Effektivgeschäft durch den entgegengesetzten Gewinn oder Verlust im Termingeschäft in etwa ausgeglichen *(compensado)*. Der Terminhandel ist also vor allem eine billige Versicherung. Man könnte schwer eine Versicherungsgesellschaft *(compañía de seguros)* finden, die zu wirtschaftlichen Prämien *(premios o primas económicas)* Produzenten *(productores)* und Verbraucher *(consumidores)* gegen die Folgen von Preisschwankungen *(consecuencias de las oscilaciones de cambios)* schützen würde. Die meisten Termingeschäfte sind jedoch reine Spekulationsgeschäfte und dienen nicht der Preissicherung der Warenkäufe und Verkäufe.

An- und Verkauf von Wertpapieren

Anfrage und Auftragserteilung

a) Kauf

Quisiera invertir (o: colocar) Ptas. ... por un período de cuatro a cinco años (o: por un tiempo indefinido), rogándoles me asesoren.

Ich möchte Ptas. ... für eine Zeit von vier bis fünf Jahren (od. für unbestimmte Zeit) investieren (od. anlegen) und bitte um Ihre Beratung.

Tengo la intención de invertir (o: colocar) Ptas. ... en ..., rogándoles

Ich habe die Absicht, Ptas. ... in ... anzulegen, und bitte Sie,

a) me comuniquen a qué precio podrían Vds. comprar estos valores para mí.

a) mir mitzuteilen, zu welchem Preis Sie diese Wertpapiere für mich kaufen könnten.

b) comprar este valor por mi cuenta a la mejor cotización posible.

b) dieses Papier für meine Rechnung zum bestmöglichen Kurs zu kaufen.

1. Confirmamos nuestro telegrama de hoy dándoles instrucciones de

1. Wir bestätigen unser heutiges Telegramm mit der Anweisung,

2. Confirmamos nuestra conversación telefónica de hoy con el Sr. López dando instrucciones de

2. Wir bestätigen unser heutiges Telefonat mit Herrn López, mit dem wir Anweisungen gaben,

3. Sírvanse ordenar

3. Bitte veranlassen Sie,

a) que se compren por nuestra cuenta:

a) für unsere Rechnung zu kaufen:

b) que se compren por nuestra orden las siguientes acciones y bonos (o: empréstitos) de la Deuda Pública:

b) in unserem Auftrag die folgenden Aktien und Staatsanleihen zu kaufen:

c) que se obtengan para nosotros a la cotización más baja (o: al mejor cambio):

c) uns bestens zu besorgen:

d) que se compren para nosotros los siguientes valores (o: efectos) dentro del margen indicado:

d) für uns folgende Effekten (od. Wertpapiere) innerhalb des angegebenen Preisspielraums zu kaufen:

Les rogamos disponer la compra

Bitte veranlassen Sie den Kauf

a) de las siguientes acciones al mejor cambio:

a) der folgenden Aktien zum Bestkurs:

b) a las mejores cotizaciones dentro de un margen de dos enteros a base del precio indicado:

b) zu Bestkursen innerhalb von zwei Punkten der (nachstehend) angegebenen Kurse:

c) de los siguientes valores a cargo de mi cuenta:

c) der folgenden Papiere und belasten Sie mein Konto:

Dado que desearía obtener un margen de seguridad, no estoy dispuesto a sobrepasar 120 enteros.

Da ich einen Sicherheitsfaktor wahren möchte, bin ich nicht bereit, über 120 hinauszugehen.

Tendremos mucho gusto en hacerles llegar nuestro cheque como cobertura del precio de compra después de habernos informado (de) haber efectuado la compra.

Unser Scheck zur Deckung des Kaufpreises wird Ihnen sofort nach Erhalt Ihrer Nachricht über den erfolgten Kauf zugesandt werden.

Me resulta difícil decidirme entre las acciones XY y las acciones YZ (o: entre las acciones ordinarias y las acciones preferentes),

Ich finde es schwierig, zwischen XY-Aktien und YZ-Aktien (od. zwischen den Stammaktien und Vorzugsaktien) zu entscheiden,

a) por lo que les quedaría muy agradecido por sus consejos.

a) und wäre Ihnen für Ihren Rat dankbar.

b) por lo que les quedaría muy reconocido si me pudieran asesorar.

b) und wäre Ihnen dankbar, wenn Sie mich beraten würden.

b) Verkauf

1. Confirmamos nuestro telegra-

1. Wir bestätigen unser heutiges

ma de hoy con el que dábamos instrucciones de vender:

Telegramm mit der Anweisung zu verkaufen:

2. Sírvanse vender al mejor cambio por mi cuenta:

2. Bitte verkaufen Sie bestens für meine Rechnung:

100 acciones ordinarias n° ... de la Compañía (o: Sociedad) XY. Límite de precio (o: precio máximo):

100 Stammaktien Nr. ... der XY Gesellschaft. Preisgrenze:

Sírvanse ordenar para mí la venta de los siguientes valores dentro del margen indicado de cambio:

Bitte veranlassen Sie für mich den Verkauf der folgenden Wertpapiere innerhalb des angegebenen Preisspielraums:

No estando satisfecho con la Memoria y Balance del último ejercicio de la Compañía XY, he decidido vender mi propiedad de acciones, consistente de las acciones n° 2111—2150 inclusive.

Ich bin mit dem letzten Geschäftsbericht und den Bilanzzahlen des XY Unternehmens nicht zufrieden und habe beschlossen, meinen Aktienbesitz, bestehend aus den Aktien Nr. 2111–2150 einschließlich, zu verkaufen.

Dado que el mercado en estas acciones muestra (o: acusa) una tendencia manifiestamente al alza, esperamos que Vds. podrán venderlas a un buen precio.

Da der Markt in diesen Aktien eine ausgesprochen steigende Tendenz hat, hoffen wir, daß Sie sie zu einem guten Preis verkaufen können.

Sírvanse abonar el beneficio neto (o: el producto de la venta) a nuestra cuenta n° ...

Bitte schreiben Sie den Erlös unserem Konto Nr. ... gut.

Por la adjunta memoria anual verá Vd. que la Compañía ... ha decidido

Aus dem beiliegenden Jahresbericht werden Sie ersehen, daß die ... Gesellschaft beschlossen hat,

a) aumentar en Ptas. ... el capital social.

a) das Grundkapital um ... Ptas. zu erhöhen.

b) emitir (o: lanzar al mercado) nuevas acciones de Ptas. ... cada una.

b) neue Aktien von je ... Ptas. auszugeben.

c) ofrecer nuevas acciones a los poseedores de las antiguas al tipo de ...

c) junge Aktien den Inhabern der alten zu ... anzubieten.

d) emitir el día 21 de este mes nuevas acciones para su suscripción.

d) die neuen Aktien am 21. d. M. zur Zeichnung aufzulegen.

e) aplazar (o: diferir) hasta ... el reparto de las acciones.

e) die Zuteilung der Aktien bis zum ... aufzuschieben.

La amortización tiene lugar a la par dentro de 30 años.

Die Tilgung erfolgt zum Nennwert in 30 Jahren.

No se puede efectuar el rescate antes de ...

Kündigung ist nicht zulässig vor ...

No debe Vd. dejar de hacer uso de su derecho de suscripción.

Sie dürfen nicht unterlassen, Ihr Bezugsrecht auszuüben.

Börsenberichte

La Bolsa ha estado hoy desanimada (o: poco movida).

Die Wertpapierbörse war heute geschäftslos (od. flau od. lustlos).

El dinero no estaba animado.

Unter den Käufern herrschte keine Kauflust.

Hubo escasa (o: casi insignificante) demanda de ...

Nach ... lag nur wenig (od. kaum irgendwelche) Nachfrage vor.

La demanda de títulos remunerativos no fue muy intensa (o: cedió).

Die Nachfrage nach ertragreichen Effekten war nicht sehr rege (od. lebhaft) (od. hat nachgelassen).

Las acciones de la Compañía ...

Die Aktien der ... Gesellschaft

... atrajeron poco (o: mucho) interés, y se repartieron a prorrata entre todos los solicitantes al tipo de ...

... zogen wenig (od. viel) Aufmerksamkeit auf sich und wurden anteilmäßig an alle Bewerber zum Satze von ... abgegeben.

... tuvieron un alza de casi 20%.

... erfuhren eine Kurssteigerung von nahezu 20%.

... bajaron (o: subieron) en ⅛ a ... (o: ganaron ⅛ enteros).

... fielen (od. stiegen) um ⅛ auf ... (od. gewannen 8 Punkte).

... no estuvieron muy firmes al principio pero se repusieron más tarde.

... waren erst nicht sehr fest, erholten sich aber später.

Los Bonos del Tesoro experimentaron una recuperación y estuvieron muy solicitados.

Schatzanweisungen besserten sich und waren sehr begehrt.

Los títulos de la Deuda continuaron su descenso.

Staatsanleihen fielen weiter zurück.

Los valores industriales sufrie-

Industriepapiere erlitten einen

ron un leve retroceso (o: una pérdida que llegó al 10%).

Los empréstitos municipales
(o: provinciales) se afianzaron
(o: se repusieron, se debilitaron).

El empréstito al 3% salió a ... y
se cotizó finalmente a ...

La oferta y la demanda fueron
muy escasas (o: limitadas, exi-
guas).

La tendencia al alza (o: a la baja) no se ha sostenido mucho
tiempo.

El negocio (o: las operaciones)
en ... quedó reducido (o: quedaron reducidas) al mínimo.

Las noticias del exterior acerca de ...

a) llegaron demasiado tarde para
influir sobre el mercado.

b) elevaron desmesuradamente
las cotizaciones.

El mercado estuvo firme.

Se puso de manifiesto una
gran aversión a ...

El interés por ... se debe a que
...

La mejoría se debió a ...

Se han tomado medidas para
el pago de un dividendo sobre ...

Se hacen importantes transferencias de ... a ...

En lo que respecta a ... reinó
mucha agitación.

La memoria de la Compañía ...
contribuyó a fortalecer (o: debili-
tar) las cotizaciones.

*leichten Rückschlag (od. eine
Kurseinbuße bis zu 10%).*

*Stadt- (od. Kommunal)anlei-
hen behaupteten sich (od. erholten sich, ließen nach).*

*Die dreiprozentige Anleihe
setzte mit ... ein und wurde
schließlich zu ... untergebracht.*

*Angebot und Nachfrage waren
sehr beschränkt.*

*Die Aufwärts- (od. Abwärts-)
bewegung (od. -tendenz) hat
nicht lange angehalten.*

*Das Geschäft in ... beschränk-
te sich weiterhin auf ein Minimum.*

*Nachrichten von außerhalb
über ...*

a) *trafen zu spät ein, um den
Markt zu beeinflussen.*

b) *trieben die Kurse ungebüh-
rend in die Höhe.*

*Die Haltung des Marktes war
fest.*

*Große Abneigung wurde ge-
gen ... bekundet.*

*Das Interesse für ... ist darauf
zurückzuführen, daß ...*

*Die Erholung war ... zuzu-
schreiben.*

*Für die Zahlung einer Dividen-
de auf ... wird gesorgt.*

*Ausgedehnte Übertragungen
von ... auf ... werden gemacht.*

*Betreffs ... herrschte große
Nervosität.*

*Der Bericht der ... Gesell-
schaft trug dazu bei, die Kurse zu
festigen (od. abzuschwächen).*

XXI. Empfehlungsbriefe, Einführungsbriefe

Der ins Ausland reisende Geschäftsmann informiert sich vor Antritt der Reise eingehend über *(se informa detalladamente acerca de)* das zu besuchende Land. Handelskammern *(Cámaras de Comercio)*, Banken, Konsulate, Ausfuhrförderungsstellen der Wirtschaftsministerien *(agencias de promoción de la exportación adscritas al Ministerio de Industria y Comercio*; in Spanien: *Instituto de Comercio Exterior [ICEX]*, früher: *Instituto Nacional de Fomento a la Exportación [INFE]*; in Deutschland: Bundesstelle für Außenhandelsinformation – *Oficina Federal de Información para el Comercio Exterior)*, Fluggesellschaften *(compañías aéreas)*, Reisebüros *(agencias de viaje)* usw. geben nützliche Ratschläge und Informationen. Auch ist die Lektüre relevanter Literatur nicht nur über Wirtschaft, Politik und Geographie empfehlenswert, sondern auch über die Mentalität, die Sitten und Gebräuche *(usos y costumbres)* des entsprechenden Volkes. Bei der Terminplanung *(coordinación o preparación de la agenda)* ist die Kenntnis über lokale Feiertage und Ferienzeiten wichtig.

Von unschätzbarem Nutzen *(beneficio incalculable)* sind für den Geschäftsmann jedoch persönliche Empfehlungs- und Einführungsbriefe *(cartas de recomendación e introducción)* seiner Geschäftsfreunde an Persönlichkeiten und Firmen im Ausland, mit denen er Kontakt aufnehmen möchte *(establecer contacto, entrar en contacto)*.

1. Eingangsformeln

Con la presente quisiera anunciar la pronta visita del Sr. José López,

Hiermit kündige ich den baldigen Besuch des Herrn José López an,

a) nuestro nuevo representante para su región.

a) unseres neuen Vertreters für Ihr Gebiet.

b) nuestro jefe de exportación, el cual tiene la intención de permanecer (en junio) tres semanas en Chile, donde desearíamos intensificar nuestros intereses.

b) unseres Exportleiters, der beabsichtigt, (im Juni) drei Wochen in Chile zu sein, wo wir unsere Interessen sehr gerne ausbauen möchten.

Con la presente quisiéramos presentar al Sr. Juan Morales,

Hiermit stellen wir Ihnen Herrn Juan Morales vor,

a) jefe de compras de la sección de porcelana de nuestros grandes almacenes.

a) den Haupteinkäufer für die Porzellanabteilung unseres Kaufhauses.

b) socio de la casa Sarría & Cía.

b) einen Teilhaber der Firma Sarría & Cía.

Un buen amigo mío, y al mismo tiempo apreciado cliente de nuestra casa, se desplazará en breve a Barcelona y tendría mucho gusto en conocerles y visitar su fábrica.

Ein guter Freund von mir und zugleich geschätzter Kunde unserer Firma wird in Kürze nach Barcelona kommen und würde Sie sehr gerne kennenlernen und Ihr Werk besichtigen.

Me he permitido dar su nombre y dirección a uno de mis amigos, (el Sr.) Albert Zimmer,

Ich habe mir erlaubt, Ihren Namen und Ihre Anschrift einem meiner Freunde, (Herrn) Albert Zimmer, zu geben,

a) con la esperanza de que Vd. quizás esté en condiciones de poderle ayudar en algo.

a) in der Hoffnung, daß Sie vielleicht in der Lage sind, ihm etwas behilflich zu sein.

b) el cual viajará a fines de este mes a la Argentina para una corta visita.

b) der Ende dieses Monats zu einem kurzen Besuch nach Argentinien reisen wird.

Conozco al portador de la presente, Arturo Ruiz, desde hace cinco años por lo menos.

Ich kenne den Überbringer dieses Schreibens, Arturo Ruiz, schon mindestens fünf Jahre.

2. Näheres über den Empfohlenen, Zweck der Reise und des Aufenthalts

El Sr. Gutiérrez es director gerente de Morales, Gutiérrez & Cía, fabricantes de velas.

Herr Gutiérrez ist der leitende Direktor von Morales, Gutiérrez & Cía., Herstellern von Kerzen.

El Sr. Pedro Echevarría es un antiguo y apreciado corresponsal nuestro (o: Pedro Echevarría es un antiguo amigo mío).

Herr Pedro Echevarría ist ein alter und geschätzter Geschäftsfreund von uns (od. ist ein alter Freund von mir).

El Sr. Tomás García releva al Sr. José Fernández, el cual nos ha abandonado para establecerse por su cuenta.

Herr Tomás García löst Herrn José Fernández ab, der uns verlassen hat, um sich selbständig zu machen.

1. El Sr. Morales pasará tres semanas en el Perú para

1. Herr Morales wird drei Wochen in Peru verbringen, um

2. El Sr. Norbert Kramer tiene la intención de visitar próximamente Venezuela para

2. Herr Norbert Kramer beabsichtigt, demnächst Venezuela zu besuchen, um

a) hacer importantes compras (y su visita pudiera ser de beneficio para Vd.).

a) wichtige Einkäufe zu machen (und sein Besuch könnte für Sie von Nutzen sein).

b) fomentar nuestras relaciones con empresas sudamericanas.

b) unsere Geschäftsbeziehungen mit südamerikanischen Firmen auszubauen.

c) entablar relaciones comerciales entre...

c) Geschäftsbeziehungen zwischen... anzuknüpfen.

d) introducir en el mercado sudamericano los productos fabricados por su casa.

d) die von seiner Firma hergestellten Erzeugnisses (od. Fabrikate) auf dem südamerikanischen Markt einzuführen.

e) abrir nuevos mercados (o: zonas de venta) para sus productos.

e) für seine Fabrikate neue Absatzgebiete zu erschließen.

El Sr. Wilfried Schmieden hace un viaje de negocios y de recreo a Caracas, por lo que mucho les agradecería le prestasen su ayuda en cuanto a la parte comercial de su viaje.

Herr Wilfried Schmieden macht eine Geschäfts- und Vergnügungsreise nach Caracas, und ich wäre sehr dankbar, wenn Sie ihm bei dem geschäftlichen Teil seiner Reise behilflich sein würden.

El Sr. Sánchez les aclarará personalmente el objeto de su viaje.

Herr Sánchez wird Ihnen persönlich den Zweck seiner Reise erklären.

Como Vds. podrán constatar, el Sr. Carlos Montiel

Sie werden feststellen, daß Carlos Montiel

a) es una persona muy simpática e interesante y, con toda seguridad, les agradará conocerle.

a) sehr sympathisch und interessant ist, und sicher gerne seine Bekanntschaft machen.

b) es un joven muy simpático, con modales agradables, con una gracia natural y don de gentes.

b) ein sehr sympathischer junger Mann ist, mit angenehmen Manieren, natürlichem Charme und geschickter Unterhaltungsgabe.

Juan piensa estar en Munich el 9 de octubre (o: del 9 al 15 de octubre) y se albergará en el Hotel Königshof.

Juan gedenkt, am 9. Oktober (od. vom 9. bis 15. Oktober) in München zu sein, und wird im Hotel Königshof wohnen.

Vd. comprobará que habla con soltura el español, si bien algunas veces de un modo pintoresco.

Sie werden finden, daß sein Spanisch fließend ist, wenn auch manchmal ein wenig malerisch.

3. Bitte um Unterstützung

Es absolutamente posible que él

a) necesite (o: precise) informes sobre las diversas casas comerciales de su ramo especial.

b) necesite ayuda y consejo para ponerse en contacto con las personas adecuadas (o: autoridades competentes para su ramo).

Dado que Vd. es uno de los expertos de primera fila en el sector de la energía solar,

a) le interesaría, por supuesto, mucho al Sr. Jansen entrevistarse y charlar con Vd.

b) estoy seguro de que Vd. podrá darle algunas informaciones útiles sobre las células solares (o: sobre los últimos progresos realizados en . . .).

Creemos que Vd., en virtud de sus conocimientos especiales y experiencias sobre la situación en los estados centroamericanos (o: sus relaciones en el ramo), le podrá dar valiosas sugerencias (o: la ayuda que pudiera precisar).

Le he dado una breve carta de introducción dirigida a Vd. porque estoy seguro de que Vd. podrá darle algunas informaciones útiles sobre la situación del mercado en . . .

Mucho apreciaríamos toda (o: cualquier) ayuda que Vd. pudiera prestarle,

a) considerando como un favor personal todo lo que Vd. tuviera a bien hacer para que tenga acceso a las informaciones que precise.

Es ist durchaus möglich, daß er

a) Auskunft über die verschiedenen Firmen in seiner speziellen Branche benötigt.

b) etwas Hilfe und Rat braucht, um sich mit den richtigen Leuten (od. den richtigen Behörden für sein Gebiet) in Verbindung zu setzen.

Da Sie einer der führenden Experten auf dem Gebiet der Solarenergie sind,

a) liegt Herrn Jansen natürlich sehr daran, Sie zu treffen und sich mit Ihnen zu unterhalten.

b) bin ich sicher, daß Sie ihm einige nützliche Auskünfte über Solarzellen (od. über die neuesten Entwicklungen in . . .) geben können.

Wir glauben, daß Sie ihm mit Ihrer Fachkenntnis und Erfahrung über die Verhältnisse in den mittelamerikanischen Staaten (od. mit Ihren Beziehungen in der Branche) wertvolle Anregungen geben können (od. die Hilfe geben können, die er vielleicht braucht).

Ich habe ihm ein kurzes Einführungsschreiben an Sie gegeben, weil ich sicher bin, daß Sie ihm einige nützliche Auskünfte über die Marktlage in . . . geben können.

Wir wären für jede Unterstützung (od. Hilfe), die Sie ihm vielleicht geben können, dankbar,

a) und wir werden alles, was Sie freundlicherweise tun, damit er zu den benötigten Informationen Zugang hat, als persönlichen Gefallen betrachten.

b) esperando tener oportunidad de corresponder a la recíproca (o: demostrarles nuestro agradecimiento).

b) und wir hoffen auf eine Gelegenheit, uns zu revanchieren (od. erkenntlich zu zeigen).

Les quedaríamos por lo tanto muy agradecidos (o: agradecidísimos) si

Wir werden (od. würden) (deshalb) sehr dankbar (od. äußerst dankbar) sein, wenn Sie

a) introdujeran al Sr. Karl Schmitz en empresas del mismo ramo.

a) Herrn Karl Schmitz bei Firmen derselben Branche einführen würden.

b) le prestaran toda ayuda que pudiera ser de utilidad.

b) ihm jede vielleicht notwendige Hilfe geben würden.

c) facilitaran al Sr. Schneider una carta de presentación que, en opinión de Vds., pudiera serle de utilidad.

c) Herrn Schneider mit einem Einführungsschreiben versehen würden, das ihm Ihrer Ansicht nach vielleicht nützlich sein könnte.

d) le pudieran ayudar, dándole la documentación necesaria y respondiendo a sus preguntas.

d) ihm helfen würden und ihm die notwendigen Unterlagen geben und seine Fragen beantworten würden.

e) dieran instrucciones de que se le muestre su fábrica.

e) veranlassen würden, daß er durch Ihre Fabrik geführt wird.

Si Vd. pudiera hacer algo para ayudar al Sr. Schneider cuando le visite próximamente en Barcelona, tengo la seguridad de que éste lo sabrá apreciar de igual modo que yo mismo.

Wenn Sie irgend etwas tun können, um Herrn Schneider zu helfen, wenn er Sie demnächst in Barcelona aufsucht, bin ich sicher, daß er es ebenso schätzen wird wie ich.

4. Schlußworte

El Sr. Montero y yo

Herr Montero und ich werden

a) apreciaremos mucho lo que Vd. pueda hacer para que su corta visita a Madrid sea agradable.

a) alles, was Sie tun können, um seinen kurzen Besuch in Madrid angenehm zu gestalten, sehr schätzen.

b) apreciaremos mucho toda ayuda que Vd. pueda prestarle.

b) jede Hilfe, die Sie ihm geben, sehr schätzen.

1. Les agradecemos mucho

1. Wir danken Ihnen sehr

2. Les quedaríamos muy agradecidos por

2. Wir wären sehr dankbar

a) toda deferencia que Vd. tuviera la amabilidad de testimoniar al Sr. Ramos.

a) für jedes Entgegenkommen, das Sie freundlicherweise Herrn Ramos entgegenbringen.

b) toda ayuda (o: apoyo) que puedan prestarle (o: darle).

b) für jede Hilfe, die Sie ihm geben können.

Mucho apreciaré todo lo que Vds. puedan hacer para ayudarle,

Ich werde alles, was Sie tun, um ihm zu helfen, sehr schätzen

a) celebrando se me presentase la oportunidad de ayudarles de la misma o manera similar.

a) und würde die Gelegenheit begrüßen, Ihnen in gleicher oder ähnlicher Weise zu helfen.

b) alegrándome poderles prestar un servicio similar, en caso de que se presentara ocasión para ello.

b) und würde mich freuen, Ihnen einen ähnlichen Dienst zu erweisen, falls sich die Gelegenheit einmal ergeben sollte.

c) siendo para mí siempre un placer poder corresponder a la recíproca (o: demostrarles mi agradecimiento).

c) und es wird mir immer ein Vergnügen sein, mich zu revanchieren (od. mich erkenntlich zu zeigen).

XXII. Bewerbungsschreiben, Referenzen, Vorstellungsgespräch, Einstellung, Kündigung

Bewerbungsschreiben *(solicitudes de empleo)* werden im allgemeinen mit der Schreibmaschine geschrieben. Manchmal wird jedoch ein handgeschriebener Brief ausdrücklich gefordert *(se pide expresamente una carta escrita a mano)*: *«Escríbase a mano o de puño y letra.»* Viele Arbeitgeber glauben, daß die Handschrift einen klaren Hinweis auf den Charakter, die Ausbildung *(educación)* und den Werdegang *(historial)* des Schreibers gibt. Der handgeschriebene Brief dient als Schriftprobe *(prueba o espécimen de escritura)*, die von einem Graphologen *(grafólogo)* analysiert wird.

Der Brief sollte anfangen mit „*Estimado Señor o Sr. ...*/*Estimada Señora o Sra. ...*" und enden mit „*Muy atentamente*". Man achte auf eine gute Gestaltung *(presentación)* des Briefes, eine einwandfreie Gedankenführung *(orden de ideas)* und logischen Aufbau *(composición lógica)*. Auf alle in der Zeitungsanzeige *(anuncio)* angeführten Punkte sollte sorgfältig eingegangen werden.

Der Zweck des Briefes ist, ein persönliches Vorstellungsgespräch zu erreichen *(obtener una entrevista personal)* und dem möglichen Arbeitgeber einen günstigen, aber korrekten Eindruck *(impresión correcta)* von sich selbst zu geben. Die Vorstellungsgespräche werden in großen Firmen von Psychologen *(psicólogos)* und Personalleitern *(jefes de personal)* geführt.

Im Bewerbungsschreiben sollte man seine augenblickliche Position erwähnen und angeben, warum man sich zu verändern beabsichtigt *(por qué desea uno cambiar de empleo)*. Es kann zweckmäßig sein *(puede ser adecuado)* zu sagen, warum man an der angebotenen Stelle ganz besonders interessiert ist *(por qué está uno particularmente interesado en el empleo ofrecido)*. Im allgemeinen erwartet der Bewerber von seinem Stellungswechsel *(cambio de posición o empleo)* eine finanzielle Verbesserung *(mejoramiento financiero)*. Häufig wird das augenblicklich bezogene Gehalt *(sueldo percibido o remuneración actual)* genannt. Dem Bewerbungsbrief werden keine Originalurkunden *(documentación en original)* beigefügt, sondern nur Kopien.

Man sollte außerdem den Namen und die Anschrift von mindestens zwei Personen angeben, von denen man die Erlaubnis erhalten hat, sie als Referenz zu nennen.

Die persönlichen Angaben des Bewerbers werden in einem tabellarischen Lebenslauf *(curriculum vitae o historial)* zusammengefaßt, der dem Bewerbungsschreiben beigefügt wird.

Beispiel:

Curriculum vitae

Nombre y apellidos: . . . .
(Vor- und Zuname)

Dirección: . . . .
(Anschrift)

Número de teléfono: . . . .
(Telefon-Nr.)

Nacionalidad: . . . .
(Nationalität)

Fecha de nacimiento: . . . .
(Geburtsdatum)

Estado civil: . . . .
(Familienstand)

Educación escolar y profesional: . . . .
(Schul- und Berufsausbildung)

Exámenes/Certificados/Grados académicos: . . . .
(Prüfungen/Zeugnisse/akademische Grade)

Experiencia profesional: . . . .
(Berufserfahrung)

Formación adicional y cualificaciones para el puesto: . . . .
(Zusätzliche Ausbildung und Qualifikation für den Posten)

Conocimientos de idiomas: . . . .
(Fremdsprachenkenntnisse)

Cursos y seminarios visitados: . . . .
(Besuchte Kurse und Seminare)

Referencias: . . . .
(Referenzen)

Fecha más próxima de ingreso:. . . . .
(Frühester Eintrittstermin)

Fecha . . . . Firma: . . . .
(Datum) (Unterschrift)

Häufig wird die Suche insbesondere nach leitenden Angestellten *(ejecutivos)* Personalberatern *(asesores de personal/auditorías/consultores)* übertragen. Soll eine an einen Personalberater gerichtete Bewerbung an bestimmte Firmen nicht weitergeleitet werden *(no debe ser transmitida o cursada)*, so führt man in einem Begleitschreiben *(carta adjunta)* diese Firmen auf und schreibt z. B.: *«Se ruega no remitir esta solicitud/candidatura a las siguientes empresas:»*

Viele Firmen schicken Stellenbewerbern *(candidatos)* zunächst einmal Bewerbungsformulare zum Ausfüllen *(formularios de solicitud para que los rellenen)*.

Eine Sekretärin muß imstande sein, Briefe nach Diktat zu schreiben *(escribir cartas al dictado)*. Sie muß aber auch Briefe nach Stichworten schreiben können *(estar en condiciones de escribir cartas a base de breves instrucciones o notas)*.

1. Bewerbungsschreiben

a) Eingangsformeln

1. Quisiera solicitar el puesto (o: la plaza) de

1. Ich möchte mich bewerben um den Posten als

2. Ruego a Vds. considerar mi solicitud (o: candidatura) para la plaza (o: el puesto; la colocación) de

2. Bitte ziehen Sie meine Bewerbung in Betracht für den Posten als

a) programador (o: analista de sistemas), anunciado/a en el número de hoy de «El País»).

a) Programmierer (od. Systemanalytiker), wie von Ihnen in der heutigen Ausgabe von „El País" annonciert.

b) traductor de alemán/español, anunciado/a en la revista «Cambio 16».

b) Übersetzer Deutsch/Spanisch, wie in der Zeitschrift „Cambio 16" annonciert.

1. Habiendo leído con interés su anuncio en «La Vanguardia»,

1. Mit Interesse habe ich Ihre Anzeige in „La Vanguardia" gelesen

2. Habiéndome enterado por el Sr. Hidalgo de que en sus oficinas está vacante una plaza de recepcionista (o: secretaria de dirección; taquimecanógrafa),

2. Ich habe von Herrn Hidalgo gehört, daß in Ihrem Büro die Stelle einer Empfangsdame (od. Direktionssekretärin; Stenotypistin) frei ist, quisiera solicitar este puesto.

und möchte mich um den Posten bewerben.

Con la presente me permito preguntar a Vds.

Hiermit frage ich bei Ihnen an,

a) si en su plantilla (de personal) existe una vacante de contable auxiliar.

a) ob Sie in Ihrem Mitarbeiterstab eine freie Stelle als Hilfsbuchhalter haben.

b) si en su organización hay una vacante que quizás yo pudiera ocupar.

b) ob Sie in Ihrer Organisation eine unbesetzte Stelle haben, die ich vielleicht ausfüllen könnte.

c) si tienen una vacante para un colaborador para el servicio exterior.

c) ob Sie eine freie Stelle für einen Außendienstmitarbeiter haben.

b) persönliche Einzelheiten

Espero que el curriculum vitae (o: historial) adjunto les será de utilidad.

Ich hoffe, daß der beigefügte Lebenslauf Ihnen dienlich sein wird.

Adjunto una breve exposición de mis experiencias, mi formación profesional y demás detalles sobre mi persona.

Ich füge einen kurzen Bericht über meine Erfahrung, meinen beruflichen Werdegang und nähere persönliche Einzelheiten über mich bei.

El historial (o: curriculum vitae) adjunto da

Die beigefügte Aufstellung (od. Das Curriculum Vitae) gibt

a) una breve (o: completa) información sobre mi formación profesional y mis cualificaciones.

a) einen kurzen (od. vollständigen) Bericht über meinen beruflichen Werdegang und meine Qualifikationen.

b) detalles personales y una exposición de mi formación y experiencia.

b) die persönlichen Einzelheiten und eine Übersicht über meine Ausbildung und Erfahrung.

ALTER

Nací el ...

Ich bin am ... geboren.

Tengo ... años de edad

Ich bin ... Jahre alt

a) y frecuenté la Escuela Superior de Comercio.

a) und habe die Höhere Handelsschule besucht.

b) y he trabajado en los últimos dos años en la Sección de Cálculos de la casa IMPEXSA.

b) und habe in den letzten zwei Jahren in der Kalkulationsabteilung der Firma IMPEXSA gearbeitet.

c) y ocupo ahora (o: en la actualidad) mi tercer empleo, después de haber abandonado la escuela a la edad de 16 años.

c) und bin seit Schulabgang im Alter von 16 Jahren jetzt in meiner dritten Stelle.

NATIONALITÄT

Soy alemán/alemana (o: austríaco/a; suizo/a) de origen.

Ich bin von Geburt Deutsche(r) (od. Österreicher[in]; Schweizer[in]).

Nací en Madrid de padres alemanes y viví varios años en diferentes partes de la América Latina.

Ich wurde in Madrid als Kind deutscher Eltern geboren und habe mehrere Jahre in verschiedenen Teilen von Lateinamerika gelebt.

Soy de nacionalidad alemana (o: austríaca; suiza).

Ich bin deutscher (od. österreichischer; schweizerischer) Nationalität.

SCHULBILDUNG

Abandoné la escuela después de haber hecho el bachillerato.

Ich habe die Schule nach bestandenem Abitur verlassen.

He frecuentado (o: visitado) un colegio (o: instituto) de enseñanza media alemán.

Ich habe ein deutsches Gymnasium (od. eine deutsche Realschule) besucht.

AUS- UND WEITERBILDUNG

Recibí mi formación profesional en la casa Martin Jansen GmbH del ... al ... (o: antes de ocupar mi actual empleo).

Vom ... bis ... (od. Vor meiner jetzigen Anstellung) habe ich bei der Firma Martin Jansen GmbH meine Ausbildung erhalten.

Acabo de terminar mi formación.

Ich habe jetzt meine Ausbildungszeit beendet.

Durante mi formación (o: los últimos dos años) visité

Während meiner Ausbildungszeit (od. der letzten zwei Jahre) besuchte ich

a) en la universidad popular cursos de español comercial.

a) an der Volkshochschule Kurse für kaufmännisches Spanisch.

b) un curso de español para secretarias en la Cámara de Industria y Comercio de Düsseldorf.

b) einen Spanisch-Kurs für Sekretärinnen bei der Industrie und Handelskammer zu Düsseldorf.

Tuve amplia oportunidad de familiarizarme con (o: ponerme al tanto de) la contabilidad y el trabajo general de oficina.

Ich hatte ausgiebige Gelegenheit, mit Buchführung und allgemeiner Büroarbeit vertraut zu werden.

Tengo experiencia en el manejo de todas las máquinas de oficina.	*Ich habe Erfahrung in der Bedienung aller Büromaschinen.*
Mi velocidad en taquigrafía/ mecanografía es de ... palabras por minuto.	*Meine Kurzschriftgeschwindigkeit / Schreibmaschinengeschwindigkeit ist ... Wörter in der Minute.*
Tengo buenos (o: profundos; amplios) conocimientos de los idiomas pedidos (o: necesarios).	*Ich habe eine gute (od. gründliche; umfassende) Kenntnis der verlangten (od. erforderlichen) Sprachen.*
Tengo la aptitud necesaria para la plaza que Vds. ofrecen.	*Ich habe die nötige Befähigung für den Posten, den Sie anbieten.*
Leo, hablo y escribo con bastante soltura inglés y francés.	*Ich kann Englisch und Französisch ziemlich fließend lesen, schreiben und sprechen.*
Tengo experiencia práctica en inglés, italiano y español.	*Ich habe praktische Erfahrung in Englisch, Italienisch und Spanisch.*
Estoy capacitado para	*Ich bin befähigt,*
a) hacerme cargo de las tareas mencionadas en su anuncio.	*a) die in Ihrer Anzeige genannten Aufgaben zu übernehmen.*
b) llevar (o: despachar) la correspondencia alemana.	*b) die deutsche Korrespondenz zu erledigen.*

c) frühere und gegenwärtige Tätigkeit

En la actualidad estoy	*Augenblicklich bin ich*
a) empleado en las oficinas de una pequeña empresa de construcción de máquinas.	*a) im Büro eines kleinen Maschinenbauunternehmens beschäftigt.*
b) empleado en la Sección de Ventas de un destacado fabricante de instrumentos ópticos.	*b) in der Vertriebsabteilung eines führenden Herstellers optischer Instrumente beschäftigt.*
Durante los últimos ... años	*Während der letzten ... Jahre*
a) he sido secretaria particular del Sr. ...	*a) bin ich Privatsekretärin des Herrn ... gewesen.*
b) fui ayudante personal del director gerente de ... y busco, debido a su próxima (o: inminente) jubilación, una nueva colocación.	*b) war ich persönliche Assistentin des geschäftsführenden Direktors von ... und suche wegen seiner bevorstehenden Pensionierung nunmehr eine neue Stelle.*

En la actualidad estoy empleada en la casa ..., donde desem-
peño desde hace tres años el cargo de recepcionista.

Augenblicklich bin ich bei der
Firma ... beschäftigt, bei der ich
schon drei Jahre als Empfangs-
dame arbeite.

1. Si bien (o: Aunque) mi actual
colocación (o: el trabajo que
hago) me gusta mucho, estoy
buscando otro empleo,

1. *Obgleich es mir in meiner jetzi-*
gen Stelle (od. mir die Arbeit,
die ich verrichte,) sehr gut ge-
fällt, suche ich jetzt eine Stelle,

2. Quisiera obtener una colocación en una organización con
intereses más amplios y ámbito más internacional

2. *Ich möchte eine Stelle bei ei-*
ner Organisation mit ausge-
dehnteren und mehr interna-
tionalen Interessen erhalten,

que me ofrezca mayor responsabilidad y posibilidades de
ascenso (o: promoción).

die mir größere Verantwor-
tung und Beförderungsmög-
lichkeiten bietet.

Mi única razón de cambiar de
empleo es

Mein einziger Grund, mich zu
verändern, ist,

a) ampliar mi experiencia y mejorar mis perspectivas de ascenso (o: promoción).

a) *meine Erfahrung zu erweitern*
und meine Aussichten auf Be-
förderung zu verbessern.

b) que mi casa actual, ..., será
trasladada a Barcelona (o:
está a punto de ser adquirida
por el Grupo XY).

b) *daß meine jetzige Firma, ...,*
nach Barcelona übersiedeln
wird (od. im Begriff ist, von der
XY-Gruppe übernommen zu
werden).

d) Antrittsdatum

Estaré a su disposición el 1° de
marzo, dado que mi empresa fu-
sionó con una agencia madri-
leña.

Ich werde am 1. März verfüg-
bar sein, da meine Firma mit ei-
ner Madrider Agentur fusionier-
te.

Mis actuales patronos están
informados de esta candidatura
y tendrían, si ello fuera necesario, comprensión si les rogara
eximirme de mis obligaciones.

Meine jetzigen Arbeitgeber
wissen von dieser Bewerbung
und würden, falls dies notwendig
wäre, Verständnis haben für eine
Bitte um frühere Freistellung.

En la actualidad estoy parado
(o: en paro).

Augenblicklich bin ich arbeits-
los.

e) Gehalt

Mi sueldo (o: remuneración)
actual es de Ptas. ... al año (o:
anuales).

Mein augenblickliches Gehalt
ist Ptas. ... pro Jahr.

Mi empleo actual está dotado con un sueldo anual de Ptas. ...

Meine jetzige Stelle ist mit einem Jahresgehalt von Ptas. ... dotiert.

Mis pretensiones son de Ptas. ... por año.

Mein Gehaltsanspruch ist Ptas. ... pro Jahr.

Mi último sueldo fue de Ptas. ... por mes (o: mensuales).

Mein letztes Gehalt betrug Ptas. ... pro Monat.

f) Empfehlung und Zeugnisse

Con mucho gusto les haré llegar

Ich werde Ihnen sehr gerne

a) toda información adicional (certificados, recomendaciones, etc.) que Vds. pudieran desear.

a) jede weitere Auskunft (Zeugnisse, Empfehlungen usw.), die Sie vielleicht wünschen, senden.

b) nombres de personas a las cuales Vds. se podrían dirigir en cuanto a mi persona y mis aptitudes.

b) Namen von Personen nennen, an die Sie sich wegen meiner Person und Fähigkeiten wenden könnten.

Mi anterior (o: actual) patrono

Mein früherer (od. jetziger) Arbeitgeber

a) está dispuesto a dar referencias en relación con mi persona y rendimiento.

a) ist bereit, eine Referenz in bezug auf meine Person und Arbeitsleistung zu geben.

b) les dará con mucho gusto cualquier información que Vds. pudieran solicitar sobre mí.

b) wird Ihnen sehr gerne jede von Ihnen erbetene Auskunft über mich geben.

Ni que decir tiene que Vds. pueden dirigirse a mi actual patrono, el cual sabe que (o: por qué) estoy buscando otro empleo.

Sie können sich natürlich an meinen jetzigen Arbeitgeber wenden, der weiß, daß (od. warum) ich eine andere Stelle suche.

Las siguientes personas están dispuestas a dar referencias en relación con mi solicitud:

Folgende Personen sind bereit, für mich in Verbindung mit dieser Bewerbung eine Referenz zu geben:

Adjunto copias de dos certificados recientes

Ich füge Kopien von zwei neueren Zeugnissen bei

a) con un resumen de mi formación y experiencia.

a) mit einem Resümee über meine Ausbildung und Erfahrung.

b) con una copia de mi certificado de exámenes.

b) mit einer Kopie meines Prüfungszeugnisses.

c) esperando que Vds. me den oportunidad para una entrevista personal.

c) und hoffe, daß Sie mir die Gelegenheit zu einem Vorstellungsgespräch geben werden.

g) Schlußworte

1. En caso de que Vds. sean de la opinión (o: piensen) que mis aptitudes y experiencia son suficientes (o: adecuadas) para el puesto en cuestión,

1. Wenn Sie meinen (od. denken), daß meine Fähigkeiten und Erfahrung für die in Frage kommende Stelle genügen (od. angemessen sind).

2. Si Vds. tienen una vacante en su plantilla,

2. Wenn Sie eine freie Stelle in Ihrem Mitarbeiterstab haben,

3. Si se presentara la posibilidad de una vacante en el próximo futuro,

3. Wenn sich die Möglichkeit einer freien Stelle in der nahen Zukunft ergibt,

a) les quedaría muy agradecido si tuvieran la amabilidad de enviarme un formulario de solicitud.

a) wäre ich dankbar, wenn Sie so freundlich wären, mir ein Bewerbungsformular zu schicken.

b) les quedaría muy agradecido si me concediesen una entrevista personal con uno de sus jefes de sección.

b) wäre ich Ihnen sehr dankbar, wenn Sie mir ein Vorstellungsgespräch bei einem Ihrer Abteilungsleiter gewähren würden.

Mucho les agradecería (la amabilidad de) concederme una entrevista personal,

Ich wäre Ihnen sehr dankbar, wenn Sie mir (freundlicherweise) ein Vorstellungsgespräch gewähren würden,

a) en el curso de la cual les podría exponer más detalladamente mis aptitudes.

a) bei dem ich meine Befähigungen eingehender darlegen kann.

b) durante la cual les podría explicar detalladamente las informaciones dadas en esta carta.

b) bei dem ich die in diesem Brief gegebenen Auskünfte eingehend erläutern kann.

c) en la cual tendría mucho gusto en darles los nombres de referencias, así como cualquier información complementaria que Vds. pudieran desear.

c) bei dem ich Ihnen gerne die Namen von Referenzen und auch jedwede weitere Auskunft, die Sie wünschen, geben kann.

Estoy a su disposición en todo momento para una entrevista personal. Mi número de teléfono es el . . .

Ich bin für ein Vorstellungsgespräch jederzeit verfügbar. Meine Telefonnummer ist . . .

Les ruego traten mi solicitud (o: candidatura) con la máxima discreción, ya que les escribo sin que ello sea del conocimiento de mi actual patrono.

Bitte behandeln Sie meine Bewerbung mit der strengsten Diskretion, da ich Ihnen ohne Wissen meines augenblicklichen Arbeitgebers schreibe.

Quedo en espera de una contestación favorable.

Ich sehe dem Erhalt einer günstigen Antwort gerne entgegen.

2. Auskunfteinholung über den Bewerber

a) Eingangsformeln

La persona antes mencionada (o: El Sr. .../La Sra. ... / Un[a] empleado/a de su casa) nos ha presentado su candidatura para

Der (od. Die) Obengenannte (od. Herr.../Frau.../Ein[e] Angestellte[r] Ihrer Firma) hat sich bei uns um

a) un empleo (en nuestra casa) y ha indicado su nombre como referencia.

a) einen Posten (in unserer Firma) beworben und Ihren Namen als Referenz angegeben.

b) la plaza de ..., quedándoles nosotros muy agradecidos si nos comunicaran confidencialmente su opinión sobre su carácter y sus aptitudes.

b) die Stelle eines (od. einer) ... beworben, und wir wären dankbar, wenn Sie uns vertraulich Ihre Meinung über seinen (od. ihren) Charakter und seine (od. ihre) Fähigkeiten mitteilen würden.

El Sr./La Sra./La Srta. ..., el/la cual nos ha presentado su candidatura para la plaza de ...,

Herr/Frau/Frl. ..., der/die sich bei uns für die Stelle eines/einer ... beworben hat,

a) nos ha remitido a Vds. a los efectos de información sobre sus aptitudes, etc.

a) hat uns an Sie verwiesen wegen Auskunft über seine/ihre Fähigkeiten usw.

b) ha indicado que nos podríamos dirigir a Vds. en relación con su solicitud de empleo.

b) hat angegeben, daß wir uns an Sie in bezug auf seine/ihre Bewerbung wenden könnten.

Estamos considerando

Wir erwägen

a) la candidatura de la Srta. ... para el puesto de secretaria particular de uno de nuestros directores.

a) die Bewerbung von Frl. ... für die Stelle einer Privatsekretärin für einen unserer Direktoren.

b) el nombramiento del Sr. ... para el cargo de jefe de nuestro control de producción.

b) die Ernennung des Herrn ... zum Leiter unserer Produktionskontrolle.

El/Ella indica estar empleado/a

Er/Sie gibt an, daß er/sie au-

en la actualidad en su casa, por lo que les quedaríamos muy agradecidos si nos pudieran proporcionar algunos informes sobre él/ella.

genblicklich bei Ihnen angestellt ist, und wir wären dankbar, wenn Sie uns einige Auskünfte über ihn/sie geben würden.

Fuimos informados que el Sr./la Sra. ... estuvo empleado/a en su casa del ... al ...

Wir hören, daß Herr/Frau ... bei Ihnen von ... bis ... beschäftigt war.

b) Einzelheiten

¿Tendrían Vds. (por esta razón) la bondad de darnos algunos informes sobre el Sr./la Sra. ...?

Wären Sie (deshalb) so freundlich, uns über Herrn/Frau ... einige Auskünfte zu geben?

Les quedaríamos muy agradecidos si tuvieran Vds. la bondad de comunicarnos confidencialmente su opinión en relación con

Wir wären dankbar, wenn Sie uns freundlicherweise vertraulich Ihre Meinung mitteilen würden im Hinblick auf

a) su persona y sus aptitudes para tal puesto.

a) seine/ihre Person und Fähigkeiten für einen solchen Posten.

b) su inteligencia, fiabilidad, honradez, eficiencia y sus relaciones con los demás miembros de la plantilla, tanto como jefe así como subalterno.

b) seine/ihre Intelligenz, Zuverlässigkeit, Ehrlichkeit, Tüchtigkeit und sein/ihr Verhältnis zu den anderen Mitgliedern Ihrer Belegschaft, sowohl als Chef wie auch als Untergebener.

c) sus reacciones cuando está cargado/a de trabajo.

c) seine/ihre Reaktionen bei Arbeitsüberlastung.

d) su habilidad para presidir sesiones.

d) seine/ihre Fähigkeit, Sitzungen zu leiten.

1. Nos sería de gran utilidad si Vds. pudieran contestarnos las siguientes preguntas:

1. Es wäre für uns von großem Wert, wenn Sie die folgenden Fragen beantworten würden:

2. Quisiéramos recibir las siguientes informaciones:

2. Wir möchten die folgenden Auskünfte erhalten:

a) ¿Cuándo (o: En qué fecha) ingresó en su casa?

a) Wann (od. An welchem Datum) ist er/sie in Ihre Dienste getreten?

b) ¿Cuándo y por qué abandonó su casa?

b) Wann und warum hat er/sie Ihre Dienste verlassen?

c) ¿Cuánto tiempo ha trabaja-

c) Wie lange hat Herr/Frau/Frl.

do el Sr./la Sra./la Srta. ...
para Vds.?

... für Sie gearbeitet?

d) ¿Estuvieron Vds. satisfechos de su trabajo?

d) Waren Sie mit seiner/ihrer Arbeit zufrieden?

e) Razones (o: Motivos) de la cesación en su empleo.

e) Die Gründe für die Beendigung seiner/ihrer Beschäftigung bei Ihnen.

f) ¿Se lleva bien con los empleados más jóvenes y de mayor edad (o: con sus colegas; con otros empleados)?

f) Kommt er/sie gut aus mit jüngeren und älteren Angestellten (od. mit seinen/ihren Kollegen; mit anderen Angestellten)?

g) ¿Habla los dos idiomas con soltura?

g) Spricht er/sie beide Sprachen fließend?

h) ¿Le/la considerarían Vds. idóneo/a para el puesto solicitado?

h) Würden Sie ihn/sie geeignet halten für die Stelle, für die er/sie sich beworben hat?

c) Schlußworte

Les ruego acepten de antemano mi agradecimiento por toda ayuda (o: información) que puedan prestarme.

Bitte nehmen Sie im voraus meinen Dank entgegen für jede Hilfe (od. Auskunft), die Sie mir geben können.

Mucho apreciaríamos al respecto su opinión sobre el Sr./la Sra. ..., la cual trataríamos como estrictamente confidencial.

Ihre Ansicht über Herrn/Frau ... in dieser Beziehung würden wir sehr schätzen, und sie wird streng vertraulich behandelt werden.

Dado que quisiéramos celebrar una entrevista personal el lunes, 23 de enero, les quedaría muy agradecido si me enviaran su opinión confidencial sobre este candidato a vuelta de correo.

Da wir ein Vorstellungsgespräch am Montag, dem 23. Januar, führen wollen, wäre ich sehr dankbar, wenn Sie mir Ihre vertrauliche Beurteilung dieses Bewerbers postwendend senden würden.

Ni que decir tiene que cualquier información que tengan Vds. la amabilidad de darnos será tratada como estrictamente confidencial.

Wir werden natürlich jede Auskunft, die Sie uns freundlicherweise geben, streng vertraulich behandeln.

Posiblemente sería más adecuado discutir este asunto oralmente (o: de palabra).

Möglicherweise wäre es gelegener, diese Angelegenheit mündlich zu besprechen.

Con gracias anticipadas quedamos en espera de su cordial ayuda.

Mit bestem Dank im voraus erwarten wir Ihre freundliche Hilfe.

3. Erteilung einer Referenz

a) Eingangsformeln

La Sra./Srta. ... está empleada desde hace cuatro años en nuestra empresa, habiendo realizado su trabajo de secretaria/taquimecanógrafa durante ese tiempo de manera altamente satisfactoria.

Frau/Frl. ... ist seit vier Jahren in unserer Firma beschäftigt. Während dieser Zeit war ihre Arbeit als Sekretärin/Stenotypistin in hohem Maße zufriedenstellend.

En respuesta a su petición de informes sobre el Sr./la Sra. ... me complazco en confirmar (o: decir; mencionar; comunicar)

In Beantwortung Ihrer Anfrage über Herrn/Frau ... freue ich mich zu bestätigen (od. zu sagen; zu bemerken; mitzuteilen),

a) que éste/ésta estuvo empleado/a en nuestra casa durante dos años, habiendo desempeñado su trabajo de manera concienzuda y perfecta en las secciones donde prestó sus servicios.

a) daß er/sie während der zwei Jahre, die er/sie in unserer Firma tätig war, seine/ihre Arbeit zuverlässig und gut in den Abteilungen, in denen er/sie tätig war, verrichtet hat.

b) que le/la hemos encontrado siempre digno/a de confianza.

b) daß wir ihn/sie immer vertrauenswürdig gefunden haben.

c) que ha trabajado para nosotros cinco años en el Departamento de Investigaciones, habiendo dado pruebas de ser un miembro valioso, imaginativo y cooperador de la casa.

c) daß er/sie für uns fünf Jahre in unserer Forschungsabteilung gearbeitet hat und sich als wertvolles, einfallsreiches und zur Mitarbeit bereites Mitglied der Firma erwiesen hat.

Me complace de manera especial contestar a su petición de informes del ... y recomendarles a Vds. al Sr./a la Sra. ... sin reserva alguna.

Ich freue mich besonders, Ihre Anfrage vom ... zu beantworten und Ihnen Herrn/Frau ... ohne Einschränkung zu empfehlen.

Conozco bien al Sr. ... desde hace más de ... años.

Ich kenne Herrn ... gut seit mehr als ... Jahren.

El Sr. ... pertenece a la plantilla de nuestra casa desde hace ... meses.

Herr ... gehört der Belegschaft dieser Firma seit ... Monaten an.

b) Fähigkeiten

1. El Sr./La Sra. ... (o: Él/Ella) es

1. Herr/Frau ... (od. Er/Sie) ist

2. Como hemos podido constatar fue

2. Wie wir feststellten, war er/sie

a) una excelente taquígrafa y mecanógrafa y en todos los sentidos una empleada modelo.

a) eine ausgezeichnete Steno-typistin und Schreiberin und in jeder Weise eine Musterangestellte.

b) rápido/a en el trabajo, amable y en todo sentido versado/a en todas las cuestiones de la importación y exportación.

b) schnell in der Arbeit, freundlich und in jeder Weise versiert in allen Angelegenheiten des Exports und Imports.

c) una mecanógrafa hábil y rapidísima, así como una empleada complaciente y laboriosa.

c) eine tüchtige und sehr schnelle Maschinenschreiberin und eine bereitwillige und fleißige Angestellte.

d) siempre esmerado/a en su trabajo.

d) immer gründlich in seiner/ ihrer Arbeit.

e) en todos los aspectos un miembro hábil, honrado e idóneo de nuestra plantilla.

e) ein in jeder Weise tüchtiges, ehrliches und fähiges Mitglied unserer Belegschaft.

f) rápido/a, hábil, puntual y minucioso/a en su trabajo.

f) schnell, tüchtig, pünktlich und peinlich genau in seiner/ihrer Arbeit.

El/Ella domina bien el idioma español, tanto hablado como escrito, conociendo exactamente la terminología del lenguaje comercial y económico.

Er/Sie beherrscht die spanische Sprache gut, sowohl schriftlich als auch mündlich, und kennt genau die Terminologie der Geschäfts- und Wirtschaftssprache.

Nos alegra comunicar a Vd. que le/la consideramos con mucho talento para los idiomas.

Wir freuen uns zu sagen, daß wir ihn/sie für sehr sprachbegabt halten.

Sus trabajos de traducción son de primera calidad.

Seine/Ihre Übersetzungsarbeit ist erstklassig.

En muchas ocasiones actuó como intérprete cuando clientes procedentes del extranjero visitaron nuestra fábrica.

Bei vielen Gelegenheiten war er/sie als Dolmetscher(in) eingesetzt, wenn Kunden aus dem Ausland unser Werk besuchten.

El/Ella tiene sólidos conocimientos de contabilidad.

Er/Sie hat solide Kenntnisse der Buchführung.

Durante este/ese tiempo

Während dieser Zeit

a) prestó siempre buenos servicios, mostró iniciativa y capacidades de previsión.

a) hat er/sie immer gute Arbeit geleistet, zeigte Initiative und die Fähigkeit vorauszuplanen.

b) participó en uno de nuestros proyectos europeos de más éxito.

b) war er/sie an einem unserer erfolgreichsten europäischen Projekte beteiligt.

c) se familiarizó con todos los asuntos relacionados con la exportación hacia países de lengua española.

d) fue responsable de toda la correspondencia francesa e inglesa. Ambos idiomas los domina con la misma perfección.

La Sra. ... lleva ya casi seis años en nuestra casa, siendo responsable desde hace dos años de la centralita.

La Sra. ... estuvo ocupada primeramente como fonotipista en la Sección de Ventas, siendo trasladada poco después a un cargo de mayor responsabilidad en la misma sección.

El visitó por iniciativa propia cursos de la Cámara de Comercio e Industria local, habiendo obtenido certificados como perito comercial para economía exterior y en idiomas modernos.

Fue siempre muy apreciado/a por sus colegas, por lo que debería ser considerado/a como persona idónea en un cargo directivo.

Estoy seguro que cualquier tarea de responsabilidad que Vds. confieran (o: confíen) al Sr./a la Sra. ... será ejecutada concienzudamente.

Es un tipo de hombre que puede ser recomendado con toda confianza y sin reservas.

La Srta. ... tiene una manera de ser agradable y simpática, habiendo encontrado por nuestra parte su carácter irreprochable en todos los sentidos.

Es un joven muy simpático, pero, a pesar de ello, no puedo re-

c) wurde er/sie vertraut mit allen den Export nach spanischsprachigen Ländern betreffenden Angelegenheiten.

d) war er/sie für die gesamte französische und englische Korrespondenz verantwortlich. Beide Sprachen beherrscht er/sie gleich gut.

Frau ... ist schon fast sechs Jahre bei uns und ist seit zwei Jahren verantwortlich für die Telefonzentrale.

Frau ... war zuerst als Phonotypistin in der Verkaufsabteilung beschäftigt, wurde dort aber bald in eine Position mit höherer Verantwortung befördert.

Auf eigene Initiative hin besuchte er Lehrgänge der örtlichen Industrie- und Handelskammer und erhielt Zeugnisse als Fachkaufmann für Außenwirtschaft und in modernen Sprachen.

Er/Sie war bei seinen/ihren Kollegen immer sehr beliebt und dürfte sich in einer Position als Vorgesetzte(r) als geeignet erweisen.

Ich bin sicher, daß jede verantwortungsvolle Aufgabe, mit der Sie Herrn/Frau ... betrauen, gewissenhaft erledigt werden wird.

Er ist der Typ eines Mannes, den man mit vollem Vertrauen und ohne Einschränkung empfehlen kann.

Frl. ... hat ein angenehmes und ansprechendes Wesen, und wir fanden ihren Charakter über jeden Vorwurf erhaben.

Er ist ein sehr sympathischer junger Mann, ich kann ihn je-

comendarle con buena concien-
cia para la vacante mencionada
por Vds.

*doch nicht mit gutem Gewissen
für die von Ihnen erwähnte freie
Stelle empfehlen.*

c) Schlußworte

Resumiendo, quisiera decir
que verdaderamente hemos sentido mucho desprendernos de él/
ella.

*Zusammenfassend möchten
wir sagen, daß es uns wirklich
sehr leid getan hat, ihn/sie zu verlieren.*

El/Ella nos ha abandonado por
razones personales, habiendo
lamentado nosotros mucho tener
que desprendernos de él/ella.

*Er/Sie hat uns aus persönli-
chen Gründen verlassen, und es
hat uns wirklich leid getan, ihn/
sie zu verlieren.*

Si bien mucho lamentamos
perder a este/a colaborador/a, le/
la recomiendo como candidato/a
sumamente idóneo/a.

*Obgleich wir sehr bedauern,
diese(n) Mitarbeiter(in) zu verlieren, empfehle ich ihn/sie als ei-
ne(n) höchst geeignete(n) Be-
werber(in).*

Se le/la recomendaríamos sin
vacilar a cualquier patrono futuro.

*Wir würden ihn/sie ohne Zö-
gern jedem zukünftigen Arbeitgeber empfehlen.*

No vacilamos en

Wir zögern nicht,

a) recomendarle/la para el puesto considerado por Vds.

*a) ihn/sie für den Posten, an den
Sie denken, zu empfehlen.*

b) recomendar al Sr./a la Sra. ...
para cualquier posición que
requiera inteligencia e iniciativa.

*b) Herrn/Frau ... für jede Position
zu empfehlen, die Intelligenz
und Initiative erfordert.*

En caso de que aún desearan
Vds. recibir cualquier información determinada sobre su trabajo, les ruego me lo hagan saber.

*Wenn Sie noch irgendeine be-
stimmte Auskunft über seine/ih-
re Arbeit haben möchten, lassen
Sie mich dies bitte wissen.*

Esta referencia es dada con
carácter estrictamente confidencial y sin responsabilidad por
parte del firmante o de nuestra
empresa.

*Diese Referenz wird streng
vertraulich ohne Verantwortung
seitens des Schreibers oder unserer Firma erteilt.*

Sentimos que no nos sea posible darles a Vds. más informaciones sobre él/ella.

*Wir bedauern, daß es uns nicht
möglich ist, weitere Auskünfte
über ihn/sie zu geben.*

4. Antwort auf Bewerbung und Einladung zu einem Vorstellungsgespräch

Agradecemos a Vds. su solicitud del 2 de marzo para la plaza de traductor.

Wir danken Ihnen für Ihre Bewerbung vom 2. März um den Posten eines Übersetzers.

Agradecemos a Vd. su carta solicitando la colocación de una auxiliar de abogacía.

Wir danken Ihnen für Ihr Schreiben mit der Bewerbung um den Posten einer Rechtsanwaltsgehilfin.

Con gran interés hemos leído su anuncio en la sección «Solicitudes de Empleo» del «Norte de Castilla».

Mit großem Interesse haben wir Ihre Anzeige in der Spalte „Stellengesuche" des „Norte de Castilla" gelesen.

Rogamos a Vd. rellenar el formulario adjunto de solicitud de empleo,

Füllen Sie bitte das beigefügte Bewerbungsformular aus,

a) y devolvérnoslo tan pronto como sea posible.

a) und schicken Sie es uns so bald wie möglich zurück.

b) enviándonoslo por correo aéreo con dos referencias de las cuales una debería ser de su tutor de la universidad.

b) und schicken Sie es uns durch Luftpost mit zwei Referenzen zu, von denen eine von Ihrem Universitätstutor sein sollte.

Acto seguido, comunicaremos a Vd. si podemos invitarle a una entrevista personal.

Wir werden Ihnen dann mitteilen, ob wir Sie zu einem Vorstellungsgespräch einladen können.

Agradecemos a Vd. la devolución del formulario de solicitud debidamente rellenado.

Wir danken Ihnen für die Rückgabe des ausgefüllten Bewerbungsformulars.

El Sr. ..., jefe de la Sección de Personal, se complacería si Vd. pudiera visitarle el 12 de abril a las 10.15 horas.

Herr ..., Leiter der Personal-Abteilung, würde sich freuen, wenn Sie ihn am 12. April um 10.15 Uhr aufsuchen könnten.

Me complace comunicar a Vd. que fue seleccionado entre los candidatos, por lo que le rogamos se sirva presentar en estas oficinas a los efectos de una conversación preliminar con nuestro jefe de negociado, Sr. Gómez, el 2 de junio a las 16.30 horas.

Ich freue mich, Ihnen mitzuteilen, daß Sie in die engere Wahl gezogen sind. Wollen Sie deshalb bitte zu einer Vorbesprechung mit unserem Bürovorsteher, Herrn Gómez, am 2. Juni um 16.30 Uhr zu uns kommen.

Rogamos a Vd. rellenar el formulario adjunto y traerlo cuando venga.

Bitte füllen Sie das beigefügte Formular aus, und bringen Sie es mit, wenn Sie kommen.

Rogamos a Vd. traer los certificados en original, de los cuales Vd. había presentado copias en su solicitud.

Bitte bringen Sie die Originalzeugnisse mit, deren Kopien Sie mit Ihrer Bewerbung eingereicht hatten.

Haga el favor de confirmar esta fecha (o: si ello es de su conveniencia).

Bitte bestätigen Sie diesen Termin (od. ob Ihnen dies paßt).

Haga el favor de confirmar por escrito si Vd. puede venir para una entrevista personal.

Bestätigen Sie bitte schriftlich, ob Sie zu einem Vorstellungsgespräch kommen können.

Rogamos a Vd. nos informe por teléfono (número 41 89 10) si está libre o no el ... a las ... horas para celebrar aquí una entrevista personal.

Wollen Sie uns bitte telefonisch mitteilen (Tel. 418910), ob Sie am ... um ... frei sind oder nicht, um zu diesem Vorstellungsgespräch zu kommen.

Le reembolsaremos a Vd.

Wir werden

a) sus gastos de traslado y otros gastos, considerados como razonables, que se originasen en relación con la entrevista personal.

a) Ihre Fahrtkosten und andere angemessene Kosten bezahlen, die mit dem Vorstellungsgespräch verbunden sind.

b) naturalmente todos sus gastos de desplazamiento (o: viaje), inclusive Ptas. ... por día en concepto de dietas.

b) natürlich alle Ihre Reisekosten bezahlen, zuzüglich eines Unterhaltszuschusses für den Tag von Ptas. ...

Sírvase Vd. preguntar a su llegada por el suscrito en la Sección de Personal.

Bei Ihrer Ankunft fragen Sie bitte nach dem Unterzeichneten in der Personalabteilung.

Agradezco a Vd. su carta del 14 de mayo, invitándome a una entrevista personal para el 20 de mayo a las 14.30 horas.

Ich danke Ihnen für Ihr Schreiben vom 14. Mai mit der Einladung zu einem Vorstellungsgespräch am 20. Mai, um 14.30 Uhr.

5. Einstellung

a) Eingangsformeln

Como continuación a nuestra conversación (o: a su entrevista personal) del pasado viernes,

Im Anschluß an unsere Unterhaltung (od. an Ihr Vorstellungsgespräch) am vorigen Freitag

a) me complace ofrecerle a Vd. la plaza de ... (o: un puesto co-

a) freut es mich, Ihnen die Stelle eines ... (od. einen Posten als mo...) en nuestra empresa.

...) in unserer Firma anzubieten.

b) nos complace ofrecerle a Vd. el puesto de ..., a título de prueba por un mes, a partir del lunes, día 1° de junio.

b) freut es uns, Ihnen die Stelle eines... einen Monat zur Probe, ab Montag, dem 1. Juni, anzubieten.

1. Vd. se alegrará de saber que su candidatura tuvo éxito,

1. Sie werden sich freuen zu hören, daß Ihre Bewerbung erfolgreich war, und

2. Me alegra comunicar a Vd. que su candidatura para una plaza de formación profesional ha sido estudiada con interés,

2. Ich freue mich, Ihnen mitzuteilen, daß Ihre Bewerbung um eine Ausbildungsstelle mit Interesse geprüft wurde und

habiendo sido Vd. elegido para una plaza de formación profesional.

daß Sie für eine Ausbildungsstelle ausgewählt worden sind.

Después de haber examinado detenidamente su candidatura nos complace comunicarle

Wir haben Ihre Bewerbung sehr sorgfältig in Erwägung gezogen und freuen uns, Ihnen mitzuteilen,

a) que le ofrecemos a Vd. la plaza de secretaria que había solicitado.

a) daß wir Ihnen die Stelle einer Sekretärin, um die Sie sich beworben haben, anbieten.

b) que la dirección le ofrece a Vd. el cargo de gerente de marketing.

b) daß die Direktion Ihnen die Stelle eines Marketing Managers anbietet.

Con la presente confirmamos

Hiermit bestätigen wir

a) que con sumo gusto le ofrecemos a Vd. el puesto de ... con un sueldo de Ptas. ... para un período a título de prueba de tres meses, a partir del 1° de octubre.

a) daß wir Sie gerne anstellen als ..., zu einem Gehalt von Ptas. ... für eine Anfangsprobezeit von drei Monaten, beginnend am 1. Oktober.

b) su colocación bajo las siguientes condiciones:

b) Ihre Anstellung zu den folgenden Bedingungen:

b) Aufgaben

Sus tareas serán las descritas durante la entrevista personal.

Ihre Aufgaben werden sein wie bei dem Vorstellungsgespräch umrissen.

1. Vd. trabajará bajo la dirección del jefe de negociado,

1. Sie werden unter der Leitung des Bürovorstehers arbeiten,

2. Vd. estará ocupado en la Sección de Publicidad,

a) responsabilizándose especialmente de . . .

b) esperando nosotros su participación dos veces por semana en el cursillo de formación profesional dedicado a nuestro personal.

Se considerará como estipulado que, en caso necesario, Vd. aceptará un traslado a cualquiera de nuestras fábricas (o: sucursales; oficinas) en Europa, avisándole dicho traslado con una antelación de seis meses.

2. Sie werden in der Werbeabteilung beschäftigt werden,

a) mit besonderer Verantwortung für . . .

b) und wir erwarten von Ihnen, daß Sie zweimal wöchentlich an dem Ausbildungsunterricht für unser Personal teilnehmen.

Es muß als vereinbart gelten, daß Sie, falls notwendig, eine Versetzung zu jeder unserer Fabriken (od. Zweigstellen; Büros) in Europa annehmen, wobei man Ihnen von einer solchen Versetzung sechs Monate im voraus Bescheid gibt.

c) Gehalt

Nos complace ofrecerle a Vd. la colocación con un sueldo (o: una remuneración) inicial de Ptas. . . . por año (o: Podemos ofrecerle a Vd. un sueldo inicial de Ptas. . . . anuales).

Una vez transcurridos seis meses se procederá a una revisión.

Los aumentos de sueldo serán concedidos atendiéndose rigurosamente al trabajo realizado.

Nuestra empresa se hará cargo, en caso dado, de los gastos de traslado (o: de mudanza).

Wir freuen uns, Ihnen die Stelle anzubieten mit einem Anfangsgehalt von Ptas. . . . pro Jahr (od. Wir können Ihnen ein Anfangsgehalt von Ptas. . . . pro Jahr anbieten).

Dies wird nach Ablauf von sechs Monaten einer Überprüfung unterliegen.

Gehaltserhöhungen werden streng nach Leistung gewährt.

Unser Unternehmen wird gegebenenfalls die Umzugskosten bezahlen.

d) Arbeitszeit und Urlaub

En cuanto a las condiciones generales de trabajo ya fue Vd. informado. Las horas normales de trabajo (o: de oficina) son como sigue:

a) de 9.00 de la mañana a 17.30 de la tarde de lunes a viernes,

Über die allgemeinen Arbeitsbedingungen sind Sie bereits unterrichtet worden, und die normale Arbeitszeit ist (od. die Bürostunden sind) wie folgt:

a) von 9.00 Uhr morgens bis 17.30 nachmittags, montags

con una hora de pausa para la comida (o: para comer).

bis freitags, mit einer Stunde Mittagspause.

b) de 8.30 a 17.30 (horas) todos los días, excepto el jueves que tendremos cerrado todo el día.

b) von 8.30 bis 17.30 täglich, außer donnerstags, wenn wir den ganzen Tag geschlossen haben.

Puede ser necesario que Vd. tenga que trabajar de vez en cuando los sábados por la mañana durante períodos laborales de punta.

Es kann notwendig sein, daß Sie gelegentlich während der Hauptbelastungszeiten samstags morgens arbeiten müssen.

Vd. tendrá una hora de pausa de mediodía y un cuarto de hora, entre las 10.30 y las 11.00 (horas) de la mañana, para tomar un café.

Sie haben eine Stunde Mittagszeit und eine Viertelstunde zwischen 10.30 und 11.00 Uhr morgens als Kaffeepause.

Durante sus dos primeros años en la empresa Vd. tendrá cuatro semanas de vacaciones pagadas.

Während Ihrer ersten zwei Jahre in der Firma werden Sie vier Wochen bezahlten Urlaub haben.

Después las vacaciones anuales serán de cinco semanas (o: Después Vd. tendrá derecho a cinco semanas de vacaciones por año).

Danach wird die Urlaubszeit jedes Jahr fünf Wochen betragen (od. Danach haben Sie Anspruch auf fünf Wochen Urlaub pro Jahr).

e) Eintrittstermin

Ruego a Vd. que me comunique la fecha más breve en que Vd. podrá estar a nuestra disposición.

Bitten teilen Sie mir den frühesten Termin mit, an dem Sie frei sein können.

De aceptar esta oferta, quisiéramos que Vd.inicie el trabajo en nuestra casa lo más pronto posible.

Wenn Sie dieses Angebot annehmen, möchten wir, daß Sie die Arbeit bei uns so bald wie möglich aufnehmen.

Esperamos que Vd. pueda empezar el 2 de enero y quedamos a la espera de sus noticias al respecto.

Wir hoffen, daß Sie am 2. Januar anfangen können, und sehen Ihrer Nachricht in dieser Frage entgegen.

La plaza puede declararse vacante en cualquier momento por ambas partes con un plazo de preaviso de tres meses. La baja deberá efectuarse por escrito.

Die Anstellung kann zu jeder Zeit von beiden Seiten mit einer dreimonatigen Kündigungsfrist beendet werden. Die Kündigung hat schriftlich zu erfolgen.

f) Diverses

Los detalles exactos de las condiciones de empleo, las correspondientes cláusulas sobre el horario laboral, vacaciones, estipulaciones referentes a bajas por enfermedad, sistema de jubilaciones y despido se hallan incluidos en el adjunto contrato estandarizado de empleo de nuestra empresa.

Esta colocación se efectúa bajo el convenio explícito de que Vd. no aceptará un empleo en ninguna parte de la región donde opera nuestra empresa durante un período de cinco años después de haberse retirado del servicio de nuestra empresa.

Las condiciones laborales aquí son agradables y las perspectivas de ascenso buenas. Vd. podrá constatar, sin embargo, que exigimos de todos nuestros empleados dedicación exclusiva y máximo rendimiento en el trabajo.

Vd. podrá constatar que la nueva plaza ofrece una esfera enorme de actividades, dándole a Vd. todas las oportunidades posibles para un futuro ascenso en la profesión.

El ascenso dependerá del trabajo realizado por Vd. y su valía.

Adjuntamos un cheque por Ptas. ... para cubrir sus gastos de viaje.

Preséntese, por favor, al Sr. ... (jefe adjunto de personal; jefe de personal) el primer día a las 9.00 de la mañana.

Die genauen Einzelheiten der Anstellungsbedingungen, entsprechende Klauseln über Arbeitszeit, Urlaub, Vereinbarungen über Krankheitsurlaub, das Pensionssystem und Kündigung sind in dem Standard-Anstellungsvertrag unserer Firma enthalten, den wir beifügen.

Diese Anstellung erfolgt unter der ausdrücklichen Abmachung, daß Sie auf dem Gebiet, in dem unsere Firma tätig ist, während einer Zeit von fünf Jahren nach Ausscheiden aus unserer Firma keine Anstellung annehmen werden.

Die Arbeitsbedingungen hier sind angenehm und die Beförderungsaussichten gut. Sie werden aber feststellen, daß wir Einsatzbereitschaft und harte Arbeit von allen unseren Arbeitnehmern verlangen.

Sie werden feststellen, daß die neue Anstellung ein enormes Betätigungsfeld bietet und Ihnen jede mögliche Gelegenheit für ein weiteres Vorwärtskommen gibt.

Ein Weiterkommen wird von Ihren Leistungen und Fähigkeiten abhängen.

Beigefügt ist ein Scheck über Ptas. ... zur Deckung Ihrer Reisekosten.

Bitte melden Sie sich bei Herrn ... (dem stellvertretenden Personalchef; dem Personalchef) um 9.00 Uhr morgens am ersten Tag.

g) Schlußworte

1. Por favor, sea Vd. tan amable de confirmar a vuelta de correo (o: por escrito; por telegrama)

2. Le quedaría muy agradecido si confirmara por escrito

3. Le ruego confirmar

    a) que acepta Vd. esta plaza bajo las condiciones indicadas y que puede ingresar el 1° de octubre.

    b) que Vd. comenzará el trabajo aquí el próximo lunes.

Ruego a Vd. me escriba inmediatamente (o: me haga saber a vuelta de correo)

a) si acepta o no la plaza.

b) si puede iniciar sus servicios el 1° de marzo.

c) si acepta este empleo bajo estas condiciones.

Si tengo noticias de Vd. de que desea aceptar esta plaza, le enviaré un contrato oficial de empleo para que lo firme.

1. *Bitte seien Sie so freundlich und bestätigen Sie umgehend (od. schriftlich; durch Telegramm),*

2. *Ich wäre dankbar, wenn Sie schriftlich bestätigten,*

3. *Bestätigen Sie bitte,*

    a) *daß Sie diese Anstellung zu den angegebenen Bedingungen annehmen und Ihren Dienst am 1. Oktober antreten können.*

    b) *daß Sie die Arbeit hier am nächsten Montag aufnehmen werden.*

Bitte schreiben Sie mir sofort (od. Bitte lassen Sie mich umgehend wissen),

a) *ob Sie den Posten annehmen oder nicht.*

b) *ob Sie Ihren Dienst am 1. März antreten können.*

c) *ob sie die Anstellung zu diesen Bedingungen annehmen.*

Wenn ich höre, daß Sie diese Stelle annehmen wollen, werde ich Ihnen einen offiziellen Anstellungsvertrag zur Unterschrift senden.

6. Antwort auf Anstellungsangebot

Agradezco a Vd. mucho la oferta que me hacen de la plaza de...

Agradezco a Vd. su carta del 2 de junio,

a) ofreciéndome un empleo en su Contaduría (o: Sección de Contabilidad).

Ich danke Ihnen sehr, daß Sie mir den Posten eines/einer ... anbieten.

Ich danke Ihnen für Ihr Schreiben vom 2. Juni,

a) *mit dem Sie mir eine Anstellung in Ihrer Rechnungsabteilung anbieten.*

b) ofreciéndome la plaza de ...

b) in dem Sie mir die Stelle eines/ einer ... anbieten.

Con mucho (o: sumo) gusto acepto el puesto de ... en las condiciones indicadas (en su carta del ...).

Gerne nehme ich den Posten eines/einer ... zu den (in Ihrem Brief vom ...) genannten Bedingungen an.

Podré empezar mis servicios el 1° de octubre.

Ich werde meinen Dienst am 1. Oktober antreten können.

Me considero muy feliz (o: afortunado) de haber obtenido este empleo, asegurándoles que haré todo lo posible

Ich bin sehr glücklich, diese Anstellung erhalten zu haben, und versichere Ihnen, daß ich alles mir Mögliche tun werde,

a) para desarrollar mi trabajo con éxito.

a) um meine Arbeit erfolgreich zu gestalten.

b) para merecer su confianza.

b) um Ihr Vertrauen zu verdienen.

1. Después de haberlo reflexionado detenidamente he llegado al acuerdo (o: a la decisión) de

1. Nach reiflicher Überlegung bin ich zu dem Entschluß gekommen,

2. Mi empresa me ha hecho una oferta favorable, por lo que bajo estas circunstancias he decidido

2. Meine Firma hat mir ein günstiges Angebot gemacht, und unter diesen Umständen habe ich mich entschlossen,

a) permanecer (o: quedarme) en mi actual empleo.

a) in meiner augenblicklichen Stelle zu bleiben.

b) no cambiarme de empleo por el momento.

b) meine Stelle im Augenblick nicht zu wechseln.

7. Absage auf Bewerbung

Agradecemos a Vd. su candidatura para el puesto de ...

Wir danken Ihnen für Ihre Bewerbung um die Stelle eines/einer ...

Agradecemos a Vd. su carta del 3 de julio, preguntándonos si existe una posibilidad

Wir danken Ihnen für Ihr Schreiben vom 3. Juli mit der Anfrage, ob eine Möglichkeit besteht,

a) de trabajar en nuestra casa.

a) in unserer Firma zu arbeiten.

b) de obtener una vacante en la Sección (o: en el Departamento) de ... en nuestra casa de ...

b) eine freie Stelle in der ... Abteilung unserer Firma in ... zu erhalten.

Damos a Vd. las gracias por haber venido el pasado martes

Wir danken Ihnen, daß Sie am vorigen Dienstag zu einem Vor-

para celebrar una entrevista con nosotros.

stellungsgespräch gekommen sind.

Lamentamos, no obstante, que

Wir bedauern jedoch, daß

a) su nombre no haya sido elegido en la lista de candidatos.

a) Ihr Name nicht auf die Liste der Kandidaten gekommen ist.

b) su candidatura para el puesto de ... en nuestra organización no haya tenido éxito.

b) Ihre Bewerbung um den Posten als ... in unserer Organisation keinen Erfolg gehabt hat.

c) no nos sea posible ofrecerle la plaza que ha solicitado.

c) es uns nicht möglich ist, Ihnen die Stelle, um die Sie sich beworben haben, anzubieten.

d) la vacante (o: la plaza solicitada por Vd.) esté ahora ocupada.

d) die freie Stelle (od. die Stelle, um die Sie sich beworben haben,) jetzt besetzt ist.

e) por el momento no haya ninguna plaza libre para mecanógrafas.

e) augenblicklich keine Stellen für Stenotypistinnen frei sind.

f) al fin fuera elegido otro candidato.

f) schließlich ein anderer Bewerber ausgewählt wurde.

Quizás le sirva de consuelo si le informamos

Vielleicht wird es Ihnen helfen, weniger enttäuscht zu sein, wenn wir Ihnen sagen,

a) que la plaza fue ofrecida a un miembro de nuestra plantilla que lleva ya varios años (de servicio) en nuestra casa.

a) daß die Stelle schließlich einem Mitglied unserer Belegschaft angeboten wurde, das bereits mehrere Jahre in unserer Firma ist.

b) que debido al número de solicitantes extraordinariamente alto, la selección se llevó a cabo de modo especialmente riguroso.

b) daß die Zahl der Bewerber ungewöhnlich hoch und unsere Auswahl deswegen besonders streng war.

No estamos en condiciones de tomar en consideración la colocación de colaboradores adicionales (o: auxiliares durante la temporada de verano).

Wir sind nicht in der Lage, die Anstellung zusätzlicher Mitarbeiter (od. Aushilfskräfte während der Sommersaison) in Erwägung zu ziehen.

Debido a la paralización (o: al estancamiento) de los negocios no existen por el momento vacantes (o: se han hecho superfluos algunos empleados),

Wegen der Geschäftsflaute bestehen augenblicklich keine freien Stellen (od. sind einige Arbeitskräfte überflüssig geworden),

a) no pudiendo nosotros prever aún cuando mejorará la situación.

a) und wir können noch nicht voraussehen, wann die Lage sich bessern wird.

b) no obstante, si Vd. tiene la amabilidad de rellenar y devolvernos a continuación el formulario adjunto, tendremos mucho gusto en incluirlo en nuestros expedientes y contactar con Vd. tan pronto haya una vacante.

b) wenn Sie aber freundlicherweise das beigefügte Bewerbungsformular ausfüllen und zurücksenden, würden wir es gerne in unsere Akten aufnehmen und Ihnen mitteilen, wenn eine Stelle frei wird.

Quisiéramos dar a Vd. las gracias por el interés mostrado.

Wir möchten Ihnen für das von Ihnen gezeigte Interesse danken.

8. Kündigung

Como Vd. sabe,

Wie Sie wissen,

a) la reorganización de nuestra empresa ha sido objeto de una revisión (o: examen) por parte de un asesor de organización de empresas.

a) ist die Reorganisation unseres Unternehmens Gegenstand einer Untersuchung (od. Überprüfung) durch einen Betriebsorganisationsberater gewesen.

b) hemos sido afectados por la momentánea paralización (en nuestro ramo), viéndonos probablemente obligados a reducir pronto nuestra nómina (o: plantilla).

b) sind wir durch die augenblickliche Flaute (in unserer Branche) betroffen und werden wahrscheinlich bald unsere Lohnliste (od. Belegschaft) einschränken müssen.

c) tendremos que cerrar nuestra Sección de ..., en la que Vd. presta sus servicios.

c) werden wir unsere ... Abteilung, in der Sie arbeiten, schließen müssen.

Bajo estas circunstancias

Unter diesen Umständen

a) no le queda otro remedio a nuestra empresa que despedirle a Vd.

a) bleibt unserer Firma nichts anderes übrig, als Sie zu entlassen.

b) informamos a nuestros colaboradores tan pronto como nos es posible, en la esperanza de que puedan encontrar otros puestos de trabajo en la región.

b) benachrichtigen wir unsere Betriebsangehörigen so früh wie möglich in der Hoffnung, daß sie in der Gegend andere Arbeitsplätze finden können.

Esperamos que le sea posible

Wir hoffen, daß es Ihnen möglich sein wird,

a) encontrar muy pronto otra ocupación.

a) sehr bald eine andere Beschäftigung zu finden.

b) encontrar en breve otra plaza adecuada.

b) bald einen anderen passenden Posten zu finden.

1. Quisiera aprovechar esta oportunidad (u: ocasión) para comunicarle que durante los ... años que Vd. estuvo con nosotros hemos estado absolutamente satisfechos con su trabajo,

1. Ich möchte diese Gelegenheit ergreifen, um zu sagen, daß während der ... Jahre, die Sie bei uns waren, Ihre Arbeit vollauf zufriedenstellend gewesen ist,

2. Quisiera agradecerle el trabajo realizado por Vd. en la empresa,

2. Ich möchte Ihnen für die Arbeit, die Sie für die Firma geleistet haben, danken

a) expresando nuestro más sincero pesar por tener que tomar una medida tan lamentable para nosotros.

a) und unser aufrichtiges Bedauern zum Ausdruck bringen, daß wir diesen bedauerlichen Schritt unternehmen müssen.

b) deseándole a Vd. mucho éxito en el futuro.

b) und wünsche Ihnen für die Zukunft viel Erfolg.

Con sumo gusto daré a cualquier futuro patrono un certificado sobre su persona y sus cualificaciones.

Ich werde gerne jedem zukünftigen Arbeitgeber ein Zeugnis über Ihre Person und Ihre Leistungen geben.

Espero que Vd. encuentre pronto otra plaza adecuada, y entretanto le hago patente mis mejores deseos.

Ich hoffe, daß Sie bald einen anderen passenden Posten finden werden, und spreche Ihnen inzwischen meine besten Wünsche aus.

Por la presente

Hiermit

a) comunico a Vd. que nuestra empresa no está dispuesta a retenerle a su servicio después de pasado el tiempo de prueba.

a) teile ich Ihnen mit, daß unsere Firma nicht bereit ist, Sie nach Ende der Probezeit in ihren Diensten zu behalten.

b) comunicamos a Vd. que con efecto inmediato damos por terminado su empleo.

b) teilen wir Ihnen mit, daß Ihre Anstellung ab sofort endet.

Rogamos a Vd. considere esta carta como aviso (formal) de despido

Bitte nehmen Sie dieses Schreiben als (formelle) Kündigung an,

a) de la cesación de la relación laboral con efecto al 31 de marzo.	*a) das Arbeitsverhältnis am 31. März zu beenden.*
b) de cesación de su puesto en nuestra empresa (de acuerdo con el contrato de trabajo) tres meses a partir de hoy, es decir el 31 de marzo.	*b) Ihre Anstellung bei unserer Firma (gemäß Ihrem Arbeitsvertrag) drei Monate ab dem heutigen Datum zu beenden, nämlich am 31. März.*
Ruego a Vd. aceptar mi cese como secretaria/ayudante del Sr. Echevarría.	*Bitte nehmen Sie meine Kündigung als Sekretärin/Assistentin des Herrn Echevarría entgegen.*
Se me ofreció un puesto de ... en ..., el cual he aceptado.	*Mir ist die Stelle eines/einer ... bei ... angeboten worden, die ich angenommen habe.*
Quisiera, por lo tanto, cesar en mi cargo, con cuatro semanas de preaviso, el 31 de marzo.	*Ich möchte deshalb mit vier Wochen Kündigungsfrist am 31. März aus der Firma austreten.*
Les quedaría agradecido/a si Vds. aceptaran mi cesación al 31 de marzo.	*Ich wäre dankbar, wenn Sie meine Kündigung zum Austritt am 31. März annehmen würden.*

XXIII. Korrespondenz mit Hotels und Reisebüros

Obgleich die Bestellung von Hotelzimmern *(reserva de habitaciones en hoteles)* heute vielfach durch Telefon, Telex oder elektronische Buchungsmethoden *(métodos electrónicos de reserva)* erfolgt, spielt der Brief im Reiseverkehr doch noch eine Rolle.

Bestätigte Sofortbuchungen werden durch das Computer-Reservierungs-System *(sistema de reservas por medio de ordenador)* der Reisebüros, Fluggesellschaften und Hotelketten *(cadenas de hoteles)* durchgeführt.

Briefe an Hotels sollten an den Geschäftsführer *(gerente)* gerichtet werden, da meist nur kleine Hotels durch den Besitzer *(propietario)* geleitet werden.

Man schreibe kurz und treffend *(de forma concisa y precisa)*, nenne das Datum der Ankunft mit eventueller Angabe der Tageszeit sowie den Tag der Abreise. Es ist ratsam, zur Vermeidung von Mißverständnissen *(para evitar malentendidos)* anzugeben: „Ankunft Montag, 4. Juni, gegen 18 Uhr, Abreise 8. Juni (4 Nächte)" *(llegada lunes 4 junio, hacia 18 horas, salida viernes 8 junio [4 noches])*.

Man bittet um eine Bestätigung der Reservierung. Bei Ankunft nach 18 Uhr verlangen die meisten Hotels eine Anzahlung *(entrada o depósito)*.

1. Anfrage

a) Hotelübernachtung

Su hotel nos fue recomendado por el Sr. ..., amigo nuestro y cliente asiduo de su casa.

Ihr Hotel wurde uns von Herrn ..., einem unserer Freunde und Stammgast von Ihnen, empfohlen.

Ruego me envíen material informativo sobre su hotel y la ciudad.

Schicken Sie mir bitte Informationsmaterial über Ihr Hotel und die Stadt.

Tengan la bondad

Würden Sie mir bitte

a) de comunicarme sus precios actuales.

a) Ihre augenblicklichen Preise mitteilen.

b) de indicarme sus precios para habitaciones de dos camas e individuales.

b) Ihre Preise für Doppel- und Einzelzimmer angeben.

c) de indicarme sus precios para pensión completa para una estancia del 1º al 20 de julio.

c) Ihre Preise für Vollpension für einen Aufenthalt vom 1. Juli bis 20. Juli angeben.

d) de comunicarme si nos pueden dar alojamiento como indicamos a continuación:

d) mitteilen, ob Sie uns wie folgt unterbringen können:

b) Tagung

Por el Sr. ... de ... me he enterado de que su establecimiento es ideal a mediados de semana para una conferencia de nuestro equipo de colaboradores.

Von Herrn ... von ... höre ich, daß Ihr Hotel in der Mitte der Woche ideal ist für eine Konferenz unseres Mitarbeiterstabs.

Planeamos

Wir planen

a) una reunión de hombres de negocios que tendrá lugar en el próximo mes de septiembre.

a) eine Zusammenkunft von Geschäftsleuten, die im nächsten September stattfinden soll.

b) celebrar a principios del próximo otoño una reunión de comerciantes (o: negociantes) de aproximadamente 220 personas.

b) Anfang des nächsten Herbstes eine Händlerversammlung für ungefähr 220 Personen abzuhalten.

Nuestra casa celebrará en el mes de mayo una conferencia de un día,

Unsere Firma wird im Mai eine eintägige Konferenz abhalten,

a) y como organizador quisiera me proporcionaran Vds. detalles exactos sobre sus instalaciones y la rebaja especial que conceden para conferencias.

b) por lo que buscamos al efecto locales adecuados.

c) por lo que desearía saber si pueden poner a disposición su sala de conferencias el 2 ó 3 de mayo.

En caso de que puedan Vds. poner a nuestra disposición locales adecuados, les ruego me pasen las siguientes informaciones:

a) la clase de locales que Vds. pueden ofrecer.

b) los gastos de alquiler de la sala de conferencias para 3 días.

c) los gastos de alquiler de una sala de conferencias para 30 personas para el período comprendido entre el 10 y el 15 de octubre.

d) el precio por persona para desayuno, comida y cena.

e) el precio de las diversas habitaciones disponibles.

f) las posibilidades de aparcamiento disponible.

Aparte de una sala de conferencias para 50 personas (o: delegados), precisamos por las tardes una pequeña sala de reuniones para 12 personas.

Quizás puedan Vds. proponer dos o tres menús a elegir con los precios correspondientes.

El número de participantes esperado será de 120.

---

a) *und als Organisator möchte ich genaue Einzelheiten von Ihnen über Ihre Einrichtungen und den Konferenzsonderrabatt, den Sie anbieten.*

b) *und wir suchen hierfür geeignete Räume.*

c) *und ich frage an, ob Ihr Konferenzraum entweder am 2. oder 3. Mai verfügbar sein würde.*

Wenn Sie geeignete Räume verfügbar haben, erbitte ich folgende Informationen:

a) *die Art der Räume, die Sie anbieten können.*

b) *die Kosten der Miete des Konferenzraumes für 3 Tage.*

c) *die Kosten der Miete eines Konferenzraumes für 30 Personen für die Zeit vom 10. Oktober bis zum 15. Oktober.*

d) *den Preis pro Kopf für Frühstück, Mittagessen und Abendessen.*

e) *den Preis für die verschiedenen verfügbaren Zimmer.*

f) *verfügbare Parkmöglichkeiten.*

Außer einem Konferenzsaal für 50 Personen (od. Delegierte) benötigen wir jeden Abend ein kleines Sitzungszimmer für 12 Personen.

Vielleicht können Sie zwei oder drei Menüs zur Auswahl vorschlagen mit den entsprechenden Preisen.

Die erwartete Teilnehmerzahl wird 120 sein.

Necesitamos pensión completa para 35 a 40 personas.

Wir benötigen Vollpension für 35 bis 40 Personen.

Rogamos a Vds. nos comuniquen

Teilen Sie uns bitte mit,

a) si pueden poner a nuestra disposición las salas que precisamos y, en caso dado, en qué condiciones.

a) ob Sie die von uns benötigten Räume zur Verfügung stellen können, und gegebenenfalls zu welchen Bedingungen.

b) si tienen posibilidades de alojamiento para 55 personas a partir del 6 de mayo, antes de la cena, hasta el 9 de mayo, después de la comida.

b) ob Sie eine Unterbringungsmöglichkeit für 55 Personen haben ab 6. Mai vor dem Abendessen bis zum 9. Mai nach dem Mittagessen.

En caso de que tengan Vds. a nuestra disposición posibilidades de alojamiento adecuado, rogamos nos comuniquen detalles de sus tarifas, etc.

Wenn Sie geeignete Unterbringungsmöglichkeiten zur Verfügung haben, teilen Sie uns bitte Einzelheiten Ihres Tarifs usw. mit.

Les ruego me informen, además de los detalles ya indicados,

Unterrichten Sie mich außer den bereits erwähnten Einzelheiten bitte noch darüber,

a) si ponen a disposición secretarias e intérpretes, en especial de alemán y francés, y cuales son los gastos de tales servicios.

a) ob Sekretärinnen und Dolmetscher, besonders für Deutsch und Französisch, verfügbar und wie hoch die Kosten solcher Dienstleistungen sind.

b) si pueden poner a disposición lo siguiente:

b) ob Sie folgendes zur Verfügung stellen können:

A) encerado

A) Tafel

B) tablones de anuncios

B) Anschlagtafeln

C) tribuna (o: podio)

C) Rednerpult (oder Podium)

D) punteros

D) Zeigestöcke

E) mesas para la recepción

E) Tische für die Anmeldung

F) mesas para la exposición de publicaciones

F) Tische für die Ausstellung von Veröffentlichungen

G) micrófonos

G) Mikrophone

H) pantalla de proyección (se ruega indicar el tamaño)

H) Projektionswand (Bitte um Angabe der Größe)

I) proyector de cine

I) Filmprojektor

J) auriculares para interpretación simultánea y cabinas para intérpretes

J) Kopfhörer für Simultandolmetschen und Boxen für Dolmetscher

K) proyector de diapositivas (se ruega indicar el tamaño de las diatecas)

K) Diaprojektor (Bitte um Angabe der Größe der Einschiebekästen)

L) aparato de televisión (se ruega indicar las medidas de la pantalla)

L) Fernsehapparat (Bitte um Angabe der Bildschirmgröße)

M) aparato de cinta magnetofónica (se ruega indicar el tamaño del cassette)

M) Tonbandgerät (Bitte um Angabe der Kassettengröße)

N) grabador de vídeo (se ruega indicar el sistema)

N) Videorecorder (Bitte um Angabe des Systems)

Apreciaría recibir una pronta respuesta a fin de poder concluir los preparativos para la conferencia (o: asamblea).

Ich würde gerne eine baldige Antwort erhalten, damit ich die Vorbereitungen für die Konferenz (od. Versammlung) abschließen kann.

2. Zimmerbestellung

1. Quisiera reservar:

1. Ich möchte gerne buchen:

2. Por favor, reserven Vds.

2. Bitte reservieren Sie

a) una habitación individual con baño, del 1° de septiembre hasta el 2 de octubre inclusive, para el Sr. Villar, nuestro jefe de exportación.

a) ein Einzelzimmer mit Bad vom 1. September bis 2. Oktober einschließlich für Herrn Villar, unseren Exportleiter.

b) una habitación doble (o: de dos camas) para las fechas siguientes:
llegada el 12 de diciembre,
salida el 17 de diciembre,
5 noches.

*b) ein Doppelzimmer (od. Zweibettzimmer) für die folgenden Daten:
Ankunft 12. Dezember,
Abreise 17. Dezember,
5 Nächte.*

Hagan el favor de reservar las siguientes habitaciones para dos de nuestros directores, los señores J. Martínez y L. Monzón:

Reservieren Sie bitte die folgenden Zimmer für zwei unserer Direktoren, Herrn J. Martínez und Herrn L. Monzón:

Confirmo (con la presente) la reserva hecha por nosotros telefónicamente esta mañana:

Ich bestätige (hiermit) die Buchung, die wir heute morgen telefonisch gemacht haben:

dos habitaciones individuales, ambas con baño, a partir del 2 de mayo, para tres noches.

zwei Einzelzimmer, beide mit Bad, ab 2. Mai, für drei Nächte.

El apreciaría mucho si le pudieran

Er würde es sehr begrüßen, wenn Sie ihm

a) dar la misma habitación que en el año pasado.

a) das gleiche Zimmer wie im vorigen Jahr geben könnten.

b) dar una habitación con vista (o: que dé) al parque, ya que las habitaciones de delante son bastante ruidosas.

b) ein Zimmer mit Aussicht auf den Park geben könnten, da die Zimmer nach vorn ziemlich laut sind.

El Sr. Palau tomará parte (o: participará) en la conferencia ... en su hotel.

Herr Palau wird an der ... Konferenz in Ihrem Hotel teilnehmen.

El Sr. Pedro Saavedra necesitará posibilidades de recepción, ya que dará muchas conferencias sobre asuntos de negocios, deseando por ello hacer reservar una sala de conferencias durante su estancia.

Herr Pedro Saavedra wird Empfangsmöglichkeiten benötigen, da er viele geschäftliche Konferenzen abhalten wird, und möchte einen Konferenzraum für die Dauer seines Aufenthalts reservieren lassen.

Necesitamos durante este período de tiempo asimismo un garaje, de no ser posible en su garaje subterráneo, por lo menos, en algún sitio en las cercanías.

Wir benötigen während dieser Zeit auch einen Garagenplatz, wenn nicht in Ihrer Tiefgarage, dann wenigstens irgendwo in der Nähe.

El Sr. J. Krämer tiene la intención de llegar con el vuelo 057 de Lufthansa, debiendo así presentarse en el hotel a eso de las 22.00 horas.

Herr J. Krämer beabsichtigt, mit der Lufthansa, Flug 057, anzukommen, und dürfte das Hotel gegen 22.00 Uhr erreichen.

Debido a haber utilizado un vuelo posterior, el Sr. Serra llegará a su hotel aproximadamente a las 22.00 horas.

Wegen eines späteren Fluges wird Herr Serra gegen 22.00 Uhr in Ihrem Hotel eintreffen.

Les quedaríamos muy agradecidos si confirmaran esta reserva.

Wir wären dankbar, wenn Sie diese Buchung bestätigen würden.

Rogamos a Vds. confirmar esta reserva

Bitte bestätigen Sie diese Reservierung (od. Buchung)

a) antes del 5 de marzo.

a) vor dem 5. März.

b) inmediatamente (dado que tenemos que llegar a otro arreglo, en caso de que no nos puedan dar alojamiento).

b) umgehend (da wir ein anderes Arrangement treffen müssen, wenn Sie uns nicht unterbringen können).

c) tan pronto como sea posible, comunicándonos los gastos totales, incluido el IVA y el servicio.

c) so bald wie möglich, und teilen Sie uns die Gesamtkosten einschließlich Mehrwertsteuer und Bedienung mit.

El 4 de marzo escribimos a Vds. rogándoles reservar dos habitaciones individuales para el Sr. Barrios y el Sr. Campos para las noches del 27 y 28 de marzo. Rogamos a Vds. se sirvan hacernos llegar inmediatamente su confirmación, indicando al mismo tiempo los precios de las habitaciones.

Am 4. März schrieben wir Ihnen mit der Bitte, für Herrn Barrios und Herrn Campos zwei Einzelzimmer für die Nächte vom 27. März und 28. März zu reservieren. Könnten wir bitte umgehend Ihre Bestätigung erhalten mit Angabe der Zimmerpreise.

3. Änderungen und Abbestellungen

Rogamos a Vds. cancelar las reservas siguientes (efectuadas a nombre del Sr. Salmerón de la casa Industrial del Duero):

Bitte streichen Sie die folgenden Reservierungen (die im Namen von Herrn Salmerón der Firma Industrial del Duero gemacht wurden):

Desgraciadamente tengo que anular mi reserva previa: 1 habitación de dos camas para el lunes, 12 de diciembre (para 5 noches).

Leider muß ich meine ursprüngliche Buchung: 1 Doppelzimmer für Montag, 12. Dezember (für 5 Nächte), rückgängig machen.

Por desgracia, tuve que cambiar mis planes.

Leider mußte ich meine Pläne ändern.

Les quedaría muy agradecido si pudieran cambiar mi reserva para una semana más tarde, es decir, del 12 hasta el 14 de marzo.

Ich wäre dankbar, wenn Sie meine Buchung auf eine Woche später ändern könnten, d. h. vom 12. bis 14. März.

Ruego a Vds. disculpen este cambio, esperando tengan aún habitaciones libres para las fechas posteriores.

Ich bitte, diese Änderung zu entschuldigen, und hoffe, daß Sie für die späteren Daten noch freie Zimmer haben.

4. Reservierung eines Hotelzimmers durch eine befreundete Firma

Teniendo grandes dificultades en encontrar en Colonia una habitación individual para el Sr. Sanz para la noche del 25 al 26 de septiembre, nos agradaría saber si Vds. nos podrían quizás reco-

Wir haben große Schwierigkeiten, für Herrn Sanz in Köln für die Nacht vom 25. auf den 26. September ein Einzelzimmer zu bekommen, und möchten gerne wissen, ob Sie vielleicht ein Hotel

mendar un hotel en el que pudiéramos encontrar alojamiento.

Les quedaríamos muy agradecidos si

a) pudieran encontrar un hotel para nosotros. Necesitamos 2 habitaciones individuales, preferentemente con baño.

b) pudieran lograr un alojamiento adecuado para el Sr. Cueto.

Sé que es muy difícil encontrar una habitación en un hotel en esta época del año, por lo que espero no causarles a Vds. demasiadas molestias con la búsqueda de habitación.

Dado que disponemos de un coche, naturalmente no es imprescindible que el hotel esté en Colonia mismo, incluso preferiríamos un sitio donde reine cierta tranquilidad.

Naturalmente se sobreentiende que nos haremos cargo de todos los gastos de hotel.

Le resulta, por desgracia, imposible al Sr. Ruiz ausentarse de Barcelona durante las próximas dos semanas. Les quedaríamos por ello muy agradecidos si se sirvieran anular la reserva en el Hotel Excelsior.

vorschlagen könnten, in dem wir Unterkunft finden können.

Wir wären Ihnen sehr dankbar, wenn Sie

a) für uns ein Hotel ausfindig machen könnten. Wir benötigen 2 Einzelzimmer, am liebsten mit Bad.

b) eine passende Unterbringung für Herrn Cueto arrangieren könnten.

Ich weiß, daß Hotelzimmer zu dieser Zeit sehr schwer zu finden sind, und hoffe sehr, daß wir Ihnen mit der Zimmersuche keine zu große Mühe bereiten werden.

Da wir einen Wagen haben, braucht das Hotel natürlich nicht in Köln selbst zu sein, und wir würden sogar etwas vorziehen, wo es einigermaßen friedlich und ruhig ist.

Es versteht sich natürlich, daß alle Hotelkosten von uns getragen werden.

Es hat sich leider für Herrn Ruiz als unmöglich erwiesen, während der nächsten 14 Tage von Barcelona abwesend zu sein. Deshalb wären wir Ihnen sehr dankbar, wenn Sie die Buchung für das Hotel Excelsior stornieren würden.

5. Kunde an das Reisebüro

a) allgemeine Anfrage

He leído su anuncio en «El Panorama Español» de esta semana, estando muy interesado en sus vacaciones con tenis y hobbys.

Ich habe Ihre Anzeige im „El Panorama Español" dieser Woche gelesen und bin an Ihren Tennis- und Hobbyferien interessiert.

Desearía recibir su folleto con detalles exactos de sus precios.	*Ich möchte gerne Ihre Broschüre mit genauen Einzelheiten Ihrer Preise erhalten.*
Ruego a Vds. me envíen	*Bitte senden Sie mir*
a) detalles sobre sus viajes en autocar (o: viajes de vacaciones con todo incluido).	*a) Einzelheiten über Ihre Busreisen (od. Pauschalferienreisen).*
b) detalles de su servicio de trasbordadores.	*b) Einzelheiten Ihres Autofährendienstes.*
c) detalles de sus salidas a Palma de Mallorca durante los próximos dos meses y los precios de los pasajes (sencillo y de ida y vuelta).	*c) Einzelheiten über Ihre Abfahrten nach Palma de Mallorca während der nächsten zwei Monate und die Fahrpreise (einfache Fahrt und Rückfahrt).*
d) detalles de los cruceros de vacaciones que ofrecen Vds. este verano.	*d) Einzelheiten über die Ferienkreuzfahrten, die Sie in diesem Sommer anbieten.*
e) datos de los vuelos el mes de abril de Madrid a Hamburgo, incluyendo horario de salidas y llegadas.	*e) Flugdaten im April von Madrid nach Hamburg, einschließlich der Abflugs- und Ankunftszeiten.*
f) un ejemplar del horario de vuelos de la Lufthansa.	*f) ein Exemplar des Lufthansa-Flugplans.*
Rogamos a Vds. nos indiquen	*Bitte geben Sie an,*
a) qué plazo de preaviso es necesario para las reservas.	*a) welche Voranmeldungsfrist für das Buchen erforderlich ist.*
b) si es necesario un visado.	*b) ob ein Visum erforderlich ist.*

b) Buchung

Rogamos a Vds. reservar:	*Bitte reservieren (od. buchen) Sie:*
a) dos plazas para la excursión del 4 al 18 de mayo a la Costa del Sol para mí y la Sra. Schneider.	*a) zwei Plätze für die Tour vom 4. Mai bis 18. Mai an die Costa del Sol für mich und Frau Schneider.*
b) dos plazas en la clase económica para el vuelo LH 056 el 22 de octubre.	*b) zwei Plätze in der Economy-Klasse für Flug LH 056 am 22. Oktober.*
c) una plaza para el vuelo del 4 de marzo a las 15.30 horas a Guayaquil.	*c) einen Platz für den Flug am 4. März um 15.30 Uhr nach Guayaquil.*

Adjunto

Ich füge

a) un cheque bancario por Ptas. ... como cobertura del saldo total.

a) *einen Bankscheck über Ptas. ... zum vollen Ausgleich bei.*

b) un cheque de Ptas. ... como pago a cuenta.

b) *einen Scheck über Ptas. ... als Anzahlung bei.*

Rogamos nos confirmen

Bitte bestätigen Sie

a) el recibo de nuestra carta.

a) *den Empfang unseres Schreibens.*

b) la reserva, enviándonos los billetes necesarios.

b) *die Reservierung, und schikken Sie uns die erforderlichen Fahrkarten.*

c) el recibo (o: ingreso) del pago (o: de nuestro pago a cuenta).

c) *den Empfang der Zahlung (od. unserer Anzahlung).*

Esperamos con interés recibir la noticia de que pueden proporcionarnos el alojamiento que precisamos.

Wir sehen Ihrer Nachricht, daß Sie die von uns benötigte Unterbringung vermitteln können, gerne entgegen.

El Sr. Gruber fue hospitalizado ayer a los efectos de una operación de urgencia, no estando en condiciones de viajar en los próximos dos meses.

Herr Gruber wurde gestern zu einer Notoperation in das Krankenhaus eingewiesen und wird zwei Monate lang nicht reisen können.

Adjuntamos el billete n° ..., extendido el ..., quedándoles muy agradecidos si nos reembolsaran el precio pagado por nosotros, deduciendo los eventuales derechos de anulación.

Wir fügen den Fahrschein Nr. ..., ausgestellt am ... bei und wären dankbar, wenn Sie den von uns bezahlten Fahrpreis wiedererstatten würden, abzüglich einer evtl. Stornierungsgebühr.

c) Beschwerden

Me sorprende no haber recibido aún la confirmación de mi reserva del viaje en autocar «Romantische Städte».

Ich bin überrascht, daß ich die Bestätigung meiner Buchung für die Busreise „Romantische Städte" noch nicht erhalten habe.

Ruego a Vds. me manden a vuelta de correo el recibo de mi pago a cuenta, así como la confirmación de mi reserva.

Bitte senden Sie mir postwendend die Quittung meiner Anzahlung und die Bestätigung meiner Buchung.

Siento (o: Lamento) comunicar a Vds.

Ich bedauere, Ihnen mitzuteilen,

a) que han efectuado las reser-

a) *daß Sie die Buchungen für den*

vas del vuelo de Madrid a Palma de Mallorca para una fecha incorrecta.

b) que han efectuado las reservas para un viaje incorrecto. Nos han reservado para la gira de la Costa Brava, siendo así que les había rogado hacer reservas para la gira de la Costa del Sol.

c) que han extendido el billete con una fecha incorrecta (o: para un vuelo incorrecto; para el vuelo nocturno en lugar del vuelo de día [o: diurno]).

Flug von Madrid nach Palma de Mallorca für das falsche Datum gemacht haben.

b) daß Sie die Reservierungen für die falsche Reise gemacht haben. Sie haben uns für die Costa Brava gebucht, aber ich bat um Buchungen für die Costa del Sol-Tour.

c) daß Sie die Fahrkarte/den Flugschein für das falsche Datum (od. den falschen Flug; für den Nachtflug statt für den Tagesflug) ausgestellt haben.

XXIV. Besuchsterminvereinbarung

Im Geschäftsleben spielt der persönliche Kontakt eine nicht zu unterschätzende Rolle *(el contacto personal juega un papel que no debe ser subestimado)*. In persönlichen Gesprächen können wichtige Fragen meist schneller und besser behandelt werden als in einer langen Korrespondenz.

1. Man wünscht ein persönliches Gespräch

a) Bitte, empfangen zu werden

1. Apreciaría tener la oportunidad (u: ocasión) de verle (o: de entrevistarme von Vd.)

2. A uno de nuestros directores, Sr. Molina, le agradaría mucho visitar a Vd. un día de esta semana por la tarde

3. A nuestro director gerente, Sr. Díaz, le gustaría visitar a Vd. el lunes, día 15 de marzo,

   a) para discutir los detalles exactos de esta propuesta.

1. Ich würde die Gelegenheit, Sie zu sehen (od. treffen), schätzen,

2. Einer unserer Direktoren, Herr Molina, würde Sie sehr gerne an einem Nachmittag dieser Woche besuchen,

3. Unser geschäftsführender Direktor, Herr Díaz, würde Sie gerne am Montag, dem 15. März, aufsuchen,

   a) um die genauen Einzelheiten dieses Vorschlages zu besprechen.

b) para discutir diversos planes que (en su opinión) serían de mutuo beneficio.

b) um verschiedene Pläne zu besprechen, die (wie er denkt) zu unserem beiderseitigen Vorteil sein würden.

(Mucho) celebraría la oportunidad

Ich würde die Gelegenheit (sehr) begrüßen,

a) de discutir todo personalmente con Vd.

a) alles mit Ihnen persönlich zu besprechen.

b) de visitarle en un asunto de especial interés para ambos (o: para nosotros dos).

b) Sie in einer Sache aufzusuchen, die für uns beide von besonderem Interesse ist.

Mucho celebraría tener la oportunidad de verle personalmente con motivo de mi próxima visita a Madrid.

Ich würde es sehr begrüßen, wenn ich die Gelegenheit hätte, Sie bei meinem bevorstehenden Besuch in Madrid persönlich zu treffen.

El Sr. Calderón, al cual conocemos ambos, le ha escrito a Vd. sobre mi próxima visita a Barcelona.

Herr Calderón, den wir beide kennen, hat Ihnen von meinem bevorstehenden Besuch in Barcelona geschrieben.

1. El miércoles, 20 de julio, estaré (de nuevo) en Bilbao

1. Am Mittwoch, dem 20. Juli, werde ich (wieder) in Bilbao sein

2. Nuestro jefe de exportación, el Sr. Menéndez, estará el 10 de junio en Sevilla

2. Unser Exportleiter, Herr Menéndez, wird am 10. Juni in Sevilla sein

a) y tendría mucho gusto en visitarle por la tarde a una hora conveniente (o: que le convenga a Vd.).

a) und würde Sie gerne am Nachmittag zu einer beliebigen (od. Ihnen genehmen) Zeit aufsuchen.

b) y tendría sumo gusto en visitarle para discutir el procedimiento a seguir en cuanto al seguro.

b) und würde Sie gerne zur Besprechung der Versicherungsverfahren besuchen.

¿Podría quizás visitarle en cualquier momento el próximo martes? Llegaré exactamente a las 9.00 horas de la mañana a Salamanca y podría visitar primeramente a Vd.

Könnte ich Sie irgendwann am nächsten Dienstag aufsuchen? Ich werde genau um 9.00 Uhr morgens in Salamanca ankommen und könnte Sie als ersten besuchen.

1. Estaré toda la próxima semana (o: una semana) en Madrid,

1. Ich werde die ganze nächste Woche (od. eine Woche) in Madrid sein

2. Espero estar el 10 y 11 de junio en Madrid,

a) y desearía verle a Vd.

b) y le llamaré por teléfono en cualquier momento del día 9 de junio para fijar un día y la hora en que quizás pudiéramos encontrarnos.

c) y le quedaría muy agradecido si me comunicara el día y la hora más convenientes para Vd., ya que así podría compaginar mis otras citas.

Viajo a mediados de junio a Buenos Aires, pudiendo visitar Rosario en cualquier fecha que le convenga (o: venga bien) entre el 14 y 18 de junio inclusive.

Tengo la intención de pasar una semana en Quito a finales de mes, pensando que me sería posible hacer estación en Guayaquil antes de mi regreso a Europa.

2. Ich hoffe, am 10. und 11. Juni in Madrid zu sein,

a) und möchte Sie gerne sehen.

b) und werde Sie irgendwann am 9. Juni anrufen, um einen Tag und eine Zeit abzusprechen, wann wir uns vielleicht treffen könnten.

c) und ich wäre dankbar, wenn Sie mir den Tag und die Zeit mitteilten, die Ihnen am besten passen würden, da ich dann meine anderen Termine einfügen kann.

Ich komme Mitte Juni nach Buenos Aires und könnte Rosario an jedem Ihnen genehmen Datum zwischen dem 14. und 18. Juni einschließlich besuchen.

Ich habe vor, Ende des Monats eine Woche in Quito zu verbringen, und denke, daß es mir möglich sein wird, vor meiner Rückkehr nach Europa in Guayaquil Zwischenstation zu machen.

b) man schlägt einen Termin vor

¿Le vendría bien (o: Le convendría) a Vd. el miércoles, 19 de octubre, a las 15.30 horas?

Propongo visitarle a Vd. a las 14.30 horas del lunes, 4 de marzo.

¿Le vendría bien a cualquier hora del martes de la semana próxima, es decir el 6 de noviembre?

Würde Ihnen Mittwoch, der 19. Oktober, 15.30 Uhr passen?

Ich schlage vor, Sie um 14.30 Uhr am Montag, dem 4. März, aufzusuchen.

Würde Ihnen irgendeine Zeit am Dienstag nächster Woche, d. h. dem 6. November, passen?

c) man bittet um Terminangabe

Me alegraría si Vd. propusiera día y hora para hacerle una visita para discutir los detalles (o: por-

Ich würde mich freuen, wenn Sie einen Tag und die Zeit vorschlagen würden, an dem ich Sie

menores).

Si Vd. me llama por teléfono (o: me telefonea) podríamos quizás acordar una entrevista en cualquier día de la semana próxima.

Me pondré en contacto telefónico con su oficina a mi llegada a Caracas, donde estaré alojado en el Hotel Internacional.

Estaré del miércoles, 12 de octubre, al (o: hasta el) lunes, 17 de octubre, en Barcelona en el Hotel Condal,

a) donde me podrán contactar.

b) desde donde llamaré por teléfono al Sr. Chamorro, en su oficina de Madrid, para llegar a un acuerdo.

¿Sería Vd. tan amable de dejar un recado en el Hotel Bristol, indicando cuándo le vendría bien recibirme?

Estaré toda la semana en este hotel, por lo que cualquier noticia o carta me alcanzará aquí.

Quizás pudiera Vd. ponerse en contacto conmigo tan pronto como sea posible para fijar una fecha conveniente para Vd.

Sería preferible una cita por la tarde.

No importa a qué hora del día.

zur Besprechung der Einzelheiten aufsuchen könnte.

Wenn Sie mich anrufen, könnten wir vielleicht eine Zusammenkunft irgendwann in der nächsten Woche vereinbaren.

Ich werde mich mit Ihrem Büro bei meiner Ankunft in Caracas, wo ich im Hotel Internacional wohnen werde, telefonisch in Verbindung setzen.

Ich werde von Mittwoch, dem 12. Oktober, bis Montag, dem 17. Oktober, in Barcelona im Hotel Condal sein,

a) wo Sie mich erreichen können.

b) und werde Herrn Chamorro in Ihrem Madrider Büro anrufen, um eine Vereinbarung zu treffen.

Wären Sie so liebenswürdig, im Hotel Bristol eine kurze Nachricht zu hinterlassen mit der Mitteilung, wann es Ihnen paßt, mich zu empfangen?

Ich werde die ganze Woche in diesem Hotel sein, und eine Nachricht oder ein Brief wird mich hier erreichen.

Vielleicht könnten Sie sich mit mir so bald wie möglich in Verbindung setzen und ein Ihnen passendes Datum vereinbaren.

Ein Termin am Nachmittag würde bevorzugt.

Auf die Tageszeit kommt es nicht an.

d) Bitte um Bestätigung des Termins oder Alternativvorschlag

1. Si el día o la hora no le conviene (o: le viene bien),

1. Wenn der Tag oder die Zeit nicht gelegen sind,

2. Si la hora propuesta (o: Si ésta) no le es oportuna,

a) quizás pueda Vd. proponer otra hora u otro día.

b) le ruego me lo comunique, pues yo podría fácilmente cambiar mis planes y venir poco después por la tarde.

c) mi secretaria le dará a Vd. con mucho gusto otra fecha adecuada (u: oportuna) para Vd.

c) quizás podría Vd. dejarme un recado en el hotel, proponiéndome otra hora para nuestra entrevista (o: cita).

1. Le ruego nos comunique (o: Le ruego comunique a mi secretaria)

2. Quizás tuviera Vd. la amabilidad de informarme

si esta entrevista (o: cita) le viene bien.

De no tener de Vd. noticias (en contrario), supondré

a) que la cita propuesta es de su conformidad.

b) que le viene bien que le visite a Vd. a esa hora.

2. *Wenn die vorgeschlagene Zeit (od. Wenn dies) nicht paßt,*

a) *würden Sie vielleicht eine andere Zeit oder einen anderen Tag vorschlagen.*

b) *teilen Sie mir dies bitte mit, da ich meine Pläne leicht anders einrichten und später am Nachmittag kommen könnte.*

c) *wird meine Sekretärin gerne einen anderen, Ihnen passenden Termin vereinbaren.*

d) *könnten Sie vielleicht im Hotel eine kurze Mitteilung für mich hinterlassen und eine andere Zeit für unsere Besprechung vorschlagen.*

1. *Bitte teilen Sie uns (od. meiner Sekretärin) mit,*

2. *Vielleicht wären Sie so liebenswürdig, mir mitzuteilen,*

ob Ihnen diese Vereinbarung paßt.

Wenn ich von Ihnen nichts (od. nichts Gegenteiliges) höre, werde ich annehmen,

a) *daß unsere vorgeschlagene Verabredung gilt.*

b) *daß es Ihnen passen wird, daß ich Sie zu dieser Zeit aufsuche.*

e) man schlägt vor, den Termin telefonisch abzusprechen

Quizás podría hacer que su secretaria llame a la mía para que fijen una fecha (o: cita) conveniente para ambas partes.

Llamaré a su secretaria en un par de días para acordar una fecha adecuada.

Vielleicht würden Sie veranlassen, daß Ihre Sekretärin meine Sekretärin anruft, um einen beiderseitig passenden Termin festzusetzen.

Ich werde Ihre Sekretärin in ein paar Tagen anrufen und eine passende Zeit vereinbaren.

Celebraría me llamara Vd. por teléfono para comunicarme el día y hora en que podríamos continuar discutiendo el asunto.

Ich würde einen telefonischen Anruf von Ihnen begrüßen, um mir eine Zeit mitzuteilen, zu der wir die Angelegenheit weiter besprechen könnten.

Mi secretaria le llamará a Vd. por teléfono el lunes para informarse de si se puede fijar alguna fecha para una entrevista.

Meine Sekretärin wird Sie am Montag anrufen, um zu hören, ob Vereinbarungen für ein Treffen gemacht werden können.

Tan pronto como llegue el Sr. Gómez a Francfort, le llamará a Vd. para acordar la hora para una cita.

Sobald Herr Gómez in Frankfurt ankommt, wird er Sie anrufen, um eine Zeit für ein Treffen zu vereinbaren.

Le llamaré a Vd. nada más llegar.

Ich werde Sie sofort nach meiner Ankunft anrufen.

2. Antwort

a) allgemein

Muchísimas gracias por su carta del 12 de abril,

Besten Dank für Ihr Schreiben vom 12. April,

a) con la que me ruega convenir una cita (con el Sr. Heller, jefe de nuestro departamento de investigación y desarrollo).

a) in dem Sie um einen Termin (mit Herrn Heller, dem Leiter unserer Forschungs- und Entwicklungsabteilung,) bitten.

b) anunciando el próximo viaje del Sr. Ramírez.

b) in dem Sie die bevorstehende Reise des Herrn Ramírez ankündigen.

c) en relación con la visita del Sr. Manises a Europa.

c) bezüglich des Besuches des Herrn Manises in Europa.

1. Tuvimos mucho gusto en recibir su carta del 2 de junio, habiéndonos impuesto de

1. Mit Vergnügen haben wir Ihr Schreiben vom 2. Juni erhalten und erfahren,

2. Les agradecemos su carta de fecha 30 de mayo, habiendo tomado conocimiento de

2. Wir danken Ihnen für Ihr Schreiben vom 30. Mai und nehmen davon Kenntnis,

a) que Vds. están haciendo preparativos para visitar nuestro país en el próximo (mes de) agosto.

a) daß Sie Pläne vorbereiten, unser Land im nächsten August zu besuchen.

b) que Vd. (o: el Sr. Muñoz) estará la semana próxima en Zurich.

b) daß Sie (od. Herr Muñoz) in der nächsten Woche in Zürich sein werden (od. wird).

b) Angabe des Besuchstermins

1. Me alegraría de

2. Nuestro jefe de exportación, el Sr. Hansen, se complacerá en

   a) recibir al Sr. López el miércoles, 15 de marzo, a las 11.00 horas.

   b) recibir a Vd. el 9 de junio a las 11.30 horas, quedándole muy agradecido si Vd. confirmara esta fecha a su llegada a Hamburgo.

   c) recibir a Vd. (o: a su representante) el martes, 20 de mayo, a las 13.00 horas, en nuestras oficinas de Hamburgo.

Mucho me alegraría verle en Madrid, proponiendo a Vd. al efecto, si le conviene, el 17 de julio, a las 10.00 horas.

Nuestro jefe de exportación y nuestro jefe de producción podrán recibir al Sr. Álvarez en cualquier momento durante la mañana o la tarde del viernes, día 12 de junio.

¿Le vendría bien a Vd. venir a (o: pasar por) mi oficina el jueves, 6 de noviembre, a las 10,00 horas?

El próximo lunes a las 15.00 horas sería una fecha adecuada, sin embargo, en caso de que no le venga bien a Vd., le ruego me llame por teléfono, estando seguro de que podremos convenir otra fecha y hora.

Estaré toda la semana próxima en mi despacho, con excepción del miércoles, por lo que quizás pueda Vd. llamar a mi secretaria, la Srta. Romero, a fin de convenir una fecha adecuada para ambas partes.

1. Es würde mich freuen,

2. Unser Exportleiter, Herr Hansen, wird sich freuen,

   a) Herrn López am Mittwoch, dem 15. März, um 11.00 Uhr zu empfangen.

   b) Sie am 9. Juni um 11.30 Uhr zu empfangen, und wäre dankbar, wenn Sie diesen Termin bei Ihrer Ankunft in Hamburg bestätigen würden.

   c) Sie (od. Ihren Vertreter) am Dienstag, dem 20. Mai, um 13.00 Uhr in unserem Büro in Hamburg zu empfangen.

Ich würde mich sehr freuen, Sie in Madrid zu sehen, und schlage den 17. Juli, 10.00 Uhr vor, wenn Ihnen dies paßt.

Unser Exportleiter und unser Produktionsleiter werden Herrn Álvarez jederzeit während des Morgens oder Nachmittags am Freitag, dem 12. Juni, empfangen können.

Würde es Ihnen passen, um 10.00 Uhr am Donnerstag, dem 6. November, in mein Büro zu kommen?

Der nächste Montag um 15.00 Uhr wäre eine gute Zeit; falls dies jedoch nicht passen sollte, rufen Sie mich bitte an, und ich bin sicher, daß ein anderer Tag und Zeitpunkt vereinbart werden kann.

Ich werde in der ganzen nächsten Woche im Büro sein mit Ausnahme von Mittwoch; deshalb rufen Sie vielleicht meine Sekretärin, Frl. Romero, an, um einen beiderseitig passenden Termin zu vereinbaren.

c) Diverses

Haga Vd. el favor de ponerse en contacto conmigo tan pronto llegue Vd. a Munich.

Bitte setzen Sie sich mit mir in Verbindung, sobald Sie in München ankommen.

Sírvase preguntar a su llegada por la secretaria del Sr. Méndez.

Fragen Sie bei Ihrer Ankunft bitte nach der Sekretärin des Herrn Méndez.

Si Vd. me indica el número del vuelo y la compañía de aviación, tendré sumo gusto en ir a buscarle (o: hacer que le vayan a buscar).

Wenn Sie mir die Flugnummer und die Fluglinie mitteilen, werde ich Sie sehr gerne abholen (od. abholen lassen).

Comuníqueme, por favor,

Bitte teilen Sie mir

a) sus planes de vuelo, por ejemplo, ¿cuándo aterriza su avión en Viena?

a) *Ihre Flugpläne mit, z. B., wann landet Ihr Flugzeug in Wien?*

b) si debemos reservar para Vd. una habitación en un hotel.

b) *mit, ob wir für Sie ein Hotelzimmer reservieren sollen.*

Comuníqueme Vd., por favor, la hora de la llegada del Sr. Ponce a ésta. Haremos que le vayan a buscar al aeropuerto y le lleven en coche al hotel.

Bitte teilen Sie mir die Zeit der Ankunft des Herrn Ponce hier mit. Wir werden ihn dann am Flughafen abholen lassen und ihn zu seinem Hotel fahren.

Hemos dado instrucciones de alojar al Sr. Pinto en el Hotel Vierjahreszeiten la noche del 20 de junio.

Wir haben die Unterbringung für Herrn Pinto im Hotel Vierjahreszeiten für die Nacht des 20. Juni veranlaßt.

3. Bestätigung des vereinbarten Termins

Quisiera confirmar

Ich möchte bestätigen,

a) que el Sr. Nogales y yo estaremos en su oficina el miércoles, día 3 de julio, a las 11 horas.

a) *daß Herr Nogales und ich am Mittwoch, dem 3. Juli, um 11 Uhr in Ihrem Büro sein werden.*

b) que el Sr. Pimentel llegará a Düsseldorf el jueves, 25 de enero, a las 11.30, con vuelo LH 506.

b) *daß Herr Pimentel am Donnerstag, dem 25. Januar, um 11.30 Uhr in Düsseldorf ankommen wird – Flug LH 506.*

4. Schlußworte

Me alegrará (mucho)

Ich freue mich (sehr),

a) verle a Vd. el 11 de octubre a las 9.30 horas.

a) Sie am 11. Oktober um 9.30 Uhr zu sehen.

b) de manera especial entrevistarme con su jefe de marketing y su jefe del departamento de investigaciones.

b) besonders darauf, Ihren Marketing-Manager und den Leiter Ihrer Forschungsabteilung zu treffen.

c) continuar las discusiones con Vd. en Hamburgo sobre el proyecto XY el próximo martes, día 8 de marzo, a las 14 horas.

c) das XY-Projekt mit Ihnen in Hamburg am nächsten Dienstag, dem 8. März, um 14 Uhr weiter zu besprechen.

d) tener oportunidad de verle a Vd. de nuevo.

d) auf die Gelegenheit, Sie wiederzusehen.

Será (sin duda) un placer

Es wird (gewiß) ein Vergnügen sein,

a) verle a Vd. de nuevo (o: volver a verle).

a) Sie wiederzutreffen.

b) entrevistarnos con Vd. nuevamente y reanudar el agradable contacto que tuvimos al discutir por primera vez la cuestión (o: el asunto).

b) Sie wiederzutreffen und den angenehmen Kontakt zu erneuern, den wir hatten, als wir die Frage (od. die Angelegenheit) erstmals diskutierten.

Hace ya mucho tiempo desde que nos vimos por última vez en Sevilla, y (mucho) me agradaría reanudar con Vd. las agradables relaciones.

Es ist schon lange her, daß wir uns zuletzt in Sevilla gesehen haben, und es würde mich (sehr) freuen, die angenehme Verbindung mit Ihnen zu erneuern.

Mucho nos alegrará ver al (o: entrevistarnos con el) Sr. Neumann,

Wir freuen uns sehr darauf, Herrn Neumann wieder zu treffen,

a) y haremos todo lo posible para que su visita sea agradable y provechosa.

a) und werden alles mögliche tun, um seinen Besuch angenehm und nutzbringend zu gestalten.

b) esperando con gusto su llamada telefónica.

b) und erwarten gerne seinen Telefonanruf.

5. Terminänderung und Absage

Siento que no nos sea posible concertar una entrevista durante su estancia en Munich la semana próxima, dado que estaré toda la semana en Berlín para participar en una reunión de nuestro departamento de publicidad.

Ich bedauere, daß es uns nicht möglich ist, während Ihres Aufenthaltes in München in der nächsten Woche ein Zusammentreffen zu vereinbaren, da ich die ganze Woche in Berlin sein werde und an einer Sitzung unserer Werbeabteilung teilnehme.

Por desgracia, su carta del 20 de junio llegó a ésta bastante tarde y el Sr. Fröhlich, nuestro director gerente, se encuentra por el momento de vacaciones hasta finales de julio.

Leider ist Ihr Schreiben vom 20. Juni hier ziemlich spät angekommen, und Herr Fröhlich, unser geschäftsführender Direktor, ist augenblicklich bis Ende Juli in Urlaub.

El Sr. Klein tiene el 24 de marzo una serie de conversaciones, siendo improbable que pueda recibirle en esa fecha. No obstante, mucho le agradaría entrevistarse con Vd. el 25 de marzo.

Herr Klein hat am 24. März eine Reihe von Besprechungen, und es ist unwahrscheinlich, daß er Sie an diesem Tage empfangen kann. Er würde sich jedoch am 25. März sehr gerne mit Ihnen treffen.

Desgraciadamente, tengo que cancelar nuestra cita para el próximo miércoles, 10 de junio, a las 10.00 horas.

Leider muß ich unsere Zusammenkunft am nächsten Mittwoch, dem 10. Juni, um 10 Uhr absagen.

Por desgracia, el miércoles no me es posible, pero el jueves, a las 9.30 horas me vendría bien.

Leider ist Mittwoch für mich nicht möglich, aber es würde mir am Donnerstag um 9.30 Uhr passen.

Desgraciadamente, el Sr. Langen tiene que aplazar (o: dejar para más tarde) la entrevista acordada con Vd. para el 12 de octubre, ya que tiene que ir a Zurich.

Leider muß Herr Langen das mit Ihnen vereinbarte Zusammentreffen für den 12. Oktober verschieben, da er nach Zürich gerufen wurde.

Con motivo de la reorganización de nuestras filiales, se hace imprescindible mi presencia en ésta en esa fecha, pues debo participar, a este efecto, en una serie de conferencias en las próximas semanas.

Wegen der Reorganisation unserer Tochtergesellschaften ist meine Anwesenheit hier unbedingt zu dieser Zeit erforderlich, denn ich muß in Verbindung hiermit in den nächsten Wochen an einer Reihe von Konferenzen teilnehmen.

Para esta (o: esa) fecha ha sido convocada con carácter urgente

Eine dringend einberufene Ausschußsitzung ist für diesen

una sesión del comité a la que debo asistir.

Desgraciadamente, la agenda del Sr. Ochoa se ha complicado de forma tan considerable que no le será posible visitar Colonia, como tenía planeado.

Tenía la intención de pasar una semana en el Paraguay, pero un cambio inevitable en mis citas de negocios en Buenos Aires hace necesario/a una repentina y completa modificación de los planes.

El Sr. Neumann tuvo que telegrafiarles a Vds. esta mañana como sigue:

a) SIENTO CITA DIEZ IMPOSIBLE.

b) REGRESO DEBIDO NEGOCIOS URGENTES PUNTO CANCELAR MIERCOLES PUNTO DISPONIBLE CUALQUIER MOMENTO SEMANA PROXIMA PUNTO CONVENIR FECHA CON MI SECRETARIA.

Tag festgesetzt worden, und ich muß daran teilnehmen.

Leider ist Herrn Ochoas Zeitplan beträchtlich durcheinandergeraten, und es wird ihm nicht möglich sein, Köln wie geplant zu besuchen.

Ich hatte beabsichtigt, eine Woche in Paraguay zu verbringen, aber eine unvermeidliche Änderung in meinen geschäftlichen Verabredungen in Buenos Aires erfordert eine plötzliche und vollständige Abänderung der Pläne.

Herr Neumann mußte Ihnen heute morgen wie folgt telegrafieren:

a) *BEDAUERE TREFFEN ZEHNTEN UNMÖGLICH.*

b) *ABBERUFUNG DRINGENDE GESCHÄFTE STOP MITTWOCH STREICHEN STOP VERFÜGBAR JEDERZEIT NÄCHSTE WOCHE STOP TERMINABSPRACHE MIT MEINER SEKRETÄRIN.*

6. Entschuldigung wegen Nichteinhaltung des Termins

Siento sinceramente que mi secretaria tuviera que llamarle con motivo del aplazamiento de nuestra entrevista de ayer.

Lamento no haber estado en mi oficina cuando Vd. pasó ayer por aquí.

Desgraciadamente, mi secretaria no pudo ponerse en contacto con Vd. antes de que saliera de su casa (u: oficina).

Ich bedaure aufrichtig, daß meine Sekretärin Sie anrufen mußte wegen der Verschiebung unserer gestrigen Zusammenkunft.

Ich bedaure, daß ich nicht in meinem Büro war, als Sie gestern vorbeikamen.

Leider konnte meine Sekretärin Sie nicht erreichen, bevor Sie von zu Hause (od. von Ihrem Büro) weggingen.

De manera completamente inesperada, tuve que desplazarme a nuestra fábrica de Friedberg, por lo que estuve algunas horas ausente.

Ganz unerwartet wurde ich zu unserem Werk in Friedberg gerufen, und ich war einige Stunden weg.

Le ruego acepte mis más sinceras disculpas por los inconvenientes que le ocasioné a Vd. (ayer).

Bitte nehmen Sie meine aufrichtige Entschuldigung entgegen für die Unannehmlichkeiten, die ich Ihnen (gestern) bereitet habe.

Esperaba estar de regreso con toda seguridad hasta las 15 horas en mi oficina,

Ich erwartete ganz sicher, bis 15 Uhr zurück im Büro zu sein,

a) pero una conferencia de la dirección en la fábrica duró hasta casi las cuatro.

a) aber eine Konferenz der Direktion in der Fabrik dauerte bis fast vier.

b) pero me retrasé debido al enorme tráfico a mi regreso a la oficina.

b) aber ich wurde durch starken Verkehr bei meiner Rückfahrt zum Büro aufgehalten.

7. Unter Geschäftsfreunden

a) Einladung zum Essen

Con mucho gusto hemos desprendido de su carta que Vd. estará en Viena la semana próxima,

Ihrem Schreiben haben wir gern entnommen, daß Sie in der nächsten Woche in Wien sein werden,

a) y mucho me alegraría entrevistarme con Vd. el 2 de octubre.

a) und es würde mich sehr freuen, Sie am 2. Oktober zu treffen.

b) y mucho me alegraría si Vd. tuviera una hora de tiempo para almorzar conmigo.

b) und ich würde mich sehr freuen, wenn sie eine Stunde Zeit hätten, um mit mir zu Mittag zu essen.

¿Le vendría bien a Vd. entrevistarse conmigo para almorzar en el Grill Royal?

Würde es Ihnen passen, mich im Grill-Royal zum Mittagessen zu treffen?

En caso de que no tenga noticias suyas (o: de Vd.), tengo la intención de encontrarme con Vd. en el foyer del Hotel Savoy a eso de las 12.30 horas.

Falls ich nichts weiteres von Ihnen höre, habe ich vor, Sie im Foyer des Hotels Savoy gegen 12.30 Uhr zu treffen.

Nos podríamos encontrar o bien en el hotel o en mi oficina, como más le convenga a Vd.

Ich könnte Sie entweder in Ihrem Hotel oder in meinem Büro treffen, wie es Ihnen am bequemsten ist.

b) Annahme bzw. Absage

Mucho me ha alegrado haber recibido esta mañana su invitación

Es hat mich sehr gefreut, heute morgen Ihre Einladung zu erhalten,

a) a almorzar con Vd. el próximo viernes, la cual acepto con sumo gusto.

a) am nächsten Freitag mit Ihnen zu Mittag zu essen, die ich gern annehme.

b) a cenar con Vd. cuando vaya la próxima semana a Valencia.

b) mit Ihnen zu Abend zu essen, wenn ich in der nächsten Woche nach Valencia komme.

c) a almorzar con Vd. y el Sr. Cox durante mi breve visita a Quito el 8 de abril.

c) mit Ihnen und Herrn Cox am 8. April während meines kurzen Besuches in Quito zu Mittag zu essen.

Con sumo gusto acepto esta invitación, alegrándome de tener el placer de verle de nuevo.

Ich nehme gerne diese Einladung an und freue mich auf das Vergnügen, Sie wiederzusehen.

Día y hora me vienen bien, por lo que estaré a las 12.30 horas en el foyer del Hotel Residenz, como Vd. había propuesto.

Tag und Stunde passen mir glänzend, und ich werde um 12.30 Uhr im Foyer des Residenz-Hotels sein, wie Sie es vorgeschlagen hatten.

Es muy amable de Vd. proponerme venir a buscarme al hotel y, si esto no le ocasiona grandes inconvenientes, le esperaré en el foyer a esa hora.

Es ist sehr freundlich von Ihnen vorzuschlagen, daß Sie mich im Hotel abholen, und wenn Ihnen dies keine zu großen Umstände macht, werde ich im Foyer zu dieser Zeit auf Sie warten.

Lamento que, debido a otro compromiso, no pueda aceptar su invitación, esperando, sin embargo, que nos sea posible encontrarnos en una fecha próxima.

Ich bedauere, daß ich wegen einer anderen Verpflichtung Ihre Einladung nicht annehmen kann, hoffe aber, daß es uns möglich sein wird, in nächster Zeit zusammenzukommen.

Le doy mis más sinceras gracias por su amabilidad, esperando que Vd. deje para otra ocasión esta invitación.

Ich danke Ihnen aufrichtig für Ihre Freundlichkeit und hoffe, daß Sie die Einladung auf ein anderes Mal verschieben werden.

c) formelle Einladung und Antwort

El Sr. y la Sra. Martínez tienen el honor de invitar al Sr. y a la Sra. Steinkamp al cóctel que tendrá lugar el 15 de noviembre, a las 11 horas, en el Park Hotel.

Herr und Frau Martínez geben sich die Ehre, Herrn und Frau Steinkamp zu der im Park-Hotel am 15. November um 11 Uhr stattfindenden Cocktailparty einzuladen.

El Sr. y la Sra. Ponce agradecen al Sr. y a la Sra. Encina la gentil invitación al cóctel del 15 de noviembre,

Herr und Frau Ponce danken Herrn und Frau Encina für ihre freundliche Einladung zu einer Cocktailparty am 15. November

a) la cual aceptan con sumo gusto.

a) und nehmen sehr gerne an.

b) sintiendo no poder aceptarla con motivo de otro compromiso.

b) bedauern jedoch, daß sie diese infolge einer früheren Verpflichtung nicht annehmen können.

d) Einladung zur Übernachtung

Mucho me ha alegrado desprender de su carta esta mañana que Vd. estará el próximo mes en Hamburgo.

Ich habe mich gefreut, Ihrem Brief heute morgen zu entnehmen, daß Sie im nächsten Monat in Hamburg sein werden.

Si Vd. no tiene otros planes, me alegraría tenerle como huésped en nuestra casa durante su estancia en ésta.

Wenn Sie keine anderen Pläne haben, würde ich mich freuen, Sie während Ihres Aufenthaltes hier als Gast in unserem Hause zu haben.

Espero que Vd. aceptará la hospitalidad de mi casa durante su visita a ésta.

Ich hoffe, daß Sie die Gastfreundschaft meines Hauses während Ihres Besuches hier annehmen werden.

Si Vd. viene el próximo mes a Zurich, quizás le agradaría ser mi huésped en el Park Hotel.

Wenn Sie im nächsten Monat nach Zürich kommen, würde es Ihnen vielleicht Freude machen, mein Gast im Park-Hotel zu sein.

Hágame saber, por favor, si podemos contar con su visita.

Lassen Sie mich bitte wissen, ob wir Sie erwarten können.

Puede Vd. estar seguro de que le dispensaremos una cordial bienvenida.

Sie können eines herzlichen Willkommens sicher sein.

e) Annahme bzw. Absage

1. Muchas gracias por su cordial invitación

1. Vielen Dank für Ihre herzliche Einladung,

2. Mucho me ha alegrado recibir esta mañana su carta con la invitación

2. Es hat mich sehr gefreut, heute morgen Ihren Brief mit der Einladung zu erhalten,

a) de ser su huésped en su casa de campo.

a) Ihr Gast in Ihrem Landhaus zu sein.

b) de darme acogida en su casa durante mi estancia en Lugo.

b) während meines Aufenthaltes in Lugo Gast in Ihrem Hause zu sein.

c) de alojarme en su casa durante mi fin de semana en Madrid.

c) während meines Wochenendes in Madrid bei Ihnen zu wohnen.

Muy agradecido acepto su generosa hospitalidad, alegrándome ya de ver de nuevo a Vd. y a su esposa.

Dankbar nehme ich Ihre großzügige Gastfreundschaft an und freue mich, Sie und Ihre Frau Gemahlin wiederzusehen.

Desgraciadamente, debo estar en Sevilla a las 9 horas de la mañana siguiente con motivo de una conferencia de negocios, debiendo tomar por ello el vuelo nocturno para Madrid.

Leider muß ich zu einer geschäftlichen Konferenz um 9 Uhr am nächsten Morgen in Sevilla sein. Deswegen muß ich den Nachtflug nach Madrid nehmen.

Una vez más mi más cordial agradecimiento por su invitación.

Nochmals meinen herzlichen Dank für Ihre Einladung.

8. Dankschreiben

Mucho me ha alegrado haber tenido oportunidad de verle a Vd. de nuevo la semana pasada y discutir, entre otras cosas, los problemas de la energía solar.

Ich habe mich über die Gelegenheit sehr gefreut, Sie in der vorigen Woche wiederzutreffen und unter anderem die Probleme der Solarenergie zu besprechen.

1. Con la presente quisiera reiterar a Vd. mi agradecimiento

1. Hiermit möchte ich Ihnen nochmals danken

2. Quisiera expresar a Vd. nuevamente mi más cordial agradecimiento

2. Nochmals möchte ich meinen tiefempfundenen Dank zum Ausdruck bringen

a) por las deferencias que me dispensaron recientemente.

a) für die mir kürzlich entgegengebrachte Liebenswürdigkeit.

b) por haber tenido la amabilidad de hacer factible a nuestros ingenieros la visita de su fábrica. Éstos quedaron muy impresionados de su factoría, así como de la hospitalidad que les dispensaron.

c) por las numerosas deferencias de que me hicieron objeto durante mi última (o: reciente) visita a Winterthur.

Estoy seguro de que mi visita a ésa sin su generosa ayuda de ningún modo hubiera podido ser tan agradable y fructífera.

El almuerzo con Vd. en el Restaurante Martínez fue sumamente ameno, queriendo yo darle por ello nuevamente las gracias por haber contribuido en tal grado a hacer mi estancia en Madrid tan agradable.

Quisiera reiterar a Vd. mi agradecimiento por todo el tiempo que me dedicó para hacer tan agradable mi visita a su ciudad, y en especial a su esposa por el suculento almuerzo que nos sirvió.

Su gentil hospitalidad es el recuerdo más agradable de mi reciente viaje de negocios por la República Federal, por lo que quisiera hacer saber a Vd. y a su esposa lo mucho que aprecio su gentileza.

Su gentileza y su incondicional cooperación, y no menos su verdadera hospitalidad latinoamericana, contribuyeron a hacer mi viaje, no sólo en extremo fructífero, sino al mismo

b) daß Sie unseren Ingenieuren bei ihrem Besuch Ihre Fabrik freundlicherweise zugänglich gemacht haben. Sie waren von Ihrem Werk sehr beeindruckt und auch von der ihnen entgegengebrachten Gastfreundschaft.

c) für die vielen Gefälligkeiten, die Sie mir während meines letzten (od. kürzlichen) Besuches in Winterthur entgegengebracht haben.

Ich bin sicher, daß mein Besuch dort ohne Ihre großzügige Hilfe unmöglich so angenehm und erfolgreich hätte sein können.

Das Mittagessen mit Ihnen im Restaurant Martínez war höchst angenehm, und ich danke Ihnen nochmals dafür, daß Sie zu dem Vergnügen meines Aufenthalts in Madrid soviel beigetragen haben.

Ich möchte Ihnen nochmals für die ganze Zeit, die Sie mir gewidmet haben, um meinen Besuch in Ihrer Stadt so angenehm zu machen, danken, und danke besonders Ihrer Frau Gemahlin für das köstliche Mittagessen, das sie uns servierte.

Ihre liebenswürdige Gastfreundschaft ist die schönste Erinnerung an meine kürzliche Geschäftsreise durch die Bundesrepublik. Ich möchte, daß Sie und Ihre Frau Gemahlin wissen, wie sehr ich Ihre Liebenswürdigkeit schätze.

Ihre Liebenswürdigkeit und Ihre rückhaltlose Kooperation, von Ihrer wahren lateinamerikanischen Gastfreundschaft ganz zu schweigen, haben meine Reise nicht nur höchst erfolgreich,

tiempo agradabilísimo.

sondern auch außerordentlich angenehm gemacht (od. gestaltet).

Mi mujer y yo quisiéramos expresar a Vd. y a su esposa nuestro más cordial agradecimiento por la calurosa acogida y generosa hospitalidad durante nuestra reciente visita a su país.

Meine Frau und ich möchten Ihnen und Ihrer Frau Gemahlin unsere tiefempfundene Dankbarkeit zum Ausdruck bringen für Ihr herzliches Willkommen und Ihre großzügige Gastfreundschaft während unseres kürzlichen Besuches in Ihrem Lande.

Espero (tener oportunidad; que Vd. me dé oportunidad de)

Ich hoffe (die Gelegenheit zu haben; daß Sie mir eine Gelegenheit geben),

a) corresponder de algún modo a la recíproca sus deferencias.

a) irgendwie alle Ihre Liebenswürdigkeit zu erwidern.

b) hacerle patente a Vd. pronto (o: en un futuro no muy lejano; cuando Vd. venga a Barcelona) mi agradecimiento.

b) mich bald (od. in nicht zu ferner Zukunft; wenn Sie nach Barcelona kommen) erkenntlich zu zeigen.

Recuerde, por favor, que está invitado en todo momento en nuestra casa siempre y cuando sus pasos se dirijan a Europa.

Bitte denken Sie daran, daß Sie eine immer gültige Einladung in unser Haus haben, wann immer Sie nach Europa kommen.

9. Dank für Hilfe, die einem Geschäftsfreund gewährt wurde

Esta mañana me telefoneó (o: escribió) el Sr. Martins para decirme lo amable que fue Vd. con él durante su estancia en Buenos Aires.

Heute morgen hat Herr Martins angerufen (od. mir geschrieben), um mir zu sagen, wie liebenswürdig Sie zu ihm während seines Aufenthalts in Buenos Aires gewesen sind.

Quisiera agradecer a Vd. las deferencias dispensadas al Sr. Gómez cuando éste le visitó en su oficina la semana pasada.

Ich möchte Ihnen für Ihre Gefälligkeit Herrn Gómez gegenüber danken, als er Sie in der vorigen Woche in Ihrem Büro besuchte.

El cree que la visita de su fábrica fue muy provechosa para él, habiéndole proporcionado un gran placer visitar a Vd.

Er glaubt, daß die Besichtigung Ihres Werkes für ihn sehr gewinnbringend war, und der Besuch bei Ihnen hat ihm außerordentlich viel Freude gemacht.

10. Antwort auf Dankschreiben

1. Nos alegra saber que Vd. halló nuestra entrevista provechosa

1. *Wir freuen uns, daß Sie unsere Zusammenkunft nützlich gefunden haben,*

2. Nos hemos alegrado mucho del encuentro con Vd.

2. *Wir haben uns sehr über die Zusammenkunft mit Ihnen gefreut,*

a) y esperamos que nuestra cooperación sea duradera.

a) *und wir hoffen, daß unsere Zusammenarbeit fortdauern wird.*

b) y esperamos tener muchos más contactos en los años venideros.

b) *und wir hoffen, daß wir viele weitere Kontakte in den kommenden Jahren haben werden.*

He lamentado mucho no haberle encontrado durante su reciente viaje de negocios a Munich.

Es hat mir leid getan, daß ich Sie während Ihrer kürzlichen Geschäftsreise nach München nicht getroffen habe.

Siento verdaderamente no haberle visto cuando Vd. estuvo en Madrid. Como le dijo probablemente mi secretaria, estuve de vacaciones en Austria.

Es tut mir wirklich leid, daß ich Sie verpaßt habe, als Sie in Madrid waren. Wie meine Sekretärin Ihnen wahrscheinlich gesagt hat, war ich in Österreich in den Ferien.

Espero que la próxima vez tengamos ocasión de almorzar o cenar juntos.

Ich hoffe, daß wir das nächste Mal Gelegenheit haben, zusammen zu Mittag oder zu Abend zu essen.

Si Vd. planea otro viaje a Europa, espero que me lo comunique. Me sería verdaderamente un placer verle de nuevo.

Wenn Sie eine weitere Reise nach Europa planen, hoffe ich, daß Sie mir dies mitteilen werden. Es wäre wirklich ein Vergnügen, Sie wiederzusehen.

Interpunktionszeichen und sonstige Angaben für das Diktat

Punkt	.	punto
Punkt, Absatz	.	punto y aparte
Schlußstrich	.	punto final
Komma	,	coma
Semikolon	;	punto y coma
Doppelpunkt	:	dos puntos
Auslassungspunkte	. . .	puntos suspensivos
Fragezeichen	¿ ?	(signo de) interrogación
Ausrufezeichen	¡ !	(signo de) admiración o: exclamación
Anführungsstriche	« »	comillas
Gedankenstrich	–	raya
Bindestrich	–	guión
Apostroph	'	apóstrofo
Schrägstrich	/	trazo oblicuo
Klammern	( )	paréntesis
eckige Klammern	[ ]	corchetes
Großbuchstaben	IVA	mayúsculas
große Anfangs- buchstaben	Director General	iniciales mayúsculas
Kleinbuchstaben	director general	minúsculas
Druckbuchstaben	IVA	letras de imprenta
gesperrt	p e s e t a s	espaciado
abgekürzt	ptas.	abreviado
unterstreichen		subrayar
unterstrichen	<u>Ptas.</u>	subrayado
in Worten	cinco mil	en letras
in Zahlen	5.000	en números
Pfund- Dollar- Zeichen	£ $	símbolo de libra de dólar
Und-Zeichen	&	símbolo de y
Prozent-Zeichen	%	símbolo de por ciento
Überschrift		título
eingerückt		dejar espacio, sangrado
Absatz		párrafo
neue Zeile		punto y aparte
gleiche Zeile		punto y seguido
römische Zahlen	XXI	números romanos
arabische Zahlen	11	números árabes

Anhang

I. Verzeichnis wichtiger Handelsabkürzungen

a.c.	año corriente	laufendes Jahr
a/c	a cargo	zu Lasten
	a cuenta	auf Rechnung
a/cgo.	a cargo	zu Lasten
a/cta.	a cuenta	auf Rechnung
acr.	acreedor	Gläubiger
adj.	adjunto	beiliegend
Adm(on)	Administración	Verwaltung
a/f	a favor	zugunsten
apdo.	apartado	Postfach
art. art°	artículo	Artikel
atte.	atentamente	hochachtungsvoll
a/v	a vista	auf Sicht
Barna.	Barcelona	
Bco.	Banco	Bank
BOE	Boletín Oficial del Estado	Staatsanzeiger
brl.	barril	Faß
bto.	bulto	Ballen
	bruto	brutto
c/	cargo	zu Lasten von
C/	Calle	Straße
Cª Cía Comp.	Compañía	Gesellschaft
c/c	cuenta corriente	Girokonto
CC	Código Civil	Bürgerliches Gesetzbuch
C.deC.	Código de Comercio	Handelsgesetzbuch
c/dto.	con descuento	mit Skonto
CEI	Comunidad de Estados Independientes	Gemeinschaft Unabhängiger Staaten (GUS)
cgo.	cargo	zu Lasten von
c.i.f.	cost, insurance, freight	
c.f.s.	coste, flete y seguro	
c&f	cost and freight	
c.f.	coste y flete	
cm	centímetro	Zentimeter
C.P.	Código Postal	Postleitzahl
CPD	Centro de Proceso de Datos	Rechenzentrum Datenverarbeitungsbank
cta.	cuenta	Konto
cta.cte.	cuenta corriente	Girokonto
ch.	cheque	Scheck
D	Debe	Soll
D.	Don	Anrede
Dª	Doña	Anrede

D/A	documentos contra aceptación	Dokumente gegen Akzept
d/f	días fecha	Tage nach Sicht
dif.	diferencia	Differenz
divid.	dividendo	Dividende
dna.	docena	Dutzend
d/p	días plazo	Tage Frist
D/P	documentos contra pago	Dokumente gegen Zahlung
dpdo.	duplicado	Duplikat
Dpto.	Departamento	Abteilung
Dr.	Doctor	Doktor
d/v	días vista	Tage Sicht
Ecofín	Consejo de Ministros de Economía de la UE	EU-Wirtschaftsministerrat
ECU	European Currency Unit	
EE.UU.	Estados Unidos	USA
e.p.m.	en propia mano	persönlich übergeben
Exca.	Excelencia	Exzellenz
Excmo.	Excelentísimo	Anrede für hochgestellte Personen
fact.	factura	Rechnung
f.a.s.	free alongside ship	
f/c	ferrocarril	Eisenbahn
FF.CC.	ferrocarriles	Eisenbahnen
FIAMM	Fondos de inversión en activos del mercado monetario	Investitionsfonds in Geldmarktaktiva
F.I.M.	fondos de inversión mobiliaria	Investmentfonds
f.o.b.	free on board	
f.o.r.	free on rail	
f.o.t.	free on truck	
G/	giro	Tratte
gr.	gramo	Gramm
gral.	general	allgemein
g/v	gran velocidad	Eilgut
H	Haber	Haben
ha.	hectárea	Hektar
hl.	hectolitro	Hektoliter
Hno(s)	Hermano(s)	Bruder, Gebrüder
id.	ídem	dasselbe, dito
imp.	importe	Betrag
incl.	inclusive	einschließlich
Ing.	ingeniero	Ingenieur
int.	interés	Zins
IPC	Indice de Precios al Consumo	Index der Verbraucherpreise

IRPF	Impuesto sobre la renta de las personas físicas	Einkommensteuer
IVA	Impuesto sobre el Valor Añadido	Mehrwertsteuer
izq(da).	izquierda	links
kg	kilogramo	Kilogramm
km	kilómetro	Kilometer
l.	litro	Liter
L/	letra de cambio	Wechsel
lb.	libra	Pfund
LIBOR	London Interbank Offered Rate	
Ltda.	Limitada	mit beschränkter Haftung
m.	metro	Meter
m/c m/cta.	mi cuenta	meine Rechnung
m/c m/cgo.	mi cargo	zu meinen Lasten
MCI	Mecanismo de Cambios e Intervención	Wechselkurs- und Interventions-Mechanismus
m.f.	mi favor	zu meinen Gunsten
m/fact.	mi factura	meine Rechnung
MIBOR	Madrid Interbank Offered Rate	
mill.	millones	Millionen
m/L	mi letra	mein Wechsel
mm	milímetro	Millimeter
m/o	mi orden	meine Order
m/v.	meses vista	Monate Sicht
n/	nuestro, nuestra	
N.A.B.	Nomenclatura Arancelaria de Bruselas	Brüsseler Zollnomenklatur
n/c n/cta.	nuestra cuenta	unser Konto
n/cgo.	nuestra cargo	zu unseren Lasten
n/c.c. n/cta,cte.	nuestra cuenta corriente	unser Girokonto
n/f	nuestro favor	zu unseren Gunsten
n/L	nuestra letra	unser Wechsel
n/o	nuestra orden	unsere Order
n° núm.	número	Nummer
O.M.	Orden Ministerial	Ministerialerlaß
OPA	Oferta Pública de Adquisición (de Acciones)	öffentl. Kaufangebot (von Aktien)
OPV	Oferta Pública de Venta (de Acciones)	öffentl. Verkaufsangebot (von Aktien)

p.a.	por autorización	im Auftrag
P.A.	por ausencia	in Abwesenheit
pág.	página	Seite
p/c } p/cta. }	por cuenta	auf Rechnung
p.d.	por delegación	in Vertretung
P.D.	postdata	Nachtrag, PS
Pecos	Países del Este y Centro de Europa	Länder Ost- und Mitteleuropas
PED	Procedimiento (o Proceso) Electrónico de Datos	EDV
p.ej.	por ejemplo	zum Beispiel
PER	Price Earning Ratio	Preis/Gewinn-Verhältnis
PIB	Producto Interior Bruto	Bruttosozialprodukt
p.n/c } p.n/cta }	por nuestra cuenta	auf unsere Rechnung
PNN	Producto Nacional Neto	Nettosozialprodukt
P°	Paseo	Promenade, Allee
p.o.	por orden	im Auftrag
p.p.	por poder	per Prokura
ppdo.	próximo pasado	letzter Monat
pral.	principal	hauptsächlich
Pta(s).	Peseta, Pesetas	
p/v	pequeña velocidad	Frachtgut
PVP	Precio de Venta al Público	Verkaufspreis
PYME	Pequeña y Mediana Empresa	Klein- und Mittelbetriebe
Pza.	Plaza	Platz
q.m.	quintal métrico	Doppelzentner
R.D.	Real Decreto	Königliches Dekret
ref.	referencia	Betreff
RFA	República Federal de Alemania	BRD
R.P.	respuesta pagada	Rückantwort bezahlt
S.A.	Sociedad Anónima	Aktiengesellschaft
S.C.	Sociedad Colectiva	OHG
S.enC.	Sociedad en Comandita	Kommanditgesellschaft
s.b.f.	salvo buen fin	vorbehaltlich richtigen Eingangs
s/c } s/cta. }	su cuenta	Ihre Rechnung
s/cgo.	su cargo	zu Ihren Lasten
S.E.u.O.	salvo error u omisión	Irrtum vorbehalten
s/f	su favor	zu Ihren Gunsten
s/fact.	su factura	Ihre Rechnung
s/L	su letra	Ihr Wechsel

SMMD	Sociedades mediadoras en el mercado de dinero	Vermittlungsstellen am Geldmarkt
s/o	su orden	Ihre Order
Sr(es).	señor(es)	Herr(en)
Sra(s).	señora(s)	Frau(en)
Srta(s).	señorita(s)	Fräulein
S.R.L.	Sociedad de Responsabilidad Limitada	GmbH
TEC	Tarifa Exterior Común	gemeinschaftlicher Außentarif
tel(s).	teléfono(s)	Telefonnummer(n)
TIF	Transportes Internacionales por Ferrocarril	Intern. Eisenbahntransporte
TIR	Transportes Internacionales en Ruta	Internationale Lkw-Transporte
TPV	Terminal en Punto de Venta	Terminal an der Verkaufsstelle
T.T.	transferencia telegráfica	telegrafische Überweisung
TV	televisión	Fernsehen
V.B. V°B°	Visto Bueno	gesehen und genehmigt
Vd(s).	usted(es)	Sie (Anrede)
Vda.	viuda	Witwe
v.g.	verbi gracia	zum Beispiel
v/r	valor recibido	Wert erhalten

II. Verzeichnis wichtiger Organisationen

| ACLC | Asociación Centroamericana de Libre Comercio
Mittelamerikanische Freihandelsvereinigung |
|---|---|
| ADELA | Asociación para el Desarrollo Económico de Latino-América
Vereinigung für die Wirtschaftsentwicklung Lateinamerikas |
| AEB | Asociación Española de Banca
Spanische Bankenvereinigung |
| AEC | Asociación Española de Cooperativas
Spanischer Genossenschaftsverband |
| AELC | Asociación Europea de Libre Comercio
Europäische Freihandelsvereinigung (EFTA) |
| ALADI | Asociación Latinoamericana de Integración
Vereinigung für die Integration Lateinamerikas |
| ALALC | Asociación Latinoamericana de Libre Comercio
Lateinamerikanische Freihandelsvereinigung |
| AME | Acuerdo Monetario Europeo
Europäisches Währungsabkommen (EWA) |

ASTIC	Agrupación Sindical de Transportes Internacionales por Carretera Gewerkschaftsverband für internationale Straßentransporte
ATAI	Asociación de Transporte Aéreo Internacional Internationaler Luftverkehrsverband (IATA)
BANESTO	Banco Español de Crédito (span. Großbank)
BANKINTER	Banco Intercontinental Español (span. Industriebank)
BANKUNION	Unión Industrial Bancaria (span. Industriebank)
BBV	Banco de Bilbao Vizcaya (span. Großbank)
BCE	Banco Central Europeo Europäische Zentralbank
BCH	Banco Central Hispano (span. Großbank)
BCI	Banco de Crédito Industrial (span. Bank)
BEI	Banco Europeo de Inversiones Europäische Investitionsbank (EIB)
BID	Banco Interamericano de Desarrollo Interamerikanische Entwicklungsbank
BIP	Banco Internacional de Pagos Bank für internationalen Zahlungsausgleich (BIZ)
BIRD	Banco Internacional de Reconstrucción y Desarrollo Internationale Bank für Wiederaufbau und Entwicklung (Weltbank) oder
BM	Banco Mundial Weltbank
CAMPSA	Compañía Arrendataria del Monopolio de Petróleos staatl. Erdölgesellschaft in Spanien
CAP	Caja de Ahorros Provincial Provinzsparkasse in Spanien
CCI	Cámara de Comercio Internacional Internationale Handelskammer (IHK)
CEA	Confederación Europea de Agricultura Europäischer Landwirtschaftsverband
CECA	Confederación Española de Cajas de Ahorro Spanischer Sparkassenverband
CEOE	Confederación Española de Organizaciones Empresariales Dachverband der spanischen Unternehmerorganisationen
CEPAL	Comisión Económica para América Latina Wirtschaftskommission für Lateinamerika

CEPYME	Confederación Española de la Pequeña y Mediana Empresa Span. Verband der kleineren und mittleren Unternehmen
CESCE	Compañía Española de Seguros de Crédito a la Exportación Span. Exportkreditversicherungsgesellschaft
CNT	Confederación Nacional del Trabajo Span. Arbeitergewerkschaft
Cofides	Compañía Española de Financiación del Desarrollo Span. Gesellschaft für Entwicklungsfinanzierung
COSA	Cámara Oficial Sindical Agraria Landwirtschaftskammer in Spanien
CTNE	Compañía Telefónica Nacional de España staatl. Telefongesellschaft in Spanien
DGTE	Dirección General de Transacciones Exteriores Generaldirektion für Außenhandelsgeschäfte in Spanien
EEE	Espacio Económico Europeo Europäischer Wirtschaftsraum
EFE	span. Nachrichtenagentur
ENESA	Empresa Nacional de Seguros Agrarios staatl. Versicherungsgesellschaft für die Landwirtschaft
FMI	Fondo Monetario Internacional Internationaler Währungsfonds (IWF)
FONAS	Fondo Nacional de Asistencia Social span. Fonds für Sozialhilfe
FORPPA	Fondo de Ordenación y Regulación de Productos y Precios Agrarios staatl. Regulationsfonds für Agrarprodukte
ICEX	Instituto de Comercio Exterior (früher INFE) Institut für Außenhandel in Spanien
ICO	Instituto de Crédito Oficial staatl. Koordinierungsstelle für Kredite in Spanien
INEM	Instituto Nacional de Empleo Staatl. Institut für Arbeit
INSALUD	Instituto Nacional de la Salud Span. Gesundheitsinstitut
INSS	Instituto Nacional de la Seguridad Social Staatl. Sozialversicherung in Spanien
ITV	Inspección Técnica de Vehículos Kraftfahrzeugüberwachungsamt (TÜV)
JEN	Junta de Energía Nuclear span. Atomenergiebehörde

MOPT	Ministerio de Obras Públicas y Transportes Ministerium für öffentliche Arbeiten und Transport- wesen
OCDE	Organización de Cooperación y Desarrollo Econó- mico Organisation für wirtschaftliche Zusammenarbeit und Entwicklung (OECD)
OEA	Organización de los Estados Americanos Organisation Amerikanischer Staaten (OAS)
OMC	Organización Mundial del Comercio Welthandelsorganisation (früher: GATT)
ONU	Organización de las Naciones Unidas Organisation der Vereinten Nationen (UNO)
OPEP	Organización de los Países Exportadores de Petróleo Organisation erdölexportierender Länder (OPEC)
OTAN	Organización del Tratado del Atlántico Norte Organisation des Nordatlantikpaktes (NATO)
RENFE	Red Nacional de los Ferrocarriles Españoles Staatl. Eisenbahngesellschaft in Spanien
RNE	Radio Nacional de España Staatl. Rundfunk in Spanien
RTVE	Radiotelevisión Española Staatl. Fernseh- und Rundfunkanstalt in Spanien
SELA	Sistema Económico Latinoamericano Lateinamerikanisches Wirtschaftssystem
SME	Sistema Monetario Europeo Europäisches Währungssystem (EWS)
TLC	Tratado de Libre Comercio de Norteamérica Nordamerikanisches Freihandelsabkommen
TVE	Televisión Española Spanisches Fernsehen
UE	Unión Europea Europäische Union (EU) (früher: EG, EWG)
UEO	Unión de Europa Occidental Westeuropäische Union (WEU)
UEP	Unión Europea de Pagos Europäische Zahlungsunion (EZU)
UGT	Unión General de Trabajadores Span. Arbeitergewerkschaft
UNEPSA	Unión Española de Entidades Aseguradoras, Reaseguradoras y de Capitalización Span. Verband der Versicherungswirtschaft
UNIPYME	Unión de la Pequeña y Mediana Empresa Verband der kleineren und mittleren Unternehmen
UPU	Unión Postal Universal Weltpostverein (UPU)

III. Internationale Organisationen, an denen Spanien beteiligt ist

- Organización de las Naciones Unidas (ONU)
  Organisation der Vereinten Nationen (UNO)
- Banco Internacional de Reconstrucción y Desarrollo (BIRD)
  Internationale Bank für Wiederaufbau und Entwicklung (IBWE)
- Banco Mundial (BM)
  Weltbank
- Banco Interamericano de Desarrollo (BID)
  Interamerikanische Entwicklungsbank (IEB)
- Organización de Cooperación y Desarrollo Económico (OCDE)
  Organisation für wirtschaftliche Zusammenarbeit und Entwicklung (OECD)
- Banco Europeo de Inversiones (BEI)
  Europoäische Investitionsbank (EIB)
- Unión Europea de Pagos (UEP)
  Europäische Zahlungsunion (EZU)
- Consejo de Europa (CE)
  Europarat (ER)
- Organización del Tratado del Atlántico Norte (OTAN)
  Nordatlantikpakt-Organisation (NATO)
- Unión Europea (UE)
  Europäische Union (EU)
- Comunidad Europea de Energía Atómica (CEEA)
  Europäische Atomgemeinschaft (EURATOM)
- Comunidad Europea del Carbón y del Acero (CECA)
  Europäische Gemeinschaft für Kohle und Stahl (EGKS)
  Montanunion
- Organización Mundial del Comercio (OMC)
  Welthandelsorganisation (WHO)
- Sistema Monetario Europeo (SME)
  Europoäisches Währungssystem (EWS)

IV. Die Europäische Union (EU), kurzer Abriß

Die mit dem Vertrag von Maastricht *(Tratado de Maastricht)* 1993 als Nachfolgeorganisation *(organización sucesora)* der EG *(CE)* und der noch älteren EWG *(CEE)* gebildete Europäische Union/EU *(Unión Europea/UE)* hat mit dem Beitritt *(adhesión)* von Finnland *(Finlandia)*, Österreich *(Austria)* und Schweden *(Suecia)* ihre Mitgliederzahl *(número de socios)* auf 15 und ihre Einwohnerzahl *(número de habitantes)* auf 368 Mio. erhöht. Die EU ist somit der stärkste Binnenmarkt *(mercado interior)* der Welt. Ende dieses Jahrhundert steht eine weitere Erweiterung um die osteuropäischen Länder an.

Rückblick:
1951 Unterzeichnung des Vertrages *(firma del tratado)* zur Gründung

der Europäischen Gemeinschaft für Kohle und Stahl/EGKS *(Comunidad Europea del Carbón y del Acero)* in Paris durch Belgien *(Bélgica)*, der Bundesrepublik Deutschland *(República Federal de Alemania)*, Frankreich *(Francia)*, Italien *(Italia)*, Luxemburg *(Luxemburgo)* und den Niederlanden *(los Países Bajos)*.

1957 Unterzeichnung der Verträge in Rom zur Gründung der EWG und Euratom.

1958 Inkrafttreten *(entrada en vigor)* der Römischen Verträge zur Gründung der EWG und der Euratom (1. Januar 1958).

1967 Schaffung *(creación)* der EG zur Zusammenlegung *(fusión)* der Organe der drei Teilgemeinschaften EGKS, EWG und Euratom.

1973 Erweiterung *(ampliación)* der EG um Großbritannien *(Gran Bretaña)*, Irland *(Irlanda)* und Dänemark *(Dinamarca)*, die sogenannte „Norderweiterung" *(ampliación norte)*.

1979 Inkrafttreten des Europäischen Währungssystems/EWS *(Sistema Monetario Europeo/SME)* zur Koordinierung der nationalen Währungspolitik *(política monetaria nacional)*. Großbritannien nimmt am Wechselkursmechanismus *(mecanismo de cambio)* nicht teil. Erste Direktwahl *(elección directa)* des Europäischen Parlaments.

1981 Erweiterung der EG um Griechenland *(Grecia)* und

1986 Erweiterung der EG um Portugal und Spanien, die sogenannte „Süderweiterung" *(ampliación sur)*.

1987 Inkrafttreten der „Einheitlichen Europäischen Akte" *(Acta Única Europea)* mit dem Programm „Binnenmarkt '92" *(Mercado Único '92)* sowie institutionellen Verbesserungen *(mejoras institucionales)* und Ausweitung der Befugnisse *(poderes, atribuciones)* der EG in den Bereichen Umweltschutz *(protección del medio ambiente)* und Forschung/Technologie *(Investigación/Tecnología)*.

1991 In Maastricht Vereinbarung *(acuerdo, convenio)* des „Vertrages über die Europäische Union" *(Tratado sobre la Unión Europea)* mit erneuten institutionellen Reformen *(reformas institucionales)*, der Einführung einer europäischen Währung *(moneda europea)* spätestens 1999 sowie neue Aufgabenzuweisungen *(asignación de tareas)* an die Europäische Union.

1992 Unterzeichnung des Vertrages über die Europäische Union durch Vertreter der zwölf EG-Regierungen *(gobiernos comunitarios)*.

1993 Beginn des Europäischen Binnenmarktes am 1. Januar 1993.

1995 Erweiterung der EU um Finnland, Österreich und Schweden.

Organe der Europäischen Union:

Europäischer Rat *(Consejo Europeo)* als zentrales Entscheidungsorgan *(órgano central de decisiones)*. Er setzt sich aus den Staats- und Regierungschefs *(jefes de Estado y de Gobierno)* der EU, den Präsidenten der Europäischen Kommission und des Europäischen Parlaments zusammen. Er tagt *(reunirse)* mindestens zweimal im Jahr, um politische Grundsatzfragen *(cuestiones de principio)* zu besprechen. Das Amt *(cargo)* des Ratspräsidenten wird für eine Amtsdauer *(mandato)* von 6 Monaten abwechselnd *(alternativamente)* besetzt.

Der Europäische Ministerrat *(Consejo de Ministros Europeos)*, oder kurz: Rat der Union, ist das beschlußfassende Organ der EU und besteht aus den jeweils für ein Sachgebiet zuständigen Ministern der Mitgliedsstaaten *(estados miembros)*. Der Rat tagt in den Monaten April, Juni und Oktober in Luxemburg, in den übrigen Monaten in Brüssel.

Die Europäische Kommission *(Comisión Europea)* ist das ausführende Organ *(órgano ejecutivo)* der EU. Sie setzt sich aus 20 Mitgliedern zusammen, die Staatsangehörige *(súbditos, ciudadanos)* der Mitgliedsstaaten sind. Diese bleiben für die Dauer von 5 Jahren im Amt und sind wiederwählbar *(reelegibles)*.

Das Europäische Parlament *(Parlamento Europeo)* als Beratungs- und Kontrollorgan *(órgano de asesoramiento y control)* besteht aus 626 Vertretern aus der Bevölkerung der Mitgliedsstaaten, die in jedem Mitgliedsstaat direkt durch das Volk gewählt werden.

Der Europäische Gerichtshof *(Tribunal Europeo)* setzt sich aus 16 Richtern *(jueces)* und 8 Generalanwälten *(fiscales generales)* zusammen, die für eine Amtszeit *(mandato)* von 6 Jahren von den Mitgliedsstaaten ernannt werden.

Der Rechnungshof *(Tribunal de Cuentas)* hat die Aufgabe, die Einnahmen *(ingresos)* und Ausgaben *(gastos)* der EU zu prüfen. Er besteht aus 15 für eine Amtszeit von 6 Jahren ernannten Mitgliedern.

Literaturverzeichnis

- Langenscheidts Handwörterbuch Spanisch/Deutsch und Deutsch/ Spanisch, Müller/Haensch, Neubearbeitung 1987 und Alvarez-Prada/ Haberkamp de Antón, Neubearbeitung 1985
- Eichborn-Fuentes, Wirtschaftswörterbuch Spanisch/Deutsch und Deutsch/Spanisch, Econ Verlag Düsseldorf, Wien 1974
- Slaby-Großmann, Wörterbuch der spanischen und deutschen Sprache, Brandstetter-Verlag, Wiesbaden 1975
- Becher, Wörterbuch der Rechts- und Wirtschaftssprache Deutsch/ Spanisch und Spanisch/Deutsch, Beck'sche Verlagsbuchhandlung, München 1988
- Zavada/Weis/Hinrichs „Satzlexikon der Handelskorrespondenz Spanisch", Brandstetter-Verlag, Wiesbaden 1973
- Vocabulario Económico y Financiero, Bernard/Colli, Versión española: José María Suarez, Asociación para el Progreso de la Dirección, Madrid 1981
- Diccionario Bancario Español-Inglés, Banco Popular Español, Rafael Gil Esteban, Madrid 1984
- Banca y Negocio Extranjero, Delfi Vallverdes/Jordi Montañes, Editorial Hispano Europea, S. A., Barcelona 1987
- Spain: A guide to political and Economic Institutions, P. J. Donaghy/ M. T. Newton, Cambridge University Press 1987
- Código de Comercio (Das Spanische Handelsgesetzbuch), Ausgabe 1987
- Ley 19/1985 de 16.VII.85, Cambiaria y del Cheque, „B.O.E." vom 19. Juli 1985
- ABC de la Ley de los Consumidores y Usuarios, Ministerio de Sanidad y Consumo, Instituto Nacional del Consumo, 1986
- Secretaria de Dirección, María Luisa Suñol de Sempere, Ediciones CEAC, Barcelona 1985

Ferner wurden u. a. folgende spanische und deutsche Zeitungen und Zeitschriften, die als Informationsquelle dienten und deren Lektüre empfohlen wird, herangezogen:

- España Económica, Información Financiera y Económica S. A. (INFIESA), Madrid
- Negocios (Sonntagsbeilage von El País, Madrid)
- 5 días, Diario de Información Económica, Madrid
- Expansión de la actualidad económica diaria, Madrid
- Wirtschaftswoche
- Capital
- Frankfurter Allgemeine Zeitung (Wirtschaftsteil)
- Handelsblatt
- Börsen-Zeitung

Sachregister

Die Angaben „f." und „ff." verweisen darauf, daß der jeweilige Ausdruck in einer Kapitelüberschrift vorkommt. Alle weiteren Seitenangaben – auch von aufeinanderfolgenden Seiten – verweisen auf das Vorkommen der entsprechenden Ausdrücke in den Einleitungstexten der einzelnen Kapitel.